國家清史編纂委員會·文獻叢刊

王興亞 等 編

清代河南碑刻資料

商務印書館
The Commercial Press

二〇一六年·北京

目　錄

汝州市（臨汝縣）

《汝帖》後記 1
風穴首座顯真禪師壽塔 1
重修法行寺碑記 2
重修風穴寺碑 2
風穴山白雲寺送子觀音碑 3
宿白雲寺 4
創修廣生神殿碑記 4
重修文昌大士諸殿並增建憩舍碑記 5
唐貞禪師開山軼事 6
風穴山白雲寺十方叢林清規序 7
重修龍王廟碑 8
明心大禪師功德序志 9
粧塑泰山廟神像記 9
欽加七品軍功太學生王老先生明醫碑 9
重修汝北玉皇山三官殿距城三十里碑記 10
皇清武生松齋樊公（金山）墓誌銘 11
皇清特授修職佐郎南陽府新野縣訓導楚材楊老夫子（榕）暨元配辛孺人合葬墓
　　誌銘 12
重修三官殿碑記 13
中嶽行宮重修碑記 13

風穴寺二方丈捐資度荒碑 14
重修白雲寺石橋碑 15
太學生積石王老先生明醫碑 16
遊風穴山 16
風穴省公禪師白雲叢規記 17
古香積寺碑 18
重修觀音大士廟宇神像記 19
重修劉希夷墓記 20
重修三仙聖母大殿□□火神殿山神殿思光奶奶殿並創修火神殿耳房一間作房四間舞樓
　　三間碑記 21
汝州風穴寺上諭 22
重修玉皇山廟碑記 22
保護風穴寺財產告示碑記 23
蒙罷捐寺院庵觀田產碑記 24
重修廟宇碑記 25
皇清例授武德騎尉任公（應成）墓誌銘 26
汝州王君（寶賢）維盦墓誌銘 27
誥授武義都尉補用游擊花翎侍衛王君（寶仁）墓誌銘 27
清故馳封武義都尉國學生汝州王君（寶善）墓志銘 28
欽加七品軍功太學生王老夫子甫同文懿行碑 30
補修妙水寺碑記 30
汝州州同銜梁君賑濟碑 31

魯山縣

御製至聖先師孔子贊並序 33
御製四子贊 33
重修琴臺記 33
邑賢侯金麟老爺德政革除磁貨牙儈碑 34
御製平定準噶爾告成太學碑 34
御製平定回部告成太學碑 35
重修文廟前記 35
重修儒學後記 35
重修琴臺記 36

添置學田記	37
重修學宮碑記	37
店戶官驛條約	38
更定順庄法	38
清理煤窯碑記	39
重建城隍廟大門樂樓記	40
皇清國子監監生譚君諱孝字百先行二墓志銘	40
重修義學碑記	41
魯陽維寧趙先生（致遠）墓誌銘	42
重修大殿拜殿山門舞樓建修鐘樓碑室碑記	43
皇清例封宣德郎太學生彝山李公之墓碑	44
清國子監生從兄位東孫君（尚林）墓誌銘	44
國子監生應贈文林郎承錫袁君（應恩）配李孺人合葬墓誌銘	45
重修張良店街橋南路碑	46
□□□良謝公椿軒（庭松）墓誌銘	46
重修關帝廟碑記	47
清太學生肇基柴公（興業）墓誌銘	48
誥封安人葉母周太君祔葬墓誌銘	49
皇清例貢生松林葉君（封曾）墓誌銘	50
例封奉政大夫朴園葉公（萬）墓誌銘	51
誥授奉直大夫候選知州純齋葉公（習曾）暨淑配誥封宜人趙宜人合葬墓誌銘	52
清國子監生從侄心微孫生（通道）墓誌銘	53
國子監生厚菴沈先生（西銘）暨德配胡孺人墓誌銘	53
邑侯雨泉郭太爺復興地課水課舊規德政碑	54
皇清誥封朝議大夫頌堂葉君（芹）墓誌銘	55
皇清例貢生晉賢郭君（鳴玉）墓誌銘	56
例授奉政大夫東籬葉公（次卿）墓誌銘	56
清例授修職佐郎南村葉公（俊生）墓誌銘	58
阿鄔婆山寨記	59
北來河里社規矩碑	59
張君急公好義碑	60
皇清例授修職郎附貢生候選訓導友石華公（春山）墓誌銘	61
皇清誥贈中憲大夫晉贈中議大夫梅村葉公（之屏）墓誌銘	62
魯山縣重修常平倉碑記	63

皇清特授修職佐郎南陽府新野縣訓導楚材楊老夫子（榕）暨元配辛孺人合葬墓
　　誌銘 64
永免換線抽傭碑記 65
重修琴臺書院碑記 66
皇清誥贈奉政大夫譚公（澍南）合葬墓誌銘 66
李陳氏施地碑記 67
皇清誥授通奉大夫己未恩科舉人户部郎中四品頂戴賞戴花翎竹村葉公（篤生）
　　墓誌銘 68
例授儒林郎持中孫君（敬志）墓誌銘 69
皇清魯邑儒學生員儒舫朱先生（酉山）墓誌銘 70
皇清敕授修職佐郎孫君（榮先）仁菴墓誌銘 71
例授儒林郎候選州同超凡孫公（元杰）墓誌銘 72

寶豐縣

蘇松兵備副使王之晉墓誌銘 74
翰林院侍講學士吳垣墓表 74
重修學宮記 74
重修膠東侯廟記 75
重修白雀寺記 75
靈泉祠記 76
寶豐橋水先生墓表 77
修建統制祠碑記 78
創建雷公橋碑記 78
耆民李培獨修太平橋碑記 79
公善橋碑記 79
金塑老君尊神繪畫廟宇碑記 80
創修茶亭碑記 80
石氏始祖登科墓碑 81
元右丞保八墓表 81
陣亡鄉勇碑記 81
創建高河橋碑記 82
皇清國學生梅軒范年伯（常生）暨伯母張孺人合葬墓誌銘 83
重修文廟碑記 84

新建呂祖廟碑記	84
重修忠義祠碑	85
重修萬壽寺碑記	85
○嘉慶癸酉遇荒紀事詩	86
皇清副貢生候選教諭桂巖范公之墓碑	87
重建節孝祠碑記	87
增設春風書院膏火碑記	88
增修程明道先生祠碑記	89
重修觀音堂記	90
新建寶豐縣號舍碑記	90
重修春風書院碑記	91
重修普濟堂增置地畝廣收養額碑記	91
創修公義橋碑記	92
新建心蘭書院碑記	92
新建養正書院碑記	93
謝公柳記	93
溦水修建晚虹橋碑記	94
重修井潭水石橋碑記	94
新建寶豐縣十里義塾記	95
邑民岳評創建勸善橋碑記	96
雅集臨應兩義學碑記	96
培文義學記	97
創建文昌祠獻殿記	97
重修龍亭記	98
添建號舍石凳記	98
創建雅集書院記	99
明故石氏先塋碑	99
石氏五世祖自信墓碑	100

葉縣

創建滍水驛舍記	101
許公重修廟學記	101
憤樂亭記	103

重修葉縣文廟記 ... 103
重修薄太后廟記 ... 104
大中丞顧公創建倉廠記 ... 104
柏公修城記 ... 105
白龍王廟碑記 ... 105
重修廣生堂記 ... 106
重修黃成山祠宇記 ... 107
重修大悲寺記 ... 107
施地蒲王廟碑記 ... 108
陳烈婦墓碣 ... 108
重修廣生祠並金粧神像及創建山門碑記 ... 109
明倫堂記 ... 109
汝墳浮橋記 ... 110
石公撥分惜字社地畝記 ... 110
欽修問津隄記 ... 111
奉旨旌表節孝姓氏 ... 111
敬修毛君（中道）墓誌銘 ... 111
重修元帝廟記 ... 112
楊公龍王山禱雨記 ... 112
重修觀音堂碑記 ... 113
貞女閻張氏墓誌銘 ... 113
古墓碑記 ... 114
翰林院檢討王公（樹德）墓誌銘 ... 115
重修關聖帝君廟碑記 ... 115
改修昆陽書院創建考場記 ... 115
秦公修城濬壕記 ... 116
高文通祠碑記 ... 117
重修古城寺碑記 ... 117
黃文節公祠碑 ... 118
蒲王廟捐資塑像碑記 ... 119
重修葉縣學宮暨移建憤樂宮碑記 ... 119

郟縣

- 蘇帖記 121
- 重修郟縣儒學記 121
- 郟縣重修城垣記 122
- 重修郟縣儒學記 123
- 修建三蘇先生佳城饗堂祠廟碑記 124
- 蘇墳植栢樹記 125
- 重建三蘇公饗堂記 125
- 創立鴻宅保碑文 127
- 陪李公愚瞻蘇塚二首 128
- 重修山門碑記 128
- 重修七賢祠碑記 129
- 蘇墳夜雨次韻 130
- 弔二蘇墳用原韻 130
- 臨汝門樓記 130
- 重修文廟記 131
- 遲園郭君墓誌銘 132
- 長橋鎮三官廟記 133
- 重修元武廟記 134
- 重修黃道鎮永慶寺記 135
- 重修七賢等祠碑記 136
- 郭母張節婦阡表 136
- 習園生壙志 137
- 重修三蘇先生祠墓記 138
- 旌表義士李君應卜碑 139
- 孝子坊 140
- 文學李先生墓表 140
- 忠烈留香記 141
- 過郟有懷蘇文忠公四首 142
- 謁蘇墓 143
- 謁蘇墓 143
- 立蘇建芳為奉祀生序 143
- 贈奉直大夫吏部考功司主事高府君墓誌銘 144

祭蘇文忠公文 144
皇清誥授中憲大夫甘肅安西府知府翰林院庶吉士軍功加三級隨帶坦園劉公（斯和）
　及元配誥贈恭人郭太君繼配誥贈恭人周太君副配楊太君副配韓太君墓誌銘 145
陳眉峯先生墓表 147
明府趙靜菴墓表 148
謁二蘇公墓 148
重修龍山書院記 149
李烈士碑 149
謁二蘇墳 150
宋蘇先生諱遲夫人梁氏墓碑文 150
漪齋趙公墓誌銘 150
邑侯陳公獨修城垣記 151
報功祠記 152
囹圄空虛記 152
杜侵奪凌踐事碑文 153
謁蘇墳六首 153
謁蘇墳 154
明故顧公諱國字節若殉難處碑 155

南陽市

南陽市（南陽縣）

马牛站碑 159
東漢長沙太守醫聖張仲景先生之墓碑 159
張仲景先生祠墓碑記 159
張仲景祠墓碑記 161
募建張醫聖祠序 163
張大將軍收瘞枯骨碑 164
難得糊塗 165
重建元字術魯文靖公祠祀 165
謁諸葛草廬 166
重修奎章閣記 166

重建南陽臥龍岡諸葛書院記	167
重建諸葛書院碑記	168
南陽書院記	169
重修鐵忠烈公祠堂記	170
重修琉璃橋碑記	170
重建節義祠記	171
創建文昌閣記	172
祭二忠祠更定配享文	172
重建二王公祠碑記	173
育嬰堂碑記	174
香火地畝碑記	174
武侯祠	175
南陽太守羅公生祠碑記	175
重修醫聖祠門樓碑記	176
宛南書院碑記	176
蠲贖地畝合贍三皇廟醫聖祠碑記	177
繼修醫聖祠春臺亭碑記	178
捐貲繼修春臺亭善金清目	179
勅授儒林郎彭公諱尚賓字鹿蘋獨力重修黃渠河石橋功德碑	179
重修宛南書院碑記	180
謁南陽諸葛草廬作	181
重新金裝三皇聖祖十代名醫神像石碑	181
隱居求志	182
誥封通奉大夫彭尚賓行狀	182
重修宛南書院碑記	183
二次曠地碑文	183
漢昭烈皇帝三顧處	184
千古人龍	184
忠延漢鼎	184
蔣方正德政碑	185
修葺諸葛庵碑記	185
修城練勇保民碑	185
顧嘉蘅題記	186
顧嘉蘅題記	186

宛北石橋鎮南畔重修清真寺碑 187
跋漢李孟初神祠碑 187
湘坡顧太守去思碑記 187
溧河店寨門濟東保障題刻 188
修建武侯祠碑記 188
上諭碑 189
南陽太守傅公去思碑 189
跋李孟初神祠碑 190
誥授中憲大夫顧老公祖湘坡老大人去思功德碑記 190
禮部謹奏准河南巡撫李鶴年修廟碑記 190
南陽玄妙觀藏經閣記 191
雞鳴山彭公義行碑 192
功蓋三分 193
第一良才 193
岳飛出師表跋 193
清故處士劉元龍合葬墓碑 193
伊呂遺風 194
張衡墓碑 194
醫林會館碑記 194
三次贖地記略 195
南陽醫聖祠墓讀原序 196
為善最樂碑 196
南陽縣為出示嚴禁事碑 197
清兵部員外郎周君墓誌銘 197
為出示嚴禁事 198
停止車牛議 199
南陽縣黃池陂重修清真寺碑序 199
重修南陽府署記 200
清誥授光祿大夫頭品頂戴前河南巡撫吉林于公（蔭霖）墓誌銘 201
清張慶之先生（光雲）墓誌銘 203

鄧州市（鄧縣）

重修文廟記 205

創修布政司行署記 ... 206

重修禹王廟記 ... 206

重修文達橋記 ... 207

重修永濟橋記 ... 208

重修關帝廟記 ... 208

丁二宇先生墓表 ... 209

鄧州陳刺史鼎建魁樓碑記 ... 210

重修馬神廟碑記 ... 211

馬公書院碑記 ... 211

修內城記 ... 212

重修三里閣記 ... 212

重修岳鄂忠武王廟碑記 ... 213

重修學宮記 ... 213

重修名宦鄉賢祠記 ... 214

創建鐵公祠記 ... 214

明兵部尚書贈太保諡忠襄鐵公諱鉉遺像墓碑 ... 216

重建春風閣記 ... 216

重修文廟記 ... 217

重修范文正公祠閣碑記 ... 217

重修三賢祠記 ... 218

重修范正公祠碑記 ... 219

巾幗完人 ... 220

皇恩賜八品壽官高公諱月桂德壽碑誌 ... 220

鄉賢祠碑記 ... 220

修遠老和尚一單覺靈碑 ... 221

內鄉縣

懇恩憐恤碑 ... 222

定水菴小記碑文 ... 222

重修石堂山普濟宮碑記 ... 222

重建元字术魯文靖公祠記 ... 223

寶公碑 ... 224

原任南汝道羅公入名宦祠記 ... 224

巫馬子施道故里碑 225
始祖王天有合葬墓碑 225
王起銀合葬墓碑 225
爲嚴禁私充炭行抽收行用以安農業事 226
邑賢侯吳劉德政碑 226
創修菊潭書院碑記 226
內鄉石斗碑記 227
王希人墓表 227
王清許德教碑 228
重修晉州文廟碑 229
晉先儒范子甯故里碑 229
元字术魯文靖公故里碑 230
李羊山先生德教碑 230
重修娘娘廟碑 230
王子涵德教碑 231
清目王恩王公慎修字廷獻號環溪行二德壽碑 232
清王貴暨孺人王氏合葬墓碑 232
永垂不朽碑 233
重修赤眉鎮火神廟碑 234
邑賢侯董大老爺德政碑 234
清河南南陽府內鄉縣為常明發買地券碑 235
邑賢侯潘大老爺官印江字文濤斷案改作碑 235
公道常存碑 236
重刻清世祖臥碑 237
內鄉縣城門西帶丹江石匾 237
守正不阿碑 238
榆關口堰碑 238
王子涵以城工增廣文武生六名碑 239
欽加知府銜賞戴花翎卓異候升調署內鄉正堂雲翁汪老父台印繼祖德政碑 239

淅川縣

誥封驍騎將軍都督王公宋臣墓表 241
新建魁樓碑記 241

淅川香嚴禪寺中興碑記..242

重修宣宗皇帝殿碑記..243

題唐弘經撰憨憨和尚牧牛翁廟碑..................................244

敕建香嚴顯通禪寺愚謐禪師法雲塔銘碑..........................244

建修崇文書院碑記..246

遷修關帝行宮功程告竣碑記..246

創建春秋閣序文...247

荊紫關會館捐資碑..248

萬善同歸..250

黃學彬等為應贈故先考黃公諱兆元大人立買地券...............251

陝山會館購地碑...251

新野縣

建南城樓記...253

建三城樓記...253

創修魁樓記...254

清處士郭公諱攀華字玉山孺人趙氏之墓.............................254

重修千佛寺碑記...255

李冲墓誌..255

重建魁樓碑記..255

梁弘式墓碑...256

邑侯徐公築渠築堤碑記...257

重修三潭廟碑記...260

姚氏墓碑..261

重修玉皇廟碑..261

王盤王貫墓碑..262

重修四王廟碑記...262

高氏先塋碑記..262

萬鎰墓碑..263

漢壯穆侯關公行祠碑...263

秦氏老塋碑...264

王國臣墓碑...265

邢懷宗墓碑...265

XIV 清代河南碑刻資料

王繼祥墓碑 265
王儒墓碑 266
王繼周墓碑 266
特授新野縣正堂候補直隸州加三級又隨帶軍功加二級紀錄十次袁施捨碑 267
徐寧墓碑 267
萬民佐墓碑 267
趙良璧墓碑 268
清例贈登仕郎宋公諱文學字聖傅墓道碑 268
萬民佑墓碑 268
梁廷燕墓碑 269
王行四墓碑 269
吳邦敬墓碑 270
白璞良墓碑 270
高班墓碑 271
重修土地廟碑 271
史華墓碑 271
常玢李氏墓碑 272
吳萬春林氏合葬墓碑 272
奉天承運碑 272
齊博墓誌銘 273
王炳墓碑 273
趙氏（朝合）墓誌序 274
高殿魁墓碑 274
邢尚秀墓碑 275
重修觀音堂大殿道房並山門碑記 275
皇清誥授振威將軍太子太保參贊大臣四川提督健勇巴圖魯強謙巴圖魯齊勇毅公
　墓誌銘 275
創修永安橋及單板石橋碑記 277
王多林墓碑 277
李遜墓碑 277
創修五板橋碑誌 278
重修觀音堂碑記 278
魏氏孺人墓碑 279
張顯泰墓碑 279

胡國顯墓碑	279
李敬墓碑	280
史烔歸氏合葬墓碑	280
胡其昌及妻墓碑	280
魯紹美德壽碑	281
梁廷爵墓碑	281
史筆章墓碑	281
李恒德墓碑	282
田永興墓碑	282
劉氏高祖（懷儀）墓碑	283
董國林墓碑	283
張士倫墓碑	283
王國廣墓碑	284
葉子富墓碑	284
史官與妻王氏合葬墓碑	285
欽賜登仕郎馬天良德壽碑	285
喬士友墓碑	285
欽賜鄉耆張公諱同德壽藏碑	286
重修閭里豁免雜派碑	286
萬邦成墓碑	287
處士張公諱朝榮遺行碑	287
王孟祥墓碑	287
魯心義墓碑	288
趙之順墓碑	288
陳克信墓碑	288
徐景福德政碑	289
耆老萬公例授登仕郎德壽碑	289
周鳳桂劉孺人墓碑	290
周于德墓碑	290
白玉駒德壽碑序	291
郭長文墓碑	291
李金選墓碑	292
郭孺人墓碑	292
江永煥墓碑	293

廉氏墓碑	293
楊德祿墓碑	294
皇恩欽賜鄉耆彤公會菴德壽碑	294
陳繼康墓碑	294
萬氏墓碑	295
焦興家墓碑	295
萬超墓碑	295
陳玉環張氏合葬墓碑	296
皇恩欽賜鄉耆趙公（春生）七旬德壽碑	296
合族公議碑	297
胡其昌墓碑	297
方凌雲陳孺人合葬墓碑	298
熊顯德墓碑	298
劉國士先生懿行碑	298
熊萬善墓碑	299
黃廷梁墓碑	299
張文密繼配陳孺人墓碑	300
韓天理高氏墓碑	300
盧安林墓碑	300
五龍會朝太和山序	301
孫志建墓碑	301
皇恩欽賜登仕郎萬公諱邦喜字興來德壽碑	301
焦母李孺人功德碑	302
時星墓碑	302
焦尚榮墓碑	303
周興墓碑	303
高存墓碑	303
焦門蔡氏墓碑	304
楊文行妻劉孺人節孝碑	304
皇清軍功從九品白公諱雲宵字凌漢懿行碑	304
張承平楊孺人合葬墓碑	305
萬允貴墓碑	305
皇恩欽賜鄉耆方公諱永書德壽碑	306
誥贈振威將軍墓表	306

朱漢英墓碑	307
陳以洞墓碑	307
陳清玉墓碑	308
閆可清墓碑	308
邵氏奏准碑	308
張玉明墓碑	309
張宗貴徐氏墓碑	309
張天旺墓碑	310
曹殿元墓碑	310
朱印墓碑	311
清壽江氏始祖墓碑	311
張明福墓碑	311
馬母張孺人墓碑	312
張泰清神道碑	312
輕財重義碑	312
朱漢斌墓碑	313
皇恩欽賜登仕郎劉公德壽碑	313
魯效楹墓碑	314
魯國學墓碑	314
曹銘富墓碑	314
焦公李氏孺人墓碑	315
重修祖師廟碑	315
高清科公甲甫述行碑	316
胡孺人節孝碑	317
萬義合墓碑	317
齊國碩墓碑	318
王修經墓碑	318
趙元珠墓碑	318
盧浩墓碑	319
張士漢墓碑	319
清顯祖張公諱秉焱李孺人之墓	320
張正業墓碑	320
焦德昌墓碑	320
重修劉氏祠堂碑	321

魯應允墓碑 ... 321
馬天榮墓碑 ... 321
馬天華墓碑 ... 322
王同德墓碑 ... 322
黃然墓碑 ... 322
許國維墓碑 ... 323
張振紀墓碑 ... 323
李金玉墓碑 ... 323
皇恩欽賜鄉耆劉公印元體甫子健德壽碑 ... 324
〇百柳詩碑 ... 324
喬國瑞與王李氏合葬墓碑 ... 336

社旗縣（南陽縣）

同行商賈公議戥秤定規碑 ... 338
創建春秋樓碑記 ... 338
公議雜貨行規碑記 ... 342
重修祖師廟左靈官殿及創修舞樓碑記 ... 343
續修南大橋碑記 ... 344
重修火神聖祠碑記 ... 344
重修饒良玉皇廟碑 ... 345
南陽賒旗鎮山陝會館鐵旗杆記 ... 345
重修靈稷祖師廟碑記 ... 346
過載行差務碑 ... 347
慈禧太后御筆之寶 ... 347

唐河縣

田公去思碑記 ... 348
國朝重修學宮碑記 ... 349
始祖墓碑 ... 349
涂顯神道碑 ... 350
雲南總鎮誥授榮祿大涂公暨夫人余氏墓誌銘 ... 350
涂仲江墓碑 ... 352

城隍廟紀夢碑文 352
建修文昌閣記 353
崇實書院碑記 354
重修學宮記 354
重修八蜡廟劉猛將軍廟記 355
重修武廟前軒碑記 356
分管文書 356
人龍公墓碑 357
護墳地記 358
德美公墓碑 358
西崗寨東寨門門額刻石 359
李方城墓碑 359
李萬清墓碑 359
李永清墓碑 360
李鎮清墓碑 361

鎮平縣

重修儒學開聚星門記 362
御製平定準噶爾告成太學碑 362
御製平定回部告成太學碑 363
新建香火碑記 363
鎮平縣城關重修清真寺正殿拜殿及講堂居屋碑記 363
建淯陽書院碑記 364
重修侯莊寺碑記 364
重修淯陽書院碑記 365
重修淯陽書院碑記 366
重建武廟碑記 367
重修城隍廟碑記 367
王氏祠堂規矩序 367
增修清真寺碑序 368

方城縣（裕州）

執照碑記 ... 369
煉真宮重修藥王祠記 ... 369
重修文廟聖殿記 ... 370
施照碑記 ... 371
重建南城麗明樓碑記 ... 371
鎮國將軍余添墓碑 ... 371
創建關帝廟碑記 ... 372
重修開化寺碑 ... 372
裕州大乘山普嚴禪寺重修觀音閣法堂碑記 ... 373
皇清太學生韶川褚公（型良）暨元配王孺人繼配張孺人合葬墓誌銘 ... 374
重建萬年橋碑記 ... 375
大乘山普嚴寺重修碑記 ... 376
皇清太學生孫公（允中）暨朱孺人合葬墓誌銘 ... 376
建立菩薩堂碑記 ... 378
重修扳倒井漢光武廟碑記 ... 378
扳倒井古柏記 ... 379
南山開礦摩崖題記 ... 379
誥授奉直大夫欽賜藍翎候選知州華堂孟公（克榮）墓誌銘 ... 379
清孟公（繼孔）洙泉墓誌銘 ... 380
清例贈昭武都尉候選州同王公鎮九(鼎新)暨賈恭人郭恭人郭恭人墓誌銘 ... 381
誥封碑文 ... 382
重修州城碑記 ... 382
清誥授通奉大夫欽加二品銜賞戴花翎候選道孟公（繼鑑）墓誌 ... 383

南召縣

重修丹霞寺記 ... 385
文林郎德馨彭公墓誌銘 ... 385
復設南召縣記 ... 387
漢高密元侯鄧公墓碑 ... 387
褚氏祀田立石文 ... 388
始祖光生公墓碑記 ... 389

重修祠堂碑文 389
修建若公碑記碑樓及公士公承天公碑樓並城東河東大路西絕塋碑記序 389
創修拜祠對庭廚庫重修正祠碑 390
蠶坡章程碑 390

西峽县

省界碑 392
創建白石尖山神土地並金火二祠記 392
創建白石尖開山老君祠序 392
重脩碑記 393
福緣善慶 394
新建火神及諸神廟碑文 395
重修菊花山□□廟碑記 396
重修歌舞樓左右門樓記 396
峽口鎮南岡清真寺碑記 397
重修觀音堂火星閣舞樓拜殿記 397
遠施茶社碑 398
屈原岡序碑 398

桐柏縣

修城隍廟碑記 400
桐柏縣令高公生祠碑記 400
文廟魁樓碑記 401
金臺觀新建奎神樓碑記 401
重修淮瀆神廟碑記 402

駐馬店市

汝南縣（汝寧府、汝陽縣）

洪洞楊公永思碑記 407
修楊阜治平橋記 408

興復社稷壇風雲雷雨山川壇記 ... 409
興復八蜡祠記 ... 409
重修汝寧府城樓碑記 ... 410
重建何許二先生祠記 ... 411
重立天中書院記 ... 412
熊郡伯修天中書院記 ... 413
汝陽縣新建城隍廟記 ... 414
何郡伯德政碑 ... 415
重修汝陽縣儒學碑記 ... 416
重修鼓角樓記 ... 417
汝守遺愛祠祀 ... 418
分鎮汝寧府參將何公惠政碑 ... 418
復立范張祠記 ... 420
登瀛題刻 ... 420

上蔡縣

重修上蔡邑侯張公祠記 ... 421
上蔡邑侯張公去思祠德政碑記 ... 422
重建上蔡縣治碑記 ... 423
重建伏羲廟碑 ... 424
蓍臺碑記 ... 426
重修上蔡縣儒學碑記 ... 426
上蔡書院記 ... 427
上蔡縣義田碑記 ... 428
義田規條 ... 429
汝寧府上蔡縣為嚴飭修復義學以崇文教事 ... 430
汝寧府上蔡縣為嚴飭修復義學等事 ... 431
重建上蔡書院記 ... 432
書臺記 ... 433
重建厄廟碑 ... 434
重建先賢漆雕子祠碑 ... 435
新建先賢漆雕子祠記 ... 436
魁星樓文昌宮並三皇閣碑 ... 437

重建上蔡縣儒學碑記 438
　　上蔡縣改建月城門記 439
　　新築仁壽堂紀事 440
　　上蔡闔縣修溝記 441
　　上蔡邑侯楊公競如德政碑記 442
　　蔡仲廟記 443
　　清文林郎原任直隸內黃縣知縣後補四川成都府資縣張公（沐）墓誌銘 444
　　清處士張公（燸）墓誌銘 445
　　上蔡溝碑文 446

新蔡縣

　　重建儒學碑記 448
　　新蔡縣均役碑記 448
　　袁烈婦碑記 449
　　新蔡縣修城記 450
　　金粟禪林碑記 451
　　文廟禮器碑記 452
　　重修城隍廟碑記 453
　　重開龍門碑記 454
　　御製四子贊 454
　　大呂書院碑記 455
　　重修城隍廟碑記 456
　　顯考清授中憲大夫貴州黎平府知府加一級宋公（敏學）顯妣清封正四品即恭人韓太君
　　　　合葬墓誌銘 457
　　創建田祖廟記 458
　　改建奎神樓記 458

確山縣

　　創建確山縣小學碑記 460
　　邑侯吳公德政記 460
　　郡守何公德政碑記 461
　　重修三義廟碑記 462

閻大中丞嚴禁碑記	462
道臺項公德政碑記	464
改復弓口記	464
普濟堂述	465
新建八蜡祠記	465
重修大成殿記	466
修文昌閣暨魁星樓記	467
吳寨河橋記	467
朗溪橋東新建小橋記	468
重修朗溪橋碑記	468
萬壽宮碑文	469
顏魯公祠祀田碑記	469
重建張氏留侯家廟碑記	470
七里保義學碑文	471
平山寺創建義學碑文	471
修葺東嶽廟大殿記	472
西七保義士碑序	472
增修銅川書院齋房記	473
建修姚公生祠記	473
北四北五北七各保共駐馬店寨及公局碑	474
重修北泉寺碑文	474
重修試院記	475
重修延禧明宏寺治辛酉碑記	476
棲隱山人夏公曉山德政碑	477
重修東嶽廟碑記	477

西平縣

重修封人見聖祠記	478
大中丞撫軍閻公書院碑記	479
玉帝行宮記	480
倉上廟碑	481
儀封鎮中嶽行宮記	481
城隍廟記	482

仙池兩孝童墓表 ... 483
邑侯湯顯相德政頌碑 ... 484
權寨玉皇廟碑 ... 484
三善橋碑 ... 485
仙侶鋪玄天上帝廟碑 ... 485
玉皇閣記 ... 486
鐵佛寺碑記 ... 486
竹園石橋碑 ... 487
郊公祠碑記 ... 488
重修封人見聖祠碑記 ... 488
陳依中捐設義學碑記 ... 489
八蜡祠碑記 ... 489
建修寶巖寺水陸殿記 ... 490
權寨鎮陳氏老墳窪祖塋碑記 ... 490
重修圪塔廟碑記 ... 491
華公臺碑 ... 491
重設儀封義學碑記 ... 492
誥贈奉政大夫陳公暨配張宜人墓誌銘 ... 492
西平縣城西常洪范儀王崇師六保半物料碑記 ... 493
儀封鎮閻公書院改設學堂碑 ... 495

正陽縣

重修儒學記 ... 496
明倫堂記 ... 496
重修正陽明倫堂記 ... 497
創建準提庵記 ... 498
重建石佛寺序 ... 498
城隍廟胡氏捐地碑記 ... 499
黃徵君墓碑記 ... 500
重修關聖廟像碑記 ... 500
重修盛家橋碑記 ... 501
汝南埠義渡碑記 ... 501
重修黃徵君祠墓記 ... 502

重修廣義堂碑記..502
重修劉大橋碑記..503
重修十王殿觀音堂碑記..504
重修文昌祠記..504
重修東嶽廟記..505
重修泰山行宮碑記..505
重修東嶽大殿碑記..506
重修崇聖寺碑記...506
重修泰山廟碑記...507
重修魯大橋碑記...507
創修五嶽巡像記...508
重修萬德寺五嶽殿塑像碑記...508
重修東嶽廟十王殿記...509
重修龍池記...509
重修黃徵君祠墓碑記...510
曹王氏節孝碑記...511
廣生祠碑記...511
重修固城寺碑記...512
贈葬地記..512
汝郡粥場捐貲碑記..513
祭殉難諸烈士文...514
重修正陽試院記...514
閒河北平橋續修記..515
陳母鄭太孺人德行碑記...515
傅隗氏節孝旌表碑記勘語附...516
重修建安鋪廟像碑記...517

遂平縣

重修沙河大石橋記..518
重建吳房書院碑記..518
石洋河築遙堤記...519
石斗碑記..520
榮孝子傳..520

東河堰玉帶渠碑記......521

重修雁臺村石橋碑記......522

泌陽縣

國朝修文廟記......523

重修城池記......523

重修關帝碑文......524

創修鐵佛寺戲房碑記......525

重修邑城東門濠梁碑......525

重修文廟碑記......525

關帝聖像碑記......526

重修崇聖忠義節孝祠記......526

重修崇聖忠義節孝祠落成記......527

新建文昌廟落成碑記......528

刱建銅峯書院記......529

重修泌邑北城真武廟碑記......530

重修泌邑呂祖閣碑記......530

泌邑王氏置祭田記......531

泌邑創建魁星閣碑記......531

泌邑設立義學碑記......532

重修泌邑普濟堂碑記......533

義和寨寨門石匾......534

周口市

周口市（商水縣）

中州治河碑......537

中州治河碑......537

重修關聖廟諸神殿香亭鐘鼓樓並照壁僧室戲房及油畫諸殿鋪砌廟院碑記......538

鐵旗杆記......539

禁止演戲需索訛詐碑記......539

周口市關帝廟柱聯 540
創建春秋閣各行商抽分毫厘碑記 540
周口江南會館碑 541
山陝會館春秋閣院創修碑坊兩廊看樓客廳工作等房鋪砌甬路院落碑記 542
山陝會館春秋閣院創修牌坊兩廊看樓客庭工作等房鋪砌甬路院落佈施抽積銀錢
　碑記 543
山西眾商折煙號捐積銀兩建戲樓而今完工告竣書名勒石各號施銀開列於後 544
陳州府正堂示諭碑 545
重修關帝廟歲積厘金記 546
重修關帝廟記 550
八家商號行商期盼圖刻石 552
石坊柱聯 553
羅祖會公買地基文約碑 553
曾國藩給慈禧太后同治皇帝的奏疏碑 553
李鴻章爲張樹珊立祠奏摺碑文 554
釐金碑記 555
山陝會館碑記 556

商水縣

重建玉皇閣碑記 557
重修玉皇閣碑記 557
古埂碑記 558

汝州市（臨汝縣）

《汝帖》後記[1]

　　《格古要論》云："《汝帖》十二卷，摘諸帖字，合而爲之。"《金石錄》云："《汝帖》十二石，並無改摹者。舊藏汝之望嵩樓，明季頻遭兵燹，雜瓦礫中。國朝順治間，觀察范承祖綴拾殘碼，益以詩跋，增二石，修輯爲十四刻，移置署左寅賓館壁，剝落日久，殆無遺跡。"道光六年，州牧董大醇擇畧可辨識者四石，從寅賓館復移署西室壁，顏曰存古，以名軒焉。歲戊戌，予來牧是邦。公餘搜古，見壁所存，又漫漶不復識。惟范君附刻詩跋目錄，字少完整，輒感慨係之，嗣搆古雒故家藏本，依舊十二刻，其爲范君修輯，前原揭無疑也。予方纂乘事竣，適有工石刻者，囑依原本字畫存缺鈎摹勒石，兩載告成，就存古軒左構室藏之，前朝故物，不終湮沒，文字之刼不終墮。一二好古之士，不終患留遺者之寢無考見亦數也。予固不敢居是功云。

　　道光壬寅孟秋，三韓白明義謹誌。

（碑存汝州市博物館。王興亞）

風穴首座顯真禪師壽塔

顯真禪師塔銘

　　顯真禪師祖，居山西潞安府長治縣人氏，年甫十歲，在本縣華嚴庵出家，禮師廣濟禪師，受戒于靈山堂上月繁和尚座前，行住汝州風穴，常住四十餘年。每日作務勤勞，真心檢點常住，早晚禮佛誦經，曾不缺減。門弟子五百餘衆，各各頂戴奉行。

---

[1]《汝帖》爲中國北宋匯刻叢帖。它與《淳化閣帖》、《泉州帖》、《絳州帖》並稱爲"四大名帖"。此帖係宋大觀三年八月，汝州郡守王寀集《淳化閣帖》、《絳州帖》及"三代而下迄于五季字書百家"而成，輯錄先秦金文八種及秦、漢至隋、唐、五代名家書法九十四種，共一百零九帖，舊刻十二石。帖石寬0.4米，長1.1米，帖中目錄標題爲王寀自書，帖尾有王寀跋語。因刻於汝州，故名。曾任河南巡撫的清代碑刻學家畢沅在其所著的《中州金石考》中稱贊《汝帖》爲"真宋室之鴻寶也"。此帖鐫刻完成後，鑲嵌在汝州官衙"坐嘯堂"的墻壁上，後移至汝州北城門附近的望嵩樓上。清代詩人孫灝在《汝帖》詩中寫道："望嵩樓高高入雲，舊藏汝帖天下聞。"明末戰亂，望嵩樓樓焚碑殘。汝帖碑刻被丟棄在馬廠中。清順治七年，巡道范承祖將石移置道署賓館，並增刻第十三、十四卷，實爲范承祖等人題跋。遂成十四塊碑刻，重新收藏於衙門，安置在西園存古軒中。道光十八年，州守白明義見所存碑文漫漶不復識，又自洛陽購得《汝帖》宋時原拓一部，重摹諸石，鑒於范承祖所做跋已失，白明義又加上序、跋和目錄，並加蓋汝州官印爲記，補刻八石並築室保存。於是，汝帖成爲二十塊，仍藏存古軒中。後因戰火頻仍，《汝帖》刻石屢有散失，現存爲十七石。宋刻叢帖原石存世者獨此帖，現仍存於汝州市博物館。

本山當代方丈真修率兩序衆弟子等仝立。

大清道光二十三年十月中浣。

（碑存汝州市風穴寺。王景荃）

重修法行寺碑記

汝城艮隅，舊有法行寺，蓋聞法行寺者，即古之法華寺也。梁武帝時，有志公參禪白下，本《法華經》，以覺世法有由，而寺之名，亦因是而傳。追國朝瀋陽范公來巡於斯邦，方培植克殫護法之力，自范公今百有餘年，中間修補者屢矣。嘉慶丁丑重修後，迄今寺宇類圮，金神剝落。余于庚子春，訓蒙寶寺，瞻拜之餘，愴然心傷。癸卯冬，適有本地方好善樂施諸君意欲重修，約余相商。余甚嘉衆志之向蒂，遂各捐己資，募化四方，不數月間，自佛殿以及觀音堂、白衣閣、廣生殿、六祖韋馱殿、准提拜殿、至山門、周圍院牆，俱皆煥然一新。告竣後，求記于余。余嘉諸君之善舉，亦感佛祖之靈應，不揣鄙陋，載筆志之，以垂不朽云爾。

郡庠生漁翁張通智景虞甫沐手撰文。

郡儒童鶴村席憲文監周甫沐手書丹。

郡監生竹友吳秉淵七虞甫沐手篆文。

大清道光貳拾肆歲次甲辰拾月。

（碑存汝州市文物保護管理所。王興亞）

重修風穴寺碑

賜進士出身河南汝州直隸州前直隸保定府署清河道三韓白明義撰。

郡癸酉科舉人候選教諭丹篆尚夢書篆。

郡優廩生福堂玉樹基書。

風穴寺依山作宇，本號白雲禪院，其峯巒秀拔，甲於西京。昔人所稱，非虛語也。至創寺始末，或云昉自元魏，或云鼎建自唐。然萬曆中，郡守劉公觀文《遊風穴詩》云："宿莽殘碑有漢文"。漢文，則漢代遺蹟，當時猶及見之。今已不可考矣。明季中原板蕩，風穴寺宇，僅存數椽。

國朝順治年間，郡守林公中寶始議修葺，後人因踵而增華焉。余筮仕畿輔，於道光戊戌調任汝。旁公退之暇，遊茲山，見萬柏參天，蒼萃欲滴。塔影沉沉，諸峯如笈。既喜與山靈有夙緣，年來恐殿宇漸就傾頹也，因亟籌倡修之計，適體元禪師坐丈席，□捐衣鉢資相其役，謀諸屬縣及合境紳民，亦正休善勸施，乃鳩工庀材，撤舊更新，殿閣廊廡，次第營建。於是年二月告成。從此，宗風善緣，綿綿不替，鐘鼓魚磬，響徹巖阿，上為聖主祝鳌，下為庶民祈福，佛天感應，永保太平。固司牧者所深望也。爰濡筆而為之記。

本寺當代方丈真修率兩序仝立。

誥授奉政大夫、知汝州直隸州事加五級紀録十次白明義、汝州同知孫瑞昌、汝州城守營李萬松、汝州儒學正堂王太田、汝州儒學副堂高賜祐、汝州右堂錢致遠、魯山縣正堂許、郟縣正堂汪杰、寶豐縣正堂盧經、伊陽縣正堂楊珍秀。

化主李濤、總理工程李桂聯、廩生王涵、武生孫朝桂、□□彭鰲、□□□張應辰、歲貢郭雲松、舉人尚夢書、廩生王樹基、山陝會館、布經歷李本宗、監生周海朝、奉直大夫王章成、□□□□樊錫齡、訓導吳耀庚、監生馬長庚、監生于廣宛、武生于廣治、州同樊□臺、監生王廷對、□□□李本種、監生□□福、監生馬善鳴、監生馬冬鳴、武生郭登麟、生員王忠信、生員張光澄、監生楊泰來、□□大夫李泮、訓導王厚成、永福典、生員陳濟堂、監生李士潔、監生楊大晉、監生岳仙齡、監生計法五、監生黃漢章、職員韓國慶、千總汪清一、州同蘇定和。

本寺當代方丈真修率兩序：

知事煥章、總理西田、監院永光、都監妙□、後堂妙一、首座惠林、西堂四賓、堂主妙憚、參□馨齋、書記誠慈、□主道欽、□藏天然、直歲敬生、知壇了乑、典座正果、□□明空、副寺慈文、維那樂然、知客笑峯、知浴林□、知殿秀然、燒香萬珠、記録明境、延賓聖□、寮院西院、副悅西□、副悅沽□、悅泉□□、庫司悟□、堂司景奉、知粲道路、衣鉢明奄、治客通宣、治□海照、聖僧慈祥、聖僧法柛、書狀成太、□□德□、司水永亮、□粲覺路、□燈常太、□主廣學、化主潤空、清粲覺禮、□□太、監收□臨、監修盛果、清粲能祿、□生善善、典務□□、倉庫懷粲、□□覺寅、行堂善尭、進照泓純、茶頭洛摸、飯頭通遂、司水普□、怗祭□才、□座覺善、□□修倉、莊頭清榮、巡山善林、飯頭清照、磨頭印漢、磨頭法春、門頭□□、行□□融、火頭善勤、灑掃絡太、□□心法、□浴覺貴、水頭□蹟、火頭清山、□□□□、照實□□、刷印□明、知性亞興、竹□覺參、□子□□仝立。

大清道光二十五年歲次乙巳三月上浣穀旦。

（碑存汝州市風穴寺。王興亞）

風穴山白雲寺送子觀音碑

粵自西天聖出，震旦教開，瞻步洲覆，冒慈雲大小，界照臨慧日，黃金布地，園號給孤，白壁沉淵，尊來救苦縷絡，並臨諸佛香花，尤奉觀音，寶筏渡津，引登彼岸。金繩啟路，度入便門，地下憐鬼餒，若爇世上廣螽斯太，似春生法苑蘭吹，入夢之香翠，護靈山，護滿宜男之草。此期降元鳥高謀，因而有祠，書吐祥麟，尼山所由致禱也。惟茲風穴之山勝傳臨汝，爰有白雲之刹，建自李唐。數千年燈炯長明，幾十傳，禪參頓津守宗，代有高僧抱佛，紛來士女。顧菩提之自在，猶錫允之缺如，用發虔心。莊嚴寶相，現出蓮花，滿座佛手香孩，翻殘貝葉，名經婆心。衆母從此依幡頂禮，咸仰慈容□室心香，彌昭靈感，羽幢葆蓋，送來天上石□，瑤閣璇閨，坐弄人間銀鹿，未必非廣慈悲之路，遂祈禱之誠也云爾。

業風吹識入脆胎，獄户深藏實可哀。每遇饑虛倒懸下，頻驚粗食壓山來。

聲聞到此心猶昧，菩薩於中慧未開。誓割愛緣生極樂，華中產取玉嬰孩。

前知汝州直隸州事山陰陳彥泳敬撰。

當代方丈真修率大衆仝立石。

鐵筆石廷獻。

咸豐閼逢攝提格如月穀旦。

（碑存汝州市風穴寺。王興亞）

宿白雲寺

丙辰歲，蓉屏太守謂茲山據一郡之勝，意欲於寺葺新廊增以助，士大夫歌詠登臨興，乃體師正主茲山叢席，大闡法輪，因力襄厥功，遂不數月間，諸務煥然巍觀。落成時，蓉屏太守又命予代志崖略，以作他日翠嶂赦厓之鴻爪。而體師又約予彰大頌蓉屏太守功，能于政簡刑清餘暇，恒保茲寺長留于竹柏掩映間，如魯靈光之巋然獨存，歷宇宙而不容磨滅者。因宿茲寺而喜並記之。

偶向禪林小住車，翠微遍踏夕陽斜。窮來幻相雲千片，浣去塵心水一涯。

榻冷客眠鴉抱樹，齋空魔擾蚖含沙。明朝碧碣摩挲處，豪上或開智慧花。

咸豐五年。

（碑存汝州市風穴寺。王興亞）

創修廣生神殿碑記

【額題】永垂不朽

汝郡東北距城三十里，紫霄峯上舊有玉皇廟一座，有善士馬士俊施香火地數十餘，公後馬永會、馬永祿，曾以地所積之錢文，除用有餘，因而興其善念，與合社人公議，又創修廣生神殿，并金妝神像，於二月初八日動工，至七月初二日告竣。蓋生物者，天地之心。而廣生神者，聖公聖母，詩詠則百斯男正，以天地之心為心，而默佑斯民生育蕃延者也。今廟宇既立，使祈子者得子，求孫者得孫，生齒益繁，民數益衆，豈不稱盛事乎！以是為序。

潁左學段望之超然氏撰文沐手敬書。

馬門向氏施拾千整，開荒成熟並修四大明路。

社首宋福、馬步衢、馬宗堯、何進武、楊進法、馬玉、馬文、馬永安、馬驥、馬克勤、何金、馬明、孫百一、何景太。

石工趙書法、劉堯旺。

泥水工王士祥。

木工趙行。

堂工栗建祿。

以上共花費 乙百五十七千八百八十文。

大清咸豐六年十月二十五日立穀旦。

（碑存汝州市風穴寺。王興亞）

重修文昌大士諸殿並增建憩舍碑記

【額題】百代流芳

郡丙午科舉人候選知縣羅衍疇訪九甫選［撰］文。

郡癸酉科舉人河內縣教諭尚夢書篆甫書丹。

吾郡出北門不二十里，有風穴山，分嵩少之一支，帶汝流而特起，岡巒迴合，豁然中開，則白雲寺在焉。□唐開元初建，至今千數百年，都人士及四方賢士大夫來游，□歌垂名志乘者，代不乏人。竊怪東坡蘇先生以名流宦汝，惟惓惓於郟邑峨嵋形勝似蜀，有菟裘終老之志，而茲山□□署無一語，豈當年屐齒未經，亦如康樂愛永嘉山水，獨遺天台雁宕耶！及讀《洛陽伽藍記》，所謂南朝四百八十寺，無一存者。而吾汝白雲禪林，獨歸然於竹柏參差間，乃知萬物明晦有時，而大造鍾毓之奇，胥待表彰於賢達也。

丙辰夏，牧伯程公勤政之暇，登高眺遠，顧而樂之，以斯山据一郡之勝，而文昌、大士諸殿，棟宇摧頹，東偏游憩之所，基宇湫隘，思欲葺而新之，廓而增之。因謀於主寺體師，而先捐廉為眾士倡。時體師以宗風宿德，大闡法輪，承是命即興。閤郡紳耆同參善果，無不慨然樂從。於是，墜溷沾茵，咸崇正覺。□□禪□都破老慳，願力既堅，信從自眾師，乃匪棟匪舒妥究，爰度樸斵丹艧，越數月而厥功告成。猶懼斯事之湮沒不彰也，謀勒諸石，而以文丐予。予以初祖對梁武語辭之。師曰："否，否。善出有心，是為小果。善出無心，是為上乘。我法中須彌納，大千世界，一粟現丈六金身，無非羣響畢臻，萬感咸應。今牧伯倡善如此，眾士從善如此，非所謂大願船主造福無量耶。況乎亭館新開，足愜幽賞，牧伯政清事簡，攜朋挈榼，咏於斯墅，圍棋而望，繫蒼生亭醉酒而樂同太守。衲雖不敏，未獲如白□□金山留帝之地，而使後之覽者，撫今追昔，愛樹思人，於《循吏傳》中添一段風流佳話，不更為名山生色耶。"予聞之，瞿然曰："師言若此，是使牧伯之倡善，眾士之樂善，均於吾師之同善備之也。吾敢自居忘善，而不勉為一言哉！"爰濡筆而之記。

商水縣知縣曹文昭捐銀四刄。

誥授朝議大夫運同銜知河南汝州直隸州事加十級紀録二十次程廷鏡捐錢壹百仟文。

署理汝州直隸州副堂彭慶銓捐錢拾仟文。

汝州直隸州城守營魁齡捐錢伍仟文。

汝州直隸州儒學學正周汝霖捐錢肆仟文。

汝州直隸州儒學訓導高賜祜捐錢肆仟文

汝州直隸州吏目方慶保捐錢伍仟文。

化主永福當□錢伍十仟，山陝會館錢廿五仟，訓導張西池錢廿仟，生員李祉元錢廿仟，縣丞樊登祉錢十仟，教諭尚□書錢十仟，監生韓國慶錢十仟，舉人羅衍壽錢十仟，監生鄭蘭錢十仟，監生杜發錢十仟，生員葛愷錢十仟，職員馬起□錢八仟，光禄寺署正彭鳳翔錢八仟，右司□彭鳳□錢八仟，奉直大夫李持錢八仟，布經歷李本生錢八仟，翰林院侍□李本禮錢伍仟，布經歷李本□錢伍仟。

監生朱汀、舉人趙文光、監生馬長庚、拔貢李紹白、廩生郭玖、監生□丙辰、監生徐士延各錢伍仟。

廩貢沈壬沅一千文。

生員高長和、居士李明□、生員李清□、武生□□□、增生王楷中、從九王化、生員王□，各錢□仟。

本寺當代主持體元真修率監寺慧林等仝立。

鐵筆劉書堂。

大清咸豐捌年歲次戊午九月中浣穀旦。

（碑存汝州市風穴寺。王興亞）

唐貞禪師開山軼事

貞禪師，京兆人。唐開元間來汝，於城北十八里，喜其山水幽僻，可為卓錫地，因疊石覆茅，僅以蔽體。時山有虎患，村民勸使他從，師笑謝之。是夕即有三虎伏師足前，師以手摩之曰："汝欲皈依我乎？佛道戒殺，此後不宜啖人。"虎則點首會意。嗣後，師每持鉢出，一虎居守，一虎導行，遠近神之。太守某聞之高行，入山造訪，師方趺坐，虎瞑伏不動，見守至，師起叱虎曰："有客且去。"虎即弭耳退出，較善覺之。大空小空又何以異。守與師接談之頃，頗契機要，因慨然以建刹為己任，兼之參士傾風輦金而至一塢，白雲遂成福地矣。師嘗收得柏子數斛，隨手擲之，祝曰他日梵輪不壞，法印永傳，當令柏生滿山，故至今山中古柏鬱鬱葱葱，然此亦嚼楊枝植地即生之義也。出山五里許，田畔有巨石，如臥牛狀，趨耕者不以為便，移置他所，其家得禍不測，寺僧有識者曰："此貞師穩鉢石也。"蓋師初來時，置鉢其上，石之得名以此，舁歸原處乃安。戊午八月，予遊此山，與體元上人偶談及此，而創始之碑，蕩然無存，想因滄桑迭變，久付劫灰矣。然體師叢林宗主，傳聞有自，必非風影捉摸，妄為此言，至當日太守亦所謂大護法，善知識也。而傳者軼其名字，惜哉！

俗衲羅衍疇識。

清咸豐八年歲在戊午九月中浣之吉。

（碑存汝州市風穴寺。王景荃）

風穴山白雲寺十方叢林清規序

叢林規範，原是吾祖師百丈大智禪師之所立，已極明確，但時代漫遠，後人有從簡，遂至循習。雖諸方或有不同，然亦未嘗違其大節也。余處衆往往見朋輩，抄錄叢林日用清規，互有虧缺。余因公事少暇，悉假諸本，參其異，存其同，而會焉。親手揀擇，頗為詳備。目曰《叢林校對清規總要》，釐為上下卷，庶便觀覽。吾氏之有清規，猶儒家之有《禮經》。《禮》者從宜，因時損益，此書之所以繼師祖大智而作也。比邱之法，貴在清貧養道。丈夫立志出家，舍俗出塵，名利一刀兩斷。方是有志之士。發誓游方，參訪名師，親近善友，抱道德纔是佛祖之嬌兒。既有參禪之志，莫離發心之初，生死關前，豈能容易。且叢林乃聚衆之所，陶鎔之爐，正是煉金琢玉之處，並非收銅貯鐵之坑。先賢設清規，斷末法之不肖，安像季之衲僧，是皆前輩宿德，先後共相講究紀錄，愚不敢私，以所聞所見而增減之。如前所謂，參其異，存其同，而會焉爾耳。觀者，幸勿病諸。

計開：

一、無事不隨衆上殿者罰。

一、佛殿內涕唾者罰。

一、驕慢高聲驚衆者罰。

一、偷盜常住者重責出院。

一、犯根本大戒者重責出院。

一、挑唆是非爭斗者重責出院。

一、與年少沙彌結交朋黨者出院。

一、假借常住化緣者重責出院。

一、破口相罵交拳相打者重責出院。

一、犯過不遵規矩者重責出院。

一、無故攛寮閒談雜話者罰。

一、早晚出坡不到者罰。

一、除有公事老病者可容。

一、放蕩不規出入冲靜者罰。

一、無故私走俗舍者罰。

一、閒談人之過惡者罰。
一、不滿期告假者罰。
一、假病偷安者罰。
一、上殿課誦班次紊亂者罰。
一、二板不回堂者罰。
一、動氣發麓者重責。
一、酗酒賭博者重責出院。
一、出入不告假者罰。
一、見尊長不起者罰。
一、無病私造飲食者罰。
一、無事不隨衆過堂者罰。
一、見尊客侮慢者重責。
一、師訓語抗拒不尊者重責出院。
一、穿堂直過無禮者罰。
一、做佛事不到者罰。
一、執鉗錘而不恭者罰。
一、問對不起無禮儀者罰。
一、毀經破像輕慢聖賢者重責出院。
一、攪羣亂衆妒賢嫉能重責出院。

以上數條各自懍遵，如有瘋顛魔人一併遷出，決不寬恕，勿得狥私，懍之慎之。

郡從九職高春融敬書。

本山當代方丈體元真修率兩序大衆仝立。

大清咸豐八年歲次戊午秋九月中浣穀旦。

（碑存汝州市風穴寺。王景荃）

重修龍王廟碑

且天下事不有繼之者，則前人所創者，無以增其華。然僅有繼之者，則前人所創者亦難。要於久此，相繼而起，無在不竟□□也，而況建廟之舉乎！永福山前離城五十里，舊有龍王聖廟，在昔王甫士與鄭起二公，曾經整理數載。王浡、王沐、王景義、王景德、重修舞樓三門，繼此王九言、王九範、諸公又好□□重於殆遍，前人之功德，豈不巍煥哉！然亦多歷年所矣。迄今風雨漂搖，諸工將隳，不惟無以妥神靈，亦並無以壯觀瞻矣，可慨也。□有王公景光九牧、盧公繩周等，念吾儕托處宇下，時仰霖雨之施，屢被澤潤之恩，目擊心傷。不忍坐視其廢，因要同環居□士商議重脩，乃好善心同善士無不欣若。於是，各捐己貲，各出人工，神像廟貌加以潤色，院宇山門增其式廓，其將舞樓整飭維新。舞樓前添修月臺，廣栽樹木，以便神人之遊觀。爾時，衆也樂赴。不數旬而工成告竣矣。余適經過此地，賞嘆不已。諸父老因命余為文，余恨不能，窃即所修增者，聊為俚言，以誌不朽云。[1]

石匠郭鳳口。

皇清咸豐玖年立。

（碑存汝州市風穴寺。王興亞）

明心大禪師功德序志

咸豐十年春月，明心師傅親詣方丈，禀白先法師體上元下修公老和尚法座前，自言平素減省，零星積蓄錢一百五十千文，施捨風穴，常住點燈供佛，每年十月十五日起燈，正月十六日夜止。點燈之處，大殿前後常明燈二盞，中佛殿常明燈一盞，韋馱殿常明燈一盞，祈保風調雨順，國泰民安，法道興隆，僧門永慶。謹書其事，以勸將來。

當代方丈空鐘率大衆識。

大清同治四年冬十月吉日立。

（碑存汝州市風穴寺。王景荃）

粧塑泰山廟神像記

泰山神聖，蟒袍束帶，朝冠朝靴，附身襯衣輦駕。年深久遠，敝者宜修。獨力難成，募化四方。善士信婦，各捐貲財，共襄厥事。使之煥然以新云爾。

功德化主[2]

大清同治捌年季夏月立。

（碑存汝州市風穴寺。王景荃）

欽加七品軍功太學生王老先生明醫碑

醫道之著，由來久矣。就登邑而論，業岐黃者，指不勝屈。第為醫者雖多，而可傳者實鮮。恭維同文先生，諱鳳書，本儒修之粹美，通醫道之深奧，其生平濟世活人，率非尋常可及，而且有請必應，毫不吝。夫國手無幣不却，時常持以冰心，視彼聲價自高，

---

[1] 以下爲功德主姓名和捐資數目，字多模糊不清。

[2] 開列姓名，字多殘。

挟技漁利者不啻天淵焉。我等誼屬親友，感佩尤深，用是畧述梗概，敬勒諸石，以誌不朽云。

諸親友：□貢席尚賓、增生郭金銘、監生賀良善、監生劉慎范、張國榮，史連元、王雲林、庠生常鳴諒、生員許長治、監生高長庚、監生楊廷舉、壽官王永慶、張富川、監生李太清、監生王作賓、監生范用賢、監生范循章、監生張嵩茂、監生王恩恭、生員呂文正、生員呂法平、監生張敬修、生員呂文重、生員呂文運、李花辰、監生申久遠、□□杜先進、□□杜名道、監生王文之、生員許枰、監生賀德純、監生林桂芳、儒童呂從周、監生耿成欲、□孫宗賢、□□劉邦傑。

儒童呂益三、儒童陳國安、監生常永壽、監生李萬清、生員苗甫田、士□簡如蘭、監生王珍、監生熊善□仝立。

龍飛同治拾年歲次辛未秋九月中浣之吉。

（碑存汝州市風穴寺。王興亞）

重修汝北玉皇山三官殿距城三十里碑記

□環汝皆山也，其東北諸峰惟玉皇山尤美焉。東有香爐青山環列于左，西有老祖白雲並峙于右，南有風穴蒼柏掩映於前，北有嵩麓紫檀扶疏於後，四面清秀令人愛慕，千尋高峻動人景仰。其巔舊有玉帝神殿一楹，傍有三官神殿一所，每於朔望祈雨之際，升降拜跪之時，嫌其狹隘難以容膝，合社有修葺崇大之志。適有本村善士監生馬君諱文玉，急公好義，不惜勤勞，將本山前坡地稞籽，自咸豐五年，經營至同治十二年，共積官錢二百餘□，以為維新之資。因于合社友楊、宋、何、馬諸君公議商通，協力興工，重修三官大殿一周，創砌月臺三丈，開修車路一條，屢金神像數尊，不數日工程告竣焉。將見傾圮者燦然改觀，頹覆者煥然一新。勒諸貞珉，永垂不朽云。

郡太學生鄧有基植固氏撰文。

郡儒學童賈文燦若氏書丹。

首事馬驥、馬振東、馬步衢、楊進發、何玉、馬永安、宋聚德、馬克智、馬振北、馬克勤、馬振魁、馬永錫、馬新榮、馬魁、何清地、馬克俊。

監工馬克平、馬克順。

木匠趙興。

泥匠黃天錦。

石匠劉元旺。

畫匠栗建祿。

大清同治十二年季春月上浣穀旦合社仝立。

（碑存汝州市風穴寺。王景荃）

皇清武生松齋樊公（金山）墓誌銘

【誌文】

皇清武生松齋樊公墓誌銘

誥授中憲大夫刑部廣西司郎中壬戌恩科舉人加二級姻愚晚李清和頓首拜撰。

例授儒林郎候選布政司經歷愚表兄馬起雯頓首拜書。

例授修職郎歲進士候選訓導愚表兄孫其昌頓首拜篆。

公諱金山，字連湖，松齋其號也。世居汝北樊河畔，為望族焉。曾祖諱紹閔，字孝哉，太學生。存心忠厚，以農為業，力耕養親，朝夕不息。祖諱克振，字公拔，號依川，太學生。承厥父志，克勤克儉，殫心經營，家業始昌。父諱錫齡，字與三，號雲溪，太學生。議敘國子監典籍，例贈登仕郎。雲溪公器局不凡，性至孝，有克諧風。處世輕貲財，重禮義，賙貧乏，濟艱危。鄉黨中莫不感德焉。況素精岐黃，活人尤無數乎。董州尊修文廟，葺城垣；白州尊續州乘，雲溪公皆與有力焉。母范太孺人早辭世。馬太孺人性孝順，有閫德，生公昆玉六：長諱金盤，字承膏，道光丙午科武舉，候選千總。次諱金蘭，字心一，武生。四諱金鑑，字茹萬，武生。五諱金城，字會圖，議敘八品職。六諱金瀛，字仙洲，現任廣西鬱林州吏目，又蒙郭宗師保舉七品。公行三，大排行行四，武生。繼母毛太孺人，仁慈惠愛，一門雍穆。公生而聰敏，長英毅有大志，雖未能遽登貴顯，而棄文就武，早歲已遊泮池矣。居平事親孝，訓子嚴。敦友愛以睦兄弟，務恭謹以接親朋。賦性剛直，不委曲以徇人；矢念公忠，戒欺罔以涉世。且樂善好施，尤人所難。本里中陳姓無子，欲買妾無財。公慨然給錢文，令其買妾，毫無吝情。本族中無塋地者三四家，本里中劉姓亦無塋地，公慨然各與地，聽其葬埋，并無德色。他如謹出入，慎取舍，治家嚴，臨事果，懿行紛紛不勝枚舉。

公生於道光元年十一月十九日午時，卒於同治十二年閏六月二十三日子時，享年五十有三。元配淡孺人，武生平安公女，武舉居安公姪女。生子一，瑞昌，娶陳氏，舉人悝齋公女；繼娶劉氏，德泰公女。女一，適溫姓。繼配孫孺人，萬泰公女。生子一，隆昌，娶張氏，警齋公女。姪八：榮昌、吉昌、永昌、運昌、恒昌、其昌、慶昌、全昌。姪孫：長春、春生、隨生。堂兄諱金臺，字景燕，州同。堂姪：文運、文斗、文泮。堂姪孫：玉麒、玉麟、玉欽、玉堂、玉五。今卜定本年九月吉日申時，並啓淡孺人櫬合葬於三列庄南之新塋。爰為之銘曰：

汝墳毓俊，嵩嶽鍾賢。黌宮名列，裕後光前。勤儉素勵，孝友夙全。景彼芳躅，慨慕流連。嗟哉伊人，輕財重義，賙乏濟貧，施貲捐地。瓞衍瓜綿，雲礽昌熾。陰德懿行，千秋不墜。

男瑞昌、隆昌泣血納石。

大清同治十二年季秋月吉日。

（拓片藏河南省文物考古研究所。李秀萍）

皇清特授修職佐郎南陽府新野縣訓導楚材楊老夫子（榕）暨元配辛孺人合葬墓誌銘

【誌文】

皇清告封修職佐郎楚材楊公墓誌銘序

皇清特授修職佐郎南陽府新野縣訓導楚材楊老夫子暨元配辛孺人合葬墓誌銘

先生河南汝郡人也。祖居楊古城。自曾祖純一公始遷居楊家樓鎮，又遷葬高祖良輔公，於本鎮西南半坡以立祖焉。純一公生璞玉公、西崑公，俱例贈修職佐郎。西崑公生天申公、鼎甲公、萬秋公，俱貤封修職佐郎。璞玉公取鼎甲公爲愛嗣，聘李孺人，溫惠淑慎，實生先生。而鼎甲公克敦儒業，始以文學起家，人文益蔚，先澤未艾。蓋觀於先生而知經神有靈，書帶遺香矣。先生諱榕，字楚材，柳橋其號也。昆仲四，而先生居長。次楷，郡庠生。次模，郡庠生。先物故。次樨，業儒。先生好恬淡，厭浮華，事親能承色笑，讀書不屑章句。既補博士弟子員，旋由貢而就職訓導。持己惟謹，待人惟恭，撫弟成立，教子知方，閨門蕭穆，若朝廷焉。一域之中，默然向化。至設帳汝西，不受束金，四方從遊雲集。先生教之，無不先品行而後文藝。咸豐初年，天降彗星。先生曰：此兵象也，可不豫爲計？即商分州牧趙創修印山寨，人皆迕之。先生不顧勞怨，鳩工庀材，克底厥功。皖匪突至，保障一方。人謂其經濟素裕，寅知其學識兼優也。同治八年，選授新野，仗義疏財，重修白水書院。置圖史，厚藁火，邑內士子無不在春風化雨中。又修忠義祠，而民俗丕變，皆知效死報國。至於和寮寀，睦閭閻，猶其餘事。光緒三年，歲大祲。凡汝人至署，竭力救恤，全活甚眾。公餘之暇，手不停披，年逾六旬，未嘗稍懈。適己卯歲，翟孺人訃至，先生即發喪。或勸曰：院考方過，束金盈門，何不少留。先生曰：繼母亦如生母，利祿非所敢懷也。於是，歸里，家居數載，片紙不入公門。時遇寅輩，猶復諄諄教誨。奈寅比年舌耕，方圖歸而常侍函丈。及旋家，而鶴駕已仙遊□。老成殂謝，能不悲哉。

先生之没於光緒八年十二月二十三日子時，距生於嘉慶二十二年九月初六日午時，享壽六十又六。元配辛孺人早見背。繼配溫孺人生女三。箆室王孺人，生子一，名之坦，郡庠生。娶伊邑從九銜張公元良女。先生長女適石臺鎮千總銜劉公進璧子槐三，次適太平庄按照磨郭閱恭子金銘，三適古城監生王公貫一子探本。坦卜以本年三月初三日葬先生於先塋之次。先期泣請寅銘。嗚呼！寅與先生誼爲師生，德業皆所親炙。其没也，坦之不幸，實梓里之不幸也。寅忍辭哉。爰洒泣銘曰：

嵩山鍾秀，汝水發祥。有伊人焉，累代書香。修己以敬，規員矩方。光風霽月，逢人熱腸。棣鄂華韡，桂馥蘭芳。名垂竹帛，功加梓桑。孝友立政，推及家邦。十年新野，桃李門牆。先生已没，姓字愈彰。卓哉先生，山高水長。

郡庠生員受業劉寅頓首撰文。

癸酉科拔貢受業陳鳳閣頓首書丹。

己卯科舉人受業趙濂頓首篆蓋。

午龍入首。

丁山癸向。

孤前哀子之坦泣血納石。

大清光緒九年歲次癸未三月初三日穀旦。

（碑存汝州市文物保護管理所。李秀萍）

重修三官殿碑記

【額題】永垂不朽

聞之禦災捍患者祀之。況三官尊神，在周厲王時，上益國計，下利民生，誠所謂禦民災，捍人患者。無殿宇以祀之，何以妥神靈、酹神庥乎？是以玉皇山舊有三官廟，不知創自何代，建於何時。世遠年湮，廟宇頃圮，至光緒元年，馬文、馬玉二君，率領各社為之重修，廟貌神像，煥然一新。一時之虔拜祈禱者，皆歡欣而鼓舞焉。忽十一年間，巽二作威，烈風怒號，倏將棟宇摧崩，垣牆折損，凡觸目警心者莫不感歎。所以馬文子克平、馬玉子克亮，二君突起善念，欲繼父功，遂與同社楊、宋、何、馬諸君商議，無不欣然樂從，仍以社所蓄積錢文，鳩工庀材，不數日功已告竣，廟已改觀，欲勒琬琰，求敘於余。余鄙陋不文，□誌□實，以為後之樂善者勸。

鐵筆申宗法。

津邑生員吉桂亭撰文。

津邑儒童梅大生書丹。

合社人馬克平、馬魁、馬驥、馬振北、馬克亮、馬倫、馬振魁、楊萬林、馬慶雲、馬殿雲、馬朝雲、馬良、宋聚成、何清池、何謙，仝立。

大清光緒十三年前四月下浣穀旦。

（碑存汝州市風穴寺。王興亞）

中嶽行宫重修碑記

【額題】□播千秋

蓋聞千古之英靈，非莫托疪，百代之神聖，必有憑依。神之須乎廟也尚矣。況中岳為四方之主，嵩岳峻極，式呼致靈，弋室爭秀，雖然，山川不異，其神之無二，則所以宅天中者，更不容或略焉。汝郡東舊有中嶽廟一座，大殿弌間，拜殿三間，關帝殿弌間，火神殿三間，弌官殿三間，閆君殿弌間，廣生殿三間，以及山門、周圍垣牆數楹，由來已久，廻憶創修伊始，不知幾費經營，若何募化，而廟宇神像乃咸有輝煌之觀。迄今代遠年湮，風銷日蝕，不覺殿宇傾頹，牆垣圮壞，聞之者莫不傷心，見之者盡皆慘目，撫衷以思，將何妥我神靈乎！茲幸有靳全鳳、李鑑等，募化衆村紳民，各捐己貲，同雇人工，以建鴻勳。幸版築之維力，既云登登，欣廟貌之聿新，復致翼翼。凡四方謁斯廟者，不禁煥然改觀，肅然起敬也。茲值工程告竣，勒諸貞珉，永垂不朽云。

汝郡祀生丁畏王敬亭氏撰文。

戶部主事李鑑仙峯氏書丹。

光祿司署正職李海蘭瀛仙氏篆額。

首事：

戶部主事李鑑捐錢拾柒串，靳全鳳捐錢拾壹串，都司職李鎛捐錢拾串文，程敬先捐錢拾串文，靳全學捐錢玖串文，監生張欽捐錢柒串文，尹錫爵捐錢柒串文，程文合捐錢柒串文，王清俊捐錢柒串文，馬清秀捐錢陸串文，張天義捐錢陸串文，靳法深捐錢五串三百文，王鳳儀捐錢肆串文，吉心碩捐錢肆串文，高維新捐錢三千五百文，李春華捐錢叁串文，任守汴捐錢叁串文，焦河圖捐錢弌千五百文，尹煥捐錢弌千五百文，路萬里捐錢弌千五百文，□□孔目李□省捐錢貳串文，靳元森捐錢貳串文，監生馬錫捐錢貳串文，李建基捐錢壹千八百文，高維生捐錢壹千叁百文，布政司經歷李本宗捐錢壹串文，監生石仙鑑捐錢壹串文，靳元錫捐錢壹串文，以上皆係首事。

刻字人謝貞元。

住持王玉法仝立石。

龍飛大清光緒十三年歲次丁亥孟秋之月穀旦。

（碑存汝州市風穴寺。王興亞）

風穴寺二方丈捐資度荒碑

風穴為臨汝名勝，山水之奇，甲於中州。山腰有大小二穴，時有風出，故名其山為風穴山。自唐貞禪師卓錫於此，肇開叢林，香花梵唄之盛，千餘年綿延不絕。至光緒丁丑、戊寅，歲值奇荒，齋糧缺少，難養僧衆，賴本寺前方丈誠慈大和尚暨當代方丈靈光大和尚，各出衣鉢餘貲，充入寺中，以為度荒之用。而方外之有餘貲者，亦皆傾囊相助，補其不足，是僧衆得以保聚，而佛法賴以不廢者，二方丈之力居多焉。迄今誠慈、靈光二方丈，俱已圓寂。慧仙大和尚入承法統，叢林日有起色，將紀其事，以永其傳，囑記於余。余因敘其巔末，並將各捐僧上下數目，開列於後，勒諸貞珉，以垂不朽云爾。

郡廩貢候選訓導雲從甫范乃龍撰文。

郡後學處士成章甫斐然書丹。

□□誠慈和尚捐助錢壹百柒拾千，□□□□（錢）二千六百，助施當慈雲堂東滑地價錢貳百伍拾千，前方丈靈光和尚捐助錢壹千柒百串整。□□□曉徹師捐助小麥兩石柒斗捌升。□□□菩提寺捐助小麥叁石，玉秋秋叁石。車坊祖師廟捐助□□玖石伍斗，□事恒安師捐助錢叁拾壹千文，□□廣泰師捐助錢拾柒千文，□□心朝師捐助錢玖千伍百文。

本山當代方丈昌信和尚率兩序：[1] 仝立。

龍飛光緒拾柒年七月上浣穀旦。

鐵筆張從明。

（碑存汝州市風穴寺。王興亞）

重修白雲寺石橋碑

竊以白馬東來，宣般若之妙蘊；青牛西度，著《道德》之秘言。迄至漢唐，始建寺宇，幢幡寶蓋，供養如來。禮佛誦經，誠求懺悔。自此大地之中，有如三家鼎峙，普天之下，共說六道輪迴。此佛法行於中國，而與儒道並重者也。

郡城北白雲寺，勝地也。嵩嶽亙於北，聳峙如屏。汝水橫其南，縈洄似帶。塔艷貞師，永結人天之正果。洞稱吳公，忻傳道學之高風。凡茲名勝，均載志乘。寺東觀音閣前，出清水一泓，寺眾提汲於此，因往來不便，建石橋焉。然而歷年久遠，傾頹已甚，遭時變遷，補葺無人。時在辛卯，余館於寺北袁家窰梁君京魁家。春遊寺，僧為余言："石橋之壞，提汲維艱。欲為補修，余力不從心。何？"余歸，與東君謀，東君慨然無吝色。蓋惟茲美舉，雖非一木可支，而獨結善緣，不借眾人之力，誠盛事也。翌日，偕東君至寺，與僧言之。遂度其功之難易，量其費之多寡，出錢壹百六十串，非敢佞佛，以求福庇也，亦行其心之所安而已矣。自光緒十八年冬起修，至十九年春落成，因其基以增其制，羣誇便宜，革其故而鼎其新，共瞻鞏固。茲值功成告竣，惟思善不可沒，僧丐序於余。余與梁君交莫逆，不獲以譾陋辭。爰藉楮墨，聊抒俚言，勒諸貞珉，永垂不朽。是為序。

登邑廩生范瑞溪甫硯塘撰文。

懷慶府河內縣訓導范乃龍甫雲從篆額。

郡後學處士黃斐然甫成章書丹。

本山當代方丈慧仙和尚率兩序：

大眾首座月朗和尚、西堂省道和尚、副寺德禮、知殿淨地、糾察勝光、書記朗道、条頭瑞風、監院崑□、總理興道、維那香齋、知客龍源、貼庫選明、悅眾海珠、記錄仁育、燒香淳仁、知眾海寬、知藏瑞泉、堂司靜禪、庫司祥五、悅眾智明、副悅緒順、寮院通林、

---

[1] 以下人名，字多殘。

請客本智、智壇隆華、衣鉢昌祿、延賓覺信、知浴能裕、殿主祖合、倉庫貞梅、侍祖德清、耆舊法祥、圓頭隆田、營辨應瑞、貼案湛平、監修常法、化主本薺、行堂昌奇、公務戒寬、火頭清蓮、飯頭淨榮、照客海望、知隨仁傑、典務宗正、送飯寬臣、侍者真富、灑掃昌雲、行者行雲、茶頭興海、巡山興盛、門頭心平、拂子貞建仝立。

鐵筆張從明。

大清光緒十九年孟夏月中浣穀旦。

（碑存汝州市風穴寺。王興亞）

太學生積石王老先生明醫碑

積翁王老先生懿行仁術碑序

昔唐陸忠公致仕後，手集醫方數十卷。宋范文正公亦嘗言："不作良相，必作良醫。"蓋調燮陰陽，保合性命，治教而外，醫道為鉅。故醫人必正人而後可，我積石先生其庶幾乎！先生印萬巖，積石其字也。其先嚴同文公，品行純粹，居家以孝弟聞，事叔嬸如父母，友堂弟如同胞。處鄉党尚忠信，不畏強，不欺弱，不負人託。凡爭執不平，經公排解，如同冰釋。尤其大者，同治年間，捻匪倡狂，東洛衆舉，公為團練首。公尚義好勇，糾衆築寨，東黨西禦，捻匪卒不為此地災。蓋其才德實有過人者，而遠方撰碑，徒誌其精岐黃焉，淺矣。積石先生事父最久，團練等寨與有力焉。其德行性情與乃翁如一輒。故冠婚喪祭，多先生董其事，任勞任怨，均不辭謝。継父精岐黃術，臨症施藥，妙手回春。履潔懷清，冰心如玉。俗有利市封子，亦不收受。人無論貧富，求必應，請必至，風雨霜雪，概無推阻。先生又教其子少先生世貴，專精醫道，濟世活人。而少先生亦能善継父志，事焉懿哉。德業則三世濟美，心地則一塵不染。信與古人為醫之意相脗合，而足勒諸貞珉歟。

邑增廣生員秀峯劉鶴亭頓首撰文。

邑處士木臣程詔鐸頓首書丹。

諸親友[1]仝立。

大清光緒二十年十月二日穀旦。

（碑存汝州市風穴寺。王興亞）

遊風穴山

竹丈兼芒鞋，來尋山中寺。一僧雪侵眉，接引敦古誼。

坐石證無生，拈花參妙意。攜手伴登臨，勝境饒奇致。

---

[1] 開列姓名一百零九人，字跡模糊。

穴中風颯然，探聽心亦悸。金錢宛錚縱，箕伯恣遊戲。
更有洞藏雲，變幻何所譬。白衣成蒼狗，忽離乃忽萃。
諸有本空空，欣戚可無事。且禮貞師龕，浮圖堪翹企。
且酌喜公泉，瀠洄八水積。竹柏影交加，沾衣衣染翠。
履齒印蒼苔，月光下山㸊。疎鐘出煙林，縹緲天風吹。
古稀壽仙羅衍疇題。
光緒二十年歲在甲午小陽月吉日。

（碑存汝州市風穴寺。王景荃）

風穴省公禪師白雲叢規記

郡庠生錢琴羅光祖撰文
露軒王燦林書丹

風巒墓沼□振錫一燈燃，千百燈續，以故□稱□庭其間。繼席□山嗣嚮廣慧者，□曇憨詣□宿勛，皆嘚嘚能□葱嶺□意，況脫閱扈賜遊嵩，皓首庞□。叨仁宗天顏忝霽，積□□□□□出，故且皇萼寵褒，莊□□□歸慈，曇慧因藻翰永瓴山間，較葦渡後機鋒不投遠匹。乙未，□予遊，偕松翁□□同人蠟屨後，罘參省公禪座，□驃翠微□尚接禪板便打，又驟後頭路滑，有窘行腳，予豈□及啟來微意，而省公亦以□□，是心是由，是心是法，啟我鈍根，幸予蓽□嗣□性不□，內不□，另外不□，中間與燦□師同□而松翁並□同人猶□□耳，□尚家風飄，亦驚華巖□白馬惕□門爿乎處。刹竿末□□一門慮得而測之，此威音君以旹有□孔□鐵鑄任□悲八卍四□姥羅瞥亦摸索不著，不其□乎□，予欣耳。菩提有種，□□勃勃，□換□蛇脫皮，□論□螻蟻□，□□瓦甓溺□□俱有歸著，俱□□仁省公亦□□昔□。我覺上天青□梯沒地，餘十索蹬彼耆老云梯入地，盡覺瀰哉。倘弗狂瀾砥，致使傢教凌□□□罵□草□人，天其不貽，牟尼鳳生，一手指天，一手指地，□者為累，□□是重，□戒□再整清□，即凡擔荷而來掛褡絲宇者，□潙山飯，屙為山屎，恐習慧者道替，其修束誠者因繫其禍□體認，或茄種瓜負重擔，經獨木橋上行，一朝失腳，便□漂泊，羅刹田地，國別般弱，不啟□羅□多，豈復有□胡不捧□座□進□□，百尺竿頭，一道一論，蓮八卍四□墻，又四□海水同弗使入一毫孔□，彌山□使入一芥子理□人□□是□。是予乃破顏而笑曰：揭諦。揭諦者曰甘露門，聞人皆刮目見。普□來瑟，身白象盤旋空際，庶他因瓶鉢□，衆拔釘去，楔不負今因布此鰻天□網，未遇一鰕一蟹，連蟶瞑蟲也。鷊撞入只丟這箇□□□子□，向□愚肋下，緊築三□，再照三門。另外，金剛阿恨恨□□□目麈去，盛皿革橐，成箇磨磚壁鏡燄□種子，真覺□尊拈花迦葉，微笑參徹，鷄□山宗旨，不待一口汲盡西江水，豈始向同道，詎必放下屠刀，叉手果因那箇是不精㶷，令某甲曰焯□來賣□布單奈□□呆呆捏弄乃爾，更俟師放泥盤呵呵，囑後點破，因有獨眼龍昏，謹將叢規臚筆於左：

一、住叢林者，志在焚修，須以法門中為主，不許小廟子孫慣作往來，踩踞踩躪。

一、遇接衣鉢源流後，雖未主掌禪席，即遭茶毗，亦算一代祖師，應亦由此推代纘緒。

一、開堂演法後，宜體常住，澹泊然燈一次，即便退休。倘逢和尚護履西歸，所有遺留蓄積，盡歸法子領受，絲毫與子孫小廟無干。

一、叢林傳代器物，留遺檀越，無非為鎮山門起見，不得私帶小廟，令器物抱埋沒頹敗憾，辜負留遺者一片婆心。

一、和尚遇入涅槃時，如子孫迎龕歸葬，經費均出小廟錯理。倘留常住，埋玉絲毫，亦由常住酌辦。常住子孫兩不相涉。

一、叢林着脚，須以靜字為鞭里工夫，勿得鼓唇弄舌，蜃樓海市，致動爭鬧種種，有失禪門體統，違者立即逐院，勿容逗留。

一、梵宇為朝山頭陀行脚歇足調病處所，並非為遊手好閑輩設一極樂世界。養賢不養閑，違者出院。

一、凡和尚傳源流時，只許三人接受，勿容敢雜過多，猶三門中，恐生紛更，亦止許各傳一支，輪轉嗣席。不得鷸蚌漁利互相蛇。

一、慈雲院地接洽，比猶屬沆瀣一氣，況舊歷代諸祖師，各通種種荸薺厚情，今後仍畫依樣葫蘆，睢眦纖絕。

一、山栢蔥鬱，不但壯觀，鷲嶺勝概，猶為貞祖手植餘物。撫今思昔，人耶樹耶，樹耶人耶，仰茲輪囷宜何護惜，忍縱斧斤。

以上數款，省師不過於百丈諸佛祖外，聊伸區區鄙衷，果有大德知識。再如龍樹，創源提婆揚旨，堪擬摩訶召阿，難倒却門前刹竿着想。吾能不於三千大千世界，浮居門中，而更翹企有其人。

俗衲王燦林、高春和、羅光祖、馬驥萬、馬錦堂、孟卿雲、鄧全章、馬其俊、尚殿輔、馬本立。

法末：廣寅、佛潮仝拜贈。

光緒二十一年清和月穀旦。

(碑存汝州市風穴寺。王興亞)

古香積寺碑

光緒二十三年歲次丙申孟夏穀旦
古積香寺
汝州直隸州知州錢塘吳若烺。

(碑存汝州市風穴寺。王興亞)

重修觀音大士廟宇神像記

嘗思有神必靈，有祈必應，神不靈不足以稱德，祈不應，不足表功。自古及今，往往皆然。美哉！隱惡而揚善也。至丙申年，七八月之間，旱。幸有公善社等，歎旱魃之為虐，欲祈雨於神前，神果有靈，倏爾祥雲四起，膏雨沛傾，未幾，而禾苗盡起，嘉穀遂登，上足有益於國家，下足有益於民也。衆善男信女，感神有靈，各出囊資，鳩工庀材，重脩殿宇，塗臒丹青，妝繪神像，殿宇燦爛，神像輝煌。此真屬有神即靈，有祈必應之一驗也。因工程告竣，統其顛末，而為之記。

郡庠生益山氏張士謙撰文。

郡典藉廷碩王殿輔書丹。

首事武生王松山、潘銘、張自新、馬子處、王邦柱、吳文運、陳東見、陳見魁、刘金玉、邵廣德、王何法。

魏金山、胡益田、徐明鑑、友聖、毛永□、和盛□、□勉賓、史泰瑞、牛成脩、毛其俊、黃公館、承公館、胡公館、徐公館、冀花、任應成、鼎盛德、源長泰、張富元、王宅中、大丰魁、合盛德、王汶、邢克印、張楷、崇盛德、張敏、王富元、王金亭、吳浩然、何錫俊、王喜善、邵邦傑、四知堂、王金貴、萬順永、杜丙辰、白雲尚、張倫、□潤、趙明德、于化賢、陳殿宣、何宗昌、楊夢昌、許全春、張春業、魏中海，以上各二百文。

化主李樊氏、王曹氏、丙程氏、黃□氏、高□氏、徐高氏、孫仝氏、徐張氏、張□氏、焦李氏、□□氏、□王氏、韓楊氏、韓常氏、婁張氏、程王氏、保王氏、黃尚氏、郭明香、李可、杜周、李程、范孫、程官、孫劉氏、□□、謝馬、邢李、冉陳、張范氏各 三百文。

侯何、安□、栗重、劉曾、蘭李、李佑、王李、張范、唐程、唐呂、唐龔、唐翼、王周、王吳、劉鄭、陳何、潘任、孫劉氏、李姜、李晁、李張、宋王、董范、趙范、陳李氏、王行修、郭波學、范慶修、王明義、陳仙修、宗修成、盛修成、周同□、馬明修、高康綸、郭明宣、李明富、魏周、魏孫、魏郭、宋朱、侯高、侯王、侯孫、樊衛、何王、何李、范唐、范任、范陳、范劉、何高、朱趙、李王、崔任、李李、崔許、何崔、陳胡、李王氏，以上各二百文。

魏趙、魏盧、王吳、王魏、王呼、王劉、王馬、程王、唐王、劉韓、李張、申李、劉尚、党楊、李曹、韓尚、羅申、劉□、邵劉、封丁、常吳氏、丁魏、丁林、郭楊、劉韓、王徐、羅夫、韓張、李郭、□劉、林蘇、韓丁、韓安、□朱、魏韓、張楊、毛□、常張、毛焦、孫王、喬邢氏，以上各二百文。

段田、霍□、劉杜、趙宋、田李、耿馬、董龍、王柴、王周、張王、□□、□林、□趙、韓張、蘇相、薛王、袁孫、丁任、杜毛、周徐、王趙、陳張、吳□、王蘆氏、范蔡、焦李、王毛、李程、王宋、王杜、陳王、吳劉、□□、楊張、邵高、李張、李趙、秦吳、王東、秦周、王張、高郭、蘇楊、□湯、董□、王□、司□、徐耿、王愈、鄭蔡氏，李邱、徐利、封丁、李范、秦薛、劉張、丁李、崔□、吳楊、李劉、劉□、王申、劉王、苑关、劉蘇、張□、□□、秦何、秦牛、秦王、焦□、劉□、王尚、張趙、曹□、林馬、張陳、時魯、劉張氏，楊夫、周徐、王□、彭韓、王□、李郭、柳張、常古、申□、□□、范董、朱馬、邢張、馬郭、馬牛、郭邱、蘆吳、馬王、邢陳、蘇尹、錢郭、蘆范、周楊、楊王、毛郭、趙李、范張、范于氏，陳劉、丁邢、丁趙、楊崔、劉林、丁□、陳馬、王李、□來、李郭、□□、龍呂、王牛、郭劉、□許、甯李、劉李、□王、張馬、牛李、王楊、齊范、劉姚、馬范、劉崔、馬張氏、靳焦、常李、李劉、魏任、王董、成孫、王□、任王、李韓、李□、藍于、李王、駱于、李王靳閆、李杜、于李、郝□、戍田、相馬、張王、周陸氏各捐一百。

曹任、劉常、劉王、馬王、劉秦、韓□、□□、□□、韓馬、□□、張任，馬相□王、□□、祝王、祝史、楊□、靳李、劉何、□□、陳韓、趙□、劉□、韓□、趙陳、周朱、黃王氏、程荊氏、王何氏。

大清光緒二十三年十一月中浣穀旦立。

（碑存汝州市風穴寺。王興亞）

重修劉希夷墓記

前年，余遊風穴山白雲寺，遍覽諸古迹，至寺前路左，見有唐劉希夷先生墓碑，讀悉意，急尋山麓，而荒烟蔓草，復耕為田，徘徊間，感慨係之，欲修，未果。丁酉春，少儿承志，□書白雲寺。一日，歸省，亦以重修為請，且云：方丈省師，久有此志，實獲我心，夙願怦然。噫，余以一布衣，地無立錐，不得躬耕餬口，自完清操，日為謀生計迫，淪落風塵中。半生僕僕，方自顧不遑，既不當修葺之責，更何暇博修葺之名哉！獨是不為修葺，將圮廢日甚，並當年之斷碣殘碑，亦漸就埋沒，渺不可考矣。竊慕先生一代風雅之士，實不能為之恝然者，於是，即託省師鳩工修之，重封馬鬣，環以甎牆。庶幾山因人重，泉石生色，人並山壽，姓字久傳，且從而歌之曰：

雲山蒼蒼，泉水泱泱。先生之風，山高水長。

大梁馮寶堃謹識，男承志敬述並書。

大清光緒二十四年三月吉日立。

（碑存汝州市風穴寺。王興亞）

重修三仙聖母大殿□□火神殿山神殿思光奶奶殿並創修火神殿耳房一間作房四間舞樓三間碑記[1]

天下不可有□事之人，天下更不可無任事之人，然使必具密□察微之識，蘊經天緯地之才，負旋乾轉坤之力，□□許具可任天下事，將天下幾無任事其人矣。夫天下無無事之地也，苟能審其所當為，而貫以一味樸拙之心，則天下無一不可集之事，何者樸拙之心，不□□，不計利，不辞勞，不避怨，固人所樂助，而神所默佑者也。邑西南五十里，荊山之巔，舊有□□女三神祠。考其殘碑，創建於前明嘉靖四十年，而重修於天啟三年，國朝則一重修于康熙三十二年，一重修於五十五年，又重修於乾隆三十二年、嘉慶九年暨二十五年。蓋神之造福於一方，而為民所不能忘也久矣。嘉慶二十五年至今，又將百年，兵燹奇荒，相不而至，兼之雨剥風損，雀穴鼠嚙，廟貌傾欹，神像摧殘，有心者莫不感慨，而興亟修之念，俱功費不貲，居民咸聞□□□有盛、王、李□者，□□其事之不容少已，遂慨然自任，約眾經修，而至誠感神，百為具從，白叟黃童，皆踴躍趨事，已而，廟貌嚴整，神像莊麗，金碧輝映，□□□□□前此□頹敗于荒烟蔓草中者，氣像□不俟矣。復以餘資，新火神殿一所，接造耳房一間。是役也，需錢數百緡，需時數百日，所為極難而所成甚鉅，即世所謂有能事者，咸自愧弗如。抑知謂君無他長也，惟始終謂以一味樸拙之心而已。□日人心狡譎，多鄙樸拙為無用，其遇事也，不計可否緩急，惟以規避為得計，較諸君之果于任事而期于必成者，相去為何如耶！事竣後，立貞珉數方，凡有助於斯役者，涓滴必錄。又丐余為文，以誌其事。余不文，而深信樸拙之心，足以任事，而集之之為無虛也，於是乎言廟前有水一池，且為半月形，□丈許，去地尺許，大旱不少減，大潦不久溢，亦神泉也。舊碑多略而弗載，故附識於此。

邑庠生員程振鐸書丹。

廩膳生劉鶴亭撰文。

功德主：孔林盧景山捐錢四□□□□百文，生員□□捐錢□□□□百文，□□盧鳴鳳捐錢式拾壹百文，□□王起元捐錢式拾□串文，孔林盧崑山捐錢拾捌串文，李興業捐錢拾九串文，韓天爵捐錢拾□串□百文。

首事盧鳳春、王成剛、李廷臣、王起祿、馮作舟、鄭五元、李凌雲捐六千文。

李吉辰□仟一百，□盛代錢式仟，李長錢一仟一百，王成文錢一仟八百七□，鄭德錢一仟六百，王黑妮錢一□□，王瀾錢一□□，盧正錢□□，魏□錢一仟，孫□廣个一仟，吳建德个一仟，馮金錫个一仟□□，王約旦个一仟□百，王江氏錢一仟，屈法錢九百，王啟祥錢五百，王杜氏錢四百，鄭善根錢□百五十，李□芳錢二百，郭朝錢一百。

---

[1] 該碑字跡多模糊不清。

皇清光緒叁拾年歲次甲辰荷月仲浣吉日敬立。

鐵筆高安，施錢伍百文。

石匠王□虎。

（碑存汝州市風穴寺。王興亞）

汝州風穴寺上諭

清德宗

欽遵光緒三十一年三月初六日，奉上諭：前因籌辦捐款，迭經□□，不准巧立名目，苛細病民。近聞各省辦理學堂、工廠諸物，仍多苛擾，甚至捐及方外，殊屬不成事體者。各該督撫飭令地方官，凡有大小寺院及一切僧眾產業，一律由官保護，不准刁紳蠹役借端滋擾。欽此。

（碑存汝州市风穴寺。王興亞）

重修玉皇山廟碑記

【額題】流芳百代

嘗聞民賴神之佑，神依民為主。惟天下心誠氣殷，□乃可以葺神祠，蒙神庥也。馬公不可謂誠且勇乎。公□克仁、甫紹湯，公□魁、甫殿元，其為人忠信，明決奮發果毅，渾公私於兩忘，勵端正於一生。忠厚老成人也。當光緒十九年間，進香山寺，值形勢之傾頹，目睹心傷，欲興葺而穹無資斧，惕惕然與諸公議曰：廟中地所稼之粟，積久滋弊，與其多蓄之無益，何若興築以借用，遂增補玉皇廟宇，金妝廣生神像，而用錢十五千三百文。越三年，三官殿與廣生殿，風雨漂搖，為塗既茨，繼用錢二千文。乙巳春，重修者山神廟棟宇、廣生殿月台、靈宮、龍王神像，均塗丹臒，又費錢十八千有奇。夫二十年中，或因或創，幾費經營，至再至三，頻加邁往，盡其心，殫其才，竭其力，黽勉從事，不敢告勞。則其所為，皆智巧之士所推避而不肯為者。公直任之而不辭。向非肫誠事神，奮勇赴公，能若是之，一成不變，一往直前乎。《書》曰："神無常享，享於克誠。"又曰："惟上帝不常作善，降之百祥。"馬公有焉。洎告竣，命勒詞貞珉，永垂不朽云。

石工王殿卿。

汝庠生景堯董庭蕡敬撰。

郡佾生元興張金鎔書丹。

社首馬月令、馬克平、馬復旺、馬克信、楊萬林、馬克寬、馬慶雲、馬克忠、馬長、宋□德、何說、馬岳雲、馬火奇、馬□雲。

大清光緒三十一年孟夏月吉日立。

（碑存汝州市風穴寺。王興亞）

保護風穴寺財產告示碑記

欽遵光緒三十一年三月初六日，奉上諭：前籌辦捐款，迭經諭令不准巧立名目，苛細病民。近聞各省辦理學堂、工廠諸物，仍多苛擾，甚至捐及方外，殊屬不成事體。著各該督撫飭令地方官，凡有大小寺院及一切僧衆產業，一律由官保護，不准刁紳蠹役藉端滋擾。欽此。

具禀人僧正司興邦率廣仁、寅仁、純仁、仁來、湛盈等。

為門開甘露，法覆茲雲，公肯栽培，庇護普提，事緣僧等自葦渡尊者一葉開五花後，衣鉢授受，演振宗風。紛紛苾蒭，招提蕃衍，宗區蓋釋。猶民也，民猶釋也。並非三頭六臂，毒患人間。雖中南北分宗，要是棣萼□仲禪讓接緒，依然喬梓雲礽。那說鹿苑掩映，竺望須達布金，胡看獅座輝煌，端杖監河貸米。況且耕田鑿井，塗足沾身內，而自勤生活，廣置土田者，無非貽謀。傳諸兒孫養育法種，是已不知幾經艱難，幾經甘苦，而始成此梵修之業，得享長保香火之舊也。胡今僧等祝國佑民，不負食毛踐土，反起刁紳蠹役種種，橫義沸騰，令下逐客，獨不想本年三月間，僧等早蒙上諭，恩加垂青，且並非有沙汰闍黎等，謹將上諭抄錄粘呈，奈爾時學堂公務雖七佺愧緊急，料憲臺熟籌公款，因當別開生面，數踰恒沙，何屑獨於閑雲野鶴中。令擾方外緇流，經執貝葉偈歇蓮花，斯時叢使觀音有八萬四千母化，羅臂亦摸索不著，無從以下手，又況憲臺衣寒食饑，痛瘝動關，焉忍僧等棄擲捧喝路絕，成佛作祖，徒令持智慧劍莫□，以破煩惱城者乎！為此，公懇老公祖開方便之門，早化毒龍孟象風波，小沙彌守極樂之界，還遵馴講，滅魔□度，究何待許詢，舍宅十間，竺水壞須彌之山，要豈徒鴻一築堂萬免智炬，燃金剛之刹，結波羅之果，墜天女之花，要惟在我大君子□角，春風一吹，噓間已耳。謹其愚衷，無仁悚惶，伏候鴻裁。

光祿寺署正、歸德府考城縣教諭、廩膳生員、子青馬驥萬書丹。

三十二年十一月初二，蒙松老公祖批，查此案前據各鄉紳耆因籌辦蒙養小學堂，應將向無住持之破廟禪院，查明廟產，辦理學堂等情，本州念切時艱，意謂既無住持，莫若以廢棄之房產，濟公家之急需，飭令先行查明，再為禀辦。繼而整頓巡警保甲，飭令將庵觀寺院一律清查，提歸學堂，驅僧衆為遊民，本州辦事以秉大公不為己甚之舉，既□禀懇保護，侯出示嚴禁，以免藉端擾害，該僧正司等亦即回歸，約束衆僧照常守規安度，不得聽信謠言，滋生事端。切切。

特授汝州直隸州知州松一為出示嚴禁事。

照得前因籌辦蒙養小學堂，於各里紳耆將向無住持之破廟禪院查明廟產，作為學堂經費，本州批飭查辦。原以廢棄之房產，濟公家之急需，並非所有廟產一律提歸學堂，驅僧衆為遊民，轉失興辦要政之本意。現據僧正司興邦等以惡保土豪，藉端擾索，稟請保護前來。如果情真，大屬非是，除批示外，合行出示諭禁。為此示仰城門暨四鄉各該首事、鄉保、軍民人等知悉，自示之後，境內所有庵觀寺院，只許清查戶口，以絕匪蹤。至於一切廟產，不准借辦學堂為名，任意抽提，並向僧道訛索，滋生事端。倘有惡伯土豪以及在官人役，復向僧道藉端滋擾索取，即指名控告，以恁嚴究勿違。切切特示。

光緒三十二年春月初八。

（碑存汝州市風穴寺。王景荃）

蒙罷捐寺院庵觀田產碑記

昔釋迦摩尼右□應世，周行七步，目顧四方，一手指天，一手指地，曰天下天上，唯我獨尊，大哉佛乎！具此一腔廣大，慈悲無量，□□天大種子，豈徒丈六金身，得入清淨三昧日重，不立言語，文字落却者箇窠臼，苟得脫畧塵境，皈依法門，足使諦觀法王法。法王法如是，便即兔角龜毛，種種以幻世。今因學堂又開，當事者貲籌拮据，謀及緇流，瓶鉢偶有，沙汰口黎等意，幸前□僧正司，僧正興邦率領同忝廣寅、仁旺、純仁、悟來、湛盈等，遞票陳請，□帥子孔，不忍異見王之輕□三寶，遂令吃溈山飯，屙溈山屎，均懷當日如來善護，念諸菩薩善付，囑諸菩薩，胡肯瞿曇弟子歇絕成佛作祖途路，因共坦白素日祝，固佑民捍災禦患，滴滴□修情由，始挽狂爛於即倒□，此誠墜寂子於千百尺井中，不假寸繩，呼之夷然而出者。知非心存圓滿，明澈難許，杆木隨身，倐已否象，沉河狀出，老老大大一段公案，安仰三千大千世界，提眼唱，普眼靜，起一念，即空中普賢乘舞，六牙白象矣。奈何興邦倐無縫塔，忽入涅槃，□飄雙履西歸，則凡我衆生，佛固有緣，行□般若波羅者，多照見五蘊皆空者。當念如何享茲，安穩休息，如何守茲，晝夜倐持所得，能滅生死苦消伏於毒害，實不但將仗先僧正高明洞達，堪幻於側也。盆照耀三頭六臂，妙獻一切觀奇，伏魔燊相重使元沙輥毬依□法席。是古德所稱為一千五百人中，善知識者，即慈廣寅、仁旺、純仁、悟來、湛盈等，濟□諸大師，其間用力襄勞，恒得覺路重開，迷津復渡，其神駿亦猶一日一夜，役鬼神，造八萬四千塔，蓋其不致漂泊流入羅剎鬼國者，真覺須彌納諸一芥，四大海水，歸一毛孔，將有洋洋苦海，變而醍醐者矣。又況諸佛出世，為一大事務，願奏斯大庾嶺，頭一部功德者，當宜熟悉初祖，以正法眼，葳付可大師，並念破頭山前，紫雲若蓋，下分白氣六道，須各橫出一枝佛法，來覆蔭天下。老和尚舌頭在，莫逐一隊噇酒糟漢，敢同佛大勝多宗，陷牛跡絕味，迦葉拈花，微笑於付□襴袈袋，外付箇甚麼，恁便諾阿，難為倒却門前刹竿著。

汝郡候選訓導念之甫羅光祖沐手撰文。

郾邑後學比丘德清氏自均沐手書丹。

捐貲：觀音堂伍千文，寶山寺五千文，風伯廟伍千文，仙人堂叁千文，香山寺叁千文，龍泉寺二千四百文，寶泉寺二千文，藥師寺二千文，雲頭寺一千五百文，竹林寺一千五百文，仙林寺一千五百文，觀音堂一千三百文，水陸堂一千二百文，白佛寺一千文，冷□寺、□□寺、金剛寺、華嚴寺各一千文，寧固寺、申家堂大悲寺、王泉寺、崇興寺、上下堂、洪法寺、南關會館觀堂寺，各一千文。

□□寺九百文西□寺八百文。佛山寺八百文，龍□寺八百文、財神廟七百文，香照寺六百文，靜固寺六百文，有□寺七百文，毀林寺六百文。

竹林寺、大明寺、竹林寺、西大□會館，各五百文。

火神廟、慈雲堂、關帝廟、白衣堂、同善寺、雲水寺、觀音堂，各伍百文。

烏龍廟、崇興寺、油涼寺、報恩寺、開勝寺、嚴和寺、祖師寺，各伍百文。

國寺、洪教寺、祖師廟、湯王廟、尹家堂、八里廟、□□寺，各伍百文。

頭□寺、嚴和堂、君田廟、興隆寺，各四百文。

土地廟三百文，關帝廟三百文，大廟三百文。

徐家堂、土地廟、□王廟、關帝廟、黃灣廟、穆家堂、□□堂，廣生堂、二仙廟、龍興寺、楊庄廟、張家堂、士地廟、關帝廟，各三百文。□□□、□□□各□百文，王家廟、□□□、□家堂，祖師廟、老君廟、火神廟，各二百文。

火神廟、龍□寺、各二百文。十方院□百文。

鐵筆李進溫。

大清光緒三十二年歲次丙午仲秋桂月上浣。

闔郡寺院庵觀仝立。

（碑存汝州市風穴寺。王興亞）

重修廟宇碑記

郡東中嶽廟，我汝聖地也。其間有崇聖、關聖殿、閻君、火帝殿、廣生、三官殿，屢被風雨剝蝕，鼠雀穿鑿，二十年之間，已瓦崩露天，磚頹墜地矣。周圍諸村善士目睹心傷，各捐己貲，鳩工庀材，丙午秋，重修諸殿，不越月，而工程告竣。予同學友李君海晏子清氏，屬予作文以記之。予即邀李君同遊其地，見其實則仍舊，貌則維新，覽其歷來碣文，皆屬重修碑記，不知創自何代，因慨然曰："何此鄉善士之多也！"予觀夫中嶽勝狀，在汝郡震方，前面汝海，後負嵩麓，鐵爐繞其左，黃澗環其右，山鐘靈，水毓秀，宜其天降時雨，地成嘉禾，人生善士也。尤可慶者，崇神禍淫而福善，關聖疾奸而喜善，閻君折凶而壽善，火帝焚惡而庇善。聖公聖母抱幼子而送循良之家，則祖孫可相繼而為善。三官敘□倫而享馨香之祀，則兄弟可相勸而為善。由斯以推，善士之重修廟宇，不惟地靈人傑而亦神惠遞及也。《詩》曰："維嶽降神，生甫及生。"言善士也。《禮》曰："凡有功於民者則祀之"，言祀典也。民之相地以作廟，因時以奉祀，而報其深恩厚德也，亦善在則然耳。然非善善相承，焉能一傳再傳，綿衍於數千百年間，而重修不已哉。略陳數語，勒諸貞珉，俾後之好善者可以觀感而興起矣。又從而歌曰：

嵩高極天，托脈汝田。篤生善士，萬代香煙。

郡稟膳生員姚金鎔化德氏沐手撰文。

郡庠生尹文彬協中氏書丹並篆額。

首事光祿司署正李海瀾、候選教諭癸巳恩科副榜李艮埧、李新、庠生尹熙如、石邦彥、和敬先、王維三、王慶、李春華、高維西、馬光安、張金盤、李道生、張天秀、監生尹錫弓、張金拴、尹錫勇、監生張安之、高維新、張金貴、李春芳、任復慶、張金山、尹煥、馬景陽、和連、張天勤、李全生。

木匠文克儉。

土工馬天孟。

住持武師。

大清光緒三十二年歲次丙午孟冬之吉。

（碑存汝州市風穴寺。王景荃）

皇清例授武德騎尉任公（應成）墓誌銘

【誌文】

皇清例授武德騎尉任公墓誌銘

公諱應成，字丹九，姓任氏，豫南汝州人也。任姓爲汝郡望族，世有令德，多倜儻不羈之士。而天性豪邁，度量超越，未有如公者也。曾祖邦友。祖煥待，贈忠勇校尉。父德脩，武生。三代皆以孝友傳家。公襁褓中母氏見背，依祖母張以生。李令伯云："臣無祖母，無以至今日。"殆公之謂歟！未幾，公父又棄世。伶仃孤苦，艱辛萬狀。又值家道中落，往往日不舉火。然公不以是自困也。雖處窮廬，日月嘗存捫膺之志。回念家世，數以武科獲名。灣弓盤馬，矢志青雲。光緒丙戌，華竹軒學使按臨汝郡，拔列前茅，一時名噪黌序。州人士咸謂：虎頭燕頷，班定遠飛而食肉，我公殆其人歟？奈何棘闈撤後，蓬山空到，英雄氣短。時耶？命耶？嗣後改業魚鹽，經營擘畫，無不奇中。不數年而家道豐厚，儼然公子荊富有之室矣。公素性好客，喜交游，真有孔北海座上之風。如豫軍統領田公駐防汝境，相見恨晚，屢欲延之幕府，以資臂助。光緒丙午，西遂匪平案內，保獎五品翎頂。脫令天假之年，由此從戎以去，出其經濟，安知不立功疆場，勒名旂常也哉。乃運不酬命，竟抱病而終。年未五十，天邊奪之以去，豈不痛哉！公娶張氏。生子二：長冠三，次錫三。孫慶餘。桂蘭競秀，克家有人，亦可慰公於九原矣。

公生於同治元年九月初七日，卒於光緒三十四年九月二十九日，享年四十有七。茲卜葬於郡城東原之新阡。冠三攜行狀來乞銘於余。謹就其生平厓略述之。爰爲之銘曰：

汝水東去，嵩雲南來。中有偉人，磊落奇才。少年習武，無聲黌臺。晚年好客，北海樽開。惜不永年，未到蓬萊。佳域既卜，盤鬱崔巍。幽宮不閟，堂哉皇哉。

誥授奉政大夫欽加五品銜候選知縣補行庚子辛丑恩正併科舉人前汝州中學堂監督世愚弟張自新頓首拜譔。

誥授奉政大夫欽加五品銜揀選知縣己丑恩科舉人世愚弟張昂頓首書丹。

光緒三十四年秋月穀旦。

（碑存汝州市文物保護管理所。李秀萍）

汝州王君（寶賢）維盦墓誌銘

【誌文】

汝州王君維盦墓誌銘

盟津許鼎臣譔。

雒陽高猷書。

天之生物，聖人之制禮，使一本不可二。是故爲人后者，爲所后服斬，而報其父母不杖期。蓋父所后而世叔父母其父母矣。是故於其父母不諱其實於所，后必正其名。而爲其父母，情雖異於爲凡世叔父母，裁以世叔父母，而禮不敢，余而后尊統定。汝州王君維盦以光緒二十一年七月五日卒，無子。后以弟寶善子觀堂、寶仁子觀全。既卒之十二年，寶善卒。明年，叔弟寶三卒。又明年，寶仁卒，與君同月日葬。予既銘君弟寶善，君諸子則復固請予銘君。君諸子皆有學行而蘄無憾於禮者，其不過予言矣乎。君諱寶賢，武學生，娶常氏。卒時年四十八。其先世外內姓系葬所銘君弟具矣，輒不贅。銘曰：

君弟寶善性伉毅，君則易以穌。寶善疾惡嚴，遇之不少假辭色；君則無町畦，內有守而自若，容與以委蛇。寶善理揚家政數十年，無洪纖就綱紀，皆君爲主持，而始無不宜。君弱冠能躍馬張弓矢，諸弟騎射皆師君。寶仁遂衛宿匡坦，而翎頂恩命之遞加。三弟同君歸矣。諸子賫禮詳儀。持重於大宗，則不得不降小宗。此大經大倫也。彼豐昵者則那。

宣統元年三月。

（拓片藏河南省文物考古研究所。李秀萍）

誥授武義都尉補用游擊花翎侍衛王君（寶仁）墓誌銘

【誌文】

誥授武義都尉補用游擊花翎侍衛王君墓誌銘

洛陽高猷撰書。

君諱寶仁，字季安，號嵩汝。家世河南汝州人。曾祖克寬，妣路氏。祖畊，妣張氏。

父魁元，儒也，誥贈如君階。母孫氏，封淑人。今存君昆弟五人：寶賢、寶善、寶三、寶文，君次四。爲人坦易，好騎射。少年爲武學生，省試弓馬輒冠曹偶。然數困，七試迺售。光緒丁酉舉於鄉。戊戌成武進士。授花翎侍衛，奉職乾清門。君入宿衛，益以功名奮發。嘗語人曰：壯士生當萬夫長，死則血食百世耳。然數不偶。領侍衛大臣端王絕器君。端王之子入爲毅皇帝，後所謂故太子者也。君時始進取，人以此知君必驟達，莫不干城菁君者。庚子之變，景皇帝西幸。明年中外穌，端王貶謫。君侍衛如故。君陟武科，故出尚書松湘公門下。其後新政出，朝議出松公爲西安將軍。君請送之西安。將軍移荊州。君又之荊視之。將軍薦君江督所。時君已發江南，例且補游擊。未授任而將軍□。君聞將軍赴，則慨然曰：吾師乎！吾師乎！於是，從吳如荊，護其喪至京。返江南復候選如故。君之依將軍也，歷燕趙，走秦楚，匹馬仗劍，逍遛二萬餘里。形色憔悴，不以爲苦。將軍□後，君漸不自得，而端公重焉。端公者，今兩江總督，亦松公門下士也。用是故識君。端公薦君河南。河南奏留□授君豫軍營務處職，蓋將以次任用。甫一月君□。先是夷人陷京師，君自書歷□懷之曰：賊迫吾死乾清門。乾清門，吾職守處。俾來者知誰屍也。尋聞天子西，即赴行在捍衛。自是之後，奔波十載，庶幾得擁皋比，一信其志。及備豫軍差遣。豫軍駐周口。君且整理戎事，訓飭兵弁，以爲果可以有爲也。孰意君豎立死於如是而已矣。豈非命也哉。君性友弟。伯兄寶賢，三兄寶三，皆武庠生。兄弟相□師友，而仲氏督之，終始無閒言。君妻孫氏，封淑人。子四；觀治，州學生。觀周，記名外委。觀棟，幼讀。觀全，出嗣伯兄後。君宣統元年正月七日□周口，享年四十八。□三日，其子扶柩歸里。道中人多哭者。以三月十五日葬於城南黨家庄之東原。友人洛陽高猷弔之，因銘曰：

有大厦者，宜哉莫庸。有大力者，而猶歜通。豈天地之閉塞，抑材使之弗工。胡□□□□□□屬鼠壚，海內家□操人譚兵馴且世彫弱政無戎。以君氣義□艱□□□□□□足音已□歲富强仕□□□松。吾欲搔首上□天翁□辭□□□□。

宣統元年三月。

（拓片藏河南省文物考古研究所。李秀萍）

清故貤封武義都尉國學生汝州王君（寶善）墓誌銘

【誌文】

清故貤封武義都尉國學生汝州王君墓誌銘

孟津許鼎臣譔。

洛陽高猷書篆。

吾友登封劉僎卿，魁奇好大略，能先事指料天下事成敗。而居常蘄慕李文饒、寇平仲，顧所推當今世有用人，則必曰汝州王君荊珎。王君亦概不可意於當世，獨折服僎卿。又以僎卿故，特好予與洛陽高福唐。光緒三十二年五月初十日（殞），以宣統元年三月十五日葬。福唐既文預表其墓矣，而僊卿復督予銘。

君諱寶善，荊珎字也，國學生。以弟遊擊花翎侍衛，寶仁光緒二十七年陳請貤封武義都尉。曾祖克寬，妣路氏。祖畊。父魁元，誥贈如例。祖妣張氏，贈淑人。母孫氏，封淑人。君爲人精神溢於軀幹，顧而黑，聲琅壯如鐘鼓。略知書義，而起家赤貧。嚴嶄立志，概有不爲，抵弗移，搖弗動；有當爲，如鷙鳥猛獸之攫搏，牢把而又恐縱而逝也。每言時事，輒咄嗟忼慨。光緒二十六年，外諸國內犯，皇上西巡，寶仁特自行在所歸視君。君扼腕大不擇曰：子何官？今者何日？羣醜方橫，子死國事，甯不在？如今而歸，視吾治家。嗃嗃昆季，服食班諸子。服食班諸子。歲時閒出，人覩其衣履，輒知爲君家子。善治生，而施散尤務妥貼，推之微末纖璅，法程各井然。極之顛沛艱難，其心猶旁沛四浹而不易也。嘗逮繫州所，入見同繫者皆無食，輒命取大甕注米盡食我。值中秋，皓月東生，君買酒市果餌纍團大小數十，邀同繫者賭分，引滿謂諸君：豈期此日此處與王寶善飲酒乎？事解，同繫者送君出，皆流涕。君援筆書壁：王寶善雖在縲絏之中，然增益其所不能矣。顧命復注甕中米滿。送諸子試，至汴梁試院前，丐成衢。君坐獨輪車，囊錢數百口，縮至十，贏至百，差老幼疾病予，各如其意歡呼去。二十七年旱，出藏粟平糶，自三月至於七月，貸民錢月三仟。務薄其息，使爲小經理，賴以餬口。贍其室者千四百人。嘗對予自負謂：假使吾權國家度支，吾能使出入有經制，國家實受裨補而民不怨。君之繫也，蓋有倖受委來尋故，欲挫辱君。君大抗罵。及被繫，家人固欲伸理。君曰：若私挫辱我，我不可以勢焰屈。若官執天子法，坐堂皇治百姓，我百姓豈敢辭乎？卒不許賓禮。

僊卿課諸子讀而自督監之。嘗曰：要使埋首閉戶讀二三十年，安必通儒碩材不出吾門。榮成孫佩南先生所至齟齬。君聞予言馬水部奉夏峰田廬事。慨然曰：吾豈獨不能爲馬水部者？吾有敝廬可居。先生生，吾養；死，吾埋。固要予謂先生。死之日，遺命以腴田百畝，建宗祠，入其中，爲族子弟它日讀聖賢書者資。年五十有六。娶郭氏。長子觀堂，州學生。後伯兄武庠生寶賢。次觀本，監生。觀信，外委。觀銘，監生。女三，孫一人。君□，後生弟子觀潮、觀治、觀民并列學籍。科舉罷矣。遭君之歿，皆持喪不與選優貢試。君於兄弟次第：二弟曰寶三，亦武庠生。次卽寶仁。次寶文，國學生。君墓在於汝州城南党家庄之東原。銘曰：

太歲之在上章困敦，拳民兆亂。東南各疆吏藉口保護，在內之軍奔逃不戰。故事再三，循不得已，更定和券。立誅鉏開敵釁者二三百人，賠金四萬萬。一時拮据，羅掘分年子母算。正供不足，足派攤行省郡縣。派攤無出，迺亂絲牛毛稅釐之紛辦。然而肉已空，瘡愈綻。債台層築，更叠入天半。又況學堂巡警各新政費皆籌於民，往往入千錢而用實一錢之未見。有草莽之臣抱頍□，下爲民痛，上爲國憂，無可表示者一人。今死矣，其心倘皇天后土列廟神靈之所□。上花不蝕心□□，萬祀千齡兹石片。

宣統元年三月。

（銘存汝州市博物館。李秀萍）

欽加七品軍功太學生王老夫子甫同文懿行碑

　　嘗思樂利貽休，被澤者沒世□念甘棠遺愛，感恩者猶不忍傷。登邑西三過堯有王公者，諱鳳書，甫同文，習儒醫，濟世活人，任勞任怨，均不辭謝。生平素志仗義疏財人也。有一表叔，名曰胡進，自幼無父無母，殆所謂如窮人衆所歸者也。不得已，寓居王公家。起王公，悲其孤窮，為之置田地，買庄產，為胡進終身謀者，至矣盡矣，蔑□加矣。但置庄田之時，彼此如同一家，文約未與胡姓耳。胡進感德不忘，欲報無由。本欲建坊立石，為王公樹千秋義氣之名，無何，□志未遂，王公□亡，胡進亦沒。當年所置庄田之文約在王公家中，王公後嗣官印有王萬當與弟萬亭、萬景，侄世泰、世銘、世堃者，欲承先人之志，慨然寄文約於胡氏，不為少□與先人□義□財前後，何啻如出一轍哉？噫！真堪為家門之令子，當世之大丈夫也。胡進之子名曰二娃，感德不忘，欲率親友立碑，以誌報王公□恩，成先父之志，因丐余為文，余則述其大略，以示永垂不朽云。

　　邑庠生榮軒李秀林沐手撰文書丹。

　　諸親族：周天爵、從九林桂芳、監生杜連舉、監生杜□正、監生胡發科、王萬善、王九重、王鳳清、王萬祥、王玉璽仝立。

　　大清宣統貳年四月上浣穀旦。

（碑存汝州市風穴寺。王興亞）

補修妙水寺碑記

　　妙水寺列治西八景之最，稱勝地焉。鑿山導水，肇自漢、唐；標刹崇樓，續于明、宋。遠而南襟汝水，霧露之所湧濡；北負邙陵，斗牛之所磅礴。東望汝城，百雉槍羅；西瞻伊關，千峰屏列。近則崆峒敷翠於其前，包玉增輝於其後。左拱小山，鐘鳴響徹雲中；右揖深壑，泉湧音彈澗底。是知幽谷無私，有至斯鳴；洪鐘虛受，無來不應。蓋以如來理本空虛，示寂滅以息機，鑒別橫乎萬國九州；積氏法原無量，現默然而常照，功則極乎桑田滄海。行不舍之檀而施洽衆生，唱無緣之慈而澤周萬物者也。迄我國朝，葺理屢興，則見古殿巍巍，飛脊映朝霞而耀采，陪宮燁燁，虛簷井靈，沼以浮榮。勢異形奇，洵足曠心目；龍卓氣爽，猶堪怡性情。梅舒階砌，密室東暖；苔映礎墀，疏廊夏寒。松柏迎人，而祇園之掩映陸離，由以擴眼界；水山招我，而蘭若之幽深清潔，由以滌胸襟。學士傴居於寶地，歌聲雜經聲而俱潤；文人樓止於梵宮，道語和偈語以同清。以故尋幽逸士吟詠之詞，播諸碣額；選勝遊人墨翰之跡，溢乎屏聯。既而日愈時遷，僧徒聞而獨丁；年移歲轉，卉木寥乎無幾。門窗黯而少光，榱桷崩而無色；簷瓦墜而鴛□，池瀾泐而成礫。學灶露天，站神倒地，佃宅傾墮，豔光凋敝。靈官由是而失肱，玄壇因之而缺腕。鳥鼠則啄穿矣，而禪院之寂寥感觸無以平；蛛蛀則網蠱矣，而沙門之玄索咨嗟何由免？朔望非不瞻也，淋釃之獻難伸，春秋豈少祀乎，俎豆之儀莫展。陳陳昧昧，俾往轍湮於前軌，塞敗落嗟而頹圮，慨不啻廢山之觸目傷神，棄井之警心罋氣耳。於是，余同李君金銘、喜文、張君玉燕、玉珂、玉珊、玉燦、玉喜、玉剛、其光、其東、同道、同慶、王君雲章、道南、廣業、秉禮、馮君寅仁、寅賜、庚長欽、玉鉻、馬君金安、金玉、郭君金鑰、書田、書祥、史君朝江、武君中魁、朱君振業、萬鎰等躑躅殿中，蕭條興感；躊躇廡下，零落增悲，立志補葺，誓願重修。復以廣海洪瀾，勺水不湊；巨陵大阜，抔土難攢，所賴仁人君子，捐助壤流，以福為田，起泥塗之僕石。因心適果，扶枯朽之餘材。自庚徂辛，工程竣而式廓增。行見神象金妝，門窗丹臒，而叢林璀璨之光華堪仰；池檻鞏固，廟貌爛煌，而香剎晶照之景象可瞻，焕焕采彩，庶前軌繼，而後轍追，碩曼頌而輪負歌。可謂極洞天之雅暢，盡福地之崇觀，施彌洽而酬彌厚，澤俞固而享彌豐。洵堪為建齋設醮，捧經說法之壇也。是為記。

玉陽西麓運九甫馮凌霄撰。

白雲右麓天池甫李喜綸書。

宣統三年歲次辛亥孟夏之月中浣吉日建。

（碑存汝州市妙水寺。王興亞）

汝州州同銜梁君賑濟碑

《周禮》救荒十二，政典也。政者，君主之，而民不敢干。肰水旱之災，贇君相咨儆罟，維不啻父為子謀，而君恩未至，老弱作溝中瘠者纍纍，將江水無及於涸鮒，抑豻之吞蝕為禍，與閭閻中有好行其德者，耳目真而措施亦易周，酌盈劑虛，相緩急而豐約之，其獲益每較君恩捷，豈非國家所賴，而無人所共欽者哉！景皇踐祚，吾豫連歲不獲，竒災為二百年最。鄉先達袁文誠公，痛苦上書，得鄰省協濟數百萬，大吏持之不肯，至誠公欝欝以沒，而吾鄉卒未甚得其濟。斯豈人民之逃亡者十八九，而汝州之北，環熊山而居者數十邨獨尠，則梁君賑之之力也。

君名京魁，字殿卿，號姜塢。自登遷汝，絫世以貲雄，至君大振，而好施與。其法倣趙越州而稍有變通，按邨計戶，按口計粟，遠近異日，人日粟式升，月再周。元年二年間，為之三年，則遍數十邨皆賑。又波及吾登之聚落。四年秋稔，迺止。岂守汝者為山右鞠子聯，循吏也，甚器重君，親頒其門曰"為善完樂"，蓋紀實云。[1]汝舉子之費千金，以葺城郭學千金，建木千金，養及橋梁道路之費，質劑之銷，墓田之施，大抵踰萬金矣。肰身不服錦衣，家不製麗器，曰其先人家法肰也。其生平無疾言遽色，而雀角鼠牙之爭，彊暴橫逆之行，遇之皆冰釋，主持式方，保甲數十年，遠者亦爭附之以求固。蓋又以見好善之全，

---

[1] 此後缺一行，共五十二个字。

肰而彼寂而無應者，無真誠之積，以動之故也。君初難於嗣，中年後生四子：長邦新景周，庠生，鹽運同銜；次邦賫俊伍，郵傳部主政；次邦仁，外委；次幼讀。孫支繩繩，為善之報，方興未艾。此詎予阿私之論哉！今夏，予門人高萬峯，偕吳君玉印及孟津邢君存禮誚予曰："君之行動，遠近州與大府，所以獎藉者屢矣。竊謂朝廷風示磨勵，自政教之意，而忘足饜口惠者之心，伐石紀實，後其有徵。予曰："肰肰。"君固不屑以名市名之自，人則為善者勸而終始。其躬昌黎之所以勖其友，詎非儒者助流政教之義，遂書之不以蕪陋辭。

　　宣統三年九月。

　　登封劉鶴羣記。

　　洛陽高猷書。

　　鐵筆申學州、王成德。

（碑存汝州市風穴寺。王興亞）

魯山縣

御製至聖先師孔子贊並序[1]

清聖祖
康熙二十五年七月。

（文見嘉慶《魯山縣志》卷一《聖制紀》。王興亞）

御製四子贊[2]

清聖祖
康熙二十八年閏三月十六日。
户部尚書文華殿大學士張玉書奉敕書。

（文見嘉慶《魯山縣志》卷一《聖制紀》。王興亞）

重修琴臺記

魯山縣知縣王雍

古今所稱名山勝水，烟景雲物之區，未足深重，必有名公巨儒，卓犖天壤者，寄託其間，然後地以人重，雖百世而遙，猶令景其高風者，儼然若挹其人，非實有可愛慕不忘，亦烏能使人低徊流連而不能去云。魯治城北不數十武，為元紫芝先生琴臺故扯。余自讀書懷古，心竊嚮往者久之。迨承乏茲土，簿書少暇，偕二三僚友往觀焉。則見斷石荒烟，鞠為茂草，沙積塵埋，竟成瓦礫之墟矣。不禁慨然嘆曰："先賢遺跡湮沒弗葺，守土者安能辭其責哉！"于是，召邑之紳士父老而謀之，僉曰："仙令琴臺，攬方輿之秀氣，為登臨最勝之蹟，惟公有命，敢不竭蹶以從事？"乃擴其故基，經之營之，鳩工庀材，不數月，而臺遂以成。崇宏爽塏，視昔有加，跂如翼如，峷然起于蒼莽之中。諸峯來朝，勢若星拱，緣堃繡錯，映帶左右，於以暢襟懷而舒嘯歌也宜哉！況登斯臺也，東矚露峰，空濛杳靄，爽氣迎人；南瞻城闕，紺宮雉堞，若憑几席；北望烏山，揮戈返照之地，魯陽公之舊跡猶有存者；西睇虎頭，峻嶺遙深，土壤紛錯，益董課農固圉之思，暇則輒咨治具，討論古今，邀友浮白，書雲作賦，吟青蓮幾回，流碎月之詩，誦宣平穿雲入翠微之句。□地覽勝，因

---

[1] 見本書第一冊第3頁。
[2] 見本書第一冊第3—4頁。

俗維風，胥口斯臺一寓目而得之。嗚呼！先生之高風亮節，在千百年以上。余得從千百年以下，憮悟芳型，沐浴太和，比來盜息民安，絃歌微動。雖未有所表異，庶幾告無罪於先生矣。矧生長斯地者，毓靈鐘秀，聞風感興。今復有崇臺峻閣迴環，日星照灼，雲霞將見，人文蔚起，鳴玉天衢，余方為國家慶菁莪之化，寧第侈遊觀恣讌賞已哉！維時，野鳥山花，聲色互映，谷鳴壑嘯，萬籟鏗鏘，依稀高山流水之音，渢渢乎入耳也。遂援筆而為之記。

康熙三十四年。

（文見嘉慶《魯山縣志》卷八《地理志》。王興亞）

邑賢侯金麟老爺德政革除磁貨牙傭碑

蓋聞徵商之說，自古所賤。孔邇之歌，於今為烈。魯邑東北三十里，有鎮梁家窰，所出磁缸、碗、罐等貨，製造具係羈旅貧民，即運發收買者，亦係四方苦業行商。歷有貪污之輩，或指鋪司工食，或指徵稅牙傭，強梁科派，肆行勒索，行商坐賈，苦莫能訴。茲逢青天縣主金老爺，蒞臨魯邑，惠秉好生，明鑒萬里。凡有利於民生者，無不舉而興焉；凡有害於民生者，莫不革而除焉。為此，商民關啟漢、張貴清、王運廣等，將前事據理稟明。幸遇爺臺清廉正直，素卜中州，萬民瞻仰，曉知歷來固習，蒙恩釋開仁慈之德，嚴行禁約，將磁貨牙傭不得妄取分毫，一切陋規皆盡行革除，使行商坐賈永沾洪恩，實為萬民清弊之仁政也。但恐日久弊生，倘後有不法之徒，見利生邪，仍蹈前轍，公行強索，致商民有沾恩之名，無沾恩之實。為此，闔屬商民並四方商民均戴洪恩，勒石刻碑，永遠除革，感恩以垂不朽云。

皇清雍正十三年歲次己卯三月季春穀旦。

闔鎮山陝商民仝立。

（碑存魯山縣文物保護管理所。王興亞）

御製平定準噶爾告成太學碑[1]

清高宗

乾隆二十年歲次乙亥夏五月之吉御筆。

魯山縣知縣臣鳴陽敬刊。

（文見嘉慶《魯山縣志》卷一《聖制紀》。王興亞）

---

[1] 見本書第一冊第 29—32 頁。

御製平定回部告成太學碑[1]

清高宗
乾隆二十四年歲次己卯十二月之吉御筆。
魯山縣知縣臣鳴陽謹刊。

（文見嘉慶《魯山縣志》卷一《聖制紀》。王興亞）

重修文廟前記

陳鳴陽

　　癸未之春，余承乏茲邑，抵任後，恭謁文廟，時大成殿重修甫畢，丹艧未施，週視兩廡，戟門、欞星門等皆土木疲憊，不可撐支。泮池亦淤塞無涯涘。余惕然恐懼。詢之兩學師暨多士，乃知廟經歲久，一切當新。始建議設策者，為前令中衛敬菴王公，時經始於大成殿，廓舊制而高之。將以循次增飾，為茲邑成巍煥之觀。役甫興，而調任南陽，時乾隆十七年也。嗣是人事參錯，糾結紛紜。至十九年，而長洲宏受張公來，乃因其規模經營，而大成殿始成。諸役尚未有以興也，而以引年致仕又去。余益惕然恐懼，不敢遑寧。乃首捐俸金，鳩工飭材，冀成兩公未竟之業。而邑紳士亦惜其久而少成也，於是，各效輸將，唯恐或後。然後廟中規模未有，復其舊，歲時致祭，乃始有可以觀瞻者矣。嗟乎！一廟之役，凡更數年之久，成之者歷二三人之手，天下事成敗遲速，各有其時，未始不如斯，顧以國家尊崇先師之至意，儒生習《禮》肄《樂》，景行仰止之區，寖歷歲月，不獲復其整齊嚴肅之舊，即王、張兩公，身卸其事，亦必有歉然不安於衷者。此固余之所惕然恐懼不敢遑寧者也。雖然，事莫有為之先，則其後苦於無所藉而成之也恒難。然則余所以得與多士粗就此工，以稍釋夙夜中之遑懼者，不可謂非前此經營措置有以貽之援手，令其觀成易易也，則前人之功，又可以沒沒乎哉！於是，參稽舊簿，綜其勞費之實，為之勒諸石。

　　乾隆三十年。

（文見乾隆《續河南通志》卷三十九《學校志》。王興亞）

重修儒學後記

陳鳴陽

　　余繼前令王、張兩公之後，承修文廟，懼執事之不虔，致前功之或棄，於是，慎選材能，

---

[1] 見本書第一冊第32—34頁。

嚴程工役，而諸紳士義有同心，相與輸金服勞，惟恐或後。始於甲申之冬，終於丙戌之春，然後殿廡門牆，犁然粗具，雖未極致輝煌，較數年來風雨黯澹之象，亦庶幾其一新云。春丁日，余偕多士致祭，躋蹌左右，登降出入，既備既戒，幸告無衍已。乃集多士於明倫堂而告之曰："茲役也，微藉前人之基不及此，微二三子共襄乃力不及此，茲幸得稍新其舊，異時救衰補弊，踵事增華，賴有人焉不可忘也。願與二三子勉之。然吾聞學聖人之道者日新，而不失大學自明其德，以明明德於天下，所以偕一世之人，捨其舊而圖其新，歷古今千百年，帝王師儒，更相傳述其道，大備學者，服膺聖人，莫不童而習之，顧乃悠忽因循，不克自拔。流俗中即一二才智之士，研思殫力，不過工文詞，取科舉，馳騖於功利之場，旳然日亡而已。求所謂於自新新民之道，審端用力，以止于至善者，士林中不少概見。嗚呼，其亦足慨也已。

魯邑地僻民淳，士風近古，然醇謹篤實之意多，震勵發皇之氣少。誠能淬勵興起，實與身心性命致新之功極新之量，而不敢視為迂闊無用之常談，將見明體達用，光輝日新。聖賢之徒，世道賴之矣。然則余之所期於二三子者，寧唯是餙輪奐，勒駿奔，徒以為觀瞻而已哉。是為記。

乾隆三十年。

（文見乾隆《續河南通志》卷三十九《學校志》。王興亞）

重修琴臺記

吳居澳

魯城北有巍然聳出者，曰琴臺。唐元公紫芝為令時，實始築之。同輩若顏公真卿、蕭公穎士，以意氣相傾，風流翰墨，山水生妍，遂為千古勝概。厥後，物換星移，代有興廢，其可考者，金趙君秉文表以石書，明邑令羅君文寶，楊君呈芳，國朝呂君士龍嘗補葺焉。至王君雍乃置元公祠，徐君若階更砌石繚垣，增闢書院，歲時率諸生祀之。噫！意已善矣。獨惜其慘淡經營，曾未數年，又為風雨飄零，幾不免鼠鼯藏兔之感，何也？夫修廢舉墜，責有攸歸。古良吏，規天矩地，苟有利于民生，不惜多方籌之，況斯臺為元公之遺址，其因勢制宜，且與鳴琴逸致相輝映耶。

余奉命來守茲土，竊慨然欲修復之。邑紳士同商民等皆樂與有成，乃命工師，選木于西山之陰，近郊之良材。繼之首建重臺，高百尺，望之翼如，真一邑大觀也。稍下置茶室一，若擊腰焉。其因臺而起者，元公祠煥然新矣。東則倣古經義、治事兩齋之遺，修精舍二十四間，捲棚三間，廚屋四間。西則一亭傑立，亭後搆邃房二重，諸物稱是，偏輔以數檻，兩奇石一橫一豎，復角勝焉。周圍計九十七丈餘，花樹參差，有井泓然足資灌溉。旁築一小院，室三間，守臺者便之。並置贍田八畝，俾可以久。一時革故鼎新，駸駸乎既完且美。其距經始，凡九月云。嘗試憑欄望焉，讓水縈流，露山環峙，青條商餘諸勝，煙雲杳靄皆若效靈呈秀于户牖之下，則斯臺之成，豈第元公之遺愛常存乎。邑之人文其鵲起矣。

吾恐後人之觀風者昧所由也，爰勒石而為之記。

乾隆三十四年。

（文見嘉慶《魯山縣志》卷八《地理志》。王興亞）

添置學田記

吳居澳

予治魯二年，廣琴臺書院及膏火之所從出，凡以為文風計也。會邑紳士燕集，請輸金為之倡。一時好義而樂終其事者，大小從公，旬月得二千有奇，可謂盛矣。查修造所用款項，幾費十分之五六，贍學之資欲大增之，而艱于力，公議以舊田雜于山坡河磧間者，稍變通以補之。遂棄玉皇廟、西河村、和尚嶺三處，共歸銀八百二十四兩，又西山已典廟地，得找價二百兩。適城西有膏腴地五頃餘，因湊成三千金購買焉。合諸小庄地，凡九頃一十六畝零。雖增地近二頃，每歲課租實加倍而又過之。以此，延名師，育英才，彬彬乎捐者觶酒，雅歌互答，綽有可觀。至於日新月盛，擴而充之，用副我國家養士之意，則又望於後之庇棠陰者。謹將學田段落，既膏火條規，次列於後：

一、新置城西馬家窪地五頃四十畝零。弓口五尺，瓦草房六十間，歲課銀一百七十三兩。如遇歲荒，仍許酌減。

一、東漫流地，二頃零五分七釐八毫，弓口五尺五寸，庄房十六間，課銀二十五兩。

一、桐樹庄地四十畝，弓口五尺五寸，庄房三間，課銀三兩。

一、崗兒薛地二十畝，弓口五尺二寸，庄房六間，課銀一兩六錢，又錢一千五百文。

一、賈家集地一頃，弓口五尺，庄房三間，課銀三十四兩，陳史起捐。

乾隆三十五年。

（文見嘉慶《魯山縣志》卷八《地理志》。王興亞）

重修學宮碑記

乾隆五十七年壬子夏六月，作棟奉天子命，宰河南之魯山。故事下車三日，舍菜于學宮，榱甍廡序，頹朽在目，弗足以稱瞻禮，心滋惕焉。以歲之不易，簿領之未治，士民情偽之未悉，弗暇亟也。越癸丑八月，學博士薦紳弟子員相繼以請，以宰之可與慮事也，願新之。宰懼弗勝，顧亦弗敢讓。爰與之約曰："毋蒽勞，毋悇直，毋怠終，毋困人，以不能毋外托于公而陰有請謁其可？"皆曰："諾。"宰喜。捐百金以倡，從而應者若干人。鳩工庀材，事乃大集，陶人治甌甒，梓人施斤斨。鍛者、琢者、圬者、甓矢于唐，礪砥於口，自楹以上弗取其陳。役勤恤之，不稱餼退之。雕礱、髹繪，有加於故。越甲寅十月，由大成殿而南，功以次竣。以其貲之羨。邑人用形家言，請改崇聖祠於殿北，築基十有二尺，宇崇二十有六尺，出于地三十有八尺，崇於殿者五尺，廣如殿之竑，經始于乙卯之正月吉日，落或於九月吉日。綜前後之費銀，以兩計三千九百五十有奇，裒于橐輸者什之九，益于宰者什之一。自俶功迄蕆事，如約之素。於是，集諸生而語之曰：士首四民，儲材庠序，而人倫繫焉，風俗關焉。古者鄉遂實興，今設科舉取士，其制不同，其道一也。國家興學致治，百數十年，重以我皇上壽考作人，羹牆如見，培養士林，醞釀元氣，民生其間，何幸沐浴于太平，而涵濡於聖教之悠以遠也？宰身從黌中來，猶記其少之所習，與壯之所能，萬無當於斯文之毫末，而幸於簿書之暇，與質厚材良之士，講求而靈沒之，其諸敦本茂實，以期至于大成。而不僅以科名自狹與，抑姑循其聲，以徐進于實與。夫謹祀事，肅觀瞻，宰之職也。近文章，篤倫紀，深醇發越，俾居則有守，出則有為，於以化民而成俗，以無負朝庭設學之意。則博士、薦紳、諸弟子之相與有成也。勖哉諸子，宰日望之矣。

乾隆六十年九月。

知縣董作棟撰文。

（文見嘉慶《魯山縣志》卷八《地理志》。王興亞）

店戶官騾條約

知縣董作棟

魯山非驛站之衝，而路通山陝，商旅經由，多住宿西關客店。向來縣中需用馱騾，就過客顧取，或朝往暮還，或往還數日，行人愆期守候，為累孔多。余於乾隆六十年閏二月，召客店十一家商論良法。各給騾價馱鞍等，共銀十五兩，買騾一頭，聽候差遣。縣中公事需騾，挨順輪流，仍日給草荳工食銀三錢，為雇取客騾之值。其騾交該店長生餵養，如有疲憊，自行補換，入於新舊官交代。是舉也，行旅不苦滯留，公事集於指顧。而店戶亦以通商獲利，願飼官騾。惟冀來者勿變之耳。

乾隆六十年十月。

（文見嘉慶《魯山縣志》卷十《兵防志》。王興亞）

更定順庄法

乾隆六十年，知縣董作棟更定順庄法，取法、良、遵、易、簡、物、阜、慶、盈、寧十字為十里。刻石署內二堂東序。

魯山縣舊分十里，曰一里、二里、三里、四里、五里、六里、新里、洪里、閭里、順里。戶籍之隸於十里者，參差隔越。雖鄉約保甲，亦不知本庄之某戶在何里納糧。其催糧則另設單頭，一役逐年更替。每里單頭各數十名，每名押令催銀若干戶，單頭執此催單，不知某戶住居何處。往往有相去百十里，逃亡遷徙，無可稽查。其黠者匿名詭避，無可質對，故單頭賠苦萬狀。余於乾隆五十七年夏抵任。是年，恩免地丁，催科無事。迨歲終，更替單頭，輾轉求脫，數月未已。悱然動心。因於五十八年三月，親赴各鄉捱查烟户冊下即註舊時完糧里分，此段查畢，順至彼段。初次遺漏，二次口查。通縣查完，即以烟户冊為底本，另造順庄徵冊，更取法、良、遵、易、簡、物、阜、慶、盈、寧十字為十里新名。城內及四關，法地為法里。自良里而下，由正東起，左旋至東北止，開徵則糧差順路挨户滾催，革除單頭苦累。是年六月，禀明藩憲，奉准，由州飭行在案。以後烟户遷移，責成保甲查明，開除添補，今已行之三年，官民交便，用書於石，以告後之宰斯土者。

案：今更定十里以開方法為分合，新圖列卷首。其十里所管村庄開於後。

法里，城內及附城四面八里內，大小村庄九十五處，現共三千四百六十一户，內有糧之户一千七百零二户。

良里，正東，大小村庄五十七處，現共二千零三十三户。內有糧之户一千三百二十六户。

遵里，東南，大小村庄五十七處，現共一千九百八十九户。內有糧之户一千二百二十一户。

易里，東南，大小村庄五十八處。現共一千五百八十六户，內有糧之户七百七十户。

簡里，東南，大小村庄九十七處。現共一千七百七十一户。內有糧之户一千一百二十八户。

物里，正南，大小村庄六十五處。現共一千八百八十二户。內有糧之户一千一百零四户。

阜里，西南，大小村庄一百六十四處。現共三千三百四十六户。內有糧之户一千九百二十五户。

慶里，正西、西北，大小村庄一百二十三處。現共二千七百七十四户。內有糧之户一千一百八十五户。

盈里，正西，大小村庄四百一十二處。現共七千五百七十七户。內有糧之户四千零七十二户。

寧里，正北、東北，大小村庄一百零三處。現共二千五百五十四户。內有糧之户一千七百户。

乾隆六十年。

（文見嘉慶《魯山縣志》卷十《地理志》。王興亞）

清理煤窰碑記

知縣董作棟

魯山縣梁窪一帶，採取石煤，易開易竭，故未通報成窰。然用以代薪，亦自然之利。

乃有工頭誆人做工，久羈不放。或地方無賴誘賣貧民，屢有鳴冤之案。嘉慶元年三月，本縣親詣窰，所出異方之被羈者約三百人。量其去家遠近，給與路費，放回，諭令窰户工頭，公平雇人開採。不許設立撥房，強拉誆買。該窰户等各矢天良具結，永遠遵行在案。嗣後，若復蹈前轍，即行驅禁，并重法繩之。

嘉慶元年三月。

（文見嘉慶《魯山縣志》卷十《地理志》。王興亞）

重建城隍廟大門樂樓記

魯山縣知縣董作棟

聰明正直而壹謂之神。城隍之神與邑治相終始，暵潦疾癘，於是乎禜之，獄疑不能決，情廋不能得，於是乎聽之。魯陽之民急利而畏災，余承乏宰茲邑，嘗遇牘之徵債而亡質者，兩造持不下，率而聽于神。庸片楮書黑白，命訟者手自探取，輒唯唯去。夏秋之際，暘雨偶愆，民皇皇走羣祀。宰偕僚屬齋肅步禱，禱輒應。故數年來，賴以小康。廟後故有寢，施牀、幬、衣被，有偷兒盡括以行，鬻之，不可得之。他邑忽向邐者自言狀。蓋逾數月，而故物尚完。人咸謂非神之靈不至是。乾隆六十年秋，因歲之登，大姓小家，耄穉之沐神休者，願釀貲新樂樓及門，請于宰。擇明練士董之。計費千餘緡，越期而竣，廟貌丕煥。宰諗于衆曰："若知幽明相與之故乎，神之依于民，民之庇于神，未可以私干也。"率人之經，神畀之祿，悖天之常，神奪之魄，法所可及，宰則受之。法所不及，神實鑒之。"《傳》曰："鬼神，非人實親，惟德是依。"宰之職，治人以事神者也。今之奉神者，於神之所依，求之其庶矣乎。

嘉慶紀元十月既望。

（文見嘉慶《魯山縣志》卷八《地理志》。王興亞）

皇清國子監監生譚君諱孝字百先行二墓志銘

【誌文】

皇清國子監監生譚君諱孝字百先行二墓志銘

乾隆己亥恩科舉人揀選知縣眷生雷正祥拜撰。

國子監監生眷生雷正時拜書。

竊惟人以名重，名以實傳，而百行之善，莫大於孝。我魯百先譚君名孝者，約其生平，貧困之日多，豐亨之日少，且經營之日多，學問之日少，而卒見重於鄉黨。嗚呼！君之所以命名與君之所以爲人有暗合者也，吾何可以無志？

原其出，曾大父鳴山，大父守銀，父例贈登仕佐郎宏印，母太孺人吳氏，繼母李氏。

君行二，與長兄九品官階忠，並姊氏，皆出於吳氏。李無出。君生三歲，迺母見背，繼母李氏撫成立焉。狀其行善，不盡述，彰彰見者，鄉黨羣推重焉。而吾謂其所以見重於鄉黨者，不在鄉黨而在家庭之際也。以言乎其事母也，抱恨終天焉；以言乎其事父也，俾無遺憾焉。此固難，尤有難者。難乎其於繼母也事之二十年，人不知李非君親母，君非李所生也。抑又有難焉者，以君之於長兄也同居終身無間言。兄年逾六十，患疽癃，君廢寢食，侍湯藥，越二百餘日無倦容，兄患因之以瘥。又胞姪邑庠武生尚德，素病虛勞，君既爲延醫藥治，復請於兄，爲延師習弓箭，以壯氣骨，姪亦因之而成名。其處家庭固如是。吁！以若人而處鄉黨，宜其無惡於人而見重於鄉黨也。信乎！孝爲百先而名不虛稱與。君娶丁氏，生二女：一適同邑劉萬順，一適同邑范徵福。氏病卒於乾隆四十五年庚子正月二十一日寅時，溯生於乾隆二年丁巳六月初六日，其時年四十有四。君以氏之卒年而葬氏於考塋之次，未有志石，今與君葬合祔，因以附書。繼娶王氏，無出。君無子，以兄次子尚修爲後，聘同邑李憲章第五女。君於乾隆四十二年入監，病卒於嘉慶三年戊午八月二十一日申時，距生乾隆二年丁巳三月初三日丑時，年六十有二。今將以君卒年之十一月初一日吉時，於考塋安厝。嗣君修奉狀乞志於余，余以戚誼，尤不忍沒君行也，因志之，且爲銘，銘曰：

士有百行，莫先乎孝。士有百行，皆根於孝。惟君之實，與名相肖。自非性成，共倣誰氏之行，而佩何人之教？

（拓片藏河南省文物考古研究所。李秀萍）

重修義學碑記

魯西北多佳山水，□瓦屋環抱尤密，稱名鎮焉。國初時，古木彌漫，人煙寥寥，墾而後，户籍漸多，亦頗殷富。余祖暢然公自輋來，愛山水之勝，卜居於此，既而慨然曰："風俗純樸，可謂仁里，然喬野是習，非興學不足以起化也。"乃應聘爲鎮童蒙師，授以《小學》，孝敬爲先，垂訓以主敬敦本爲要，立之條規，瑣細必謹，預爲他日成就之地。嘗語人曰："無針不引線，吾特作引線針耳。"未幾，薰陶漸染，深山窮谷之中，彬彬爾雅，燦然可觀。吾祖顧而喜曰："美哉！始基之矣。"

乾隆己丑，汝郡有范先生甯遠者來館於斯，同本鎮馬君廷弼、張君爾祥、李君成名等，特就鎮之坤隅廢廟基址，通其前後，齊其左右，取爲一局，創立義學五間，便寒士也廣教化。維時，余父柏峰公，喜其先得我心，已捐入山地一分，其租爲継修資。嗣經譚君忠、李君心容、永瑞，族人□壽、開泰等增添學舍五楹，藏修有地，漸摩日深，禮教之風蒸然起矣。嘉慶二年春，楚匪滋漫，環鎮居民，安居樂業，纖塵不染；賊火四起，環鎮居民，相友相助，秋毫無犯。故是上蒼默佑，善政移人，抑亦學校化導之功，爲之助也。比年以來，水旱不時，饑饉薦臻，山租之入，不敷修葺，屋宇牆垣，漸就傾圮。我同事諸人，恐墜先志，相與親勢，苦捐資財。並請附近好義之士，量力相輸。及屢年課租所存者若干，為重修計，而物力不敷，仍難多就。於是予窺頹勢以定緩急，去其頹敗者五間，改建七楹。西置正房三楹，以設絳帳，左附一間，為寢室，南置側舍三間，為諸生誦之所。其不甚頹敗者，尚存數間，暫備使用。雖整理未盡，而較前稍闊，規模粗具矣。初創立時，正房中供設有至聖諸賢神位，朔望拜禮，亦窮源報本之儀也。無知者遂相傳為諸夫子祠，一唱百和，猝難改正，故名亦權從之。夫此舉原為讀書起見，非為祀典起見。實則義學，而名則神祠，已兩不相符。憑之聖先師，而漫以諸字概之，更乖大體。始事諸君不安於心者久之，欲易未能。今工竣，額之曰"澤濱書院"。蓋鎮之南為蕩澤河，而亦或於始者造之澤宮之義，稍有符合云。于斯時也，學不廢，人亦不廢學。而事經一番整頓，人多一番振作。不獨興仁講讓，風俗以成，亦且經明行修，賢良輩出，用以扶植教化，長育人才，直可嘉焉。

　　國家之盛，豈特一鄉一區之幸哉！雖然，天下事用求其備，而功期於成。此學自創建以來，少者增、廢者修，幾經籌畫而俱為力限，講堂學舍，尚多未完，膏火束脩，亦未及備。撫時感勢不能無憾。苟有人焉能就此而全其事，于一切應有者完具焉，庶此學賴之以成，美善以傳永久，而創者繼者之志，亦庶幾其共慰矣。茲同事諸人議立碑石為志，屬記于余。余即書此以告來者。當創立時，已有碑記，今破損難以垂久，特權置壁中，以存故跡。故此記補敘，始事特詳。

　　乾隆己亥恩科舉人揀選知縣雷正祥撰文。

　　國子監監生雷正時書丹。

　　大清嘉慶十二年歲次丁卯冬十一月上浣辰立石。

（碑存魯山縣文物保護管理所。王興亞）

魯陽維寧趙先生（致遠）墓誌銘 [1]

【誌文】

魯陽維寧趙先生墓誌銘

甲子科舉人通家弟李金臺頓首撰文。

儒學生員姻再晚生孫通隆頓首書丹。

　　魯陽維寧趙先生既卒之明年，其孤映峒，予門人也，泣請銘於予。以予與先生交最久，而知先生者最深也。予不忍辭，乃序而銘之。先生諱致遠，字維寧，先世山西解州南扶村人。八世祖諱繼先者，始遷河南，卜居於魯治之東南三十里許，因名其地曰趙家樓。曾祖諱蕙茹，潛德未耀。祖諱文錦，字德章，為邑名諸生，有文行。趙氏之書香氤衍風義彪昭者自此始。父諱口，字理齋。少攻苦於學，無所不窺，補博士弟子員，旋以疾廢。娶師氏，生子三人，

---

[1] 此誌刻於兩方石上。

先生其季也。先生幼而剛方，精悍廉厲之氣時見於眉宇間。而入孝出弟，循循然有老成風。長從諸兄後，閉户讀書，益刻苦自勵，縣試屢列前茅。以母老不得離膝下，因援例爲從九品。趙氏之遷魯也，在明之中葉。道既遠，與解州諸族人遂不通音問。嘉慶丙寅、丁卯間，山右饑，有父子二人携襆至。先生歜留之，數月不稍懈，且爲之經營生理，一如魯之伯叔弟侄然。嗚呼。老泉不云乎情見乎親，親見乎服，服始于衰，而至於緦麻，而至於無服。無服則親盡，親盡則情盡，情盡則喜不慶，憂不弔。喜不慶，憂不弔，則塗人也。吾之所以相視如塗人者，其初兄弟也，兄弟其初一人之身也。而世之人擁貲財私子女，當其徵逐閭黨，酒食游戲，共縻費動以千百計，不聞有一分顧藉心。及宗族貧困，偶有乞求，轉漠然如陌路。卽或望衡比屋，夙亦通有無，講餽贈誼，而猝遇凶荒時，以斗筲相賙濟，輒自詡於衆，曰吾慷慨，吾長厚者，比比也。此宜庋夫所不忍爲，而其人恬然曾不知怪。聞先生之風亦可以少愧矣。先生素豪爽，掏金不少吝。好飲客，每有佳賓，酣嬉淋漓，歌呼大噱，必盡歡乃止。然未嘗以酒廢事。樂善喜施，凡親戚鄰閭婚喪之不給者，恒出錢以貸之。其後人不之償，已亦不過問也。性侃直，遇鄉人有爭辯事，必與之剖棹是非，使各得其平。故其卒也，哭而弔者闐閭巷。予於丁巳歲設帳先生家，迄今十七年矣。往來過從，得知先生爲最悉，而先生生平交接之深，當亦無踰於予者。予何得不銘先生。先生生於乾隆戊辰年六月十九日申時，終於嘉慶壬申年六月二十三日酉時，享壽六十有五。配杜氏。子二：長映嵋，次西峰。女一，適同邑貢生潘甸振。以癸酉年十一月，葬先生於趙家樓祖塋北之新阡。銘曰：

　　睦族敬宗，先生純孝。愛其所親，油油禮貌。扶困濟阨，先生安仁。君子周急，奉以終身。先生義士，解紛排難。先生達士，實盈燭燦。彭山笏峙，彭水環流。佳城斯固，不朽千秋。

　　大清嘉慶拾捌年十一月初三日。

　　男映嵋、西峰，孫磊、謙勒石。

（誌存魯山縣馬樓鄉大趙樓村。李秀萍）

重修大殿拜殿山門舞樓建修鐘樓碑室碑記

　　魯治北三十里許應源之側，有鎮曰梁家窐，其地多磁窰。而西北隅舊有窰神廟，業陶者所以答神也，不知方自何時。垂直修于雍正丙午歲。至今百載，殿宇神像皆淡無色。窰貨店諸君子，目睹心惻，此倡彼和，捐資重修。自大殿而拜殿、山門以及樂樓牆垣，無不煥然一新。維時又以拜殿東南建一鐘樓，山門左右修兩碑室，碑室與拜樓前，皆設木樓，以及嚴整。始于仲春，終於季秋。越月而厥工告竣。諸公囑予爲文，予愧學疏，不能成章。謹序其巔末以志之。至於諸神之功德，有典籍所見者，不能盡知。是以不敢有贅。

　　清道光元年菊月上浣。

（碑存魯山縣梁窐北街小學院內。王興亞）

皇清例封宣德郎太學生彝山李公之墓碑

【誌文】

　　公，德仁，字清一，號彝山。世居城東小河里。祖上以來，耕讀傳家，明清兩代亦稱望族。及公之身，家道中衰，雖處貧乏，不廢初志。性至孝，常於冬夜為母暖被，有黃香溫習之風。兼篤友於情，兄弟四人：長長仁，次體仁，三敦仁，雖分門別戶，而寰多益寡，儼如同居。鄉黨有爭訟者，排難解紛，不遺餘力。尤好納名流，一時宿儒咸訂交焉。我魯向無水田，公南游荊楚，歸仿其制，引水灌田，在藝稻粱。遂使不毛之地，盡成膏腴。如張家（矾）、河莊、石坡頭等處，其尤著者也。張家矶渠，名曰同濟，載邑志。遠近效之，獲利無算。我魯得以食稻者，皆公賜也。精岐黃術，病家求治者，輻輳其門。有貧乏者，賜以藥餌，概不取值。嘉慶初年，流寇四起，公糾合同人，勸輸資財，創修阿婆寨，為避難計，一方恃以無恐。公留心堪輿，遵地理天生一人自有一穴之論，遺命不合葬、不續藏。故公之原配程太君、側室王少君、繼配安太君各葬一塋。于咸豐九年葬公於此。公之懿行難更僕數，僅敘其大概，勒之于石，俾後之子孫觸目興思焉。

　　候選訓導歲貢生孫文藻敬述。
　　世襲雲騎尉元孫寶光敬書。
　　龍飛大清道光二年三月穀旦光緒二年三月穀旦。

（碑存魯山縣文物保護管理所。王興亞）

清國子監生從兄位東孫君（尚林）墓誌銘

【誌文】

　　清國子監生從兄位東孫君墓誌銘
　　廩膳生從弟尚謙撰書并篆蓋。
　　癸未歲，余館於城北毛家營。仲春十有二日，聞吾位東兄之喪，急歸，斂已三日。余哭之，蓋踰時而有餘哀焉。吾兄體素豐，患痰喘十餘年，近又益以失血，病日增劇。憶前月晦日，余自舘歸視兄疾，見其形容枯槁，謂余曰："吾病迥異曩時，必不能起，奈何！"言訖泪下。余尚以寬言相慰。孰知此數語竟成永訣耶。
　　吾兄諱尚林，字位東，吾從伯道平公嗣也。先世本閩人，自高祖君昌公以拔貢生官魯山縣丞，因家焉。世以孝友親睦為法，吾兄尤善承先志。年十五遭父喪，常以未久事父為憾。其事祖父暨祖母趙太孺人，皆以謹肅聞。不數年，祖父母俱棄世。惟母氏趙孺人在堂，家事雖極煩劇，每飲食必親左右，床褥必親省視，終母之身如一日。母耄年患夢驚疾，乃常寢母側，一有覺，急呼之。醒，疾竟得瘳。吾兄治家嚴而有法，每事必豫，今家計四倍於昔，而不吝其所有。其於祖母氏家及母氏家常曰：根本之地不可薄。因其困乏而格外賙恤之。嘉慶癸酉大饑，次年春，谷價騰湧。族眾有不給者，吾兄於其戶口之多寡，度支之省費，皆心數之，以為體恤地。歲稔後，族眾謀表其行，以為後昆勸。吾兄正色曰：是區區者何足道。德我即薄我，且滋我愧也。事遂不果行。有友人瑞庵渠君，亦窘於歲。吾兄虞其難自支也，冒雪饋以粟。友人義之，約同親知為製匾額以表於鄉。自是長厚之名，頗聞於里黨間。臨終時，猶諄諄以睦宗族、敦古處為諸子訓。蓋其天性然也。距生於乾隆二十一年十一月十八日戌時，卒於道光三年二月初九日未時，享年六十有八。配趙氏，先卒。生男一，通道，監生。女一，適凌。側室文氏，生男二：通善、通慶，俱監生。孫四：建中、建斗、建常、建節。女孫六。今將附葬先塋，道姪等乞余銘。銘曰：維菖蒩庇其根，以此燕翼貽子孫，真不愧乎其生存。

大清道光三年三月二十八日，孤哀子孫通道泣血納壙。

（誌存魯山縣宋口村。李秀萍）

國子監生應贈文林郎承錫袁君（應恩）配李孺人合葬墓誌銘

【蓋文】
清應贈文林郎承錫袁君暨配李孺人合葬墓誌銘
【誌文】
國子監生應贈文林郎承錫袁君（應恩）配李孺人合塟墓誌銘
賜進士出身翰林院編修世愚姪賈克□頓首拜撰。
己卯科舉人年愚姪李豫宸頓首拜書并篆蓋。

嘉慶□□河南□□□君子為同考官，所得房元乃魯山袁子仁宅也。重其學，遂延至□□官署□□與余共晨夕者年餘，因得悉其成學之由皆庭訓所致。余心□□□□其人品之正直，心地之光明，每以未得親見為憾。今歲秋，忽專人奉訃書至。行狀云：其父母於去年相繼棄養，塟已有期。請銘於余。余忝在世誼，奚容辭。按狀：

君諱應恩，字承錫。其先世明初自蘇遷□。十三世祖愷，景泰甲戌進士，歷官南京都察院右副都御史，遼東巡撫。厥後科第世宦弗替。高祖澍，清生員。曾祖繡□，進士，孟縣訓導。祖而□，父旭，皆列膠庠。母申孺人，繼母陳孺人。生父煜，亦以□品名重庠序。生母華孺人，生君兄弟二人：長，生員應祥。君其季也，出嗣伯父旭。事父母以孝聞，與其兄友愛甚篤。少勤學，州縣試屢列前茅。未獲一售，旋入成均。遂刻意課子，無稍懈。時長子仁宅，丙戌會試，挑發安徽試用知縣。次仁宇，亦英年食餼，才名冠一時。非義方之訓，烏能至是。君賦性正直，□事唯諾。遇親友有大事，人所不敢言者，輒侃侃而談，略無顧忌。惟期成人之美，并不計逆人之耳。余之所聞如此。配李孺人，邑增廣生員楚玉之女。事舅姑能得歡心。相夫理家政，教二子成名，淑慎終身，誠巾幗中所罕見者。

君生於乾隆二十四年六月十五日，卒於道光八年正月二十二日，享壽七十。孺人生於乾隆二十四年十一月十八日，卒於道光七年十月初八日，享壽六十九。生子二，女二。孫來雛、和雛、恃雛、喈雛，俱仁宅出；穆雛、蕭雛、振雛、端雛，俱仁宇出。女孫□。今擇於道光九年十二月十三日，合窆於丁師乞先塋之次。銘曰：

直如弦，不阿世，而自率其天。後嗣之起，世澤綿綿。生順而歿恬兮，永偕齊眉之賢。潛德幽光，其顯揚也，理有固然。

時□□□□□□□。

男仁宅、宇泣血納壙。

（誌存魯山縣文化館。李秀萍）

重修張良店街橋南路碑

鎮南大石橋，南北通衢，乃□南北諸渠之水滙而朝東之要口。其前無由所考。近自乾隆三十五年建修之後，渠漸壅溢，路逾高而橋逾下，不惟置橋若棄物，且因以阻車徒馬人。附近居民慨然興念，各捐己資，復募改善。輂石鳩工，橋增高峻，渠使下，道路一歸平坦。跨渠三小橋，亦次第就，數月而工始竣。夫是橋之始，不知費幾許經營，聿觀厥成。顧憶起乾隆三十五年，為時幾何，而橋之廢墜如斯，既今以往之廢墜，應有不可少者，惟翼從事諸君子，每歲春月勤修管道，所費無多，庶橋可以久遠，諒必與余有同心也。爰勒首事，捐資姓氏，樹石於橋北青龍廟故址。

辛酉科拔貢高朗撰文並書丹。

道光十年歲次庚寅七月之吉。

（碑存魯山縣文物保護管理所。王興亞）

□□□良謝公椿軒（庭松）墓誌銘 [1]

【誌文】

□□□良謝公椿軒墓誌銘

邑廩膳生姻愚姪趙克之頓首拜撰。

邑廩膳生員愚甥孫文昭頓首拜書。

公□□□，號椿軒，子美其字也。初諱庭松，字澗青，以覽杜氏墓誌，慕杜甫孝義之□，因□□□。世閩省同安人。康熙初，高祖諱集賢者始來魯山。曾祖諱家玉，字□□。曾祖母氏王。祖諱振英，字傑生。祖母氏吳。父諱成儒，字勉田。母氏楊，己亥科解元茂南公姊也，

---

[1] 此石左上角字漫漶。

早逝。繼母氏董。公兄弟三人：長兄諱庭苣。次諱庭瑞，太學生，出繼胞叔軼況公。公自勉田公既逝，長兄多疾，越十餘年亦逝，事董太孺人盡心色養，晨昏飲食，必身親。後太孺人年近期頤，臥不起者垂二十年。公年已逾六旬，每晨出，夕必歸，雖甚風雨或黑夜距家尚遙，親友有堅留者，則曰：母老，何能一夕不在側。聞之者見其頭童禿且白，孺慕之誠如此，皆悚然聽其去，亦不忍固留也。嗚呼！古所謂五十而慕者，公其庶幾乎。公心力過人，而又能自盡其心。晚歲見俗尚奢麗。祖宗艱難辛苦，披霜斬荊，以有尺寸之地。子孫習於風流，競爲雍容，車馬衣服動值百千。然遠或二世，近或一世，甚或不數年，即流爲西華公子，北平苗裔者甚夥。故每親朋有吉凶大事，主進董喪，莫不以身任之，竭盡心力，使之悉當。而總歸於能儉毋奢，能不及毋太過。至其一身一家之事，更務為一切簡約，留有餘不盡之致。公少時家落，及長，持籌握算，億則屢中，遂致家資漸豐。世之艱辛起家者，往往不失之侈必失之吝。公於嘉慶癸甲歲凶，收養貧女，為之擇婿遣嫁。親族貧不克學者，供給之，使有成立。其他種種厚施，殆難枚數。公之德真過人遠矣。配孺人氏岳，前公三歲而歿。

公生於乾隆二十五年十二月二十一日亥時，享年七十有五，卒於道光十四年九月二十二日亥時。子四：昌吉、從吉、彙吉、宣吉。女三：長適監生王朋來，次適陳彪，三適常柏齡。孫五人：汝翼、汝襄、汝諧、汝礪、汝帖。道光十五年正月，從吉等將卜葬公於魯城瀼河南石佛寺之北原祖墓側，而以銘屬予。予忝居姻戚之末，而又與公生平往來最數。公將卒之前一月，予候之。病已劇，猶顧予與言，聲音琅琅然。則予雖不能銘，又烏可以辭。乃為之銘曰：

世人之繁華兮，效尤屢空。孝義之勤兮，我惟見公。心貞於終始兮，□儉於豐。嗚呼！公雖歿兮，而其風可風。

（誌存魯山縣瀼河鄉石佛寺村。李秀萍）

重修關帝廟碑記[1]

從來立 /
人創建□□□□□者也。有繼□後□，有作於始者，更有顧於後者 /
關聖帝君□□□□□□□□□□□□□迄今歷年久遠，風雨飄蝕， /
雖前人□□□□□功來先錘成之美，殊覺有虧。道光乙未秋，山陝 /
右兩廡□□□□開載至及前後一切口號，無不增飾加美，而煥然一新。 /
亦無□也。□不□□□為文，但念首事諸君不惜財力，承先繼後，因敘其事。 /
總理首事：
例授修職佐郎候選儒學司訓己卯貢生李仲□、張宏成、德南店、王德和、李合成、孫

---

[1] 此碑 / 後，字殘。

永盛、孫義合、永益□、永昌公、義盛和、周文郝。

　　古香絳州河津縣生員蘇國富沐浴

　　大清道光十六年四月吉日敬立。

（碑存魯山縣文物保護管理所。王興亞）

清太學生肇基柴公（興業）墓誌銘

【誌文】

清太學生肇基柴公墓誌銘

汝州庠生愚子婿范祥頓首拜撰并書。

　　公諱興業，字肇基，余岳父也。世居魯山城東二十五里柴家莊。曾祖諱相臣，字上卿。康熙間，任浙江衢州府司獄司，後授金華縣。祖諱如柏，字新甫。父諱應選，字移川。母程孺人。於乾隆十九年四月二十四日生公，行一，大行四，少業儒。洎長，家事煩劇，援例入成均。恂恂雅飭，事父母以孝聞。尤好善樂施，多隱德，凡親鄰族姓困乏者，靡不周恤，無吝色，亦無德色。鄉里共推重之。配余岳母杜孺人，本縣關廟杜濂溪公之女，有賢德。生子三：長景彥，字容德，號柳南居士。配徐氏。次景韓，字識菴，太學生。元配郭氏，繼配傅氏。三景先，字象賢，號橫坡，太學生。配范氏。女亦三：長女適傅君汝翼，次女適張君璘，三女即余配也。公以勤儉治家，以義方訓子。自奉雖甚約，而延師訪友，廣置書籍，資費毫無所恤。惜不壽，於嘉慶九年五月初七日辰時卒，享年五十有一。塟村西五里三鴉街西北露峯之東麓育泉下百餘步祖塋中。公沒後，諸內兄書不暇攻，然各有所長。長精書法，次善岐黃，三工畫圖，水墨所注近世罕出其右，而於醫術尤簡練精深。公雖捐舘有年，而有子如斯，足徵當年之善教矣。且其賢孫輩出。景彥生三益，娶許氏；三多，娶程氏；三餘，聘李氏。景韓生三統，娶趙氏；三斗，娶華氏。景先生三綱，娶賈氏；三霖，娶劉氏；三德，未聘。皆髫年英俊，玉樹亭亭。而三多尤著時文詩古，擅長藝苑，業已蜚聲黌序，將來誠未可量。至其曾孫玉册、方册、孟册、丹册、修册等，年尚冲幼，而天資亦皆純粹可愛。《易》曰："積善之家，必有餘慶。"公孝子慈孫，齊集一堂，謂非其積功累仁之力不至此。今年冬十月二十二日，余岳母杜孺人卒，將祔公合塟。內兄景彥奉狀來請銘。余自念才疎學淺，深慚如椽，而誼屬至戚，情不容已。因為之銘曰：

　　仰惟我公，宅露左旁。世積厥德，及公彌光。其行忠厚，其性溫良。根深葉盛，長發其祥。孝子賢孫，萃美一堂。勒石納壙，奕禩流芳。

　　男景彥等泣血納壙。

　　道光十六年歲次丙申十二月十一日。

　　辛山乙向。

（誌存魯山縣辛集鄉柴莊。李秀萍）

誥封安人葉母周太君祔葬墓誌銘

【誌文】

誥封安人葉母周太君祔葬墓誌銘

安人既歿之三年，卜吉於戊戌歲十月二十四日，祔葬於先人之原。其嗣君癸巳進士玉度先期以狀徵銘於余。余家與葉氏世姻數十年，娚孺之口傳頌安人淑德懿行者，余聞之頗詳。今按狀悉與所聞相吻合，益徵傳頌之非虛也。安人為履坦周公女，誥授朝議大夫繡齋公之孫婦，勅授儒林郎君陶公之子娚，勅授儒林郎印川公之淑配也。印川公甫成童，即為祖父所器。既而任家政，克承先志。其一生所為，敦大本，施大義，諸盛舉固出自孝友之天性，要亦安人勸成之。而印川公没時，永城孝廉甫之王君銘其墓，詞不及安人，義有專主故也。夫坤道無成而代有終，故美陰教者曰壼範，曰母儀，非以宜家為人倫之始耶。方安人相印川公成家時，以家事繁冗，勸納趙孺人，又勸納朱孺人。嘗語印川公曰：若為貧故而歸吾家，衣服飲食須快所欲，庶慰厥心耳。故居常躬自縞素，正色率下。終其身，門內無諢語。朱孺人早逝，遺子即進士玉度也，時方三歲。安人恩鬻撫養，自戲嬉以至成立，而曲為之謀者，視所生有過之無不及焉。趙孺人母家常不贍，安人周恤倍至，數十年如一日。其推樛木下逮之恩有如此者。凡此壼範也，母儀也，宜家恆於斯，教國恆於斯，古今來化起閨門，觀於鄉而知王道之易易者，其斯之謂與？余友人庠生灼之周君，安人猶子也。渠常為余言，曰幼賴安人育養，少長讀書，幸入膠庠，皆安人賜。又為余述安人撫甥女如己女事，語近瑣屑。余曰：是固不足為安人異。安人以殷實世家，惠恤姻戚，此在天性篤厚者，猶可勉而能之。若其相印川公，敦大本，施大義，而壼範母儀，傳頌於娚孺之口者，則自文王后妃而後，若安人蓋不多睹云。距安人生於乾隆十四年十月初二日，卒於道光十五年十月初九日，壽八十七歲。男五：興曾，字振先，監生；賀曾，字慶先，候選知縣；封曾，字榮先，貢生；俱安人出。式曾，字玉度，進士，朱孺人出。悟曾，字心照，趙孺人出。孫男八：向春、長春，俱監生；芳春、過春、冠春、逢春、際春，俱業儒；譧春，幼。孫女三，俱未字。曾孫二：彭年、諳年，俱幼。曾孫女四，俱幼。方來揚休濟美，綿綿未艾，不益有以慰安人在天之靈乎。為之銘曰：

嗟誣墓之陋習兮，羌徒事乎鋪張。妥若據事而直書兮，發潛德之幽光。我景安人之素行兮，菖蓲累福履將，螽斯蟄蟄衍慶長。今為封崇四尺兮，奕世視此播馨香。

賜進士出身前湖南永州府江華縣知縣道光辛卯恩科鄉試同考官歷任慈利興寧縣事姻愚弟孫尚謙頓首撰文并書丹。

己丑科庶常館翰林院編修加一級年愚姪冉垞丁彥儔頓首篆蓋。

大清道光十八年歲次戊戌孟冬十月二十有四日。

承重孫葉向春泣血納壙。

（拓片藏河南省文物考古研究所。李秀萍）

皇清例貢生松林葉君（封曾）墓誌銘

【誌文】

皇清例貢生松林葉君墓誌銘

例貢生松林葉君既没，將隨其先太安人周太君附塋於祖塋之次，其孤謀為銘，以垂久遠。嗚乎！是固仁人孝子之用心，而亦士君子之所樂為稱揚者也。按狀：

君諱封曾，字榮先，松林其號也。卒於道光十八年五月十二日，距生於乾隆四十七年六月二十六日，享年五十七歲。配毛孺人。子三：長向春，監生，出繼。次芳春、遇春，業儒。女一，適王長庚。孫男一，彭，年幼。孫女二，俱幼。君先世自浙江遷魯山。曾祖諱錦章，字繡齋，誥授朝議大夫。祖諱肆業，字君陶，勅授儒林郎。父諱茹，字鑑若，號印川，勅授儒林郎。君孝友得之性生，篤天顯敦華鄂，過庭怡怡，為印川所器重。印川公没後，太安人壽高八十餘歲，君依依若孺子，數十年委曲承歡如一日。君幼讀書，應童子試，輒列前茅，而不獲售。遂援例貢入成均。蓋志切顯揚，欲緣是以為終南捷徑。乃秋風雁塔，復數困於棘闈，不得志。後遂絶意功名，不復北上。家居，延師課子弟。迨其弟蘭溪成進士，自是興益高，而所以属望於其子若姪者益殷。積書，積古法帖，標題籤皮，必親自檢點。尤留心於古今法物、彝器與翰墨流傳為藝林所不多得者，輒不惜重價購之，以為博雅之助。暇則蒔花尋芳，以消寂寞。有別墅，背山面水，饒有佳趣。君於其中，明月□□，薰風修竹，其他嫣紅麗紫，點綴錯落，春色秋容，滿院芬芳，如武陵桃源，令人應接不暇。性剛勁，遇事直言，不蹈依違習，以故里黨間有涉嫌疑爭碍者，得君排解輒釋。則又不惟言人之所不肯言，而甯言人之所不能言也。修廟宇，繕橋梁，周貧乏，慷慨慕義，揮霍具有大度。御下以寬，處女子小人尤篤於恩愛。嘗戒子姪，謂臧獲亦人子女也，勿許輕易呵責。初，君猶嗜杯中物，遇親知故人，輒歡飲，盡興而止。中年以後，謹嗜欲，節飲食，終日藥餌不離口，以自扶養。乃邊為二豎所困，病時猶以太安人鶴駕在堂，輒嗚咽泣下，祈天假之年，以終大事。嗚乎！此可以見君矣。即可以銘君矣。銘曰：

君籲遽易，君目其瞑。從母歸兆，庶慰君靈。藏書萬卷，教子遺經。君之不朽，髣髴兮數峯長青。

癸巳科翰林院修撰珏生年愚弟汪鳴相頓首撰文。

癸巳科翰林院編修曙珊年愚弟曹履泰頓首書丹。

癸巳科翰林院編修聲侯年愚弟蔣元溥頓首篆蓋。

大清道光十八年歲次戊戌十月二十四日。

孤子葉芳、遇春泣血納壙。

（誌存魯山縣張良鎮福臨莊。李秀萍）

例封奉政大夫朴園葉公（萬）墓誌銘

【誌文】

例封奉政大夫朴園葉公墓誌銘

按狀：

公諱萬，字盈如，號朴園。乾隆乙卯舉人，本例贈文林郎西來公季子。幼穎異，其叔父勅授儒林郎君陶公鍾愛之，取以為嗣。稍長就傅，性嗜學，仰體父母期望之心，而學日益力。甫弱冠入庠，旋即補弟子員，自是累薦棘闈，至乙卯科登賢書，三試禮闈不第，豈亦有數存其間乎？初，與胞叔道須公同受業於解元壺山先生之門，交相砥礪，時有兩阮之目。既而道須公出任廣東之南雄。公方有志北上，嘗以未獲侍從為憾。及道須公引病歸里，公始移居別墅，離本村十餘里，猶且省視殷勤，始終不懈，其天性之篤如此。胞弟候選州同印川公，有煩劇才，一切家務悉任理之。公日惟延師課子姪而已。三弟衛輔公，夫婦早逝。公以次子監生裕曾、胞姪候選知縣賀曾承其嗣。季弟居仙公遺一子型曾，孤而無依。公撫之如己子，俾克成立，已二十餘年于今矣。生平持身最嚴，跬步必謹。雖家號素封，而足跡不履公門。邑人仰慕之至。其周人之急，恤人阨，則又言之不能縷述者也。晚年博通醫書，尤精眼科，遠近求治者接踵于門。公酬應至老不怠云。元配潘孺人。生子二：廷曾，字聖傅，由廩貢生候選同知；裕曾，字象昆，監生，出繼三門。繼配趙孺人，生子效曾，字是則，道光壬午舉人，歷署臨漳訓導，光州學正事。生女三：一適儒童李焞，一適監生孫通道，一適監生周孟河。又繼配劉孺人，生子四：纘曾、覺曾、慶曾，俱監生；繩曾，業儒。孫八：五世，監生；五車、五烈，業儒；廷曾出。五誥、五行，業儒；五常，幼，效曾出。五紀，幼，纘曾出。五倫，幼，覺曾出。曾孫一，永泰，幼。

維公生於乾隆十年六月初十日午時，卒於道光六年二月二十七日未時，享壽八十一歲。茲卜葬有期，□今□乞予為之銘。銘曰：

惟喬惟梓，公與俱榮。惟松惟竹，公與俱貞。公光□之凋謝，誰不過墓側而仰典型。

賜進士出身湖南直隸郴州興寧縣知縣道光辛卯恩科鄉試同考官姻愚弟孫尚謙頓首撰文并書丹。

翰林院編修年愚姪武堂車克慎頓首篆蓋。

道光十九年歲次己亥仲春三月初四日。

承重曾孫葉永泰泣血納壙。

（誌存魯山縣張良鎮福臨莊。李秀萍）

誥授奉直大夫候選知州純齋葉公（習曾）暨
淑配誥封宜人趙宜人合葬墓誌銘

【誌文】

誥授奉直大夫候選知州純齋葉公暨淑配誥封宜人趙宜人合葬墓誌銘

賜進士出身前湖南直隸郴州興寧縣知縣道光辛卯恩科鄉試同考官加三級姻侍生孫尚謙頓首撰文。

賜進士出身候選知縣從堂弟式曾頓首書丹并篆蓋。

公諱習曾，字省傳，號純齋，覃恩誥封武翼都尉候選千總超凡公子，誥封淑人范太淑人出也。昆仲七人：長念曾，前任陝西邠州營都司，陞甘肅蘆塘營遊擊。次即公也。三問曾，貢生。四慕曾，五隨曾，俱監生。六學曾，候選千總。七耀曾，監生。超凡公治家最嚴。公以孝友之天性，仰承庭訓，諸凡提撕一切，悉悚立聽受，恪遵唯謹。嗣超凡公暨范太淑人相繼即世，喪具一如禮。時與諸昆仲雍和一堂，終其身怡怡如也。方公幼時，靈敏嗜學，甫弱冠即入泮，名播黌序。迺屢困棘闈，不得已援例入仕途，冀有所建白於世。奈家庭多故，超凡公即世後，長兄亦捐館，諸弟俱幼。於是，身任家政，出治世之才用以治家。宜乎不數年而家計倍饒矣。公自弛芸窗業，而心常倦倦，每於有道之士，必折節下之。且非公不入公門。邑侯榮明府贈有非公不上子游堂四絕。邑中重修琴臺書院，創建考試棚，曾捐數百金襄其事，且督工數閱月，不憚勞焉。又於本里造修義塾，找延名師，俾貧乏不能讀書者得沾餘輝。撫憲楊中丞贈有誼周閭塾匾額。張良店為邑巨鎮，病丐多輳集。公於賑處倡捐留養局。復勸有力者共捐貲財，各鎮立局，至今攸賴。邑侯鄭明府修邑乘，載此事綦詳。至於為親友排難解紛，為宗族恤危周急，苟有利濟，靡不慨然身任之，此固其天性則然，而得力於內助者，亦不少也。公淑配趙宜人，為監生明西公次女，夙嫻閫教。及于歸，事翁姑先意承志。適范太淑人病年餘，宜人侍奉湯藥，日夜不離寢席。稱孝者無間言。公側室劉氏生一子，甫周歲而劉故。公長兄亦遺有失恃兩幼女。宜人皆親為撫養教誨，一如所生。平日聞公有利濟之舉，必襄而成之。家居日著縞素，克儉克勤，至老猶不廢績紡，故內政肅然就理。自公沒後，宜人傷心，積勞鬱而成病，越四年亦卒。子男四：長世榮，廩生，出繼七房。次世昇，候選守御所千總。次世貞，劉氏出。次世篤，出繼五房。俱業儒。女四：長適周氏，次適馮氏，次適傅氏，次適鄒氏。孫男六：長丕新，次錦新，俱業儒。次自新，次從新，次圖新，次一新，俱幼。孫女三，俱幼。距公生於乾隆四十四年九月十六日，卒於道光十六年正月初三日，享壽五十有八。距宜人生於乾隆四十二年八月十七日，卒於道光二十年十月初五日，享壽六十有四。今卜塋於縣治東南賈家寨東偏之新阡。其子世榮狀其行，請銘於予。因誌其行實，為之銘曰：

胸襟磊落，氣概嶙峋。伯高風節，季布天真。賢哉佳耦，孟氏芳鄰。奈天不弔，同作古人。馬鬣宿草，見者愴神。

大清道光二十一年歲次辛丑十一月十四日。

孤哀子葉世昇等泣血納壙。

（誌存魯山縣馬樓鄉釋寺村。李秀萍）

清國子監生從侄心微孫生（通道）墓誌銘

【誌文】

清國子監生從侄心微孫生墓誌銘

賜進士出身前任湖南興寧縣事從叔尚謙撰書並篆蓋。

嗚呼！吾從姪心微年未及下壽，遽棄世為泉下人，何奪之速也。心微為吾從兄位東公長子。位東公性敦厚，尤篤族情。年三旬配趙孺人，生子頻殤，因納文氏。是年趙孺人生通道即心微。文氏連生二子：通善、通慶。人於是嘆為善之有後也。心微十一歲，趙孺人即見背，文氏撫如己出，心微亦事之如母。一門豫順數十年無諍戾聲。心微素坦白，而性癖於任事。其兩弟經營家務，諸凡有成規。心微時正言厲色，傾情督責，并未聞有爭辯語，轉瞬輒霽顏，雍睦如初。心微聘娶乙卯科舉人盈如葉公女為室。生子二：長建中，次建常。兩弟亦皆生子。漸次就外傅。每自恨未遂讀書志，為子侄輩延名師，督課頗嚴。建中穎悟非常，舉止有大度。應童子試屢擢前茅，士林競艷之。詎意遭家不造，蒲柳逢秋，聞者為之太息。此則心微所最不能一息少釋者也。方吾於辛卯冬，自南楚旋里。見心微形容枯槁，詢有嗽疾，畏風寒，而精神尚健。今且十年餘矣。日復一日，漸就沉痾。中又遭傷心事，其精神日耗而日衰者，亦勢所必至也。今秋八月十五日病復發，方以天氣未寒，尚望醫藥能為力也。迺遷延無期。竟於是月十九日，溘然長逝矣。噫！亦大可哀已。距生於乾隆五十一年七月二十日，卒於道光二十三年八月十九日，享年五十八歲。長子建中，已故，無子，取次子建常子為嗣。女一適儒童傅七榕。孫女一，字趙嵩峰。謹導士踰月而葬之。禮附於先塋左側。銘曰：

勞不知疲，剛不虞折。義正詞嚴，此次如結。吁嗟乎，彭殤莫可齊，但留葬石碣。

大清道光二十三年九月三十日。

承重孫孫元始泣血納壙。

（誌存魯山縣馬樓鄉釋寺村。李秀萍）

國子監生厚菴沈先生（西銘）暨德配胡孺人墓誌銘

【誌文】

國子監生厚菴沈先生暨德配胡孺人墓誌銘

厚菴先生既歿之十載，卜吉將葬。其子鵬翬属予誌墓。先生之姪若孫皆嘗從予遊，於先生之行誼知之甚悉，故不敢以不文辭。

　　先生諱西銘，字厚菴，先世居洛陽。自高祖克讓負其父言志之神主，經商於魯，愛瀼溪山水之秀，遂家焉。傳曾祖武德，祖國殯。至父清源，字宿海，國子監生。生四子，次即先生也。生有至性，事父母以孝聞。兄東銘早逝，遺孤鵬翶，甫一歲。是時，宿海公年已老，家政叢立，先生獨任之，購田作室，家賴以豐。奉寡嫂尤盡禮。歲延師課姪弟讀。季弟書銘蜚聲庠序，先生力也。少習舉子業，因家累不克卒讀。後援例入成均。與人交，剛直淳質，不為阿比，而人信服之。愛閱說部諸書，至老不倦。每與予談古今軼事，靡靡可聽。又喜一藝花竹，所居瀼西別業，雜施滿院。予每過其處，覺花香襲人，竹影侵袂，未嘗不低徊留之不能去也。德配胡孺，年二十歸先生。凡先生所為，孺人必贊成之。洵稱賢內助也。

　　先生生於乾隆三十七年五月二十四日，卒於道光十七年四月初三日。孺人前先生二年生，前先生二日卒。子鵬翬，孫蘭廷，曾孫鶴齡、延齡。女一，適李姓，早卒。以道光二十六年八月十三日合葬於平高城之新阡。庚山甲向。既誌其略，乃為之銘曰：

　　維賢所施盎然春，迪光繩武賴一身。孺人配德德維均，白首同歸仍如賓。風山之麓瀼之濱，佳城肇開嘏其純。

　　壬午科舉人現任長沙府常寧縣知縣愚晚馬廷掄撰文。

　　邑庠生姻晚魏召南書丹。

　　龍飛大清道光二十六年歲次丙午八月十三日穀旦鐫石。

（誌存魯山縣平高城。李秀萍）

邑侯雨泉郭太爺復興地課水課舊規德政碑

　　近大渠地畝中，挖大渠一條。渠人每挖地一畝，出地課八斗，交付地主。至於旁邊岔渠，不言地課，地主每人每年出水課一斗二升。此前任定規，渠人、地主不得妄議增減，亦不許渠地相兌，以圖小利。至近渠地畝淤高，只許挑地，不許攔渠間斷。庶塞訟源，管道永固，樂利長享。蒙諭敬鐫諸石，以便永遠遵照。

　　豐潤渠紳民仝立石。

　　大清道光二十六年歲次丙午九月吉日。

（碑存魯山縣文物保護管理所。王興亞）

皇清誥封朝議大夫頌堂葉君（芹）墓誌銘

【誌文】

皇清誥封朝議大夫頌堂葉君墓誌銘

頌堂葉君既歿之二年，日月有時，將葬矣。其仲嗣仲亭、長孫生象，先期持狀丐余為銘。余與葉君篤世好，熟悉其一生懿行，遂不辭而為之銘焉。

按：葉君諱芹，字毓魯，頌堂其號也。幼醇謹，及長，經理家政，井井有條。性勤儉，雞鳴即起，夜分始眠。雖豐饒而衣冠古處，不染豪華習。教子若孫皆循循有規矩，鄉里重之。君原籍浙江麗水人，自前明遷魯，歷以書香世其家。曾祖諱本昌，祖諱錦章，俱誥贈朝議大夫。父諱慧業，字道須，號澹江。前署理澳門軍民府，後任廣東南雄府太守。治績彰彰，循聲丕著。爾時，君堂兄盈如公已領鄉薦。厥後，君堂姪是則公捷秋闈。蘭溪公又捷南宮。而君亦援納粟之例，授四品職銜。後先輝映，稱極盛焉。澹江公解組後，患癱症數年不痊，君朝夕捧持湯藥，必躬必親。事母范太恭人尤謹。生母劉太恭人早逝，依庶母段孺人成立，每念及劬勞未報，輒潸然悲不自勝。及段孺人辭世，為服義服，曲盡其禮。女兄弟三，君待之情意周至，如出一母。其孝友之性成有如是者。居村族鄰百餘家，率寒薄，為子弟延師維艱。君設立義塾，歲出束儀五十金，俾永遠延師教讀。癸卯河決，朝議以工鉅費繁，飭撫憲勸捐全豫。君一時急公念切，輒以萬金助工。踰年工未竣，又出數千金助之。夫仗義輸財，不涉吝惜，以至盈千累萬，皆恒情所不肯為者，而君激於大義，慨然為之無難。君可謂識大體矣。至於族鄰戚友間裒多益寡，濟人急，拯人危，種種善行，更難枚舉。歿之後，凡慕君行而感君義者，猶嘖嘖道君盛德於弗衰。於戲，君不歿矣！君亦可以歿矣！君德配凌恭人，邑增廣生員次公公女。教肅閨闈，稱賢內助。男三：長正卿，已入成均，先君歿；次次卿，例授五品職銜；三名卿，亦先君歿。女一，適監生李燕。孫男八：長之儀，以樂輸之例，議敘同知，儘先補用；次之屏、之翰、之垣、之崑，正卿出；之彥、之安、之棟，次卿出；俱業儒。名卿無子，以正卿次子之屏，次卿次子之安，同出為名卿嗣。女孫四，悉擇配名門。曾孫三：恒泰、恒豫、恒月，俱幼。

君於道光二十九年八月初一日卒，距生於乾隆四十三年三月二十二日，享年七十一歲。凌恭人先君卒，已歸兆。今擇於十一月十二日祔葬先塋。銘曰：

厥德彌懋，厥行彌彰。厥積充饒，厥施溥將。今之古人，厥惟頌堂。羌積善之餘慶兮，自宜昌厥後而發厥祥。

例授文林郎癸卯科舉人候選知縣世晚生李元鼎頓首撰文並書丹。

賜進士出身現任廣東高廉兵備道姻愚姪宗元醇頓首篆蓋。

大清道光三十年歲次庚戌十一月吉日。

承重孫葉之儀泣血納壙。

（誌存魯山縣張良鎮福臨莊。李秀萍）

皇清例貢生晉賢郭君（鳴玉）墓誌銘

【蓋文】

皇清例貢生晉賢郭君墓誌銘

【誌文】

皇清例貢生晉賢郭君墓誌銘

癸卯科經元候選知縣姻愚弟王宇謙頓首譔文。

壬午科舉人光州學正世愚弟許東旭頓首書丹。

丙申歲進士試用教諭姻愚弟趙克之頓首篆蓋。

君諱鳴玉，字晉賢，徵仕郎盛甫公之長子。先世家濟源，自其高祖明山公遷魯山縣，代有隱德。至君父盛甫公，家道隆隆日起。君於弱冠時即支持家務，不終向學，遂援例入貢成均。事二親，出入率循惟謹。堂兄西峯，幼失怙恃，盛甫公撫養如己子，君友愛篤至。即分爨後，相距二十里許，每歲一再慰問，事必躬親，不以垂老謝也。胞弟雅操，中辛卯科副車，通籍，署雲南景東廳經歷。迨解組歸郡，昆仲俱已白首，歡好無間。自奉儉約，雖處豐腴，一如寒素。與人交，悉推誠相與，無世俗詐諼之習焉。抑予更有感者。君家號素封，自其先世，好善樂施，義聲播於遠近。君克紹前徽，凡一切義舉之事，如所謂減米價，還遺金，舍義地，修橋梁，以及收養棄兒，贖歸鬻婦，種種善行，衆口競傳。而吾顧不為君重者，蓋以根本立則枝葉自舉，此固其所兼及，而非沾沾借此以為沽名地也。憶予自戊子歲設帳君家。君時年屆五旬，精神振刷，每於酒闌燈炧，設及古今節義事，輒奮袖揎拳，有謝上蔡之遺風。日月跳丸，人生如寄，不意一片墓石，又復誌自予手。是可慨已。距君生於乾隆四十一年十二月十六日，卒於咸豐二年二月初七日，享壽七十有七。配王孺人，側室周氏。孺人系出名門，克嫻婦道。後君十月卒。子二：長兆文，側室周氏出；次兆豐，王孺人出。女四，俱適名門。孫二：月鏡，兆文出；蓉鏡，兆豐出。曾孫懷珠，月鏡出。以咸豐三年正月二十九日卯時葬於雙柳樹邨正北原之新阡。先期君之次子兆豐持狀乞銘。予以世誼不獲辭，遂為銘曰：惟君樸淳性生。事不尚夫矯飾，羌茂實而英聲。儼孫曾兮林立，將昌大之可望，惜乎君赴九原，而未克觀厥成。

男兆豐泣血納壙。

大清咸豐三年□□癸丑正月下浣吉旦。

（誌存魯山縣文化館。李秀萍）

例授奉政大夫東籬葉公（次卿）墓誌銘

【誌文】

例授奉政大夫東籬葉公墓誌銘

公諱次卿，字仲亭，號東籬，毓魯公仲嗣也。歿三月矣，卜窆有期。適予自都門罷官旋里，其令嗣俊生匍匐持狀，丐予為銘。予與公堂兄是則公為壬午科同年，交最深，又世篤姻好，安敢以不文辭。按狀：

公原籍浙江麗水縣，書香世族也。由前明遷魯，遂家焉。曾祖諱錦章，字繡齋，誥贈朝議大夫。祖諱慧業，字道須，號澹江，前署理澳門軍民府，後任廣東南雄府太守，治績彰彰，循聲丕著。父諱芹，字毓魯，號頌堂，候選同知，以加銜誥封朝議大夫。性勤儉，不事奢華，然遇事關鉅典即慷慨樂施，毫無吝惜意。如居村設立義塾，河工樂輸萬金，其尤較著者。公善承父志，事必稟命而行。循規蹈矩，一遵庭訓，雖屬世家子，而端誠醇謹，不染豪華習。甲辰歲，毓魯公忽患癱症。公朝夕捧持湯藥，必躬必親，如是者數年。既歿，殯窆悉如禮。母凌太恭人，體素弱。公曲為調養，先意承歡，始終無懈。沒後，哀毀逾常。聞者為之感泣。昆仲三：公居仲。孟正卿，國子監生，例贈奉政大夫。季名卿，例贈儒林郎。俱先公歿。公手足情親，壎篪克協，一旦踽踽獨行，其悼痛有結於寤寐而莫可解者。公篤志經史，日維墮書香是懼。後因毓魯公年及倦勤，委以家政，遂弛芸窗業。然非公志也。嘗語人曰：吾自未能伸素志，必以是望諸子。於是，延名師，訪益友，日則經理家務，夜則課兒讀書，要以顯達為期，非僅欲螢聲鱔宮已也。公亦可謂富而好禮者矣。至若族鄰親友間，裒多益寡，濟人急，拯人危，種種德望，尤難更僕數。夫以公之孝友如是，貽謀如是，好善樂施又如是，宜其享遐齡，壽期頤，永樂天年於無窮也。胡天不弔，竟使事與願違，不獲展其素志。悲哉！德配謝宜人，女誡夙嫻，稱賢內助。子三：長之彥，邑庠生，辛亥、壬子兩科俱膺鶚薦，破壁飛去，在指顧間也。次之安，襁褓時即出為冠九公嗣，倜儻多才，童試輒拔前茅。次之棟，方就外傳，嶄然即露頭角。女三：長適儒童孫廣壽，次、三尚幼，未字。孫男一，恒泰，誕而岐嶷，早已卜為令器。孫女二，俱幼。公生於嘉慶十四年八月二十二日，卒於咸豐四年六月十五日，享年四十六歲。茲卜吉於八月二十一日祔葬先塋。謹按狀而為之銘焉。銘曰：

牛眠卜吉，馬鬣成封。瓜瓞其綿，祖武克繩。承先裕後，兩全維公。欽忠厚之延世兮，裔世後猶仰芳蹤。

賜進士出身誥授通議大夫前任直隸順天府府尹姻愚弟宗元醇頓首撰文。

敕授修職郎癸卯科舉人癸丑大挑二等署澠池縣教諭仁愚姪李元鼎頓首書丹。

例授文林郎壬子科舉人候選知縣姻愚姪鄒孟菉頓首篆蓋。

大清咸豐四年歲次甲寅八月二十一日孤子葉之彥、之棟泣血納壙。

（誌存魯山縣張良鎮福臨莊。李秀萍）

清例授修職佐郎南村葉公（俊生）墓誌銘

【誌文】

清例授修職佐郎南村葉公墓誌銘

南村葉公，□年甫三十餘□□食餼，蜚聲庠序者已數載，諸同人咸以達□期之。辛酉秋，忽患痢以歿。將於正月初八日窆於城東南之舊阡。冢嗣尚幼。其仲弟己未孝廉竹村公出嗣公胞叔菊塍公者，以銘屬余。噫！余何能銘公。顧念公與余家素通蘭譜，余後又嘗館公家，誼最厚，義不容以不文辭，□即余所知公者一為略陳其概焉。

公諱俊生，字位立，南村其號也，籍隸浙省，自其十一世祖宦魯，遂家於魯。厥後子姓蕃衍，英才輩出。曾祖澹江公，援例由廩貢生署理澳門軍民府，後任廣東南雄府太守。祖頌堂公，援例以同知候選加銜，誥封朝議大夫。父東籬公，援例襲祖職，例授奉政大夫。堂伯祖樸園，登乙卯賢書，壬午孝廉。是則公癸巳進士。蘭谿公則公之堂伯父也。其諸世之所謂德門者與？蓋一邑之望族也。及公生而淳良，比長，善事親睦族，好學不倦。公父愛公甚，望公讀書尤切。乃公自著青衫後，父往往多病。公調理問視，晝夜無稍怠。既歿，撫弱弟以奉孀母，曲折能得其歡心。族衆有急，無近遠悉有以濟之。戚誼之往來，里鄰之拯恤，又其末焉。然自是益銳意於科名，蓋非徒博一身之榮，實追痛東籬公之教，思欲為顯揚計也。故每歲必延名師，課子弟之暇，講論舉子業，亹亹不倦。自辛亥至己未，四戰秋闈，悉膺鶚薦，奈迄不一售。豈真李將軍數奇相固不應封侯耶？抑偉器必歷鍊而後成耶？憶余於戊午濫叨一第，明年又倖捷春闈。公見余喜甚，及微窺其中，乃鬱鬱者非憾友也，實自傷不遇耳。維時余私心竊計，公居心如此，青雲終在目前，搏扶搖而上者九萬里，非異人任也。余將拭目俟之。乃曾幾何時而公之訃音忽來。悲哉！公竟以一巾終耶！余薄宦他方，不獲牽紼相送，而執筆銘公，不覺淚涔涔被面矣。聞公未易簣時，太孺人及諸昆仲謂公攻苦一生，未能遂願，援例以廩貢生捐訓導職以償之。噫！吾知是非公之志也。

公生於道光七年十二月二十八日，卒於咸豐十一年十月初一日，得年三十有五。德配凌孺人，於咸豐四年三月十二日先卒。繼配史孺人。子一，名亨泰，女二，凌孺人出也。史孺人撫之若己出，其亦可謂賢已。銘曰：

順於父母，敦於故舊。懿行不泯，孰天孰壽。嗚呼噫嘻哉！播詩書之嘉種兮，允矣足以昌厥後。

賜進士出身山西即用知縣世愚弟張勳頓首撰文。

賜進士出身廣東即用知縣年愚弟翟飛聲頓首書丹。

賜進士出身四川即用知縣年愚弟王宮午頓首篆蓋。

□清同治元年正月初八日。

孤哀慈下子葉亨泰泣血納壙。

（誌存魯山縣張良鎮福臨莊。李秀萍）

阿鄔婆山寨記

王庭槐撰。

阿烏婆寨山，自峴山發，蜿蜒而來，盤結周數十里，矗起數峰。北峰最高，為一山領袖。東西兩峰，俱名將軍，其高少亞於此，然勢已摩雲霄。北峰西偏，曰跑馬嶺，勢如臥龍，亙袤里餘。嶺凹東偏，一峰秀拔，曰梳妝樓。樓南餘氣收束，狀若馬鬃，曰刀子嶺。嶺端一阜，俗呼壽星山。西少坦處，曰葛條扒。其餘無名岡巒，難於枚舉。諸峰腰多洞口，有山竅者，有人工者。惟東峰西壑一洞，中有石柱，號八仙洞。洞北數十里，一黑龍潭，深黑難測。逢旱，鄉人多禱雨焉。其他源泉甚多，水所積處，有豆芽缸、水簾洞、響水潭諸名。山東、西、北三面，皆陡峭壁立，五六百仞不等，南雖少低，亦極巉岩，鏟鑿數旬，始通車馬。又南，地勢宏敞，曰教場嶺。此山向北有寨名，無寨垣。自捻匪滋擾，寶邑楊君名嵐青于咸豐末年，出千餘金售之後，附近出資修築寨垣，附垣營房，守望相連，面面設門，門有望樓，勢極嚴整，同治二三年間，避亂者不下數萬，皆賴保全。遠邇稱名寨焉。

（碑存魯山縣文物保護管理所。王興亞）

北來河里社規矩碑

嘗聞里仁為美，昔聖有三。古魯治以西，距城百里有一地方，名曰北來河。人情樸實，風俗醇謹，由來尚矣。迄今生產不厚，禮教未修，兼之外來匪類種種陷害，我居民恩疏義薄，不相維繫，而胥戕胥虐之習漸熾。有心者安得不表而出之，以為吾□儕正告乎？今首事薛金貴、范學海、趙習瀛等邀同四社，共相鼓舞。先勒碑銘勸於前，繼開條規戒於後，務思居□之道，親睦為要，保身之術，親睦為先。禾稼乃養生之本，竊取者有干例禁。材木為利用之資，偷砍者至蹈罪戾。況乎開場局賭，為禍最烈耶！宜敦仁而講讓，勿作奸而犯科，庶幾化日之下，優遊享升平之福也，是為存。

一、凡農之人胼手胝足辛苦莫甚，完國課，保身家，全賴禾稼。若不法下地入場行竊，拿獲，酌量罰錢。

一、凡北社地方，坡多地少，土薄石厚，全賴構梢、薑坡、樹材取利。勤培養根株者，非數年不成，甚屬艱難。如有不法竊取嫩芽，砍伐枝梢，刨絕根株，拿獲者，視物輕重，酌量議罰。

一、賭博為竊盜之媒，清靖地方，先禁賭博。如有不法開場聚賭，拿獲，送官究辦。

一、凡遇有外來三五成羣，強討惡要及形跡可疑者，盤獲，送官究治。

一、凡通社鄉里，守望相助，視為一家。如有聞見竊取鄰物，坐視不首，合竊者一同罰錢。

社首朱萬全、劉貴、陳展春、鄭國化。

魯山縣趙家村儒童趙之清撰並書。

大清同治五年歲次並寅仲春初九日。

（碑存魯山縣文物保護管理所。王興亞）

張君急公好義碑

邑紳張君倡議獨立捐修四城更房碑序

孟子曰："士尚志。"孔子曰："匹夫不可奪志。"諺曰有志者事竟成。又曰眾志成城。《中庸》曰："繼志述事，孝之大者。"志也者，可以立大謀，可以定大計，可以爲人所不爲，可以爲人所難爲者也。魯邑僻處山陬，城小而固，峰嵐聳翠，瀼水流清，秀氣所鍾，自當有志士出其間而大有爲者。溯自逆氛不靖，輒數至魯，百姓登城樓，守歲以為常。每當冬風凜冽，雨雪紛飛，則見守堵者鶉衣百結，冷裂肌膚，號寒之聲不忍聞。此有志之士所以目擊而心傷者也。

張君名堦，字近陞，素稱志士也。幼讀書即有大志，後以不得志遂鬱鬱居此。每於守禦之際，見其露處之苦，不禁慨然曰："安得廣廈千萬間，以慰我之志哉！"于是，奮然興，毅然往，欲於城建室以處斯民，蔽風雨也。商之同里，或則曰：靡不有初，鮮克有終。恐吾志有不逮也。或又曰：其用費繁，其用力苦，恐吾志有不能也。而張君所志既專，毫無瞻顧，盡其家蓄出，不少吝。即日，鳩工庀材，往來於城。一時負土者，運甓者，搜岩而採幹者，羣相佐理，爭先恐後。工未及半，而張君歿。其子錫爵泣而言曰："此吾先君志也。敢不以父志爲己志哉？"率由舊章，不改其道，仍朝夕督工，未嘗少倦，不數月，而工以成。

魯有同志之士，慕其志而美之，因告於余。余欣然曰："此余歷宰數邑時夙有之志也，不圖張君先我而遂其志矣！"嗟乎！如張君者，可不謂之士乎！可不謂之尚志之士乎！人不能阻非匹夫不奪之志乎！獨爲其難，非有志竟成之驗乎！捐己貲，募眾工，從者如雲，非所謂眾志成城者乎！而非要其子紹之，不克竣乃事，非繼志述事之大孝乎！有尚志之父，即有尚志之子。父子同志，其志不隳。志之所志，氣必至焉，事必成焉。是烏可以不志其志哉！因援筆而爲之志。

誥授奉政大夫壬子科舉人賞戴藍翎同知用署魯山縣知縣關中李純錫撰文。

同邑甲子科舉人宗岩相書丹。

李昕篆額。

同治五年季春中浣吉日，十里紳耆同立。

（碑存魯山縣文物保護管理所。王興亞）

皇清例授修職郎附貢生候選訓導友石華公（春山）墓誌銘

【誌文】

皇清例授修職郎附貢生候選訓導友石華公墓誌銘

賜進士出身歷署山西交城山陰縣事即用知縣愚甥張勳頓首撰文。

辛亥恩科舉人揀選知縣愚姪胡克仁頓首書丹。

欽加運同銜軍功賞戴藍翎陵川知縣愚姪楊光海頓首篆蓋。

友石華公，勳舅父也，勳自庚申宦遊山右，與舅父別者六載。丙寅春，舅父歿，而勳不知也，逾月，其子應時訃於勳，並求為誌銘。竊維舅父之懿行卓卓昭人耳目，固不可不傳，而勳之文不足以傳，然勳承舅父之愛最深，知其生平最悉，不敢以不文辭。謹按：

公姓華氏，諱春山，字友石，世為魯山人。自前明中葉至今十餘世，世列邑庠，雖無大貴顯，而書香綿遠，家學淵源，世亦僅有焉。父超凡公，雅好施捨，賙人急難，每歲多置義棺，凡貧窶之不能葬者，無不仰給於公家。公承先志，盡肖乃父之行。母李氏，生母鄭氏，皆先超凡公歿。公幼而沈靜，嗜讀書，弱冠後入泮。方勵志於學，適超凡公患癱，公日侍湯藥，衣不解帶者三年，及歿，哀毀盡禮。自是親承家政，遂廢舉子業，暇時閉戶靜坐，自娛琴書，不預外事，亦不濫交游。然鄉里素重其人，聞於縣尹，凡邑有公舉，如修黌宮，修城垣，及設留養局，必邀公董其事。自來興大功，動大衆，往往撓於嫌怨之口，鮮克有終，公則數載經營，不辭勞瘁，無論知與不知，咸推為公正長者，絕無間言，而功遂賴以成。其取信於人者早也。素患痰疾，時發旋止，迩來捻匪滋擾，一歲數驚，守城勸輸，公尤竭蹶不遑，雖四鄉蹂躪，而城郭完固，用保無虞者，公與有力也。公治家勤儉，教子有方，性嗜古漢唐鐘鼎石刻，及歷代大家書畫，玩不釋手，尤好積書，聞有奇書，不惜重價購買，曰："吾今生不及讀，以貽子孫也。"妻元配、繼配、又繼配，皆李氏。子六：長應時，元配出，已食廩餼。次應運，繼配出。應瑞、應選、應奎、應賞，又繼配出。皆聰慧，蒸蒸然未有艾焉。女三，亦淑慎。孫男二：先德、峻德。

公生於嘉慶十六年三月八日，卒於同治五年二月二十六日，享壽五十有六。嗚呼！如公之孝慈仁厚，公正廉直，正宜壽享遐齡，獲報不爽，奈何甫逾知命，速赴修文，豈天之報施善人固薄耶！然人非金石，誰能長保。彼古之名公大儒，沒世而不彰者，不可勝數，而公有令子賢孫，能讀公之書，繼公之志，至今鄉里宗族嘖嘖稱贊，奉為典型，公雖身沒而名終不沒矣！噫！天道好還，不信然哉。今卜葬於葉茂莊華氏先塋，銘曰：

天誕生兮降斯人，下與濁世兮正人倫。父慈子孝兮尤親親，寒衣饑食兮能周貧。書田兮繽紛，子孫兮能耘。寡過兮謹身，仁里兮德鄰。廉靜自好兮趨公以勤，不雕不飾兮抱璞歸真。吁嗟乎我公。我公兮其陶唐氏之民，抑葛天氏之民。

大清同治六年歲次丁卯月日。

（誌存魯山縣文化館。李秀萍）

皇清誥贈中憲大夫晉贈中議大夫梅村葉公（之屏）墓誌銘

【誌文】

皇清誥贈中憲大夫晉贈中議大夫梅村葉公墓誌銘

賜進士出身同知銜卽補直隸州廣東永安縣知縣世愚弟張勳頓首撰文。

勅授徵仕郎癸酉科拔貢四川試用州判姻愚弟孫建仲頓首書丹并篆蓋。

葉公梅村為我魯簪纓第，然滿而不溢，高而不危，藉藉稱人望焉。其與予家本屬世好，後子弟又從予遊，遂□□□□時同醉，雨夜說詩，所謂及爾臭味，異苔同岑者也。迄予攝篆東粵，音聞遂梗，春樹暮雲，每切□之。方擬他日解組，枉高駕，贈徽言，舊雨綢繆，當必有更密於初者，不意想像正殷，訃音忽至。□□□□，不能自己，欲往奠，以有官守而未能也。其諸孤卜窆有日，持狀丐銘，予雖譾陋，誼無容辭，公亦隱□□□忉怛，勉書梗概，以答其請。按狀：

公姓葉氏，諱之屏，字翼汝，號梅村，先世籍浙之麗水，前明□祖北遷，有指揮兵馬府總旗諱琛者，分汛魯陽，遂卜居焉。縣縣華胄，代有聞人。數傳至澹江公，□儒業，由附貢生任南雄府知府，乃公曾祖也。祖頌堂公諱芹，候選同知，加知府銜，誥贈通奉大夫。奉其祀者三人：長蓮塘公，諱正卿，誥授中憲大夫。次東籬公，諱次卿，誥授奉政大夫，貤贈中憲大夫。次菊塍公，諱名卿，誥授通奉大夫。蓮塘公即之本生父，配毛太恭人，生丈夫子五，公居次。雖以髫齡失怙，哀戚逾於成人，蓋其天性然也。菊塍公早世，元配趙，繼配郭、吳、宗，俱封夫人，而皆無所出。東籬公因命公及己之次子同承其祧，以母事宗太夫人，公遂趨承兩慈幃間，俱能得其歡心。及毛太恭人見背，其冢嗣春圃公已先捐館，公哀毀骨立，率諸弟喪葬稱禮，太恭人含笑地下，不卜可知。其弟竹村公宦遊京師，家務以一身擔，絕不累及猶子。宗太夫人每顧而樂之曰："吾有佳兒，幼子童孫均荷帡幪，夫復何憾。"公幼讀書多穎悟，後以摒擋家政，未克卒業，遵例捐州同職。嗣以指困助餉，賞戴藍翎，練勇守城，賞換花翎，去歲捐助賑務，又加道銜。然雖屢叨恩榮，終以不由科目為恨，因咸延名師，嚴於課讀，冀伸己志於將來。乃弟竹村遂領己未恩科鄉薦，授戶部郎中，現充八旗問官。姪小村，亦以英年冠軍，螢聲黌序。其子姪應童子試者帳前列，功名緯絡，書香綿延，皆公力也。公負性激昂，果於任事，每遇人有不平，奮袂擅拳，有謝上蔡之風，排難解紛，聲稱著里閭焉。他如修廢壞，賑貧乏，恤孤獨，助婚葬，種種善事，雖難枚舉，然優於時者率能為之，而未足為公多也。噫嘻！以公之德，理應得壽，常為吾鄉庇佑。乃去歲凶歉，族多□□謀出糶以蘇困，□有及乎□，捐穀以濟生，公私交迫，日夜憔勞，方寸取容□斛血□堪此□□乎，遂一病沉綿，日甚一日。□逾知非之年，竟被玉樓召去。嗚呼！天不佑善人耶？何□□梅村之道耶？老成凋謝，典型未遠，濡墨吮毫，有不禁百感交集者矣。

公生於道光己丑年二月初九日，卒於光緒己卯年三月十九日，享年五十有一。元配鄒恭人，繼配宗恭人。生男三：長亨咸，□□兩淮試用鹽大使。次亨乾、亨巽，俱業儒。女一，適寶邑同知銜楊□楹。環瑤瑜珥，善人有後。公可以□憾其所以不能□然者。二十年來，公貴昆玉相繼騎箕。前此春圃、堯山二公歿，即予綴銘。公之一片墓石，又復□自予手。可慨也夫！今諏吉於本年四月初二日，塋公於福臨莊之祖塋，以鄒恭人祔焉。銘曰：

維天之道，穆穆皇皇。積善餘慶，斯理之常。如公之德之粹，自宜俾熾而俾昌。今茲榮入佳城兮，我固知長發其祥。

大清光緒伍年肆月初二日。

慈下孤哀子亨咸、亨乾、亨巽泣血納壙。

（誌存魯山縣張良鎮福臨莊。李秀萍）

魯山縣重修常平倉碑記

常平倉之設，創自朱子，歷代因之，法之美也。魯邑常平倉，在新縣治之西，坐北向南。按縣誌載："康熙四十三年，裁縣丞署為倉。"僅有碑一，字迹剝蝕，略辨有"康熙四十三年監修"等字，其餘無所考證。稽諸卷牘，嘉慶、道光年間，歷任間有粘補，迄未重修，以致屋頂頹敗，各廒漸次坍塌，一片瓦礫，無復舊觀。光緒戊寅，余捧檄來宰斯邑，正值荒旱，流亡滿目，惡視倉儲，僅存穀一千三百餘石。稟准全數散放，隨無顆粒之存矣。旋奉文勸捐辦賑，兼蒙運發鄂米濟救饑民，民困漸蘇。七月中，奉發賑銀三千兩，買穀還倉，而廠倉無存。議請以捐輸賑餘之項一百一十八萬九千四百五十一文，勘估重修，省委候補汪司馬元恩復加履勘，當以工巨項不敷用，聲請以署勸捐，社倉破舊木料、磚石，移置常平倉，以補未逮。有不足者，由地方捐廉辦理，不再累及民間。即邀批准，遂於十月十五日開工。遴選城關紳董、候選縣丞張錫爵、守備宋澍、監生李大經、監生王慎修，從九孫西庚監修。先將後院東廂來字廒三間，西廂署字廒三間，中院過庭秋字廒五間，中院東廂收字廒三間，次第修竣。會同汪司馬採買新穀三千五百二十九石四斗一升六勺存儲。旋復添建後院上房寒字廒五間，中院西廂冬字廒三間，二門過庭陽字廒五間，並修補外院西廂餘字廒兩間，東院成呂調三廒九間以及倉神廟，添修卷棚、加高大門並斗紀各房，共計四十六間，一律分別翻蓋重修。至五年閏三月中旬，全工告成。計為時已六閱月矣。適邑紳葉之屏、孫廣祿、高春芳、段文光、許邦和五人在省呈明，捐交倉斗穀六千石。候補于明府文泉奉委來縣驗收工程。事竣，繪圖出結，稟上立案，從此遂復大觀，兼實倉儲。余始願初不及此。是舉也，值大祲之後，興此大工，不但工匠半多逃亡，招致不易，而木料磚石又復購辦良難。所以歷前任屢次估計，皆以工程浩大，望洋而止。非余之勇於任事，未敢率請動款重修。惟首事五君任勞任怨，自備資斧，工歸實用，款不虛糜，曷克臻此，余之幸正魯邑之幸也。前後計用一千五百餘串，除稟明動款外，計不敷三百餘串，皆余捐廉辦理，與五君之經營苦心，當亦闔邑共鑒而共諒之。惟願後之來宰者暨此邦賢紳，踵而行之，隨時修補，毋致如昔日任其坍塌。庶不負此番經始之力，則又余之幸、魯邑之幸也。用志緣起於碑，以垂久遠云。

　　知魯山縣事錢塘張其昆撰並書。

　　光緒五年四月吉日。

（碑存魯山縣文物保護管理所。王興亞）

皇清特授修職佐郎南陽府新野縣訓導楚材楊老夫子（榕）暨元配辛孺人合葬墓誌銘

【誌題】

皇清告封修職佐郎楚材楊公墓誌銘序

【誌文】

皇清特授修職佐郎南陽府新野縣訓導楚材楊老夫子暨元配辛孺人合葬墓誌銘

　　先生河南汝郡人也。祖居楊古城。自曾祖純一公始遷居楊家樓鎮，又遷葬高祖良輔公，於本鎮西南半坡以立祖焉。純一公生璞玉公、西崑公，俱例贈修職佐郎。西崑公生天申公、鼎甲公、萬秋公，俱馳封修職佐郎。璞玉公取鼎甲公爲愛嗣，聘李儒人，溫惠淑慎，實生先生。而鼎甲公克敦儒業，始以文學起家，人文益蔚，先澤未艾。蓋觀於先生而知經神有靈，書帶遺香矣。

　　先生諱榕，字楚材，柳橋其號也。昆仲四，而先生居長。次楷，郡庠生。次模，郡庠生。先物故。次樨，業儒。先生好恬淡，厭浮華，事親能承色笑，讀書不屑章句。既補博士弟子員，旋由貢而就職訓導。持己惟謹，待人惟恭，撫弟成立，教子知方，閨門肅穆，若朝廷焉。一域之中，默然向化。至設帳汝西，不受束金，四方從遊雲集。先生教之，無不先品行而後文藝。咸豐初年，天降彗星。先生曰：此兵象也，可不豫爲計？即商分州牧趙創修印山寨，人皆迁之。先生不顧勞怨，鳩工庀材，克底厥功。皖匪突至，保障一方。人謂其經濟素裕，寅知其學識兼優也。同治八年，選授新野，仗義疏財，重修白水書院。置圖史，厚藁火，邑內士子無不在春風化雨中。又修忠義祠，而民俗丕變，皆知效死報國。至於和寮寀，睦閭閻，猶其餘事。光緒三年，歲大祲。凡汝人至署，竭力救恤，全活甚衆。公餘之暇，手不停披，年逾六旬，未嘗稍懈。適己卯歲，翟孺人訃至，先生即發喪。或勸曰：院考方過，束金盈門，何不少留。先生曰：繼母亦如生母，利祿非所敢懷也。於是，歸里，家居數載，片紙不入公門。時遇寅輩，猶復諄諄教誨。奈寅比年舌耕，方圖歸而常侍函丈。及旋家而鶴駕已仙遊口。老成殂謝，能不悲哉。

　　先生之没於光緒八年十二月二十三日子時，距生於嘉慶二十二年九月初六日午時，享壽六十又六。元配辛孺人早見背。繼配溫孺人生女三。簉室王孺人生子一，名之坦，郡庠生。娶伊邑從九銜張公元良女。先生長女適石台鎮千總銜劉公進璧子槐三，次適太平庄按照磨郭閲恭子金銘，三適古城監生王公貫一手探本。坦卜以本年三月初三日葬先生於先塋之次，先期泣請寅銘。嗚呼！寅與先生誼爲師生，德業皆所親炙。其没也，坦之不幸，實梓里之不幸也。寅忍辭哉。爰洒泣銘曰：

嵩山鍾秀，汝水發祥。有伊人焉，累代書香。修己以敬，規員矩方。光風霽月，逢人熱腸。棣鄂華韡，桂馥兰芳。名垂竹帛，功加梓桑。孝友立政，推及家邦。十年新野，桃李門牆。先生已没，姓字愈彰。卓哉先生，山高水長。

郡庠生員受業劉寅頓首撰文。

癸酉科拔貢受業陳鳳閣頓首書丹。

己卯科舉人受業趙濂頓首篆蓋。

午龍入首丁山癸向孤前哀子之坦泣血納石。

大清光緒九年歲次癸未三月初三日穀旦。

（誌存魯山縣文物保護管理所。李秀萍）

永免換線抽傭碑記

袁家寨自起集以來，百有餘歲。其間土瘠民貧，尚俗簡樸，耕作輟時，人率織布為業。所用之線，不自紡績，恒出於換。每逢集日，男攜花，女把線，以有易無，彼此相安，毫不出傭。嗣有漁利之輩，謂奇貨可居，乃以花行並抽線傭，機户換線每一斤要錢八文，積弊相沿，牢不可破，農民受其朘削，可無以訴。夫國家設立牙帖，原以平物價，而息爭競。帖由上頒行，有的名，花不兼布，布不兼絲，必代客受貨，方許抽傭。機户換線，非同買賣，奚容分外妄取。光緒己酉，余從弟熙鼐於本縣開設花行，余告誡之曰："昔爾我曾祖履擔公與王姓請立集市，本期便民，豈以病民？換錢抽傭，非所應得，汝宜舍旃。"余弟韙吾言，當會商合集花行，無不樂從，即將此項概行棄去，分文不取，今已二十年矣。余恐久而法弊，覆蹈前轍。爰集衆妥議，酌定條規數則，勒之以石，以垂永遠。尚再有市儈壟斷罔利，濫取線傭，我同事者以此碑是證焉，是為序。計開條規：

一、帖張行户，各有專利，花取線傭，非所應的。各花行不去抽取機户換線之傭，永絕積弊。違者，禀官究處。

一、機户換線價錢，二百文以上，每線一兩換花一兩四錢。兩百文以下，每線一兩換花一兩五錢。不得任意增減，紊亂集規。違者，議罰。

一、機户在集換線，各自提秤，公出公入，不得多取線，少予花，希圖便宜，阮若婦孺。違者，從重議罰。

一、男婦老幼，赴集換線，各自記認，當面秤交。如有錯誤，立時更正。不得攜花歸家，謂花短少，妄事騙訛；或不識人，入集混罵，滋鬧集市。違者，議究。

經理集市從九品銜邑庠生[1]

光緒十一年。

（碑存魯山縣襄河鄉袁寨村。王興亞）

重修琴臺書院碑記

　　琴臺之建，為琴志也。臺之有亭，為撫琴者志也。此足見諸先正之景仰前徽，啟迪後學，於一臺寓之，而實於一亭寓之也。予於光緒五年冬，秉鐸斯邑。每遇考課之暇，得登斯臺，見夫羣峰環列，出沒於煙雲杳靄間。而古木櫼槮，亦復千霄蔽漢，誠勝地也。臺下舊有講堂齋房、元鄭二公祠及山長院與仰之亭，盡為荊棘掩沒。至臺上之琴亭，更渺然莫睹。訪諸同人，始知同治之初，屢經兵燹，以後講課久虛，故荒煙蔓草，破瓦頹垣，不堪蒿目。闔邑士子久欲修葺，但倡首無人，是以頹圮如故。因浼予董其事。余稟請州縣潘公，潘公復飭縣商諸紳耆，俾作衆擎易舉之義。而衆紳耆無不欣然樂從，勉襄義舉。爰為之鳩工庀材。自七年迄八年，閱寒暑，而講堂、仰止亭、山長院及元鄭二公祠之工以成。至是，始延請山長，而請業考課者濟濟稱盛，其大概已綽然可觀矣。雖然，據臺中之盛者，獨一琴亭耳，其他雖改觀，而琴亭尚頹，果何以壯一邑之觀瞻，煥斯臺之氣象乎？於是，復會集紳耆，再議捐助之章。自九年九月，迄十年十月，方皋然高望，屹如山立，而琴亭亦告成焉。嗚呼！循其舊，不貴創而宜因，功底於成，庶有舉而莫廢。後之登斯亭者，苟能於瞻眺之餘，穆然聆紫芝遺韻，而益深砥礪。則斯亭之重建，庶不失諸先正景仰前徽，啟迪後學之雅意，是則予惓惓斯亭之志耳。至於紫芝先生之政教，與夫次山元公之勳業，邑乘中自詳載而備述之，又何待預言乎？是為記。

　　大清光緒十一年立。

（碑存魯山縣文物保護管理所。王興亞）

皇清誥贈奉政大夫譚公（澍南）合葬墓誌銘

【誌文】

皇清誥贈奉政大夫譚公合葬墓誌銘

邑庠生世愚晚王貫珠頓首撰文。

敕授承德郎理問銜前山東惠民縣縣丞姻愚姪許恩銓頓首書丹。

邑庠生姻愚晚王崇德頓首篆蓋。

公諱澍南，字召雨，號梅巖，原籍伊陽聖王臺人也。前明遷寶邑西牛莊。清初，五世

---

[1] 以下字漫漶。

祖例授登仕佐郎玉符公始遷魯西北之瓦屋鎮。世種陰德，代有偉人，於今稱望族焉。曾祖諱忠，字藎臣，例授登仕佐郎。祖諱尚德，字子戀，武庠生，例授千總。父諱應元，字魁多，報捐鄉進士。母李孺人。公少年失怙，克敦天顯，鄉黨稱孝友焉。且賦性慷慨，智慮深沉，嚴以持家，寬以處眾。當咸豐年間，皖匪倡亂，合境被擾。公首倡義舉，捐金築阿婆寨，遠近賴以保全。及公歿日，追慕不已。因公贈德竣風和匾額，以示遺愛。非感人有甚深者乎！德配史宜人，性本幽閒，德稱淑慎，賢名之稱，無間親疏，分秩榮慶。時賓朋稱觴，屏帳贈言。歿後為請誥封一軸。子二。長振鐸，字宣文，已入太學，壯年捐館，僅有二女。次執鐸，字秉文，誥封奉政大夫。女二，皆適同邑。孫四，皆次出也。長孫汝泉，出繼長門。次汝臨，三汝濱，四汝息。孫女五。

公生於嘉慶十七年八月二十九日，卒於同治九年正月初五日，壽五十有九。宜人生於嘉慶十六年十一月初二日，卒於光緒十六年七月二十五日，享壽八十。今將合葬先塋，其次子秉文問銘於予。予與秉文，硯友也。平日道其世系及公與宜人性情行詣，無不詳且悉焉。予不獲以不文辭，乃為之誌，復綴以銘：

明德之後，代有達人。鍾靈毓秀，迥乎絕倫。見者意慕，聞者心傾。高風雖邈，永播芳聲。惠周鄉間，德業未艾。瞻彼青松，甘棠遺愛。過往行人，勿剪勿拜。銘諸墓碣，昭垂百代。

承重孫汝泉泣血納壙。

大清光緒十七年三月穀旦。

（誌存魯山縣瓦屋鄉。李秀萍）

李陳氏施地碑記

竊維創修廟宇，所以妥神，施捨土地，所以瞻香火。然無土地，何以瞻香火，即無以妥神靈也！魯西十里許，舊有三義廟，世遠年湮，風雨損蝕。前經馬君書林倡首募化，重修聿新。而廟中供養之資，尚且不足矣。有節婦者，乃監生陳公道充之女、例貢李公均垓之妻也。當若夫夙歿，早年守義，自奉儉樸，樂善好施。深慨其事，即舉所有地一段，約有六畝，施入廟中供香火，養主持。洵義舉也，囑予為記。予不揣孤陋，即舉事之顛末以記之。第見赫奕者神像也，輝煌者剎完成也，朊朊腴壤，藝其黍稷享祀之。余容朝夕可資饔飧，行旅往來足供憩息者，所施地也。其功德不將于斯廟俱永哉！爰勒諸石，以誌不朽云。

大清光緒十八年歲次壬辰三月初六日。

住持張致和立。

（碑存魯山縣文物保護管理所。王興亞）

皇清誥授通奉大夫己未恩科舉人戶部郎中四品頂戴賞戴花翎竹村葉公（篤生）墓誌銘

【盖文】

皇清誥授通奉大夫竹村葉公墓誌銘

【誌文】

皇清誥授通奉大夫己未恩科舉人戶部郎中四品頂戴賞戴花翎竹村葉公墓誌銘

賜進士出身誥授奉直大夫記名御史戶部員外郎世愚弟張海鵬頓首撰文。

賜進士出身誥授奉政大夫刑部郎中世愚弟關國光頓首書丹并篆蓋。

葉公竹村，爲予莫逆交。官京師時，聲氣之投，蘭滋畹苕同岑也。自公丁艱旋里，不復得坐春風。然每當春樹暮雲，輒憶落月屋梁，方冀公異日赴都重剪西窗之燭，話巴山之雨，晨夕過從，當更有殷於疇昔者。不意歲夏仲竟赴玉樓。千里聞信，悼嘆靡已。欲往弔，有官守未能也。今歸窆有日，其冢孫郵寄行狀，丐予爲銘。情感舊雨，有不獲辭。按狀：

公姓葉氏，諱篤生，字宅仁，竹村其號也。先世籍隸浙之麗水，自前明指揮兵馬府總旗諱琛者分汛魯陽，遂家焉。嗣是瓜瓞綿綿，爲魯望族。至公曾祖淡江公，誥授朝儀大夫，廣東南雄府知府。祖頌堂公，誥贈通奉大夫。子三：長蓮塘公，誥贈中憲大夫。次東籬公，誥贈中憲大夫，即公生父。次菊塍公，誥贈通奉大夫。早世。元配趙，繼郭、吳、宗，俱封夫人，而皆無所出。東籬公因命猶子翼汝及公同奉其祀，以母事宗太夫人。公孝友性生，愉色婉容，能博太夫人歡。與兄翼汝公壎箎倡和，人咸稱爲怡怡之兄弟。其大端如是。公生而聰慧，初操筆爲文，即斐然可觀。咸豐戊午，蜚聲黌序。次年即領鄉薦。及將赴春明之路，宗太夫人顧而語曰：人子貴能養親悅親耳。留汝兄家居養吾志。汝北上，倘得青紫，不惟光增泉下，亦可以悅吾心。公因春闈報罷，即循例爲戶部郎中，後充八旂問官。公有折獄才。旂弁某恃符武斷，鵲巢鳩居，業主屢控。上官畏其勢，久不得直。及委公訊，伊仍倔強猶昔。公怒，諭以理而重責之。遂懾服，案以結。京師爲之語曰：不侮鰥寡，不畏強御，葉公有焉。且善判狀，每批呈，輒蒙部堂青盼。後得倉督監。未視事而宗太夫人訃至。得耗痛不欲生。同官咸以節哀順變相慰藉。始匍匐出都，星夜奔喪。及里門下車，哀毀骨立，罔能彳亍，賴家人扶持以就苫次。從此閉門讀禮，絕無宦情。服闋，有以出仕勸者。公嘆息曰：曩者捧檄之喜，爲悅親故。今已矣，何功名爲？日惟課子弄孫，以虎僕龍賓自娛。寫黃庭，仿黃荃，興來揮灑，人爭購之。有時幅巾杖履，逍遥野外，課農問桑，依然有柴桑栗里風焉。嗟呼！以公之才，得竟厥施，當大有建樹以裨世用，乃僅以部郎終也。士論惜之。然馮唐易老，李廣難封。優於才而塞於遇，古今人有同慨矣，何獨爲公異哉！予與公交垂三十年，因知公最悉。嘉言懿行，未易殫述，僅叙其梗概已耳。老成凋謝，典型未遠，濡墨吮毫，蓋不禁百感之交集矣。

公生於道光己丑年九月初八日，卒於光緒甲午年五月十四日，享壽六十有六。配張夫人，溫惠淑愼，壼德著聞里閈焉。子一，亨豫，讀書聰敏，縣試以第一人入泮。後因摒擋家務，未克卒舉子業。遵例分發山東試用知縣。先公歿。孫男三：長寶賢，次遜賢，三擢賢。今佳城告竣。葬公於福林庄先塋之次。銘曰：

才雖奇兮遇實不偶，僅筱試兮未展大猷，屈於躬兮必昌厥後。銘幽石兮以垂永久，誰爲辭兮同官契友。

承重孫寶賢泣血納壙。

大清光緒二十年歲次甲午七月中浣穀旦。

（誌存魯山縣文化館。李秀萍）

例授儒林郎持中孫君（敬志）墓誌銘

【誌文】

例授儒林郎持中孫君墓誌銘

□□優廩生世愚晚□□□頓首撰文。

例授文林郎壬午科舉人吏部揀選知縣世愚弟王□□頓首篆蓋。

君諱敬志，字持中，號謹堂，余道義交也。先是余與君同堂弟□庭□□□□相友善，席前每道君德弗衰，余心竊慕久矣。嗣余館君家，愈知君之爲人而深通其行誼。夫積善之家必有餘慶，以君之敦謹老成，心地渾厚，笑言不苟，即報以□齡，夫何愧焉。孰意年未中壽，一病不起，竟如此奄然逝乎。嗣子鼎升從余學久，以余知君之行事頗悉，因狀君行，向余涕而再拜曰：日月有時，將葬矣。請所以銘之者□□。余於君之没，方苦雪涕，無能爲□，雖不文，何敢以讕陋辭。按狀：

孫氏世籍洛陽，自八世祖庠生百州公游學於魯，遂家焉。瓜瓞綿綿，代有偉人華胄哉。數傳至秀升公，爲君高祖。由武魁陞湖北竹山武守備，身殉國難，恩恤照武部尉，世襲恩騎尉職。曾祖守正公，以蔭入標。祖慶□公，承襲任荆門營千總，晉職守備。父□□鹽知事，例加同知銜如東公。母程太宜人。君幼而聰慧，束髮授書，即能通大義。鄉先生每器重之。弱冠後，以堂上春秋漸高，家務繁冗，宰理乏人，間請於如東公，願以家政自任。於是，遂絕意進取。由國學例加光祿寺署正銜。孫氏自君玉父以來，族大業廣，出納酬應之繁，非敏果諳練之手，未易□辦。君以一身，克儉克勤，綜理精核，內而家庭，外而族黨，毫無間言。兩尊人顧之，常怡怡然樂也。咸豐年間，皖匪猖獗。君佐如東公築寨本村，朝夕視事，不遑暇食。而四方之逃難者賴以安。嗣如東公及太宜人疾，君親侍湯藥弗懈。及二親告終，附身附棺，矢誠矢愼，凡財力所得爲，罔弗□制。至於聘請名師，義方教子，一遵如東公遺訓，未或稍違。既而，縣主奉禮諭積□。閭里紳耆知君有幹濟才，咸就商焉。君遂慨然應允，不辭勞，不索資，情甘積於家，而君不自以爲德。與人接，溫溫若無所短長，而卓有定見，初不隨俗爲轉移。蓋其居心也厚，而爲計也遠。寓精明於渾樸，固非常情所能測其萬一也。嗚呼，以君之立心制行如此，而□竟不永，其天之報施或爽耶？抑亦前世之因耶？

君生於道光乙巳二月十五日巳時，卒於光緒二十二年正月二十九日申時，享年五十有六。配魏安人。男一，鼎升，由□□加六品銜，娶程氏。女三。長適同邑太學生□寶賢，次未字，三許與寶邑曲姓。今擇於七月十九日將葬君村之南原祖塋之次。余即爲之誌而復贅以銘曰：[1]

（誌存魯山縣馬樓鄉釋寺村。李秀萍）

皇清魯邑儒學生員僊舫朱先生（酉山）墓誌銘

【誌文】

皇清魯邑儒學生員僊舫朱先生墓誌銘

例授貢元加捐翰林院待詔候選修職郎受業王憲章頓首拜撰文。

庚午科歲進士咨吏部儘先補儒學正堂愚姪趙國珍頓首拜書丹。

光緒二十年，忽以先生之訃來。予視之，衷懷悽愴，慟泰山之輒頹，赴玉樓之召何速也。

先生諱酉山，字書堂，號僊舫，予之恩師。先世安徽新安縣人，朱文公之裔，後游宦河南懷慶府河內縣，悅其風俗人情，遂家居焉。至國初，先生之曾祖月昌公遷魯，忠厚待人，勤儉治家，出負耒，入橫經，產業增盛，子孫顯榮，邑中之望族也。精醫術，蒙其生活者實繁有徒；明地理，選獲佳城者難以悉數。至今傳頌未替。積德累仁，已有年矣。迨先生之先君明都公，才全德備。應童試，早入邑庠。應鄉試，連薦四科。心平氣和，文通武達，懷經邦輔世之志，抱安上全下之略。命途多舛，屢科不第，未顯達於當世，終善誘於後生。教術極精，生徒得其指示而成就者甚眾；醫道更妙，人世蒙其診砭而生全者尤夥。品誼高超，澤潤遠被，世有明德，克昌厥後，理固然耳。延及先生，聰明才力，迥不猶人。紹述其先業，光顯其門第。孩提就塾，口不絕吟，手不停披，經子貫通，史鑑明悉，品學兼隆，孝友全備。沉靜安詳，不妄出一言，敦厚周慎，不輕忽一事。性敏功純，幼採芹香。鄉里稱贊，咸目爲大成器。不幸患牙癰喉痺廿餘年，因疾輟功，未獲上達，以展幹濟，良可惜也。遂舌耕筆耨五十有五年，未嘗始勤終倦。耳提面命，門徒均沐教澤；矜平躁釋，西東絕無嫌隙。仗義疏財，貧苦親鄰多受其恤；清心寡慾，富厚朋友無議其貪。以故捐館之日，聞者莫不流泣，曰：如先生之爲人，宜多歷年所，何彼蒼不假年，以至如此速沒

---

[1] 贅詞二行，多殘損，僅存首行下段"敏精詳執厚□積而□其光"及二行下段"蒼蒼窈幽"等數字。

耶？其弟峻峰公，生有奇資，多才多藝，勤學好問，廿四歲亦游泮水。其元配相孺人，孝慈恭儉，由於性成。德言容功，賦於生初。內助之賢，女中之丈夫也。生子一，廷需，字靖臣，渾厚篤實，素以光前裕後存心。幼業儒，應試而列前茅者屢。長習醫，療疾而慶回生者衆。其再配郭孺人，賢孝儉勤，前後濟美。生子三：廷潤、廷梅、廷賡。女二，俱適名門。孫八：毓清、毓型、毓彬、毓秀、毓俊、毓琭、毓璋、毓琨。曾孫三：萬通、萬育、萬慶。食舊德，服先疇，濟濟一堂，將來之建樹未可量。豈非燕翼貽謀之所培歟！

先生嘉慶二十五年十月初三日生，光緒二十年八月初七日卒，享壽七十有八，疾終正寢。卜葬於本村東北偏。予與先生爲師徒，又申之戚誼，知之最悉。雖不工於文，因諸孤之泣請，義不容辭。不揣固陋，據實行，爰爲之銘云：

崇尚名教，不期帝鄉。安靜緘默，無事夸張。飭綱理紀，敦篤倫常。垂裕後昆，德澤流芳。善始善終，上天降康。子子孫孫，長發其祥。

孤哀子朱廷需、朱廷潤、朱廷梅、朱廷賡泣血納壙。

大清光緒二十三年歲次丁酉十月十一日吉期。

（誌存魯山縣馬樓鄉大趙樓村。李秀萍）

皇清敕授修職佐郎孫君（榮先）仁菴墓誌銘

【誌文】

皇清敕授修職佐郎孫君仁菴墓誌銘

例授修職佐郎候選儒學訓導歲貢生愚弟李叶中頓首拜撰。

例授文林郎吏部候選知縣壬寅補行庚子辛丑恩正併科舉人愚弟柴貫瑞頓首拜書并篆蓋。

余友孫君諱榮先，字仁菴，號竹溪。既亡之三月，其堂弟炳齋君以行狀囑余曰："吾兄之喪，將以今年卜吉，附葬先塋，不可以不銘，而銘之莫君若。"嗚呼！今雖不能銘，然樂道天下之善以傳焉。況余友仁菴君，誼屬素好，其可表與可哀者，更不忍以無文辭。

初余館於孫氏時，君筮仕南皖，其堂兄持中、紹庭諸君，皆一府魁杰之士，每接談，道君德弗衰，余心傾萬狀，不勝春樹暮雲之感。嗣因告假省親，日相往來，君言吶吶然如不出諸口，而舉止端嚴，笑謦不苟，足挽一時頹風，真當世所謂賢豪間也。後余講學北里，音問稍疏，望風懷想，每思與之遊，邈不可得。然後知世之賢豪不常聚，而交友之難得爲可惜也。昔余遊鳳山，而持中君亡，又七年而紹庭君亡，今仁菴君又亡。於是，又知非徒相得之難，而善人君子，欲使久在於世，爲一方表率，亦不可得。嗚呼！可哀也已。

據狀：君原籍洛陽，自始祖庠生百川公遊學於魯，遂家焉。綿綿華冑，代有偉人。數傳至秀升公，由武魁歷陞湖北竹山營守備，殉國難，恩恤昭武都尉，世襲恩騎尉職，君高祖也。守正公以廕入標，任泌陽汛，君曾祖也。慶年公承襲，任荊關營千總，晉職守備，君皇祖也。松峰公由武庠例捐守禦所千總，君皇考也。君家素豐盈，累世貴顯，而被服操履，不異寒儒，好古力學，於光緒五年入邑庠，次年食廩餼。因堂高親老，急欲以仕爲親喜，由廩貢捐儒學訓導，部選司鐸南陽，挽士風，培士習，不數年間，文風丕變，皆君陶鑄之力也。惜任甫滿而松峰公訃至，君匍匐歸里，恨躬未侍藥，痛哭自責，死而復生者再，於是，遵制成服，哀哭盡禮。服闋，同寅諸公皆以書來勸進，君曰："高堂空谷，於心何安？"自是不復思仕進矣。事太宜人倍加敬謹，晨饌夕膳，陔蘭可以無詩，及太宜人終，附棺附身，凡力所得爲，岡弗盡制。殆所謂不以天下儉其親者歟？教子者必以義方，君敦請名師，不使其或納於邪，交友者每尚聲氣，君雅重推解，不聞其或吝於財。本村舊有土砦，松峰公創築也，君繼志述事，凡風雨損壞之處，歲時修葺，不留餘力，以爲倡首，故闔族至今夜不巡警，悉免土匪之患。至君與人接，溫溫若無所短長，而卓有定見，不隨俗爲轉移。蓋其立心也厚，故其爲計也遠，寓精明於渾厚，非常情所能窺測也。夫有大德者，必得其壽，以如此之脩爲而年未中壽，奄然以逝，□□奪之速耶？

君生於咸豐六年七月初七日，光緒廿九年九月十一日卒，享年四十有八。配程孺人生於咸豐六年丑月初三日，光緒十八年寅月十三日卒。子二：鼎銘、鼎文。女一，適儒童葉德甫。側室周氏。子一，鼎銓。女一，字程氏。今擇於十一月廿日合葬先塋。既誌而又銘曰：

品高學優，質厚材良，□如余友，誰與比長？商山之原，彭蘢之鄉，數世於茲，其歸其藏。

男鼎銘、鼎文、鼎銓、泣血納壙。

大清光緒二十九年歲次癸卯十有一月穀旦。

（誌存魯山縣馬樓鄉釋寺村。李秀萍）

例授儒林郎候選州同超凡孫公（元杰）墓誌銘

【誌文】

例授儒林郎、候選州同超凡孫公墓誌銘

誥授奉政大夫安徽補用直隸州州判丁酉科拔貢生姻愚晚郝廷寅頓首譔文。

敕授文林郎吏部注選知縣庚子辛丑併科舉人姻愚晚張貴生頓首書丹。

敕授修職佐郎候選儒學教諭歲貢世愚晚郭以藩頓首篆蓋。

魯雖彈丸邑，而河山之派，上銜嵩洛，下訖宛鄧，皆人文淵藪。然在他郡者，每以功業顯，獨我魯多隱君子。其見於史乘者若樊英、延篤、元次山等，後先相望。諒亦鍾育靈秀之氣，所磅礴鬱積而然。茲於儒林孫公又得其一焉。

公諱元杰，字超凡，其先閩之漳泉人。始祖諱榮，國初以選貢爲魯貳尹，權縣事，有惠政，民愛戴之。仿朱邑桐鄉之意，遂卜居商餘山麓宋家口，即次山採藥處也。書香綿延，代有聞人。若公曾叔祖坦山公，以名進士司牧茶陵，從叔友吉公以選貢爲蜀都別駕，其他游庠食餼者不可僂數。至公曾祖諱尚林，祖諱通慶，皆儒素，繼先世業。考諱建政，端品邃學，祭酒里閈，而闇修不仕，若唯恐以科名掩盛德。晚歲輯《治家錄》以範後嗣。故公幼而恂謹，動循矩矱，在諸父前言訥訥若不出諸口。而王叔不癡，識者早器重之。洎長，任家事，擴田園，高房廊，經濟宏才，特見一斑。佐叔祖厚庵公於閭左，開渠灌田數百畝，至今村人猶利賴之。族有祀田，賴公佐理經營，歲時致祭以爲常。又喜脩築道路，以便行人，始於本村闢坦途百餘丈，繼及鄰村吳窐，輿途數里，遠至韓信鎮西石橋，皆獨任巨貲，不稍吝惜。其留心公益類如此。里有貧乏，量力周給，下逮臧獲，至今猶稱頌不衰。則平日之河潤可想。性喜勤勞，事必躬親，嘗以爲日用所需，必身自經理者，其味乃永。生長世胄，裘馬少年，俗尚徵逐。公獨樸素，終世不染紈袴習。至延師訓子，則不惜重聘。吁！自世道陵夷以來，王謝風流，八磚眠日，愷崇豪富，萬錢下箸。中原之板蕩，神州之陸沈，率源於斯。如公之家豐腴而身勤劬，固欲以媿末俗，挽積習，與陶士行運甓藏屑，同有深意。使人盡如公，國勢民風當有蒸蒸日上者。天下治亂，匹夫與有責焉，其謂此與。史於嚴光、周党諸隱逸，大書特書，豈非以其礪世磨鈍之功，不在君相下哉！妣傅太宜人，汝南六公女。配傅宜人，即公舅氏七篇公女。內外周親，賢淑相讓，宜室宜家，所不待言。生子三：長雲亭，試輒前矛，後入太學。次雲岫，登仕郎銜，先公卒。三雲路，布理問銜。女三：長適郟縣廩生張樹祺。次適同邑警務畢業劉榮恩。三適汝南楊廷傑。孫二：永鏓、永釗，皆韶年英發。

公生於道光二十七年三月初四日，卒於宣統二年十二月十九日，享壽六十有四。殯有日矣。賢公郎雲亭問銘於余。余雖不文，譜公行誼，有可爲世道人心勸者，是宜銘。銘：

舉世波靡兮，葆此幽貞。箴彼流俗兮，砭兹蚩氓。玉抱璞於荊山兮，劍埋豐城。商餘長秀兮，彭水永清。不於其身必於其於孫兮，佇看玉蘭丹桂之秀起英英。

孤子雲亭、雲路泣血納石。

大清宣統三年歲次重光大淵獻菊月下浣穀旦。

（誌存魯山縣宋口村。李秀萍）

寶豐縣

蘇松兵備副使王之晉墓誌銘

任楓

公生於萬曆壬辰，卒於康熙丁未。卜期戊申二月十五日，葬公於縣西三十里祖兆之東。康熙七年二月。

（文見嘉慶《寶豐縣志》卷八《地理志・墓表》。王興亞）

翰林院侍講學士吳垣墓表

楊篤生

予同年友，寶豐翰林侍講學士雲巘吳君既葬之二年，令子如彥過洧濱，屬予文其隧石。君之歿，嵩陽侍郎景公狀其行。其葬也，德州大理孫公志其墓。君之世系妃匹，子姓婚姻，狀與志詳矣。予乃最君家世德而表其大節。君諸父行，同產三人，而先尊府屯田公，于次為長。先世遺產不踰中人，厥後田廬邸第悉所拓大增益，迨昆弟析居時，悉以均之仲季，且惟所擇無吝也。追兩弟先逝，復篤惠從子，恩勤委曲，用是各立室家，系籍衣冠，而君尤恂恂孝謹，丕承先志，輩從昆季，愉愉怡怡。屯田公之所推讓，迄君世兩氏子孫安而有之。嗚呼！汝為中州名區，甲第縉紳，踵趾頂背。然前明到今，閱兩代，幾四百年，木天之選，君先後未有也。然有識之士不多君之高科美官，而雅以君之孝友祗通，為足光世冑而重鄉邦。噫！視茲懿好，愈以知君矣。因揭而使表於墓上。

君諱垣，字翰宸，號雲巘。己酉鄉舉，乙丑成進士，丁酉十一月十七日卒於密雲工所，得年六十有八。葬以辛丑十一月三日。墓在甯村新阡，距所居大營鎮三里而遙。

雍正二年歲次甲辰三月季春。

（文見嘉慶《寶豐縣志》卷八《地理志・墓表》。王興亞）

重修學宮記

邑令馬格

己未冬，格奉簡命來尹是邦，恭謁至聖先師畢，周視殿廡，祠宇門垣，半就頹圮，心戚然弗寧。念黌宮建立，教學攸關，而荒廢殘敝若是，咎將安歸？於是，漸次經營，月葺歲修，迄今始各有成。邑學博權良佐、錢步瀛實勸厥事，而諸紳士亦與有力焉。格不敢自爲功，爰鑴石以誌。於戲，念哉！我國家稽古命祀，敬禮至聖先師於大成殿，列祀先賢於東西兩廡。典制有加，併及鄉賢、名宦，皆得俎豆春秋。豈徒昭崇德報功之文，抑所以明夫道之有統，而學之有歸，使天下好學之士，仰慕企及，得有所折衷，以庶幾聖賢之域而爲之。守令者因勢利導，以身爲率，使不惑於異端曲學，而鼓舞作興於不自知，安在聖賢不可爲？且夫古昔聖賢尚矣，世近居邇，聞見真而感發最切，則有鄉大夫、鄉先生之賢者在。矧寶邑雖僻壤，而純孝如寧極先生，至聖裔也。酒務春風如明道先生，又祖述鄒魯而接其心傳者。學者幸生此地，密邇前喆，景行仰高，想見其爲人，而慨然以兩先生自期待，雖古昔聖賢，何難馴致？《詩》所謂"伐柯伐柯，其則不遠"者，非耶？在昔林信州撤新禮殿諸葛，崇安於學建趙清獻公、胡文定公祠，是皆能學聖賢之道以教人者，考亭豈無所見而漫許之歟？格，蕁川末學，於聖賢之道弗敢妄議，恭逢聖天子崇儒重道，道學昌明之會，一行作吏，而拳拳微忱，徒切於禮拜瞻仰。雖於國家所以命祀敬禮之意，未知何如，而泮宮有俎，鳥鼠去而風雨除，俾諸生瞻廟貌而起肅敬之心；覿禮器以激嚮往之志。是則格之所爲拮据者，而此心汔可少安也夫！

乾隆四年。

（文見道光《寶豐縣志》卷十五《藝文志》。王興亞）

重修膠東侯廟記

國朝邑令馬格

乾隆五年春，予知寶豐事。匝叅數月，邑之山川崇奧，土田高下，道里遠近，都里向屬，罔弗覙考而約於予心。而邑之壇祠社廟，及先賢巨儒遊宦駐跡，一切有功德於民生者，例得次第展祀，而漢膠東賈剛侯祠，獨荒頹不整，予瞻禮後惘惘者久之。夫古之豐功偉烈，忠孝彪炳，講學明道，若漢壯繆、宋忠武、二程夫子，後之人每於宦蹟流寓、生長卒葬之區，相於爭趨祠宇，而且各私其地之有是賢也。今膠東以興王之佐，輔孤之望，功在汝、潁，卒葬斯邑，而祠宇荒頹，豈寶邑人士情有異哉？特無倡之者以發其攸好之同耳。予於是秋，率少府王君修八蜡之祠，并捐俸葺侯祠，而邑人士僉然共裹金以勸厥功。今以四月十五日落成。廟貌巍煥，相與勒石，以銘不朽。予故誌數言，以見人心之同而侯在天之靈也。是爲記。

乾隆五年。

（文見道光《寶豐縣志》卷十五《藝文志》。王興亞）

重修白雀寺記

李宏志

香山東去十里有白雀寺，邑傳楚莊王女大悲菩薩妙善修行證道之所也。北齊天保四年、十年兩碣現存，計邑境佛寺無有先於此者矣。規制最爲宏濶。明末，毀於寇燹。興朝因舊址而修復者僅十之三四。到今又八十餘年，風雨剝蝕，殿宇上漏旁穿，岌岌將就傾頹。住持僧某矢志重葺。居人某等欣助而贊襄之，垂成而示寂。其徒某承其師志，竭力經營，訖工而來問記於予。予惟鄉先達酈州守白公於寺考辨詳矣。今其碑刻在寺中者完好如初。凡我同人應皆見之。然予竊欲廣其未盡之意焉。佛氏多誕，而崇奉其教者易侈，然而無所底極，彼妙善而果有其人乎？是昌黎所云："華山女謝自然之流也。"其人而果出於王家乎？是程子所謂律以吾儒之法，不待其成佛者也。煌煌大義，一言折之而足矣。若寺之創建興廢，爲寺爲院，及其父之爲莊王與非莊王，曉曉辨之抑末矣。再攷酈州云慶歷賜額事。蓋以赦而發，是時，司馬溫公上言釋老之教，無益治世，而聚匿游惰，耗蠹良民。國家著令創造寺觀以違制科罪，今明行恩命，賜之寵名，是勸之也。夫立法以禁之於前，而發赦以勸之於後，則凡國家號令，將使民何信而從。伏望追前命，偉哉，言乎所當，即事表發，以昭吾徒。至於楚實太子以圖北方所城者乃城父，非父城。後世訛僞，始於杜氏誤注"地在襄城"。惟父城爲先漢舊縣，馮節侯實爲縣人，佐世祖中興，位爲列侯，計其桑梓閥閱，華棟高甍，亦一時之盛也。乃今欲求其尺土寸址而不可得，而斯寺獨以妙善之故，代舉時興，延至於今而不廢，天下事有幸有不幸，故如此哉，是又可嘆也。

（文見道光《寶豐縣志》卷十五《藝文志》。王興亞）

靈泉祠記

寶豐縣令馬格蒲圻人撰文。

山下出泉狀邃谷，標勝概者，所在多有。惠山玉酒甘其味也，白雲半月博其趣也，率皆淳泓心幽阻，足供騷人韻客眺玩，至若騰雲致雨，大能捍災庇民者或落落焉。寶邑僻壤也，岡巒林壑，點綴生色，東南一舍，應山之麓，有泉湧出，瀲灩如浮鏡，土人謂有尺木窟其中，每旱則禱，禱則雨瀰。寶諸邑積慖，而求鑒者踵至，靡不應若桴鼓，蓋歷有年所矣。癸亥秋旬餘不雨，秋禾垂稿，屢祈罔效，且藝麥屆期，恐重貽來歲憂，因倣靡神不舉之義，而知泉之為靈昭昭也。步禱，以戊申微雨；辛亥再禱，壬子深雲靉靆，癸丑雨，甲寅又雨，越三日乃止，既沾既足，兩歲之順成，均於是乎，賴非泉效靈，曷克臻此。且夫《洪範》著雨暘寒燠之應，而胥歸於歲月之省時若恒若感召，有自為守令者均司其責，區區禱祝云乎哉！然雩祀山川，自古志之。當夫旱魃肆虐，而普荷冥佑，甘澍而起災屯，固民牧所顒望維者。傳曰："禦災捍患難與共則祀之。"靈泉之秩在祀典，固宜茲筮於城之西南隅朝儀街，構祠妥神，便祀事也。邑紳士商民各踴躍輸資，鳩工庀材，諸金碧凡漆之屬，一時具舉。工既竣，額曰"靈泉"。用答神貺，行見靈爽。永昭世世福吾民於無既也。名泉雖夥，將以吾靈泉為最云。

乾隆八年。

（文見嘉慶《寶豐縣志》卷九《藝文志》。王興亞）

寶豐橋水先生墓表

屈啟賢

　　橋水文潔李先生，諱宏志，字亦重，橋水其號。文潔者，門人私言也。久協厥德，故學者交稱文潔先生。享壽七十有五，考終於乾隆壬戌七年仲冬四日。其孤閑，癸亥春稽顙默菴，屬表其墓石，且曰："此先子志也。先子平生忠直坦白，恥攀援附會。道義執交，惟君在望。敢乞言以傳實。"嗚呼，先生學行純篤，不妄交游。執交則平山仝子軌、道遠郭子毅、雨若雷子肅、含采趙子煥，以文章德業相砥礪，數人而已，皆相繼修文。先生十年長余，邇來賞奇析疑者，惟餘啟賢間時相從耳。賢何敢以固陋諉，俾美善弗傳，不供此執筆役哉？

　　先生世籍寶邑，自六世祖耆賓公洪派三支，詳載太先生武強公墓表。先生生於康熙戊申七年三月十六日。配趙孺人，郟邑臨城縣令諱光顯女，相先生安貧服勤，嫻內則，通《小學》、《四書》大義，二子閑、御初學，皆其口授。惜不永年，先先生卒三十五年。是時，先生年甫四十，請繼室者接踵。先生堅不再娶，曰："吾以巾櫛故，遺兒女他日憂乎？"先生少壯好學，矻而不倦。武強公清節薄宦，獨世守藏書最。先生早年失怙恃，於羣李尤寠，所居敝廬至不蔽風雨。先生座擁南面，靡弗博涉淹貫，聞人有異書，必借閱而點檢之。故書經先生手澤，而人益寶惜之。晚號二癡老人，蓋自嘲且自慰也。為文力追先輩，入廬陵、柳州之室。數奇不遇，以康熙戊寅三十七年為京江學使仕可張公所知，選貢於太學。戊子四十七年鄉試，臨潁沈公近思以書元薦，格不售。沈公撒闈後，招致一見，方以大器期之，而先生義命自安，絕意仕進矣。沈公旋遭憲宗殊遇，位少宰，先生一字莫通焉。比己酉雍正七年，選授彰德府涉縣教諭，以耳重聽，力辭不就。先後邑侯招主春風書院者近二十年。稽古著述，遐邇傳誦，獎藉後學，聲價十倍，及門從游者，稱濟濟焉。

　　先生學擅三長，尤熟古今掌故。壬戌乾隆七年春，州大夫宋公續州志，介余延先生秉筆，旋造廬面訂。時先生受寶、魯二邑聘，以老疾辭。然州大夫猶大望誤正於先生也。豈期寶志甫脫稿，魯志僅發凡起例，而先生之疾革矣。州志僅以夙聞於先生者呈志館，州大夫及錦江方先生猶喜得吉光片羽云。稱寶邑新志，典核為五屬全璧。聞先生歿，震悼累日，為立傳入州志焉。

　　嗚呼！實行不修，文縱華不貴也；大節不立，身之不潔何觀焉。先生斷弦中年，鸞膠弗珍，管幼安之法曾師王何以加；廣文飯冷，腐鼠力卻，王仲淹之教授河汾，以古揆今，殆又過之矣。年登大耋，立德立言。遇合縱艱於生前，而論定崇諸身後。後之學者，讀遺編而景風徽，孰不曰其德厚者其義彰，其志潔者其行芳，此文潔李先生之墓與！長子閑，字雲同，邑庠生，善誡父害。次子御，字御李，出後仲父龍野公。女孟姐，適魯邑庠生徐際泰。孫男五，千章，子御出；千賒、千能、千半、千白，閑出。胥循循雅飭，他年善繼述繩祖武，大其門而復初者，正未艾也。所著手錄存者，《寧民族譜考》一卷，《憤遺紀事》三卷，《野乘》三卷，《野乘餘言》三卷，《述往》一卷，《厤說》一卷，《忠孝節義祠木主位決議》一卷，《臆錄》一卷，《小兒十說》一卷，《觀社》一卷，《諸孫命名》一卷，悉有關世道典制語，皆藏於家。

余辱先生忘言交，重以云同之請，謹著言揭諸墓右。後之觀感興起者，庶以厚人紀而範薄俗，風恬退而識義命云。

欽徵孝廉方正使部引見以應得之缺用注授翰林院孔目在籍候補臨汝同學眷世教弟屈啟賢頓首拜撰。

乾隆八年。

（文見李宏志《橋水文集》。王興亞）

修建統制祠碑記

邑紳李海觀

《宋史》載，建炎四年，統制牛皋敗金人於寶豐之宋村。嗚呼！金當天會之初，猖獗太甚。虜兩宮，蹂躪汴都，而且長驅直抵，橫行襄、楚間。自荊門歸，牛統制要而擊之。惡氛少挫。伯遠誠偉人哉！間嘗括南渡全局思之，主戰者忠義君子也。附會和議，佞邪小人也。伯遠於高宗駐蹕初定之始，首建虜功，已開朱仙鎮、和尚原之先聲。及其老也，田師中希檜旨，置毒杯酒，伯遠為其所中，乃初不以死為憾，而惟以南北通和為恨，則亦何殊於過河三呼也。綜具生平崖畧，洵堪與忠武媲美矣。

伯遠，魯山人，宋村，實桑梓近地。猶憶幼時，從鄉前輩攜酒北岡，指顧形勝，咸曰滍陽至聖裔孔寧極先生之所流寓也。宋村，宋名將牛伯遠戰捷之舊區也。忠孝芳躅，宜俎豆以為邑里光。乾隆丁丑，滍陽孔孝子祠建於應濱。越癸未，宋村統制祠落成。屬予記之，亦可見忠孝根於人心，雖歷千載，而不能磨，澌有如是也。鄉前輩者，邑王明經歌九陳詩，張諸生誠齋問政。雖奄忽已久，例當備書，所以明圖史之有自，而癸未之襄厥事者，咸得題名于碑陰。

乾隆二十八年癸未。

（文見道光《寶豐縣志》卷三《輿地志》。王興亞）

創建雷公橋碑記

水既遵渠，則嚮之足病者，今且爲利。然跨水非橋，往還者又未便。縣北趙官營南豐裕渠，水自石崗營至荷花橋入泥河，復滙容裕、德化、普濟渠三水入石河口，渠業浚而導諸水矣。而岸道自石崗營抵商酒務，爲車馬及擔負行走者赴州所必經路，使非有橋，則值雨甚，水即平漫，民且病涉。邑侯雷公蒞寶豐二年，渠既漸次就治，因庀石爲是橋，橋成，而兩岸皆通，於是，沙水泠泠，石渠硾硾，民往來者，悉稱便焉，遂名是橋曰"雷公橋"。且羣謂宜誌其蹟而鐫之石，因詮次厥事，俾工刻之而樹於側。

乾隆二十九年。

（文見道光《寶豐縣志》卷五《建置志》。王興亞）

耆民李培獨修太平橋碑記

范常森

自浮屠以因果之說惑世，而愚夫愚婦遂曰："修橋則嘉名可錫，補路則富貴可獲。"信斯言也，則凡世之儲貨財擁厚實者，皆可出其贏餘以昌後嗣，掇高科矣。而貧賤之士，家無擔石，又安望有發跡之日哉。是說固不可爲訓，然執是而謂橋不可修，路不必補，則又不可。何也？造物所鑒者惟人心，心屬於圖報邀名，難言迓休於無窮。心存於濟人利物，自然食報於不爽。福善禍淫，寧差累黍哉。縣治之北，有大新庄，汝支環抱。其東，舊有輿梁以便往來，乃年遠就圮，行人幾有褰裳之嘆，居人目擊心傷，而苦於力之不給。李君天篤慨然起而肩任之，鳩工庀材，肇修於甲申之冬，視成於乙酉之春，四閱月而工告竣。夫天篤世傳忠厚，循循雅飭，家雖豐饒，不與外事，且素稟怯懦，不耐煩瘠。及其任斯事也，舉凡石工之糇糧，應需之物件，悉取給於己，而財與力兩無所吝，豈圖報邀名而然歟！殆心存利濟而樂於拯溺也乎？以視世之持牙算，計分毫，徒遺人以看財奴之誚者，其爲人賢不肖何如也耶？《易》曰："積善之家，必有餘慶。"吾知三鳳八龍，高爵厚稺，鏤姓字於鼎鐘，將爲天篤期之矣，則今日之刻石紀善，亦不過爲之兆也云爾。是爲記。

乾隆乙酉春。

（文見道光《寶豐縣志》卷五《建置志》。王興亞）

公善橋碑記

□□事善始又貴善終，善做又貴善成。今張八橋由來已久，雖僻刪而洪蒙神福。煤出如山，西南更廣，□故待此。東西南北蓋千百餘里，特因市貨稠而街道曲狹，每逢集期，肩摩轂擊，抵牾壅積，半日不行，旁觀袖手，莫可奈何。西有善士慨然于街南之後捐地借路，利濟行人往來，良甚便也。但街中自北而南，有水道一渠，人車至此，每泥濘不前。余一日□□□聚石，不眸而成橋，則諸善士袁九思等之功也。由是路得橋而不□，其施路之美，橋得路而益彰，其建橋之功，是善始善終、善做善成之道也。余因其以善濟善，故名其橋曰公善橋。爲文鐫石，蓋欲永垂不朽云。

河南宜洛賜縣員羅庚中撰，邢文翰書。

乾隆三十八年二月初五穀旦。

（碑存寶豐縣張八橋。王興亞）

金塑老君尊神繪書廟宇碑記

嘗聞神者火所共日也，至於老君廟神，更有甚焉。請司者煤炭。人非煤不便飲食，非炭無以解凍。煤炭之用處，為最切也。所以韓爻恭、李廣德、曹金□、張遷明、韓友印、牛哲、田志、□□、王宏，昔視創新，迄今久遠，首事無之。神像無光。於乾隆三十三年春，打煤窯餘錢壹拾捌貫，金塑神像，繪書牆宇，煥然一新。今功成止也，□□□永垂不朽。

直隸□州儒童鄭昌撰文。

山西絳縣監生楊文魁書丹。

太清乾隆四十二年八月十五日。

（碑存寶豐縣張八橋。王興亞）

創修茶亭碑記

郊人高三畏

龍山距父城迤邐四五十里，為魯陽一帶赴省要衝。余嘗有事渡汝，過大石橋，見嶺自西南來，綿亙蜿蜒，橫當其垠，陟嶺而望，隱隱有樓閣榱桷，掩映樹林陰翳中，富庶之象，宛然在目。顧沿路村落，蓋寥寥矣。夫輪蹄絡繹之區，川途過客，日凡幾輩？倘隆冬盛夏，無以滌煩解冷，詎不苦行人哉！迨辛丑歲，寶邑鄉眾，懇余同門友走簡京師，謂其處建茶亭一座，置地四十餘畝，命人居守，以濟行旅。而為是舉者，則四人之力也。丐余為記以示勸。余惟古今來，義庄義田，輸粟煮粥，代有其人。大抵活人之法，莫重於賑饑。然亦有時和年豐，人樂溫飽，一遇客途征行之際，或暑氣偶浸而急莫能救，或風寒乍厲而命不少延。乃此四人者，梅漿設於盛夏，薑湯備於隆冬，俾往來行人，無煩望林止渴，而冷氣焦腸，俱溫潤於一勺半滴之下，厥功偉矣。且不惜二百餘金，經之營之，以示永久。其於麥舟慷慨之心，有媲美焉。豈第一鄉之善士云爾哉！吾於是知善由性成，德堪美報，抑亦見國家化民成俗，世登淳良。而此四人者，尤仁人好德之不可遏焉耳。其人為誰？則監生張君諱九成、王君諱劭、李君二，諱泰陽與維思也。

乾隆四十六年。

（文見道光《寶豐縣志》卷十五《藝文志》。王興亞）

石氏始祖登科墓碑

大清乾隆五十二年十月穀旦。

皇清石公諱登科配賈氏合葬墓

奉祀曾孫石生雲、生龍、生鳳、生彩、生蘭。

元孫自敏、自信、自寬、自恭、自勵、自惠、自誠、自裕、自新。

六世孫璘、珣、琦、璞、珏、珮。

七世孫修德仝立。

（碑存寶豐縣商酒務鎮武崗村。王興亞）

元右丞保八墓表

昆陽楊綱

　　元右丞保八墓，在汝州寶豐縣安寧鄉曹鎮東里許。碑已斷仆，里人某某欲為重立，而介予門人太學生劉慎請文表之。予按《元史》載，保八競進嗜利，以亂致誅。則其人之不足重，可知矣。剷平其墓，不令污染桑梓，可也。不然，聽其自壞，可也。何表之為乎？昔吾鄉督學使者張公瑗，校士畢入都，為西城御史，除前明魏奄忠賢墓碑詩云："魏奄逆跡怪尚存，至今猶恨假兒孫。不緣繡豸囊中草，誰褫貂璫死後魂。一塚剷平無穢土，雙碑仆却滅好痕。東林定有英靈在，好讀新詩慰九原。"由是觀之，則八保之墓可概見矣。今乃欲為重立墓碑，能不遺笑於張公乎！晉人桓溫言："不能留芳百代，亦當遺臭萬年。"夫桓溫恃其才畧威望，陰蓄不臣之心，擅行廢立，以致逆亂。而保八之競進嗜利，以亂致誅者，固與桓溫之不臣，如出一轍也。後之觀者，倘知保八之生平，則必相與戒之曰："吾鄉何不幸而葬是人，有是墓也，遺臭不淺矣。則此碑不立，亦何不可之有？"雖然立之，而誅死者於前，懼生者於後，即夫子所謂見不賢而內自省，與其不善者而改之之意也。則此碑之立，其為戒也深矣。寶豐多博學能文士，敢請質焉。

　　乾隆己酉。

（文見道光《寶豐縣志》卷十五《藝文志》。王興亞）

陣亡鄉勇碑記

　　古人有言曰：人莫不有一死，死或重於泰山，或輕於鴻毛。然則死之一節，貴得其正，未可以成敗論英雄也。當國朝庚申之歲，六月二十四日，教匪滋事，焚掠庄村。七月朔，自翟家集起夥，欲渡石河而北，大新庄居民李春生、孫鴻基等糾合鄉勇禦之於三官廟灣河口，自己刻以至未初，而賊匪大至，馬步約千七百餘人，鄉勇不滿三百，所以寡不敵衆。本村暨外鄉助陣戰鬭而死者六十二名，帶傷者不備載。嗚呼！此一死之所關大矣哉。使當日非諸君舍命相距，則賊衆渡河，恣其跋扈，石河兩岸之間一帶村落，安保其不皆化而為灰燼也乎！乃當賊匪逞兇之後，竟自西南渡水而奔，爾時之諸村得以無恙者，大抵賴諸君一拒之力，則諸君雖死猶生矣。所謂重於泰山者，不其然耶。今吾儕安享太平，諸君死於無辜，苟聽其泯沒而不彰，恐世遠年湮，疑以傳疑，後之人但風聞禦寇盡節之有人，而竟莫識其為誰氏之子也。故立石以誌之。不惟有以慰諸君子心，抑以備後人之考核云爾。

　　監生練其哲。

　　嘉慶六年歲次辛酉陽月望日立石。

（文見道光《寶豐縣志》卷十二《人物志》。王興亞）

創建高河橋碑記

　　魯陽舉人潘業

　　客有請於敬亭潘子曰："今茲滍陽城右臂，當應水下游，石梁屹然，厥費不貲，君友人龐念茲獨爲之，請不朽其事。"敬亭嘿然弗應。客又曰："其始事，蓋念茲心動病涉者，而勿敢專也。既乃請命於其季父國子生應南焯，忻然弗以靳，迄用有成，可勿詳諸。"敬亭嘿弗應。客又曰："業竣事，鄉人咸若謀以告後者。"念茲聞之，色然駭，掩耳郤走，力拒之。若有所弗勝也。於是，敬亭子瞿然起曰："嗚呼！此聖世之澤也。"夫《管子》曰："匹夫為善於鄉。"程子曰："一命之士，存心利物於人必有濟。"凡此者皆非難，難乎其勞而不伐，有功而不德者也。夫今之人崇信佛老，布金輪緡，以興無益之土木者，不知凡幾也！即布施茶餅，俵散藥物，平夷道路，修固川梁，亦所在多有。然非中於禍福之說，則希心於後世之名耳！夫福田利益，庸夫愚媍之所奔走，宜儒者勿道。若乃好名之心，則賢者之過也。今念茲為義而恥居德，吾是以重有取也。蓋國家之承平久矣，司徒以鄉三物教萬民，而賓興之有餘年。湛恩渥澤，潛移默化，寖寖乎有天下為公之氣象，雖窮簷蔀屋，媍人孺子，莫不有貨棄地而力不出身之耻，況讀書好禮之士乎？孟子謂："王者之民皞皞也。"信夫！以是諸客之請。客躍然去。

　　念茲名在文，字靜齋，國子生，授散官。其弟，己酉拔貢生龍文，候選理問。宗文，例貢生。允文，皆踴躍為義，例得備書。

　　嘉慶二年。

（文見道光《寶豐縣志》卷五《建置志》。王興亞）

皇清國學生梅軒范年伯（常生）暨伯母張孺人合葬墓誌銘

【誌文】

皇清國學生梅軒范年伯暨伯母張孺人合葬墓誌銘

辛酉科舉人候選知縣年愚侄李瑤璋頓首拜撰。

辛酉科舉人候選知縣愚外孫蘇炎頓首書丹。

辛酉科舉人候選知縣同門年愚侄李兆頓首篆蓋。

丁卯春，余同年范君西峰踵別業，啜茗話舊。時余道及梅軒公遺蹟。西峰氏不覺泣下。曰：先君子塗殯在堂，已閱歲有二矣。向華染眼患，謀葬不果。今小愈，覓工伐石，思爲先君子誌銘，以納諸壙。余哀其志。且公之爲人，余成童時熟悉之。而誼不容無一言。謹據實以誌：

公諱常生，字松年，號梅軒，芸菴公之長子也。與胞弟草亭公俱業儒。公孝父母，兄弟友愛，讀書不屑章句。尤工書，所存墨蹟，閭里爭重之。當芸菴公之末年，授公家政，俾草亭公專力詩書。公晝理家，夜課讀。草亭公縣試冠童子軍。尋罹外艱。公及弟哀毀讀禮。服闋，草亭公遂游庠食餼。族中有秀出者，公極力獎勸，資薪膏。諸侄孫多賴公成立。其敦族誼有如此者。公乏女兄弟。芸菴公養襟友姚姓女爲己女，字郭氏。郭素寒，公濟之，且爲郭二子娶。其篤姻戚有如此者。乙巳春，大饑，邑民晝聚奪食。公承邑侯命，廉穀價，出蓄積，一鎮安堵如故。邑令吳欲顏其門。公曰：“死者恨不及食矣。小惠未遍，懼弗稱也。”力却之。乙卯，郡縣議舉孝廉方正。邑諸生羣推公。公婉謝焉。其施人不倦，讓善不居，有如此者。豫境自丙辰之春，楚匪奔竄，延及魯、寶。携家避城內者再而三。公後獨力築寨，環以深溝，爲避賊計。嗣庚申夏，六逸匪猖獗。邑北鄉勇奮力殺賊。公悉招其家人入寨內，給以柴米，全活數百生靈。其恤急難有如此者。嗚呼。世之王公大人，生而鼎鐘，没則金石，比比然也。若夫布衣行義於鄉，勵人心，厚風俗，惟公實嘉賴之。然或淹蕪不傳，即傳而或不能久。昌黎所謂發潛德之幽光，又烏可少哉。公配張氏，選太康縣教諭六友公長女，有賢聲，無出。取弟草亭公子嗣，即西峰也。女二：長怡草亭公，適位南蘇公，即余同年文燦母。次女適候選從九良佐孫公長子碩。西峰娶趙氏，太學生平原公孫女。生子二，女一。長德光，庠生，娶連氏，太學生允環胞妹。次德元，娶魏氏，汝郡震清公孫女。女許邑庠生畹亭秦公三子。德光生子三：楙、楨、㯉。楙聘邑庠生聚星李公女。楨聘太學生步衢徐公女。

公以嘉慶十年十二月二十六日卒，壽七十有一。氏先公歿，壽六十有三。繼室李氏，現存。公葬於邑東三里許柏水之陽，以張氏祔。銘曰：

峩峩香峰，仰公之德。湯湯溵水，溯公之澤。公行古道，維民之則。復有賢媛，母儀堪式。幽壟長扃，清晖不息。敢告惇史，視比貞石。

胞侄廩生密、梅理、廩生埤、太學生介。

侄孫德房、德榜、德信、德良。

男華暨孫德光、德元，曾孫棚、楨、廩同納石。

大清嘉慶十二年歲次丁卯拾月中浣穀旦。

（拓片藏河南省文物考古研究所。李秀萍）

重修文廟碑記

知縣賞鍇

鍇自壬戌蒞守茲邑，下車後，即恭謁聖廟、文昌諸祠。見殿宇傾圮者頗多。詢之士人，僉以貲釜未充爲辭。余體察其情，雉陽城郭，勢如彈丸，兼之四郊多山，地瘠民貧而歲又屢歉，工程浩大，似覺勸修爲難。因循數載，事不果行。比來，年歲豐登，紳士等公乞重修，遂相與同詣學宮，相度機宜。重修者爲大成殿、東西兩廡、欞星門、崇聖祠、明倫堂及大門東西石坊。重建者爲文昌殿、戟門、泮池、魁星閣及鄉賢、名宦等。新創者則啓聖祠及樂器庫也。其時，首先倡捐者有周相等五十四人，分勸者有李元炳等十九人。于是，捐輸纍纍，踴躍從公，不數日，而斐然成章矣，遂相與鳩工庀材，凡需工、需木、需石、需灰、需磚瓦，共計若干數，量材量力而分任之。總傾其事者爲陸雲峯、李千紫、楊岱。分承其事者有楊琛、王淑元、謝價、高文林、張聰、解郎、李乾六、李田。自戊辰閏五月起，越十八月，而工告竣。丹黃塗堊，巍乎煥乎，嶄然一新矣。落成後，紳士等乞記其事，以垂久遠。余姑念其事之難，繼復嘉紳士等之勇於爲善，而成之速。謹爲詳述顛末，以勒諸碑珉。非獨有以彰衆人之善，更有以勸夫後之賢者。竝開列捐輸及勸捐姓名如左。至忠義、節孝等祠，另有記，不復敘。

嘉慶十四年立石。

（文見道光《寶豐縣志》卷四《建置志》。王興亞）

新建呂祖廟碑記

知縣賞鍇

今承乏雉陽幾及十載，父城雖若彈丸，而一切廟宇寺觀，凡載在典祀者，紳士等無不捐資，次第修建，煥然一新。己巳秋，紳士等復請建立呂祖殿於東關。夫呂祖爲唐河中永樂人，道號純陽子，生平喜頂華陽巾。咸通中，舉進士第，授江州德化令，愛民有實政，後解組歸，遇鍾離老祖於長安市中。成道後，誓願渡人，靈跡徧天下。其文其事，俱載於《呂祖全書》及重訂《全宗正》，膾炙人口，傳誦於今。喜自己巳八月起，至庚午六月止，越十月而工告竣。其時監工者，楊朝吉、王象舒、楊逢源、馬綱、欒英魁等。正殿三楹，肖像其中。配像左爲柳祖，右爲黃祖。南建道房五間，爲司香火者棲息之所。古茂樸實，清曠雅潔。升其堂者，瞻仰聖像，畏敬慈愛之心，油然而生，而後知祖師之大德鴻慈，雖窮鄉僻壤，有無不周無不徧也。遂謹述其巔末，而爲之記。

嘉慶十四年立石。

（文見道光《寶豐縣志》卷六《典祀志》。王興亞）

重修忠義祠碑

知縣賞錯

余既撰《重修學宮碑記》，紳士等復乞譔忠義碑文，以彰曲氏昆季之善。余宰寶八年，未嘗識曲合德之爲人。當紳士等商修學宮時，其弟珊德向前而言，曰："珊德奉祖母命，聞修學宮，願乞專修一祠。"余視其人，材甚開展，貌亦恬雅，嘉其義，因令修忠義祠，亦謂之顧名而得其義者也。珊德親來監工，棟宇牆垣，粉餙圖彩，煥然一新。越兩月，而工告竣。余聞合德之父早世。其祖自和撫三孫，教養成立後，自和獨捐己資，創修義學於州地，工未畢而疾作。臨終謂合德曰："我以義學未成，中懷耿耿，汝等必當善承吾志。"合德謹遵遺命，倣其規式，不數月而工遂成。延師教讀，洵有軌度。予嘉其事，爲之顏其額，以視勸勉。究未嘗一識其面，詢之士人，僉爲合德氣質淳厚，有長者風。文情落落，暇時似不嘗與人相往來。及聞善事，又未嘗不樂從。若合德者，可謂善承乃祖之志者矣。余允紳士之請，而爲之記其事，以彰其美，更有以勸夫後之善承祖父之志者。

嘉慶十四年立石。

（文見道光《寶豐縣志》卷六《典祀志》。王興亞）

重修萬壽寺碑記

知縣賞錯

萬壽寺爲古靈相寺。考之縣志，靈相寺在靈泉祠東，即今萬壽寺也。創自金大安元年，修於明成化三年，香山寺僧覺堅住持其寺，募化廣修，規模宏敞，其寺之四至具載碑中。再修於萬曆十三年，邱龍雲撰重修碑記，嘉靖間邑令袁公近沙，始改名萬壽寺，名仍其舊。世遠年湮，廢棄者久之。今年春，闔邑酒館等公捐銀若干兩，公呈願請重修。其時監工者爲邑紳楊岱，香山寺僧人通德佐之。鳩工庀材，撤舊圖新。中建大殿五間，東伽藍殿三間，西祖師殿三間，東偏禪房三間，西側屋三間，屏門、樓院門、西角門各一間，月臺廣四丈有奇，不數月而工告竣。輝煌丹碧，煥然一新。登其殿者，尊禮瞻仰，又可想見當日之區畫形勝也。至常住之規模，更有以待夫後之住持蘭若者。是爲記。

時嘉慶庚午冬月立石。

（文見道光《寶豐縣志》卷五《建置志》。王興亞）

◯嘉慶癸酉遇荒紀事詩[1]

齋宿靈相寺禱雨

邑令秦伯度

靈泉復徙諷經臺，三易祠壇莫禦災。薄霧漸收炎日斂，狂風又散密雲開。民生可憫終期濟，天意難知欲強回。傍晚拈香禮神後，一心怕見月明來。

六月二日遺[遣]衆詣嵩山請水

邑令秦伯度

萬山叢里一池清，擬向神龍乞半罌。行路痛心惟赤地，望雲泥首盡蒼生。鼓鐃震野來中嶽，燈火呼天遍北城。歸到佛堂人散後，狂風颯至聽雷鳴。

六月望日移壇南門外偶病命少尉代禱

邑令秦伯度

請雨從來事可征，何期酷暑倍薰蒸。神龍應是如來佛，旱魃寧窮說法僧。舉念不忘民有命，對天長歎我無能。願君代往終三宿，靈爽於茲實式憑。

七月十四日得大雨

邑令秦伯度

井桔河竭萬民疲，澤下重霄亦已遲。麥秀齧餘焦穀穗，草根餐盡煮榆皮。祈年終是凶年景，得雨反成苦雨詩。禱偶拜泥都不應，至今霶足復何為？

九月二十日隕霜

邑令秦伯度

不盡災區盡種蕎，白花開遍白雲遙。何知爛雨千疇足，卻被嚴霜一夜凋。曠野皆農相對泣，高天有草意成謠。自慚補救無良策，待籲恩膏下九霄。

修城

邑令秦伯度

剝落城垣淺小壕，大河南北勢滔滔。門資禦侮鋪新鐵，牆欲容身斷古蒿。作甓儗人工

---

[1] 道光《寶豐縣志》卷十五《藝文志》按語：以下八首爲嘉慶癸酉遇荒紀事詩，注解、跋語詳春風書院刻石。

代賑，因池鑿土說忘勞。十旬修守分清俸，擊析登陴衆志牢。

平回匪二首

邑令秦伯度

其一

滑城聲動紫雲崗，小醜懷奸一試嘗。攔馬哭陳倖逐子，劫官膽欲偽封王。荒村謀亂真兒戲，古寨稱兵又戰場。可惜少年輕一死，不留義憤掃欃搶。

其二

亂言傳來驚一城，善良畢竟見民情。候門父老扶肩至，執仗丁男接踵迎。賊不成擒羞作敵，人知奮義勇於兵。師平國帑全無恙，搗穴焚巢慰聖明。

嘉慶十八年。

（文見道光《寶豐縣志》卷十五《藝文志》。王興亞）

皇清副貢生候選教諭桂巖范公之墓碑

【誌文】

十七日歸葬於先人之塋。其故人敏為之銘曰：峙者為山兮，公之德當與山并麗；流者為水兮，公之名不與水俱逝。老成云亡，典□垂世。嗚呼。誰其嗣者惟其繼。

同懷弟墀、梅、密、理、介，暨侄德星、德榜、德信，侄孫柵，男德光、元泣血暨孫楷、櫪、楨、杞抆淚 同納石。

大清嘉慶十九年十一月十七日穀旦。

（拓片藏河南省文物考古研究所。李秀萍）

重建節孝祠碑記

知縣賞鍇

余既撰《重修學宮》及《忠義祠碑記》，紳士等復為余氏兄弟乞撰節孝碑文，以記其善。余萬全兄弟皆稱素封，而萬全尤淳謹喜為善。暇時接見其人，溫文爾雅，氣質淳美。叩其所為，恂恂訥訥，似不能出諸口。及觀其于師友之間，解紛排難，推讓分憂，而又不以功自居，其生平之為，亦概可知矣。去年春，紳士等商修學宮，余氏兄弟乞專修節孝祠。萬全、萬德之母，皆青年矢志，貞一不二。余氏昆季之舉，亦可謂善於彰母之節者矣！其時，監工者為萬全之母舅王振撥，岳父張龍書及其友王象舒、馬綏、欒可法，一切工料不惜煩費，堅固華好，務極善而後已。余聞萬全之母，家雖豐盈，井臼常自操，雖一切訊掃縫紝之事，莫不躬自力作如貧家娘，而又不恤其子之樂善好施。非獨其子賢，其母亦不愧古之賢媛人矣！至儲粟石以豫恤凶荒，集同好以重刊《丹桂籍》，萬全之設心立行向善，正未有艾。余固樂允紳士之請，而有以彰余氏兄弟之善其人、詳其行，以記其事也。

嘉慶二十一年立石。

（文見道光《寶豐縣志》卷六《典祀志》。王興亞）

增設春風書院膏火碑記

知縣秦伯度

古者學校之設，家有塾，黨有庠，術有序，國有學，後世踵其遺意，創立書院。若鹿洞，若鼇峰，學徒常數百人。然未有言其費所自出者，蓋經營區畫自存乎司牧者之精神焉。我皇上崇儒重道，文教覃敷，自京師至列郡州縣，莫不有學。即莫不有田以養之。所以嘉惠士林者至矣。

寶豐舊設春風書院，有田數頃，歲收稞租錢八十千，以爲山長薪俸，而學者無與焉。壬申，余來斯邑，甫下車，即進諸生考校之，應者寥寥。明歲，適當大比，諄切勸諭，而應者又寥寥。詢之，則以向無膏火，士皆無所仰給故也。因自捐廉，與諸生約定，於歲首考取正課生員十名，童生八名，月給錢五百。附課則取無定額，課給錢五十。月三課，詩文之優者，超擢之，獎勵之。其不率教者，則降之抑之，甚或扣除其名而更易之。辨其優劣，分其等差，榜示會堂，以激厲[勵]之。如是者，蓋行至五年矣。顧每欲正課月加米二斗，附課加錢五十，且竝給經管禮書正課膏火一分，以杜尅扣。苦資無所出而難爲經久計。舊有監生張自新、里民周世榮入官地一頃五十餘畝，經理不善，如獲石田，售得錢四百千，復捐俸錢二百千，又將闔邑紳民捐修程子祠餘錢千四百千，共二千金，交當商生息，歲得二百餘金，足供生童膏火之資。將來擴而充之，竝可留其有餘，以酌給鄉試之無力者，非以是博循聲也。且夫窮鄉僻壤之士，苟衣食饒足。欲使輕棄其家奔走百里，苦心戢志，以就有司之約束，彼固有所繫而不能舍也。凡今之踽踽然謁吾門而來者，既無先世之廕，又乏中人之產，窮年兀兀株守一卷，不過朝虀暮粥，目耕心織，與二三生徒日齗齗于土室掘門之中，藉以養父母，畜妻子，而使無饑寒之憂耳！即有聰穎絕特，好學深思之侶，一旦驅之捐其相生相養之道，而枵腹以讀先王之書，雖以聖人爲之師，嚴其課程而督責之曰："進爾德修爾業。"而有所不能，彼其勢固有難强也。嗟乎！此余向者下車時，之所以屢檄而屢不應也。以此欲文教之興，人材之成也，難矣。昔有宋淳熙間，趙侯知崇安縣，察境內浮屠之籍之絕不繼者，悉取其田，歸之於學。由是文風大振。今余之爲此也，俾士之肄業者得以優遊卒歲而無鹽米榱雜之累。異日英才輩出，爭自濯磨，與鼇峰、鹿洞之秀相頡頏，返諸區區造就之苦衷，或亦可少慰與！是所望於士之與新選者。

嘉慶二十二年立石。

（文見道光《寶豐縣志》卷四《建置志》。王興亞）

增修程明道先生祠碑記

知縣秦伯度

明道先生，宋之理學名儒也。家居於洛，何爲而祠於寶豐哉？或曰以先生監汝州酒稅故。余謂不然。先生自登進士第後，服官中外，幾三十年。於上元均田畝之賦稅，於鎮寧塞曹村之河決，惠澤及民，不可殫述。及知扶溝縣，去之日，老幼數百，攀挽號泣，遺之不去。彼身受其恩德者，更當何如祠祀乎？若僅以監酒稅而祀先生，是不知先生者也。且先生家有專祠，適今過伊洛之旁，觀其廟堂車服禮器，慨然想見其爲人，又何待寶豐之都人士高其閈閎，美其輪奐，豚酒羔羊，歲時祭享，而後爲崇奉也哉？

然而寶豐之祀先生，則固有說。昔朱公掞見先生於汝州，踰月而歸告人曰："光庭在春風中坐了一月。"今考其地，即在於此。是先生之教，不必擇地而施。而適值監稅於汝之時，朱公掞自他方來，且得以坐以春風。則當日應山溼水間，敦詩書，說禮樂，躬親其教者又不知若何鼓舞於春風中也。數百年來，流風餘韻於今未泯，從而祀之，不亦宜乎？余自己巳通籍，迄壬申春，捧檄斯土，既於春風書院增加膏火，以課生童。復於邑之西北二十里外，得謁先生祠廟，瞻拜之餘，而知春風書院之名，以先生而重，則學者之服膺先生也可知。余方進生童而督課之，而能恝然於先生之祠哉！祠之舊制，局勢湫隘，且歲久剝落，亟宜更新。因於闔邑謀，莫不踴躍樂從。時則學博龐君龍文、孝廉李君金臺、范君密、吳君益謙、茂才盧生熔、楊生如栴先爲倡義，集衆捐貲。太學李生千紫、武庠孫生鳳儀爲之購材。太學張生鍾靈、武庠陳生志興、鄭生雲生爲之鳩工而監督之。乃擴其舊址，大其規模，前爲頭門，次爲誠敬門，中爲春風亭，制爲八角，聳以重檐，以爲學者游息登嘯之所。後爲踐履堂，以祀先生。堂之左右爲安宅，爲正路。亭之兩旁爲東塾，爲西塾，以棲學者。復置田百數十畝，設爲義學，每歲延師課讀及修葺之費，皆取給焉。經始於丁丑仲秋，閱三月而落成。於是，攜邑中之士，坐春風之亭，舉酒相賀，暢然爲樂。因高眺遠矚，顧衆賓而言曰："登斯亭也，壯望汝墳，煙波縹緲，若遠若近，庶幾可隱君子乎！"而其南則魯陽元次山顏魯公之遺蹟在也。東望鳳嶺龍溪，磅礴鬱積，薈蔚繽紛，夫豈無鍾靈而毓秀者。西俯五龍泉，噴激萬狀，令人思陽夏侯之豐功偉烈而勵其忠貞，則斯亭又非僅爲游息登嘯之所，而窮覽山川，曠懷今古，尤足以擴胸襟而滌邪穢也。若夫春秋佳日，二三同好，詠歌先生，相與尋孔顏樂處，則斯亭更有春風沂水之思焉！今而後，斯人斯士勉乎哉。志先生之所志，學先生之所學，毋徒瞻其祠，登其亭也，此則余之所厚望也夫。

嘉慶二十二年立石。

（文見道光《寶豐縣志》卷六《典祀志》。王興亞）

重修觀音堂記

邑廩生常淑軾

寶豐名縣，肇於勝國憲宗十年，而此堂之設，不知何自昉焉。其遺碣有二：一新於前明崇禎庚午，一新於國朝康熙癸丑，迄今百有餘年，風雨剝落，廟貌漸就傾圯。歲乙卯，邑人王坤、韓磊等合衆公議，舉首事者監生李占魁董其事而更新之。於是，鳩衆釀金，修葺丹堊，深其基址，高其棟宇，視前此尤爲完固。其南側別築小院，中建矮屋八九間，以爲廟祝香火之資。其後爲徐公路亦補修之，以利行旅之往來。蔵事後求記於石。余謹誌其顛末如此。至於春風花面，楊枝甘雨，其說具在，余固不暇深論云。

嘉慶二十五年。

（文見道光《寶豐縣志》卷四《建置志》。王興亞）

新建寶豐縣號舍碑記

知縣秦伯度

匹夫無尺寸之柄，建一議，謀一事，嘗苦於欲爲而不得爲；至出爲司牧，則田里學校，興利除弊，皆吾分內應爲之事，乃得爲而不爲，其因陋就簡，萎靡不振之狀與庸夫等。嗚呼！天下亦安用此司牧爲也？雖然，事必有可爲之勢，有可爲之時，有能爲之力，合勢與時與力之不可爲而欲爲，是議論多而成功少也；其時與勢與力之可爲而不爲，是機會失而事功廢也。

予任寶有年，凡有切於士民者，無不夙夜圖之，黽勉爲之，期免廢馳之罪。惟童子小試一事，猶缺如焉。先是考之前期，各童擡案攜凳，踉蹌入署。屆試之日，又復露坐大堂院內，冬夏雨暘，皆無所避。予思所以節勞動而養儒修，禦寒暑而資庇廕者，莫若爲建號舍斯心乃安。蓋此議已創自壬申歲矣。顧下車伊始，政教未舉，土木先興，勢固有所不順也。越二年，邑紳以前議請，予曰："未可。癸歲大荒，甲年大疫，民困未蘇，何以力役？"時固有所不宜也。越明年，又有以前議請者，予曰："未可，方修明道祠，旋立義社學，民財有幾何？可以時工作，蓋力又有所不能也。"頃者，時和歲稔，事簡民安，秀才毛士雲、張崙山等來謁，道及其事，予曰："時哉！時哉不可失。諸生其善厥始，圖厥繼，以要厥成。"予捐廉萬錢以爲之倡。適予以俸滿將入京師，已卸篆矣。有父老子弟十數輩踵門求見，見則各出懷中金以爲贐。予力卻之不得，乃令其暫携去，予明日將取用焉。諸人唯唯退，乃召毛張諸生語之曰："事諧矣，昨有饋吾贐者，約百金，爾往取之，即以先定工料而書其名於樂輸之首列，爲我善勸邑人量力出資，想無不樂於從事者。"於是，鳩工庀財，就堂下東西六科，南北相立基址，計屋十二間，分四所。所十一號，號十二坐，共坐五百二十八人。案用石，支以凳，留貽不朽也，凳用木，壯其足，堅固不搖也。經始於壬午二月之六日，越三月告成。善哉！古人有言：有志事竟成也。昔漢孝平之世，尊隆太學，建弟子舍萬區，文風丕振。後漢劉梁，除北新城長，大作講舍，延聚生徒數百，朝夕勸誡，儒化盛行。

嗟乎！號舍，特學校之一端耳。寶豐天下之一撮耳。予將盡斯世之窮無告者，而屋之，而衽席之也，獨寶豐也哉！獨號舍也哉！抑予更有感焉者，自壬申應試六百人，災病後僅存一二百人。民數凋零，書聲不作，守斯土者目擊神傷。近始增至四百人。培養扶植，伊何人任。今天子新即位，軫念民瘼，安益求安。天下道路橋梁，咸命地方官以時修理，而又加科廣額，所以嘉惠士林者，更無微不至。士生斯時，宜何如奮興鼓舞，仰副我國家掄秀書升之選，而因以慰司牧者愛惜保護之苦心。異日，英才輩出，濟濟蒸蒸，人數日見有餘，坐號日見不足。吾雖不目覩其盛，手補其闕，而夢魂猶往來籌畫於香山汝水間也。後之君子，其擴而充之，以宏此遠謨也，所望於得爲而即爲之者，蓋不少也。夫號舍，其小焉者也。

道光二年立石。

（文見道光《寶豐縣志》卷四《建置志》。王興亞）

重修春風書院碑記

知縣謝興嶢

寶豐舊制，書院因明道先生監酒稅，有朱光庭坐春風故事，遂額曰春風。乾隆，縣令自胡公元吉創建之。嘉慶年，秦公伯度修葺之。彬彬然漸有起色矣。道光三年，余來宰斯邑，課試諸生，殷然向化，而齋室較少，經費不敷，未能博收英彥，歉如也。爰首倡捐廉，與紳民謀重修，不數日間，得助資三千餘緡。拓其湫隘，修其傾圮，廣課士之額，增獎膳之資，延惇儒以勤訓迪，稟大憲以定條規，於後樓奉明道先生神位，以實春風之義。次年春季落成。程中丞道出寶豐，顧而樂之，給百金以獎生童，頒堂額以示景仰。竊惟聖朝雅化作人，無遠弗屆。我皇上敦崇實學，切切以培養士氣爲重，近時上僚亦皆諄諄懇懇，期於興學育賢，移風易俗。諸士子生逢盛會，能無奮然興起乎？書院爲講學之地，果知所學何事，從而潛心體察，實力奉行，蘊爲道德，發爲文章，將見人材蔚起，無懃禮義之陶成，無負朝廷之教育，斯閤邑士庶，固無日不在春風中也。是爲記。

道光四年立石。

（文見道光《寶豐縣志》卷四《建置志》。王興亞）

重修普濟堂增置地畝廣收養額碑記

知縣謝興嶢

昔賢謂一介之士，苟存愛物之心，於人必有所濟。夫濟人之事，非特恤煢獨也，而無告之民，發政宜先，況以聖朝深仁厚澤，軫念窮民，惟恐天下有一夫失所。自京師至各郡縣，養濟院、棲流所、留養局，所在皆是。凡官吏士庶，莫不具有不忍人之心，於鰥寡孤獨疲癃殘疾之人，孰不宜加之意哉！寶豐縣舊有普濟堂，有地三頃，又有銀寄商生息，收養孤貧二十四名，固善政也。道光三年秋，余宰於此，視堂宇傾圮，捐廉修葺，而每以屋隘額少爲念。是年冬，邑人楊岱、楊岸清慨然助資，請益其屋，廣其額，余遂欣然與總戎王少府，商買李九賢庄及棗庄地五百九十餘畝，增屋十五間。量歲入之租息，收養貧民五十以爲常。口糧棉衣以及夏席冬苦支銷，皆白之大憲，訂久遠章程。噫！是豈於一邑之顛連困苦，遂普收勿遺哉！顧楊氏叔若姪，不得謂非存心愛物者也！姑舉力所能及者存恤之，或更踵而行之，擴而充之，安見斯邑之民，不能使之得所乎！是爲記。

　　道光四年立石。

　　　　　　　　　　　　　　　　（文見道光《寶豐縣志》卷五《建置志》。王興亞）

創修公義橋碑記

秦福田

　　去村南三里許，舊名石河。先儒疑爲瀁水，東北會於汝。源出將孤山，自三堆東流，徑山陰下，迤邐數十里，經石橋鎮，長虹跨焉，無病涉者。其下爲竹園村渡，亦赴郟、襄之旁道也。渠隘而深，其流疾，不可以舟。素無橋梁，行人苦之。陳君元一，性仁厚，好施濟，目擊心惻，成徒杠焉。每歲孟冬，草創興梁，遠近樂利有年矣。又虞不能歷諸久遠，乙酉春，欲潤其規，易以石，謀於予。予力贊成之。挽鄉里好義者十有五人，共襄厥事，亦伯玉恥於獨爲之意也。衆情踴躍，不踰月而工竣。自今以往，出於路者，可無褰裳濡軌之虞，居者便之，行者德之。屬爲文，言以誌之。予固陋，不獲辭，謹據實以書。所以褒陳君、嘉衆志，庶永垂於不朽云。

　　道光五年。

　　　　　　　　　　　　　　　　（文見道光《寶豐縣志》卷十五《藝文志》。王興亞）

新建心蘭書院碑記

知縣謝興嶤

　　癸未之秋，予蒞任後，整理春風書院，籌備膏火。凡有頹廢，次第興修，雖孜孜焉不敢稍自晏逸，而未即有裨益也。乙酉夏，闔邑紳耆，輒欲爲予立碑製屏，稱觴介壽。予以年未五十，而所辦事宜，不可指爲德政。既堅謝之。復諄諄請，遂愛戴之誠，勢不能已。因勸令即以其資，添設義學，俾資培養，於吾心爲得實濟焉。紳耆等欣然從之。是歲冬，在近城西關外，刱義學一處，額曰心蘭書院。講堂三間，翼房二間，學舍八間，大門二門各一間，於丙戌新正延師授徒，撥官租錢以給脩膳。規模初定，膏火未籌。六月，奉調固始，心殊歉然。爰捐銀二百，交當生息，以備量給膏火，勵志讀書，亦藉以答紳耆之雅意云爾。事經通報各憲，造冊立案，茲復記其原委，泐之於石。尚冀諸紳耆妥爲經理，行之久久，或亦將有裨益，斯吾之願也，是爲記。

道光六年立石。

（文見道光《寶豐縣志》卷四《建置志》。王興亞）

新建養正書院碑記

知縣謝興嶢

余於乙酉冬，在城內西街節孝祠隙地，新建義學一處，學舍六間，額曰"養正書院"，爲訓迪童蒙之所。每歲新正，禮延學師，授徒肄業，撥官地七畝奇，招佃分籽。又歲撥租錢十七千五百，爲脩膳資，曾經通報造冊在案。此即培成俊乂也立此始。冀後來者擴而充之，則童蒙幸甚。所撥地租開列碑陰，以備稽考云爾。

道光六年立石。

（文見道光《寶豐縣志》卷四《建置志》。王興亞）

謝公柳記

邑人馬炤

今天子御極之三年，楚南謝侯，以翰苑名臣來蒞寶豐。甫下車，即修築城垣，整理春風書院，又創養正、心蘭兩學舍，以廣其化導。種種善政，蓋難殫述。嗣因城外喬木絕少，不足稱故國之觀。乃命周圍蒔柳以護城垣。未及成蔭，而侯奉調去矣！迄今邑人思之，咸指其樹曰："此我侯謝公之所種也！"相與徘徊其下不忍去，遂稱爲謝公柳。耆宿王君振宗等，恐其久而毀傷，謀所以不朽侯者，屬予作文記之。予惟古人布德行政，其惠澤旁敷，每在人夢想間。故有其物雖小，而遺愛所在，往往形諸咏歌，以志其後之思。如周人之於召棠是也。考之史，王敬則使魏，於北館種楊柳，後虞長矅奉使邊，問楊柳今若大小，長矅曰："北人以爲甘棠。"愛其人者及其物，不忍殘毀而稱美之，從來如此也。今侯種柳城外，廣兆人之庇蔭，壯一邑之觀瞻，非有意於後世之名也！然覩物懷人，異日者嘉蔭紛披，掩映於雉堞城樓之間，必有高雅名流，飛花染翰，作爲詩歌，如南國之咏甘棠者。蘇子瞻《萬松亭詩》有云："十年栽種百年規，好德無人助我儀。"惟我邑人其尚封殖，此植勿剪勿伐，以傳我侯之盛事於無窮哉！是爲記。

侯名興嶢，字堯山，號果堂，湖南長沙府湘鄉縣人。道光癸未來令寶，今調光州固始縣。

道光六年。

（文見道光《寶豐縣志》卷十五《藝文志》。王興亞）

溵水修建晚虹橋碑記

溵水自西來，挹邑西關偏折而北，遶過西門至城西北隅，與西北來之栢水合，東流過北門，至城東北隅數十武折而南，又數十武折而東百有餘步，又折而南，全抱東關，而始東流去。地勢如此，水勢如此，此數面赴城者，不能不需乎橋也。西門外有永濟、北門外有仁政、東關有通都出其間者，無慮褰裳濡軌矣。而通都之上，仁政之下，有渡口在八蜡祠後，乃東北一帶赴城之要路，水勢衝激，石礀深邃，車行至此，輒至傾陷。經其地者，鮮不謂宜建橋焉。而殊未有首事者也。會通都橋板陷數孔，其餘亦多損缺。東關諸君子起而議曰："是非撤舊易新不可。"然橋之壞者宜重修，而渡之無橋者宜創建，蓋新舊兼營乎，乃遂各捐己貲，併募鄉衆得六百餘金。由是鳩工伐石，自初春始，至秋七月，舊者更新，新者亦燦燦乎告厥成。至修橋上下路，併補葺三元宮與文風閣之破敗，運用有方，又其餘事已。工既竣，諸君子以記屬予，且謀新橋之名。予惟永濟、仁政、通都皆有於二百年之前，而此一橋，乃遲之久而又久，則謂之晚虹也可。衆皆忻忻然曰"善"。夫晚虹之建也，茲水之來，自西北而東而南，三而環城有三橋，宜若無所間阻。然不有新橋，其不便者尚多，斯亦水之一憾也。自今橋成，過者坦然順適，無不樂水之灣環而有致，是晚虹又爲此生色矣。用爲記。

汝州增生史光裕撰。

道光九年。

（文見道光《寶豐縣志》卷五《建置志》。王興亞）

重修井潭水石橋碑記

聞之爲善最樂，而能全人之善者爲尤樂。井潭水之石橋，在張家庄西，前明天啟間，有張君汝登其人者，以其地爲寶邑孔道，倡義募化，創建之後，過客行人不至慨嘆於徒涉，其神益於斯者，爲何如哉。迄今世遠年湮，車轍馬跡，相繼靡已，基址日就傾圮，熙來穰往，莫不蒿目而扼腕。張君募化之功，不幾泯泯無傳乎！幸而布政司理問耐庵楊公諱岳者，過其渡而傷之，曰："張君之善不可沒也！"遂復嗣而葺焉，不日而告厥成功。知是津者，咸踴躍鼓舞，謂斯橋也，某某創於前，某某繼於後，是張君之功，得楊君而益彰，而楊君之功，較張君爲更鉅也。時牛公克讓、李公強等樂其事之善，請予爲文以誌。予不容以辭，是爲記。

邑庠生王天篤撰文。

道光十年。

（文見道光《寶豐縣志》卷五《建置志》。王興亞）

新建寶豐縣十里義塾記

知縣李彷梧

予於辛卯春來知寶豐事，月必治飲膳，集多士於官廨，試以藝而甲乙之。時於賞奇糾謬中，迪以窮經嚴操履。諸生有以餘日，納謁就質者，罔弗延之便坐，促席講論，傾囊倒篋而出之，雖一行作吏，學殖荒落，不足以饜好學深思之望，而悾悾丹實，竊有樂此不疲者。顧遠村小聚，尚未盡覘詩書絃誦之效，此非司牧之責歟！間嘗度故柴，問明道先生監酒稅處，雖樵童牧豎，道及朱光庭坐春風事，未嘗不憮然動色嘆羨不能已己。用此愈見義理之懷，盡人而具，尤當廣其塗，以誘進之。（辛）卯歲冬，嘗即質庫宿款取息，延師創設臨應、雅集兩義塾矣，顧津逮仍屬有限，中夜以思，若負芒刺，未能排遣也。今年以來，仰荷天庥，雨暘時若，年穀豐登，間閻之生趣益舒，爰縮薄俸，與邑衆商相地度宜，即十里適中之處，各建義塾。紳耆之向義者，咸皆踴躍捐輸，計得沃田六頃有奇，釀錢三千八百貫。又撥官地五頃八十畝稞籽錢，供每歲脯脩。須既蕆事，宜有文以紀歲月。乃進紳耆而詒之曰：「諸君子之共襄此舉也，豈獨佐令長所不逮乎？」夫莊岳之置，恐一傅而衆咻也。誠使釋菜鼓篋，無間於十室，諸君子哲嗣，繼起於同井共巷中，所見多正人，所聞多正語，雖欲逞聰明若城闕少年之所爲，亦復孰從而共之。所謂不見異物而遷也，善自爲謀，莫尚於此矣！雖然，學爲道設也，道載于文，而純駁雜揉，托業不慎，丑博反足以喪志。今楊大中丞刊布羣經，栗方伯亦梓《呂子遺書》，其示承學，以讀書窮理之要者爲何如。吾恐上以實求多士，或以名應也。苟勿騖乎其名，則惟於所謂要者，講貫熟復，融之以心，體之以身，驗之於人倫日用而已矣。夫著錄鄕校，便號爲士，維言與動，編氓輒心儀焉。士急租庸、畏氂衣民，猶不免犯貴，士怐怐於雞豚社中，捧几授杖，民猶不免犯齒，士宏束縕乞火之義，民猶不免構會於杯蛇。然則士徒知緒句繪章，而文不補行，其爲風俗、人心之蠹可勝道哉！夫蒙以養正馴至，經行修明，使梓里熏其德而善良，士之道固然也。茲邑地僅得望繁之半，而風淳俗簡，其人率樸茂豔清，向無傲誕華侈之習，以淆其識，於入道爲易。聚千百有造之姿，爲之抉理窟、拓行表，嚴近正非正之防，覃砥礪名教之樂，迎機而導，因材以施。曩昔之所謂春風者，不難丕扇廣拂，使禮俗政教之書，裒然爲他邑最也。然則諸君子相與有成之雅，及予得以逭司牧之愆者，均有所屬如之何，可以文具了事哉！作紀事文，以當息壤。

道光十三年立石。

（文見道光《寶豐縣志》卷四《建置志》。王興亞）

邑民岳評創建勸善橋碑記

監生岳峯

修橋，常事也，矧區區工程所費，僅五六十金，焉用記。皆瞿然曰：此壕隔限東西也久矣。諸父老嘗議募，未果。渠不假衆力，獨出己貲，其好善爲何如，好善輕財，即田連阡陌者猶或難之。伊産不足二十畝，而慨然有此義舉，其好善之誠爲何如。吾輩選工購石，諄諄求記者爲是故耳。夫表揚善行，君子之事也，峯何敢當此任者。顧予世居茲土，知橋之端末甚悉，故不自知其固陋，勉從諸公之所囑也。按《明史》寨在邑北三十里許，土墻浚壕，壕深一丈，寬兩丈有奇。引渠灌壕，波流溶溶。肇自明季流寇猖獗日，地處伊、洛、汝、穎〔潁〕之中，東連楚皖，西接秦晉，誠行旅往來之要津也。則設門建橋，安可或缺哉！奈爾時止設橋於東，而無西壕之備者何則？考《縣志》云：崇禎甲戌歲，流寇熾作，賊營二十餘連屯百餘里，盤踞函谷、河陽間。於是，汝郟之西門不啟。於此觀之，其由來可知矣。誠以干戈擾攘，聊固吾圉，一時權宜也。迨我朝定鼎以來，休養生息，承平幾二百載矣。列聖相繼，德澤洋溢，溥天之下，率土之濱，凡宜杠宜梁者，靡不次第修舉，而西壕之橋仍缺，蓋善行之罕也。如此嘗見車騎雜踏〔沓〕，行旅交錯，臨壕徬徨，繞道紆行，每咨嗟嘆息，而興單父無梁之譏也。一旦高駕〔架〕長虹，如砥如矢，俾二百載坎坷之路，煥然於變周行者，伊誰之力與？今而後，向之臨壕徬徨者，將拍手而長驅，繞道紆行者，必掉臂而直入也。《易》曰："積善之家，必有餘慶。"吾於評有厚望焉，獨是善者天下之公理，好善者天下之公心。《周書》彰善而癉惡，《春秋》懲惡而勸善，善之量豈有窮，因重諸公嘉善之命，喜族子好善之誠，故詳敍寨之淵源，橋之巔末，而題其名曰"勸善"。非止爲一鄉一邑勸，并爲天下萬世感發云。

道光十三年立。

（文見道光《寶豐縣志》卷五《建置志》。王興亞）

雅集臨應兩義學碑記

知縣李彷梧

古稱善爲吏者，曰好教化，曰即事爲功。予之闇淺，豈足以幾此。然前英嶽嶽，瓣香是寄。雖不能至，竊效顰焉。閱舊檔，知邑捐職府經歷龐允文，曾捐錢一千串，交當子錢資辦公。夫辦公詎有要於興學育才者，因取以作脯脩，延名師二，分課東郭、南鄉之髦秀。東郭以義勇祠爲學舍。南鄉以旃檀寺爲學舍。而好義之士，復醵錢增建瓦房六楹於義勇祠內，規條既定，宜有文以紀歲月。夫均之義學也，在東郭稱雅集者，邑之應水，今昔不乏遊人，而皇祐時，郟令晁仲參與鄉進士孔旼烹茶於此，人遂號爲雅集。豔稱到今，則以晁之英果爲范文正所愛，孔與兄旼之孝行并見《臨川集》也。以此標識，蓋欲承學後起，知所取法耳。水崇上善，盈科而進，有本者如是。南鄉之學舍瀕應水，觀水有術，善教者以之故顔曰臨應。區區之意，所望於都人士者如此，若夫通儒上才，抒所蘊以誘迪後學，將更有大於是，進於是者。彼君子兮，適我願兮，中心藏之，何日忘之。

　　道光十五年立石。

（文見道光《寶豐縣志》卷四《建置志》。王興亞）

培文義學記

知縣李彷梧

　　聖天子崇儒重道，頻命守土吏廣立義塾，餼養生徒。夫正人心，厚風俗，莫要於教。義塾，固教之地也。予承乏寶豐，仰體睿慮，首捐薄俸，倡建義塾十有二。邑人士輸錢及地，交商取息，招佃耕種。爲每歲脯脩資，遂酌定規條，上其事於大府，荷蒙陳請，得俞旨，助資三百金以上者，特賜以八品銜。自是四郊誦讀之聲，較多於疇。曩予亦時時稽查其勤惰，雖不知其誠有益於寒畯否？若夫不尚虛名而務實效，則固所自信矣。惟村疃在白雀寺左右者，居民孳夥，多無力延師以教其子弟。予方默爲籌畫，適白雀寺僧以盜典香火地，與檀越涉訟。施主謝傳等請以地入官，添建義學。予權其事宜，即允所請，而監生馬耀德等復於寺偏捐修學舍十楹。夫釋子著名往牒者，晉、宋以來不乏其人，然第其最，如支遁、道安與宋之九僧，亦僅工機鋒、嫺吟詠耳，於世教果何裨？夫本分釋子已爲吾道之大蠹，乃以有用之資產爲惡少緇流匪蕩具，宜仁人君子之所痛心也。以之供脯脩，育髦秀，庶幾得物理人情之正乎！而諸君子能助予償夙願，尤可嘉尚也。初，香火地原額五百畝，節經主持僧私當出四頃四十餘畝，涉訟不已。予乃斷令售去兩頃，歸償當價。所餘兩頃四十五畝零，歲稞錢一百三十四千，撥給白雀寺香火錢四十千，義學歲支脯脩錢若干、剩錢若干，俟積有成數，交當生息，備繕葺學舍，已勒入縣誌，茲不贅。

　　道光十六年立石。

（文見道光《寶豐縣志》卷四《建置志》。王興亞）

創建文昌祠獻殿記

知縣李彷梧

　　文昌之祀，見於《周禮》，最典則可據。我國家令郡邑各建文昌祠，歲於春秋仲月，以太牢致祭，羊豕庶饈咸備，祝文自部頒。蓋典禮之嚴重如此。將事者烏容草率歟！

　　寶豐舊有文昌祠，在文廟左，僅正殿三楹，祭期逢雨，牲醴霑濡，香之不升，神于何享。甚非所以昭嚴重也。祠前最爽塏，前學博韓，募建山門，規模益復完整。獨未嘗謀及獻殿。予視事以來，時用廑懷，籌費未得，徒抱虛願也。丁酉秋，邑中有修志之舉，樽節所餘，計可集事，迺鳩工庀材，屬文昌祠南，榮建獻殿三楹。自是而風有蔽，雨有庇，牲醴無霑濡之患，祠事稱孔明，可以免草率之愆矣。工訖宜有記，乃叙起緣起於麗牲之碑。

道光十七年立石。

（文見道光《寶豐縣志》卷四《建置志》。王興亞）

重修龍亭記

知縣李彷梧

邑治西南，舊有龍亭。創始無年月可考，太守秦苓溪先生前知縣事，於兩序添挾廡各三楹。閱時既久，諸多頹圮。予承乏茲邑，即欲從事重修，而經費未敷。丁酉秋，纂輯志乘，剩有餘資，爰鳩工庀材，宋桷樽櫨以及灰、瓦、磚、石、釘、麻、鉛粉之料畢具，任木任石任圬之匠咸集，乃以次繕理。整其甕甓，易其腐敗，飾其漫漶。又前此缺門與垣，不足以昭嚴重。於是，增捲棚一，大門一。四周繚以牆，名爲補修，而工之鉅，蓋有幾埒於創始者矣。

夫龍亭何爲作也？聖天子以廣運之德，臨莅萬方，深仁厚澤，覃延周浹。即彷梧在寶言寶，士奮於庠，農勸於野，工樂於肆，商歌於途，殷殷焉，脤脤焉，各得其願，遂其欲。歲時令節，暢然於雞豚社中，含哺擊壤，軒乎舞而聳乎鼓也。即鈍拙如彷梧，得不勞竭蹶從容上康樂和親之書，吏議弗及，遭遇固至幸矣。夫飲水必思其源，食德不忘所自。瞻雲就日，嵩乎華祝，古與今非遂有異情也。敬設龍亭，恭逢萬壽及元旦冬至，虔偕寅僚、率紳耆，北望泥首，臚歡稱慶，固慺慺下情所不能已者，謹盥沐拭几，述其緣起如此。

道光十七年立石。

（文見道光《寶豐縣志》卷四《建置志》。王興亞）

添建號舍石凳記

知縣李彷梧

邑舊無號舍，赫曦炙頂與風露雪霜，童試者苦焉。秦苓溪先生爲縣，將以太守需次去，於大堂左右建瓦屋十二區。今敘州守謝果堂先生視縣篆時，以屋隘不足容多人，復添建六楹。至是，數百人可以橫肱而坐。體舒機暢，興酣落筆，如春蠶食葉，曲盡一日之長，訢訢然各自得也。閱時既久，不無滲漏。予繼兩公後，來領縣事，隨宜葺綴，乃得完好如初。惟號舍中，卓以石，橙用木，數年前早，已腐壞散失，不可跟尋。縣試時，諸士子提囊肩坐具，動多滯碍。予目擊愴懷，適修志乘剩有餘資，乃鳩工匠，按號礲石爲橙，凡長一百四十丈。豈敢謂能補前人所不逮，亦庶幾聊盡司牧之心焉耳。道光丁酉冬月之吉，特記。

道光十七年立石。

（文見道光《寶豐縣志》卷四《建置志》。王興亞）

創建雅集書院記

襄城耿興宗

　　古者國有學，州有庠，黨有序，以育英魁，而蒙以養正，則於二十五家置一塾師，取諸里中耆碩有學行者。所以爲教之詳，雖不盡傳，然猶時於《魯論》、《曲禮》諸書散見其晷，大抵主於敦本尚實，戢其惰慢，歸於醇謹，以培大成之基而已。蓋其時民間之子弟，自八歲以往，罔不從事於詩書六藝，隨事立之制防，秀出於輩儕，可由塾遞升于成均，授以官，而才皆符用。不能上達而徒業，格以孝弟睦婣而不合者，蓋亦鮮矣。此制廢，士夫家猶知謹幼學之教。寒門雖有美質，每苦於無力從師，性移於習。趙宋時，民間舌耕者必先試於官，立法雖善，亦遜于古，是以道學輩出，而率土汹穆，抑尚有間。我國家壽考作人，守土之吏，仰贊《菁莪》、《樸棫》之化者，不乏於時。吾於竹亭李明府，尤羨其用意之美，而區處之詳且周。明府之治寶豐也，於四郊規建義塾十有二，予徇邑衆之請記其事，以爲明府諳曉世局，警悟而出以坦平，剔奸釐弊，疏滯闡幽，美不勝書。而其大端尤在愛士憐才，噓植惟恐不及。諸君子僉服予言之允。吾通家王、馬二君因更有所請，蓋附郭之在寶豐治東者，明府于此倡立義塾，最有裨於蒙養，不可無文以攄愛戴，而襄役之姓字，亦當附見焉。夫天下事每相得乃愈彰耳！繕黌舍，餼生徒，慎延師，資以爲先路之導，此在上之責也。至於循循善誘，身教與言教，竝盡其責，不獨在上矣。師道立而善人多，所關豈渺小哉？而尊道親師不少以人事，嬰子弟又在燕翼貽謀者。茲役也，明府捐俸以肇其端，王上舍德文、馬茂才體元承其事，嚮義者出貲，爲室六楹。監工庀材，始終不怠，王馬二君之力爲多。師之脯脩取諸質庫公項之息。是爲記。

　　道光十七年。

（文見道光《寶豐縣志》卷十五《藝文志》。王興亞）

明故石氏先塋碑

清初遷居武家崗。
塋地南北長各二十弓，東西寬各十六弓二尺半。
明故石氏先塋
大清咸豐四年合族仝立。

（碑存寶豐縣商酒務鎮武崗村。王興亞）

石氏五世祖自信墓碑

公諱自信，字成之。諱生雲漢倬公，配陳趙氏之第三子也。與堂伯諱生龍，配田氏。成公賦性質樸，勤儉善良，配范氏，生一男二女，長女適王姓，次女適姜性。子玳，賦性剛方正直，慷慨有偉，創開溝渠，興利後世，此其大略也。娶薛氏，生五男一女。女適張姓。長子光嵩娶路氏，生崟、嶔。崟娶王氏。次子光泰，娶吳氏，生峨。峨娶朱氏，生清芳。三子光衡，娶張氏，生邐。四子光華，娶原氏，生崇，繼娶張氏，生崴。光恒第五子也，娶呂氏。祖塋在三堆山之左南隅。道光年間，遷塋於本村東養水南。茲序巔末，使後嗣子孫知木本水源，仰祖德於無替也夫。

皇恩欽賜耆莫顯考石府君妣范太君合葬墓

西山卯向，兼庚申三分。辛酉辛分金碑辛山乙向。

```
              崇
      華      邐
      泰      峨
```
孝孫光嵩，曾孫崟，元孫清芳立石。
```
              嶔
      衡
      恒      崴
```

大清咸豐七年歲次丁巳□陽□月吉日立。

（碑存寶豐縣商酒務鎮武崗村。王興亞）

葉縣

創建滍水驛舍記

高平人邑令崔子明

葉寠甚，不堪驛騷，行者每心惻然，非自今始也。應子治國，即苦奔命，無息肩。冠蓋輪蹄，絡繹不絕，千年如一日。民力幾何，迺重困哉？此賴尾魴魚，半在釜中泣也。雖然，無甯茲，天下盡驛騷矣。何有於葉？有治人，無治法，顧其人何如耳。余膺命來茲土，甫下車，首敬皇華之章，肅郵務，詢其卒，則曰："卒痛矣。"問其馬，則曰："馬瘠矣。"載察其言秩之廠，競謂祖龍一炬矣。二三癟羸，僑寄蕭寺中，與比丘相應答。嗚呼！駒騏駣駱，既不能諏謀度詢，咨我馳驅，乃使六轡四牡爭蘭若片席地，毋謂瀆西聖人稱皋，對此旆旌，所謂駢驥孔阜者已矣。胡然而嘽嘽駿駿，削色淪夷至此，甯非為政者之羞乎？亟召父老與之謀。僉隕涕相告曰："寥爾歸鴻，煢煢待哺，曾室家之不甯，而攻車同馬為！"余因是緩其役，庇稼穡桑農者五踰年，他無所及，繇是而吾民稍稍裕矣。乃復進父老而商之，則欣欣然樂從弗怠，且交勉曰："是良圖也，毋或歖。"遂歡然子來。舉通國之全力而經營之罔敢後。不匝旬，而堂構七楹，側廬十八舍，前峙五楣，隆隆然皆自空中創出。嗚呼！是何艱於初而逸於既耶？曰："此以民力為之，而民悅之也。然亦有司者治之常耳，夫何異焉？"執事且持片石請紀功，余笑謂曰："廢興因革，數也。況為國盡瘁，牧圉乃其本事，即功矢汗馬者，恥勒竹，敢文石乎？曷置諸。"請者遂以寢，而余且忘之矣。無何，天子念勞吏且任事久，特詔徵之內，令典司農事，征車介道，鳴馬匆匆，而環葉士民且擁馬首請曰："尋常官去，看作等閒，我公牧葉七載餘，玉壺常注冰雪，今日劍佩朝天，宣猷帝闕，豈不念百里蒼生殷殷仰望，問山不語，問水無言，可不留仁人一言為甘棠遺愛乎？"皓首蒼頭爭攀臥轅轍間不忍去，乃不獲已，援筆以誌其民力與民情也如此。

順治四年。

（文見同治《葉縣志》卷九《藝文志》。王興亞）

許公重修廟學記[1]

【碑陽】

昆陽，古應國也。春秋楚縣之，為葉。沈子高以楚材之良出尹焉。吾夫子將如楚，及

---

[1] 此碑今存。碑文較康熙《葉縣志》和同治《葉縣志》為詳，但字多模糊不清。此文錄自康熙《葉縣志》卷七《藝文志》。

葉，有憤樂悅來之語，載在《魯論》，千古之學問政事備此矣。豈獨爲子高言哉？蓋以告天下後世爲子高者。

越千餘年，而有通侯許公，後子高來尹斯邑。甫莅治，謁孔廟，見頹垣茂草，慨然曰："此聖人過化地，廢棄乃爾，有司責也。"即有整飭志。無何，西山嘯聚，禦人白日樹幟，黃昏烽火時偪。公先整武備，躬入虎狼之穴，手濺鯨鯢之血。箭山、拐河，數十年不靖之寇，一朝掃蕩，士民安枕，武功昭矣！

公乃集師生父老謀新聖宮。鳩工庀材，首事宮牆兩廡；而啓聖、名宦、鄉賢、文昌、魁星諸祠，以及戟門、欞星、興賢諸門，臺砌甬道，泮池雲路，靡不煥然一新。虔設神主，肅列俎豆，祭祀豐潔，神將來享。而且宮牆之內，虯松古柏，鬱然蒼翠，環橋之上，穠桃郁李，爛其盈門。公乃旦夕提命，朔望講課，亹亹不倦。葉人士六十年頹靡不振之氣，頓爲翻然勃然。噫嘻！公之大有造於葉庠如是，而不特此也，輯兵安民，閭閻不擾。乘農隙，圖永逸，修隍堞，以壯金湯；整演武廳，以振國威；繕常平倉，以廣儲蓄；復養濟院，以恤貧老；建憤樂亭，以昭聖學。他如疆域之內，耦耕、問津、拱立、止宿、接輿、歌鳳遺跡，無不碑坊表識。遊斯地者，宛與聖賢晤對，亦今古盛事哉！至纂邑乘以備文獻，築中堰以開水利，亦將次第舉行，無日不廑公念者也。公之學問政事，亦可窺見一斑矣。工事告竣，葉廣文沙隨李君長恂、儀城馮君應鼇，走使執狀屬予言勒之石。予將以山林老，又何能文？據來狀，略爲之紀，匪敢侈通侯之能繼子高，願以告天下後世之繼通侯者。

公諱鴻翔，字通侯，陝西榆林人也。

賜進士第太常寺少卿前吏部考功司員外郎虞城梁翼明撰文。

賜進士第户部員外郎襄城□□篆額。

賜進士第江南等處提刑按察司使內鄉許□書丹。

大清順治十三年歲次丙申穀旦。

儒學教諭沙隨李長恂、訓導儀城馬應鼇、典史□定國、闔學廩增□□□國琦、王□山、□□□儒、劉曾地等仝立。

【碑陰】

捐資人姓氏：

公直王可寧。

學書陳三經、金、蘇方民。

督工葉之秀、王定臣、高明大。

管工差人孫治業、桑懷錦、衛春明、修治業、杜三畏。

木匠李從政、段登雲、高汝秀。

鐵匠陳治策。

泥水匠張明玉、江東河。

畫匠徐登舟。

塑匠朱大順。

漆匠高守義。

石匠蔡守房。

（碑存葉縣城內文廟。王興亞）

憤樂亭記

邑人廩生杜作楷

學宮前鑿泮池，蓋仿古者諸侯泮宮之制，中州百餘城皆然。其廣且深者，惟葉爲最。池上構石爲橋，橋上結亭，可容十餘人，顔曰"憤樂"。以吾子憤樂兩言爲葉公發，故取之，以美其名。創自前朝，舊制僅存。甲辰五月中旬，諸同人並力更新之，不數日而工竣。因相與讌集其下，水氣共清風偕來，炎天若冰雪交集，覺沂水舞雩之趣，去人未遠。憑欄俯瞰，澄徹見底，游魚可數。彷徨四顧，古柏陰森，桃李穠郁，如置身琪泉瑤草間。嘻，樂矣哉！雖然，吾夫子之樂，樂以憤生者也；今兹之樂，樂以景生者也。以憤生者己司其柄，是以更歷終身無有窮極。以景生者，權在物，景過時遷，其樂或有索然者矣。此亭名憤樂，顧名思義，我同人其亦有發憤之思乎？諸君咸以爲然，遂書之，以紀成事。

康熙三年。

（文見同治《葉縣志》卷九《藝文志》。王興亞）

重修葉縣文廟記[1]

邑人進士孫期昌

皇清乙卯龍飛十有四祀，秀水潘明府來蒞葉土，下車之明日，謁文廟，拜瞻至聖孔夫子，禮也。維時見廡牆臥地，泮水沈天，山頹木壞，同一歎悼。公欲修葺之，謀諸學先生，則曰："青氈難裹錦泥也。"謀諸邑人士，則曰："白筆難塗鴛瓦也。"公於是捐俸庀材，率屬倡衆，間亦不廢聚米之計。越三年所，而文廟之工告成。應子國文，字峰東，與魯壁遙相拱衛，子氏衣冠，其殆復見矣乎？邑人羣以文事歸公。公瞿瞿然謂兩楹剝以雕題，後人堂構，恐未足慰尼父憂風雨心也。乙卯冬，予適奉差歸里，因稽其實，紀之曰：天子之教，首在廣勵學宮，春秋俎豆，故事視之，保能衛聖脈歟？黨塾子弟，往哲奉之，保能正士習歟？則是教化之責，端賴賢有司董率之也明矣。惟公來蒞葉土，明絕學，詔來兹，不啻起游夏而授以孔几也。至於梁木蔭人，素王啓相猶後耳。葉之父老子弟讀文廟碑，其亦有所感也夫！

---

[1] 同治《葉縣志》卷九《藝文志》標題作"潘公重修廟學記"。

康熙十四年。

（文見康熙《葉縣志》卷七《藝文志》。王興亞）

重修薄太后廟記

襄城人劉宗泗

　　余聞之及門趙生曰："葉邑西有薄太后廟，環廟居人王謀輩，因廟頹圮，起而重修之。率庀材鳩工，閱三月告成。欲為記，以垂久遠。"因趙生丐余言。考史太后，漢孝文之母，世傳其塚，在郟城東，即今所稱塚頭是也。廟去塚數十里，創建不知所始。

　　葉人頂禮香火者，蓋已有年。豈以地相近耶！孝文千古聖地，其精意良法，施天下，垂後世，至今猶蒙其休。而誕生實為太后。本木水源，溯所從來。拜其賜者，寧忘其母也。所以載祀典，食血萬代。雖薄海內外，崇而奉之可矣。而況寢陵巋然，咫尺在望耶！太后有靈，千秋秋萬歲，魂魄猶戀丘壠，其來格享，從可知也。

　　廟號為薄太后聖母，主一方子嗣，凡有祈者，禱之輒應，類世俗所謂子孫聖母者。余以大生廣生，主之者天地也，而他何與焉。後世不察，謬舉周武之母以實之，名曰聖母。通都大邑及僻壤窮谷，罔不崇祀者。以能誕生聖子之故。夫周母可祀，漢母亦可祀也。廟建茲土，經何幾年，奉祀不絕，將謂是世長兒孫，厥維其功。今之敝而修復者，一以云報，一以云祈也。先是明天啟間，居人重建，年月詳舊碑記中。今康熙庚申，復有是舉，是宜勒石，記顛末也。趙生教授于此，其持余記，令書之。

　　康熙十九年。

（文見康熙《葉縣志》卷九《藝文志》。王興亞）

大中丞顧公創建倉廠記

潮州人邑令馮秉銓

　　《周禮·六官》之制，古人皆隨事而經畫之。而惟救荒一事，則必豫儲而有備，蓋以為臨事始謀，恐將有不及謀者。我皇上軫念民艱，以積貯為天下本計。按州縣之大小，定儲穀之多寡。蓋仿《王制》三十年之通，以制國用，良法美意兼備之矣。特簡大臣學有經術，通達治體者，出撫豫省。於是，大中丞顧公來巡兩河，興利除害，經濟爛然。尤以積貯一事，夙夜憂勞，仰體聖天子愛民至意，檄行州縣，修築倉廠，謂："豫土地瘠民貧，素無蓋藏，而乞糴轉運，跋履更難。一經水旱，將轉溝壑，倘不豫建倉廠，則所積之穀，易至朽腐。官吏賠累，民無所仰。有積貯之名而無其實，非所以計久遠謀萬全也。"於是，新作倉廠，地擇其高，基務其堅，勿動民財，勿扣工料，捐俸百金，修廠十間。檄行到葉，奉行惟謹，庶民子來，懽呼載道。

夫葉於豫屬爲最小，由一邑而推之州郡，由州郡而推之省會，捐貲蓋不可勝紀矣。沐膏澤而戴高厚者，不但一葉已也。吾葉之民，尙宜各力爾田，各勤爾業，戒奢侈，務節儉。鄉黨里社悉以積貯爲事，庶不負我聖上爲民積貯之心，亦不負我大中丞捐俸修廒之至意也。是爲記。

康熙四十年。

（文見康熙《葉縣志》卷七《藝文志》。王興亞）

柏公修城記

邑人歲貢王用楫

邑侯柏公，諱之模，號可法，奉天寧遠人也。甲申冬，來宰吾邑。甫及二載，利者興，弊者革，政修而人和，化行而俗美。考之記傳，古循吏何以加焉！公之與民也，爲保障，不爲繭絲，一切興廢舉墜，如修泮宮，立義學，築橋梁，非惟不耗民財，且弗勞民力，損己益下，總期無擾而已。丙戌秋，霪雨連月，城垣傾圮幾半，補葺之役，向日皆出於民，公獨毅然仔肩之。邑之紳士父老，以是役費繁工鉅，不忍累公，請出之通邑，共勷斯舉。公曰：「此余長吏之責也，民力幾何？余方休息保鼇之不暇，豈忍以是役重勞吾民耶？」於是，捐資儲料，擇期修築，日需夫役二百餘名，按日給以工值，無短少，而食力小民，因得借茲以糊其口。以是爭先子來，陝陝橐橐，時僅匝月大功告成。雉堞樓櫓，復堅整可觀矣。是役也，自九月二十八日興工，至十一月初五日止，共磚八萬，灰十二萬，夫匠八千餘名，修城一百四十二丈。公不動聲色，部署井井，若無其事者。公之才真有過人者矣。

昔蘇文忠公治杭日，值歲饑，文忠下令給僱值，募民修築湖堤，窮民賴是活者甚衆，杭民至今傳誦之。今公之所行，若與文忠相似，而拮据捐修，時勢又有難易不同者，非公子惠吾民，殫心任事，曷克至此哉！

葉人蒙公之福，不能恝於懷。爰是勒諸貞珉，用垂不朽。至於公之政蹟，美不勝書。當今聖天子在上，又有廉明大吏爲國薦賢，行且增秩賜金，黃潁川不得專美於前矣。

康熙四十五年歲次丙戌季冬吉旦。

（文見康熙《葉縣志》卷七《藝文志》。王興亞）

白龍王廟碑記

寧遠人邑令柏之模

丁亥春，三月不雨，地畝龜坼，二麥將萎，且熯燥之土，秋禾不可播種，四野皇皇，得澤若渴。余省慮蠲誠，步禱於神，弗應。既而謀諸父老，咸謂邑之東南山，有靈湫焉。相傳爲白龍潭，盼蠻感應，實風雨是司。惟距邑最遠，山徑險仄，是以司土者罕至其地。

余曰："否，否！今亢陽日逞，欲殺麰麥，若三日不雨，則粒食無望。既無歲，何有民？苟無民，何有區區縣令？而顧以遠近險易是計哉！"

三月二十五日，余率僚屬及邑之士庶，步禱於潭。深山之中，一泓澄徹，寒氣凜冽，逼人毛髮，洵爲神物幽宮，憑依於此，仿佛可見者也。余爲民請命，拜禱如禮。二十六日，甫抵縣治，忽赤日歛光，水雲四起，一雨三日，既霑既足。於是，二麥勃然，秋禾可播，農喜有歲，官無隕越。是徵福於神甚厚，而神之保障一方，有感必應，捷於影響，未有若斯之盛也！方余拜禱時，從者皆見小青蛇出於潭際，昂首四顧，游泳而沒，得無神格微誠，故示隱顯，以昭靈奇也歟？既沛霖雨以活吾民，食德報功，寧敢或後？爰作頌言，礱諸珉石，用彰神貺不朽云爾。頌曰：

葉之東南，有山則岋。靈湫在下，神依厥宅。霖雨一方，其功孔多。雲出膚寸，沛若江河。乃歲之春，三月不雨，來牟萎黃，莫播禾黍。率彼農夫，拮据而呼。萬物就槁，待雨其蘇。雨澤愆侯，實吏之咎。省躬步禱，赤日如斗。覯茲蘊隆，憂心忡忡。爰詢父老，叩於幽宮。維神降鑒，雲飛風颿。甘澍隨焉，溝澮氾氾。顧瞻南畝，莑莑萋萋。一洗塵氛，怒長潛滋。神不遺物，惠此粒食。麥既告登，秋禾易植。室無恫怨，野無呻吟。雨麥雨禾，奠此下民。民之徵福，既優且渥。何以報功，牲醴是肅。神功奕奕，永若雨暘。庇我黎庶，豐年穰穰。

康熙四十六年。

（文見康熙《葉縣志》卷七《藝文志》。王興亞）

重修廣生堂記

翼城人邑令崔赫

廣生堂奉聖公聖母，以主人間子嗣，所在有之。及考其神之所由來，則未有據也。或曰：是泰山之神也。泰爲東嶽，東行春令，木德旺焉。生生之機，於茲爲始。以此推之，從其義也。或曰即文王后妃。《詩》云："則百斯男"，以此似之，從其類也。而余俱不謂然。蓋天下之大德曰生。有生生之理，斯有生生之神以主之。況儼然奉聖公聖母在上，是乾坤之德備，而父母之形著，生生之理於斯盡矣！又何必求其人以實之，而始得其所謂神也哉！《列子》云："不生者能生生，生者不能不生。"故無時不生，祇是故也。葉縣治西有廣生堂，亦未詳其創始。歷年既久，齟齬洞處，牆壁傾欹，風雨飄搖，丹堊晦暗。尼僧同詳慨然以重修爲任，募化四方。自大殿、拜殿以及山門，西齋三楹，次第修葺，煥然一新，土木陶繪，靡不用極焉。《易》曰："聖人以神道設教而天下服矣。"《繫辭》曰："陰陽不測之謂神。"又申之曰："惟神也，故不疾而速，不行而至。"今廣生堂以一孑然女衲，欲重葺之，持疏託鉢，取諸檀施，咄嗟而成，豈非神之靈感有不疾而速，不行而至者乎？

康熙五十四年。

（文見同治《葉縣志》卷九《藝文志》。王興亞）

重修黃成山祠宇記

邑人舉人杜瑞瑤

按邑乘黃成山下逼溰水，即沮溺耦耕、子路問津處，名著中州二千餘年矣。余高祖大理公賦性曠達，雅愛名山水。康熙丁卯致仕歸，出清俸買自許氏。山半舊有古刹一區，正殿三大士，左廊漢壯繆公，右廡清江聖母，歷有年所，漸就荒蕪。長兄鳳翼有志修葺，而力未逮也。辛丑重九，仲兄蘭圃偕里中諸戚友登高爲樂，目擊凋殘，慨然爲更新計。衆僉愈恧曰："山固公家業，然名勝實甲玩龍、漂麥諸遺跡，公能如是，僕輩願各傾囊橐，諷同志共勸盛舉。"爰卜吉，遴材，興土工，金錢之施，紛至沓來。不數月，廟貌巍峨，煥然一新。東北隅復築客舍三楹，亦玲瓏軒豁，結構有致。工既竣，執豕炰羔，大會諸善信，歡飲移日。余以爲可無負山靈也。客有進而言曰："公第以此爲燕集地，則亦淺之乎見矣！昔太史公周覽名山大川，爲文遂疏宕有奇氣。黃成一山，雖無瑰異，而溰流環抱，水淨沙明，岸芷汀蘭，與蒼松翠柏，互相輝映，已足助人精神，發人意興。況茲山中藏石穴，下接沉潭，曩有人入穴捕魚，見有若晶宮貝闕者，駭而出。每大風雨，波濤洶湧，雲霧迷離，大約有神物在，不可測度。以公昆季經營培植若此。倘得名宿碩儒，設絳帳，開講席，聚英雋子弟，吟哦其中，時而凌山之頂，時而玩水之涯，從此筆峰嶙峋，文瀾壯闊，魚龍變化，四境生色。抑且登山遙睇，執輿勝跡，宛在煙波浩淼間。有志之士，慨然奮興，思有以仰答聖朝，遠希尼山，師弟以經邦濟世爲己任，不徒效澤畔二隱士，聯耜並耒，笑傲煙霞，甘沉淪以沒世，則與茲山信不負矣。公何得漫以千古之名山，僅供一時之游宴乎哉！余曰："唯唯。謹承明教。"是爲記。

康熙六十年。

（文見同治《葉縣志》卷九《藝文志》。王興亞）

重修大悲寺記

寶豐人拔貢李宏志

葉邑墳臺之木碑村，有寺曰大悲。創建無考。前明里人楊祿重修，故俗又呼楊家寺。明末毀於兵，唯伽藍殿僅存，亦傾欹剝落。康熙五十四年，居人辛玉澤、楊永代、楊得春慨捐數十金，招僧普從疏募重修佛殿及六祖殿、大悲殿，而伽藍殿亦加補葺，至雍正五年而落成。楊生振三走書屬序於予。予惟葉爲四方走集，當滇、黔、粵、蜀、秦、晉、燕、趙之衝。明季壬午、癸未間，李自成據襄陽，竊稱襄京。中朝督師大帥如汪遂安、孫代州皆以葉爲扼要地，遂安卒以敗死。代州之破寶豐，李自成發襄陽北馳，奪葉縣，駐襄城，陰絕餉道，而代州軍潰西奔。於時官軍寇氛，迭爲主客，盤踞蹂躪，屠戮焚燎。雄藩名城，甲第高甍，叢荊棘而聚瓦礫，走麋鹿而穴狐兔者，不可勝數，而況於區區佛寺乎哉！興朝受命，至己亥而六詔始靖，不十餘年，而其地變亂又作。王師先後進討，悉取道於葉。戈甲鉦鼓，月無虛日，絡繹供億，葉人卹卹如在膏火中。雖欲鼎新古刹，以復故蹟，不惟力不給而勢且不暇。迄今四海渾一，聖天子久道化成，民生樂業而安於畎畝，衣食始充，有慷慨好義如辛君、二楊君，舉兩朝數十年之廢墜，一朝起而新之，於以潤色太平，聯比桑梓，用意厚而事可風也。故因其請，而爲識其歲月興廢如此云。

雍正五年。

(文見同治《葉縣志》卷九《藝文志》。王興亞)

施地蒲王廟碑記

計開

弓家店善人弓必福、弓思溫、弓思賢施到：

蒲王廟門口地一段，東至孫思裕，西至路，南至宋樓後齊，北至路。立與主持道人平禮珠，永遠興業，隨帶行糧二分。永不反悔。因刻石以垂永久。

同山主張芳青、孫元梅、郭元。

雍正十一年八月二十一日。

南北拾口弓零貳尺，長東西拾柒弓零二尺，寬弓伍尺二寸。

(碑存葉縣龔店蒲王廟小學。王興亞)

陳烈婦墓碣

劉吉

雍正癸丑，余請假歸里，周生湄述葉人之言曰："節婦陳氏，前以烈死，今始得請于朝，烏頭綽楔旌厥宅焉。而表墓之詞闕如，著揚風烈，昭垂奕禩，史職也，敢价子以請。"余聞其所紀死事殊未詳，越一歲，又來請曰："礛石以待矣。"余惟撰述失真，無以永其傳，走書訪諸土著，悉得其顛末，乃據而敘之。

烈婦姓陳氏，葉縣人龔良翰妻也。九歲失恃，頗不爱于其後母。年十九，歸良翰，生一女三歲，而良翰死，氏年甫二十三爾。後母將改嫁之，烈婦涕泣拂衣歸，自是絕跡陳門，依叔父居而異宮焉。其叔母弟郭麥者，時時往來姊家，竊伺而艷之久矣，乘夜持刀穴牖入，直犯烈婦。時作伴者鄰女也，烈婦急推牀下，而以徒手拒賊，指斷，刃及左目，目傷，身被數刺，卒不得亂。叔父覺急往，撞門入，賊已自牖逸去。烈婦氣呫呫僅屬，鄰女匿牀下者，血淋漓被體，盡烈婦血也。時雍正七年元日。叔父心知賊其麥也，遂鳴于邑令繆，捕繫獄。獄未具，繆旋去，承審者為楊維忠。烈婦自元日後遂絕粒，叔母牽其女往慰之曰："此呱呱者亦汝夫兒也，汝死將誰依？"烈婦因憶少失母艱辛狀，又念其夫所留遺只此雛，勉進食焉。越五月八日，邑令楊若有疑于烈婦者，將鞠治之，會所生三歲女前二日以痘殤，烈婦于是自縊矣。嗚呼悲哉！亡何楊以他事下葉獄，繼知縣事者施睿，邑人合詞以白，郭麥正國典，烈婦乃得旌表如故事。蓋雍正十一年，距其死時已五載矣。

昔劉子政傳古列女為目七，烈婦有其三，夫死不貳，貞也；恐以已故污鄰女，智也；慷慨拒賊以死，節也。余故樂表之以傳焉。楊與施、葉令，合詞白者葉士夫，余史官也，直書不諱，亦竊取歐陽子《五代史》善善惡惡之意云爾。

（文見錢儀吉《碑傳集》卷一百五十四。馬懷雲）

重修廣生祠並金粧神像及創建山門碑記

嘗思天地泰而萬物咸守，陰陽和而四時成序，無物不然。惟人為最。乾道成男，坤道成女，而生生不已者，其道為至廣也。實足適柳圪塔營在觀音堂中有廣生祠一座，聖母公全神利嗣保生，屢有明驗，□□神聖之靈應不爽，亦衆善之感招居多，但歷年多所，不免風雨飄搖之患，神無所憑，人將安依？此信士程君赫、尚君崙、尚君敬，目擊心傷，力為整飾而重修之也。第大廈非一木所能支，必多得善士各輸己貲，方可玉成其事。故赫等倡首四方募化，一時之回應者，雲興雨集，咸願出貲以□勸之，乘勢鳩工庀材，不數月而大功告竣，並神像煥然一新，及山門亦巍然可觀。此雖衆善之善念所感，實由神靈默助之力也。衆善士之姓，勒諸貞珉，以垂不朽云。

大清乾隆元年歲次丙辰捌月拾伍日立。

（碑存葉縣任店鎮柳圪塔村觀音堂。王興亞）

明倫堂記

宜賓人邑令李時

葉學明倫堂，舊推宏麗，垂五十餘年，敗壞幾不支。學博士仰觀歎息，計無所出。余有志鼎新，甫蒞任，多事匆匆，未暇也。歲丁巳，邑諸生程子澤、鄭子元賦、程子沐、席子桂、王子詠及鄉耆程派，鳩合衆力，甫逾月而工竣。余聞喜甚趨往，落成，堂皇巍麗，規惟由舊，觀侈前人矣。竊維此堂之設，明彝倫，正人心，遠規三代，下追踪於有宋，秉鐸者布席談經，必崇實學，黜浮文，以古人相淬礪。請業者宜敦品立行，恢宏器識，然後肆力於文藝。行見立德立言在野多響髦，有能有為在朝為霖雨。是葉邑之光，亦此堂之幸也。若或促膝相對，敘寒暄，問有無，非惟負此堂，抑亦重負新此堂者之意矣。予樂諸君子之能成余志，而尤願履此堂者，相勸以進於有成也。故為文以記之。

乾隆二年。

（文見同治《葉縣志》卷九《藝文志》。王興亞）

汝墳浮橋記

錢塘人南陽太守任應烈

滍水出魯陽大孟山，與汝水同源，徑昆陽而流復合。故滍水之濱，曰汝墳。其河底岸皆沙，故又謂之沙河。而伏牛諸山之水注之，溜湧津迷，望洋躑躅，蓋自昔已然。相傳夫子問津古渡在焉。去古渡數里，則有汝墳橋。前明邑令王君創也，未久即圮。每歲夏秋水漲，方舟以濟。洎涸則居民有力者，集木造爲梁，徒行而外，車輛馳匹，索錢有差。歲戊午，復聚石爲之，方成又圮，於是，仍聽民間難行人以規利如故矣。夫南陽當豫、楚咽喉，衢通黔、滇，皇華計吏，蹄劇轂交。恭逢聖朝，重熙累洽，聲教遠暨。南服之在越裳外者，重譯獻琛，貢道由之，而驛路荒斜，郵亭湫隘，類如此橋之廢而莫舉，可乎哉？余承乏是邦，既檄所司，治塗塓館以待賓旅；更與葉令石君謀所以新是橋者。審度河形，沙松流駛，水石相搏，柱撼根移，勢難永固。《夏令》曰十月成梁，歲舉以時也，惟木工便。乃以壬戌九月經始，逾月告成，修百有五十尺，工若料計金百有三十，皆葉之官民所輸也。又貯金三百，爲每歲權其子以備，春拆秋築之需，則余與僚屬士商所捐也。天根既見，舟渡不行，舂揭隨之，人無病涉。斯橋之成，庶幾可久矣！余惟古者田野稼穡之事，其經畫皆出於上，而不任民之自爲謀，故克開麗於不匱。凡賓客，令修野道，亦掌於遂人，類相從也。通邑輿梁，迺至有力者持之以爲利藪，豈非守土者之羞歟？聖天子周悉民隱，宵旰勤求。凡我同官，遭逢盛世，不以地方肥瘠，聽之自民，則豈特汝墳一橋稱便行旅哉？既載諸牘以備考，更勒石而爲之記。

乾隆七年。

（文見同治《葉縣志》卷九《藝文志》。王興亞）

石公撥分惜字社地畝記

邑人庠生程沐

六書起于黃帝史臣倉頡氏，窮天地之變，仰觀奎星圓曲之勢，俯察龜文、鳥羽、山川，指掌而創文字。朝廷之政令、聖賢之經傳，學士、文人之著作，下逮工賈軍民之契券、簿籍，無不借文字以傳。顧或褻越之可乎哉？第此意也，讀書君子無不知之，而愚者或不知，故市肆街巷間，敗楮殘編，每雜擲泥葅蕪穢之中，觸目狼藉，良可悼歎。昔邑中紳士嘗倡惜字社，鳩資募工，拾而焚之。奈力衆難齊，屢作屢輟。乾隆六年，邑侯石公蒞茲土。興利剔弊，百務具舉。偶議事及此，即慨然謀爲經久計。葉劉忠烈祠及舊令崔公祠香火地約二頃，舊系關帝、城隍兩廟住持僧道代管，歲有餘贏。公議即以此爲敬惜字紙之費，命僧道各撥一人，分拾南北街巷字紙；而兩祠香火，仍敬謹料理如初。議既定，迺慮僧道輩惰於從事也，進沐而謂之曰："向邑社君爲倡始，今章程既立，更宜竭力任之；每朔望必取所拾字紙，焚于文昌閣前，投其燼于泮，毋懈毋忽！"沐敬諾。行之，已歷三年。今老矣，竊恐日久廢弛，或重負我侯德意，不揣固陋爲記，以告來者，庶此舉可垂不朽云。

乾隆九年。

（文見同治《葉縣志》卷九《藝文志》。王興亞）

欽修問津隄記

邑人庠生王九貢

葉之瀊水，上自下城，下會北舞，邐迤婉蜒，亘百餘里。春冬之際，風起沙飛，已爲民害。夏秋大雨時行，沿河兩岸，幾無寧宇。而其中之汪洋浩瀚，深爲民患者，惟問村渡爲最。雖舊有隄防，屢經葺補，而隄狹水猛，時修時圮，訖無一成。我皇上御極之三年，念切民瘼，慮無不周。特令直省大臣，詳察河決之地，有工程浩大，民力不支者，據實以聞。詔下檄行州縣，邑侯李公遂以問津一隄，申詳上憲，轉達彤廷。乾隆四年，奉旨發帑金八百四十九兩，雇役修築。陝陝薨薨，不兩月而觀厥成焉。其隄長四百六十丈，寬五丈，高一丈二尺，去舊隄二里許。迄今七載，瀊以東無河決之患矣！葉之民安其居，顧可忘其自乎？因溯其源流，紀其顛末，以爲後來者之考據云。

乾十一年。

（文見同治《葉縣志》卷九《藝文志》。王興亞）

奉旨旌表節孝姓氏

李靖妻張春兒、張榮妻董氏、宣仲名妻女鄭氏、鄭榮女鄭氏、許遷女許婉、李氏、苗氏、張氏、張氏、許氏、牛嗣科妻王氏、馬肇國妻鄭氏、萬妻陳氏、杜榮歐妻王氏、霍□□妻高氏、杜□楫妻張氏、王九德妻李氏、王九齡妻牛氏、皇清劉化育女劉羣姐、龔維翰妻陳氏、吏良妻趙氏、任□妻孫氏、毛喜妻□氏、毛翼妻陳氏、任永福妻魏氏、任灃年妻鄭氏、程浩妻馬氏、程淳妻王氏。

乾隆二十二年歲次。

（文見同治《葉縣志》卷九《藝文志》。王興亞）

敬修毛君（中道）墓誌銘

【誌文】

君姓毛氏，諱中道，字敬修，世居葉邑。曾祖仁趾公，附貢士。祖峻起公。父豫菴公，太學生。豫菴公有丈夫子五人：長中倫，太學生；次中節，邑庠生；次中程；次中度；君其第三子也。君幼穎異，才智過人。甫成童，即能代父理家事。豫菴公性好施與，動輒數十金。雖室近富有，諒非咄嗟可辦，寔多賴其經營。至家務種種，胥自爲勤勞。縱昆弟從容遊學，各自成立，又其友于之顯著者也。豫菴公尝患癰疾，君親侍湯藥，衣不解帶者幾百餘日。會豫菴公没，更呼天搶地，哀毀骨立，扶杖始能行，乃風木之感特甚。小祥後，猶縈紆鬱悶，竟以身殉。嗚呼！君殆古之純孝人也。君生于乾隆十一年九月初二日，卒于乾隆四十一年三月十五日，享年三十歲。妻石氏，丁卯科武舉人湖廣漢陽縣千總玉衡公女，無所出，取仲兄長子清秀爲嗣。銘曰：

　　凫城之南，昆水之陽。一抔香土，得伊人而愈光。

　　河南丁酉科選進士宛南年愚弟王居厚頓首拜。

　　時大清乾隆四十二年歲次丁酉復月穀旦。

（拓片藏河南省文物考古研究所。李秀萍）

重修元帝廟記

渠縣人邑令蔡文甲

　　凡祠廟之載在祀典者，固永遠不廢矣。即有於義似無關，而好善之君子，亦或爲之倡率，不惜餘力而治之，恒有深意存焉，非盡求福田利益者也。葉龔家店之東北隅，有元帝廟，據地高敞，林木蓊鬱，琳宮紺宇，隱現於綠蔭翠靄中，亦佳景也。村人愛其幽靜，多令子弟讀書其中，由來舊矣。予嘗以事過其地，瀹茗小憩，聞伊吾之聲與磬響林籟相酬答，心曠神逸，流連者久之。歲壬寅，復過焉，廟宇漸圮，丹碧剝落，慨然興修復之思。州佐張子瀚遠，予門人也，所居距廟三里許。知其勤敏，可董斯役，因以重修之任委之。瀚遠知予非斤斤挾祈禱之私者，遂欣然爲之倡，率遠近各出所有以佐費。於是，飭役省工，頹者立之，缺者完之。自興工至訖役，不數月而壯麗尊嚴，視昔有加。

　　是舉也，工大而費多，非衆心協一不能勝，而非得勤而有力之瀚遠以董其事，亦不能落成如是之速也。勝觀既復，雲山煙樹，掩映生色，絃誦之士當倍多於曩時。予簿領之暇，時復一至其地，與之宣聖諭之精蘊，講道學之本原，有關於吏治者甚多，又非僅尋幽覽勝，娛悅心志已也。至神之由來，妄爲之說，恐涉於附會矯誣，願俟諸博學有識者。

　　乾隆四十七年。

（文見同治《葉縣志》卷九《藝文志》。王興亞）

楊公龍王山禱雨記

邑人庠生孟毓川

　　乾隆五十六年，歲在辛亥，入春少雨。至三月，暘風煽虐，田土燥坼，二麥就枯，殆成饑歲，士民望澤孔殷。邑侯楊公目覩心勞，省懼齋宿，率同僚屬紳民，徧走羣望。雖有禱必應，而澤不大敷。下旬五日，迺致禱於雲夢山之龍王祠。徒步升岡，屏息祗謁，顧瞻棟宇，虔祈於巖潭之間。既禱而回，四山冥濛，雲物興動，紛紛細雨，若隨車徒及城，而滂霈衣履霑濡矣！越二日，大雨，四野霑足，百穀仰榮，來牟有登，農得終畝。自夏洎秋，雨澤不愆。秋禾實好，邑慶豐年。紳民等感侯之誠，蒙神之惠，咸愿攄詞立石，以志不朽，以見楊侯之禱而克應者，其誠豫於先神之感而遂通者，其澤周於物有如此。辭曰：

　　天生民，神佑之。吏敬事，念在茲。維辛亥，恒暘曦。牟麥乾，歲逮饑。走羣望，靈雨祈。禱巖潭，甘澍施。百穀榮，民熙怡。感神惠，載詠思。勒貞珉，表靈奇。屢豐年，慶永綏。

　　乾隆五十六年。

（文見同治《葉縣志》卷九《藝文志》。王興亞）

重修觀音堂碑記

　　蓋昔日營左有□□觀音堂，由來久矣。以前只存草堂三楹，自程甡妻尚氏、柳室、趙氏及尚、劉、魏、張諸君募化重修，茅屋改作瓦店，於七十餘載，風摧折以至廟宇傾圮，神像□毀。今有尚公諱士孝、燕公諱居安、程公諱淨等，目覩心傷，不忍坐視其敗壞，因與合營公議，募化四方，鳩工庀材，以營精舍。住持尚子科一力維持，日夜勤苦，未及月而功成告竣，重建大殿三間，修補關聖殿、廣生殿、火神殿、瘟神殿及牆垣、門樓、道房並金妝滿堂神像，尤是舊制，遂覺焕然一新。殿宇輝煌鮮明，維繫諸君之一念，□□□□善所勸成。因將諸衆善士之姓名，勒諸貞珉，以垂不朽云。

　　大清嘉慶拾壹年並歲次丙寅孟冬上浣吉日立。

（碑存葉縣任店鎮柳圪塔村觀音堂。王興亞）

貞女閻張氏墓誌銘

廣德人邑令李賓

　　予聞黃鵠之歌，誦孤燕之詩，而慨然有感也。嗟乎！詩禮之家，固多貞節之婦歟？前輩據"髧彼兩髦"一語，謂衛共姜未婚守節，古今豔稱。顧爲世子之妻，即矢死靡他，非窮困失所者比。至若決脰斷肱，勇於赴義，求之閨幃，從來不乏。要皆一日之血性，未嘗更數十年之折磨也，則如張貞女者，尚安可泯沒而無傳哉！貞女名鳳，姓張氏，蒲城村田家女。夫名鐵柱，亦田家也。女年十一失恃，因育於閻。越二年，夫死，女泣血矢志以守。翁姑憐其稚且未婚也，欲嫁之，女矢不變。乃立長兄之子唯一爲嗣，甫二歲，而女年十七矣！愛如己出。家貧，女紡績無晝夜，仰事俯畜，多出女十指。方娶陳氏爲媳，而翁姑相繼以卒。女哀號，經紀棺衾喪葬，于親戚略無乞假，而家以益貧。無何，唯一又死，女痛定撫陳氏曰："若無苦命也！"

陳氏素賢，遵女教，志益勵。所居茅屋兩間，每天雨，僅一隅不漏。女率陳氏棲其下，或累日不得食，煢煢兩嫠，一燈對績。嗚呼！其可哀也已。乾隆五十二年，女壽六十，無疾而終。先是常謂陳氏曰："我女也，非婦也，雖死必無易我髻。"陳氏承治命以殮。未及葬，霖雨，河水暴至，比屋盡傾塌，惟安女柩之茅屋，巋然獨存，棺四面亦無水。遠近奇之，共來助葬焉。既紳民感其孝義，公舉於縣。前任楊公贈額及詩，以表其閭。嘉慶十年，復籲請建坊入祠。十一年，奉旨旌表。今年春，坊成，邑紳杜潢、高文烜、孫世治等請爲墓銘。予維貞女目不知書，其貞也根於天性。不婦而任生養死葬之責，不母而著育子教媳之賢，窮且益堅。假令六十不死，必爲陳氏立後。而蒼蒼者天，奪其母，奪其夫，奪其翁姑、嗣子，且奪其壽，而遂永奪其嗣，亦可傷矣！雖然，女之不可奪者，志也。志在則女不死，女不死，即女之夫與子俱未嘗死也。女復何憾焉！銘曰：

冰之寒，蘗之苦，頹然老嫗，宛然處女。峩峩貞坊白日懸，不換茅簷秋夜雨。

嘉慶十一年。

（文見同治《葉縣志》卷九《藝文志》。王興亞）

古墓碑記

龍游人邑令徐崑

青龍在旃蒙之月，龔店里人耕地者，牛陷足，忽得一坎。瞰之，黝然而深，稍去其旁土，容一人，下則虛，中空洞深廣尋餘，甋甎堅厚。土中遺物有如盂而圓唇者，有如罍而碩腹者，有如壺而長項底圓轉類欹器者。制古質瓦，惜無款識，餘具壞損，不可名狀。當中斜竇二，正方徑尺，昏黑森寒，不敢逼視。里之長以聞。嗚呼！斯墓也，斯古墓也，斯何人之墓也？隧道依然，明器猶在，並無棺槨，不見銘誌。方其卜宅兆於斯也，相陰陽，地不知其凡幾；執徒役，人不知其凡幾；經營窀穸之事，日月不知其凡幾。靈輀之來，一時送者觀者，邱首之成，一時祭者遊者，其封若堂若坊，其樹爲松爲柏，鬱鬱乎佳城，豈不謂歷久遠，有子孫世世相續，長保於無窮也哉。風雨改，陵谷變，榛莽荒涼，而後替夷平蕪也，悲夫！古人曰："葬者藏也。"欲人之不得見之也。故楊行密夜葬山谷，成子高擇不食之地，盧植則不用棺槨，王祥則忽起墳壟，李建勳戒勿封土立碑，聽人耕種於其上。葬者其有意乎？抑聞之不埋者留待沈彬，欲墜者忽逢王果，理耶？數耶？識之以俟知者。

嘉慶十六年任。

（文見同治《葉縣志》卷九《藝文志》。王興亞）

翰林院檢討王公（樹德）墓誌銘

邑人拔貢程兆元

公姓王氏，諱樹德，號滋庵，世居葉之孟奉村，爲邑望族。公於綱常倫理務在實踐，不肯稍事虛華，性至孝。父寢疾，衣不解帶者三月。每夜焚香籲天，求以身代。及卒，過哀幾毀。自爲博士弟子員，誦讀無間寒暑。屢躓棘闈，而志不少懈。嘉慶丙辰，詔舉賢良方正，邑紳耆舉公應詔，固辭不就。甲子登賢書，乙丑會試，欽賜翰林檢討，無意仕進，惟與子孫曾元輩講習經學，五世一堂，雍雍如也。性耿介，足跡不入公門。邑侯西巖李公、星槎徐公慕其爲人，而不能致，每造廬見焉。尤篤族誼，助棺斂者五，撫遺孤者三。癸酉歲，大饑，無力救貧乏，貸官倉穀五十石以濟，至今猶嘖嘖人口云。配楊孺人，鄢城著族也。嚴明慈惠，家政井井，相夫教子，以成內助。子五人：心照，庠生；心源，早逝；心安，監生，出繼；心楷，庠生，出繼；心榮，監生。孫九人，曾孫十人，元孫四人。

公生於雍正十一年，卒於嘉慶二十五年，壽八十有八。楊孺人生於雍正十一年，卒於嘉慶十八年，壽八十有二。銘曰：

九旬齊眉，五代繞膝。福降自天，匪人所及。

嘉慶二十五年。

（文見同治《葉縣志》卷九《藝文志》。王興亞）

重修關聖帝君廟碑記

柳屹塔營舊有漢前將軍關壯繆公廟，在觀音堂東偏，歷年久遠，棟折榱崩，漸就傾圮，夫有其舉之，莫敢廢也。世之無功德於今人而祠之者，猶且金碧輝煌，廟貌崇麗，而況壯繆公三國著無前之烈，千秋垂不朽之名，一席桃園易友朋而昆弟半生，荊楚奮忠勇爲神明。不獨詡漢祚於三分，直堪正人心於萬祀，顧可聽其祠之壞而不爲之修葺乎？於是，合村公議，各捐貲財，鳩工傭役，踴躍趨事，斬板幹□，柱礎陶瓦，甓瓦築□□□盼而□故爲新，煥然改觀矣。功既竣，里人欲勒石題名，以傳無窮，而屬余爲記。余義不容辭，□□□□是亦不沒人善之意云。

大清道光拾陸年歲次丙申仲冬中澣吉日立。

（碑存葉縣任店鎮柳圪塔村觀音堂。王興亞）

改修昆陽書院創建考場記

貴築人前魯山令胡廷楨

葉城南問津書院，明季燬於兵燹，曠廢者百有餘年。嘉慶庚午，桐汭李西巖明府蒞任，始於邑之西門內售民宅改建，易今名。其延請山長及膏火等項，經費不敷，官捐廉以濟。於茲數十年，講堂學舍多傾圮，主講者無布席地，肄業生亦難棲止。咸豐三年冬，元城王公小麟，來宰斯邑。公餘之暇，乃謀重修。就遺址擴而大之，以爲歲科兩試考院。免士子攜几案冒雨暘之苦。六年春，廣文諸君暨闔邑紳士，相度地勢。王公首先倡捐，購書院東隙地及院南民屋共四區，擇日創造。向南轅門、大門、龍門並大堂東西號舍，置石案、石几。復於北舊址，重建書院講堂，並東西兩院齋室一律改作，煥然聿新。是舉也，由王公延訪公正首事十人：龐惠遠、馮維楨、杜鶴慈、藍奎光、任天章、常清衢、潘芳三、黃普照、蔡長年、任定甲，鳩工庀材，輪流襄理。吏役概不與，惟浚儀王沛川廣文始終其役。將告藏，而北平鈕特卿大令來，下車續捐俸，首事諸君議置田，爲歲修經費久遠計。余謂人之賢否，與其行事觀之；而事之成否，仍於其人決之。以斯邑百餘年未有之盛舉，王公一爲之倡，邑士庶奔走偕來，輸將恐後，非公之誠能動物，何足至此。異日諸生相與藏修息遊其中，以變化其氣質，陶熔其德性，希夫先達牟、衛諸公之風規，蒸蒸焉人文與科名俱盛。余當先覩之以爲快，而王公之振起於今日者，又烏可忘哉？因縷述巓末而爲之記。

　　咸豐六年。

（文見同治《葉縣志》卷九《藝文志》。王興亞）

秦公修城濬壕記

　　葉自有明正德年間，改建磚城，迄今三百餘載。雖歷任邑尊相繼補葺，而澧、昆二水盛漲冲淤，城多傾圮，壕更堙塞。昔所稱固若金湯者，今竟如渠邱之無備矣。咸豐十年三月二十九日，皖匪大隊卒至，搶掠毀燒，傷心慘目。鄉民不敢入城，城內居民轉多逃避西山者，官民驚惶，無所措手。時盱眙秦公茂林知縣事，督率在城紳民，主事杜鶴慈、增生馮維楨、理問龐惠遠、千總藍奎光、從九品婁先桓、監生牛樹勳、六品銜藍又廣、王建元、楊克勤、巡檢衛省三登城守禦。以十戶爲一牌，分守四隅，派人管領。六品銜李三省、監生李邦傑領東南隅；六品銜衛錫光、藍翎監生王琪領西南隅；監生郭春元、六品銜王冠玉領東北隅；監生姚錫琦、武生劉清輔、藍翎廩生劉鈬領西北隅。暫借廟社旗鼓，架設僞炮於城上，作欲燃狀，賊不知虛實，驚而去。秦公乃進紳耆而語之曰："前此虛張聲勢，幸獲安全，然倉卒中，危險之策，可以一試。未可恃爲永圖也。若不築斯城，鑿斯池，一旦有警，其何以捍衛我蒼生哉？"於是，設立公局，各紳皆自備資斧，入局分任其事。使藍又廣、王建元、楊克勤、衛省三等親赴四鄉，勸諭居民，按行糧之多寡，派工段之短長，每糧百兩，分修七弓一尺。閏三月既望，即有閻村孫行遠獨力捐辦，首先開工。秦公賜"急公好義"額以旌之。而元庄增生鄭嘉祥等亦踴躍樂輸，子來恐後。各村次第興修，不數月而城堅池深，頓復昔日之舊觀矣。自是之後，皖匪每歲數次竄擾，鄉民魚貫入城，以避寇難，倖免於害者甚多。而賊勢猖獗，屢欲窺伺縣垣，杜鶴慈等復與鄭宗成、武力田、鄭晉祥創建礮樓敵臺，備旗幟槍械，完固鮮明，足資守護。賊匪屢次撲城，未敢遽近，幸賴此耳。

是役也，計費錢四萬五千餘緡，均係民捐民修，並未動用公項。今捻匪戡定矣，迴憶連年被擾，居民逃死不遑，痛定思之，猶覺心悸。倘非崇墉濬壕，有備無患，何能出水火而登之衽席哉？適逢修志之日，謹敘顛末，附書於策，以爲後之急公好義者勸焉。

咸豐十年。

（文見同治《葉縣志》卷九《藝文志》。王興亞）

高文通祠碑記

彭澤人邑令歐陽霖

童時聞塾師談持竿誦經、潦水流麥事，深訝古人潛心求道，至於如此。少長，讀范氏書至《逸民傳》，自言本巫家，與寡嫂訟田，又深訝古人不惜身名，深自韜晦至於如此。壯走京師，由汴入宛，道出葉，屢不獲訪文通隱處，梗觸於懷不釋。丁卯冬，自中牟遷葉。明年秋八月，同杜農部鶴慈、許廣文靜、陳生德銑遊西唐山，折北限，斷崖若門，距三丈許，谿流潺潺出焉。沿谿而入，兩岸三四村，落落數家，四山環抱類城郭，橫生竹樹，禾麻相接。村之民謂予爲催科來也，聚而觀。詢文通隱處，有約署能言者。又趙姓子云："夏間，遊人四五輩，來覓一龕，拔腰間小佩刀，剡數字，就石作龕，置其中曰：'山神也，好供之。'"導其處，逼視，龕高尺許，澗過半，位曰"文通"。蓋紿爲山神，希致敬也。噫！當文通生時，時窮樂道，不慕榮利，仁義遜讓，足挽頹風。而千載下，無一廛託其靈，非所以厚俗也。予以十五萬錢授德銑，德銑遂同乃兄德剛、生員潘益三、守禦所千總畏三昆季，廩生黃協中、孟繼唐、符長清、范天相、李心田，數上舍生注貲，復如其數足三百緡，搆堂三間，垣一周，嚮朔，俯小谿。谿之南畔，壘石爲釣磯，劃蝦蟆嘴洞官田若干畝，求高氏裔不可得，置守祠者爲祭資。文通有靈，可棲遲矣。雪晴雨霽，月上風停，當有誦聲隱隱與流泉相問答也。

同治七年。

（文見同治《葉縣志》卷九《藝文志》。王興亞）

重修古城寺碑記

邑人張廷舉

制不在大，凡足驗國家之運數，民生之休戚者，即祀典所不載，興廢間苟有可觀，皆有足紀者。葉東南四十五里，有廢隍，世傳爲霸王城。古城，其別號也。城右有寺，曰古城寺。寺南百步餘有溪，曰百泉溪，鎖溪有橋，名亦因之。其地面山帶河，徑折景幽，蓋奧區也。寺之建，不詳所由，雍正、乾隆間，迭經王、李諸君重修，而宋君紹統等，復乘其敝，補葺正殿，新建鐘樓，位韋陀神於上。他及橋梁、道路、禪室、山門，次第畢舉，工竣，來問言。余曰："是誠可誌也。"憶丙午之春，余以故驅車南國，經寺側，但見頹垣茂草中，數椽僅存，無復有門窗之遺。父老告余曰："是饑民聚夥作踐，以致此也。"凶歲多暴，不其然乎？脫非數年來，大有屢書，何以能一再重修，巍煥壯麗，遂稱巨觀！故余不多諸君子之好善，而喜其時和年豐，多財好施，於以知民之康樂，以昭我國運之昌隆焉！於是乎書。

同治八年。

(文見同治《葉縣志》卷九《藝文志》。王興亞)

黃文節公祠碑

葉故有黃文節公祠，茲復祠之臥羊山何？以公昔題名山石，即尉葉時與客遊觀之所留也。山以是益名於時，至今來遊者爭先覿爲快。霖篆茲土，初於杜仲憲民部處，見山圖並題名榻本，心嚮往之。既因公道山中，感念前徽，益流連慨慕不能去。獨惜茲山因公益名，而公名且沈沒於荒榛宿莽中，顧不得一椽之庇，胡以妥神靈而慰後人仰止之思，以語民部及諸有識士，僉曰：然。爰出廉俸，創祠宇數楹，位栗主於中，以同治八年二月鳩工，逾九月告竣。落成之日，恭修祀事。邑人士奔走來會，衣冠濟濟，辦香既薦，腫饗潛通，林鳥歡呼，山川輝映，臨風遙企，穆然如遇公於岩阿磊砢間矣。或有問余者曰："五祀之禮，厥惟功德在人。"文節尉葉，凡四載無聞焉。何居豈末秩，不足有爲與抑。公年始弱冠，徒以文翰，畢乃事與余曰："嘻！非公不能有爲，時未可耳。"考公以熙甯元年來葉時，王介甫初枋用倡議新法，郡縣望風言利者，競以更張，瑣屑邀功賞。觀公《按田詩序》謂：當時欲化西北之麥壠爲東南之稻田，奪民之故習，而強以所未嘗名爲利民，其實害之，已預知新法之必不可行，而直窮其流弊。夫公方以新寨詩見稱。介甫受一日之知，稍自順承淸要可立致，而岸然不爲苟同。懲好事者，功利之習，一以安靜撫綏，吾民漫尉之詩曰："漫尉葉公城。"漫撫病餘黎不篡，非己事不趨非吾時。蓋公平生大節，實始於此。而甯拙毋巧，甯朴毋華，不愆不忘，率由舊章，正以無所表異者，使吾民陰受其福。然則公之祠祀茲土，與葉人所以思公者，豈以區區片石云乎哉！語未卒，僉肅然起敬曰："然。"民部請勒石紀顛末，及述公之尉葉者如此。至公文節義，著在史傳者不具述。

同治十年歲次辛未春三月上澣。

誥授奉政大夫軍功賞戴花翎同知銜河南中牟縣知縣署葉縣事調補河內縣加五級隨帶二級鄉後學彭澤歐陽霖謹譔。

賜進士出身誥授奉政大夫五品銜賞戴花翎翰林院編修國史館協修奉新後學許振禕敬書。

(碑存葉縣臥羊山祠內。王興亞)

蒲王廟捐資塑像碑記

　/[1]年四月，補塑金棚蒲王爺殿堂神像，□價五兩三錢。社首生員張考譽統領合社人等姓名刻列於後：

　　生員張第譽、董□圖、貢生李良翰、李良秀、張光斗、郭鳳梅、任繼克、李加祥、張應鐘、李自新、司□勤、司知先、龔居正、陳治策、席孔□。武生李應瑞、李明翰、趙廷芳、李武儒、李良壁、李斗□、孫□蘭、孫廷貴、呂庚熙、龔必登、龔國壁、申仁耀、郭鳳玉、楊化龍、□一龍、郭永盛、陳時旺、張厚民。

　　畫匠楊承遠。

　　石匠陳君前。

　　住持吏本□□申仁耀。

（碑存葉縣龔店蒲王廟小學。王興亞）

重修葉縣學宮暨移建憤樂宮碑記

　誥授資政大夫二品頂戴四品京堂四川補用道員□□□譔文
　誥授資政大夫翰林院編修廣西布政使司布政使□□□書丹
　昔夫子適楚過葉，標憤樂悅來之旨，富哉！言乎學術治術備於此矣。蓋憤以敏求，樂斯不厭，造道□□□□□□□。因能遹來，由柔遠為政之要，本末兼賅之，片語問答，而令天德王道，全模須寓此。此凡讀《魯論》者，自當撫卷流連，刻意省修，以學向端政，□□□□□□此土，顧可無所惕勵乎。葉故有黌序，元、明間，屢經重修，舊制櫺星門外，歷數武即鑿地為池，構石為橋。於橋南結亭，名曰憤樂。意取夫子憤樂之意□□□□□之。顧名思義，務自振拔，勵有體用之具耳。若天階雲路，兩門適跨亭之左右，餘佈置如法。而葉於元、明時，偉人迭出，人才之盛，甲於中州。迨我朝疊次修理，他無變更。獨憤樂亭舊趾已廢，其天階雲路，門亦移泮池北偏。如是者，亦歷有年所。此因天下多故，兵燹□□□，歲無休暇。葉之廟學殿廡門垣等處間，風雨漂殘，岌岌欲傾，且文運已遠遜曩者。堪輿家乃執形勢執見，謂學宮寶不古若是，以至此。嗚呼！其說然歟，□□□□□難遽信，第頹敝過甚，□議謀修，而規制仍遵元、明，亦經訓率由舊章之意。此葉之老成人所夙夜懷之未嘗相忘也者。歲癸巳，毛佐臣大令來宰此邑，□□□葺，以復於古。捐俸之餘，選邑紳之公正才幹者，僉董其役，未即行而去。趙梅廎大令繼之，愈重其事。同廣文趙君頌唐、高君星垣各捐貲財，為闔邑倡。一□□方有胃之家，感諸公義舉，踴躍釀金，共襄厥

---

[1] /前字殘。

成。董役諸公，資斧悉所自備。於是，飭財鳩工，傾者扶之，蠹者補之，去者復之，移者仍之。棟楹梁桷，蓋瓦級磚，黝堊丹漆，無不煥然一新。是役也，除增修憤樂亭，改修天階雲路門外，其重修者，正殿兩廡，鄉賢、名宦兩祠，以及戟門、欞星門、啟聖宮並周圍牆垣、臺階甬路，依門飭整，殫數年經營之瘁，而乃嚴嚴翼翼，鳥革翬飛，偉麗宏廓，越軼恒觀。工起於甲午夏，落成於丁酉春。因歲祲，遲於告竣。今年春方擬泐石，茲者葉人以其事問序於余，辭不獲已，竊思葉為夫子過化地，所以仰答夫子者，原不容緩，毛、趙兩大令與葉之人士復急急於是，可謂知所先務，有昌明正學意焉。故以憤樂為學，以悅來為治，吾深望之葉人將居蓬蓽者，黽勉砥功，膺職守者，次第奏效。庶名儒名臣，後先並生於昆陽間也，豈僅科第己哉。是為記。

四品銜賞戴花翎特授葉縣知縣李行恕捐銀□兩，翰林院待詔銜優廩貢生特授葉縣教諭劉文爽捐銀五兩，己丑恩科舉人特授葉縣訓導王榮縉捐銀□兩，四品銜儘先補用守備葉縣千總吳魁捐銀參兩，特授葉縣典史孟文明□□。

自備資斧首事：河南□□□萬鈺、□貢生張文偉、候選縣丞張其棠、候選縣丞常診、五品□□候選□□□□杜鶴丹、候選□□龐縉、□□□□焦榮錫、監生李恭讓、縣丞銜潘如洋、監生董正儒。

大清光緒三十年歲次甲辰孟春上浣穀旦。

（碑存葉縣文廟。王興亞）

郟縣

蘇帖記[1]

張篤行

郟治蓋有三蘇祠，甲申歲，劇盜吳宗聖等發其塚，至底無所見。老泉先生以藏衣冠處僅免。周古栢有八十株悉伐去。丙戌秋，余來令郟，即購賊棄諸市。明年上巳，余往祀，一路荒涼，因口占一絕曰：

峨眉遙望倍愴情，樹盡碑殘野草生。

莫道荒村烟火絕，山家今日是清明。

去墓半里一廢塚，志石外露，則東坡先生孫婦。余疑曰："兩先生之遺骨，其在是歟？何盜所伐者無所見也。古人或多智耳？"遂命土人種栢數百而還。是夕，夢一青衣曰："東坡公遣使致謝"。余曰："東坡何在？"曰："在臨汝，君至彼可得見也"。至仲秋，有事臨汝，忽有青衣款門，遺余一卷，即夢中所見人也。及開卷，乃東坡先生真蹟。余驚異良久，始悟前所謂至臨汝可見者，即此是也。因勒諸石，並誌其事於後。

順治四年。

（碑存郟縣三蘇墳。文見咸豐《郟縣志》卷十《金石志》。王偉）

重修郟縣儒學記

仝廷舉

邑之立學舊矣，其沿革具在，往籍可攷也。李自成之亂，焚毀學舍，堂齋門廡，悉爲邱墟，僅存一殿，如魯靈光胏，亦頹圮不任風雨已。

清興，草昧天造，謙讓不遑。丙戌秋，吾師張石只先生來令是邑。朔旦展謁，見故宮廟，輒嘆喟低徊不能去，乃捐俸鳩工，次第修舉。起於丁亥春，迄庚寅夏，先廟，次堂，次門，次廡，鼇肤美備矣，而先生顧有所嗛於衷，若不欲以丹腠讓之後人者。會先生以祠部召，遽登車去。邑人士謂先生興學育才，有德於吾黨甚厚。相與伐石紀厥事，用垂不朽。而命余小子爲之記。小子何能爲役？顧自念執經以事先生四年于茲矣。先生之始來邑，纔數丁，先生擊建皷而招之，控大扶小，纍纍肤荒蕪不治，於田疇何？巷有居人腹枵肤曾不能一果，誰與佐土木之費者？建議者曰："取羨緡。"先生曰："正賦之不給，而羨緡乎？吾其敢爲碩鼠也？"則又曰："括贖鐉"。先生曰："民間爭鬭，薄故耳，小者逐，大者笞，訟

---

[1] 道光《直隸汝州全志》卷九《古蹟志》載文个別字句有不同。

之庭，虛無人矣。"先生安所取而興是役？乃先生固嘗輦陽邱而來者也，居官不能致贏餘，而取家貲以佐官，非愚則迂，肰非所論於先生也。先生家故饒，喜施予，居恒謂："杞、梓、楩、楠，天下之棟材，往往用諸淫昏之鬼，顧以儉，吾先聖可乎？"故一磚一瓦，一木一石，悉出重購；用匠一名，每日給錢一百文；用夫一名，每日給錢一百文。其財其力，毫髮不取之民。故時詘，舉事歸肰煥肰，而民不知役也。且先生文章名天下，諸生樂得而師之，而憂其不下逮也。先生固不肰也。時集諸生而課以藝，指授義例，裁割餘濫，戊子之役，余小子亦遂衷肰先登，爲諸生開路。其雲蒸霞變，欲有所會者，指不可勝屈也。自今伊始，其疇不拜先生之賜。

　　先生諱篤行，字視紳，號石只，山東章邱人，順治丙戌進士。凡建明倫堂五楹，戟門三，東西廡十有四。余故備書之，以告後來，使後之爲先生者，其興學育才一如先生也。
　　順治七年。

（文見康熙《郟縣志》卷四《藝文志·碑記》。王偉）

郟縣重修城垣記

傅景星

　　郟城之建，興廢迭更，古志炳如不贅已。明初，僅存基址，成化間，武城王公築土城；隆慶間，涇陽趙公易以磚，歷許、伍二公，更十載，乃竣役，蓋成功若斯之艱也。此數君子者皆爲郟畫萬世利，祀名宦，建特祠，於今二百餘年。父老言其事，無不歌思而感歎者。頃，寇李自成所過破滅，憤郟不下，毀其城。東自便耕門至西南隅，剗平殆盡，所存者十之一；自南而北經望嵩門迤北而東經拱辰門，存者五至二，北東折至迎恩門，存者十之五；南接便耕門，存者五之四。賊去，寇闖入，屠戮之餘，無垣足恃，民流城墟，無居人矣！汝二守解公署縣篆，內撫孑遺，外歇諸賊，壘磚補苴，爲一時權宜之計耳。

　　皇清草昧天開，當事者非不重念民依，然時詘難舉盈，故謙讓不遑也。歷七載，庚寅，卜公蒞任，首巡城，慨然歎曰："城不治，其何以衛斯民？"於是，採薪煉石，捐俸覓工，自修二百五十八丈，民若不知有興築之役者。郟父老私相謂曰："郟無高山大河之險，脫有警，其何以衛身家？有侯若此，烏可坐視其獨力嘔心，作無米炊，以甯我婦子耶？"直指王公按汝過郟，召士民曰："此地大有起色，城居民，不二歲，較前多千百家，知視爲樂土，故逃者歸而流者集也。"諸生以修城請卜侯議之。侯並請諸上臺，皆可其議。乃進縉紳父老議之曰："逃亡方集，急在休養，屋破田荒，生聚爲亟，興茲大役，田畝不可議費，里甲不可議夫，點金無術，神輸未能，計從何出乎？"衆曰："非財無以成務，非力何以奏功，謹唯公命。"曰："固也，予知修城以利民，而因以爲利者有之，且以扞民患而先患苦其民者不少也，即或名爲修築，實傳舍視之，苟且補葺，竣局而已。夫欲爲地方計長久，而勞民傷財，沽名築怨，吾豈爲之哉？況上臺之檄，毋煩里甲，又何敢不善奉之耶？"乃擇正月十一日庀材。親至西北山，覓工搜石，建窯八座，采薪煉灰五十八萬斤，並搜廢甎，倡議助砌。先令、次尉、次學博、次縉紳以爲倡首，而在城居民及胥隸，諸役咸爭先趨，各一二日。赴工者，勞以豚酒；工畢，糾首賞以花紅，榮以鼓樂，歡呼之聲，盈於道路。若西關至長阜舖凡五十里，東關至長橋舖凡三十里，民亦請助。侯曰："爾等家于孔道，走遞公文，勞於他處，茲可獨逸也。"竟謝之去。會許州五女店有郟人避亂其地，經商未歸者，聞侯是舉，亦交相募助，赴郟覓夫，砌一百二十五丈。豈權術要結之所能致者乎？計城身二千三百六十丈，週圍一千六百七十四垛，四門甕城樓、櫓敵臺、舖舍十六座，修建一遵舊制，而雄壯勝於疇昔，實未嘗呵責一人，不五月而大工告竣焉。舉趙、許諸公十年經營者，一旦成之，何其神也！夫侯蒞郟，百廢俱興。廟而祀聖，壇而祀神。橋而利涉，舘而待賓。關而設險，驛而傳命。或創未有，或修既墜，幽明咸秩，制度犁然。乃重以茲役不派里甲，不議金錢，工成不日，口碑作頌，是遵何道歟？惟侯素以實心行實事，郟中五尺子無不信之。且風以節廉，倡以勤敏，感以慈惠，休養者三年而興作者一旦，故不督而自趨，不戒而自奮也。從此，金湯屹如，緩急有賴，追念往烈者必曰："此卜令君所建也。"不與趙、許諸君子並祀郟土，垂天壤而無窮哉！雖然，侯持己守官，兢兢以愛民奉上爲務，惟賴撫、按、藩、司、守、巡道廳、州諸上臺，知侯可任是役而專任之，故得用底乃積，則諸上臺之澤及郟城，亦永久被之矣！

公諱永昇，字際時，號澹菴，江南淮安府安東人，順治己丑科進士。

順治七年。

（文見同治《郟縣志》卷十一《藝文志》。王偉）

重修郟縣儒學記

朝邑人張表

今皇上幸辟雍，釋奠先師。當是時，干戈未偃於南服，武節猶馳於四境，乃諸務未遑，獨先文治者，以爲開太平，基萬世，非述思聖道，宣揚教化，欲使俊髦接踵，以光贊廟謨，厥路無由也。故一時大小臣工，罔不祗承加意庠序焉。

郟學，爲寇李自成毀，僅遺正殿五楹，啓聖祠三楹亦圮敝差異露處耳。前令君張公覩學宮莽莽，即其故址，建戟門三楹，東、西廡十四楹，明倫堂五楹，雖棟宇粗具，而規制未稱，非有所靳，時詘故也。淮陰卜令君，日夜拊循，士民四方來歸者踵至，按保甲冊歲增千餘家。以故户口盛，荒蕪墾，環提封百里，駸駸有起色，如是三年矣。乃進諸生謂之曰："郟，成周定鼎地，文獻淵藪。歷代以來，賢才輩出，今鞠爲茂草，曷以妥先聖，且博士諸生詎恬於弛業乎？余承乏茲邑，念此靡甯者三年，諸生獨無意乎？"諸生曰："微君侯命，固願有請。"乃請督撫吳公、巡方王公、守憲許公、巡憲范公、州守林公，咸謂："宜如諸生請。"令君乃爇荊煉石，並割其俸以倡茲役，縉紳聞之，咸佐以貲。諸生亦相率輸助，遂得錢若干，粟多寡有差。於是，祭告鳩工。先廟，次廡，次齋舍，次名宦，次鄉賢，次儒門，次奎星樓，次土地祠，次尊經閣。廟廡則大飾其舊，榱敝者撤，棟橈者易。餘皆規畫始創，宏麗高廠，繚以垣墉，飾以丹堊，煥乎炳如矣！經始迄竣工，計週四月。令君率師生釋菜告成，觀者如堵。諸生遙請某爲記，某因是嘆令君之不可及也。泮宮作而《采芹》之誦出，學校廢而子衿之刺興。學之隆替，世之治忽係焉。自世以武健爲能，宮牆一席地，贅疣視之矣。即間有留心興學者，或銳意獵名，不顧其物力之可勝與否，往往工興而謗隨之；孰與令君一意休養，相時而動，工出於募，不徵調於夫家，財出於勸，不支費於公帑，而立起幾百年之廢墜者乎？於以仰答右文盛典，可不謂千載一時者歟！且令君之造士有日矣，朔望集諸生，命題課藝，第其高下，飲食、楮墨，不憚煩費，手自刪改，諄復講說，人人有得師之慶，宜其功成於子來，而德施不朽也。

雖然，必有諸上臺加意於郟，孜孜焉廣薪樾而興教化，而後令君得以服官盡職，爲所欲爲，克底於成，是令君之惠郟邑，實諸上臺之賜也。郟人士不敢忘令君，又何敢忘諸上臺哉！侯清操自矢，愛民禮士，感人以誠，凡從前奸僞儇薄之徒，望風而改行。侯每曰："十室必有忠信，三代直道可行。以吾視之，無一人不可爲善，在教者之誠與僞何如耳。"由是觀之，學之修也，實侯化效之一端也。夫豈僅興作之役而已哉！至其置舘署，修舖舍，新祠廟，築重關，造橋梁，建站房，立巡堡，建集市，皆久廢莫任者。若修城垣，役興而民不擾，尤難之難者，別有記云。

吳公諱景道，巡撫河南都御史。許公諱文秀，分守河南道。范公諱承祖，分巡河南道。司理王公諱本盛。州守林公諱中寶。舉人仝廷舉、李節斯並諸生得備書。

侯諱永昇，號澹菴，安東縣人，己丑進士。

順治九年。

（文見康熙《郟縣志》卷四《藝文志·碑記》。王偉）

修建三蘇先生佳城饗堂祠廟碑記

吾聞其語矣，眉山生三蘇，草木盡皆枯，則奪山川之靈秀，而發道德之章光者，眉山也。吾又聞其語矣，是處青山可埋骨，他年夜雨獨傷神。則瘞劍舄之精華，而藏人文之澤骨者，亦眉山也。

蜀與豫距數千里，形勢不殊，皆以峨眉稱山，而蘇氏生斯葬斯，抑地以人靈耶，人以地靈耶！三先生產於岷峨，父子兄弟節義文章權名海內，流澤千古，當世之人疇不知有先生者。而權佞偏忌其才，抑其遇，令之奔走風塵，升沉宦海，故长公卒葬於豫，而子由祔之。後人復景行老泉先生，而尊衣冠如玉，瘞於兩塚之間，後世人仍靡不知有先生者。公道在人心，億萬世難泯，始信死士之壟如斯，其隆重焉！文章節義如斯，其不朽焉！六合內外，讀其書，聞其姓字，慕其風韵，莫不神游而嚮往。況登山弔古能無感慨悲歌歟！

余奉簡書駐馬汝、潁，因與岩堪適叟誦先生之文，而懷先生之澤，爰拜先生之墓，而弔先生之魂，山深苔滑，墓古蘼荒，短樹蒙茸，野禽喧雜，昔之饗堂祠宇俱以寇燹丘墟矣！並護墓之廣慶招提，亦歷落無完壁。惟山有紫雲，澗有曉煙，夢顧低回，凜凜生氣耳！經始亟成，誰為尸之，乃秉彝之好與道義之感，有不翼脛而飛走者。維時郡守秦君樂爲之助，魯令呂君、寶令于君、伊令張君，咸捐助以襄其成。郟令卜君捐俸拮据，州縣佐博及諸紳士大夫翕然景從，而兆間夫婦咸歡並子來，荷鍤畚饋饈饟者相望，道路絡繹，原野間是。豈直先生在天之靈司其玄感，實先生德澤沁人。亦曰：明月清風，山光水色，焄蒿嚮望，若或見之而已。矧夫蓊葱佳氣，醞釀中天；水繞岩盤，蒇黃中而通理；龍蟠虎踞，追綠字之遺踪；凤韜函夏之光華，並攬方輿之秀麗；魂夢游于故里，岷江猶是山河，淵源溯于一堂，詩禮仍趨杖履。爰而典隆饗祀，苾芬問鼎于成周。是以祠重先賢；象貌頂瞻于鄘，更暢慈雲之古寺；聿追解帶遺風，藉傍玄墓以千秋；豈謂伽藍護法，松楸麗日，丹艧連雲，庶幾乎仰止。眉山，載辟文明之盛，掃清劫石，發皇河嶽之精，惟玄扃有靈，賴鑒昭乎永祀，則斯時同志應鑴勒以偕垂云。

時順治十年歲次癸巳小春之吉。

欽差整飭河南等處分巡兵備道按察司僉事潘陽□□□紀綱父薰沐頓首撰。

（碑存郟縣三蘇墳。王偉）

蘇墳植栢樹記

歷來古栢參天，材成合抱，鬱然茂林也。明末，土寇砍伐一空。予任茲邑之二年，瞻謁丘壟，為手植栢樹一千一百七十株。週圍前後皆成行列，十年後將勝舊觀矣。倘有毀折，敢望後起者勖為同志云。

神道兩傍二十二株，饗堂前東西一百三十五株，墳東西北三面一千一十三株，共植栢樹一千一百七十株。

順治十一年正月十五日。

郟縣知縣淮安府安東縣卜永昇。

生員郝大年。

（碑存郟縣三蘇墳。王偉）

重建三蘇公饗堂記

眉山三蘇公，其文與□□□□□□□□為世所宗也。予束髮讀書即喜誦三蘇文，尤喜誦長公之文。及長，尚論遺事，不第喜其文且慕其名焉。因感楊升庵文師長公而出處□□□□□□□□人，何嘗不相及哉！

　　崇禎癸酉，予病床千日，每誦長公蜉蝣滄海之句，以御二豎，不覺此身之有病苦也。將痊，夜夢長公向予笑而不言，惟□□□□□□□□，因想為緣，無復在念矣。鼎革以來，釋褐登車，筮佳郟邑、兩先生遺塚在焉。歲事展謁，目擊祠堂賊毀，墓木斬伐，濯濯荒涼而已。低徊久之，□□□□□□□□未遑及也。閱三年，請諸巡憲范公。公，予座師。相國現斗公之猶子監司河、汝。崇祀先哲，多所振舉，乃欣然臨奠，捐俸倡助，為官民先。□□□□□□□□倅博、魯、寶、伊令與郟紳衿父老無不樂助，共期觀成焉。予因是經營區畫，鳩工庀材，補所不給，未兩月，而享堂三楹、神廚稱是。臺樓、甬道□□□□□□□□造而一新之，植栢兩千有奇，刻石以紀。祠宇五楹，立像祀之。封其四世孫簞、符、箕、篙、籌之塚於三墳之右。又神道之西，子由長子遲妻□□□□□梁灝曾孫女也，亦為封識，以永其傳。規模宏敞，丹堊輝麗，視諸前構為加盛矣。夫老泉，用不究其才，卒得之於其子。潁濱，學師父兄，進退亦有可觀。□東坡公，用舍生死，變態百出。凡秦、豫、吳、越、青、齊之境，淮、楚、徐、揚、漣、潁之區，以至廣、廉、瓊、惠，天末之域，足跡何處不遍。觀鴻踏雪泥之詠，公雖葬于郟乎，而郟□□專有公哉。但兩先生葬郟以來，五百餘歲，負嵩帶汝，擅中州山水之勝，世莫不知其遺塚之在郟而因為郟廓重耳。豈其祠宇丘壟廢興間也乎。今三塚壘系，子姓煙消，菽魚不至矣。乃常得血食于郟者，誠不以先生之文而以先生之行也。世之人生不修其行，日營營為子孫計，及其身後無以自樹於天壤，一□無沒原鬼淒涼。過三蘇墓，當思過半矣。彼聞先生之風而起者，何可獨讓升庵一人而已哉！落成日，巡憲來謁，神人胥悅，允一時之盛事。會予以內艱旋里，亦載牲告歸，徘徊不忍去，因拈七言二首並步長公《游豫漣水贈趙晦之·蝶戀花》韻附之諸石，以紀其略。更望後之為郟者，于茲荒山古墓永為加意云。

其一
才名當代共推君，我重先生不以文。
一片郟山□古墓，常將正氣結寒雲。

其二
煙鎖荒墳古篆斑，高風景仰未能攀。
先生到處成佳勝，猶把遺骸重郟山。

其三
浪蕩萍蹤無住地，此處青山好把眉山比。
六十年來囊若洗，今又聲咽汝河水。

風流不傳左海市，荒墳祇見煙雲起。
多少英雄皆夢醉，先生獨醒鈞台里。

賜進士第文林郎知郟縣事淮安府安東縣卜永昇澹庵題。
書丹生員郝大年。
武生員趙宇。
管工義民王湖、吳信、李良時。
監修生員劉汝功、張星燿、劉則科、王心明。
農官孫安、張流嶽。
陰陽官石徽。
工房張貴明、李柄。
督工民社楊舉、李希立、程鳳□、張國昌、張玉榮、王振業、陳治國、趙文才、馬生林、載萬複、李洪美、蔡得印、郝一在、齊泰成。
木匠王敏、王洪、李本忠、马进喜。
铁匠尹子魁。
泥水匠秦奇、李生秦、馬銀、范喜才、李應。
漆匠馬德。
窑匠張□生。
塑匠張□豆。
畫匠□□□、□□、□□。
石匠□□□、□□□、□□□。
仝立。
順治十一年正月。

（碑存郟縣三蘇墳。王偉）

創立鴻宅保碑文

知縣徐鳳鳴

郟，十六保耳，一彈丸地，且盡付荊莽瓦礫中。余方撫綏，振起之不暇，而何能旁及於十六保之外也！雖然，郟非無地無人，人衆則土闢，理有固然，莫再計也。畿內五百里，悉駐節禁軍，其地之男若女，仳離南徙，餐泣風露中，或僵臥道旁，或薄值鬻去，慘不忍見聞。而山左、中州各郡縣，又以逖人之令，悉閉關不納，此輩不幾盡作溝壑中物乎。余以甲午冬來令縣，長途千里，目接神傷，私念郟若有餘土，當盡令此輩無恙。抵郟，青青燐燐，一望幾無所見，而僅餘一二鳩鵠，晤余於途。詢其故，始知爲地荒而人亡矣。畿南流移亦踵至百餘户。余因慨然曰："畿南有民而無地，郟則有地而無民，使處畿民於吾郟，播遷者獲安居，污萊者成綠野，此兩利之術也，庸何傷？"胥吏亦有以迯人利害之說進者，余悉披其說弗聽。因以策文會原籍，並報府尊、直指各臺，俱允其請，而流民始獲甯處。余且捐俸給牛五十三頭，糧七十五石有奇，俾得盡力南畝而與縣十六保鼎峙。《詩》曰："鴻雁于飛，其究安宅。"此之謂也。故名鴻宅保。

順治十一年。

（文見咸豐《郟縣志》卷十一《藝文志》。王偉）

陪李公愚瞻蘇塚二首

蜀山比擬滙芳群，饒有清輝伴落暈。
家乘備傳金蕉字，才名各著碧苔文。
千年白骨真香土，一根青藜足靜聞。
對我歷談公往客，只君高並小峨云。

當年才瞻總云名，此日相過夢未成。
螺碣長封三昧迹，石函永扃四時情。
生平最愛佳山水，終古還攜好弟兄。
選勝同歸四代遠，松杉喧寂若為呈。

高都張汧題。
順治十二年。

（碑存郟縣三蘇墳。王偉）

重修山門碑記

且自一元既判，三才始分，而三教聖人遂設教而道行于今古矣。惟釋迦氏來自西方，化行中土，以慈悲為本，利濟為門，殺生為戒，無非使人作善去惡。後人感其德行，不但京邦州郡，即勝地名山立寺以奉之。郟邑西北有尚瑞里峨眉山，蘇墳在焉，廣慶寺因而達焉。創之者宋代，仁宗敕修□大元至順，由明及清，雖佛殿鞏固而山門敝焉。僧人寂寶、寂榮睹其傾圮，憐其形象，募化積累，補敝陳新，不時告成。乃寺因墳而大顯，墳賴寺而永祀矣。刻石為記。

順治十六年歲次己亥六月二十五日立。
住持僧寂寶、寂榮、肇玉、肇□。

泥水匠郭香。

木匠王邦耀。

（碑存郟縣三蘇墳。王偉）

重修七賢祠碑記

趙光耀

郟之東北隅，聳然拔出於榛莽瓦礫之上者，崇正書院故址也。書院火於兵，其巍然獨存者，七賢祠之石屏也。七賢者何？周、程、張、朱五子暨山兄弟兩先生也。石屏者何？七賢，賢各一石，石各一像，撮其生平一二大節以贊之，並列如屏云。歲久而圮，其不淪於荒煙蔓草者幾何？郟人屢謀新之不果。昌黎有言，莫為之後，雖美弗傳。其斯地斯時之謂與！

歲庚申，武林陸公以吳越名儒，應天子博學選，一時名公巨卿方期大用。公為國家得人慶，即崇正殿之說書四十日在朝金蓮寶炬之送歸院。其初，殆無以異此，無何改命，蒞吾郟，如漢廷試郡故事，郟之幸也。受郟事不數旬，即讀禮候代。在任數月，政簡刑清，摘奸剔蠹。興賢育才，移風易俗諸善政，未易更僕數此，與明道之宰扶溝，濂溪之治南安，長公之倅臨安，又何以異。一日，展拜七賢，咨嗟久之，慨然以修復舊祠為己任。進郟人士而叩之曰："七賢之合祠於郟有說乎？"一時疑信交集。疑之者曰："二程受業茂叔之門，吟風弄月以歸，顧可並列而無倫次。與伊川坡公同朝不相下，道德文章各峻門牆，顧可一堂而共事之與。子厚，秦產也；考亭，閩產也。其過郟無名文，顧可連類而並祀之與！"信之者曰："周至精也，張至大也，程至正也，朱子極其大、盡其精而貫以正也。橫渠著西銘，兩蘇倫經書古史。聞道有先後，而入道各有精深，合祀一堂，亦如高曾祖父之合享於一廟，如紫陽家禮云爾。至洛黨、蜀黨，要自其門人激成之，而兩賢未必相厄也。二程生於嵩洛，明道監酒務於汝郟間。子瞻遙授汝州團練，兄弟埋骨小峨眉，是名宦鄉賢各兼而有之。橫渠、新安曾有後先寓之於郟之說，又何不可合祠之有？"公聞而應之曰："有是哉！"地以人重，濂、洛、關、閩、眉山，若為七賢所獨有而羹牆如見，七賢又非濂、洛、關、閩、眉山所得而私有也。日月之經天，江海之行地也，有目共見，而能行者，皆可跂而及之也。以言師也，以言弟也，此心同，此理同也；以言兄也，以言弟也，此心同，此理同也，以言洛也，以言蜀也，以言秦與閩也，南海之遠，北海之遠也，千古之上，千古之下也，此心同，此理同也。苟有見於此理之同，一賢也可，七賢也可，或過郟，或不過郟，即或減於七賢之內，或增於七賢之外，亦無不可，又何尊何卑，何親何疏，何遠何近之足云。郟人士聞教而佩服之。因爽然悟曰：七賢之生數百年而合祀於郟，是郟以七賢重，而七賢不以祠重也。七賢祠毀矣，越數十年而重修於公，是公之有功於七賢，而實大有造於郟人也。即朱、陸之在自鹿，朱、張之在岳麓，二程之在陸渾，又何以異？異日者表章六經，倡明遭學於以正人心而厚風俗，則七賢凜凜有生氣，而我公之德意並垂不朽矣。余樂觀七賢祠之告成也，因述前後應對為之記云，與斯役者例得並書。

康熙十九年。

（文見乾隆《郟縣續志·藝文志》。王偉）

蘇墳夜雨次韻

休道峨眉紫氣多，文章千古重東坡。
神歸天上為霖雨，碧化長空作汝河。
馬鬣當年埋宋璧，夕陽此日聽樵歌。
春流不盡忠魂根，萬壑濤聲漲綠波。
康熙二十五年八月吉日立石。

（碑存郟縣三蘇墳。王偉）

弔二蘇墳用原韻

雙璧佳城在此中，九原並蒂作芙蓉。
峨眉月冷鵑聲斷，南國香餽民鬣村。
絕代勳名傷往事，千年古木亂疏鐘。
光芒萬丈知難掩，一夜內雷起臣龍。
東督艖使者前史官遂守張鵬翮題。
康熙二十五年八月吉日立石。

（碑存郟縣三蘇墳。王偉）

臨汝門樓記

邑人解元仝軌

郟之南城門，曰臨汝門，故有樓，李自成之亂，毀於火，今四十三年矣。天下平已久，郡縣之百廢宜俱興，而頹垣敗瓦，過者傷心。更七、八賢令，卒無有奮然為郟城復數千百年之舊觀者，豈非政未成，民未和，固有所不暇於此歟？

自辛酉之春，邑侯吳南音張公來令郟，承國家重熙累洽，七、八令相繼休養之後，益加撫字。閱三年，恩信大行，公知衆可用，財可給，於是，取邑之崇正書院、敬一閣、進德修業齋，諸亂餘傾圮不可枚舉，一切復而新之。已，復登南城以眺香山之峰，草莽中得蒼谷先生石刻大書"臨汝門"三字，蓋樓之舊榜也，摩挲先賢之手蹟，慨然太息！遂下令鳩工庀材，市磚石，具畚杵，規樓之高卑、廣狹，一仍勝國之制而重修焉。不逾月而大役告畢。畫棟飛甍，聳然天半，荊榛之墟，鬱爲勝觀矣！公於是置酒其中，偕僚佐、賓友與博士弟子員而落之。顧而曰："茲樓也，拱劉山而作屏，環汝水以爲帶。西望峨嵋，則二蘇之墓隱見於蒼翠萬點之中，而其東，則紫雲之晴雪、藍橋之春漲，若遠若近，可以坐而得，其彷彿於几席之內也。花之晨，月之夕，酒爐茶具，時一造焉，足以滌煩憂而生遠興，非令與吾民之所共適者乎？而盛衰成敗，不能不以其時。當李自成焚樓，與其黨羅汝才大敗孫代州於郟城之南，長驅入關，遂僭號於陝西。自汝水南北岸，以至於香山，皆戰場也。四十年以來，陰雨之夜，人猶見有鬼火者。民之生斯時也，幸脫鋒鏑已難矣，其敢望茲樓之不毀乎！

及皇清受天命，王師南下，四方遺孽，如風掃籜，向之殺戮未盡之民，始得以安其田里室廬之樂，爲太平之幸人。天子之命吏亦得以乘時無事，撫摩而煦養之。前推後挽，既歷三紀矣。而民氣復，物力裕，久廢之樓，乃矗然特起於車書一統之世，此歐陽文忠公所謂上之功德，休養生息，涵濡百年之深者也。望斯樓而覽其興廢之故，雖萬世之後，其能忘我世祖章皇帝與今皇帝削平僭亂，措吾民於衽席之功哉！且是樓之毀於寇也，惟其世際承平，上恬下嬉，宴然不復有意外之虞。是以紀綱墮廢，而萬事瓦裂，至於羣盜如麻，鐘簴不保。當其時，雖阿房、未央之巨麗，且淪於劫火矣，而況於此樓乎！夫前事之不忘後事之師。今令與吾民復遭遇承平，文物大備，而相與樂於此樓，撫茲風軒雲牖之崔巍，能無感於昔之蒼烟白露而荊棘乎？吾欲爲茲樓長存不毀之計，亦願後之守是土者，瞿瞿蹙蹙，謹無忘四十年前城下之戰而已。僉曰："公之所以宣上恩德，傳之無窮，及其垂訓來者之意，深乎遠矣。盍書之於石，登斯樓者，將世世莊誦之。蓋有天下者之炯戒，非直爲一邑之私也。"公曰："善。"於是，博士弟子仝軌退而次第其語，以爲記。

康熙二十五年。

（文見同治《郟縣志》卷十一《藝文志》。王偉）

重修文廟記

耿介

天下府、州、縣皆建學，學必立夫子廟，羣士子誦習六藝於其中，朝夕仰瞻榱桷，而春秋行釋奠之禮，以一其途，以激發其志氣，使學者翕然共趨於聖人之道，其事重矣。然非賢而有文通達治體之君子，鮮有能用心於錢穀、訟獄之外，以興學育才爲急者。是以學校之設，雖遍於天下，而殿廡之就傾，門垣之漸廢，講堂、學舍之鞠爲茂艸，有習熟見之而漠然不加意者矣！其苟以具文書者，往往有其名而實則否，張釋之所謂徒文具而無惻隱之實，蓋十或四五也。學之成毀盛衰，豈不視乎其人與？

郟邑侯金公，今之有文學而長於政事者也。以賈誼之年，行文翁之化，治郟數載，幹材清節，百務修而四境服。而尤加意於學校之教，每朔望謁廟，講約之時，必進諸生而訓之以禮，戒之以刑，開之以義利、君子、小人之辯，重有德，絀不肖，旌別不淆，士氣大振。周覽廟學，見其歲久而將頹，規制之卑小而不稱，因陋就簡，非重道崇儒之意，乃奮然一撤而新之。飭役省工，必堅必好，金碧丹堊，巍乎煥然。至於舊俗所謂文昌之祠，亦易其朽腐而築其周垣之圮者。方且益廣學舍，合其羣，優其餼，購書籍，立課程，以長養而教悔之意，駸駸乎其未已也。役既竣，率兩博士與其弟子之賢者而落之，乃復進諸生而論以古人建學明倫之意，反復於佻達城闕之終身而不齒，諸生拱立聳聽，至有冬月流汗，如白鹿洞者，亦足以見天理之不泯，而興行教化之有功於人心大矣。嗚呼！正學之興，不在其位則言之而人不從。吾鄉自湯司空不作，斯道不絕如線。余不敏，與上蔡張仲誠竊有倡導後進之志，而老頹翁潛伏艸莽，位不足以動人，聞者或忽焉。今金侯以文學、政事之才，爲師帥於郟，令之所行，如風偃艸，示以標準，其誰敢不赴！余是以嘆倡率之難，敬服侯興學育才之雅意，而日望其有成也。積之以歲月，余且見伊洛之學，復盛於今日，而郟之士子，必有道德、名節，繼其鄉先達而起，如李贊善、王布政，使之聲施天壤者矣。則金侯作人之澤，豈不被於無窮哉！張生際昌，其學之齋長也，實董是役，謁余嵩陽書院，備述侯修葺教育之始末，而求余書其事於石。余故爲之記，且以致余嚮慕之意云。

康熙三十年。

（文見咸豐《郟縣志》卷十一《藝文志》。王偉）

遲園郭君墓誌銘

仝軌

吾友道遠，姓郭氏，名毅，郟學生。才氣高邁，試輒冠其曹。喜爲詩、古文自娛。永甯令佟公賦偉、祥符令胡公權、寶豐令王公雍，先後延致之，已謝去，授徒魯山漫流村。病瘧，歸里，踰年卒，年五十六。當道遠病小愈，遣騎迎余至其家。時龍潭書舍新成，冬日甚煖，道遠杖而出，面青黃瘦甚，而談鋒顧不減。言笑既洽，遂至二鼓。慷慨謂余曰："吾疾勢似退，而暮氣垂竭，無久存理，行當以志銘累兄！"余戲諾之。不謂今之果銘吾友也。

道遠恢豁有大度，好施予，尤篤於宗族，疎屬老幼之依以居，而爲之婚葬者數人。長身美髯，飲酒不三合輒醉。微醺之後，抗聲論古今名節事，緩急然諾之際，情辭壯激，士友聞之，皆心折。論文喜縱橫捭闔，與時上下，謂一戰可霸，然訖不得志於有司。易簣前數日，已不能執筆，口占示子云："敢望多生文字裏，孤魂渺渺去誰同？石岩果有三生約，願侍廬山鹿洞中。"其氣機默移，依歸正學之意，有非他人所及知者矣。吾鄉自李自成慘殺後，士氣不競，可與晤言者無幾。憶康熙丁巳、戊午間，汝潁之名士以試事集郡城者，寶豐則王君恂伯守默及其弟爲章雲漢公載培生，郟則黃君山亭勉、楊君六階泰、郭君道遠毅，而余亦謬爲諸君所引。是六七人者，長不過壯，次甫及弱，率意氣傾倒，一見如舊相識。酒罏茶肆，無夕不過從。談藝道古，襍以諧謔，夜向闌，酩酊盡醉，適分張投旅舍。明夕復集，畢試事乃去，以爲常。小人之被擯斥者，數指目笑罵，而閎覽博物之君子，未嘗不稱爲文字之飲，一時之盛事，非羅饌膻葷者可比也。俯仰三十年以來，聚散升沉，死生之變，有不勝其感慨者。余六七人，既不復雅集如曩時，而頗聞郡士之盍簪執袂者，亦不復盡如吾輩。耆舊日遠，而後進靡所興起，其不深可嘆哉！道遠始歿，余與公載皆哭之以詩，余有句云："列甕每煩良友餽，數篇真見古人詩。"公載有句云："龍潭響輟幽人展，鳳嶺吟孤詩老鳴。"余詩雖不及公載，公載與余詩雖未必邇能傳道遠，然皆稱情語也。讀余詩者，可以見道遠文行之大畧，讀公載之詩，而桑梓數十年人物之盛衰，風俗之淳薄，如別黑白，則道遠之所自立者可知矣。諸孤卜於月日，奉父柩歸葬祖塋之次，以母氏祔，致道遠病中累余之言來請銘。銘曰：

大劉之陽，山深土厚。子骨可腐也，名不可朽。更千秋而萬歲兮，孰不知吾黨之畏友。康熙三十三年。

（文見咸豐《郟縣志》卷十一《藝文志》。王偉）

長橋鎮三官廟記

仝軌

凡古蹟當廢壞既久之後，未有不待其人而復興者也。吾邑長橋鎮之東偏，故有三官廟，據地高敞，殿宇宏麗，象貌尊嚴，周垣重門，松栢森鬱，遠近祈禱，莫不奔輳。自兵亂以後，仍更焚毀，歷年既多，故址僅存。父老子弟之行過其地者，往往相與慨然太息，而未有能醵金庀材復其舊觀者，民窮而力不足，又無好事者爲之倡率故也。

吾友梁君奇才，字大用，慷慨有爲之士，生長於茲，傷懷興廢，欲合衆而新之久矣。康熙辛巳、壬午間，始克就其志。東紏西屬，懇懇敝舌，環鎮之居人不下數十家，人各出其所有以佐費，而躬親經營，積灰甓，召工匠，總錢穀之出納，而始終董成其事者惟梁君。自興工至訖役，不數月而宏麗尊嚴，視昔有加。僉以爲是舉也，工大而費多，非衆心協一不能勝，而非得勤敏果確如梁君者以主其事，亦無以提挈先後，而落成如此之速也。乃相率詣予，求記其本末，以示後人。且發明神之所以錫福、赦罪、解厄者，使鄉人觀之而知所嚴事焉。予惟廟之久廢而忽興，諸父老子弟與梁君之不惜其財，憚其勞，頓復里中八十年以前之勝觀，鄉間有識者，皆能道之，兒童傳語將播於無窮，不待余言而後可以取信也。

獨三官神名，鮮有知所從來者，爲之記而不流於矯誣難矣！元揭文安作《曲阿三官廟記》，循用道家之說，爲宋景濂所譏。而近世崑山歸氏記汝寧之三官廟，附會三元帝君之詭異。至謂聖人建天地、山川之祀皆興於人意，不過如此，則又幾於飾六藝以文之者，惑孰甚焉！余嘗讀《後漢劉焉傳》，而知三官之名，實始於妖賊張修、張角與張魯之祖陵造作符書以惑衆，使病者自首書姓名，陳說服罪之意爲三通：其一上之天，著山上，其一埋之地，其一沉之水，謂之三官手書。此三官之說，之所自昉也。夫至尊惟天，地且不足以當之，故曰"至哉坤元，乃順承天。"又曰：地道也，妻道也，臣道也。地道無成而代有終。夫承天者之不能抗尊於所承，明矣。矧水者，兩間之一物，及其廣厚，振河海而不洩，以之敵地猶不可，況於巍巍彼蒼而可以列而三之並加之以官名乎？昔聖人制南北郊祀之禮，父天母地，先後殊焉。至於五嶽四瀆之祝號，牲幣則惟視三公與諸侯。故曰："天施地生，其益無方。"又曰："萬物本乎天，郊之祭也，大報本反始也。"又曰："四瀆何以視諸侯？能蕩滌垢濁焉，能通百川於海焉，能出雲雨千里焉，爲施甚大。"蓋其尊卑大小之等，闊絕而不可以相擬，而德功之報，又一歸於資始資生，雲行雨施，至公無私之實，理非以天地山川之神，眈眈然常欲禍福乎斯人而崇奉之也。且即以禍福言之，作惡百殃，福不倖獲，坤順承天，罪無私赦，鬼神情狀，洞然不欺。而米賊邪說乃謂："從其教者，可祈禱而愈病。"道家遂因之而爲錫福、赦罪、解厄之妖言，以禍福誑誘一世之人而塗其耳目。夫意在錫福，則福多濫與，主於赦罪，則罪皆曲貸，使天下冥然不知民義之當務，而惟馳心齋醮之爲事，以覬其禍福之，一旦可以徼倖而漏網，此非先王之所必誅而不聽者乎？道家又謂：神兄弟三人，如漢茅盈之類，分主天、地、水之職。則雖張魯之妖，亦未敢誕謾至此，其無稽而鄙陋亦不足置辨矣！

世之儒者，不惟不能究極其始末、邪正之所以然，以曉愚民，顧乃求其說而不得，從而爲之辭，以益堅無知之信尚甚矣，道之不明，而羿蒿妖誕之易以誣民而惑世也！往余排纂邑誌時，開館於城中三官之廟，嘗著論辨此，會病目經旬，談者遂以爲獲罪於神所致。今復引繩墨，別是非，並上詆乎元、明之作者，亦見其不知自量，而徒以取戾矣。顧念淫祀無福，經有明訓，除神祠而民知爲善，大儒之格言。余窮老於下，既不得如狄梁公巡撫江南之所爲以明道正俗，獨區區誦其所聞於古者以告吾鄉人，冀後進之士，或有讀而興起者，則亦未必無小補於明明棐常之萬一云爾。梁君性質直而好友多聞，其必不逆耳於斯言矣。

康熙三十三年。

（文見咸豐《郟縣志》卷十一《藝文志》。王偉）

重修元武廟記

仝軌

靜樂國王太子事，本道家之說也。前明倪文毅岳爲禮部時，奏請釐祀典，辨之明矣。而今之北極佑聖宮且遍乎天下，自通都大邑以至於山谷之窮僻，自士大夫以及庶人，金碧輝煌，香火之奔走崇奉，無遠邇貴賤之異。夫元武之爲真武，自宋真宗始也。元，龜也；武，蛇也。北方之虛危七宿似之，故因而名之曰元武。且元武之列於北方，自開闢而然。初不聞主之者何神也，而道家顧以爲真武成功之後，白日飛昇，奉帝命以鎭北方。披頭跣足，皂纛元旗，統攝元武之位，又肖真武之象，而傍列龜、蛇二將以爲衛，其無乃失於附會誕妄而不足信耶？人謂後世之廟祀，雖不盡出於《禮經》，而究極其說，不過歸於福善禍淫以爲勸戒。而止今以真武能福善也，而敬事之，則人莫不相勸於爲善；以真武之能禍淫也，而敬事之，則人莫不有所畏而不敢爲惡。苟其可以勸人於善，而戒人以惡，雖不盡出於《禮經》，無害也。郟之西十七里爲查子園。崇岡橫亘，有廟翼然雄踞於岡之巔者爲真武。亂後，歲久敝且就傾，居民賈崇高素名好善，於是，倡衆醵金葺而新之。巍然煥然，照耀巖谷。又聞廟前之細路爲孔道，自岡頂而下，屬平地如砥，非復向之屈曲蛇徑矣。吾知城以西之人，將有入廟思敬而洋洋乎如在其上，以勉於爲善而惕然有爲惡之懼者乎？恐後泯沒，故勒諸石以誌之。

康熙三十三年。

（文見咸豐《郟縣志》卷十一《藝文志》。王偉）

重修黃道鎮永慶寺記

仝軌

出郟城迤邐西北行二十許里，有鎮曰黃道鎮，有寺，北枕崇崗，東倚劉山之首，曰永慶。中佛殿三楹，巍然特起，繚以長垣，前開三門。後即岡爲洞以居寺僧。創建不知何時何人。嘉靖中，嘗易而新之，邑先達隨州守中泉王公爲之記。歷年既久，風雨兵戈，寺以復壞。鎮居民黃金貴，鄉耆之好義者也，目覩敝陋，奮然有興復舊觀之志。首倡里黨，合衆力而舉。不踰時頹者立，缺者完，金碧丹堊，照耀山谷。乃相與伐石，求余記其事，而金貴族諸生黃君雅淡齋實來爲之言。余昔年有事外家塋赴野豬峪，嘗道經是鎮，初不知有永慶寺也。少年時，即聞去鎮不數里有孔子廟，相傳郟周、漢時，東西孔道實由此。孔子適晉，蓋駐車焉，廟以故建。亂離以來，腐榱敗瓦，無復存者。卒無有好義如金貴者爲復其舊，後生小子幾不能識其處焉。而寺獨賴金貴之力，歸然新於百餘年之後，儒佛消長之際，可以發君子之太息矣！然余聞寺南四里之竹園，蒼谷王先生讀書之地密止堂，所謂"渴睡有洞"者也。西望野豬峪十餘里，青雲劉先生及其子三山先生墳在焉，即余有事外家塋處也。寺佛坐據山泉，泉伏流屋下，出爲青龍溪，門外老樹兩株，干霄蔽日，大可數十圍，風葉蕭瑟可聽。異日，倘得暇往遊其地，憩繁陰，酌流水，當與長老和金貴極目遠眺，弔三君子之遺跡，而尚論其行已、歷官、道德名節之大畧，庶乎後生聞之者，或可以冀其頑廉而懦立也。遂書以予之刻諸石以俟。

康熙三十三年。

（文見咸豐《郟縣志》卷十一《藝文志》。王偉）

重修七賢等祠碑記

郟縣知縣陳王綏

　　七賢祠者，郟治崇正書院內奉祀周、程、張、朱暨兩蘇七先生之所也。予以康熙庚子二月承乏茲邑。蒞任初，訪求名蹟，即得其名。謁廟之餘，躬詣其地，見夫高邱之上，老樹扶疏，荒榛蒼莽，缺垣堆礫中，破瓦三楹，即所謂七賢祠也。展禮而出。稍後又三楹，殘破亦如之。閱其主，則祀老蘇文公，以明清兩代邑令曹、熊、王、解、陸、張六公配之。再後為石屏，七賢之圖贊在焉。因徧讀碑碣，然後書院之沿起興衰，七賢合祀之由，老泉獨祀之說，六令配祀之故，始了了心目而不禁羨矣，未善之嘆也。夫七賢合祀之當否，前賢已論之屢矣，茲不復辨。至老泉之專祀，蓋以父子不宜並祀故，特祀之。夫特祀以明尊，而從以六令，六令雖賢，當亦有蹙然者，且更有說焉。郟為汝、潁名區，三代以後，人物輩出，所謂鄉先生沒而可祀於社者，亦復不少，如漢之臧愍侯、銚忠侯，唐之馬北平，亦既胥膺祀典矣；而愚菴李公、蒼谷王公，節義文章為有明一代聲名之最，何以不聞專祀也？愚意老泉之祔享，易六令以二公，雖亦覺不倫，不猶為彼善於此乎？且六令亦非廢厥祀也，即於老蘇祠之東偏，更立三楹，以祀六令，額曰："六公祠"，似亦未嘗不可。歸署，徘徊者久之，即欲興重修之役。顧升斗微祿糊口之外，實難他及，實廑於懷不能去。歲辛丑，撫軍楊以西陲軍需題准於陝州太陽渡開例，邑以援例准作貢監生者六十五人，除收納外，發回羡餘百金有奇，不便衷析相異以為予壽；却之不獲，乃進諸生曰："是豈予之所可得乎？無已，請以七賢祠成諸君之美，可乎？"僉曰善。爰擇士夫之練達者五君代董其事。七賢祠三楹，文公祠三楹，東偏建六公祠三楹，神主、位置，即如予初之所擬。前門樓，後石屏，隨宜修葺，用蘄永久。工起於六十一年六月二十八日，竣於是年九月三十日，蓋不數月而七賢祠煥然改觀矣。夫供其貲者，六十五生也；任其事者，五君也；予則何與？然而予樂為之記者，既竊喜勝蹟之聿新，仰亦不藏人善之意云爾。

　　清康熙六十一年。

（文見咸豐《郟縣志》卷十一《藝文志》。王偉）

郭母張節婦阡表

寶豐拔貢李宏志

　　郟城旌節崇祀郭母張孺人，增廣生員諱復儀之配也。佳城既閟，賢郎大田榮荷寵命，怵愴慈闈，敬以旌表綸音，選匠伐石，揭於墓上。復介含采趙君屬予櫽括，勇菴、汝湄王、趙兩戶部排續事狀，泊文學蟲子汝南所作志銘而附泐碑陰。含采為予妻黨，其內子與孺人兄弟也，姻戚相連，故不鄙而謬託重焉。憶余弱冠塈於趙，到今五十年，歲時往來，孺人之始稱未亡以迄蓋棺，志狀所云：霜嚴冰淨，拮据卒瘏，養姑訓子，婦孝母慈。皆予素悉，無溢辭。至於奸徒覬覦，以死力爭事，更爲予目擊。是時，郟令缺，攝事爲予邑江甫李侯。豐人士以公事過縣籲陳，而予亦隨衆後。投牒日，適當堂訊，予邑之縉紳、子衿、耆老、農甿，凡數百人，竦聽環視，無不切齒狂且而爲孺人太息，且以歎李侯之抑强暴，扶節義，培風激俗，知有令長職業。嗟夫！髣髴我儀，矢死靡他。波濤砥柱，疾風勁草。計孺人數十年中，無非茹荼集蓼之時，而此固其尤者也。嗚呼！可以爲之流涕矣。惟聖朝建祀褒節之典，逾於前代，孺人闕樹宅里，祀秩春秋，芳躅慶譽，照耀汗青，天地無極矣。而抑有進焉者，孺人性開明而達大體。先皇帝覃恩旌嘉節孝，郡縣以孺人應詔，而孺人恧然踽踽，謂"從一，婦道，非以徇名。"而大田之充弟子員，戒之勿以一衿自滿。此其教誨貽謀，何非德言義方，是則孺人之所以庇爾後嗣，固有不徒以其貞心峻節者。昔孟母斷杼卜隣、三遷教子，古今人何遽不相及也。

孺人，歲貢生諱際昌女，年十八於歸，二十九而寡，迨癸巳欽旌，守志三十一年，年五十九。又八年而歿，是爲康熙辛丑，卒年六十有七。子男一，即大田。孫二：長丙辰恩科舉人，瑋；次琞。葬以卒之明年，墓在城西北五里鳳山。

康熙六十一年。

（文見咸豐《郟縣志》卷十一《藝文志》。王偉）

習園生壙志

寶豐縣人李宏志

曰茲生壙作者，郟縣習園趙氏；而爲之志者，橋水李氏二痴老人宏志也。時爲乾隆丁巳四月之三日。習園名璞，字含采，己亥觀政都察院進士、湘潭令雲麓公之子。雲麓公好古嗜學，汝上藏書家無如其多者。習園生長四庫二酉中，簽軸縹緗，耳目曠朗，成童即有志大畜。自補博士弟子，洎於準貢，固嘗以帖括試有司，數困棘圍，人或以其涉獵咎，而習園不悔也。擅有墨、莊，雖先世手澤，敬重倍至，而公善同人，不慊乞假。余二痴之號，緣於習園，徇俗變痴以見，不觚而觚，而習園則願與予分當一瓿。中年遘罹末疾，乃自見尊足者存，且幸因病得免紛嚚，闢小齋，圖史羅列，經史子集，更迭繙繹，丹黃重沓；時或吟咏作小詩歌遣興而謙抑，初不輕以示人。然里有吉凶，姻戚交游，義當修詞，以申慶弔與夫碑版金石之文，期於垂訓行遠，而必不可以兎冊牛券混者，舍習園固莫能他屬也。

乙酉、庚戌間，邑侯延修邑志，受任詳慎，虛懷周咨。長橋舊唐驛，岐陽公主寢疾入朝，至此薨。《唐書》渾云："道卒。"依《樊川集》標明古蹟。王太倉《周縣丞墓志》追捕王兵馬家劫盜。郟前明無爲此官者，鄉貢王同任都督經歷，以其參戎，遂誤兵馬。其裁定類此皆是也。猶手札枉問余。既裁答，復爲言：《志》所取資，莫先於史，而事非一手一足，惟我二三蘭臭。汝州屈子墨菴、青嶺吳子美中、郟縣聶子汝南，皆嘗怪舊志之舛悞滲漏，今約以各占時代，分讀諸史，其爲我郡邑之山川、人物、遺文、往事類記編集，庶有裨於將來桑梓文獻，冀在吾徒。習園暨諸子莫不首肯。然至今未踐所約，於心耿耿。歲初夏，余至郟，習園相見語余曰："五十非夭，余行年六十，且已傚古作生壙矣，子爲我志之。生必有死，事無可諱。志我志，此意而已，非我所有，勿言也。"嗟夫！死生，今古之常，彼夫忌諱絮絮而齒頰不形，謂是貪生畏死之人情與！然貪者幾見其常存，畏者幾見其幸免也。達哉習園，生平之服儒書，了然於死生之際，生壙特其末見耳。近代名賢有如畢陽劉忠宣、甯陵呂新吾，皆作生壙。而後世之願爲執鞭以其生壙耶，以其人耶？劉、呂顯達，習園布衣，問人不問官，陳留小吏吾師乎？然此固難爲勢利濁氛道也。雲麓公與先君子髫年交，重以婚姻，亡室與習園同祖，兩世戚誼世好，茲壙志之託，是亦車過腹疚之愈見親厚也。乃成其志而爲之銘曰：

人生電露，泡影夢幻。彭殤一致，孰歎孰羨。茲有達人，趙氏子璵。壽藏早卜，埋文予撰。文屬痴叟，語無矜衒。一字而溢，畫虎遺訕。肖我本來，惟目惟面。樂事快心，及我之見。

志成，習園見之曰："似也。然即以我爲讀書語猶侈矣。"余謂不然。四民各有職業，謂士者以讀書，猶之語農而謂其服田，語商而謂其通貨，語工而謂其造作，夫何侈乎？習園莞然，乃命匠礱石。

乾隆丁巳四月三日。

（文見咸豐《郟縣志》卷十一《藝文志》。王偉）

重修三蘇先生祠墓記

宋三蘇先生，蜀人也。其葬于郟，從治命也。文忠嘗謫汝，道經郟，愛其山水類蜀，因名以小峨眉，遂有終焉之志。建中靖國元年，自儋耳歸，至毗陵告終，孝公叔黨偕文定奉遺命扶柩葬于是。政和二年，文定卒，亦葬于是。至元至正間，縣尹楊君始推本所自，具老泉衣冠葬于二塚之右而建祠焉，此郟三蘇墓之所由來也。自北宋、元、明以迄我朝，蓋四代矣。中間廢興屢七，難以悉數，南宋以後，愈致荒蕪。大抵爲之封樹築垣以復甚觀者，元汝州守元君叔儀也；爲薛店樹神道碑，建寺命僧居守，置地若干畝，以其租供祀事之費者，元至順初詔書也；築老泉塚，創祠設三蘇像而祀之者，元至正間郟尹楊君允也；加封三塚，繚以周垣，重整祠像，清出侵佔地陸頃捌拾餘畝歸寺者，明蘇之鄉人，天順間河南按察使吳君中，成化間河南布政使吳君節昆季，及郟令張君廣也。逮我國朝初繼修葺者縣令章丘張君篤行、縣令卜君永昇。康熙四十七年，河南學使者□公右曾修理墳前饗堂三楹，齋房三楹，迄於今三十五年矣。剝蝕傾圮，詎能免乎？

余素豔蘇墓之在郟，洎任茲邑，亟爲晉謁，見其摧頹，即慨然有興復之志，顧以俸薄力淺，庶務倥傯有志未遂。謁于郡伯宋公，公深爲之慫惠，乃揭薄俸若干，紳士鄉民之好義者津助若干，於是，鳩工庀材。延王生三君代董其役，以其居邇蘇墳，其先人嘗有事於斯役也。故三君忘勞而樂任之，趨事欣勤。工興于八月二十日，竣于十月十五日，不數月間，而鈞台峨眉之盛，煥然改觀矣。抑余尤有說焉，以有宋一代之偉人，德業文章彪炳史冊，焜耀古今。乃天不使之歸蜀而葬於郟，嵩徒侈名賢之遺蹤而已乎？必其山靈水脈實有默相感契，佑啟後人者。吾儕恪慕三蘇，豈可徒優敬禮而不圖儀型，則效之實乎？高山仰止，景行行止。是則余與諸君重修蘇墓之意也。夫其監工及捐資之士，例得鐫石于後。

文林良知汝州郟縣事鐵嶺張楣敬撰。

賜進士出身文林郎知汝州郟縣事益津劉蓋刻石。

邑庠生後學王聰書丹。

督工人庠生王惟正、監生德淳、瑞鳳。

蘇墳寺焚修僧人海祿磨石。

皇清乾隆十一年歲次丙寅六月。

（碑存郟縣三蘇墳。王偉）

旌表義士李君應卜碑

劉青芝

古者里有里魁，民有什伍，善惡以告言察舉，此里中什伍中民所為之善惡，皆以告監官而不得有所隱也。又鄉置三老，凡孝順、讓財、救患，皆扁表其門。言既知其善惡，必擇善而彰之，使民咸興於善行也。後世旌閭則命之朝廷，造自有司，有聽事、步櫚，樹烏頭，築雙闕，規以丈尺，夾樹槐柳。典愈隆而制愈侈，然其為鼓動人心、維持風教之微權，則古今一而已。郟城義士李君應卜，乾隆二年，里者列其狀於縣，以次達於巡撫，都御史覆按無異詞，上聞於朝，下儀部請用故事賜旌表。今制，官給直，自建造，五年七月落成，大書曰："旌表義士李應卜之門。"其子縉，感激君上之所以惠綏其先者，謀文獻刻金石，以侈君恩而揚先德，乃乞文於太史氏劉青芝。芝聞君之歿也，家不異煙而食者已六代矣，門以內不問服有無，咸烏烏哭盡哀，間里間若宗人、戚屬、士大夫以及農氓、商賈，皆來哭奠，遠方之人亦哀悼，於是，羣謀於君之子若姪，斂金錢建祠以祀。每值君忌日，登堂而祭者常數百人，又有垂髫戴白、扶攜提橥而來者，焚香奠於庭，或稽顙拜於門外。歸憩道旁，語及君遺事，有歌而誦者，有泣下者，歷歲以為常。及表閭命下，邑令祀君於忠義祠，其雲會而來者一如君初歿時。嗚呼，君之所以致是者，豈無故哉？

君字台三，應卜也，太學生。父丕承歿，應卜年纔韶齔，跳叫悲號，終日不食。叔丕基故，遺側室一，事之如母，壽百歲終。姪緯，早失怙恃，煢煢然，飲食教誨之。一日病危甚，居層樓上，時霖雨浹旬，君已老矣，日必數數登樓省視，泣語緯曰："吾夜不能往慰汝，然終宵未嘗成寢也。"弟應會亡，遺孤緝方一歲，痛如割，一夜鬢髮都白。其撫緝也，食必呼共案，出必視而行，返必問在何許。緝病瘡，醫針甫下，淚輒雨墮，曰：「吾有何方為汝分痛？」緝每出，必倚門望。易簀前一夕，緝歸稍稽，更深矣，猶坐以待。及至，厲聲責曰：「獨不念吾望爾乎！」君之內行醇篤如此。

其施於外者，尤未易更僕數。有典其田而遠遊者，牽其孤詣君室，涕泣以託，君為授室且復其田焉。有喪其妻者，君為之娶，再亡復娶，更給田六十畝以資其生。有以困故欲遠徙者，與粟百石以留之。其他貧不能自存者，或與之金使貿遷，或授之田使耕，或代償其債，或歸贖其產。又有受其資賈於外者，及歸，貨財都盡，愧無以見君，君無憾容。山西賈人閻文煥居君肆，負君債而死。其幼妻攜稚子涕泣而訴曰：「吾夫貧，有負主翁，寡婦孤兒家鄉千里，奈何！」君太息曰：「往事勿復言！」市棺以殮，歲給粟布。其後子娶妻完貞，路獲遺金，守而還之。又有攜金市粟者，閱其金有官封，心竊疑之，與粟遣之去，攜封立起入縣庭。縣令坐堂皇，方夾訊庫吏盜金，而君持封金至，乃釋吏。闔縣官役六十餘輩咸謝君，令亦雅重君，造其廬欲舉為鄉飲賓，而君固辭不就，一時遐邇咸嘖嘖稱嘆君為古之尚風義者。

予謂君厚於其親，以及於比閭族黨，殆內外行無慚者與。嗚呼，義根於性，人之與生俱生者也，而國家顧必藉是烏頭綽楔為砥礪斯民之具，以厚俗而興行與。然天理民彝，每有所觸而易動。過其門者，見夫草莽一介之臣，一行作善，巍巍表厥宅裏，雖頑懦不振之夫，未有不悚然動容，悛心而改行者。《傳》曰：「彰善癉惡，樹之風聲。」不其然乎。

綰之意，欲使李氏之子若孫，歌詠聖德於罔極，而迓續先猷至於歷世久遠而不墜。余則推原朝廷所以獎善維風之意，及其先人所以邀茲殊典之故，俾刻於庭曲之碑，使後世得以覽觀焉。

（文見錢儀吉《碑傳集》卷一百四十六。馬懷雲）

孝子坊

孝子坊
皇清欽旌孝子太學生馮贊
乾隆十七年。

（碑存郟縣長橋鎮竇堂村。馬懷雲）

文學李先生墓表

劉斯和

明辛巳，流寇攻郟，城陷，一時以節著者，職官則邑令李公貞佐，邑人則練總高公淩雲。是二公者，義重綱常，名垂史冊，與日月爭光，可也。夫自古忠臣義士，臨難捐軀，其心以為不得不然，若計及於身後榮名，謂某也以殉節而致隆譽，某也以苟免而被物議，則信道不篤，好名之念，必不敵其貪生之心，未有舍生取義，殺身以成仁者也。然而千百載後，國史傳之，祠廟祀之，其桑梓之地愚夫愚婦皆津津樂道之，於以見天命民彝無一息或泯於人心，而頑廉懦立，植名教而振風俗，豈容以湮鬱弗彰乎？乃吾於吾邑前明殉難李公而不禁感慨係之。

公諱起潛，字抒蘊，邑東古梨園村人也。爲邑諸生，少讀書，明大義，有不可，則義形於色。時流寇抵郟，焰方張，慕公端人，欲招致之。公拒之甚嚴。公既忤賊意，知不免，屢欲自縊，顧以母夫人春秋高，不忍訣。無何，賊至邨，強公行，公正色相拒曰："若輩欲我附，吾豈從逆者耶？"賊不聽，迫脅之，羣擁馬上，且東行，公罵不絕口。賊知其志不可奪，遂刃之。公從容就義，至死不屈。今村之東偏，相傳公遇害處也。嗚呼！公之節亦偉矣哉！

余距公居僅十里，且與公家爲姻親世好。乃於公之大節，前此竟未得聞，徒以未與守城，故邑乘不載，後來靡所考據。至今百有餘年，公曾孫萬涵，呈請入《志》，始以其事之顛末爲余言，並懼其久而失傳也，丐余一言表墓側。仁人孝子之用心深而且長，良足羨矣。余懼夫言之不文不足以行遠，而生平喜談節義，況於公爲鄉邦後進，不容緘默。萬涵又爲余言公懿行難以縷述，但家乘散軼，不敢膺也。嗚呼！公之懿行應不止是，而即此一節，已足以垂史冊而光日月矣。獨念百餘年來，邑乘屢修而公之節不傳，邑人之所知者李公貞佐、高公凌雲也。余之所知者亦止此二公。若非公有象賢之晢嗣，而奇行偉節，竟埋沒於冷露荒煙。過其墟者，亦不知墓中人生平何似也。此余所爲表公之墓，而不禁感慨係之者也。

乾隆十九年。

（文見咸豐《郟縣志》卷十一《藝文志》。王偉）

忠烈留香記

知縣潘思光

李公，山西安邑名孝廉也。篤志力行，以忠孝大節自勵。崇禎壬午來令郟邑。時流賊李自成、土賊楊同錦先後犯城，恣殺掠盤據，民且靡孑。公信任練總高凌雲，訓練士卒，戒嚴守備，時出奇計。撫摩殘黎而勸課之，集諸生講明親上死長大義，躬禮孝子王錫引而賓筵之，祭投井烈女張玉華二媛以少牢。凡皆明天理，正人心，以培國本，而大廈既傾矣。後自成圍總督汪喬年於襄，怒高凌雲殺其僞官，守陴者皆股慄。郟民人凜公令，無一人供獻之者。賊滋怒。襄陷，拔軍攻郟，平其南城，縛公摔使跪。公躍起大呼曰："吾爲朝廷守封疆，城破則死，豈屈膝求活耶！"賊斷其舌，倒懸樹上，寸臠之。比死，罵喃喃不絕聲。太夫人喬亦遇害。事聞，贈公按察，蔭一子。

皇朝定鼎後，族人撫公櫬歸葬。爲公立後，令移居郟西薛店家焉。余下車，瞻謁公祠，迻牒學擇其嗣孫之秀者諱聲，授以贊禮生，給衣頂，免其徭。會余以母老告歸，未及上申，因記其事，以俟繼此之同志者。嗚呼！自張睢陽罵賊擊齒以來，正氣常留天地。公以孤城，抗賊百萬之師，明知勢不支，不肯引逃，至於是母是子取義成仁。今日者過城南古塚，玉骨雖已邱首，碧血猶有餘香。激勸同事高練總，與南霽雲雷萬春爭烈矣。但贈卹特祠之報，於時有待，而余所爲殷殷惓惓，思所以護惜其嗣孫者，實屬有志未逮也已！

閩溫陵安溪潘思光記並書，以貽李聲，俾寶存之。

清乾隆二十二年。

（文見咸豐《郟縣志》卷十一《藝文志》。王偉）

過郟有懷蘇文忠公四首

文章經濟兩爭奇，國士無雙世莫知。
曉事何須談道學，抗懷那得合時宜。
不應生並二程子，聞說前為五戒師。
千載流風無處溯，一抔荒土系情思。

九重天上本憐才，磨蠍臨身事可哀。
直道世間原共忌，高談吾黨亦相猜。
眉山間氣全家毓，瘴海餘生落魄回。
為奠酒漿歌且哭，幽魂可得一招來。

曾被歐陽讓出頭，如公真不愧名流。
牧民豈是空疏技，體國休疑縱橫謀（程子喚公縱橫）。
嘻笑局中懷怒罵，功名場內悟禪修。
精靈落落高天上。洛蜀何妨把臂游。

昔向耒陽悲杜老（杜少陵墓在耒陽），今來郟縣弔東坡。
緣何心事頻增感，如此名公定不磨。
寂寂空山光焰在，悠悠行路愛憐多。
問誰新葺荒塋好，明府孫登庶政和（孫明府新為葺墓）。

乾隆甲午冬日過郟縣有懷蘇文忠公。
汝州牧金陵汪濤。

（碑存郟縣三蘇墳。王偉）

謁蘇墓

走馬西郊問鈞台，千株翠栢此山隈。
忽看隱隱峨眉見，似有蕭蕭夜雨來。
父子弟兄成閒氣，文章經濟付寒灰。
欲求苗裔無人識，為告山僧補一抔。

乾隆丁酉四月八日謁墓作此。大興邵自華。

（碑存郟縣三蘇墳。王偉）

謁蘇墓

少小誦公文，今來拜古墳。青山隨處是，夜雨幾回聞。
名著何須相，途窮不忘君。挺然留大節，道學聽紛紛。
北山李之英。
乾隆四十五年。

（碑存郟縣三蘇墳。王偉）

立蘇建芳為奉祀生序

自古禮莫重於祀典，人莫大於奉先。念我蘇氏舊有奉祀生，原以繼衿嘗於無替也。乃自二十二世蘇儒奉祀後，久廢厥職，春秋禋薦，惟縣公奉行之，而蘇氏子孫無與焉。良可慨矣。茲有紳士王君諱卜隆等具呈公舉，特蒙邑賢侯李公推崇名賢，詳明禋祀，爰立蘇建芳為奉祀生，俾承祭無缺，料理有人。此固先賢之道範起後人景仰，而明府之功德實足並垂千秋也。謹鐫諸珉，以志不朽云。

公諱之英，字含齋，號北山，順天大興人，癸未進士。

儒學教諭仲蘊恭、儒學訓導王承銓、城守營邹大用、典史周黻榮。

賜進士出身特授吏部考功司主事邑後學高三畏代序。

舉人王卜隆、貢生趙湘、貢生趙祥、監生史麟祥、庠生劉岐、庠生郭師閔、庠生李清玉、庠生程志濂公舉。

庠生高廷擢書丹。

大清乾隆四十五年歲次庚子九月吉旦，二十五世孫蘇建芳立石。

（碑存郟縣三蘇墳。王偉）

贈奉直大夫吏部考功司主事高府君墓誌銘

武億

　　府君諱永定，字靜庵。止必依倣而行，行間巷見鬨者蕆手于道。府君輒排解出語，人多愧悟如失，傳一鄉以為善家。故居郟城北之高家樓，地接大劉山。大劉山，古所謂龍山者也。山多溪水，迤漫回縈，自所居之後，下流與汝水合。府君行，衣短衣，履革履，日緣山阪上下，縱獵自娛。暇則沂流數步溪間，或垂竿竟日危坐無所得，意恒若適。歲晚疎豁喜自放如此。乾隆三十八年八月十二日卒，年七十有一。其年冬十月日，葬大劉山新塋之次。先是王宜人卒于乾隆三十一年九月十二日，年六十有四。至是合祔焉。王宜人性純孝，亦喜施濟，遇貧病老嫗，日丐門者，丐之未嘗一人缺也。事夫無違，言勤力持，管籥四十餘年如一日。教子女尤有法。繼室朱宜人，撫諸子如子。後以子迎養，憐子特薄宦，不樂居京邸，遂歸。歸五年，卒。為今乾隆五十年五月二十八日也。年六十有九。子三畏既聞訃，將歸，以今年冬十月某曰，奉朱宜人之柩，啟窆從窆，乃以舊無誌墓之石，亟請于余，且泣曰："先人質行而歿世，不耀于後，必得如子篤論不誣者，銘之乃宜。"余與三畏庚子同年成進士，今官已階五品，有聞于時。宜將求顯者，銘其先人之藏，而獨屬余。余焉可辭。謹按狀：

　　府君曾祖諱雲鰲，祖諱越。父諱贊，以孫貴，貤贈奉直大夫、吏部考功司主事。母郝貤贈宜人。府君亦覃恩贈如子官。及贈元配為宜人。子，長三傑；次三畏，現官吏部文選司員外郎；次三奇，縣學生。女二：長適魯璠，次適任思禮。孫，廷策、廷試。嗚呼！府君以孤露用自成立，存不及顯而終，乃食報于子。其宜銘也已。銘曰：

　　學不慕仕兮澤以貽厥子，既永終藏兮則始。

　　乾隆五十年十月。

（文見武億《授堂文鈔》卷八。王偉）

祭蘇文忠公文

　　維公紗縠挺生，玉京偶謫。文章蘊蓄，允推蓋代之奇。政績敷施，聿著濟世之器。溯三朝之知遇宮闈，稱名典兩郡之風流。徐黃遺愛，忠忱慷慨，見奏御之千言。奇數坎坷，乃投荒于萬里，遠竄忽驚，窮海儋耳。孤吟不歸，行歎無由。峨眉遙望，艤舟亭古。遽易簀于毗陵。埋骨山青，竟窆棺于郟陌，當以汴京東近，表戀闕之微誠。豈其竺國西游，比窮桑之無掛，非熊卜兆，葬五世而猶歸。隨武能賢，想九原而可作。沅守官河洛，瞻象祠堂，慕前哲之高風，致中山之薄奠。少曰臚傳三殿，等榮遇于金蓮。今茲節駐中州，快景行于玉局。緬昔追甄，墟墓楚墳，有必禁之樵，修飾丹青，沛廟有重興之典。

公雪泥鴻爪，跡本悟于無常。玉宇瓊樓，魂倘來于高處。逢生辰而設祀，聽倚聲飛鶴之歌，酹奠爻以迎神竚，披發騎鯨之駕，敢祈昭格，敬洁馨香。尚饗。

河南巡撫畢沅撰文。

郟縣知縣康鐸書丹。

時乾隆五十年歲次乙巳季冬穀旦

（碑存郟縣三蘇墳。王偉）

皇清誥授中憲大夫甘肅安西府知府翰林院庶吉士軍功加三級隨帶坦園劉公（斯和）及元配誥贈恭人郭太君繼配誥贈恭人周太君副配楊太君副配韓太君墓誌銘

【蓋文】

皇清誥授中憲大夫甘肅安西府知府翰林院庶吉士軍功加三級隨帶坦園劉公誥贈恭人元配郭太君誥贈恭人繼配周太君副配楊太君副配韓太君墓誌銘

【誌文】

皇清誥授中憲大夫甘肅安西府知府翰林院庶吉士軍功加三級隨帶坦園劉公及元配誥贈恭人郭太君繼配誥贈恭人周太君副配楊太君副配韓太君墓誌銘

賜進士出身誥授資政大夫經筵講官吏部左侍郎加三級年家眷弟新建曹秀先頓首拜撰文。

特授文林郎山西陽曲縣知縣加二級新安年家姻晚生呂燕標頓首篆額。

丁酉科歲貢生候選儒學訓導魯山子壻陳恒謙頓首書丹。

坦園劉公，余同年友也。既殁之後，歲庚寅，其嗣君南田持狀乞余爲文，且求銘焉。竊惟余與公交最久，其於公行實里居，得之耳目間者甚悉。是安可以不誌？按：

公諱斯和，字育萬，坦園其別號也。先世居晉右。明初遷汝之郟邑而家焉。曾祖諱維漢。祖諱玠，庠生，贈奉政大夫。父諱日法，庠生，累贈中憲大夫。公生而穎異。齠齡時就外傅，授以小學忠孝經及子史集，輒能解其大義，而尤知究心當世之務。塾師每器重之。年弱冠，補博士弟子員。歲己酉，選貢入成均，旋中順天副車。戊午，舉於鄉。明年成進士，改庶吉士。其在翰苑，耿介自持，不妄交游。所與詩酒倡和者，同里萬君西田而外，惟余稱莫逆。余每訪公，見其扃户讀書，所居繩床茶灶，依然寒素。而公處之淡如也。會上以山右吏治弛，令大臣舉能官者。瑛陽相國史公輒以公名應。公以親老辭。史公曰：移孝作忠，臣子不當如是耶？且讀公務農桑、敦廉恥諸疏，剴切詳明。正宜行其所學，以不負乎君者不負乎親。又安得故辭乎？公不得已，勉應相國命。初任山西渾源州令。州素苦丁地粮各判。公下車後，即令丁粮艮歸地畝，民困已甦。平反韓當五人冤獄。原審官惡其不便於己，每以計陷公。而公毫無所避，且曰：吾既職司民牧，詎肯以五人命易一官耶？爭之逾力。卒以公所定結案。上官以是重之。調任遼州。遼俗朴陋，數十年無登賢書者。

公爲悉心培振。自是科第相望,人文蔚起。且州城數危於漳水。公則築堤植柳,以防決潰。至今民間禊游者,猶頌爲使君杯焉。時有富人聞君持券取資於家,託州尉願贈金五百兩。公謝而却之。當時聞者咸稱爲廉吏云。迨公之以艱去也,其民遮道攀援,有至泣下者。及服闋,補任秦州。十九年,大軍征准夷,安設臺站。調公協辦涇州,以駅馬濟會寧。羽檄旁午,公應之裕如。而民不知有徵會之勞。其勇任涇事,一如秦州。故臬司蔣公曰:劉公在此,吾無慮矣。時相國劉公以協督至甘,聞公賢名,特疏薦之。遂陞守甘州。又值討回部兵務煩劇,加以山丹水災。公經理措置,無不周至。又嘗以事過高臺,責輓運怠慢者,毫不以越畔自嫌。總制黃公器之,調任安西。安西爲新疆咽喉,職任愈重。境域寥濶,夷民雜處。淵泉、玉門屯田五千餘頃。公令照內地改屯陞科,而吏胥不得侵漁,公私便之。民因感德,爲立生祠焉。且其先任渾源州,條陳十餘事,俱荷俞允。及迎鑾於遼,恩禮異常,更邀天眷。計公在官二十餘年,政績顯著,悉可銘鼎彝而光史策。惜未獲大用而遽爾長往也。然而公之文章經籍,卽此亦可以見其大凡矣。是公雖歿之日,猶生之年,其真可以不死耶。爰爲之銘曰:有爲者君之才,無欲者公之節。生不與俗吏伍,死可與古之循良。將長寢以福其後昆兮,石可仰而名不滅。

　　誥授奉政大夫江南直隸通州直隸州知州加三級新安子壻呂燕昭頓首拜敘。

　　按:公既歿,曹地山先生爲文銘之。未及葬,而嗣君南田旋且辭世。越數載,始以公之叔男官德子光陵爲南田承嗣。己酉歲,其仲嗣北宗欲卜葬,以公之生卒年月日時,及孫男女婚姻之親,名氏里居,未及詳泐,囑昭敍次。昭維公生於康熙四十四年十一月初二日亥時,卒於乾隆二十八年十月二十日申時。元配郭太君,郊邑庠生郭公諱奇孫女,處士諱拱辰公女。乾隆二十六年恭遇覃恩,誥贈恭人。繼配周太君,庚辰進士戶部右侍郎祥符周公諱亮工曾孫女,候選儒學教諭諱在延公孫女,保舉孝廉方正六品頂帶增廣生員諱豐舉公之長女。乾隆二十六年恭遇覃恩,誥贈恭人。副配楊太君,副配韓太君,副配程太君。子四人:長衣德,邑廩膳生員,已故於乾隆乙未。娶趙氏,孝廉方正歲貢生諱咨謀公孫女,太學生諱敏公女,已故於乾隆丁未。次恒德,太學生。娶呂氏,前明太傅兵部尚書忠節呂公諱維祺之五世孫女,順治辛丑進士監察御史諱兆琳公四世孫女,甲戌進士、資政大夫、總督倉場、戶部右侍郎諱履恒公之曾孫女,甲午舉人湖南直隸靖州直隸州知州諱宣曾公孫女,廣西太平州分州諱公路公長女。又次官德,太學生。娶許氏,己未進士福建崇安縣知縣諱元善公女。又次成德,太學生。娶趙氏,康熙壬子選拔任直隸臨城縣知縣諱光顯公四世孫女,太學生諱去私公孫女,附貢生諱湘公女。繼娶李氏,太學生諱振宗公女。女七人:長郭太君出,適庚辰科進士分巡江寧紹臺道布政使司參政王公諱溯維孫,廣東增城縣主簿王公諱廷機子,太學生用梧。二郭太君出,適原任彰府府安陽縣訓導諱溫諱公孫,太學生候選直隸分州諱汝楫公子,歲貢生候選儒學訓導恒謙。三楊太君出,適前明太傅兵部尚書忠節呂公諱維祺之五世孫,順治辛丑進士監察御史諱兆琳公四世孫,己丑翰林院光祿寺卿諱謙恒公之曾孫,丙戌進士總督倉場戶部右侍郎諱耀曾公孫,庚子舉人湖南長沙府知府諱肅高公之次子，辛卯舉人武英殿校書現任江南直隸通州直隸州知州諱燕昭。四周太君出，適己丑進士廣東石城縣知縣侯公諱瑜孫，太學生候選縣丞諱覩公長子，候補巡檢諱塈；五周太君出，適甲午舉人山西道監察御史邰公諱煜之次子，太學生封賢。六楊太君出，適鄰邑孝廉方正六品頂帶歲貢生趙公諱咨謀公孫，太學生諱敏公子，太學生元英。七楊太君出，適前明督察院右督御史仁孝呂公諱孔學六世孫，歲貢生諱公煥公子，己酉舉人嗣闕。孫男五人：長燕焱，未聘。恒德出。二光陵，聘乙酉舉人現任葉縣訓導張公諱遇辛公女。官德出，承繼衣德。三詩田，未聘。成德出。四書田，聘贈奉政大夫、江西廣信府河口同知孫公諱□□孫女，原任登封縣佐候補布經諱佩聲女。成德出。五光裕，未聘。官德出。孫女七人：長、二未字。恒德出。三許字候補布經孫公諱佩聲子。成德出。四許字邑庠生史公諱□子。官德出。五衣德出，六、七成德出，俱未字人。擇於乾隆五十四年十二月十三日歸夘新塋。並啓郭恭人之柩而合葬焉。是爲敍。

　　男官德、恒德、成德，孫書田、燕焱、詩田，承重孫光裕、光陵泣血納石。

　　大清乾隆五十四年歲次己酉嘉平吉旦。

（拓片藏河南省文物考古研究所。李秀萍）

陳眉峯先生墓表

馬慧裕

　　夫德與功並足立名於不朽，而要必有存乎其先者，則行與才也。蓋德不可名，而行則人所共覩，有懷之而莫釋者，情也。功不可幸，而才則身所自備，有鬱之而必彰者，理也。試以此論觀眉峯先生，固有歷歷不爽者。

　　先生年少博學，書無不讀，而尤邃於《易》，遠近學者宗之。三十八舉於鄉，四十九卒於家。其所得於功名者如是，所謂不可幸者也。然其致力於學也，務求精深，而發爲議論，則易且近。一若聖人，乃人人所能爲者。嘗曰："吾儒讀書砥行，即當從事經濟之學，經濟裕而可行可傳，斂之爲道德，發之爲文章，皆足以不朽，乃無愧乎真儒"。觀此可知先生出則勳業垂世，不出而亦抱負不凡也。

　　先生性至孝，雖登賢書，未嘗求仕進，惟日以養親爲樂。居鄉輕財尚義，尤勇於周急。嘗三焚借券而逋者不知。里中有桀鶩者，聞先生至輒走，若不可對先生者。此其可覩之行，即其不可名之德也。死之日，士大夫及村農負販臨哭者千餘人。非所謂懷之莫釋者耶？從來賢者之食報於冥漠也，不於其身，則於其子孫。陳氏單傳已十世，至先生而有子二，孫倍之。天將大其門閭，故先發其奕禩之光耳。長君彝齋，古道可風；次君仙圃，博學好義。庚申歲，寶、郟匪徒作亂。余時旬宣是邦，率一旅往捕之。仙圃率其鄉之義勇來翼余，且盡偵探得賊匪確情，乃克一鼓藏事。是即仙圃夙裕之才而秉承於家學者也。非鬱而必彰之明證乎？乃仙圃功成而退，不欲受爵賞，歸林下以養其母。何與其父當年一領鄉薦，即歸奉親，不慕榮利之志相脗合若此？吁！如先生之植德而可徵于行，達才而卒致其功，可不勒石以表之哉！

　　先生名睿，字聖基，號眉峯，陳氏，郟縣人。乾隆丙子科舉人，例授文林郎，候選知縣。葬于縣之西。原配舒氏，子二：長伯璉，字彝齋；次伯瑜，字仙圃。孫四：長豫鼎，次豫震，豫豐，豫復。曾孫二：興魏，興岱。

（文見咸豐《郟縣志》卷十一《藝文志》。王偉）

明府趙靜菴墓表

四川人陝西方伯金容

　　公諱含璋，字崑璧，號靜菴。曾大父諱欽，大父諱大增，父諱秀。先世禹郡人，後自禹遷郟，因家焉。公賦姿穎敏，狀貌魁梧，舉止端正，見者知爲偉器。篤于孝友，內外無間，其天性然也。中式康熙丁酉科舉人，理工部都水司事，檢發四川，以知縣試用。時朝廷新設查馬院巡視地方，而川西酉陽、司察、木鐸等處尚未盡歸流。地要事劇，關係尤重，當事者難其任，特委公專理。公示以德威，區處盡善，番彝咸服，至今賴之。充乾隆戊午科同考官。歷署彰明、江油、珙縣事。縣皆遠僻，彰明又係新設。公一以誠心經理，興利除害，殆無虛日。實授南溪縣知縣，未至任，以疾卒，年五十有六。奉旨給船隻、驛夫送其喪。三邑之民，沿途攀泣者數日不絕。公歿後，諸子貧窘，幾無以自給。食力治生，皆能成立。天之鍊其才以續其世者，孰謂廉吏果不可爲耶？子五：長綸、次泰、次金聲，庠生；次元、次勳。己酉冬，謀追作墓表，不遠千里，問及於容。維容忝列門下，既仰先生孝誼，而義又不可辭，謹摭大略以刻於墓，亦藉以表予小子感慕之至意云。

　　乾隆五十四年。

（文見咸豐《郟縣志》卷十一《藝文志》。王偉）

謁二蘇公墓

李棨

　　宋代才名重，天懷出處同。詩原儕杜老，經術比韓公。
　　共秉清嚴訓，惟操浩白衷。眉山丹兆古，展謁仰家風。

　　患難常思弟，羈孤只愛兄。文章體有用，氣節死如生。
　　蕭瑟空山夢，悲涼夜雨情。從來名義大，顯晦本純誠。

弭謗不求術，投荒戀主知。一身空所托，萬里寄相思。
風月容高曠，湖山寫別離。即今憑弔處，凄絕小峨眉。

星節遙相駐，青山仰止深。鶴飛曾共奏，鴻爪自無心。
古樹蒼煙回，空堂夜月沉。癡懷乞真迹，敢向夢中尋。
乾隆末年。

（碑存郟縣三蘇墳。王偉）

重修龍山書院記

郟縣知縣章玉森

夫崇儒重道，致治之要也。興學作人，善世之經也。古哲後御宇，自國學而外，家有塾，黨有庠，州有序，無不以學校爲重。韓文公守潮，首延進士趙德爲潮師，嗣是而潮之士篤于文行不可知。黌舍弗修，惟守令之咎歟。郟邑舊有書院四：一曰符井，一曰臨汝，一曰青雲，一曰崇正。四者惟崇正尚存，其三皆久廢。乾隆初，黃公祿始益之以龍山書院，然事屬草創，不久旋圮。庚申冬，予握篆斯土，念叔孫所館，雖一日必葺其墻垣。今書院所以造士以育才之地，而聽其頹敗，令人冰矜。於是，偕諸紳士歛金鳩工，重爲創建，而益廓其規。又以郟無試院，即書院之後，創立考棚。考棚之後，立文昌祠，既已，舍宇華耀，規制一新矣。且延安義況修竹、星子羅西村爲院長。聚諸生課其中，給膏火，懸賞格，使之觀摩競勸，相與有成。夫郟固材藪也。在明有李愚菴善迪、王子蒼谷文行並優。本朝如仝車同、何完初、劉雪峯、高惕若，類皆躬掇巍科，名噪藝圃。令多士於此而爭自濯磨，將發名成業。後進之於先達，不可躍芳而襲烈乎。是則斯舉之有裨于郟者匪淺鮮也。謹誌以文，且附以所綴頌禱之詞焉。詞曰：

懿爍文運喜重開，良工選就棟梁材。木鐸宏宣憑巨室，瓊枝廣植在瑤臺。
豐翔天際輪奐美，楚璞魯璠於斯砥。日新月異歲不同，蓋世驚才看鵲起。
清嘉慶五年。

（文見同治《郟縣志》卷十一《藝文志》。王偉）

李烈士碑

劉兆繩

烈士李姓，文淵其名，郟邑太學生。生而有豪氣，志在有爲，而以信義素孚於閭黨間。歲庚申六月，教匪之變，生先期移家屬於塚頭鎮，歸守其家，方爲防禦計。賊突至，生徒手單騎，直前當數百人。爲賊衆環擁至汝水涯，強之從。生大聲呼曰："爾等叛逆，何可污我。"賊跪，好言誘之，亦不屈。賊知終不可得，左右羣以槍刺之無完膚。生至死，罵賊不絕口。烈哉！時年二十九歲。越四日，生之姪玉書逃歸，趨視之，尸已糜爛不可移，覆以席，遂封墓。邑令毛公率僚屬紳士弔其冢，祭其墓。觀者莫不泣下。生無子，有遺腹，至九月十二日生一子，人咸謂天之報施不爽云。嗚呼！生援例入上庠，非當事有祿位者，乃激于義，罵賊不屈以死。即方之古人有學有守，盡忠報國，殺身以成仁者何多讓焉。此固我國家百餘年來，培養士氣之徵，抑亦其人得天獨厚，至性有大過人者乎。余，襄人也，於郟爲隣邑，久聞其事，心重之。今司鐸于茲，適逢朝廷廣頒卹典，賞賚死難士民，而生得蒙恩於身後，其家爲之立碑，而求文於余。余欣然書之，以表其烈。未始不爲風世勵俗之一助也。

清嘉慶五年。

(文見咸豐《郟縣志》卷十一《藝文志》。王偉)

謁二蘇墳

彭城夜雨郟前游，回首聯怀舊事悠。天外峨眉差仿佛，雪中鴻爪竟淹留。
風流人物名千古，伯仲文章土一抔。頌弔莫魂重惆悵，墓門翠栢響颼颼。
嘉慶辛酉春月章玉森。

(碑存郟縣三蘇墳。王偉)

宋蘇先生諱遲夫人梁氏墓碑文

考蘇氏族譜，遲爲文定公長君。夫入乃宋狀元梁灝曾孫女也。蘇氏自文定公官潁後，半隸豫籍，夫人遂附于先塋之旁。逮明季，土寇爲患，蘇氏墓發掘迨遍。國朝順治初，邑侯篤行張公始爲封樹。主簿喬缽又得夫人墓誌于穴中，具衣冠以掩其骼。後邑中紳士王德淳等豎石表墓。歷年已久，風雨剝蝕，因重爲摹勒，志厥顛末云。

大清道光四年歲次甲申仲秋知郟縣事李虎臣重立。

(碑存郟縣三蘇墳。王偉)

漪齋趙公墓誌銘

郟縣教諭李楷約

漪齋姓趙氏，諱瀛翰，字仙洲。先世秦之三原人，後遷於郟。崇祀鄉賢，義士，選貢生諱杰士者，公之五世祖也。以子運會貴，封文林郎。當明季流寇土賊相繼圍郟城，官兵乏糧，守陴者無固志。杰士助餉以濟，復出粟賑饑，全活甚衆。故杰士之後爲郟望族。杰士生庠生運泰。運泰生候選主簿瑹。瑹生立功，皆有行誼世其家。立功生公之父諱綜，精醫術，稱厚德長者。配范氏，生三子，公其孟也。天性孝友，少失恃。事父先意承志，能得歡心。父臥病年餘，湯藥必親嘗。日夜在側，遇劇即呼天，祈以身代。父歿哀毀如禮。族黨欲舉公孝廉，泣辭曰："所盡人子常分耳。"卒弗應。思親之心老而彌摯。逾六旬，猶時形夢寐。嗚呼，生能竭其養，歿能盡其思，如公洵無愧矣。

兄弟三人，仲綺翰，太學生；季彩翰，職千總；皆出繼。而公仍與季弟同居，數十年無間言。遇事必反覆商酌，一衷於義。弟有小恙，輒憂形於色，以弟艱於嗣，遍覓良方，手爲製合，復命次子爲之後，以慰其心。故彩翰之事公也，朝夕必問起居安否，寒暑無間。及公寢疾經年，藥餌之費，千金弗惜。蓋兄弟之間，恩義有獨深者。平居嗜學問，守禮法，重修宗祠，添刻族譜，汲汲以睦族爲務。族有爭訟，恒就公取平，退無怨言。教人循循有規矩，前後多所成就。待朋友內外如一，淡而能久。處鄉里坦白和平，而律己則嚴，故一生無疾言厲色，而見者莫不肅然起敬。至其才優任事，如邑侯孫公欲振興學校，修龍山書院，文昌宮，置文廟器，濬青龍溪，皆囑公董其事，而公亦果能詳慎周到，如治家事。

公生而穎異，讀書能見大意。年二十八補弟子員，五舉不售，遂淡於仕進，隱居教子終其身。如公者其所謂讀書有得者與！德配樊孺人，生男二：長蘅，廩生；次苹，廩生，以繼弟彩翰後。女一。孫男鑒一。公生於乾隆丙戌，卒於道光壬辰，享年六十有七。今將以癸巳二月葬於小劉山先塋。其長君蘅泣狀請銘。予自壬午春來郟，與公居相近，往來久，相知益深。文雖不足銘公，而義不容辭，因序而銘之。銘曰：

於惟漪齋，前修以自勖。前兮有輝，後兮有懿。鬱鬱佳城，卜云其吉。序行納銘，永永無極。

道光十三年。

（文見咸豐《郟縣志》卷十一《藝文志》。王偉）

邑侯陳公獨修城垣記

張崇

郟城周十餘里，於縣制爲特廣。蓋汝州屏藩東都，代立重鎮，而郟實爲之門戶。況秦、晉通衢，皆出於郟，誠形勢扼要，非他邑可比擬也。去歲，粵匪竄許，相去僅百里，人情惶駭，築土作陴，補苴隙壞，然猶苦不給，賊之不至者，幸耳。今春，侯攝篆來治事，甫下車，閱視城垣，即亟謀重修之。而民力方困，借資實難。南北方調軍食，又不得輒請國帑。侯慨然曰："此急務也。余豈以傳舍於此，而不竭力以成之哉？"即擇吉興工，併日偕作，廉俸不給，悉罄家財自江右來繼之。歷數月而屹屹言言，表裏完固，視古所謂銀鑄鐵甕者無多讓焉。昔彭大雅修重慶，不用記序，但大書深刻爲西蜀根本。重慶何以云根本？形勢扼要故也。然則侯之功，豈止及郟人已哉！

是役也，始於三月壬子，竣於九月丁丑。職其事縣尉熊君良佐、黃君應夑、陳君溶、侯子維鏡、崇善、維楫，邑人九品官馬殿功、武生馬成功、均與有勞焉。

咸豐四年九月。

(文見同治《郟縣志》卷十一《藝文志》。王偉)

報功祠記

郭景泰

政莫尚於得民心，而立石頌德方任事，則令典禁之，誠恐上有所威挾，而下或諂媚爲攀援梯堦，其弊將不可勝言。然德可辭飾，而功不可意造，果其功及於民，必有爲民之誠心，民之報而頌之者，發於心之不能自已，斯光明磊落，無所用其嫌避。前邑侯以修城功祀郟者，開拓土城，爲武城王公；以甓易土，爲涇陽趙公；相繼十年，成趙公之功，爲華亭許公、全州伍公。在流寇剗平城垣後，修不啻創，爲安東卜公。夫修城本守土責。資郟之財，用郟之力，修郟之城，而郟民尸而祝之，至今思慕衛民之誠心，感格於靡已耳。然則今邑侯陳公之功又何如哉？自逆氛不靖，延及數省，去歲闌入豫境，所經數十州縣，城之宜修，百倍昔日。郟人財力並詘。侯攝事又非久任，而慨出私財，獨力興作，闕者補之，壞者葺之，稍未堅緻者，皆拆而更築之。物與時同價，工與時同值，未及周歲，二千三百餘丈之城，煥然維新。侯之功豈尋常所可擬哉！時吳、楚道梗，江南北無敢賫重行者。侯命諸子輂家資，自江右來豫，崎嶇戒備，與賊相先後者，千餘里。數瀕於危，而卒以得達，豈徼天幸哉？衛民之誠，默相感格，固有呵護於冥冥中者矣。《禮》曰"捍大菑，禦大患，則祀之。"夫值警備之時，能修城以衛民，其爲捍禦，豈小故歟？郟人爲侯建生祠，額曰"報功"。侯之功，信無愧於王、趙諸君子哉！

侯江西德安人，名學澐，字述之，號泗津。辛巳舉人。由學博保舉知縣，於咸豐四年攝郟縣事，遂獨修城垣焉。

咸豐四年。

(文見同治《郟縣志》卷十一《藝文志》。王偉)

囹圄空虛記

清郟縣知縣張熙瑞

癸亥春，余涖茲土。簿錄囚徒，僅有數人。期年獄空，遂與殷春卿少府俱蒙上憲記功獎勵。夫刑期無刑，上治也。民不犯法，美名也。然有本焉，必四民安業，各遂其仰事俯畜之樂，又復化導勸戒，使禮義之心，油然日生，以懷刑而守法，庶幾近之。余方歉然自愧其未能。乃遘此盛事於軍旅倥傯之時，足見郟民之謹愿而易治。然因民之謹愿易治，而余所歉然未能者，竊願惕然自勵者矣。昔劉昆反風滅火，虎負渡河，偶然之對，傳爲名言。誠不欲以美名自居，而務修實政之爲亟也！爰勒石以代箴銘。

同治三年。

（文見同治《郟縣志》卷十一《藝文志》。王偉）

杜侵奪凌踐事碑文

欽加同知銜汝州直隸州郟縣正堂加五級紀錄十次孫為建立碑碣以杜侵奪凌踐事：

照得郟邑城西四十里有蘇墳寺，為宋先賢蘇文忠、文定及文忠公子過遺跡。南渡之後，二公苗裔皆散處焉靡存。迨元至正間始建祠置地，命僧居守，不容蘇姓疏遠無賴之徒，托名後裔，覬覦干預。傳至我朝乾隆二十三年，縣令潘思光濫准蘇銓充膺祠生，致將香火地畝朋分殆盡。旋經蘇儒等控，蒙分巡河陝汝道歐陽公查勘明白，共有香火地五頃九十一畝零，墳地周圍拾陸畝。栢樹千五百二十九株，仍交僧人主守，不許假稱蘇後侵凌作踐。于乾隆三十年，建勒石碑，以杜爭執。詎意咸豐七年，忽有許州蘇忠義公後裔萬俸意存覬覦，在許州呈請設立奉祀生，未准。復以前情赴藩憲衙門呈請，當蒙批飭許州查訊，未予詳辦。蘇萬俸貪心不息，又于咸豐十一年，以僧人恒法盜賣墳樹等情，由縣赴藩憲、學憲、撫憲各衙門瀆控。均奉批飭許州傳訊。因無確據，未為追究。蘇萬俸即以前詞並添砌將義學改為方丈，埋沒世系碑文各情赴京控。蒙都察院咨解回豫，行司發交開封府。提集人卷查訊，供詞狡執，稟蒙藩臬憲，會委候補縣魏餘堂來郟，查勘祭田房屋數目，悉于乾隆三十年泐立碑記所載相符，惟栢樹僅存六百九十株，餘為捻匪砍毀，並非僧人盜賣。實系蘇萬俸懷疑妄控等情，稟蒙訊斷。郟縣蘇墳田地，祠宇樹株，仍照原定章程，均歸住持僧人經理管業，不准盜賣砍伐。如有蘇姓後裔訛索爭執，由縣查究等因，行令遵照在案。茲據蘇金花等呈請立碑前來，自應准如所請，查照斷案，泐立石碑，垂永久而杜侵凌。是為記。

欽加鹽課司提舉銜即選分府汝州直隸州郟縣右堂加三級記錄五次記大功一次殷兆林督建。

同治六年歲次丁卯三月吉日立。

（碑存郟縣三蘇墳。王偉）

謁蘇墳六首

同治辛未十二月十八日，由汝州來謁蘇墳，齋宿小峨眉山寺。

不禮空王不問禪，沖寒來謁長公阡。
蒲團夜靜疏寮月，看到霜鐘向曙天。

聞道承天寺里游，交橫荇藻水光浮。
神筵古栢深霄影，可似當年月色否？

十九日謁東坡先生墓

八百年來奎宿光，真回雲漢作天章。
客游遂印生平願，親掃遺趺薦瓣香。

畢竟驂鸞上帝門，九嶷孤鶴杳難親。
元豐赤壁今朝酒，僥倖青巾廁笛人。

謁潁濱先生墓
酸鼻爭傳誌墓辭，南遷深恨不同歸。
千秋共枕青山臥，祗竟先生願未違。

癸酉初夏重謁蘇墳
山客記得小峨眉，荒寨涼雲向晚開。
亂石無聲嘶騎過，夕陽還照影堂來。

會稽後學孫德祖。

（碑存郟縣三蘇墳。王偉）

謁蘇墳

六百株栢七頃田，中有蛻骨埋髯仙。先生謫汝未到官，胡為此地存荒阡。
次公宦游在近郡，曾聞遺愛留潁川。所以營兆出遺命，幽宮要侶同胞賢。
此山雖小故修整，肪佛峨眉雙連鬟。當時首丘願不遂，求其心似心所便。
籲嗟端明終不死，皎如星日行中天。潁濱文行亦卓犖，金昆玉友相後先。
即今丘壠有靈爽，樵牧不敢侵垣埏。有司之職應護視，況余守此餘十年。
宰羔醱酒致一奠，恨無丹荔登神筵。獨有精誠動肝蠁，春山為我開煙蒼。
光緒元年孟冬奉謁蘇墳謹題。
丰化舒亨熙新。

（碑存郟縣三蘇墳。王偉）

明故顧公諱國字節若殉難處碑

大清光緒三十年九月吉日
明故顧公諱國字節若殉難處
知郟縣事山左呂相曾立。

（碑存郟縣三蘇墳。王偉）

南陽市

南陽市（南陽縣）

马牛站碑[1]

馬站牛站，累死窮漢。極為□□，□行更換。我今去後，再若報爾。期於爾等，永久為願。

順治十二年十月吉旦。

（碑存南陽市臥龍崗博物館。馬懷雲）

東漢長沙太守醫聖張仲景先生之墓碑

【額題】萬代醫宗

先生諱機，字仲景，舉孝廉，原湖廣長沙太守，著傷寒諸集，謚醫聖，南陽人。

東漢長沙太守醫聖張仲景先生之墓

賜進士出身誥封文林郎南陽府奉政大夫湖廣漢陽府漢陽縣宗子三異，大清順治龍飛十有三年歲在丙申秋季八月圓後三日穀旦立。

（碑存南陽市醫聖祠。馬懷雲）

張仲景先生祠墓碑記[2]

粵稽《金匱玉函》之書，莫不□實仲景張先生。先生為涅陽人。靈帝時，舉孝廉，仕至長沙太守，以醫治世，人有知其槩者。至詢先生宅里、邱墓，鮮克詳焉。前次記載者略，州郡而以方技列之，後之學者，雖珍其編以起沉疴，遵其術以擅專門，而無操琴而見文王之貌，講易而宿王弼之塚者，又何滄桑陸谷，埋古蹟於蓁雲莽礫也。肽今追慕古人，與古之膴靈今人，恒相求而間一相值，俱有機緣分際焉，如曹江之祠，因中郎而益彰；蜀梵之

---

[1] 此碑殘，所錄爲可識之字。
[2] 康熙《南陽府志》卷六《藝文志上》載文與此略異。茲錄之如下：
張仲景先生祠墓記
榆次人參伯桑芸
粵稽《金匱玉函》之書，莫不稱仲景先生。先生爲涅陽人，靈帝時舉孝廉，爲長沙太守，後以豎名世。人有知其槩者，至詢先生宅里、邱墓，鮮克詳焉。前此紀載者，署其良二千石而以方技列之，又何怪滄田陸谷埋古蹟於蓁雲莽礫也！然今之追慕古人與古之膴靈今人，恒相求而間一相值，俱有機緣分際焉。

刹,逢潞公而始大,雖一時風流雅尚,而與洞庭傳書、汾陽出鼎,何以異也?

涅陽昔隸宛,故先生亦稱宛人。宛郡東高阜處,父老傳為先生墓與故宅。洪武初,有指揮郭雲者,郭雲奉明太祖命修宛城,將各祠墓廟中碑記盡僕為修城之用,惟仲景墓,僅存其名碑。僕其碑,墓遂沒于耕牧,于越二百六十餘載,爲崇禎戊辰初夏,有蘭陽馮應鰲者為諸生時,感寒疾几殆,恍惚有神人黃衣金冠,以手摩其體,百節通活,問摩者為誰?神曰:"我漢長沙太守南陽張仲景也。活子千古奇事,我亦有千古憾事,盍為我釋之。南陽東三里有祠,祠後七十七步有墓,歲久平蕪,今將鑿井其上,掩之在子。"忽不見,病良愈。非夢也,非譫也。秋九月,應鰲千里走南陽,訪先生祠墓不得,悵惘間,謁三皇廟,傍列古名醫,內有衣冠儀貌與病中胎合者,吹塵索壁間字,果仲景像也。因步廟後求先生墓,為祝縣丞地,鞠為蔬圃矣。且道此中有古賢墓,丞怪之,並述病中神異,丞益怪之。應鰲紀石廟中而去。後數年,兵燹交訌,園丁掘井圃中,丈餘,得石碣,題曰"漢長沙太守醫聖張仲景墓"。是郭弁雖仆而又僅存者此也。碣下有石洞幽窈,聞風雷震撼聲,懼而封之。癸酉,南陽諸生應省試,與應鰲遇會,言之甚悉。又數年順治癸巳,應鰲謁選得昆陽司訓,昆陽亦隸宛,入郡過先生墓,墓雖封,尚未能式郭兆城以酬夙志。

嗚呼!先生能拯馮廣文于危病之際,而不能解祝丞之惑,能顯風雷于石穴之中,而不能止畚鍤之鑿,皆有機緣分際焉。井不鑿則碣不出,碣不出則人信廣文祠中之石,不如信

———

(接上頁)

涅陽昔隸宛,故先生爲南陽人。郡東高阜處,父老相傳爲先生墓,與故宅在焉。洪武初,有指揮郭雲仆其碑,墓遂沒。越二百六十餘年,爲崇禎戊辰,有蘭陽諸生馮應鰲者,感寒疾几殆,恍惚有神人,黃衣金冠,以手撫其體,百節通活。問撫者爲誰,曰:"我漢長沙太守南陽張仲景也。我有千古憾事,盍爲我釋之?南陽城東四里許有祠,祠後七十七步有墓,歲久平蕪,今將鑿井其上,封之惟子。"忽不見。病良愈,非夢也。是秋九月,應鰲千里走南陽,訪先生祠墓,不可得。悵惘間謁三皇廟,旁列古明醫,內有衣冠鬚眉與病中所見胎合者,吹塵索壁間字,果仲景像也。因步廟後求先生墓爲祝,縣丞蔬圃矣。具道此中有古賢墓,丞怪之,並述病中奇異,丞益怪之。應鰲紀石廟中而去。後數年,兵寇交訌,鰲不復來。園丁掘井圃中丈餘得石碣,題曰"漢長沙太守醫聖張仲景墓"。碣下有石洞幽窈,聞風雷震撼聲,懼而封之。癸酉,南陽諸生應省試,與應鰲遇,言之甚悉。又數年,應鰲謁選,得昆陽司訓。昆陽亦隸宛,入郡過先生墓,墓雖封,尚未能式廓兆域以酬夙志。嗚呼!井不鑿則碣不出,碣不出則人信廣文祠中之石,不如信園丁隧道之碑。獨數百年晦厄于郭指揮,而忽一旦感著于馮廣文,象法住世,亦有紀年,龍沙顯迹,亦關運會。所稱千古憾事,洵不誣也。

宛府丞張君三異聞其事,以本支淵源仕于宛,爲地主,表墓修祠,職也。捐資糾義,建祠三楹于墓後,門廡垣階悉備,與城西諸葛廬相望,遂爲宛中弔古佳話。則馮廣文其紹,而張府丞其後起哉!當漢桓靈時,北寺擅權,西園鬻爵,有志者咸悒悒俊、廚、顧、及之禍。先生小試長沙,退而著書以垂後世,盍嘉惠斯民未見諸施行者,寓于消渗迓和,爲萬世甦疲癃而躋仁壽,豈非有所託以成名?而道固進于方技之外哉!當時華陀服其論,而王粲遜其哲,固非建安諸才子可頡頏也。先生處不可爲之際,以治世之譜,寓之于醫理。張丞值有爲之時,法壽世之心,用之于治理。千古知己,又不止區區世系之同、祠宇之筑也。祠成,張君問記于余,泚筆以紀顛末。時余分藩宛、汝云。

園丁隧下之碑，獨晦厄于郭指揮數百年，而感著馮廣文于一旦。象法住世，亦有紀年，龍沙顯迹，亦關運會，所稱千古憾事，亦千古奇事，洵不誣也。

宛府丞張君三異為地主而奇之，以長沙棠憩孔通，而又本支淵源，仕於宛為地主，表墓修祠，職也，捐資糾義，建祠三楹于墓後，門廡垣壁悉備，倫奐俱美，與城西武侯祠相望，遂為宛中弔古佳話，則馮廣文其介紹，而張府丞其後起子雲哉。當漢桓、靈時，北寺擅權，西園粥爵，有志者築坏而遁，掃軌而棲，咸惴惴顧廚俊及之禍。先生小仕長沙，退而著書，以垂後世。蓋嘉惠斯民，消診迓和，為萬世蘇疲癃而仁壽，豈非有所託以成名，而道固進于方技之外哉！當時華佗服其論，而王粲遜其哲，固非建安諸才子可頡頏也。先生處不可為之際，以治世之譜，寓之于醫理，張府丞值大有為之時，法壽世之心，用之于治理，千古知己，又不止疆疆祠宇間也。祠成，張君問記于予，泚筆以須顛末。時予分藩宛、汝云。

賜進士大中大夫河南布政使司右參政奉敕分守汝南管撫民箸兵事務前光祿州道監察御史巡按直隸真順兼管巡官將掌習軍晉陽桑雲撰。

知府涂騰[1]

順治丙申吉旦。

（碑存南陽市醫聖祠。馬懷雲）

張仲景祠墓碑記

【額題】萬善同歸

戊辰菊月，鰲之來茲土也，果得先生之廟，觀先生之像，若先生之墓。則千載之餘，陵谷滄桑，鞠為園蔬矣。問其地主，則為祝姓以貢士為縣丞者。鰲欲求尺寸之地，償其值而閑之，不封不樹，止存其跡。祝怒而叱之曰："子稚且狂，何妄誕乃爾？以數百里外之人，言數百年前之事，欲以無稽之言，壞人四十畝之園圃，世有買綾錦而前其中之尺寸者乎。欲買則全買之。不然，知果真，即指其地掘之，果有蹤跡，願捐其地；如無蹤跡，予當有以自處。"鰲笑而應之，曰："鬼神之事，若有若無。危篤之言，如幻如夢。旁觀之人，將信將疑。且某之至地，封古人之塚乎？掘之若無，鰲誠妄且誕矣。掘之若有，愈不忍也。知其意之堅，畏其言之厲，不得已乃立券石記其事而去。去後一二年間，聞有惡其不便而碎其石者，所僅存者步數耳。又一二年間，果穿井於今墓之西數步內，井方成而旋毀，且壓潛井者於其下，掘之終日而出，其人猶無恙也。乃移井於今墓之所穿之丈餘，得石碣，果先生墓也，下若石洞，幽深不測，如聞風吼，且步數悉與鰲言不爽，懼而封之，一時傳為異事，始信鰲言非妄雖誕也，始信鬼神之德之盛，誠之不可掩也。

迨癸酉場屋中，遇宛南人士，往往為鰲言。鰲即復來謁先生之廟，拜先生之墓，建祠

---

[1] 以下字模糊不清。

廣地而志之。但懼人微力綿，且妄冀幸拾青紫，或得知其志以上報先生。及癸未、丙戌，雖額再加點，終不列名正榜，益自愧不能如其志以上報先生也。且流氛土寇，途路梗塞，如是者又數年。戊子，鷔以序充明經。癸巳，筮訓昆陽。人曰："昆陽今在草莽中不可居。"鷔私自度曰："葉為宛南屬邑，且兵燹後田多為石而易求，庶墓田可圖如吾志以上報先生也。"已而，至葉，即來謁先生之廟。廟貌未燼，觀先生之像，肖像惟存。及拜先生之墓，墓雖隆然而壘，但仍為洫流浸漬、畦田逼處也。鷔歎曰："有徵者如是，況前之無考者乎。"求其故碑而石已泐、碣已斷，傾沒于頽垣荊榛中矣。鷔歎曰："二三十年如是，況千百萬世乎。"問之士人及主持，已若隔世事而不能言其概矣。鷔歎曰："觀面如是，況所聞所傳聞者乎。"問其地，而祝而包而楊，已三易其主矣。鷔歎曰："地無常主，果如是乎。"即謀補前石，而斷駁闕略，幾不可考。幸有衲子洪秋者，昔卓錫此地，嘗集碎碑而錄之，迄今猶能腹笥藏也。後有匠氏王姓者，掘地而得其斷石與僧言相符。噫，亦奇矣。乃求宛廣文董拜懇之楊，楊也許近墓地及神道若干，既而以暫主業未果。未幾而歸原業包矣。

包孝廉公及乃第侄茂才咸有捐地之志，會漢陽卻月張公金壇、亦安王公，俱以名進士佐是郡，相繼蒞郡事，政暇來游于此，張公感其事，且傷鷔志之難成，慨為募疏，請之上臺，謀之兩寅，倡諸州邑長，各輸金錢若干，助工役若干，乃表先生之墓，專先生之祠于墓後。包孝廉公及乃弟侄捐其地，南陽衛守司王公豁其租，永為先生祠墓地，整飾夜基，歸歸隆隆，兩廡俱備，正殿三楹，乃作重門，冠以高亭。拯之築之，百堵皆興；經之營之，不日而成。碑墓神道，樹之貞珉。募疏愛戴，厥志惟永。鷔亦以二十金襄厥功，困借唐藩修廟之碑，陰題曰"漢長沙太守醫聖張仲景褐墓"，志旁曰："先生諱璣，舉孝廉，南陽人。"以碑在廟前，即舊祠，且明祠墓之相連也，并求先生當年手著活人等書，藏之廟中，以活天下萬世之人。庶幾先生之志可行，先生之精神浩然流行於天地之間，鷔亦可借手以報先生之萬一云。

抑又近聞東門鄉耆陳誠曰，傳聞今新祠後高阜處，即先生故宅，迄今仍以張名巷。巷道之西，舊有去世祝先生所，今仍有石額其門，曰"張真人祠"，其中之神，則為張仙，或傳之久而誤之耶，抑名醫中如抱樸子，亦有仙翁之稱，而孫思邈、華元化諸人，又有真人之號，或真人與仙乃至人之通稱乎。漢陽公初有二仙祠之議，或亦有見於斯而然歟，是二是一，總未可知。俟稽古君子，或搜遺書而考，或進父老而問要，先生之故宅又從此聞矣。因補前石而附記之，其前石不增一言者，存舊也；並斷碣藏於其下者，志實也。更為附名並藏者，慮遠也。并使兒輩各執微勞於片石者，示世世子孫，無忘茲土且以永報也。

時順治十有三載丙申之桂月也。然目丙申上溯之戊辰，草木已三易矣。

應鷔薰沐□□。

（碑存南陽市醫聖祠。馬懷雲）

募建張醫聖祠序[1]

　　縱觀廟貌，有壬有林，設效壇以崇祀帝王聖賢，禮也。降而曲學巫醫，同稱頑頡焉，稱王稱聖，立廟世祝者，何也？人抱形質，貫精神，見生而不見其不生，見死而不見其不死，是故日月晝夜，能以寒暑殺人，富貴貧賤，能以喜怒殺人。至人者，攬陰陽之彎，調四氣之和，民無夭札，物無疵厲，此上古岐黃鬼臾所謂醫于不生不死者也。後世見有生死而醫學興。醫學興而生死愈亂。太乙雷公之炮炙，秦越人之操鍼，治其死者也；長桑君飲上池，倉公配火齊，治其生者也。洎三代、秦、漢，名家指不勝屈，然而篇帙浩繁，授受秘隱，以奇方為鬼物，以用藥如用兵，醫藥不明，生死之大惑也。

　　東漢鼎興，張公璣崛起申宛，出守星沙，澹然黃綬，雅志青囊，探賾索隱，發古人之未發，傳後世以難傳，註炎農《本經》，纂《傷寒論證》，先聖後聖，若合符節，雖世不乏間出之輩，擅一代絕技，若神鑒，能易人腸胃，奇矣，非中庸也。玄晏能辨深甲乙，奧矣，

---

[1]　康熙《南陽府志》卷六《藝文志上》載作：

募建張醫聖祠序

漢陽人同知張三異

　　縱觀廟貌，有壬有林，以崇祀帝王聖賢，禮也。降而曲學巫醫立廟世祝者，何也？人抱形質、貫精神，見生而不見其不生，見死而不見其不死，是故日月晝夜能以寒暑殺人，貧富貴賤能以喜怒殺人。至人者，攬陰陽之彎，調四氣之和，民無夭札，物無疵厲，此上古岐黃鬼臾所謂醫于不生不死者也。後世見有生死而醫學興，醫學興而生死愈亂。太乙雷之炮炙，秦越人之操鍼，治其死者也。長桑君飲上池，倉公配火齊，治其生者也。洎三代、秦、漢，名家指不勝屈。然而篇帙浩繁，授受秘隱，以奇方爲鬼物，以用藥如用兵，醫學不明，生死之大惑也。

　　東漢張公璣崛起申宛，出守星河，澹然黃綬，雅志青囊。探賾索隱，發古人之未發，傳後世以難傳。註炎農《本經》，纂《傷寒論證》，先聖後聖，若合符節。雖世不乏絕技，若神鑒能易人腸胃，奇矣！非中庸也。玄晏能辨深甲乙，奧矣！洩造化也。羅浮時後有方，好神仙導引之術。元化龍宮得濟有青蛇白額之誕。是故自赭鞭草木以來，稱王者二，而醫則不可槩許，何也？醫王以功砭石酒醪，能割制人，能生活人，然功必自己出，功多而法恒不傳。醫聖以道理脉方書，能開發人，能普渡人，功不必自己出，功大而世無不濟。故醫之有張公仲景，闢邪存正，承前啟後，猶儒之有孟軻也。稱之曰聖，殆非誣也。某生也晚，嘗按甘伯宗名醫圖，已識南陽有仲景。順治乙未蒞郡事，公餘與同寅王亦安策馬東行馮弔。闢門蒿萊齊頰，有山剎巋然，碑橫碣仆，進野叟而問之，曰："歷代名醫像也。"像後各載題記，拜禮至張公。不覺瞿然驚詫曰："是非伯宗圖所謂醫聖者乎？"野叟神其說，曰："越數武，即張公墓道，三十年前，今葉博士馮某疾且篤，夢聖活之。"且云祠後七十七步有塚，埋沒已久，上將穿井，踵訪拜奠，立碑而去，去後果有穿井者，得石碣，實先生墓也。下如有風雷聲，步數悉如博士言。于嗟！人之能生人者恒窮于己之生，公之能生人者猶濟于己之不生，則非特通生死之窮，而直通于不生不死之窮。聖耶？否耶？奈何祠駁落而祀湮廢也？某不揣水署力綿，擬捐俸以集同志，諏穀鳩工，爲數椽裸將之地，徐理其夜臺，永誌不朽。或亦報功之典所克當乎？特引其端。

　　順治十三年秋菊月。

洩造化也。羅浮肘後有方，好神仙導引之術。元化龍宮得濟，有青龍白額之誕，是故自赭鞭草木以來，稱王者二，而聖則不敢槩許，何也？醫王以砭石酒醪能割治人，能生活人，然功必自己出，功多而法恒不傳。醫聖以道理脉方書能開發人，能普渡人，功不必自己出，功大而世無不濟，故醫之有張公仲景，闢邪存正，承前啟後，猶儒之有孟軻也。稱之曰聖，殆非誣哉。

某生也晚，性耽古癖，嘗按甘伯宗名醫圖，已識南陽有名醫仲景，奈龍蛇逼運，城郭滄桑，銅駝荊棘。順治乙未涖郡事，公餘，與同寅王亦安憑弔關門，蒿萊齊頰，有山剎巋然，碑橫碣仆，進野叟而問，曰："歷代名醫像也。"像後各載題記。拜禮至張公，不覺矍然驚詫曰："是非召伯宗所繪之醫聖者乎！胡然而來耶？"野叟且神其說曰："越數武，即張公墓道。三十年前，今葉博士馮某疾且革，夢醫聖活之。"且云祠後七十七步有塚，埋沒已久，上將穿井。踵訪拜奠，立石而去。去後，果有穿井者，得石碣，果先生墓也。下有風雷聲，步數悉如博士言。于嗟！人之能生人者，恒窮於己之生。公之能生人者，獨濟於己之不生，則非特通生死之窮，而直通於不生不死之窮。聖耶否耶？奈何祠駁落而祀事廢耶！某不揣冰暑力綿，擬捐俸以集同志，諏穀鳩工，為數椽，稞將之地，徐理其夜臺，永誌不朽。或亦報功之典所克當乎？夫黃鵠以侑酒觴，青鴛以供梵咀，喜施者尚且珪醪罔靳，豈於醫聖而惜之，特引其端。

順治龍飛惟十有三年秋菊月之二日。

楚古沔卓庵宗子三異敬題於宛署之亦讀書。

中州□儀□書丹。

（碑存南陽市醫聖祠。馬懷雲）

張大將軍收瘞枯骨碑

參伯楊璥

宛民自失稾秸，而日受蠹木隙墻之風雨，則孰生孰死，幾不知所曜就矣。夫苟不知曜就，則兵兵之，盜賊盜賊之。武關西瞰，淮水東流，抑何時何地不為鋒鏑？而方城負隅之嘯更出沒，人籬壁觀，浩劫于中原，敢必南陽一角有今日哉！天子曰："嗟！余指顧中原而莽戎聊定，惟宛民化離，其簡能肅戎行而養民者，為我蔽南汝。"于是，大將軍乃應詔，涖政之日，城無完郭，民與冠狎，官舍傾覆，而有司若寄。大將軍曰："國初傷痍，民氣未復，吾先習民而後致力于盜。俾盜與民分，而後選鋒勦盜，而民不傷。此吾今日之軍政也。"行之歷年，而盜與民分，再行之歷年，而民不知有兵，如是者數歲。其間料敵應變，定南汝而屏襄漢者，姑不暇舉。即拐河餘孽，終不忍殺，遲之又久，而後剪定，復推功于有司，而不肯自居，此其度量為何如耶？余嘗讀史，至吳起殺謗己者三千人，武安君坑趙降卒四十萬，王全斌妄戮黷貨，其守西河、拔上黨、下蜀之勛，非不赫燿一時，而事後論定，又未嘗不薄其為人也。以此論大將軍，而大將軍抱活人之志，見之軍功者豈無傳述。而余獨表其掩骼一事者，何也？蓋掩骼，王政也，有司不及舉而大將軍舉之，蓋大將軍無日無念不欲瘞死人而肉白骨也。恐府中人冒京觀以失實，酉冬始得玄妙觀道士四人，月給米八斗、錢二千，冬夏給衣服。于是，四人者，力填墓竁大小凡若干孔，聚骨如山。大將軍卜地于觀之前，開萬人壙，卜期于仲冬廿七收衆骨而瘞之。作佛事，施晚食。嗚呼！余備藩于此，且經年時時與大將軍相周旋，茲叨陪卿貳將別，亦謂大將軍坐匡床、著弋綈、袍日繫、鮮嚮士、習騎射、謹烽火，門無寧客，不肯預政事，有耶律光、曹彬遺風，而孰知其山不槎蘖，澤不伐夭，魚禁鯤鮞，獸長麌麞，鳥翼觳卵，蟲舍蚳蝝，先王種種不忍人之政，皆克滿于大將軍之掩骼一事。嗚呼！此一事足傳矣，乃勒之碑，復推大將軍之意以作歌。大將軍諱應祥，遼東人。歌曰：

孰謂一將成功兮萬骨枯而為沙？詎知慈蠹之一麼兮屯蒙廓其有家。白日兮馬驫，黃泉兮天涯。男耶？女耶？饑寒耶？病耶？有流失在白骨耶？受將軍之度而咸利。無為嗷嗷在野而嘯悲笳。

順治十五年。

（文見康熙《南陽府志》卷六《藝文志上》。劉宗志）

難得糊塗

聰明難，糊塗難，由聰明而轉入糊塗更難。

放一著，退一步，當下心安，非圖後來福報也。

板橋識

揚州人

鄭燮之印

七品官耳。

（碑存南陽市武侯祠。王偉）

重建元字術魯文靖公祠祀

嘉興人康熙十九年任內鄉知縣高以永

內鄉黨子谷，故有元字術魯文靖公翀祠，余常欲訪焉而未知其存否也。一公裔孫如玉來告余曰："先人俎豆之地，自寇亂後，浸假為浮屠氏居，垂數十年矣，非公為之質厥成，小子敢過而問乎？"余曰："噫！祠之設，所以昭先型、勵末俗也。以余所聞，文靖公生平力學志道，不囿乎流俗，其立朝大節著在史冊，皆卓然可傳述。元儒自許衡後，惟公與耶律有尚能以師道自任，洵有功膠庠者。顧可使公之祠委諸草莽乎？更一二十年後，窮山荒微，即欲有所觀感，何從也？其急經營之，毋少緩。"如玉唯唯而退。今年夏五月，余過南鄉，渡丹江，問所謂黨子谷。如玉謁余而前，指點其處，已于招提之旁得隙地鳩工而構數楹。余為再拜，低回留之弗能去。秋八月，諸生張著微等以祠既成，請之郡守、又請之學使者，得並給祠額。余既嘉如玉不忘先緒，復其禋祀，又感張生輩肯左右厥齋，而相與樂觀厥成也。是為記。

（文見康熙《南陽府志》卷六《藝文志下》。劉宗志）

謁諸葛草廬

何處求遺蹟，閒閒十畝中。草生狐臥綠，花落鳥啼紅。
山繞靈無盡，江流恨不窮。懸知漢日月，終古揭囂叢。

龍臥非藏用，梁吟豈負才。未參聖賢意，空使俗愚猜。
業自昭雲漢，廬猶結草萊。儼然崇俎豆，吊古奠椒杯。

康熙庚午夏日
濟南紀之健題。

（碑存南陽市武侯祠。馬懷雲）

重修奎章閣記

清李克廣

歲庚午，邑侯紀公重修奎章閣成，李子援筆而識之曰：噫！甚矣。奇物之成也，蓋有其時矣。非其時弗克成也，際其時雖不意其成而卒無不成，其故何也？曰：數定故也。數之所在，雖聖人亦有所難遜。夫聖人且不遜乎數，況一木一石乎？故丁紀公之葺茲樓也，有奇焉者。何奇乎？爾豈以其為魁星而樓焉者耶？天下之大，郡邑無慮千百，其隨文廟而設像以祀之者何地無之也？非奇也。豈以紀公之葺茲樓而位以魁星者耶？以無慮千百郡邑之眾守若令，何莫非守土官而司營建之責，寧獨不能如紀侯之成茲樓者以成之，非奇也。然則何奇乎？爾豈以其時也，時又何奇乎？爾奇其前此修之者在庚午，而紀侯之重修者亦在庚午也，予嘗得之茲樓之舊識云。且不惟其時之奇也，時奇矣，而樓宜重新矣，而紀侯適至此，則更奇矣。

夫紀侯以東魯望族，文壇領袖，方其成進士時，謂宣讀書中秘，黼黻聖天子右文之治，而造物顧不然，乃使之出宰民牧，且微窺紀公之志，若不以讀書中秘，為稽古之榮，而以民社重寄為可以展其盤錯之才，是蓋其做秀才時，便以天下為己任，深有得于范文正公之意者也。故下車之日，他務未遑，而即為茲樓之役，樓遂用是以成。嘻！甚矣奇。抑予猶有奇焉者，紀侯之來在己巳，乃不葺之己巳，而仍葺之庚午，花甲一週，首尾符合。數之前定，顧如是哉！真不謂之奇不可也。顧樓之成，既有數以定之于前，則造物又非無意，行見文教振興、科第蟬聯，易宛南五十年來孫山舊面目，作人文區藪，觀魁星之多也歟哉。毋亦惟是，紀侯之功乃克有此，千百世奉之矣，得非奇也。

康熙二十九年。

（文見康熙《南陽府志》卷六《藝文志上》。劉宗志）

重建南陽臥龍岡諸葛書院記

宣府人中丞閻興邦

人材之盛莫過於東漢之季。說者謂建和以來，俊、厨、顧、及咸罹黨錮，故懷奇負異之士，深藏於山谷，待時而動。譬之丹砂玉液以及豨苓，一當其用皆能奏效也。而伯仲伊呂，純然王佐者，惟武侯一人卓絕千古焉。公瑯琊人，從叔父依劉表。知表不足與有為，固居隆中，晨夜從容抱膝長嘯，比之耕莘釣渭者，先後一轍。當是時，曹瞞據天下之半，收漢之臣子以為爪牙心腹。而孫權竊江東，亦不憚高爵厚祿網羅英俊。公若欲隱忍以就功名，其取封侯、樹旗纛，必駕荀彧周瑜而上之，矧瑾仕於吳、誕仕於魏，皆昆季也，誠與之比肩事主，豈不甚易？而公隴畝躬耕，不求聞達，迨草廬三顧，幡然勃然始從。昭烈於挫折之餘，不階尺土，不需歲月，居鼎足之形先成，此裴松之所謂翊贊宗傑，以興微繼絕克復為己任者，誠知公之心矣。夫噓炎漢之燼，鞠躬盡瘁，忠也；綿竹之戰，詒謀垂後，父子死國，孝也；無歲不征，民安耕耨，仁也；損益連弩，推演陣圖，木牛流馬，出於意表，智也；痛漢賊之未報，王業之偏安，一身任之，義也；不別治生以長尺寸，街亭箕谷連請貶爵，廉也、節也。公之為人如是，是故總軍國之重而不疑其震主，執賞罰之柄而益信其無私，以至恩流境內，威攝敵人，廖立、李嚴沒身悲慕。迹其行事，三代以下名臣多矣，誰能與公頡頏耶？去南陽城七里許有臥龍岡，公所隱居樂道處，廬井咸在焉。舊有祠祀公，元至正十年，勅改為諸葛書院，聚生徒、撥贍田，使學於其中。惜自明季委為灰燼，六十餘年莫有過而問之者。予以戊辰夏撫豫，是冬十二月，即奉命勘荒，憩車南陽，登武侯之高風，詢臥龍之舊廟，父老歔欷，皆云毀於兵燹。予亟欲修復而無一可董其事者，去年冬，適新守朱璘蒞任來見間，隨以此事謀之，朱守曰：「茲璘之責也，敢不鼎新。」予捐俸以授朱守，俾親為相度，營木石，雇匠役，錙銖必稽，材備矣，遂於七月起工，落成有日，而請予文，以壽之石。予以為書院之建，非務乎其名，欲使士子入而講習之，其忠孝、廉潔、仁義、智勇能如公之萬一，亦可以不負斯民。若優游坐論，托之於抱膝長吟，豈公之所望於後人，豈予之所望於士子哉？吾聞南陽土厚俗淳，民知向學，故以公之賢，歷九州而獨隱於斯，寧非心愛之，故流連而不去耶？彼後公而生者，若張睢陽、鐵司馬，皆有百煉彌剛之性，百應不竭之才，而所遇非時，死而後已，與公同符。學者尚論古賢識所從事甚，毋曰三代以下無全人也。予舉其大者表而出之，以明其無愧伊呂，又何管樂之足云？庶後人知所取法焉。

　　康熙三十年。

（文見康熙《南陽府志》卷六《藝文志上》。劉宗志）

重建諸葛書院碑記

鄧州人檢討彭始摶

　　去郡城西南七里餘，岡勢隆然，當淯水之隈，漢忠武侯諸葛公草廬在焉。元至大二年，河南行省平章政事何瑋於草廬之東創建學舍。皇慶二年，集賢院上言，賜額諸葛書院，翰林承旨程鉅夫奉勅記之。逮於明季，巨寇焚燬，廢為丘墟。

　　康熙庚午，我皇清受命已五十年矣，政修化洽，文教稱極盛。其冬，上虞青巖朱公來守南陽，甫下車即謁忠武侯祠，徘徊垣外求書院故址，荊榛彌望，竟不可得，愾然嘆息者久之。次年辛未春，以郡乘考之，乃復經營於草廬之東。白其事於大中丞閻公，遂捐俸金，檄公董理。中建講堂，旁建齋舍，後建三立。祠中祀忠武侯，以司馬德操、徐元直配之。公更為之增建兩廡各十楹，庖湢門寢無不備。且將告成矣，而舊碑出於階下，具建置規模，宛然符合，若有神相之者。嘻，異矣！壬申冬，將迎王釋奠，郡人士相率來乞予言。予謂：道，命於天，率於性。蓄之於中則為天德，抒之於外則為王道。用雖異，而體無不同者也。然體道之功，要其造端必由於能寡其欲而後天德可以漸存，能去其私而後王道可以漸行，亦烏有不本於學問者哉！典謨所載舜禹皋夔，其行事綦詳矣，由夏迄於商周，伊傅奭旦相業稱最著，然亦何嘗不兢兢于身心性命之學。其見于訓誥諸篇者，可述而知也。逮至炎漢，五百年間，扶弱主，申大義，庶幾王道者，僅得忠武侯諸葛公一人。其生平學問源流得之最正，故其自為言曰：非淡泊無以明志，非寧靜無以致遠，又曰：集衆思，廣衆益，與寡欲去私之旨，若出一轍。以故能明義利之分、辨王霸之業、判忠佞之品、植君臣之防。一生建樹表，表出於人寰，迄於今距忠武之世遠矣，凡經過祠下者，瞻拜遺像，諷誦遺表，無不肅然拱立，嘆為忠貞。其感動乎人心之良者為何如乎？世每以公之聰明材智得於天賚居多，而不知公之本於學問者為至深也。及世之衰，士喜功名、樂權變，見利則趨，無廉潔之操。炫長自用，鮮有容之度，本之則無設施，亦勿足觀。蓋王道之不行也久矣，吾道之祝孔孟，而後得程子而復續然。程子之稱忠武侯曰："有王佐之心。"又曰："有儒者氣象。"文中子嘗言："諸葛無死，禮樂其有興乎？"而程子亦以此許之。則侯生平之學問，可槩見矣。

　　今之學者，苟其仰侯之高風而思藏修乎書院，其必究淡泊寧靜之旨，秦集思廣益之訓，以寡欲去私守為學要，而後天德可以漸存，王道可以漸行，治平之績無難復見於天下也。青巖公生於禹會諸侯之鄉，幼聞蕺山理學之傳。出宰洪洞，又與范君彪西研究性命。其來守南陽也，特表忠武，風勵學者，其能汲汲於學問也，蓋非無所本云。

康熙三十一年。

（文見康熙《南陽府志》卷六《藝文上》。劉宗志）

南陽書院記

柘城人工部侍郎李元振

上虞青巖朱公以庚子冬來守南陽，首闢書院於府治之佐。既成，請於撫軍大中丞閻公，因額曰南陽書院。一時四方來學者，多至數百人。蔬米薪水，無不周給。然咸出公之水蘗之餘，不以一毫累里閈。又為選梓制義，左國史漢、唐、宋八大家之文，振起頹靡，示以正鵠，繼此又從事濂溪、康節、明道、伊川、橫渠、魯齋、敬軒諸大儒之書，分章斷句，附以箋注，蓋規模弘敞，條約嚴整，南陽書院，蔚乎稱大觀，於乎公之用心，可謂勤矣。夫書院之設，與學校相為表裏，而又以補助其不及。所以自宋以來，有天下國家者，無不共重於斯焉。學校之士，必出乎學使者之所甄拔，蓋皆其已隸於庠序者，而又有府州縣之別，士不得踰越而入焉。若書院，則凡九州四海之士與夫嗜古積學不求榮達者，無不與也。學校之治士子，任擇一經，而共治四書，大比之歲，以三場之法試之。若書院，則凡談道、講藝、著書、立說，研究乎天人性命之理者，業無分仕隱，咸得優游於其中焉。蓋先王之治天下也，其所以風厲學宮而廣闢其途者，無不詳且盡矣。自虞夏商周四代之興，國有學，州有序，黨有庠，家有塾，以及委巷窮簷桑麻森蔚之區，無不抗墜疾徐，颯颯乎有吟誦之聲。下逮有宋，因五代民間之義塾，賜額賜田，頒發經書。白鹿、應天、嵩陽、嶽麓四大書院之名，始巍然並峙於天下，傳為千秋盛事，斯固非無所為而云然也。恭逢聖天子表章先賢，親灑宸翰，凡講學之地，咸飭有司力為整治。文教之興時稱極盛。則今日南陽書院，固青巖公所以本先王之遺法，而又仰體九重崇儒重道之意，而宣布其流者也。豈不與學校稱並重哉！嘗見公於政事之暇，必親詣書院，其訓諸生曰：誦詩讀書，非徒為工詞章計也，蓋將以復性正心，治其根本，庶乎異日身登仕版，抒為經濟，能挽偷薄之習而歸於淳朴。今聖籍所載，三年九年，小成大成，古人為學之方燦然備具，盍本至誠以力行之乎？小子勉旃！公之所以為教於南陽者，其大旨如此。按：南陽西通武關、鄖屬，東南受漢、江、淮，宛稱都會，俗雜好事任俠、業多賈，然於古昔固所稱夏人之居也，夏人政尚樸忠，猶有先王之遺風。今幸得公以為大父母，既養且教，學道愛人之政，固可使南陽人心風俗駸駸乎漸復於古昔也。予於公之設施知之最悉，因應十二屬士子之請，為發明書院之深有補助於學校，而尤喜公之不鄙其民，能本古法以治之。不辭不文，大書而納於貞珉，蓋用以告夫天下後世云。

康熙三十一年。

（文見康熙《南陽府志》卷六《藝文志上》。劉宗志）

重修鐵忠烈公祠堂記

知府朱璘

鄧之建公祠也，始於明宣德初。革除靖難被罪諸臣忠於所事，甘蹈刑戮，詔有司即所在祀之。歷年久遠，堂構無存，而蕪穢弗治。官斯土者之責也。璘來守宛郡，於學宮、書院、耕鑿、水利諸政無不殫力舉行，方謀所以葺先生之祠，而屢值輓運，迄無寧宇。今歲夏五月，始得庀材鳩工，檄所司董其役，敬表片石以誌仰慕焉。余惟士大夫修已立誠莫重於忠孝，而忠孝實原於仁。仁者心之德、愛之理也。臣愛其君，子愛其父，理之常也。若夫事失其常，勢處其變，則守吾愛君父之一心，死生以之，而此理全矣。孔子曰："無求生以害仁，有殺身以成仁。"故論微、箕、比干則曰"殷有三仁"，論孤竹二子則曰"求仁而得仁"。仁固天地之元氣、聖賢之道脉、君臣父子之綱常所繫者也。當洪武朝，先生由太學生拔授禮垣，賜字鼎石，其忠孝大節，蓋已見知於明祖。且才猷練達，善決法司疑獄，廷中稱平，旋陞山東參政。建文君嗣統，若召先生光贊鴻業，篤親睦之倫，養和平之福，則成康之治何難坐致。乃在廷諸臣，懲吳楚七國之事，遂以彊幹弱枝之議進。燕王夙有智略，自懼不免，於是，靖難兵起，廷臣首薦紈綺子弟李景隆督師拒之，燕兵目深，朝野震恐，賴先生以濟南一城扼其衝，使不得南下。燕王百道攻圍，先生悉力捍禦。越九旬始解去，建文以克敵之賞進先生，位大司馬參歷城侯。軍戰於東昌小河之間，皆大捷，既而北兵遂南。先生意謂江淮有備，燕兵不能飛渡，勢必由濟而北。吾邀其歸而以逸待勞，可獲全勝。設欲批亢擣虛，直走北平，正恐進退失據，非計也。孰意李景隆開金川門迎燕王入矣。嗟乎！先生豈不知燕王為太祖第四子，非異姓篡位者比。又豈不知管仲得事齊桓公，魏徵得事唐文皇，俱能立功當世，名垂竹帛。廼先生惟以孤忠自矢，百折不回，直視死而如飴。此其心誠欲植萬古之綱常，使天下後世曉然於君臣之義。若手挽江河之逝波，揭日月而行中天也。剮膝劓面寸磔於市，天固以成先生殺身之仁矣。先生志在忠孝，功在社稷。雖從祀高廟亦何忝焉？況僅祀於其鄉乎？祠在州外城東南隅，就故址建焉。至冬十月而告成，襄事者本州知州萬愫，同知李廷弼，吏目張樾，例得備書。

康熙三十二年。

（文見康熙《南陽府志》卷六《藝文志上》。劉宗志）

重修琉璃橋碑記

知府朱璘

梅溪之水發源於紫山西北，流至郡城東折而入於淯。去郡城里許有橋，名琉璃，溪水所經，而橋當要會，凡輿馬貴游、車牛服賈，絡繹晨暮，蓋五方之津梁也。建置即久，漸就傾圮。去歲為大水冲激，遂至闕陷過半，轅轍不通。迂回取徑，負載往還，惴惴然如蹈薄冰，惟懼隕越。余亟議修築之，博訊吏民，僉議重建，估工料八百金。余謂非力所及，又議增修，減至三百金。乃鳩集匠石，親履其處，心度手畫，纖悉畢舉。遴委能員，兼董其役，工務堅實，財務節省。經春告竣，計費不及二百金，頓復舊觀。余切有幸焉：橋梁治則行旅願出於途，一幸也；地瘠民貧鮮有急公好義者，而大事竟集，二幸也；較初估之數十省七八，工程完固，三幸也。《說命》曰："若濟巨川，用汝作舟楫。"夫舟楫有待於人，不如橋之普濟也遠矣。爰勒片石以誌其事云。

康熙三十二年。

（碑存南陽市南陽府署大門前。劉宗志）

重建節義祠記

知府朱璘

祠以節義名，示勸也。節義者，烈丈夫之行，而婦人女子能為之，則其祠之也固宜。祠建於故明成化間，今廢，然祠廢而名存，尚有舊址可考。恐既久而並其名亦忘之，將何以示勸？此余復建斯祠之意也。爰考祠制：正祭周大任，以敬姜、孟母配，而節婦高氏、范氏、郭氏從祀焉。

余惟大任文王之母，周有天下，祭於宗廟，非後世郡邑所得而祀，且無遺跡在宛，非光武昭烈廟祀可比。今撤大任祀位，蓋以尊國母，示不敢瀆也。敬姜歸公孫氏，孟母歸孟孫氏，同出魯桓後，其世係同，其節同，其教子之義方同，宜正位並祀矣。顧史傳所載，節義不僅於二母著，而二母當不僅以節義稱，似於斯祠未盡合也。及祠告成，適閱冊府諸書，載光武感姊元沒於亂兵，追封節義公主，立廟於南陽縣西，其即斯祠也，信然矣。前者承久廢之後，而莫詳所由，遂祭文母而以二母配。余又未輕議，而仍以二母祀。今二母之主不便再撤。爰進公主而並祀之，昭舊制也。有正祀不可無配享，余於郡志烈女中得二人焉，一為荀氏，名采，陰瑜妻；一為張氏，中丞公巡之姊，軍中稱陸家姑，皆南陽郡人，此二人者，不易心於生死，不苟免於患難，以之配享，雖生不同時，而靈爽憑依，必有曠百世而相感者。至如三節婦未詳何時人，無事實可考。然已從祀于二百餘年之前，其高風邈行，自足不朽。迨後閱百年之久而僅得毛氏、王氏、蘇氏三人，又明末殉節於流寇者熊氏、周氏、曹氏、徐氏四人。詢諸鄉之父老子弟，咸能言其事，嗣有節義繼起者，勿為限制，皆得在從祀之列，所以勵風化也。抑余更有說焉，節義之婦，秉正性、死正命，其魂嚴毅，真偽不容並立，設有一婦焉，前人得之傳聞，操觚潤色，後侈為美談，不曰此吾門節義婦，則曰此吾黨姻戚之節義婦也，入祠從祀，吾知冥冥中是非判然。苟非其人，寧惟入祠之鬼赧顏退縮而不敢前，即主議之人必有陰譴，是又不可不慎也。由是而仰慕前徽，感發天良，有真節真義者出，則斯祠之建，其於人心風俗未必無小補云。

舊祠在城外迤西，基址湫溢不堪，雖前人敦朴尚儉，余終懼其褻也。因捐俸百金，卜地於大西關，堂構半新，宏敞可觀，且得隙地一帶，又旁建數楹，以居婦女之寡而無告者。

康熙三十三年。

（碑存南陽市南陽府署大門前。劉宗志）

創建文昌閣記

知府朱璘

四民之中，各有表見，士子學古入官，大而利濟天下，次則保障一方，以及加惠於鄉黨州閭，甚善也。農工商賈守其業，勤其力，仰事俯畜，迄可小康。則亦皥皥乎王民矣。然而士風困頓，民氣寥落，是處皆有，豈運會之適殊？夫亦山川城郭之區、陰陽五行之理，著地成形，有人力所可挽回者，漫不講求，謂非一手足之烈而莫為之先也。堪輿者流，載在方技，而庸人每假此營利，又不精其術，徒致損敗，故人直指為誣。余謂不然，昔周公，大聖人也，而卜澗瀍；郭景純，通儒也，而受青囊經；朱文公，先賢也，性理一書詳及幽燕形勝。蓋君子一斷於理而盛衰得失之數見焉。初，形家言郡城外白河之水直出南方為不宜，余議建文昌閣於水次，使水之來而過閣者，回環映帶相與有情，是可以虛體收實用也。遂捐俸六十金，並勸士民樂助，共襄斯舉。今閣成而屬予記之。余惟四海蓄而不流，水所止也，江河流而不蓄，水所行也。黃河之水千里一曲，凡東南財賦達於河者，必多設閘口以節之。江漢皆數千里朝宗，凡所經歷之處，必有兩山相峙，布石磯以束之。此人與天地相參而為之節宣也。若夫內河之水，有滋灌溉者，有通舟楫者，或陡堰以防之，或疏浚以導之。白河固可兼收其益，第流而不返者勢不使其不流，亦不遽使其直流，惟有閣焉。本以瀏連游泳之意而得其障湍回瀾之效，域中靈秀不虞易竭，滋生之脈常留有餘，則斯閣之建，夫豈徒哉！閣以文昌名者何居？文昌主文運，在天為列星則應尚書之位，在世為明神則掌科第而操黜陟之權，故所舉皆端方正直之士。出身加民，衆庶蒙其庥；歸於里門，鄉黨州閭受其惠，而福曜照臨遍及凡黎，神功浩蕩有如此水。今而後宛士之學古入官，農工商賈之樂其業者，不得謂運會之適殊，亦信人力之可挽回矣，是為記。

康熙三十三年。

（碑存南陽市南陽府署大門前。劉宗志）

祭二忠祠更定配享文

嗚呼！中丞公之死睢陽，忠烈公之死靖難，前後相距六百六十一年，同以儒臣諳兵機拒大敵，同以力竭而身殉，又同為南陽郡人，其有光於鄉土也多矣。中丞初沒時，河西節度使張鎬命蕭昕作誄，蕭宗詔立廟于睢陽，歲時致祭，由是公祠遍江淮，而歸德有協忠廟，公與睢陽太守並祀。部將南霽雲、雷萬春及城父令姚誾配享，宋文丞相過雙廟，有枯木寒鴉之感，即其地也。宛祠建于明萬曆二年，並祀中丞公、忠烈公，惟以霽雲、萬春配中丞而鐵公獨祭焉。不知何人，續設許公遠、顏公杲卿祀位，當時莫有指其非而撤之者。夫睢陽、常山皆公之僚友也，無端而續祀之，既祀而不居乎正位，吾恐冥冥中公必有蹙然大不自安者，而何以妥神靈哉。昔林放、蘧伯玉，孔子之故人，乃文翁石室諸圖謬指為弟子，使居從祀之列，後世學士大夫莫為置辨。至明世宗而始撤之，謂友之不宜從祀于友也。而謂睢陽、常山等配享於中丞乎？忠烈公為山東左藩時，燕兵略濟陽，有教諭王省坐明倫堂，代鼓集諸生。謂之曰：堂為明倫，今日臣之分安在？遂大哭以頭觸柱而死。燕兵薄東平州，官吏皆散，有行人謫州吏目鄭華率民兵固守，力固援絕，遂不食，五日而死，此二人者皆公之末屬，國之小臣，無城亡之責而慷慨引決，殺身成仁，非公之忠義激發而致然與？秩諸几案，共登俎豆，固其宜矣，猶是配享也，撤其所當撤者，以正名分，進其所當進者，以備典禮。此皆太守之事，然不先請於公則形跡似專，非修復前人廟祀之意。茲以秋祭屆期，謹齋沐為之，昭告祠下，神其許之，而後太守敢從事也。

　　康熙三十三年。

（碑存南陽市南陽府署大門前。劉宗志）

重建二王公祠碑記

　　知府朱璘

　　士君子當承平之世，出而為天子大臣，卓有表見，以功名終，必其所資者□，故能由體達用，君臣道合，庶事康濟，而聖賢之學亦賴以傳。若夫科名冠多士，仕宦膺顯秩，兄倡于前，弟繼于後，居恒讀書自命，以為未必盡如是者，又無不如其意之所期，則非人之所能為也，其得于天者全也。南陽王文莊公、文惠公皆以河南鄉薦第一成進士。兄官至大司農，弟為大方伯。當時榮之後，世傳述之謂非受天之祐不至此。余思君子懷才抱德，困於場屋則湮沒以老。即遇矣，猶不得申其志，又或未盡其用，為世所惜。文莊公未遇時深探性命精微之旨，即以明道為己任，及由戶曹督學晉中，明孝皇已有他日可大用之語。文惠公孝友性成，居爽尤篤，由廷評出守廬州、姑蘇，歷蜀憲東藩，愛民造士，匡正扶危，屢著聲績。其履坦就安，福祿尊寵，若合符節，豈非天之篤生偉人，俾植倫常、衍道脈，光於有位，為一代楷模。而先生所以仰答天心者，又豈適然遭逢其盛大哉？古之君子既沒世而不能忘之，或陪祀廟庭，或從學宮，或列祀名宦鄉賢，成專祠奉祀，所以昭盛德而妥神靈也。七世之廟，親盡則祧，而先賢祠祭與天壤同壽。立德、立功、立言，穆叔所謂三不朽也。宛有祠，祀二王公，建于故明萬曆間，距余來守是郡計已百餘年。雖祀典弗□，而兵燹之後，堂構無存，將何以振士氣而慰邦人之思？因詢先生之裔孫某，令其博謀於族黨，共成葺祠之舉。余忝郡長吏，首捐薄俸以倡之，不數月而落成焉。至先生文章宦跡，則國有史，邑有志，茲不具述。余惟本尚論古人之意，勒石祠下，非能表彰前賢，竊自附於私淑云爾。

康熙三十三年。

(碑存南陽市南陽府署大門前。劉宗志)

育嬰堂碑記

昔皋陶頌舜好生之德洽于民心，孟夫子謂文王發政施仁，必先鰥寡孤獨，誠以生生之道甚廣，而凡待我以生者，當無不欲遂其生矣。漢章帝元和三年，特詔天下嬰兒無親屬及有子不能養者廩給之，此育嬰所由始。其良法美意，亘千載而常存，又好生中之第一義也。我朝定鼎以來，百度維貞，而矜恤遺孤，首加沛澤，東西朔南，聲教四迄，咸能仰承德意，民不夭紮而登仁壽。惟南陽郡城，向蒙流氛屠戮之慘。僅于荊榛中噓噢殘黎，迄今士知稽古，民適聚廬，車牛服賈間出□□，乃育嬰一事，尚未舉行，殊非所以廣好生之德也。余守茲郡，檢視從前廢墜，次第整飭，始得建育嬰堂於郡治之左。復捐俸若干金付託典鋪，按月取息，以備雇乳。然收育遺棄嬰孩，必先計其乳哺之人，彼此皆安，乃可經久。貧家數口相依為命，若使只身受雇，拘於官所，則在家在外勢難兼顧，恐無有趨赴者。今立條例，募一良善耆民住堂登薄，先訪有乳婦人願為乳哺者，俟得一嬰即令抱交其家，每月給銀三錢，滿一歲即可委養，每月給米一斗，以資飯食，有願領為子孫者，量出養錢，收貯育嬰堂公用。若轉賣為他人奴婢，按律治其略賣之罪。至四歲無人願領，許乳母當官批照，准為伊家兒女，以酬乳哺之勞，並委經照兩官輪年管理，造冊交替，永為定規。《易》曰"天地之大德曰生"，《書》曰"若保赤子"。斯舉也，上副聖朝累業之深仁，下續孩提一線之微命。良法美意，庶幾不致廢弛焉矣。爰勒片石，以誌權輿。後之君子，觸類引申，軫鰥寡、撫煢獨，本不忍人之心，擴不忍人之政，其利濟寧有量哉。

康熙三十三年。

(碑存南陽市南陽府署大門前。劉宗志)

香火地畝碑記

先王之制祭法也，有功德於民則祀之。是祭也者，所以報其功、酬其德，使萬世效法，登斯民於仁壽者也。我仲景先生是其人矣。先生為漢長沙太守，循良善政福人，固血食不替矣。即其神論之，得義農不傳之秘，悟歧黃精微之旨，注傷寒七十變法，創金匱腎氣丸方，隨意制宜，神異莫測。壺公秦緩諸公，瞠乎其後焉。乃考其桑梓，原係宛人。宛城之東里許，其塋猶在。本朝郡丞張公三異為之創建祠宇，修飾廟貌，顏曰"醫聖祠"。後郡人士享奠不絕云。但猶有憾者，守祠有人而善後無策，往往因衣食所窘，置之而去。因此門戶頹敝，牆垣傾圮，牧豎遊閑，入而穢汙。幸而否極將興，神啟人心，有姜君諱大成、邑人吳君諱國土，共發虔意，施銀五十五兩，買値柴姓地五十畝，以為本祠香火之資，延黃冠劉尚信收積畜，用為牆垣門廡修補之具；又慮地糧賠累，住持不安，賴有善士王君諱自修、董君諱明義等，係南陽衛戶房書辨，稟請免，原呈泐石。

　　為懇思移賦以廣福田事。請□醫聖祠□請□以來，□□□□□□□□佑，每思報答，力不能及，今幸有姜、吳二姓捐銀五十餘兩，□□下□柴岩地五十畝，該正賦銀一兩二錢，付與主持道人□□□□□□□□□□道□主持香火難以□□□等二十－四人情願移□□名下□糧銀五分照數完納，勒石以為永遠之□□□□□□□□分□□□□□功德無量，上稟本縣正堂，加的□□□□姜吳二姓地醫聖祠作香火之資，是乃□□准照□□□□之記，以望後之君子云。

　　廩□生員邑人李隆撰文。

　　信士邑人趙良寶書丹。

　　胡國璽、□□風、張文顯、宋文□、黃□、白富氏、業主柴岩、□□姜大成。

　　施地善信□□吳國士。

　　龍飛康熙四十九年歲次庚寅孟冬吉旦。

（碑存南陽市醫聖祠。馬懷雲）

武侯祠

　　武侯祠
　　康熙辛卯秋月
　　南陽府知府羅景敬書。

（碑存南陽市武侯祠。王偉）

南陽太守羅公生祠碑記

　　南陽古豫州一大都會也，山水紆回，土田膏沃，人物輻輳。古來守茲土而光諸簡編如蒲鞭之劉寬、懸魚之羊續、修陂塘之召杜、政平訟簡之仲淹，皆班班可考也。自明季流氛擾亂，兵燹之後，繼以災祲，賴本朝定鼎以來，休養七十餘年，而士習民風始翕然丕變，不有循良，其何以為治哉？幸逢我瀋陽羅公名景字星瞻，以河廳奉聖天子特簡，來守斯土，下車之始，即加意圖治，修葺學校，振飭紀綱，賑濟窮簷，安全黎庶，利無不興，弊無不革，廉明正直，苞苴不行。而性又極慈祥，以故利澤施於人，名聲達於朝。壬辰計典舉卓異第一，升陝西神木道副使。榮發之日，攀轅遮道，撫掌鼓歌者有之，感激涕零者有之。郡人不忍失公，公亦不忍舍郡人。今去南陽，而士民之思公不置，擇地於郡城南郊之臥龍崗，為之建立祠宇，塑像而頂祝之。祠頗壯麗，與武侯廟並峙。凡往來之其地者，無不瞻拜其像，徘徊久之而不能去，雖緇衣之好自古為然，而亦見公德入人之深，感人之至，足為後來守茲土者所觀感而取法也。其與古之劉寬、召、杜、羊續、仲淹冀同傳不朽，與是為記。

　　經筵講官教習庶吉士內閣學士兼禮部侍郎治年家弟彭始摶頓首拜撰。

　　龍飛康熙五十三年歲次甲午孟夏下浣吉旦。

　　南陽縣儒學生員喬思恭書丹。

　　郡屬紳衿庶民，南陽縣督工典史沈德成，吏員楊國柱，守祠道人胡陽瑞等仝立。

　　鐵筆張起。

（碑存南陽市南陽府署大門前。劉宗志）

重修醫聖祠門樓碑記

　　藥稱王則曰思邈孫公，醫稱聖則曰仲景張公。一以功顯，一以學著，故各詣其極，而於此道咸尊。藥王之廟遍寰宇，醫聖之祠惟南陽有焉。蓋以張公傳為南陽人。千餘年時，於鄉黨著靈異，後入其而之也神耳。門之上，原有樓可登以眺，可風以涼，水色山光，收來四面。瞻拜公者幽足，挹歲久而傾，僅留基址，乃無過而問者。文學李君嚴性爽直，慷慨任事，然作修舉廢墜之想，不憚奔走，不惜菡頰。勤緣於儕輩，而有志事竟成。不數月而巍矣。風較前遠勝，無所而為之。李君豈欲邀靈於張公而如是僕僕哉！誠以一念之起，必求不使托空言已耳。是為記。

　　欽賜甲辰科進士特授直隸宣化府蔚縣知縣萬章撰文。

　　候選州同知謝沛書丹。

　　龍飛雍正歲次庚戌仲秋上之吉。

　　主持遭人勇功福。

　　鐵筆匠人吉見。

（碑存南陽市醫聖祠。馬懷雲）

宛南書院碑記

　　書院之設，將以佐膠癢之不逮，招俊彥、聘名師，講習其中，校文而飭行。以廣聖天子養育人才之紀，下以鼓儒生藏修游息之功，教以繼養，事並亟也。余蒞南陽，竊志于振興人物，於東郊得廢寺一區，僅存佛殿兩楹，餘傾圮不治。寺僧亦百不存十，余遷其佛像及僧於別寺，就其基，斥其制。前臨淯水，後倚獨山，繪圖鳩工，築垣數仞，環之以為書院。院前闊地列柵，左曰禮門，右曰義路。由大門而入為先賢祠，次為總講堂，旁各為廟，又次為尊經閣，其後列屋以藩之。左右分為四齋，曰敦仁、曰集義、曰復禮、曰達智，齋各有講堂，堂之前各有大門、儀門。後有燕室、有庖廚。左右有門，東西向以通往來，而各為書屋數十間，若軒、若廊、若曲房、若斗室，錯落環四講堂而列焉，其東為射圃亭，亭後為草廬，為池為橋，疊石為山，東北為文昌閣，東南為魁星樓，西南為土地祠，度垣外隙地置駐汛以為禁。凡為講堂者五，為祠者二，為樓閣者三，為亭者二，其地以畝計者七十有餘。其屋以間三百三十有六，以楹計者千，以椽計者萬，以瓦石計者千億。其朱提以緡計者亦萬有餘焉。先是，余首蠲六百金以為之倡，而屬州縣繼之，而紳士、而鹽商，但聞風慕義，各捐數千百鍰，以供卜築之用，而財不匱。自役數千匠，厚其傭力之值而工不病，采木石於他州，□許之聲載道，豐其輦運之資而□不困，□□別駕，稽其出納之管而察之也。詳舉紳士之廉能者，人人司其支給之數，而散之也均，委廣文五員，佐雜五員，或董其程而督之也勤，或度其材而擇之也精，十月興工，歲畢而工竣，統號之曰宛南書院。豫之大省也，南陽大郡也，昔有嵩陽書院，居四大書院之一，而南陽與之接壤。余者朱子鵝湖書院，亦建以廢寺，竊不自□師其遺意為之。書院既成，可容諸生三百人。繪奎、文二星於樓閣，則天文可象。設周、程、張、朱、武鄉侯諸葛公、昌黎伯、韓公諸神位于先賢祠，則人文可師。繪明儒王文莊公之容貌衣冠於土地祠，則鄉先生可祀于社。購經史子集諸書籍於尊經閣，則可以稽古。設鵠的於射圃亭，日校而月課之，則師嚴道尊而士無龍雜。至於修補之資、饗饌之費、牲牢之金、丹鼎之供、奔走掃除之役及床幾皮閣□□□□之具，罔不具備，於以攻書史、計道藝，志不分而學業成，進可為天下國家之用，退亦不失為一鄉之善士，理學明而英才盛，少補聖世文明之治，其庶幾焉。爰書興建之歲月與官吏紳民捐資之姓字，勒之後以垂永久，使後之人有考云爾。

　　誥授中憲大夫、知南陽府事、前翰林院編修、鶴山莊有信撰並書。

　　乾隆十有六年歲次辛未十有二月朔立。

（碑存南陽市南陽府署大門前。劉宗志）

蠲贖地畝合贍三皇廟醫聖祠碑記

　　知南陽縣事嚢燾撰文並書。

　　古之有功德於民者，皆建廟以祀之。其必需贍廟地者何？為香火計久遠也，然非住持得人，則贍地不保，而香火必至終廢。予量移茲邑，下車，醫士方道鰲等即以蠲資歸贖三皇廟醫聖祠地為請。予思三皇乃開物成務之聖人，士庶何得祀之？詢厥始末，知城東里許有廟，上祀伏羲、神農、黃帝，而配以歧伯、雷公十大名醫。因以名廟。廟有香火地四頃餘畝，座落賈家橋地方，乃前醫士周景福等買施入廟，續經匪僧當棄，致祀事不舉，而廟且日以傾圮。故道鰲等有蠲贖之舉。予因慨然曰："醫曰歧黃，其遭實始于三皇歧伯，則凡為醫士者，祀以報本宜也，非僭也。且十大名醫中有張仲景先生，於漢為賢太守，於宛為鄉先達，於醫林復為醫聖，其墓並專祠；距廟北僅數武，若合而一之，以贖地所出為歲修及時祭計，勢甚便也。道鰲等躍然色喜曰："善。敬唯命。"但廟中舊係僧人，祠中現係道人，又以合併甚難為請。予曰："贍地者，贍廟也，非贍僧道也。僧賢則僧，道賢則道，地係醫士施捨，並非僧人所置，況細閱碑文，當明藩建廟之時，相繼住持者皆係道人，今住持擇賢而已，何論僧道耶？"道鰲等伏而深思，僉舉道人李成訓。予見成訓勤儉老成，宜令往持，即將贖回地畝斷令管業，存卷以杜覬覦，並勒誌於石，俾永無蕩費云。

賜進士出身文林郎知南陽縣事加三級紀紀錄六次袁樹撰文並書。

首事：太學生草堂方道貳拾兩，益元閻克順二兩，藥容任文一兩，敦仁王士忻一兩，李萬春二兩，同仁丁烯瑞五錢，邑庠生致和堂張國賢壹拾兩，天德楊子麟二兩，保元汪自琅一兩，一太和陳綏一兩，黨明德五錢，延壽汪世杏五錢，保和堂方之策廩生從直捐錢貳拾兩，天和堂曹健一兩，德生堂尹奇蒼一兩，保元堂傅盛寰二兩，育德堂樊璜一兩，好生堂藍天祿一兩，仙育堂葉大有一兩，郭有壽一兩，員西川一兩，資生堂張名元五錢，仁慈堂郭晉澤五錢，周宗瀨二錢，張鏗二錢，府醫官仁人堂王芝錢四千，縣醫官胞與堂李銀一兩，敬畏林春一兩，北益元閻克重一兩，裕仁段復科一兩，太學生高以博二兩，萬安趙慧一兩，保全張文禮五錢，趙烯彩五錢，程凳三錢，余光先三錢，碩安王嗣昌二錢。

共贖地三拾捌段，計肆頃捌拾畝，用價銀貳佰肆拾壹兩三錢。

住持道人李成訓，徒孔必輝。

大清乾隆叁拾伍年歲次庚寅嘉平月穀旦立。

鐵筆王文。

（碑存南陽市醫聖祠。馬懷雲）

繼修醫聖祠春臺亭碑記

宛南一大都會也，而快登臨時觀遊者，惟醫聖春亭。背枕高嶺，襟帶流泉。林本陰森，鳴禽上下，稱勝概焉。登之者佳氣千重，城郭在右，平疇萬頃壤在左。溫溪與白水互縈洄，南望無際。豫峰與紫山並萃，北顧尤奇。雖龍岡之虛，鳳雛之□。亦與亭遙遙焉相對峙。斯豈非勝地名區，宜時加修葺而不可聽其傾圮者哉。況乎醫聖太守，功在萬世，而為南陽之鄉先生。其祠中之亭，豈非鄉黨後生所宜時加修葺，而不可聽其傾圮者哉。

亭創始無考，至雍正八年，邑庠李君伯遜重修之，而今茲繼修者則明經天如公，繼其先大父之志，捐重貲首倡之。郡人出資共助之。廟宇亦時出己財，以濟不給，而先君予始終董成之也。是役，雖仍舊址，而視前加崇焉，視前增華焉。柱之木者易以石，計聖久也。軒之敞者雙以庇風雨也。而且周以石欄，俾憑眺者有所依，砌以石階，使登陟者不覺勢。募資選財，鳩工營建，落成時為戊申之夏，迄於今已七年矣，而未泐貞珉。予竊有懼焉，以天如公之倡首而興作時，令嗣照書選拔成其善，則天如公已歿也，以廟祝李公成訓舉其事，而經營者其徒孔氏必輝竟其功，則成訓已仙也。郡人士之解囊勸事者，亦皆未□著其善焉。是又先君子所然抱憾以逝者，三年於茲也。

夫斯亭李公三世修舉是宜記，郡人士樂義好施尤宜記，廟祝師徒募化經理兼費己資更不可不記，而先君子數年來之殫心瘁力，以董成斯舉者又何敢不記乎。余謹約其事之顛末述之，至於長者、君子善資之多寡，別詳於石，茲不復後贅云。

己酉科拔貢邑後學方從直撰文並書。

方策子從直、王太和、汪世勳、

首事李溥子青黎、許克基。

木工胡德友，泥工許天祿。

住持李成訓徒孔必輝募化。

乾隆五十九年歲次甲寅春三月穀旦立。

（碑存南陽市醫聖祠。馬懷雲）

捐貲繼修春臺亭善金清目

捐貲繼修春灣亭善金清目：欽命河南南陽等處都督府袁敏二兩，南陽鎮標左營游府李端四兩，南陽鎮標右營都閫府劉大任二兩，南陽鎮標中營中軍府王振邦五兩，南陽縣正堂李久英三兩，南陽府經廳顧增漸四兩，南陽府儒學教授杜華章一兩。南陽府儒學訓導荊南錫五錢，南陽縣儒學教諭張逢年五錢，南陽縣儒學訓導彭于洛五錢，丁酉科拔貢口選儒學教諭李青黎五兩，邑庠生何立書三兩。

衆善信捐資另列及碑陰。

乾隆五十九年甲寅春三月穀旦。

（碑存南陽市醫聖祠。馬懷雲）

勅授儒林郎彭公諱尚賓字鹿蘋獨力重修黃渠河石橋功德碑

【碑陽】

大清嘉慶伍年歲次庚申仲冬穀旦。

勅授儒林郎彭公諱尚賓字鹿蘋獨力重修黃渠河石橋功德碑

石橋鎮四鄉親友仝賀敬立。

石工白才。

【碑陰】

蓋聞橋梁道路二者，勢相因也。橋梁不治，則道路不平，黃渠河距石橋鎮廿有餘里，爲南北通衢，舊有橋在焉。歷年久湮，河水彌漫，而橋已損壞。吾輩夙願重修，而功程浩大，艱於囗事也。里中彭公素性善良，樂於爲善人，咸推重之。聞有此舉，輒慷慨獨肩其任，捐貲數百金，親督工料，閱旬日而即蕆事。則此橋於以重新，其有裨於行路者，洵非淺鮮也。吾□不能助及一簣，相與有成，而其人之善，實有不可沒者。爰勒石于橋之左。俾往來諸君子共識其事焉云爾。

勅授儒林郎彭公諱尚賓字鹿蘋，獨力數百金，重修黃渠河橋功德碑記。

南陽縣儒學邑庠生陳觀保撰文。

眷鄉友鄭順、張思溫、張建耀、李天相、□□、□□純、□承宗、□□□、樊玉曜、張□相、李純、馬士魁、唐自興、□□□、王□□、崔□□、陳□、陳邦傑、方正詩、謝春宜、殷昭、潘兆麟、雷鬥光、□體道、王章、齊興、姬魁興、□□□、□□清、悅□號、李碧章、王信、□自立、王斌、劉法大、劉中庸、□□□、□□□、□漢、李璋、張純、□□□、劉義、劉選、張天瑞、單執玉、□□□、徐福、□□、□可道、劉國華、張珂、□詰、恭賀敬立。

大清嘉慶五年歲次庚申孟冬月之吉。

鐵筆匠楊錫傳、殷禮。

（碑存南陽市文物保護管理所。馬懷雲）

重修宛南書院碑記

宛南為豫之大郡，自前府鶴山庄公改東郊廢寺，創為書院，萃十三邑之士肄業于中，人文蔚起，蒸蒸日上。殆仰體聖朝作人之化焉。院之外僻地樹柵，內側有先賢祠，有講堂，有尊經閣。又分為四齋，齋各有講堂，有軒，有廊，有曲房，有斗室，庖湢遊息各有其所，規模宏敞，制度美備，誠盛舉也。顧自乾隆十六年及今已閱五十餘載，歲日既久，牆垣日以傾圮，□□日以摧折，而嘉慶元二年間，楚匪滋擾此近郡屬之唐縣、新野諸處，郡城戒嚴，以院之地廣且僻，貯軍火、畜馬匹，加以蹂躪，幾鞠為茂草矣。

余以辛酉涖宛，課士其中，目覩頹廢將成邱墟，惜前功之欲墜，急思有以更新之。適完顏方伯自江防過宛，以前任庄公創建書院大□□並自述兩涖是邦，未得修葺，乃又因軍需而殘圮之，斷往開來之謂何？深漸愧焉！慨然捐銀三百金，並書致動用前守存銀一千五百餘兩以為倡，囑余竟其事。余喜是役已有始基，爰勸十三屬同官諸君各分俸以襄事，諸君成禾輪恐後，並募合郡紳士之好義者，共得銀三千八百餘金。乃選附郡紳士之廉明勤慎張□律等十三人董其事。經始于嘉慶七年四月，然以七十餘畝之廣，房屋至三百三十有奇，其檻瓦石用之以千計萬計億計者，築之用稍煞初建，而木石之價、傭力之值數倍於前，僅特此捐數，胡可□事？若再事勸捐，緩不濟急，必至途半而廢。乃以書院課租銀陸續津貼之，於是，費不匱，而工得不輟，落成于嘉慶八年□日。計前津貼共一千八百餘兩，請銷於上憲未得如請，全蠲補之以成義舉而竟余之□心焉。凡重修東西柵欄牌坊顏曰禮門、義路各三楹，新添周圍花牆以嚴禁圍而兆觀，大門五楹，儀門三楹，七賢祠五間，陪廊各三間，大講堂五間，左右齋房十間，尊經閣五間，俱周以繚垣。其東廂敦仁、多禮兩齋，前因軍務殷繁，暫改為寅賓館，余補修齋房三十餘間別為門東向，以明因公假借，並非劃作公廨，今復一併修整，存舊也。西廂則集義、達知兩齋，講堂各三間，齋房共七十餘間。其西南隅為王公祠，東南隅為魁星閣，亦俱築建完固，以及各處聯額重加采飾，實實枚枚煥然一新。洵無負完顏公之美意，當亦莊公之所默慰者也。惟東北隅舊有文昌閣，甫施工而余適以憂去，功虧一簣，後之君子倘能佐余不逮，是所厚望焉。

夫是後也監修督工則貢生張□律、行自修，監生甘兆祥、用起鐸、崔文蔚、任守太、張孔、章生賢、閆作梅、鄭風翔、朱文昭、崔德懷、張元武、雷季元。於土之竣，則得備書。其捐施姓氏亦另詳載題名碑中，以彰□盛事而垂不朽云。

賜進士出身誥授中憲大夫知南陽府事侯補遺前户部員外郎惺庵馬維馭撰並書。

嘉慶九年歲次甲子季春月穀旦。

（碑存南陽市南陽府署大門前。劉宗志）

謁南陽諸葛草廬作

嘉慶乙丑仲夏高密單可基

鬱鬱隆中對，叢祠肅拜觀。鷹揚扶正統，鼎峙惜偏星。
屬主頌懷托，老臣心血殫。死生真勿貳，灑淚拭碑看。
不緣三顧重，終老臥山邱。父子忠貞繼，君臣魚水投。
猜嫌消宦寺，談笑折名流。八陣風雲護，兵韜孰與儔。
七歲離鄉裏，三分定草廬。匡時天下計，開國帝王模。
名士誇強敵，平刑感謫徒。取川莫輕議，端為漢家扶。
五丈原頭恨，英雄淚滿襟。但知謁臣力，不敢向天心。
大義出師表，高懷梁父吟。漫饑陳史筆，歎仰一何深。

（碑存南陽市武侯祠。馬懷雲）

重新金裝三皇聖祖十代名醫神像石碑

凡事必要其成，不可半途而廢。茲郡城大東關，舊有三皇聖廟。歷年久遠，風雨飄搖，漸近傾圮。經主持孔必輝敦請游方道士背牌募化，雖廟貌頗有可觀，而神像尚在凋殘。有廪生張森律目睹為憾，首揭銀五兩，敬約好善之親友，略解金囊，共捐銀二十六兩，即布丹青，廣施繪畫。將見諸神，煥然一新，赫然有靈。則工程不致半途而中止。欣值落成之後，刻石留名，非要譽也，聊以為繼起有勸。

東關鹽店萬盛號捐銀四兩，南關鹽店杜合昌捐銀四兩，富有當店范光國捐銀四兩，南陽倉房藍西川捐鑼二兩，南陽庫房公同樂捐銀一兩，從九職員鄭明法捐銀一兩，誥贈修職佐郎米承宗捐銀一兩，南陽監生鄭如棕捐銀一兩，信士高瑞龍捐銀一兩，南陽生員李青揚捐銀五錢，未入職員劉國正捐銀五錢。

　　欽賜翰林院彭建業撰文。

　　候補主簿張火律沐手敬書。

　　大清嘉慶十五年歲次庚午夏月立。

（碑存南陽市醫聖祠。馬懷雲）

隱居求志

　　隱居求志

　　道光三年仲夏月重修。

　　知南陽府事謬文錦敬書。

（碑存南陽市武侯祠。馬懷雲）

誥封通奉大夫彭尚賓行狀

　　清道光五年十月二十七日

　　誥封通奉大夫鹿蘋彭公行狀

　　公諱尚賓，字鹿蘋，其先世晉之曲沃人。自厥自吉庵公來豫，家於南陽之石橋鎮。凡其治生，主於勤儉，堪爲世法。吉庵公諱泰，誥封通奉大夫。前妣王氏，妣張氏，均贈封夫人。生子二。公其長。公質性醇慤。總角時即循循規矩，不好弄。稍長，門內事悉躬親，無暇就學，遂以例入成均，逮吉庵公歿，公一守其法。其產業日以殖，其勤儉猶夫昔也。由是出其贏餘，躬爲義舉，獨山北數里黃渠河，舊有大石橋，以濟往來，歷年多日就傾圮。又北數里爲雞鳴山，磐碨崎嶇，亙於孔道。公慨然捐金，獨任其役。既修石橋，復平山路，凡數月始竣，功費多勞巨弗恤也。歲歉，乞丐踵門不絕，公使人悉二酌給之。鄉鄰或有貧而負欠者，不責其償，且並有毀其券者。遠近以事募化者無弗予殆，所謂積而能散者耶。延師教子，禮意有加，望其子以成就者殷矣。會朝廷以故開例，因得爲其長嗣注名道員，即壽山觀察。齡也需次京師，於嘉慶十五年冬，欽命分巡四川永寧道。次年春，觀察銜命出都，便道歸省。公諄諄諭以天祿非可幸邀，循分盡職潔己，率屬忠君，即所以孝親也。觀察謹受訓，就道赴任。未幾，公遽以疾，卒於家。時爲辛未歲四月十八日也。距其生，得年五十有八。前誥封通奉大夫。□之以木，致財用本，守之以武，一切用文持之。吾於公亦云。

　　公事親孝，有疾，湯藥必親，衣帶不解，撫弟德聿備極友愛。初公之□也，觀察在蜀，弟幼，凡含殮之具，悉聿修一身營辦。逮觀察歸自蜀，其年冬，始以禮葬公先塋之次。公家雖素封，然無膏粱氣，與之處，藹然可親，即村野人，皆得盡其談笑。喜賓客，客至輒留飲，款洽不厭。曾幾何時，九原不作，悲夫！公凡四娶，元配王氏，繼黃氏、張氏，最後繼張氏，均贈封夫人。子二：前張夫人生長男齡，原任四川永寧道。後張夫人生次男述，入成均。孫二：樹勳、樹策，俱幼，齡出。今歲乙酉二月，張夫人終。觀察將於十月二十七日，偕弟述奉張夫人之柩，於禮以次祔於公墓，其三夫人前已祔葬云。觀察懼公之行久而湮也。丐二以狀之，亦人子不容已之心，有足多者，遂不辭而爲狀之如此。

例授修職佐郎歲進士候選儒學訓導後學[1]

（碑存南陽市文物管理所。馬懷雲）

重修宛南書院碑記

宛南書院，自乾隆十六年鶴山莊太守建立，嘉慶九年惺庵馬太守重修，迄今二十有四年，牆垣半圮，丹堊剝落，梓庭中丞程公以道光六年春三月閱兵臨郡，覩斯而貽曰：是不修何以作□。因是廖邵庵太守倡儀捐貲，各屬合成，輸將勇躍。廖太守解任去，而謙邊承其下車省現場篤不敢緩，爰諏告於七月二十三日興工，缺補之，汙飾之，應揭者揭之，應增者增之，越四月二十一日落成。紳耆張樂律等諸立碑記其本來，謙曰：君知書院所由重修乎？乃梓庭中丞程公之命所以嘉惠士林者也。中丞曩在湖南開藩時，吾鄉有城南書院，為張南軒子講學地，自遷建城內，既囂則嗌，屢議復不果，公捐廉五百金先倡，及升任，嗣公者踵修，舊觀遂復，湘人思慕。中丞住節河南，飭各府州縣修建書院，諄諭再三，非欲使屬皆知教化之本原□□又思中丞飾修學，不徒望諸生掇科目，拾青紫而已，將惓惓之庠敦禮義廉恥以養其心，孝弟中信以立其質，經書史集以□其間，為鄉里所矜，或出而為政適於世用天然後成完人也。諸生誠能砥行立名，斂華崇實，俾風俗蒸蒸日上，以期不負中丞作育人材雅意，則得矣。

道光七年五月初二日知南陽府唐業謙。

（碑存南陽市南陽府署大門前。劉宗志）

二次贖地碑文

道光九年三月初八日，周晉曾純聯名具呈備案。十三日，蒙調署南陽縣正堂加七級紀錄十次卓異，候陞莊批，准具情備案。為儒醫候選州同周景福系康熙年間施入雙橋鋪地方姚莊地三十八段四頃八十畝，入三皇廟，僧人管業，護守香火。嗣後僧人不守本

---

[1] 下殘。

分，當費地三十六畝。經衆醫士等呈控，逐去僧人，有衆醫士方道鰲等三十七家，共捐銀二百四十三兩一錢贖回，於乾隆三十五年交付醫聖祠道人李成訓守護，前後二廟，遂合為一住持，李成訓司其出入多年。今有住持徒孫尚有和，和徒范名通，當費地三段六十畝，價三百串，當與曾純，經周晉查出呈詞告追，經街說合，將純所當地畝文約掣回，其價改為秭價，自本年為始，期至十年為滿，將地仍歸廟管業，與曾姓無干。除將縣憲備條外，茲同衆公議，禁止以後住持再當出地畝，控官逐出。售地之家，錢地兩空。恐後無憑，泐石為記。

道光九年。

醫林會館首事三和堂皇甫良，醫官東堂堂王德漣，醫士人和堂曹作義。

（碑存南陽市醫聖祠。馬懷雲）

漢昭烈皇帝三顧處

漢昭烈皇帝三顧處
道光辛卯巧月吉日。
宛邑後學任守泰、劉璣、劉訓。

（碑存南陽市武侯祠。王偉）

千古人龍

千古人龍
大清道光壬辰桐月吉日。
知南陽縣事梅嶺蕭其芬重修。
南陽縣典史雲間王清憲書。

（碑存南陽市武侯祠。王偉）

忠延漢鼎[1]

忠延漢鼎
邑後學任守泰督工，邑後學任柏仁敬書。
道光十二年季春。

（碑存南陽市武侯祠。王偉）

---

[1] 刻於千古人龍石坊坊陰。

蔣方正德政碑

公祖官印方正字立中號元峯

恭頌

誥授中憲大夫賜進士出身翰林院庶吉士陞任江西廣饒九南兵備道蔣大人德政碑

南陽合郡紳士商民同立。

大清道光廿二年歲次壬寅嘉平月下浣穀旦。

（碑存南陽市南陽府署大門前。劉宗志）

修葺諸葛庵碑記

顧嘉蘅

南陽諸葛庵為躬耕舊地，人皆知所尊崇。惜古碣無存。聞明季兵燹，營員郭指揮盡以碑石築防，遂致湮沒。焚琴煮鶴，此懷古者一大憾事。且年久祠宇荒蕪，殊無以壯觀瞻。予前兩任屢欲鳩工，皆丁憂去。二年冬，山居奉特旨奪情三守是郡，適粵氛由楚擾豫，予督首令鈕嘯琴偕官紳等修城浚池，練勇殲剿。兩載來每戰必捷，閤郡安全。乃倡修此庵，不數月告成。凡高臺堂院增新仍舊，煥然改觀，高樓砌以磚石，西南平崗特建龍角塔，培植士習民風。嗟嗟！戎馬倥傯之餘，勉力大興土木，留心古跡，敢曰治理裕如哉。或亦安民和衆之一效乎！嘯琴等真能助我者也。予平生不善標榜，茲據實紀之，所願後之賢守令保障勳隆，時加修葺，俾世遠年湮，地以人傳，斯堪賴以長新。諸葛大名不朽，古碣雖沒又何憾焉？是為記。

咸豐三年春。

（碑存南陽市武侯祠。劉宗志）

修城練勇保民碑

南陽為楚、豫咽喉，且為山、陝半壁屏障，九省通衢，最為冲要。惟城池建自前明洪武初年，至今傾圮太甚，歷任屢欲重修，因工鉅莫舉。予前兩任斯郡，亦有志未逮。昨歲三奉恩命奪情，適粵氛侵犯楚、皖，竄擾豫境，逼近宛疆，亟謀保衛生靈，所費不資，奈何紳民僉云：「信而後勞，願效力必成而後已。」予唯唯，捐廉為之倡，據情陳大憲諏吉興工，集公正董事，九閱月而告竣。先是全無土隍，小車時通出入，即有隍處不能容步履。乃自城外開濠取土，架天車轆轤挽上，一簣之土，難於成山。今則居然平砥，可以乘輿並轡矣。馬道則闢寬，地面加以照牆、柵欄，高下土道，氂以甄石，按方刊石，額書年月。

城上分安大礮臺，環池疏濬泉源，遍栽桃柳，以固垣根。此外先農、社稷，壇橋石壩一律整齊，向之有志未逮者，今則有志竟成。予乃嘆衆志真能成城矣！雖然，城非不高，若無守又奈何。予練勇三千，殲匪萬餘，聲威已及於遠。凱旋復就署後隙地添修三生祠，作團練公局，無事時為賓興館，將籌歲修之資，計圖久遠。紳民欣欣然曰："斯城捍禦全豫門戶，豈特十三城保障已哉。"

　　前翰林院編修郡守顧嘉蘅撰並書丹。

　　咸豐四年歲次甲寅嘉平。

（碑存南陽市南陽府署大門前。劉宗志）

顧嘉蘅題記

　　武侯祠為南陽名勝。蘅三任分務匆匆，未獲稍憩片時。歲甲寅，修城浚池，復督同鈕嘯琴太令重新祠宇，煥然改觀。頻年來，鶴唳風聲，干戈不擾。固杖武侯靈佑所致。乃郡人委功於郡土，且謂先君於草亭羌終，大有因果。古今異數，感召如神。或以武侯所心許。郡人士奉先君牌位於別墅，預籌香資，蓋則歸親之儀，蘅何敢辭？惟滋感悚永奐，費諼已耳。

　　咸豐乙卯秋，嘉蘅謹志。

　　草廬碑迹甚多。楚彝陵顧南林封翁書法，為海內所推重。戊申冬，湘坡太守迎養郡署，每游此廬，終日憩息，依依不忍去。古今有深相契合者。惜是時，封翁年高臂痛，不復作書，致乏題咏。人往風微，士食舊德。爰請遺墨上石，為吉光朋之珍。

　　乙卯秋碧峰李夢龍識。

　　鶴軒沈大鵬浣手鐫石。

（記存南陽市武侯祠。王偉）

顧嘉蘅題記

　　道光丁未秋，蘅以編修京察出守宛南，未案吏治。先君隨時訓迪，結案三百餘起。旋丁母憂。咸豐元年，再任是郡。先君忽於武侯祠抱病棄養，扶櫬歸里。卜地營葬之次日，奉特旨奪情，三蒞茲土。盤根錯節，盜緝民安。郡人士推善歸宗，勒先君墨蹟于石，抑亦彌未獲終制之憾耳。

　　乙卯仲秋月穀旦，男嘉蘅謹志於醉墨山房。

　　咸豐乙卯小陽上浣，姪友麟、孫振夫敬立。

（記存南陽市武侯祠。王偉）

宛北石橋鎮南畔重修清真寺碑

　　粵稽西方穆民，偏安一隅，陳隋間始入中原，至今多歷年所。戶口日增，良莠難齊，合衆公議，恐失大食國舊習，因於所寓之處，各立一寺，名曰清真。一以尊崇先師，一以規戒後昆，誠義舉也。迨雍正年間，陳九林建修草房三間，暫爲禮拜之所。乾隆五十年間，陳子林、陳萬俞等捐資重修窰樓、拜殿、卷棚、望月樓，煥然一新，功莫大焉。嘉慶四年，陳子林施宅基一處，緊靠寺北，門面二間，通前至後，俱許寺中照管。十六年陳萬倉施地十五畝，其地座落石橋街西，四至有約，大糧銀施主交納。陳姓兩次施捨，原爲修墳祭祖，請師之費，與旁人無干。及道光二年，陳灼等緣化駝客銀兩，添修臨街東房二間，並補修窰樓，落成之後，俱無碑記，恐世遠年湮，難敘顛末，並杜強梁之徒紊亂寺規，因列之于石，以垂不朽云。謹序。

　　施宅地同首事人：丁宗才、周從仁、周世科、王梅。

　　大清咸豐十年後三月二十七日。

　　陳氏族人仝立。

（碑存南陽市文物保護管理所。馬懷雲）

跋漢李孟初神祠碑

金梁

　　按：漢宛令李孟初神祠碑，本宛南名跡，崩裂已久。道光初年，白河水漲沖出，爲就近居民□□□□□，遇識者指係漢碑□。僅餘數十字，下截皆剝落竟無字跡。今年景劍泉學使書來索此拓，甫訪求得之。因念此碑湮沒已久，前四十年爲河流沖出。又得□景學使搜羅及之，古跡倖存。若有鬼神呵護其間。使移於府署二堂東廡下壁間，而識其顛末如此。

　　咸豐庚申秋九月甌山撰並書。

（碑存南陽市南陽府署。劉宗志）

湘坡顧太守去思碑記

　　稽古南陽之賢太守，漢有召公翁卿、杜公君翁，晉杜公京兆，明段公可久、孫公吉泉。此五人者，循良媲美，世稱五太守焉。繼以湘坡顧公則爲六太守矣。咸豐三年春，我公祖奉特旨，三守南陽，民興來暮之歌。五年冬，練勇既精，修城甫竣，遽因議去官，父老攀轅，童子牽裾，留之不得也。舉疾首蹙額而相告曰：我公乎竟爲民失官乎！方今捻軍匪起，南楚之賊勢日以北，東皖之賊勢日欲西，而且髮逆犯順，亦大窺伺中原之意。我公既去，羣失怙恃，倘寇深焉可若何？天乎！人乎！何待吾民之薄乎！抑又思之，翰林大封翁品學兼優，人素欽之若神明。城工告竣，示公以夢，有"與民守之，永保無虞"之語，民皆拳拳服膺，弗敢□焉。未幾而鄧、內相繼失陷，民偕老幼避居城內，果獲保全。自是而向之慮其傾圮者，今則視為金湯矣。數歲間，凡遇寇驚，莫不恃以相安。今春髮逆西竄，蜂擁蝟集，唐邑失守，直撲郡城，百道進攻，勢極猖獗。民恃"永保無虞"之言，心益齊，膽益壯，嬰城固守，逆莫如何，怏怏不得逞，遂遁。于時士大夫歌頌功德，盈篇累牘，以為萬家生佛，雖婦人孺子亦皆鼓掌而歌曰：南陽城外扎賊營，里三層外三層，若非顧父修堅城，吾民受其烹。□切數語發於至性，益見公之德惠及人者遠且深也。夫我公三守是邦，以實心行實政，無論鉅細，凡有關乎國計民生者，莫不悉心講求，以期功歸實際，紀之者有德政碑，茲不暇贅。惟是募勇三千人，逐日練之，頹城四百載，與民新之，此數端尤為實惠及民，民不能忘也。公之勳業，誠超召、杜諸公而上之矣。乃歌曰：

青山橫北兮，白水繞東。此地相送兮，臥轍留公。留公不得兮，去思何窮。甘棠東蔽芾兮，輶軒採風。歌響未已，幽思轉深，黔黎相望，莫不同心。

又稱歌曰：

當年碑樹峴山阿，今日相送別情多。萬姓攀轅不忍去，頌聲競起到白河。何時福曜重臨郡，五馬璁璁相玉珂。爰命良工，勒諸貞珉，雲霄萬古，焜燿千春。

賜進士出身前江南江甯縣知縣任輝第撰文。

南陽縣學廩生魏汝坪書丹。

大清咸豐十一年歲次辛酉十一月合郡紳士公立。

鐵筆張安。

（碑存南陽市南陽府署大門前。劉宗志）

溧河店寨門濟東保障題刻

濟東保障
同治元年。

（碑存南陽市溧河鄉溧河店村。王偉）

修建武侯祠碑記

武侯祠為南陽名勝，多年失修，頹廢太甚。咸豐三年春，蘅三蒞斯郡，率屬建龍角塔，殿宇煥然一新。迨去任，屢遭兵燹，仰賴靈爽式憑得以保全，惟草亭古柏被焚。蘅五任，復補葺之，增制聯額紀事。三顧堂與關、張殿前後基地寬闊，頗堪佈置，爰綴數語，以俟後來居上者源源振新於不朽云。

同治三年長至日，郡守顧嘉蘅謹識。

（碑存南陽市武侯祠。劉宗志）

上諭碑

清穆宗

同治四年南陽府轉奉行知五月十八日奉上諭：顧嘉蘅五守南陽，素德民心，著吳昌壽責成該府將南、汝、光一帶團練認真籌辦，以固楚豫邊防，原折著抄給吳昌看。欽此。

南、汝、光三處毗連，與楚地方犬牙相錯，為楚豫西路咽喉，最關緊要。數年以來，捻匪出沒，迄無定時。近聞該處匪徒因山東擾亂，羣思乘間竊發。一經峰起，則南北道梗，急應即早嚴防。查有河南候補知府顧嘉蘅前後五任南陽，人心愛戴，衆口一詞，督率紳民修葺城池，抽掉鄉團十數萬人，按期操演，屢次捻匪竄擾，帶兵迎擊，頗著奇功，賊望風而靡，不敢犯南陽境界。該員在豫多年，山川險要無不周知，又能素孚民望。可否飭令兼辦南、汝、光一帶團練，不惟河南邊防可資捍衛，即楚省及北路門戶，亦可因而保固矣！

同治四年五月。

（碑存南陽市南陽府署大門前。劉宗志）

南陽太守傅公去思碑

公名壽彤，號青餘，黔之貴築人。才大而深，學博而奧，能洞悉天下形勢。咸豐癸丑成進士，充庶常。侍郎茂蔭王公以知兵薦。奉命以從戎豫省，佐歷任撫憲，剿亳、潁叛逆。聯莊會匪蠢動河朔，同鄉前達李文園先生解散之。十年四月守歸德。秋八月，文宗顯皇帝北狩熱河，公率精卒二千，從慶中丞渡河勤王。奉旨阻北援之師，十二月攝守南陽。國家承平日久，鄉井晏然，不識兵革。十年三月，淮匪薄城下，人皆震懾，公召集鄉耆，督鄉民固守獲全。賒旗店為商賈輻輳處，鄉設官鳌，紳民欲借官鳌築砦。上憲不允。公上書言該處兵燹後，民命不堪，乞暫緩，俟興作完竣，再行輸馭。上憲大恚，謂結好於民，褫職。鄭中丞廉知其故，起原官。同治二年六月，復守南陽，接董鄉團，計砦選丁，逐月調操，公示諭各屬，按縣巡行，不令諧郡所在訓練行陣，疲民之費、幹時之役悉罷。八月賊復至，公率練勇，駐裕之龍泉鎮、鎮平、新野、唐、泌諸處防杜，而以附近鄉團助其聲勢，賊以有備，南竄楚。明年移守開封。四年夏，裕民思公不置，謂予知公悉，屬予屬文以紀公德，爰據實政而摭錄之。

同治四年夏。

汝州許靜撰書篆額。

（碑存南陽市南陽府署大門前。劉宗志）

跋李孟初神祠碑

傅壽彤

此碑長五尺三寸，寬二尺二寸，中孔圓徑六寸，右方剝落約二尺許，碑首存"故宛令益州刺史南郡字孟初神祠之"十五字，文中存五十三字，餘缺漫漶不可識，同里莫子偲知宛有此，索拓于學使景劍泉前輩。時太守金君移置堂下，嗣余守此，更慮剝損，亭以覆之。嗟乎！此碑沉埋沙磧者，自漢以來幾千載，及出，又流落人間不知寶重，如金君者□而藏之，誠碑之幸然。然非劍泉索拓碑無由至是，非子偲言劍泉又無由索拓，然則子偲誠碑之知已歟！

（碑存南陽市南陽府署大門前。劉宗志）

誥授中憲大夫顧老公祖湘坡老大人去思功德碑記

贊曰：彝陵州古，雲山蒼蒼。毓秀東胡，郡著宜昌。來從翰苑，金馬玉堂。神仙品格，菩薩心腸。恩威並濟，智圓行方。守正不阿，無欲則剛。終宵研鞠，雀鼠潛藏。練軍武略，訓課文章。藝林丕振，科甲喬皇。屬吏壯丁，翎頂叨光。兩番奉諱，賊勢鴟張。奪情賢臣，贊襄三仕。三巳跡在，□□龍崗。廿四勇隊，虎變鷹揚。雄師勁旅，陣伍精詳。殲匪計萬，除暴安良。親冒矢石，德被紳商。全資保障，逃者還鄉。修城鑿池，芘蔭甘棠。百法捐借，乃裹餱糧。公而忘私，辛苦倍嘗。炮臺火器，車箭攆槍。主帥奏調，北渡勤王。將降大任，艱巨擔當。安同磐石，鞏若金湯。合郡之福，萬民之望。兇惡陰譴，天理昭彰。歡迎五任，實力籌防。賓興啟館，醉月雲囊。師師濟濟，整肅冠裳。盛名不朽，眾志何傷。子孫逢吉，身其康強。羣情感戴，恩德莫忘。

南陽十三屬城鄉鎮集紳士商民老婦孺共叩。

同治四年歲在乙丑嘉平月中浣吉日。

（碑存南陽市南陽府署大門前。劉宗志）

禮部謹奏准河南巡撫李鶴年修廟碑記

禮部謹奏為據咨轉奏仰祈聖鑒事。同治六年二月二十九日，准河南巡撫李鶴年來咨，內稱據鹽運使銜候補道傅壽彤稟稱，查得南陽郡城北關，有元妙觀一座，建自元時，列於縣志，原供三清暨真武諸神，嗣於雍正八年，又由內殿請來斗姥佛像一尊，並蒙御賜慈雲法雨匾額，為豫省西南一大叢林。詠觀道士張宗璿深通經典，焚修耕種，勤苦之餘，稍有蓄積，十年三月間，皖匪姜太凌等，兩次竄擾宛境，該道士即糾領道衆，登陴協守，並捐貲募勇，關廂賴以安全。迨同治元年，警報疊傳，詠道士首先倡捐制錢一萬三千餘串，獨築北關外郭大砦，並稟明製造鎗礮軍器，保衛郡垣。二年九月，張總愚股匪竄踞南召境內，馬步餘匪時至近城一帶焚掠。該詠道士仍復召集前募勇丁，隨同官紳，晝夜嚴防三月之久，不稍鬆懈。郡城得以轉危為安。所有宛南出力官紳，屢蒙甄敘，詠道士屬係方外，其捐貲效力情形，屢經南陽府縣詳報有案，理合稟請，鑒核咨部，刷印《大藏經》全部，由詠道士自行進京請領回宛，尊藏元妙觀中。俾與內殿佛像，御賜匾額，後先輝映，以彰詠道士數年之功，則聞風興感，益勵城防，實於軍務地方，均有裨益等因。據情咨請到部，臣等查向來廟宇請領經咒，由臣部移咨內務府，轉知照武英殿發給。查道光十二年，四川成都府贊光寺住持月耀請領《龍藏經》一分。咸豐元年，浙江紹興府祇園寺住持應律請領《龍藏經》一分，均經照例辦理在案。今據該撫咨稱，元妙觀道士張宗璿捐貲募勇，守城築砦出力，請領《大藏經》全部，以寓獎勵之處，係因保衛地方起見，相應請旨，飭下內務府。曰武英殿發給《大藏經》全部，交詠道士祇領，以昭尊奉。如蒙俞允，臣部行文內務府，照例辦理。為此謹奏。同治六年五月十一日奉旨。知道了。欽此。

同治六年六月二十四日。

頭品頂戴河南巡撫臣李鶴年恭錄轉行，河南布政使臣卞寶第恭錄轉行，鹽道使銜河南候補道臣傅壽彤恭錄轉行，前河南南陽府知府臣張仙保，河南南陽府知府臣劉林宸，前南陽縣知縣臣李瀛，南陽縣知縣臣任愷。

元妙觀道士張宗璿恭勒上石。

（碑存南陽市南陽府署大門前，拓片藏河南省文物考古研究所。馬懷雲）

南陽玄妙觀藏經閣記

中憲大夫晉中議大夫鹽運使銜署河南分巡南汝光兵備道歷知開封歸德南陽等府事翰林院檢討傅壽彤撰。

舉用訓導舉人許靜書。

同治六年夏五月，禮臣以河南巡撫轉據前知南陽府事傅壽彤請頒道經全部於南陽元妙觀，表羽士張宗璿守城功。上聞，得旨允行。冬十一月，宗璿走京師，奉經南旋，以七年秋九月，命工經始築閣于觀，藏經於閣。壽彤適兵備南汝，因為文，授門人汝州許靜書而勒諸石，曰：先皇帝之十年冬，壽彤解守，宋撫臣以淮寇西駛，薄汝潁，間南陽北援兵將復據荊河上游，檄壽彤權其郡。至任集郡父老為守禦計：城西北地曠民亦鮮，東南殷且庶，無以齊其守。予敵以釁，非計也。郡人崔懷玉告曰：有宗璿在，無慮此。明年二月，寇至，自唐西入鄧，自鄧旋宛涓陽水而東，歷四十餘日，壽彤率郡人擊以炮，宗璿與焉，又出其道眾數百人雜伍保中，晝夜屹立無倦容，且知緩急，識進止，善拊循，非獨能用其眾，凡所建言，郡人均樂從之。故卒使城無可乘之釁，守以固，民亦安，始信懷玉言非偶然。宗璿誠非尋恒羽流也。寇退，謀所以善其後者。宗璿進曰：城東南無郭，西北高阜崇隆，瞰城中如繪，二者皆不便於守，惟寨為宜。壽彤韙之，旋受代去，代者亦韙之。議甫定，粵逆陳得才自潁來犯，必欲下宛為進取商洛計，拒楚豫投師，圍攻十餘日，會襄陽道金國琛率兵來援，城中人亦截其所開地道，得才乃遁去。今上紀元秋七月事也，都人士相謂曰：寨若城焉，至是於是益宗璿議為然。合力興作，閱歲工將竣，壽彤奉命再守此邦，宗璿及都人士重為規劃，補所未竟，環寨而樹炮臺者十有六，樓櫓器械罔弗備。自是以來，寇屢至屢不得逞，寨之力，亦宗璿之力也。都人士請于壽彤，欲有以懋其功，辭弗受，衆固強之。因請賜經以守其廟，而壽彤移開封，不果。旋以憂去，後知府事張仙保上其事，又格於吏議者再。五年九月，壽彤服起，官於汴，乃為書上撫臣曰：宗璿之有勞於南陽，非一日也，南陽之民欲有以酬宗璿之勞，非一人也，然則是舉也，非為經也，為宗璿也，非為宗璿也，為南陽也。南陽之民心，天下之民心也。一舉而獲天下之民之心，聖人在上，宜無有不報者。撫臣曰：善。遂為之請於所司。故事，惟龍藏經得外給，所司者授以請，且曰：勵歷也，詔果報可。按道家言，經始上清，次靈寶，次洞明。謂其出於龍漢未明之初者，史佚無征，不可得聞。歷漢及唐，至於元明，代有著錄，更相釐定，統以洞者三，次以輔者四，別一類者十有二，析以函者五百十有二。第以卷者五千四百八十有五。海宇流傳，歷有年載，逮入我朝，不以行于天下，蓋不欲崇尚元教，致夷民行也。今以宗璿故，而乃順守吏之請，允部臣之議，舉國家二百餘年未曾印給之經冊，出自上方，藏于外部，甯惟方士微勞，因是以垂於無窮，抑亦見聖天子之重土宇而順民情也，如此敢以告於來者。

（拓片藏河南省文物考古研究所。馬懷雲）

雞鳴山彭公義行碑

　　蒲山西南由紫峰迤迤而來，岡巒突起有山焉，是謂雞鳴。當南北衝衢間，往來車馬跨山而行，石路崎嶇顛躓者相望也。行旅苦之，視爲險途。同知彭公樸庵顧而憫之，慨然以爲己任，出數百金買山下田數十畝，樺確行徑，易爲康莊，復築亭山麓，每盛暑施茶漿焉。道途之間，其利溥哉！客有言於余，曰："彭公之爲此舉也，固不求名，若久而就湮，爲善者何以勸？願勒石以紀之，請爲序。"余竊見古來仁人君子，重義樂施，未嘗不喟然興歎。以爲安得此數十百輩，救人之難，濟人之急，爲斯世弭不平之憾乎！彭公其即斯人也夫。固可以風矣。是爲序。

　　　南陽縣甲子科舉人愚弟宋德煜撰文。
　　　南召縣學優附生姻愚晚李涉瀛書丹。
　　　眷親友府城安協聚、賒鎮李永甯、邵學易、包萬清、府城許秉讓、河砦劉克州、賒鎮李法德、府城恒盛和、石橋李恒心、張玉、周永清、篤本協公合、水郝瑜、趙明全、義成染坊，仝泐石。

工人王占鐵筆。

大清同治九年閏十月中浣。

（碑存南陽市文物保護管理所。馬懷雲）

功蓋三分

功蓋三分

同知銜升用直隸州知南陽府事劉世勳敬立。

同治十一年仲秋朔日。

（碑存南陽市武侯祠。王偉）

第一良才

第一良才

皇清同治十一年冬月中浣穀旦。

川貴繭幫公立。

（碑存南陽市武侯祠。王偉）

岳飛出師表跋

岳少保書武侯出師二表，曩見其搨本。知道出南陽宿武侯祠為道人書者，度是碑必在南陽也。歲丁卯來宰是邑，謁侯祠，尋碑不可得。時勤延訪，知碑在江南之彭城，會壬申典守宛南，復加物色，於今復得之。書法之健拔雄偉，尤見中武鬱勃之氣流露於筆端。夫以少保之勳烈，固與武侯後先輝映，同為千古傳人，豈必其文其書以傳耶！而其文其書亦自有不可磨滅者。謹命匠人摩勒於石，兹以點綴草廬云爾。

光緒二年三月寧夏任愷謹識。

南陽李發詳刻石。

（碑存南陽市武侯祠。馬懷雲）

清故處士劉元龍合葬墓碑

南陽縣邑庠生族愚晚松閣拜題

公諱元龍，父大蘊，兄弟三人，長兄元衡，次兄元鐸，公行三。幼聰慧，總角受讀，即知進取古人，風姿秀逸，宛若雲霞仙人，志氣沉雄，都擬霄漢，羽容蟻術，功深鵬程，氣逸奈數奇，功名屢躓雲路，繼以教讀為業。四方多所成就，攀龍附鳳之志，猶眷眷於絳帳皋比閑［間］，曲成後學，遠圖前程，時家室蕃盛，照理相須尤切，不或已輟讀。勤儉持家，基業日益隆盛。孝弟敦倫，黨里有所矜持。生平憐貧救苦，慷慨樂施，懿行不可屢［縷］述。松生也晚，未獲與同時親炙德範，而得之傳聞者，亦足深人山斗日景仰志，故樂述之，亦示不忘則效云。

　　清故處士劉諱元龍字雲從待贈孺人魯氏太君合葬之墓

　　大清光緒三年仲春月上浣穀旦。

（碑存南陽市文物保護管理所。馬懷雲）

伊呂遺風

　　伊呂遺風

　　光緒四年歲次戊寅六月。

　　鹽運使銜知南陽府理寧夏任愷敬書。

（碑存南陽市武侯祠。馬懷雲）

張衡墓碑

　　重修雙證尚書張公子平墓碑記

　　光緒八年重刻。

（存南陽石橋鎮汪石橋。馬懷雲）

醫林會館碑記

　　古人建廟設館，廟以薦馨香，館以為會事也。明代醫家創修三皇廟正殿，塑三皇聖像，兩廡為醫林會館，係醫家創修，而他無與焉。夫後殿若為後學祭祀報本之地，會館為眾醫士聚談醫理之所。

　　然醫有開創，必追先師；道貴相傳，必以文會，始有廟館之修。正殿塑三皇十大名醫像者，以伏羲畫八卦，分析陰陽，神農赭鞭草，詳注藥性，黃帝與岐伯雷公，君臣問答，著《靈樞》、《素問》、故三皇為醫道之祖，此時雖有法而無方，至漢時我南陽張仲景出，承三皇之道，立眾方公之天下，誠為立方之鼻祖，醫家之大成，故配享於三皇。晉唐名醫，皆有著述，俱從祀於兩階，此外，仲景有專祠，府縣春秋兩祭，前廟三皇名醫，各有誕期，後學亦有酬報，暮春祭三皇於上己，季秋祭葛公於重陽，致祭之餘，復會於館，羣醫咸集，各言奧妙，有奇症異脈，互相參考，得古今良方，彼此傳授，俾奇方妙術，流傳廣布，濟世活人於無窮，是祭於斯，會於斯，而敍談醫理於斯也。惟是醫乃仁術，總以活人之心為念，懷濟世之道，察病三折肱，使病無遁情，方稱醫國之手，存救世之能，診疾用意，揣求務起死回生，方是活人之心，立恆久之志，切無疏忽。須知貧富無異態，可免歧視之譏，函胞與之心，無分彼此，要想物我為一體，自無異視之誚，衆醫若此，方合仁術之道，不負修館之心，庶可與良相並峙，是予等之厚望也。

　　光緒九年四月紀。

　　曹廣仁志。

　　醫林會館首事：

　　醫士：監生慶春堂曹鴻恩，文童橘泉堂薛橘泉，監生希仙堂陸逢春，文生德仁堂楊春涌，文生仁德堂李鴻鈞，庠生化育堂水應龍，文生中和堂呂振東，文生仁育堂王敬安，監生生春堂邢如堂，監生萬春堂王金堂，軍功萬壽堂陳封南，醫士人和堂曹鴻儒。

　　藥店：萬興東藥店，榮春堂藥店，橘泉堂藥店，東太和藥店，壽春堂藥店，西太和藥店，萬齡堂藥店，萬全堂藥店，魁聖堂藥店，榮壽堂藥店，裕惠堂藥店，人和堂藥店。

（碑存南陽市醫聖祠。馬懷雲）

三次贖地記略

　　三皇廟醫聖祠前後兩廟，于國初大清善醫士施入地七頃有餘，至乾隆年間，住持當出大半，經醫士方道鰲等捐資贖回，至道光九年，住持范名通又當出三十餘畝，經醫官王德漣追回歸廟。自此九年歷至咸豐同治、光緒癸未，五十餘載，屢遭兵燹歉歲，醫士不可稽查，被住持蕩費一空，寸土無留，日不舉火，香煙斷絕。院宇荒涼，大異疇昔，良可慨已。予想前醫之開創，望後醫之相繼，前人兩次贖地，皆能興起，吾輩獨不能復振，何以報神聖、面對前人乎？于癸未夏四月，同處商議，當官逐出住持周名苒，另擇妥人，但擇妥人猶有不易，賢者能守，不肖者能蕩。初接能守，相接者未必能守。於是，公同商議，與其留守之住持，何若留不收徒弟之叢林，何也？子孫廟有師徒之情，約束不嚴，廟產易於蕩費，焉知不仍蹈故轍。若叢林規知，各司一職，一有私弊，立時遷單，即當家有私，執事查出，亦不能容，規矩森嚴，廟產可保長久。因而更換元妙觀張宗潛字雲。時充元妙觀方丈，來守此廟。衆醫相約曰："凡廟中演戲祭祀一切規矩，照我舊章。"潛應允，遂問贖地之策，予曰："此番贖地，較之於昔有天壤之別。昔之地少價輕，今之地多價昂，抑醫家捐輸，亦不能相給，可以募化四方君子。潛于衆醫士捐輸之外，募化文武大員、富戶鉅商，不數月布施齊至。及贖地之時，又如臨風整線之不易，當戶二十餘家，年代三十餘載，戶多年遠，且逐出之住持，串通當戶，改約增價，瞞藏地之段數。頭緒既多，稽查無由，潛無計。予於是附知地保追問老佃，察出當戶，照約驗地，一日查清，次日贖完。惟有改約增價之戶，亦當官贖回，內有石雞地十四畝，未有追出蹤跡，祠前墓旁地基，稞于民間。蓋房居住，除稞租不出，又給出窩錢，祠之西院又增修亭臺，煥然一新。碑記未立，宗清辭世，因序其始終以為憑據焉。

醫林會館首事監生慶春堂曹鴻恩、文童橘泉堂賈橘泉、監生希仙堂陸逢春、文生德仁堂楊春誦、文生仁德堂李鴻鈞、庠生化育堂水應龍、文生中和堂呂振東、文生仁育堂王敬安、監生生春堂邢如堂、監生萬春堂王金堂、萬壽堂陳封南、人和堂曹鴻儒、萬興東榮春堂東泰和堂、西泰和堂、壽春堂、陽春堂、萬齡堂、魁聚堂、萬全堂、裕惠堂各藥棧。

時光緒九年四月也。

（碑存南陽市醫聖祠。馬懷雲）

南陽醫聖祠墓讀原序

竊思醫家有史，考乎世系。郡邑有志，記乎鄉賢。斯二者，無非欲政治文獻，歷久遠而不磨滅焉。今觀吾郡之名賢探墓祠宇，大半剝落，碑記不存，基址杳然，致古人之遺跡湮沒不聞，無可考徵，亟可慨也。推原其故，皆因住持不良，背其山主任性妄為，浪費祭田而然。及至地畝當盡，廟無養贍，則棄廟逃走。久之，廟貌傾頹，碑記罔存，聽諸樵夫牧童摧殘而已。然碑記為志書之基，而史籍皆於此採取焉。使其不存，何以昭當代而傳來世乎？甚矣。廟之圖志，不可不修也。我醫家三皇廟、醫聖祠，二廟相連，歷明迄清二百餘年，其中屢遭兵燹，香火地畝被住持當出數次，廟事多變，必得著之簡冊，令後世參考。予每思修志，因事匆匆，有志未逮，幸光緒末蠲贖地畝，重修廟宇，更換住持，追續古碑，於是，將舊遺古跡，新增亭臺，繪之於圖，古今碑文錄之於志，藏之於櫝，以為後世考徵也。是為序。

清光緒十年醫林會館曹居廣德宇氏識。

（碑存南陽市醫聖祠。馬懷雲）

為善最樂碑

蓋聞為善最樂，古今信然。皇后灘祖師廟有靈官殿，廢有數年。今住持道胡永才自俗帶資建修，以誌永垂不朽云。

山施主仝建。

羅道科捐錢貳百。

住持胡永才。

大清光緒十一年冬月穀旦。

（碑存南陽市文物局。王偉）

南陽縣爲出示嚴禁事碑

【額題】矩矱常昭

特授河南南陽府正堂大計卓異加一級尋常加十級紀錄十次濮

欽加同知銜大計卓異南陽縣正堂加十級紀錄二十次黃，爲出示嚴禁事：

照得臥龍岡為漢諸葛武鄉侯祠，係宛郡名勝之地。其祠內石刻碑文，乃古先聖賢手澤遺蹟所存，自應敬謹珍護，俾垂久遠，以昭觀瞻。今聞近有無知之徒，輒在祠內摩搥碑文，任意敲搨，藉以漁利，以致字跡糢糊，碑文傷損，殊非尊崇遺澤之道。茲據住持呂至中具禀前來，除批示外，合行頒立規條，永遠示嚴。為此，示仰軍民諸色人等知悉，自示之後，爾等務各遵照，概不准赴祠任意亂搨，販賣漁利，搔擾滋鬧，損壞古蹟。倘敢故違，許該立時送縣禀究。各宜懍遵。切切。特示規條開後。

計開條規六則：

一、祠內石刻碑文對聯以及岳夫子所書出師二表，原當文人學士刷印觀摩，以廣流傳而彰忠節。但近世圖利愚民恣意搥搨，私為販賣，以致損傷碑文。實屬可恨。茲查任前府憲議定章程禁約，除官紳讀書士子而外，其餘無論何項人等概不准赴祠刷印。違者，准住持禀究。

一、官紳自備顏料紙張赴祠刷印碑記，該住持代為搥搨，毋容諉阻。至於工價，隨意酌量付給，以資津貼。

一、士子愛慕碑文，必先言明住持，由道人代為搨給，其應需紙張工價錢文，按照時估付給，不准短少。該住持亦不得多索。

一、工匠與貧民棍徒閒雜人等一並不准赴祠搥搨碑文，搔擾滋鬧。如違，該住持禀官送究。

一、凡許准刷印碑文人等，亦祇准刷去自己臨摹懸掛，以昭誠敬，概不准多刷販賣，借以漁利。違者，該住持禀官送究。

一、祠內院宇風雨漂泊，坍塌頹損，募勸捐葺，殊非易易，擬將刷印工價錢文，聊為隨時動用小補之費，旁人不得干涉混爭。如違，該住持禀官送究。

大清光緒十四年小陽月中澣穀旦。

（碑存南陽市武侯祠內。馬懷雲）

清兵部員外郎周君墓誌銘

固始秦樹聲撰書。

貴築姚華篆蓋。

於戲！吾道之非至不獲，愛其鄉而極矣。豫自辛壬後，我無四封，洋匪枕席三鴉效，所遇名城，霆摧血渠，野惟宛雲陽砦隱然。甲子六月，故人張君中孚，見詣，詢之，則嗚咽，有頃乃應曰："嘻！此吾外大父周駕部君依之之所以不朽也。吾爲狀久矣。固欲累吾子未果。明日，則和其舅氏，持以至，再拜乞銘。其曷敢辭。按狀：

君諱於京，南陽人，生而英亮有氣，出爲世父維屏後。工文詞，縣試第一，以本生考訓導君諱維清，喪輟進取，智栖世學之上，困於無資地，而耻謁王公大人。咸豐中，業清受命二百餘年矣。標季牡坐飛，太守顧嘉蘅下教襄城，釀金訾富者宿留，張空簿太息君曰："滿爲感，虛爲亡，吾何以家爲輸之最？"既入，見淵色澳慮魁梧，美音吐佁而有輝，太守曰："子將若何？"君曰："國有實有器，仁則羣，羣則勝物，勝物則養足，管子教也。"則請各邨堡人一畚一鍤，繕完蓄聚。烏雲山宛孔道土戴石，穀駱淫潦輒氏（積）。君環行其椒，喜曰："此吾石城也。"劚爲塘高二十有八尺，睥睨其上，牐其四隅，門爲木櫺挼板，池以沸泉若湯，縻臣億中役大屈，斥田二十餘頃，躬冒霜雨，歷數載乃畢。謚曰："雲陽"，從君所居山也。距從兄於岐先所築石鼓泉三里弱，口南北砦，或方之陸氏東西屋，談者褘之。其械厲，飲食薪菜饒閭井，避地入者，周其急。部勒其壯士，高功下死，衆志驥固，手足拇動，犄角黑龍江騎殺賊博望鎮，凱還，佐領某贈以火器，曰："微子吾幾爲虜，（暵）忠親王僧格林沁亦將材官。"君謝不往，益軌其里。兼綜鄰邑團練，宮而弗守。君董鄉塾廿載，日晏出兩砦，小隊侍。道周刱建女校。復輕財好客，禮饋名士，訟口質成，覆侵田者之過，皆頡頑古烈，事具邑乘，不贅。同治三年入粟，爲兵部員外郎。節母張太恭人春秋高，一至京師即歸。光緒戊戌卒，年六十有八。配彭宜人，南召四川永寧道齡女。生女五：長適張，即中孚君母也。繼室朱，方城人，明唐藩裔，生子一，毓麟，北京中國大學畢業，豫北鎮署參議。鐵麟，警察畢業，南陽鎮副官，後其從弟於郇。女四，側室張，女一，孫六，曾孫一。銘曰：

漢制三老主教化，嗇夫職聽訟遊徼，徼循禁盜賊也，兼以令君之終有奭也。

清光緒二十四年。

（碑存南陽市文物保護管理所。馬懷雲）

爲出示嚴禁事

欽加同知銜賞戴花翎特用直隸州署南陽府南陽縣事即補縣正堂隨帶加一級加十級紀錄二十次戴，為出示嚴禁事：案據大石橋鎮鹽廠、花布店等稟稱，該鎮開設鹽廠，支應公事，毫不違誤情因。周圍十里以內，皆係石橋地方所管，多有車户拉運鹽觔，不同身等廠內弔號，任意私買私賣，希圖省用。想身等開設鹽廠，全賴車户落身等廠內，買賣過稱抽取用錢，零星積蓄，以備支應公事。光緒十五年八月二十三日，經全泰昌鹽廠以公懇鴻慈等情，在黃前憲案下，稟懇蒙准示禁在案，有卷可查。身等廠內，並代客買賣，布定長總以官裁尺五丈四尺為度，寬一尺一寸五分，立有條規，歷來已久。近因人情刁猾，許多不足尺寸混亂集市。今伊等拉運鹽觔仍蹈故轍，不同身等廠內更甚於前，直抗身等不能抽取廠用，支應公事，出於何項？身等為公起見，只得稟懇恩憲賞再示禁。感德上叩等情。據此，除批示外，合再出示嚴禁。為此錄，仰閤鎮諸色人等知悉：凡有該處周圍車户拉運鹽觔，總得投落該鎮鹽廠過稱弔號，不准任意擅行私自買賣，希圖省用。以及買賣布疋，必須照該鎮公議行規，以官裁尺五丈四尺，寬一尺一寸五分為度投行買賣，不准再有不足尺寸混亂集市。自示之後，倘有玩極之徒，仍蹈前轍，准該鎮鹽廠指名稟究，決不寬貸。各宜懍遵毋違，特示。

右仰通知。

光緒二十六年十月初六日。告示。

（碑存南陽市文物保護管理所。馬懷雲）

停止車牛議

張文明

舞陽幫辦葉縣之車牛，道自墳台則有七十里，中有澧河一道，石橋廢渡，西至保安驛則有九十里。干江一河，岸高水深，石流湍悍，車無舟渡，牛也難行。東盡北舞渡，地皆沉淵，不通牛馬。南於接官亭，並皆長嶺崇山天塹，從來不見車行。葉突有大炮、鳥鎗、軍器、錢糧等差，需車移，徵文下舞，插羽橫馳，差役四鄉詰朝雲集，則有車者不能梯山，有牛者不能飛渡，間有到者，斷難盈數。縣官畏罪，里老懷刑，勢不得不強斂民錢，于葉縣附近地方，分頭催雇。乃至銀齊車辦趕赴水換車，部差已過赭陽多時矣。車既違抗，牛亦遲誤，拘留責問，動經旬時，議畢放還，人饑牛敝。雇者近歸原主，遠者自備奔還。人怨無生，則有斬車為薪、斷牛作食以避役者矣。民載糧者車，民耕田者牛，此差一行，民產致廢，此差久行，民命何生，是究竟于葉何補？何為苦此一方之民也？查自康熙十三年，曾有雲南總督家口等，車不下八九十輛，彼時亦未協濟，葉不稱苦。及幫協銀革，案牘旁午，告苦連年，是葉縣與舞陽之所爭者，在幫銀之得與不得，而不在牛車之或有或無也。各大憲允其議，永行停止。

（碑存南陽市文物保護管理所。馬懷雲）

南陽縣黃池陂重修清真寺碑序

蓋聞能作者必貴能述，善創者尤宜善修，此革故鼎新之志，千古所不容廢也。設清真所關為尤切哉。粵稽宛郡城東黃池陂，舊有清真寺一座，輝煌巍峨，百餘年矣。迨後迭經增修，備極壯麗，然有成不能無敗，有廢則必有興，是知盈虧者天道之常，繼述者人事之宜。至光緒己亥年，基址日就傾頹，殿宇漸及風雨。時有李老阿衡品學兼優，役勤勸喻，議為重修之舉，商及鄉老，莫不雲集響應，欣然捐資，以助勝舉。於是，首事諸人，咸勇躍爭先，同心協力，定於庚子秋舉功。伏維主佑，不數日而前後煥然一新，隆舊規以增新，模拜聖聖而得恁依，工竣，諸公命書其事於石。余不釋固陋，爰為序其顛末，列諸貞珉，以望繼起有人，且以旌阿衡之用心良苦也，於是乎書。

　　首事人□□□、馬萬明、□□□、馬文源。

　　阿衡李文炳。

　　治教兼浣壽卿李德品撰文兼書。

　　龍正光緒二十七年歲丑辛季秋月下浣。

（碑存南陽市文物保護管理所。馬懷雲）

重修南陽府署記

　　南陽府署之建，未詳創始。志載，順治、康熙間郡守辛公、佟公襲其舊而修之，規模始揭，而歷久漸頹。至道光丁未歲，岳公守此，百廢具舉。咸豐初，經顧公補苴罅漏，迄今又四十年矣。夫尚奢非所以率屬，而因陋亦非所以為治。予于丙申歲來守是郡，蒞事之初，它務未遑，越明年，政事粗理，爰捐廉重修，同僚又各輸俸以成之，洵勝事也。計自外堂前至戒石坊暨左右各執事房，儀門外左右牌坊，外堂後之聽事各房暨內宅偏廂各院宇，盡覺加修，不敷者予增補焉。鳩工庀材，輪奐業新。內宅為補過之所，故曰"退思堂"。二堂之東，迤南曰"虛白軒"，舊名也，新之。北折而東，植桃李數十株，曰"桃李館"。迤北院樹以桂曰"桂香室"，室後舊有賓興館，顧公之所建也，仍之，而加修焉。二堂之西花廳以聽事，對廳以肅容，皆新之。廳之北宇簽判之所也，虛心以治之，曰"師竹軒"。轉而西為愛日堂，乙亥歲，予鑿池於堂前，以蒔蓮架虹梁以通對月軒，重顏之曰"愛蓮"，取淨直不染之義，為政餘憩息之所，義各有取也。堂北曰"槐蔭靜舍"，舍後隙地，地宜菊，重陽標撥可得千餘盆，故軒圃皆以菊名。復於堂之西南闢小圃，引泉水以灌之，春韭秋菘，得氣最先，曰"芳畹"。夫人情逸則寡歡，勞則多暇。余不敢自逸而輒喜簡要，僚友又多助予，故得重修。辛、佟諸公之舊守先以待後求，所謂澹而勤，勤而暇，暇而仍不自逸耳。憶余自同治辛未歲出知滇南安、寧州事，丙子除元江，癸未除永昌，其間所蒞賓川、安平、開化各任，蠻煙瘴雨閱十餘年，安所得爽塏而處之，迄乎以禮去官，起復來豫抗塵容者，又九年而來守宛，聽彼嚶鳴庚喬木矣，鴻雪因緣良足志一耳。若夫臥龍崗之武侯舊祠，五朵山倡建之二龍潭神祠，皆有功烈於民者也。而于去夏拳匪猖獗，一雨頓消兵燹，靈應尤赫，新之、建之並伸崇報，則各有專記，使由此而日新月異。偕斯民共登康樂，則尤有望於後來者。是為記。

　　南陽府知府傅鳳揚捐銀伍佰捌拾兩。南陽縣知縣潘守廉捐銀壹佰伍拾兩。南召縣知縣舒泰捐銀陸拾兩。鎮平縣知縣汪守□、徐□□捐銀壹佰貳拾兩。唐縣知縣顧守塤捐銀壹佰伍拾兩。泌陽縣知縣□□□春捐銀陸拾兩。桐柏縣知縣高錫華捐銀陸拾兩。鄧州知州邵承裕捐銀伍拾陸兩。內鄉縣知縣章炳燾捐銀壹佰貳拾兩。新野縣知縣錢德祖捐銀壹佰伍拾兩。淅川廳同知傅□沆捐銀壹佰貳拾兩。裕州知州徐佑□捐銀壹佰貳拾兩。舞陽縣知縣張慶麟捐銀壹佰伍拾兩。葉縣知縣余鍼捐銀壹佰貳拾兩。共捐銀貳仟零壹拾陸兩整。共用銀貳仟零壹拾陸兩整。

光緒辛丑知南陽府事都昌傅鳳揚紀石。

（碑存南陽市南陽府署大門前。劉宗志）

清誥授光祿大夫頭品頂戴前河南巡撫吉林于公（蔭霖）墓誌銘[1]

【誌文】

皇清誥授光祿大夫頭品頂戴前河南巡撫吉林于公墓誌銘

賜進士出身誥授中憲大夫欽賞五品卿銜前刑部主事加三級榮成孫葆田撰文。

賜同進士出身誥授資政大夫賞戴花翎內閣學士兼禮部侍郎銜萊陽王垿書丹。

光緒三十年八月十三日，前河南巡撫吉林于公，薨於南陽寓邸，遺疏入，報聞。於是，中朝賢士大夫相與歎曰：北方賢者，咸豐遺老盡矣。先是二十六年夏，變起京師，泰西各國聯兵深入，以保護使館為名。公方巡撫湖北，因密薦巡閱長江水師、前四川總督李公秉衡，請內召。公亦擬統兵入援。會湖北票匪事發。票匪者，逸犯康有為潛遣其黨，乘機倡亂，以富有為號也。公與總督張公先事定謀，獲其黨，置諸法，亂乃定。而是時李公已死王事，兩宮西幸，公憂灼萬分，宿疾復作。朝議以河南為天下要衝，乃移公撫豫。而適會法國將遣兵南下，官民洶懼。公行抵裕州，接任視事。即日，檄河北三郡，列營嚴守，別遣道員與法教士議約。議定，法兵遂中途返，豫民得以不擾。初，官吏聞公嚴正，皆懍懍畏懼。及公接見羣僚，乃更開誠布公，務為寬大。由是，吏治亦蒸蒸日上。明年春，調撫廣西。未行，時相奏言，公剛直好持己見，恐其不善交鄰。朝廷不得已，解公職，另候簡用。會公亦奏請養疾，將卜居襄陽，行至南陽，遂止。其年冬十月，天子奉皇太后迴鑾，公力疾迎於洛陽。召見行在所，溫諭至再，將起用。時相有尼之者，公亦自請返南陽就醫。又明年，日、俄事起，東三省為戰地，公憂憤益甚。甲辰七月，白虹貫日，晝見南陽。公惡之，遂患腹瀉，至是竟不起，享壽六十有七。

公諱蔭霖，字次棠，又字樾亭。先世文登人，明初遷居濰縣。公曾祖諱居安，當嘉慶時，山東大饑，攜家再遷至吉林之伯都訥廳，遂占籍焉。祖諱龍川，以公叔父通政公貴，誥贈資政大夫。父諱凌奎，貤贈資政大夫。及公貴，祖、父皆贈光祿大夫，妣皆贈一品夫人。通政公諱凌辰，性嚴重，為咸豐朝直臣，於諸子中獨愛公。公舉咸豐八年鄉試。會是

---

[1] 誌為三方。

年科場通弊事發，主司及同考官多獲譴，而公覆試列高等，人無間言。明年會試，成進士，改庶吉士；散館，授編修。同治初，倭文端公為理學名臣，公相從問學，又與前兵部侍郎文公治、前閩浙總督邊公寶泉、前山西布政使李公永清諸人為執友，往復質疑，所學益純。光緒改元，與修穆宗毅皇帝實錄。故事：實錄成，敘勞，各官皆自陳願保何職。公獨不言，乃僅得交部照章議敘。五年，俄羅斯與我爭伊犁界。公上書，力劾欽差大臣崇厚擅許天山左、右數百里之罪。廷臣交章入奏。有旨，改遣大臣，赴俄爭議。公以為大議已定，備敵宜權其要，乃復陳吉林鄰俄形勢，請簡知兵重臣駐吉林，以東邊三城琿春、甯古塔、三姓為行營，別練萬人，駐黑龍江之艾輝，以相犄角。當是時樞府或欲為崇厚地。公復上書，劾及軍機大臣畏葸罔上狀。六年，補詹事府贊善，升左中允。會聞仲兄疾，遂請開缺旋里。兄卒，家居二年，擬不復出。既而迫於通政公命，乃奉母入京供職。八年十一月，簡放湖北荊、宜、施道。到任，首裁道署陋規。時荊屬仍歲霪潦，饑民流離載道。公檄有司發倉廩，以振窮乏。復親歷災區，請於大府，改築紫貝淵石閘為朝天壩，使監利、沔陽兩岸居民皆免受水害。然後，民皆復業。宜昌法教堂與平民有違言，至以兵船恐喝。公據理與爭，法領事亦旋引兵退。英商有擅越宜昌關者，公察知其違約漏稅，使遏止之，且將籍其半以充公。英商懼，厚有所獻。公擲還其賄，廷責之，使補稅，乃聽其去。英商語人曰：自某入中國，未嘗見廉正如此大人者。其為遠人敬服如此。十一年，擢廣東按察使。陛見，面陳東三省防俄事宜。於是，始有練兵三萬之旨。廣東盜賊素熾，公以嚴為治，民氣漸蘇。明年，升雲南布政使。未行，丁太夫人憂。十六年，服闋，授福建台灣布政使。適有奸商湯連魁賄託言官，誤劾伯都訥廳紳士一案。公弟編修鍾霖與親友多被誣誤。公發憤，具疏奏辨。廷議遣大臣往訊，頗得言官受賄狀，然猶以部議落公職。公既閒居京師，益與子弟故舊講論正學。二十年，中東戰事起。其年八月，公奉命襄辦奉天軍務。統帥忠壯公依克唐阿，孤軍戰奉天迤東。公單車潛行至其營。將軍一見，大喜。公為草奏，請添募二萬人，並條陳形勢。疏入，恭親王語人曰：于某至依營矣。得旨：姑念此摺出於忠悃，准添兵萬人。公復為擬奏，以萬人分為四軍，又乞將於山東，請械於江南。由是，東省聲勢始壯已。而和議成，公遂辭軍歸里。而湖廣總督張公、山東巡撫李公並列章，保公可大用。有旨：以三品頂戴，署安徽布政使。是歲二十一年七月也。既到官，則清釐田賦，整頓吏治。又明年，德兵占據膠澳。又以某教士被戕，力言於朝廷，解升任四川總督李公職。公憤甚，乃疏劾大臣翁同穌與張蔭桓等輕率怯懦。而復陳勤修省、除忌諱、斥把持、明是非、保善良五事，其言甚切。疏入，報聞。所劾者，亦旋得罪去。二十五年，補雲南布政使。未至，授湖北巡撫。湖北督、撫同城，巡撫號為不任事。公與張公夙相知，遇事獨力持正議。然公所至皆設施未竟，此有識之士所尤為天下惜者也。公論學一以朱子為歸，居敬窮理，不為空談，略見與高侍讀釗中論學書。其論治，以為今日中國之弊，在人心。自庚子亂後，朝廷銳意變法。公謂變法云者，非一切掃除而更張之也。有即事核實，以為變者；有祛弊復古，以為變者；有不必諱言效人，宜師其意，而毋泥其迹，以為變者。當去河南任時，上陳變法八事，於學校、兵制，尤反覆言之。所著有《奏議》二卷、《日記》四卷。

性孝友，贈公早卒，事母趙太夫人，盡愛盡敬。丁母憂，年逾五十，哀毀盡禮。不飲酒、不宿內者三年。諸子弟皆化其行。配孫夫人。子一，翰篤，分省補用知府。女五，皆適士族。孫男一，澤世，尚幼。葆田與公弟蘅霖為同年進士，官京師時，顧不常見。辛丑歲，同客南陽，始獲朝夕請益。公嘗奉旨保薦人才，猥列葆田名，至謂：忠愛之忱，老而彌篤，不為絲毫利祿之計。蓋不啻公之自道云。公原籍太平川，既不能歸，翰篤將以三十三年春，卜葬公於南陽府城北之李華莊，以狀乞為銘。銘曰：

青齊舊族，偉哉于公。少承家學，奮起關東。學得所師，道積厥躬。迴翔翰苑，惟孝惟忠。使臣辱國，義憤上疏。遠人窺伺，謂宜遠慮。彈劾樞府，不為聲譽。天子曰嗟，是社稷臣。乃命外試，以乂人民。顧見灾黎，流轉江濱。公乃相度，築堤連坰。惟彼憬夷，威公若神。按察粵東，六條克陳。直道見絀，忽奮忽沈。優遊林下，金玉閟音。國事方棘，艱危獨任。戎馬奔馳，強敵是臨。帝鑒忠忱，大任特簡。皖江楚豫，疆符迭綰。忽聞西巡，有淚如漕。鑾輿既返，迎覲洛陽。曰臣多疾，不勝封疆。以人事君，大義尤彰。天不憗遺，逾歲旋薨。宛城之北，馬鬣新增。最公生平，名節無疵。我銘其幽，實無愧詞。公今往矣，匪哭其私。為賢者痛，悠悠我思。

光緒三十三年春。

（誌存南陽市博物館。李秀萍）

清張慶之先生（光雲）墓誌銘

【誌文】

張慶之先生墓誌銘

光緒丁未秋九月，慶之張先生卒於里第，一時識與不識，皆歎曰："先生慈善人也。"其年家子王佩箴曰："然。"先生殆沉酣於慈善之道，而以身殉之者耶？未幾，其孤嘉謀以狀來乞銘，佩箴義不敢辭。謹按：先生諱光雲，先世直隸開州人，曾祖燦章始遷宛，遂家焉。祖存義，廩膳生。父熙緝，母寧氏。先生沉靜寡言，不慕榮利，與人交，始終不渝，外無可否，而胸有涇渭。光緒戊寅大饑，先生從父辦賑事，持粥簽，日出入餓殍中，事已，積勞染時疫，病幾殆。時歲入頗有盈餘，三黨之困窮者，百計周之。與人共財，未嘗爭多寡，有負子錢不償，或共假貲營商，多自盜，雖明知之，不較也。有問及，輒多方掩護，唯恐其人不容於外。後家漸落，至稱貸度日，而親故厮養，下逮乞丐，凡素為先生周恤者，猶依依如故。維時治生家，多笑其愚，且議其憨。嗟乎！五行百產之精華，祇有此數，而陋者乃口齕瑣齧，出於竭澤、焚林之下計，語以慈善事，輒退讓不遑，雖羸瘠盈溝，號呼滿前，如秦越人不相關。夫當民智不開，任卹之行，士君子提翊鼓吹，身為之先，猶恐弗舉，而扃之、錮之者，出全力相抗禦。蠢愚固陋，自贍其私，沿為風尚，釀成浩劫。瓊林、大盈，不足為富。區區持籌握算，謀室家長孫，曾為長城三窟，譬如大旱之歲，焦土流金，而惟守蹄涔之涓涓，以自封殖，庸有濟乎？先生通達無滯，翹然不移於俗，繼又知一推一解之未足沾溉也。於是，躬研物理，并以是督勵諸子，冀疏瀹知識，開通風氣，人人恍然於經濟生活之狀況，與生存競爭之實際，俾能自為謀，代謀者庶不勞而施，尤溥焉。人壽幾何，竟賫志以歿，此吾所以為先生惜，尤不能不為當世悲也。先生生於咸豐丁巳邑庠生，以賑務獎縣丞職銜，三赴鄉試，再膺房薦。是歲九月二十五日卒，年五十有一。配周孺人，兵部副郎依之公長女，讀書通大義，光緒戊寅七月卒。時子嘉謀方五齡也。繼配廖孺人，賢淑能持家，字嘉謀如己出。妾胡氏。皆前卒。子四：嘉謀，丁酉舉人，以內閣中書充本省學務議紳。嘉猷，高等學堂學生。嘉言、嘉訓，皆幼讀。女一，適湖北候補巡檢史垚。孫清漣。女孫一。以十月二十有一日，葬城西白莊祖塋，二孺人祔。銘曰：

投珠捐金，所不能避者，名也。旰隸崽子，能無不動者，誠也。先生之德，如耳鳴也。覘巧奪哀籲之來前，毋甯瘠己以窮餓終也。彼食德飲和，皆與感皆頌聲也。宜乎太邱，終能以子孫亨也。我銘先生，悲衆生也。嗚呼！先生殆歷無量劫以菩薩其行者也。

西鄂王佩箴譔。

淯陽張書勛書丹并篆蓋。

大清光緒三十三年冬十月二十一日。

奉祀男嘉謀、嘉猷、嘉言、嘉訓暨孫清漣泣血納石。

（誌存南陽市博物館。李秀萍）

鄧州市（鄧縣）

重修文廟記

彭而述 州人

《記》曰："建國君民，教學爲先。"又曰："家有塾，黨有庠，術有序，國有學。"若是，則惟國有學，非郡縣之謂也。其云皮弁釋菜祭先師，先師無所指，猶易之言文言，不似後世專祀孔子也。學之立郡縣與先師之定爲孔子，當自漢高帝始。嬴秦焚棄詩書，愚黔首，故鹿走中原，而天下不知有君，由於天下不知有師也。漢起豐、沛，以馬上得天下。曲阜以太牢祀孔子，開設學校，旁求儒雅，然後載籍間出。武、宣繼起，表章六經，訂異同。白虎觀漢家文治。雲漢昭囘，皆立學之效也。今國家乘乾御極，誕應天命，起日出海隅之邦。臣妾億兆與漢高同。皇帝冲齡踐祚，典念於學，期與海內更始，屢下明詔，勅宗伯祭酒暨提學諸臣，肇修天下郡縣學宮之墮壞者。近日邸報，見吏科臣張文光有釐定廟號一疏，主明臣邱濬至聖先師之議，皇帝報可。嗟乎神人，天啓河洛，因而効靈，聖主龍興。奎璧以之著象，觀天文者，觀乎人文而已。

鄧居中原南徼，屢經兵燹，鄭門之椽已去，昆屋之瓦皆飛，宮墻數仞，鞠爲茂草，璧水環流，有同乾時。春秋紀異，徒丹桓廟之楹；詩人作頌，未伽魯僖之宮。維時郡守馮公作而歎曰：有是哉，我聞古之王者不卜禘，不視學，明乎。學與天地、祖宗並重者也。今夫君臣、父子、夫婦、兄弟，人之大倫也。天子非此無以立國，士大夫非此無以立身。我讀《箕疇》，慨然於彝倫之所以斁所以敘焉。我讀《學記》，復慨然於教之所以興所以廢焉。故學者，人倫之本，而吾夫子者，率天下萬世共適於人世間倫之路也。象魏不崇，不足以幽贊輪奐，罔飭不足以蠲蒸，乃下令曰：梓人疕人，若者代斲，若者職埏埴，其為我興廟貌，崇祀典，如令甲。維時，閭師黨正襄厥事，斥俸金若干，垸國中起而左右者為某。

閱明年丁亥，告成。是時，肯構肯堂既丹艧弘訓大貝置於西序，鼉鍾鼙鼓在乎東榮，簷牙連雉堞，以浮空氣，徹文昌之座，土圭測朱鳥而定位，光分離火之明。自此，氣運蘊崇，蔚為國華，安弦操縵士多鄒魯之風，獻馘獻囚，人挺將相之器，文不在茲乎。《傳》曰："受命於祖，受成於學。"類乎上帝宜乎社，造乎禰，是誠所謂與天地祖宗並重者也。今日之舉，庸可已乎。不然，城即浚洙，所有明誠用民之力，歲不過三□□□此無當緩急之舉哉！大夫乃率卒丞師儒落之□□□，惟素王宮闕兮肆好孔碩，列俎豆以勤對越兮威儀倖度。客屬和曰文教覃敷兮君之明，作化民成俗兮乃歌匔以吹籥，爰記歲時於麗牲之石，成禮而退銘曰：

天開草昧，皇帝崇儒。禮所不臣，厥惟尸運。升降為污，尼山宗主。萬古長明，何以弼教。詩書禮樂，何以傳心。濂閩伊洛，昌黎有言。長民所祀，社稷而外。繄惟孔子，非聖無法。泯泯棼棼。考亭而後，道乃折衷。惟我宛鄧，西鄂東鄘。東汉遺鄉，三甥舊里。賢侯蒞止，遐不作人。倚歟澤宮，惟乃之功。

順治四年。

（文見乾隆《鄧州志》卷二十二《藝文上》。馬懷雲）

創修布政司行署記

彭而述

鄧在中州西南一巨郡也，北拱盛京，南通荊、襄，西達鄖、陝，亦車馬絡繹之衝。舊有公署三區，以候四牡之行李。州門西，曰東司，名布政司。再西數武，曰西司，名按察司。又東門裡南折，曰府舘，其來久矣。四至丈尺，載在州志。皆設有器皿，家事各有門役司之。洎丁丑兵燹後，俱成灰燼。街隣私據之爲己有。數年來，上司過客惟藉舍民居。豈奉尊官敬遠人意哉？我父母新安張公下車，念民殘物詘，乃減縣役，罷追呼，再踰年而民以寧息。於是，財用取諸、廢屋傭作、餉諸廩贏，公私一無所預。乃始因西司舊基而創建之。爰及經始，有衆受成，工必中程，材必中度，其增置必中，土宜其塼，埴必中準繩，其塗墍必中物采。首堂序，次寢室，兩翼房，皇前則儀門、大門，森森井井，繚以周垣，肇於庚寅之春，成于本年之夏，蓋偉然周爰巨觀也。君侯欲憲諸石，以垂久遠，委言於余。余惟營繕之興，豈君子之所樂哉？義有所當先勞不可已也。時有所當行，費不為奢也。況公署一役，上繫巡方駐節，義莫先焉，時莫急焉。惟君侯以精白為心，故能樽節愛養，經營詳慎如此，《記》曰："行一物而眾善備焉。"其斯之謂與。

公諱光祁，字雲仲，順治丁亥進士，江南新都人。治吾穰三載，百廢俱興，善政纍纍，茲特其一端云。

順治八年。

（文見乾隆《鄧州志》卷二十二《藝文上》。馬懷雲）

重修禹王廟記

彭而述

穰西六十里有山隆起，從參山漢水西來，發脈順陽，聯綿穰之右臂，其南者曰杏仁山，取其形似，中亦多洞，昔孟珙屯兵於此，里人避亂嘗居之。或曰洞兒山也。北一峰孤秀，自結數巒，與杏仁諸峰相揖讓。舊有大禹王廟，頗軒廠，廻廊曲射，僧廬可十餘間，焚香誦經其上，不知肇自何年。予為兒時，記歲時清明節，山有里社之會，男女奔走百里外，百貨畢集，貿易紛紜，竟日乃散，以爲常會。崇禎癸酉，大寇自河北來，中原一塊土橫踩獨苦。神人無寧宇，廟遂遭兵焚，僧屠且病以死，山下居人亦零落，不能為王啟廟貌如昔日。予自庚辰第後，曾鳩材庀工一新之。未幾，又火。今年，予自粵來，得以遊倦返。初服居里門，凡若干日，坐念茫茫，下土畇畇原隰，惟禹之緒，且祭典有其舉之，勿或廢也。

鄧西之有此山，自有天地已然。乃大禹以前，不聞其何名，今郡志所載茲山，獨以王著彼匡氏兄弟居廬山，後世得而匡之。齊映爲池州刺史，遊南山，後世得而齊之。而況接帝統，開王業，功在九州，德在萬世，如崇伯氏之子，皇皇乎天下君哉。予上世祖自臨江來，卜居於山南八里茱萸河之西干，歷代奉禹祀，黍稷馨香，勿或有缺。《詩》曰："維嶽降神。"生甫及申予小人也。以章句起家，叨成進士，雖幸遭聖世，碌碌無所建明，安得附會前說，敢曰神實生我而降之神。念舊典不可缺，予既爲山下人，當纂緒前烈，以竢來者。彼玄元、西竺兩家，名刹飛觀，都人士爭輸委恐後，我輩讀孔孟之書，安有舍帝王本紀不信而謠祠是爲，是誠狄梁公罪人矣。蠲資重飭，爲之豎石，以昭來許。

時維大淸順治八年之四月也。

（文見乾隆《鄧州志》卷二十二《藝文上》。馬懷雲）

重修文達橋記

彭而述

□□《周禮》合方氏掌達天下之道路，又司險掌九州之圖，以周知其山林川澤之阻，而達其道路，皆夏官掌之，此王政也。然則王□之所重，莫大於道路，而橋梁者則達道路□□□□□南郭門外，舊有石橋。《傳》曰："石絕水者爲梁。"又曰：石□□□□。此是也，以通臺隍水而亘洫涂之窮，創自光□□□達公，歷今□□百餘祀，會時久石泐，又暑雨暴□□□□□水□□塹□□□□□馬負擔□步惟□國門，往來輻輳，區□史□南陽冠軍樂鄉，數道交錯，俗呼爲五□鄉，況鄧南門，尤屬襄、樊要道，皇□使龍節虎節，而□商賈貿易秦晉，行李之往來，繈屬於道，強半塗，此誠所□□□□□達□康也。兵興來，郡城一陷於丙子、辛巳□□□，民死傷離析，百僅二三室，廬燬雉堞，邱陵阡陌化□石□，民無餘力，可以興廢舉墜者，斯橋之不復舊觀也。□□宜哉。卽此通之，凡鄧之爲橋之圮壞而待熙者，不可□□□已。會諸生李宏勳文達公七代孫作而嘆曰：嗚呼，此□□□□貽也。惟我先公燮元贊化，亮翼天工。當斯時也，□□□□之同璿璣正七□之位，身歷三朝。心惟一德。□□□□利涉大川，有如此橋。乃一傳再傳，後世陵夷，衰□□□貞遺笏，不存舊邸，贊皇片石，幾易平泉，賜第化爲□□，門巷不復烏衣，且如此橋，何嗟此雲？初實慚烈祖於□，顧瞻此橋，不忘繩武之思焉。爰厥俶其事，督若工，礪若□，烝烝遂遂，儞格楮柱，羣之劼之，既京既憮，用瘴新勞，邇復舊觀。而橋以成，彭子聞而善焉。代爲記其事，於以襄文達之功於勿替，且以見先賢之有後也。爲之銘曰：

彼穰郭之離明兮有石穹窿，繄元老之手澤兮作而成功，棟梁久摧兮大廈用頹，惟茲橋實賴後人兮不與墨劫而俱灰。

(文見乾隆《鄧州志》卷二十二《藝文上》。馬懷雲)

重修永濟橋記

彭而述

永濟橋者，吾祖居茱萸河禹山東南趾可八里，距鄧西六十里。云吾祖南溪公倡建之，肇於隆慶六年，迄於順治十一年，蓋八十有餘年矣。重修倡始者，則其孫庚辰進士而述也。述爲兒時，則已聞橋一泐於水，吾祖再築之，仍削斷碑豎舊址，無歲月不可考。先是王化玉調，人煙繡錯，野無奧草，溝洫通行，水歸古道，即雷雨奮盈蛟龍，有時震怒，然殺不終日。里人又往往伺其損壞而補之。崇禎癸酉，流寇欻起中原，屠裂□□□□□。予避亂晉、楚、吳、越間。羈旅十年，及歸故里，此橋無復存矣。[1]

彭子曰：天工人其代之，有如此水橋梁者，舟楫之窮也。輔相者，天地之道也。若涉大川□□□頂□□衣帶，如復康衢，顧□行何如耳。每見王公貴人、里豪富兒、金□□□王之刹，泥沙塡道陵之院，日以資冥福也。□□□□□□□□□□□□□□□□□一□□人生□□□□是吝□□而笑之曰：吾爲天地守財耳。孰知多□□□□焚身死，欲速朽，玉匣何用，二者交譏，何如濟□□□□爲功德之彰明較著乎。《月令》有之，孟冬之月，其□□。又曰謹關梁。傳有之曰：天根見而成梁。辰角見而除□，王政之所先，而官司之所守也。可不是務歟。顧又嘗思□杯棬書冊，先人之澤存焉。

是役也，無墜前徽，無累後人，□篚足矣。州黨何爲？曰是有說焉。成大功者必諧於俗，樹久業者務謀於衆。經費浩繁，既非一手一足之爲烈，拮据歲時，要在羣策羣力之互用。推此誼也，願與三老長者□之異，□貞珉，紀姓名，安知不似杜當陽萬山一片石，抑予由是尙惡焉。先王父以豫章一布衣起家中土，締造箕裘，右我子孫，多行善事，表厥井疆，至今桑梓遺老能言之，而予以一經自腐，普濟蒼生，既乏作楫之才，而偃蹇病軀，空負題橋之志，斯一事而興亡盛衰之感存焉矣。敢曰祖武克繩，庶幾因人成事云耳。

順治十一年。

(文見乾隆《鄧州志》卷二十二《藝文上》。馬懷雲)

重修關帝廟記

彭而述

帝之靈，天地之間焉往不著。南鄧密邇，荊、襄爲帝舊遊，北瞰許、洛，南控樊、沔，

---

[1] 原本以下空六行。

帝之祠宇，林萃申謝，固較他處獨爲有據。帝靈於昭於天，瀰漫薄海，其於當年旌旗回翔之地，其禦災捍患，丕冒邦家，尤式靈焉。億萬斯年，蘋藻馨香，心之在人，日之在天也。明崇禎丙子，鄧城不戒，而述節母王氏，同述妻子避難鄧關帝祠下，私祝曰：得荷帝靈免於難，當重新帝宇，以報帝庥。時賊鋒迸射，血流成渠，予一家屢瀕死地得無恙。而述是年以下第歸來，母爲言此事，竟以葬事里居靡寧，負此願且二十年，而先慈於癸未下世，距茲年丁酉亦十五年。予又以介馬南遊於楚，依幕府潭州匆匆，且有事於西南，則予之未嘗須臾忘此也。神之聽之，能無咎於厥心。會室人王氏則猶能記母言，乃踐斯事於今上之。丙申，廟貌適再成，家人報書，爲記其事。我聞天道無親，嘗與善人，神明亦然。惟帝聰明正直，與萬古之嶽瀆口星，同視聽於下土，扶陽理陰，贊襄元化，豈區區於一人一家施顯功哉？然予一室之得邀神貺，以自脫虎口，不與雉堞俱屠，敢謂非神之力。抑予節母王氏，自予四歲失怙，稱未亡人。平時持齋奉佛，嚴祀百神，尤專肸蠁於帝，則帝之庇子母以庇我一家也。予小子敢忘帝力哉，敢忘母氏哉！予今得稱人祖父，而膝下團欒，箕裘勿替者誰實尸之。予抱此念於二十年，妻王氏申母志於一旦，此《周南》、《諸什》大夫妻能奉其祭祀，風詩所由作也。然而予益滋愧矣。予之未嘗須臾忘此且二十年矣。則祝之曰：神休也，母志也，惟吾子孫繼緒其皇之。

順治十三年。

（文見乾隆《鄧州志》卷二十二《藝文上》。馬懷雲）

丁二宇先生墓表

彭而述

皇清順治十三年，丁二宇先生年七十七。念旦夕將歸於土，先爲櫬瘞於二人壙側，爲合族氏少若長及里社親朋觴其處，曰："此吾百年後九泉也。"客有泣下者。先生曰："死生寄耳。"《記》曰："狐死正邱首。首，仁也。仁也者，不忘本也。"吾閱人間世，已古稀有奇，先朝露委溝壑，得埋骨於先人穴旁，幸矣。先生初有丈夫子，名如滙，年五十餘，以明經爲蘭陽訓，既踰陝州，疾終於官。先生歸其櫬，壅乎塋，尺有咫子復有孫，曰英，爲諸生，俱先先生歿。今所存者止一女，幼適叚氏。先生曰："吾老無子孫，叚氏復幼，一旦嬰老疾，臥死牀褥，瞑目無知，奄然長逝，誰復舉吾骸，葬祖宗墳墓。"先生之先瘞櫬也，不忘本也，危之也。於是，里人從而解之曰："世人死者以有後得殯於本氏塋是已。今之纍纍墓下，子孫乏絶者不可勝數。將稚埋地下，纍葬他所乎？先生不幸，生而見其子孫以歿，是未嘗無子孫也。然則先生所不幸者，長年耳。先生非無子孫者也，先生有從子，族氏人復多，其又何忍不以先生歸諸舊塋而爲鬼，惜此一埋土哉。先生之孳孳於舊塋者，不忘本也。則從子與族氏人同此心，審矣。然則先生之有此舉也，非慮之也，蓋達也。所謂死生寄焉者，非耶。先生名鋕，又改士心，幼爲諸生，負盛名，小試輒冠軍。困棘闈者凡十三次，中副車者一，歲貢終。先生為人義俠，知交多當世名公卿，又洞達，喜獎借後學，教授里中，傳經四十年。時人比之馬扶風王河汾云。銘曰：

　　象賢嶽嶽，談經兩地，不可謂無后也。享年耄耋，窀穸舊壠，可謂知本也。先事而圖，就本於土，不可謂不達也夫。是之謂丁公之墓也。

　　順治十三年。

（文見乾隆《鄧州志》卷二十三《藝文志下》。馬懷雲）

鄧州陳刺史鼎建魁樓碑記

彭而述

　　鄧居豫南偏，肉薄舊楚，春秋為侯國，秦以後，郡縣之。至東漢，世祖起南陽，將相挺出，鄧乃日大觀厥風氣。漢水盪其胸，嵩魯拊其背，西犄商於，東絡淮安，平衍膏腴，水土甘厚，中州之神皋，西鄂之陝區也。史傳夏人之居，謠俗愿愨，敦詩說禮，然冠軍五劇之鄉，世亂，失太平最先，復業獨後。要其人天性無羯羠不均之行，節義廉隅自飭鮮墮行，地近周南。先代末，巨寇起西陲，自秦關而東，犯光、固、汝、潁，鄧為中途，青犢銅馬，受禍最剝。芟除夭札，百僅存一，闆左草昧，鍾釜荊棘，學校廢而城闕。歌上賢能之書者，比歲有間，講養教于今日吏茲土者，難言之矣。今皇上定鼎十有八年，關東陳使君捧檄治吾鄧，進父老子弟問之曰：爾鄧固猶昔日之鄧也，軌物倫紀，皇風再泂，其何道而登進，吾民于古徃見郡國冠蓋之使，頮宮而外，建有文昌、魁樓諸祠，贊風教，襄人文，予小子豈敢愛焉。父老子弟長跽請曰："唯唯，惟大夫命。"爰勤龜卜、考陰陽，建樓于內城之東南。甍甌構枅，欒楢梯階，閱數月樓成。時予官滇，走予為文記之。予竊惟《天官書》按北斗第一至第四為魁，魁枕參首，斗為帝車，斗魁匡戴六星曰文昌宮，將相及司命、司中、司祿在焉。魁下六星，兩兩相比，名曰三能，皆上帝之貴臣，人間祿命之元也。故往往郡邑于頮宮之外多建之，或曰文昌，或曰魁樓，義取諸此。必于東南者何？中國於四海內，在東南為陽位，陽為文明之象，萬物始乎震，出乎離，猶之天街王國界，而街南為華夏。樓建於此，于地為宜，且文昌既兼將相，合三台士人祿命在焉。使君之意，若曰天地之文，天地之心也。河洛為天地中，中者心也，龜龍之祥應之。今鄧距河洛，近在畿內，昔聖人則之，闢為文字之祖，則九州之文，皆中州之文也。將相祿命之說，為鄧人視之，實不足為鄧人限之矣。往者東漢之季，雲龍奮起，環紫宮而襄景運，亦其驗也。若是則斯樓之建，誠不可已夫。予鄧人也，多使君意，且聞使君諸政有不朽于斯樓者，故樂得而書之，以告後來之為牧者，鄧人勉乎哉！

　　順治十八年。

（文見康熙《南陽府志》卷六《藝文志下》。劉宗志）

重修馬神廟碑記

彭而述

《易》之坤曰："牝馬之貞，行地之象也。於天文為辰，龍精也。故以配乾焉。"在昔聖人取象於河圖之文，為之畫卦衍《易》，以前民用罔非於馬乎。重言之，以為在天者龍，在地者馬也。是人中龍也。《周禮·六官》以大司馬名夏官，不復以十二象律之矣。其在《月令》之文曰：仲春祭馬祖。解之者曰：天駟房星也。為馬祈福則祭之。然則馬祖者，馬神也。世人不察，以為更有物焉為之神，非愚則誣。鄧子城東角，舊有馬神廟，燬於燹。守禦所沈君為起而新之，為文以告曰：維天子大吏為朝廷捍牧圉疆場是問，砠窳如予，倉猝武夫耳。然其職亦城隍鎖鑰是寄，勿亦夜吠晨服為簡書羞，何政令之為也。彼守土者則俎豆宣王之宮，櫺桷丹臒，必飭儋石之子，則奔走方社恐後，馬神一祠，是禦侮者專責也。語曰：北人使馬，南人使船。予生長吳越，見一旦海上有事，則艨衝餘皇，動以千艘，決勝負於江天之間。其淮揚之北，則謂之有足之兵，戰陣攻討，莫馬為甚。[1]

聞之《马經》曰：馬食杜衡則善走。繫獼猴於廄辟。馬病，物理相感猶如此也。倘猶是為馬祈福，廟貌無所，無怪乎輗駒日盡，駿骨全銷，望其數馬以對歌《魯頌》而賦衛風，不亦難乎！乃為鳩工庀材，爰作是室，君子曰有備無患，竹耳霜蹄，渥洼是產，汧渭是息。為禁原蠶物不並大吉日，維戌是禱，是禡沈公此舉，亦猶行古之道也。

（文見乾隆《鄧州志》卷二十二《藝文志上》。馬懷雲）

馬公書院碑記

州人彭敦祖

南陽自召、杜後歌孔邇者，久不復覯矣。牧伯馬公籍隸山右，庚申秋蒞穰。時值水患頻仍，哀鴻遍野，惻然。先發倉儲萬餘，廣為接濟，復捐廉俸，收養無告千數，民賴以安。公以救荒非長策，當作逖大計，每於政刑之暇，親歷河干，相度形勢，刁嚴兩岸，各修築民埝七十餘里，閱二載而始成。由是河慶安瀾，人歌襦袴。公曰："民富矣，教可不施乎。"因移建書院於宋范文正公春風閣之下，集生徒百人，延師肄業，擇其俊彥，親為督課。十數年來科甲不聞者，首拔單寒，邅登鄉薦。莪莪多士，爭自濯磨，雲蒸蔚起，正未有艾。詎甲子八月，公以內艱去任，都人士頌公之德，感公之恩，咸以立祠請。公以違例不可。未敢重拂公意。即於書院所建堂宇，畧為增葺，供設生位，並勒諸石碑。花渚之手澤常新，講室之遺範永在。冀後之採風問俗者，以公媲美召父杜母云爾。

---

[1] 原本下空三行，每行二十二字，未刻。

康熙二十三年。

（文見乾隆《鄧州志》卷二十二《藝文志上》。馬懷雲）

修內城記

知州趙德嶺南

革言三就，動固戒乎妄作，而蠱後當飭事難，即於苟安。夫以不敢苟安之心，而行乎不欲妄作之事，則人或從而諒之矣，予嘗怪夫守土者之以傳舍視其官也。舉凡興利除害，職分之所當為者，罔不漠然置之，而曰：吾將息事以寧人也。嗚呼！以因循之失，而遺叢脞之憂，其為害可勝道哉。

鄧城自孔鎮撫創始以後，數百年來，磚灰間有塌卸，雖屢為修補，而內面崩削，漸及女墻，罔有從而問之者。使再加傾圮，則磚無所附，勢必內外俱頹，然後從而修之，則工費愈將不貲。予下車伊始，即惻然念之，然勢不暇及，而亦慮夫斯民之未見信也。今既百度粗舉，又幸年時豐和，且當初春農隙之際，爰捐俸鳩工，縮版築土，進父老而謂之曰：昔范文正公之治鄧也，闢臺榭，建亭閣，為徜徉之計。當時百姓咸共樂之，且至今稱道勿絕焉。矧今日之役，為朝廷守封疆，為爾民嚴保障乎。予自念才分雖不逮古人，然先憂後樂之志，則不敢不自勉也。藉公旬之三日，貽休暇於百年，詎非爾民之所諒乎。於是，歡欣鼓舞，踴躍趨事，陝陝登登，不假督催，凡十二日而成。是役也，由東而南而西，共計緝城二百六十八丈，峭壁堅凝，週遭巉然，共用工一萬六千五百二工，每工給錢若干。既竣，諸僚屬謂予，不可無以記之也。因識其巔末如此，使後之同志者於凡職分當為之事，勿偷一日之安，以留百世之悔。天下事亦何至有驟廢不可為者，而寧第一城哉。

時康熙辛未記。

（文見乾隆《鄧州志》卷二十二《藝文志上》。馬懷雲）

重修三里閣記

彭應元州人

郡城東門外有關帝閣，因距城三里，遂以三里閣名。始剏之而繼修之者，不知幾易矣。歲己巳，湍水泛溢，寸椽片瓦皆隨波逐流，蕩然無復一存。壬申春，先慈周太孺人板輿經其地，惻然者久之，顧應奎、應元而命之曰："帝祠遍寰宇，吾家奉事尤虔。東門內祠，中丞公所重修也。兒其勉力新是閣，以善繼先人志。"奎輩凜遵慈命，不敢以拮据辭。始於壬申，成於甲戌之春，鳩材庀［庀］工，以及繪塑之費，未敢求助於道謀。而董其役者，則陳氏昆仲與有勞焉。奎惟先慈賦性敬慎，昭事神祇，罔敢有斁，數十襈內所施濟者不可勝紀，而此閣尤拳拳在念，且命以勿累及好義諸善士。今閣已告成，而先慈已於壬申秋即世，言念今昔，能勿潸然。冀自今，子若孫其無忘是閣所建之，自修葺弗替，則先太孺人之志，亦奎輩今日立誌之意也。是爲記。

康熙三十三年。

（文見乾隆《鄧州志》卷二十二《藝文志上》。馬懷雲）

重修岳鄂忠武王廟碑記

李英州人

從來禦災捍患，以死勤事，皆載在祀典。世世報功德於無斁，而樂善不倦之君子，又往往爲之建祠立廟，肖像而祀之，以展寸心之敬，以致瞻仰之誠。鄧之小西關土城門內，舊有鄂王廟，始建不詳所自，而其間新者舊矣，舊者新矣，新者又復舊矣，舊者又從而新之，雖天時遞變，人事遞更，而王之廟貌，遞舊遞新者亦不一而足矣。夫自古忠臣孝子，仁人義士，赤誠亮忠，奇節異烈，非不焜耀宇宙，赫赫在人耳目，率皆當時則傳，沒則已焉，否則，傳之一二世而流風餘韻漸已衰息，獨至王之廟貌何以新舊相垂，傳之一二世，即傳之千萬世，而終不隨天時而變，不隨人事而更也。蓋當宋室式微之日，金人南侵，徽、欽北狩，人心不忍亡宋，羣思恢復，而秦檜挾虜要君，講和誤國。當時名將或未能力斥其非，惟王精忠報國，矢死靡他。詎意天不祚宋，大業未就，而奄忽之間，竟死于奸人之手。當是時也，天地爲王震怒，鬼神爲王泣血，微獨俠士烈夫無不歎息痛恨，即三尺童子亦莫不欲剚刃於奸檜之胸，一洩其心中之憤。是以既歿之後，立廟肖像而祀之者，幾徧於寰區，而史稱忠武復唐，鄧則生前爲此地禦災捍患，且以死勤事焉。則我人立廟歲祀愈久，而愈不能忘也。固宜迺其廟之在小西門者，雖不時祭掃，不時修葺而歲已久矣，風雨不除，鳥鼠不去，非所以恭明神而肅瞻拜也。善士等目覩心惻，籲於有衆。圮者補之，傾者扶之，廟貌聿新，多鳥革翬飛之美。生像莊嚴，極黼黻文章之盛，巍乎煥乎，爲吾鄧之甲觀矣。

是舉也，非徼福也。蓋聞精忠之風而興起，而於土木諸費喜捐樂助，以展寸心之敬，以致瞻仰之誠焉耳。一時輸貲襄事者，俱當書名左方，以垂永久云。

（文見乾隆《鄧州志》卷二十二《藝文志上》。馬懷雲）

重修學宮記

彭始搏州人

自古聖賢之後，必有奇人偉士，纘前人之緒，而光大之。繩其祖武，以昭示來茲，此固歷歷不爽者。如和靖尹先生，學宗洙泗，化行伊洛。朱晦翁先生集《四書註》多取裁而折衷之，允矣。其爲道統之正派矣，及其避金，遷南邑于山陰，越二十三世，而有我尹公諱椿，字袋華者出焉。癸巳歲，奉天子命來蒞鄧土，甫下車，即有事于學宮，遂捐金數百，顧兩廣文而言曰："學校人才之藪，可聽其鞠為茂草乎？余薄書鞅掌，恐未遑斯務，而鳩工庀材，毋憚賢勞，惟兩先生是賴。"由是首大殿、次兩廡、次戟門、次明倫堂、次尊經閣，不數月而百廢俱舉，一毫不累士民，聲稱嘖嘖，傳之京師。余聞之作而起曰：是公也，余知之稔矣。其生平行事，非聖賢之言不敢言，非聖賢之行不敢行，倘遇盤根錯節，輒慨然自思曰，聖賢處此，當何如？今之遇鄧學而增修也，是其素所蘊藉者然也，是誠和靖之賢裔而東魯之功臣也。而余窃於多士有厚望焉。明倫有堂，諸生之敦倫有資。尊經有閣，諸生之窮理有地。以顏、曾、思、孟為必可學，以周、程、張、朱為必可法，日新月盛，爭自濯磨，先德行而後文藝，庶無負我公之志也夫。爰勒石於明倫堂之左，以誌不朽云。

康熙五十二年。

（文見乾隆《鄧州志》卷二十二《藝文志上》。馬懷雲）

重修名宦鄉賢祠記

孫遴州人

鄧之學宮，經明季兵燹而後，日就傾圮。癸巳歲，郡侯尹公來蒞茲土，捐鍰修飭，未期年而殿宇、廊廡、門坊、堂閣，煥然一新。閣學方洲先生前已序其事而鑱之石矣。惟名宦、鄉賢兩祠未竟厥功。越明年，公復捐俸薪，因舊址而更新之。經始於五十四年之四月，至本年七月廼竣其事。落成之日，閣學諸友命遴誌之，以垂不朽。遴維名宦鄉賢之列于戟門也，其意深矣。蓋以聖人可學而至，然莫為之前，雖美弗彰。而所稱名宦、鄉賢者，正先達之所以學聖人也。

國家崇德報功，載諸祀典，非徒尊顯之而已。殆將胥天下學者，學為名宦鄉賢，以學聖人也。但士之知此意者蓋鮮。今公之銳志于此，汲汲而新之，亦欲俾鄧之多士瞻仰則傚，以共適於聖人之路也。《記》曰：建國君民，教學為先。惟公有焉。公蒞鄧惠政多端，而茲尤其大者，詎可沒歟！且聞之公係出和靖先生之裔，聖人之徒也。則斯舉匪直多士興起，即先聖先賢實式憑之，其為功于文教也豈淺鮮哉！所以勒諸貞珉，以昭示來茲。使他日有作鄧春秋者，載公之善政，翬頌公作人之德于不衰，是可記也。

康熙五十四年七月。

（文見乾隆《鄧州志》卷二十二《藝文志上》。馬懷雲）

創建鐵公祠記

陳大年知州

年摠角時，讀《明史》至公不屈一事，適夜漏將半，陰慘悽冽，燭幌動搖，凜凜然毛骨岑慄，四顧無人，如見如聞，遂掩卷不能再諷也。廿年來，浮沉南北。丙申歲，量移鄧，爲公梓里，謁祠於土城東南隅，巷僻湫隘，不足改爲。憧憧觸往事詢之，云郡伯沈公曾遺募疏，歷數牧守，未有作。年曰：毋庸若待徵集而後行，遲不及事矣。遂偕司訓徐君、吏目吳君相度隙地於東關之喜施庵，旁有魯般廟，移置庵之西邊，經紀成事，爲廊此一區，爽塏高朗。爰遴生員何麒、張在、李英等爲首事，於己亥仲冬月興役，越歲辛丑季春月落成。殿廡儀門率三楹，殿墀對建，二廡屋亦各三楹，用息灑掃。門之左右各五楹，資停宿貯蓄。臨街者，賃爲香火之供。規制初就，儼然觀瞻，餘有待焉。要皆鼎創，無稍憑藉，纖毫結構，自胸中出。置基求固，選材求良，深廣胥宜，藻采斯煥，一椽一瓦，無或苟也。爲置地於東北隅以鑿井，初澁涸，禱於公，得泉頗甘，居人賴之，名曰新橘，以舊橘井久堙也。竹栢花卉各有植。

辛丑歲八月廿九日，自舊祠迎主其中，從官以下，萬人羅拜，森然翕然，恍若靈旗絳節，與几筵榱桷相陟降，人心不死，英風猶生，三百餘年之丹心碧血，化爲景星慶雲，何其顯歟。僉議以每歲是日致祭，視如誕辰，而例祭仍舊也。嗚呼！公之撐半壁，控孤城，飛輓不絕，摧燕師百萬，乘勝方張之勢，使之軍覆將戕，竄遷燕邸，不敢睨視，稍延金陵旦夕，本傳頗詳稔，而抗節不屈，罵聲不絕，求一回顧不可得，磔復投鑊，辜闔操棒，制轉沸油，焦手面之異，具載正史，無容縷述。惟是明成祖爲太祖嫡子，楚弓楚得，似與異姓有間，其掇身反面全軀保妻子者，尔時殊比比也。公絕不及此解，百折不囬，老幼謫戍，渺然烟燼，莫知所終。較他靖節者又覺迥出，則其志皦日月，氣塞宇宙，烔然而常耀，浩然而獨存者，同造物無盡也。年監工河防，途歸自汴，先夜夢二碑將立祠案旁，塑像金紫，寤而訝，未見公也。輟又夢公坐龕上，衣冠元色，俱明制，正視，未嘗語，儼然書生，面白長髯，鬚勠勠，年可三四十許，至今如在目也。夫微忱何足以感通，或事有未愜而數有必然，以示警也。敢不服膺自省，孔子曰：吾不復夢見周公。年生不同時，執鞭莫效焉。猶得炙儀表於夢寐，爲君子徒不可謂非幸也。要皆讀史時，一旦驚慘欽慕之忱，積於衷曲，數十年得而遇之也。噫！亦奇矣。當時避忌錯愕，以故與周、方、景、練諸公，久而淹鬱。

宛郡舊有祠宇，守令霍維蓋、程遜於萬歷間，獲請於上特建，並祀睢陽張公於左，額曰二忠，實由闡揚公而并及也。公有二女，發教坊累年，守貞不從朝。紳爲請擇嫁士人，具見貞以表忠，爲不忝所生矣。龍虎城有間地廿餘畝，孫庄有間地廿餘畝，又兔兒坑地方有趙、叚二姓相爭老荒官地二頃一十餘畝，已報賦，俱付寺僧爲歲祀添修補葺之用，毋許花費。祠中不得供釋道諸塑像，以滋混淆。合計約費千有餘金。沈公捐鍰百兩，餘俱年爲厝輸。而各匠激於□蓋工直取足無多求，鄉民仗義助車數十輛，耆講劉紹□、房志盛管理料物，城關鄉地，周章細碎，特綴於末，以毋□其善勞焉。其監率工匠，則書役楊生輝等，也鐫石附後，□勿忘云爾。

康熙五十九年。

（文見乾隆《鄧州志》卷二十二《藝文志上》。馬懷雲）

明兵部尚書贈太保謚忠襄鐵公諱鉉遺像墓碑

皇清雍正元年癸卯歲孟夏穀旦。
明兵部尚書贈太保謚忠襄鐵公諱鉉遺像墓
奉直大夫知鄧州事楚黃陳大年仝生監[1]

（碑存鄧州市花洲書院。馬懷雲）

重建春風閣記

鄧鍾嶽

鄧州城東南有春風閣，宋范文正公治鄧時所建。元、明以來，屢有廢興。明末盡燬於兵。雍正十年，泉州杜君來涖茲土，率先州人議重建焉。始事於十年仲冬，越明年六月告成。請記於余。余未嘗至鄧，而見其所謂春風閣者，然不能不因之有感焉。儒吏之爲治與俗吏不同，俗吏所用心者在於刀筆筐篋，雖時於其民撫摩而噢咻之，皆非以爲民也，故視所治如傳舍，去之惟恐不速。儒吏則不然，相浹以情而不欲相繩以法，撫其人如家之婦子兄弟也，履其土如家之庭堂房室也，考其業如家之東作西成，春絃夏誦也。是以政通人洽，猶必爲燕息之地，遊觀之所，良辰令節與民嬉遊其間，以盡其歡欣愛洽而相與鼓舞於不倦。故其居也民樂，其去也民思，雖人遠代隔，被其澤者無一二存焉，而後之涖茲土者，想其遺風餘烈，咏歌流連，猶能使其民感奮激發於百世之下。方范公之以資政殿學士，出知鄧州未久也。涵濡薰陶，吏民安之，旣徙荊南，而鄧人留公，公亦願留於鄧。及公季子純粹，復知是州，有惠政，民猶曰：此老相公賜也。蓋儒吏之效如此。今杜君涖任之始，舉數十年已湮之迹，修而復之，則其爲政，亦必有同乎范公之用心者矣。或曰城之東南，爲文明之方。州之文士不顯於時，以茲閣之廢也。余謂爲政有體，而化民有機，修復先賢之遺蹟，以感發其民人，宣揚德意，莫先於此。則州人之德行道藝，有不蒸蒸日進於古者乎。夫有司之受茲土也，父母與師之責兼屬焉。旣生養之，復教誨之，令民無一不□其所□後即安，□杜君之志也。

杜君諱適文，寶坻人。

雍正十一年。

（文見乾隆《鄧州志》卷二十二《藝文志上》。馬懷雲）

---

[1] 下列姓名，字多模糊不清。

重修文廟記

王士俊

朱子曰：國家稽古命祀，而禮先聖于學宮，將以明夫道之有統，使學者知所向徃而幾及之，非徒爲觀美也。故《學記》曰："皮弁祭菜，示敬道也。"今恭逢天子聖德日新，文教廣被，崇祀闕里，懸生民未有之書；建學京師，瞻慶雲繞梁之瑞；仍沛綸音，勅修直省文廟。予承命之日，卽檄州郡務仰體聖朝崇儒重道之心，以期共襄盛舉，勿妨庶務，勿耗民財，勿違農時，勿餙具文。越五月，而鄧州牧杜逋文先以州學工竣來告，謂鄧州北近河、洛，南控江、漢，爲理學淵藪，人文萃聚之區。我國家教化浹洽，仁義漸摩，士沃風淳，敦詩說禮，其急公趨事之誠，由來久矣。方工之始興也，守令宣播聖諭，昌捐俸薪，一時鄧之紳士商民聞風慕義，覆瓦級石，則力運工所。鳩工庀材，則身勤慰勞。匠者梓者各殫其才，陶者冶者各展其事，圬者繪者各呈其技，工金工石者各効其良。先有事于大成殿，嗣是而兩廡，而戟門泮池，取次修葺，藻繪繽紛，峎峎枚枚，事雖因舊，功同創始。肇工于雍正十二年八月十二日，落成于十二月十三日，約計白金三百有奇，而未嘗妨庶務，耗民財，舍穡事而興力役，忘久遠而餙具文也。蓋聖道各具於人心，則人人原有作聖之念，沭盛世修道之教，涵濡久而教澤深，故好義終事，悉出自然而無所強。《王制》云：樂事勸功，尊君親上，然後興學。由是觀之，鄧人其可教也。而余尤有說於此，夫明道覺世，牗民者之責也。敦倫飭紀，學聖者之先務也。今而後登夫子之堂，典型如在，讀孔氏之書，羹墻可親。將見砥礪廉隅，爲膠庠之良士；忠勤王國，屬廊廟之純臣。斯有守有爲而道無不體矣。不然者，記誦剽掠而不及乎窮理盡性之要，馳騖虛遠而不得于修齊治平之實，卽日遊於美輪美奐之下，目覩車服禮器之盛，又何異悵望于宮墻之外，而無當于聖人之道也哉夫。宋之伊洛淵源，元之江漢先生，皆得聖人眞傳者。鄧之壤地相連，流風猶在，可考而知也，可不勉旃。余因杜牧之請而爲之記，並以告夫鄧之遊學宮者。

是役也，自州牧而外，鄧之趨事赴公者，若貢生唐超裔、李英等，監生江崑、孟稱舜等，典術劉琛、生員李森林等，聞道興起，董理維勤，例得備書，以誌不朽。

雍正十二年十二月。

（文見乾隆《鄧州志》卷二十二《藝文志上》。馬懷雲）

重修范文正公祠閣碑記

李治國知州

余少時，讀范文公正《岳陽樓記》有云："先天下之憂而憂，後天下之樂而樂。"讀其文，未嘗不想慕其懷抱天下之志。《詩》云："高山仰止，景行行止。"雖不能至，竊鄉往之。適丁巳春，余膺簡命，來守茲鄧。鄧為先生撫綏之郡。當宋仁宗時，斯地亦凋敝矣。先生以憂天下之心立道，綏動數年而化行俗美，民風丕變焉。考之州乘，其東南郭外有春風閣，閣下有百花洲，為先生公餘觴咏之所，其殆後樂之意乎。余為訪尋舊跡，所云閣祠棟宇，亭榭津梁，以及百花洲渚，盡沒荒煙蔓草中，僅有祠三楹，閣數椽，乃先生後裔方伯公及前守杜君所建，外此則頹垣碎瓦而已，不覺感慨係之至，不暇及此也。蓋當余未涖之前，鄧以歲比不登，饑饉洊至，室如懸磬，嗷嗷待哺者數萬人。余甫下車，心竊憂之。籲請上憲出粟賑濟，而民困稍甦。自夏徂秋，五穀蕃熟，年漸順成，向歉者足，而饑者安，室慶盈寧，民氣和樂，饒有恬熙之象。余不敢曰能以先生之憂為憂也，又何敢曰以先生之樂為樂乎。然而企慕前賢，興復古蹟，乃余素志也。爰倡是舉，集紳士共襄焉。眾皆踴躍籌度，鳩工庀材，不期年而堊茨丹雘，祠宇輪奐，旁有兩廊各三楹，前有山門，門乃大廈，祠南為洲，鑿池得泉，植以桃柳，蓄以禽魚，洲上修橋，橋下通漁艇，上環朱欄，其中搆亭，亭名彷樂。蓋師先生之志而不敢言有先生之樂也。自亭而東，橤卉千株，蒼翠陰翳。歷階而上，有坊，顏曰宛南勝境，乃方伯公所題。其振古高風，則余為之紀其勝也。工既竣，登臨傑閣，流連池畔，其昔之芳洲宛在，花草依然乎。雖云重修，而不啻創始也。

己未春，值家南汝道憲按巡至鄧，瞻仰祠閣，慨然曰：文正公，吾佩服久矣。遂援筆為文曰：昔朱晦庵論本朝人物，以范文正公為第一，我直說他是聖人。蓋人有此形軀，便落入我相中。只這人我相生，出貪嗔二字，黏在五臟六腑上，任其名賢大德，費多少克治功夫，還有些洗刷不盡，看先生生來便是一乾二淨，如歸姑蘇，焚黃時，將所有絹三千疋散之親知，霎時殆盡，是何等脫洒。再先生去官，由呂相後與同出，便驩然相得，戮力平賊，此其生平，豈復有怨惡於人。余生平頗不自菲薄，到了此等去處，總不免有些拖泥帶水，方知先生果是真人，果是至人。夫是之謂能明心，夫是之謂能見性，夫是之謂能以天地萬物為一體，夫是之謂能入水不淬，入火不熱，普願天下學道之士，於此處着眼，到擴得心量如許大時，便能為天地立心，為生民立命，為萬世開太平。因家鄧州重修先生祠亭及春風坊閣，為書數言，以見志云。爾家道憲諱慎修，字思永，壬辰進士，山東陽邱人。噫，家憲之為此文甚樂，鄧之煥然是舉而深望後之景行無窮也。夫今幸觀厥成之日，正民氣頓舒之時。回憶曩時慨慕先生者，共仿效憂樂之意，亦庶幾有其事矣。嗟嗟，人之好善，誰不如我。後之君子相繼而起者，余能無厚望也。是為序。

乾隆四年。

（文見乾隆《鄧州志》卷二十二《藝文志上》。馬懷雲）

重修三賢祠記

蔣光祖

襄城西關土城內舊有三賢祠，亦曰三君子祠，載於郡乘。祀昌黎韓公、萊公寇公、文正范公也。問其祀，曰春秋再□，載於令典。問其主，曰韓氏所主守。問其地，曰韓氏之世業。韓氏者，即昌黎文公之後裔，今孝廉韓君宅西其裔之一也。余初蒞穰，韓君向余言，三賢祠余家爲司祀，在昔爲臨湍書院，石碣猶存。歲久傾圮，不蔽風日，無妥神之所，並無講習之地，亟商修葺於余。余以初臨劇地，諸務待理，又日奉檄旁午，奔馳於外，未之遑也。十八年秋，稍偸餘間，乃稍捐淸俸，稍葺而整之，大抵貫惟仍舊，餙則從新，後堂前廳各三楹，中置側屋三間，週圍以墻，外鍵以戶，圮者植之，缺者補之，污漫者丹臒而潤色之，而棲神有所矣，而講習有地矣。余緣即其所，因其地，延學行並優者主講於其中，□昕夕潔除焉，余竊謂人之克自振拔者，莫爲之前，雖美弗彰；莫爲之後，雖盛弗傳。緬維三君子，或仕於穰，或産於穰，今試登臨湍之墟，想宦蹟之高騫，珂里之鍾毓，北門鎖鑰之所分，先憂後樂之所寄，起衰濟溺之所薀畜而樹立其炳炳烺烺者，固彰美於前矣。而遺風餘韻，何以聲稱歇絕歟！豈古今人眞不相及歟？抑浮慕者名怠棄者，寔無以發其志氣而企美於前修歟？況穰城據宛南之勝，地大俗厚，郡人士果能克自振拔，其文章風節、政事經濟，寧不可□三君子而繼起，吾見古今人同不同未可知，而後之克傳厥盛，不與漸然而俱盡者必有在矣。余故喜其竣事，而竊抒其意，以望郡人士並以諗韓君焉。

韓君者，孝廉諱邦植，字宅西，乃昌黎公之嫡裔。爲人醇厚老成，學行並優，能守其尊人先生萬中之家學。余延以主臨湍講席者，於以宏暢宗風，導揚盛美，紹前而啟後。其庶幾共相佽勉斅學攸半，以不愧于三賢之側而獲聞夫君子之風歟。余企望之矣。

乾隆十九年六月十五日記。

（文見乾隆《鄧州志》卷二十二《藝文志上》。馬懷雲）

重修范正公祠碑記

鄧城東南有春風閣，□范文正公治鄧時所建。其下爲百花洲，有臺池花木之□三楹，閣數椽。明嘉靖間，浮梁張公僎增葺左右堂廡各三楹，亭坊各一座，後燬於□，葺之今。燦自廣武來攝篆茲土，過謁公祠，見其棟宇牆垣剝蝕傾圮，而諸生尚有□事，鳩工庀材，閱數旬而告竣。余惟文正公爲宋時名相，政績不可殫述，其治鄧也，皆曰此老相公賜也。蓋奕世不忘如此。迄今已閱千載，雖婦人孺子莫不□公。□即其旁爲講堂，以相激勸。余恐茲祠之廢，特與衆紳士整新之。夫公之不泯於世誠耳，且修復前賢之遺蹟，藉以感發民人，宣揚德意，使此邦之人有所則傚□。而□輸貲助力，以蕆茲事者，俾各勒姓名於碑陰，示不泯厥勞云。

署鄧州事滎澤縣知縣葉燦重修並撰。

鄧州儒學學正瞿承問、署訓導事□鄧新營守備劉明耀、把總劉文煥捐銀四兩。

外委王士榮、進士高叔祥、舉人唐鳳□。

首事紳士：貢生彭應旌、舉人丁鴻、監生丁潤、貢生彭應。

乾隆五十九年歲次甲寅桃月上澣。

（拓片藏河南省文史研究館。馬懷雲）

巾幗完人

【額題】奉旨旌獎

欽命翰林院編修、提督河南全省學院、加三級記錄十次朱勤為

巾幗完人

故監生宋士玉妻彭氏建立節孝碑

　　　　　　　　　　　　　　□、

大清道光歲次戊子桃月吉日穀旦監生文星孫□。

　　　　　　　　　　　　　　□、

（碑存鄧州市花洲書院。王偉）

皇恩賜八品壽官高公諱月桂德壽碑誌[1]

皇恩賜八品壽官高公諱月桂德壽碑誌

　　　　竹、

男德[2]如林。

　　　　山、

皇清道光拾八年歲次戊戌□月穀旦。

（碑存鄧州市花洲書院。馬懷雲）

鄉賢祠碑記

【額題】桑梓典基

古者士以上皆廟，家祠所由昉也。吾高氏以儒素起家，先世仕止學博，祿僅自給，無力營祠。先曾祖思庵公以進士膺民社，先大父菊圃公由進士出宰閩疆，洊升臺灣太守，先徵君愚庵公中式鄉試，膺孝廉方正選，亦官縣尹。然皆歿於任所，有志未逮。道光戊戌，都人士以先大父學行政績可為閭里坊表，呈請入祀鄉賢祠。奉旨俞允，春秋致祭，典致隆也，恩之渥也。國朝，邑人入祠者惟彭公、安公、暨先大父三人。彭、安二公皆自立祠公

---

[1] 該碑中部斷裂。
[2] 此處字漫漶，無法分辨。

祭，外官復謁祭於祠，雖非定制，地方官崇賢勵俗有深意焉。先大父未有祠設立，於祖宅之後室致祭者數年。宛兄弟仰蒙餘蔭，列科名，登仕版，二十餘年，家居無多，日力亦弗給。咸豐甲寅冬，宛引疾里居，洛亦因公回籍，各出俸廉所餘，購地基，營棟宇，堂室門檻粗定，規模循舊例，承先志也。未逾年，猝遇兵燹，焚毀無餘，實深隱痛。己未春，復竭力經營，重為葺繕，棟宇如舊。置祭田，增匾聯，庶有以妥先靈而昭茲來許耳。至於別建家祠，以安列祖之神，薄置祭田，以備二仲之需，尚有待於異日。謹將創造重修之由，勒之於石，以示後世，俾子孫恪守勿替焉。

尉邑後學唐永齡薰沐敬書並篆額。

　　　洛
孫振　　薰沐謹識。
　　　宛
大清咸豐九年歲次己未桂月穀旦。

(碑存鄧州市人民文化宮。王偉)

修遠老和尚一單覺靈碑

從來弓冶紹基箕裘，釋迦傳衣缽，其有□於人也深矣。憶吾師一生管理□務，不惟恪守禪風，亦與興立基業。易寒薄而□□□裕之境，爰傾圮而為巍煥之見，事蹟載諸碑，一一可考也。衣缽之足□□□孰有吾師乎。爰述其略，刻石志墓，聊申徒扢揚之意，並冀後之徒子法孫，蒙業而□□□所自來云。

圓寂恩師上源下德□修遠老和尚一單覺靈
大清光緒二十一年[1]

(碑存鄧州市花洲書院。馬懷雲)

---

[1] 該碑中間斷裂，後半部字多模糊不清。

內鄉縣

懇恩憐恤碑

【額題】皇恩

南陽鄧州內鄉縣爲申明驛遞繁難，懇恩憐恤事。

蒙本府帖文，蒙欽差驛傳道僉事成案驗，順治二年七月二十五日，蒙巡撫河南監察御史寧批，據本道呈詳前事備帖□□□□□□□□□□□，仰該縣官吏照帖備，蒙批詳內事，□□□□□勘合火牌，不許應付，俱要慎重節省，毋得輕給多填，在外騙詐刁難，必係軍情傳報緊急，□□□□。有分外安索一錢，濫加一馬者，即指參拿。並越馬一匹，貼銀一兩。倒馬一匹，賠馬一匹。勒石永爲□□。

順治二年十二月吉日。

知縣胡養素、主簿夏士登同立石。

（碑存內鄉縣衙門首之左。馬懷云）

定水菴小記碑文

古穰人雲南布政司彭而述

酈城定水菴，列峙東郊，踞河之巔，萬山在几席間，空翠飛來，澄嵐可掬，蓋勝概也。舊爲許菊谿親家祖父經理地，大夫人劉，仁孝爲心，借菩薩戒，什清靜法，脩持已六十年。式擴前猷，丹臒於兵燹之餘，菊翁遵而恢宏，亦既偉觀矣。蒼巖湧碧，遠嶼凝波，對之生塵外，想普陀似不在定海，一莖草竟成丈六身矣。落成，索余文，以勒鼎鬲。余匏繫點蒼，遙望秋林，簪笏集目，雖不敢忘歐陽文忠之訓，而大夫人之篤孝，菊翁之纘承，總以存先代之遺址，紫金光聚，詎泛泛因果說耶。走筆爲之說，偈曰：

山水清音烟靄中，母子弘慈領素風。從今丹碧傳龍象，共指酈城郊外鐘。

康熙四年。

（文見民國《內鄉縣志》卷九《藝文志》。李正輝）

重修石堂山普濟宮碑記

本縣知縣高以永　嘉興人

內鄉縣西七十里，有山曰石堂，亦曰靈堂，中有普濟宮，慈惠普濟真人麻衣子修真處也。麻衣子，姓李氏，名和，字順甫，晉穆帝升平丁巳，生秦中。幼即契悟象外。孝武帝太元甲申，年二十有八，辭其親，學道終南山。忽逢道者謂曰："此非汝宅也。南陽之間、湍水之陽，有山靈堂，巖洞其旁，汝則往之，可以翕神功於蒼茫。"因往求之，未識所在，忽遇樵者，導至洞門，遂得靈境。晏坐其中者十有九年。安帝義熙甲寅，厥歲大旱，居民以旱告請禱，真人未應。一夕，忽有少年十二人前語，真人許之。已而，遂大雨。十二人復來拜曰："吾屬龍也，上帝以師道業成，敕令輔師行化耳。"及迹之，見十二龍皆蜿蜿巖下，各穿穴而去。真人後游郇鄉，歷宋孝武之丁酉，已百有一歲。一日，祥雲蔚興，白鶴鳴集，遂蟬蛻焉。唐太宗貞觀十三年，制表石門靈堂，號曰顯聖洞。龍皆封公。封真人曰"慈惠普濟真人"，旌其宮曰"普濟"。嗚呼，世稱神異之事，吾不知其誠有耶，無耶？然吾嘗聞清淨家言，所貴學道之士，必其抱真守一者也，必其聞四會、度三災、能加惠斯民者也。不然，當時崇之，異世褒之，閱數千百年，父老子弟猶為之奔走愛慕而不容已，夫豈無故也哉？

康熙十有九年，余來宰內鄉。冬十一月，以事過淅川，經石堂山，見蒼烟野蔓中，有宮巋焉而將頹者。詢之，曰普濟宮也。時住持道人王鉉福，與上人超塵者，已謀之諸善信，從事畚築。其明年春，邑大旱，麥苗焦枯，人民皇皇。余率之日禱於神。已而，雨降，四月麥有秋矣。會有來言普濟宮告成者，因追憶石堂靈異，遂為文，俾刻之石，且繫之歌曰：

夕陽兮丹霄，望崇觀兮山椒，若有人兮坐翠微，冠芙蓉兮被荷衣。風飄飄兮翳雲旂，幽巖兮蘿殿，群龍家兮忽雷以電，彼烟客兮與龍語。降甘澍兮穀我士女，金庭兮玉宸，鶴駕兮逶巡，潔五齊兮羞潤蘋，吹參差兮舞繽紛，千秋萬歲兮奉明禋。

康熙二十年。

（文見康熙《內鄉縣志》卷九《藝文志》。馬懷雲）

重建元孛术魯文靖公祠記

本縣知縣高以永嘉興人

內鄉薰子谷，故有元孛术魯文靖公神祠。余常欲訪焉而未知其存否也。一日，公裔孫如玉來告余曰："先人俎豆之地，自寇亂後，浸假為浮屠氏居，垂數十年矣。非公為之質厥成，小子敢過而問乎？"余曰："噫！祠之設，所以昭先型，勵末俗也。以余所聞，文靖公生平力學志道，不囿乎流俗，其立朝大節著在史冊，皆卓然可傳述。元儒自許衡後，惟公與耶律有尚能以師道自任，洵有功膠庠者，顧可使公之祠委諸草莽乎。更一二十年後，窮山荒徼，即欲有所觀感何從也。其急經營之，毋少緩。"如玉唯唯而退。今年夏五月，余過南鄉，渡丹江，問所謂薰子谷。如玉謁余而前，指點其處。已于招提之旁得隙地，鳩工而搆數楹。余為再拜，低回留之弗能去。秋八月，諸生張著微等以祠既成，請之郡守，又請之學使者，得並給祠額。余既嘉如玉不忘先緒，能復其禋祀，又感張生輩肯左右羼裔，而相與樂觀厥成也。是為記。

（文見康熙《內鄉縣志》卷九《藝文志》。王偉）

竇公碑

夫中鄉，巖邑也。土瘠而民貧，更遭明季流寇煽虐，嬰禍獨慘。當國初釐定賦役之始，版章散佚，里胥失攷，誤以荒山二萬五千有奇。迄今承平五十餘年，而凋瘵者猶難猝復。職此故也，且從前陋例相沿乎，正供之外，猶有所徵，名曰小糧，雖其間多寡不同，要為民累一也。自我慈母竇公之蒞斯邑也，曰："吾仰體聖天子子惠元元至意，洎各上台拊循斯民之心，而敢以厲吾民乎！"爰將從前陋例，痛革靡遺，視之若浼焉。內民當此，罔不舉手加額，而猶未敢遽信也。今屈指三年矣，公之茹蘗飲冰，清慘益勵不已，始終不易乎。於是，群相謂曰：公之不憚自苦如此，舉凡可以利吾民者，將次第請命以舉行也。內邑雖瘠土哉，行且稱樂郊矣。雖然，公之此舉，可謂盛矣。語云：極盛者，難為繼。我民能無憂其繼乎？爰勒諸石，以告後之繼公出治者，其他惠民善政，美不勝贊。恐冒貢諛之嫌，概不敢贅云。

皆康熙三十三年七月初秋穀旦。

閤縣紳衿耆民立石。

（文見民國《內鄉縣志》卷十《金石志》。馬懷云）

原任南汝道羅公入名宦祠記

從祀之典何昉乎？自有學校以來，大成殿以祀先師，兩廡以祀群賢。即於戟門左設名宦祠，凡院司道府諸上憲，以及尹斯土者，遺愛難忘，皆得與焉。每歲春秋致祭，所以崇有功、報有德也。鄉賢祠，祀鄉先生之賢者，亦如之制，綦重矣。維我巡憲羅老大人，以勳裔世冑，觀察南汝，其在任懿行善政，罄竹難書。茲輿情依戀，日久追思，三郡人士籲請各憲，獲與祀典，事不可無題記，不可無文石以載事。文以述旨，使不紀其梗概，後之人何以知公之從祀有由，而公之湛思汪濊，淪肌浹髓，三郡士民孺慕之情，久而且切也哉。謹以籲請之旨，勒諸貞珉，以誌不朽。

公諱文現，號闇齋，三韓人。並記入祠事實列後：

一、督飭州縣設立公所，每逢朔望，傳集鄉耆，講上諭十六條。

一、革除所轄府州縣一切雜派差徭，里民安堵。

一、捐俸備給牛種，招徠開墾廢壤，民各得食。

一、每逢冬月，捐俸給發各州縣施粥，野無餓殍。

一、飭令各州縣嚴查保甲，盜息民安。

一、聽訟詳慎，鋤強除暴，奸惡斂跡，良懦獲安。
一、檄令各州縣設立義學，封題考校，士多成就。
一、三十七年，南陽大饑，親臨賑濟，民賴存活。
一、嚴革州縣里書積弊，國賦清楚，萬民樂業。
時康熙四十八年歲次己丑七月吉旦。
內鄉縣知縣武介宣謹述。
儒學教諭張自強、訓導禹永年、典史周尚、巡檢金天祐並闔縣士民同立石。

（文見民國《內鄉縣志》卷九《藝文志》。李正輝）

巫馬子施道故里碑

巫馬子施道故里
乾隆四十五年。

（文見民國《內鄉縣志》卷三《秩祀志》。馬懷雲）

始祖王天有合葬墓碑

【額題】水源木本
清始祖考王公諱天有妣曹氏孺人合墓
二門五代孫公成，二門六代孫昭金、起銀、富金、貴榮、超，二門七代孫克傑、克太、克勳、克勤、克國，三門五代孫公宇、公奉，三門六代孫永、明宇、顯魁、雲、安，三門七代孫克己、克儉。
仝立。
墳地八分，四至有界。
皇清嘉慶元年正月上浣。

（碑存內鄉縣麥子山村。馬懷雲）

王起銀合葬墓碑

【額題】水源木本
清显考王公讳起银孺人牛氏二位合墓
君諱起銀，公之孫，而公成公之長子也。性諒樸，心誠篤，黨閭無不欣慕者。生於乾隆三十六年吉月，卒於嘉慶二年六月二十七日己時，享壽二十六歲。男一，清泰，今於其母牛氏憐君之少而夭亡也，時請於予，勒君之生卒於石，以誌不朽。

男王清泰。

庠生王工書丹。

嘉慶拾五年歲次小陽月立。

（碑存內鄉縣麥子山村。馬懷雲）

爲嚴禁私充炭行抽收行用以安農業事

署南陽府內鄉縣正堂加五級記錄十次吳，爲嚴禁私充炭行抽收行用以安農業事：

照得買賣柴炭，原屬小本經營，應叫自便。茲查馬山口地方，竟有無賴棍徒，潛入集市，冒充炭行，强抽行用，滋生事端，實爲不法。現在訪拿究辦，合行出文嚴禁。爲此示仰馬山口商民地保人等知悉，嗣後凡有買賣柴炭，均聽賣户買主自行公平買賣，如有冒充行户抽用滋事，以及酒肆飯店招留外來棍徒者，許該地保指名稟縣，以憑究辦。倘該地保徇故縱，一併究治，決不寬貸。各宜凜遵毋違。特示。

大清道光八年十一月十五日告示。

（碑存內鄉縣文物保護管理所。馬懷雲）

邑賢侯吳劉德政碑

【額題】重豎德政碑

于惟我公，德政無偏。重革炭行，媲美前賢。擊轂肩摩，羣戴二天。刻石銘心，維以家年。

乾隆三十九年，炭行禁止。道光八年十一月內，有新野人羅建禮父子來馬山口街私充炭行，將李中興毆傷，控告審訊，監禁遞籍。有卷可查，刻石記之。

大清道光九年十二月初三日紳商民立。

（碑存內鄉縣文物保護管理所。馬懷雲）

創修菊潭書院碑記

知縣劉本偉

學校，文教也，而國家之實用寄焉。惟教者以實教，學者以實學，尤賴涖事者殫厥心，以修作人之實政，而後人才出，而士人被其實惠。予於八年冬杪，承乏茲邑，首稽學校，舊有義學曰味經書院，通計脩脯膏火之資，歲不過三十餘金，又無學舍以容納生徒，惜其徒有空名也。迺者前任蕭公於道光七年，奉上令創修書院，勸邑中紳民捐資三千二百餘千，延邑人拔貢生龐重先爲山長，名其學曰菊潭書院。予下車伊始，見多士濟濟，時蕭公雖解任，尚席居署中，詢之，知所謂三千二百餘千，繳納者僅七百餘千，益以前署事吳公所催督者，不過八百餘千，而存當僅止五百千，且未行息。其所稱書院，乃上官往來館舍，實非書院也。予乃邀請前書名願捐資者，再三申諭，迄今三年，除病故運艱不能繳納者外，僅收錢二千五百餘千，又益予所勸，捐錢四百千，連前任存錢，共得錢三千四百餘千。因買高姓宅一所，命生員龐佩章、監生李青雲補葺增修，凡門樓、講堂、齋廚共二十五間，丹漆勳塈，規模畧備。延邑人歲貢生王道昇爲山長。餘錢於九年十月、臘月，三次共發當錢二千三百千，按長年一分行息，每年應銷，並館規，書列於後，自十一年始定爲常規。後任無論正署，院內自行墊發，職司作人，分所當然。凡蒞事，諒有同志焉。是役也，予惟以實心續成蕭公之實政，至於讀聖賢書，由格致誠正，以修其身，以達之家國天下，是在於有志者爲之。

道光十一年。

（文見民國《內鄉縣志》卷九《藝文志》。李正輝）

內鄉石斗碑記[1]

道光十六年六月十五日

行內升斗不足者，除稟官究責外，罰錢一千文。

行頭胡德校準行斗，永以為式。

（石存內鄉縣公安局後院。馬懷雲）

王希人墓表

大理寺卿倭仁

　　道光十有八年，歲在戊戌，與內鄉王君子涵、子潔兄弟，及洪訥齋、楊毅齋諸君子，爲責善會於京邸，互相切磋，甚有裨益。一日，子涵、子潔同聲稱其三弟魯齋，性穎悟，表里洞徹，超然拔俗，嘗夢與周濂溪講究主靜之學。侍病母，衣不解帶月餘，母歿，哀毀中節，竟於前年丁酉之歲，以失音症卒。意甚悼惜之，且出魯齋所著《課心錄》見示。余受而讀之，知魯齋之學爲有本，子涵、子潔之所稱爲不謬，而又歎天之生斯人，既賦以美質，而不永其年，爲不可解也。《錄》中有云："人能以聖賢為任，則一言一行，自不肯苟。"魯齋志之大可知。又云："自家不是不喜人說，即喜人說而不改，皆是自欺，故能毋自欺，方可以入道。"魯齋功之密可知。又云："視聽言動，皆心也。欲存心，當於視聽言

---

[1] 石斗全長九十四厘米，寬五十七厘米，左側高三百一十五厘米，右側高三十二厘米，盛糧槽上口長六十九厘米，寬三十五厘米，深十六厘米。標準斗多爲木制，以石爲斗，在國內尚不多見。

動上做工夫。"又云："總要把富貴功名念頭去淨，方能存得此心。"又云："讀書窮物理，靜坐認本心。"又云："吾儒處世，總要有涵蓋天地氣象，兼容人物度量，方可與俗人往來。"魯齋學術之純正，胸次之超脫，更可知。至其靜中看喜怒哀樂未發，氣象論尤能發揮伏羲畫前之易，濂溪無極之真，魯齋真有得於道乎！宜子涵、子潔追思不置也。今人束髮受書，所冀者科第，所爭者名利，語以聖賢性命，不笑以為狂，即斥以為異，終身讀聖賢書，不知其所學何事，豈勝慨嘆。然而天地之大，雖當否塞之時，必有一人獨能見斯道之大全，維持人心風俗於不敝，而此一人者，往往抑鬱困阨，不得見用於世，把道終老於岩穴山谷間，且有聞道甚早，年不及壯即不祿者。論修德獲報之義，似天之眷佑善人，不可測度，庸詎知道明德立，雖未享遐齡不為夭；滅德毀道，雖年及期頤反為賊。君子論人，豈可拘拘於貴賤生死哉？故魯齋之不永年，而以諸生終若不可解，實無不可解者，得正而斃，樂莫大焉。魯齋《錄》中所言，已達觀於生死之際，而忘形於富貴貧賤之間矣，予非知道者。而學如魯齋，則余所深嘉而樂道也。魯齋，諱希人，字亦孔。魯齋，其自號。生於嘉慶十八年十一月十二日酉時，卒於道光十七年二月初三日亥時，年二十有五。配劉氏，有賢行，先一年卒，年二十二。取伯兄子涵之次子之沂為嗣。夫婦俱附葬於白土岡考妣之側。魯齋，孝子也，學道而有得於道者也，故持表於其墓，以詔後之學者。

道光十八年。

（文見民國《內鄉縣志》卷九《藝文志》。李正輝）

王清許德教碑

王檢心

皇帝御極之二年，歲次壬午，檢從蔭棠師學，教誨諄諄，嚴而有法，數月後，師以他事歸。清許太老師來代，設帳塾中，一切務實不苟，禮法益嚴，弟子輩循規蹈矩凜如也。一日，召檢曰："汝知所以為學者乎？凡為學者，皆當以父母之心為心，汝父母望汝讀書成人，光大爾門第，汝不為學，是汝不孝也。自今以往，勿多言，勿妄為，勿隨人嬉笑，勿玩愒時日，一心一意，奮志讀書，以古人事跡，作自己準繩，身體力行，久自有得。發為文章，必將光彩輝煌，出而應試，知其不難矣。如是，方不負汝父母屬望之心。"檢聞言悚然。又曰："汝知吾所以教汝師者乎？吾自入學以來，言不苟同，行必由禮，不能隨俗，俯仰久矣。汝師幼穎悟，吾每以吾之所以為人者教之，汝師頗能領會。迄於今，汝師食廩餼，累擢優等，未嘗一日寬也。汝師每自館歸，吾必問其所以教人者，善則獎之，不善則正言厲色以責之，無非欲講明此道，成就來者。汝不力學，吾責汝將並責汝師。"檢聞言，益悚然久之。師復來，送太老師歸。檢自是刻意為學，求進於道，顧以資質駑鈍，至今十有餘年，未能自得，每憶法言，不勝心惕。庚子之秋，檢將奉柩赴吳，諸同人議立碑表德，來囑為文。檢於是益思太老師之言於不置，且以教吾師與檢，推之則所以教諸同人者，俱可知矣。宜乎諸同人俱不忘吾太老師之德也。茲為敍其世係卒葬，以詔後學。太老師諱廉，字清許，號默溪，以道光二年十一月初一日丑時卒，年六十有四，葬於邑東界沙河祖塋之側。配楊孺人，有賢行，後太老師十八年卒。子一，化南，歲貢生，候選訓導，即檢師也。孫三人，曾孫四人。銘曰：

遺澤在家，遺教在人。馬山之側，其德常新。

道光二十年。

（文見民國《内鄉縣志》卷九《藝文志》。李正輝）

重修晉州文廟碑

王滌心

晉州，當古中山、燕、趙之交，多樸學醇深之士，故其吏易為治，而俗不即於厖。丁未之夏，滌心攝篆茲土，自顧無以異於俗吏之為，而又非可苟然已也。下車後，時謁聖廟，將舉政教得失舉措之宜，以及斯民日用飲食之質，進此邦人士，講明而切究之，使知聖人之所以為教，士之所以為士，民之所以為民焉。既瞻視宮墻，則傾圮殊甚，摹讀舊碑，前修竟於乾隆乙未，距今七十有三年矣。為治之急，莫先於此。因以建修之意，諭諸僚佐，父老皆以為難。夫士多困於財，而民復有辭於歲，費繁而工鉅，則誠難之所，遜謝而不能，亦余所鞅掌而不暇及也。豈真急其所不急，好為多事云乎哉！問者唯唯而退，余遂約其語，以弁於簡端。

道光二十七年。

（文見民國《内鄉縣志》卷九《藝文志》。李正輝）

晉先儒范子甯故里碑

【額題】流芳百代

范子，諱甯，字武子，内鄉順陽川人。當晉扇清言之風，尚無虛之習，獨能不爲時尚所誘，□學崇聖道，論學甚嚴。真有功於聖□者。爲餘杭令，興學校，養生徒，潔己修禮，志行之士，莫不宗之，期年風俗丕變。自中興以來，崇學敦教，未有如武子者也。遷臨淮太守，徵拜中書侍郎，在職多獻替，有益政道。時營新廟，博求辟雍明堂之制。武子據經傳奏上，皆有典證。孝武帝雅好文學，甚蒙親愛，朝廷疑議，輒咨訪之。致仕後，家於丹陽。《春秋谷梁傳》行於世。雍正二年從祀孔廟。

王滌心撰文書丹。

清道光三十年立。

（碑存内鄉縣文物保護管理所。馬懷雲）

元字术鲁文靖公故里碑

元勃术鲁文靖公故里
道光三十年。

（文見民國《內鄉縣志》卷三《秩祀志》。馬懷雲）

李羊山先生德教碑

王檢心

咸豐紀元之冬，李子丙辛來言曰："吾師羊山先生，諱崢嶸，字仙嶠，羊山其自號。世居老高堰。元宰相秦國公謚文忠十八世孫。少聰穎，年十九即入學。性至孝。八歲喪母，晚年作《哭母詩》云：'八月中秋望二日，生年八歲哭先慈。一年一度終天恨，恨殺白頭六十兒。'其天性蓋可見矣。家貧無力攻書。堂叔諱自權，供給薪水，始得成立。先生視之如父。疾革，猶囑其子孝敬二堂叔祖如祖。其受恩不忘報，類如此。教人以身，坐不傾側，立不跛倚，學規森嚴，終身無懈容。善為文，又善談詩，與許擴菴、王香峰等唱和吟詠，怡然自得。居鄉秉正嫉邪，橫逆之來，不與校卒，亦無敢害先生者。竟於嘉慶二十四年十二月二十日卒，春秋六十有九。迄今三十餘載，從游之士如邵君學淵、黃君煜等每念及先生，皆耿耿於懷不能忘。吾子樂道人善，烏可無文以記之。"余時纂修邑乘，既載先生詩文於卷中，遂為之銘，曰：

先生之志不小，先生之心不擾。先生之才通且曉，先生之德強哉矯。教澤在人，如日出皎。我今銘君，以為世表。

咸豐元年。

（文見民國《內鄉縣志》卷九《藝文志》。李正輝）

重修娘娘廟碑

【額題】貞與不朽

百川里東北隅，廟貌巍然，東嶽古刹也。每鄉晚務閑，里人虔誠報賽，率以爲常，迄今須重修矣。僧祥勤、澄學謀於里人，共襄斯舉。工竣，刻石記之。

粵稽五嶽，各有分司，而東嶽泰山實生氣所通，故於天爲歲星，於地爲震位。百物之長養，四時之休嘉，胥肇始於茲。我朝囗末時和，二百餘年，舉凡仰賴神貺，食太平之福者，人人圖報。此廟況爲百川里古刹勝會，我里人踴躍而成斯舉也，宜也。抑又聞之故老，此地舊有大木成林，自明季李自成屯兵於此，壞其室，伐其木。去後，只餘廟東北隅柏樹二株，故後人又謂爲雙柏寺云。據此，則此廟創修之始，當在國朝以前。查廟前舊碑，乾隆年間修，彼時即爲重修無疑，至嘉慶時重修焉，今又有從而新之。棟宇輝煌，樹木蔭翳，固足徵培植之久且遠。抑亦神靈之深入人心者，真能使人不忘也。是爲記。

賜進士出身前知湖南直隸郴州幸甯縣事道光辛卯恩科鄉試同考官加三級魯陽篆額。

邑庠生朱耳聞內煥撰文。

邑業儒朱秋光書丹。

清咸豐元年立。

（碑存內鄉縣東北關鄉麥南中學校園。馬懷雲）

王子涵德教碑

甘肅布政司林之望

歲己巳仲夏，子涵王先生殁於寶塔山中精舍。門下士奔走服勤，共襄葬事，各服心喪，還舍，相與私諡爲誠慤先生。越明年庚午春，邑鄉紳、商民公呈轉請崇祀鄉賢，同門友不忘先生德教，謀豎石道左，因馳書千里，商諸於望。望憶自道光甲辰，受知於先生，先生即以敦品勵行、明善復初爲望勗，今已二十餘年矣。雖望以宦遊奔波，未得時聆鈞誨，而望之開藩甘省，所以爲聖天子禦侮疆場者，要皆奉先生之教，以爲周旋。

先生弱冠登賢書，應南宮試不第，即慨然以潛心理學爲己任。平生師友，多在大河南北，皆以孔、顏、思、孟、濂、洛、關、閩爲期許者也。應挑選，筮仕南京，所蒞處，必以實心行實政爲務，上憲俱以清官目之。他如毀淫祠，講鄉約，練義勇，戢強暴，至今興化、句容、豐、徐人猶津津樂道之。於虖！先生可謂言行相顧者矣。

初丁內艱，在家講學，所成就多知名之士。既丁外艱，掌菊潭書院，凡事認真，士林宗仰。繼以兵荒，協官紳繕修城垣，保障一方，遠近德之。既遵部議，公卿大臣交章共薦，以按察使銜進京。冀得展其經綸，乃以前年辦河工時，受淫蒸氣，得軟腳病，格於引見，知交腕惜。先生毫不介意，幡然歸來，冀以講明道學，裁諸狂簡爲務。胡天不弔，年未古稀，即夢兆歸休也。嗚乎惜哉！雖然，先生之道，雖未得大用於時，先生之學，實可以質古人以詔來哲。何者？以靜坐爲初學入門收放心之要，以日記爲時習省察克治之功，以闇修爲內証仰不愧、俯不怍之準，以此敦倫飭紀，視聽言動，一衷諸理。他如每食必祭，朔望必致拜於四代祖考，冠婚喪祭，皆遵古制，不染習俗。則尤其日有孳孳，斃而後已者也。以是質諸鄉先賢，自元魯文靖、明李默溪以下諸君子，可無愧者也。少師香峯先生，曾爲表章，刊其遺書行世，又爲轉請入名儒祠。先生著書滿家，已刻者傳世，識者珍之，未刻者尚多。異時考文獻者，或就採焉。望悵望山斗，揮淚無從，惟以同人公議爲先生遺迹。然望於先生之學，實未能窺其涯涘也。謹就曩日之聽受於師門，與師平日所示於望者錄之，庶足彷彿先生之萬一云爾。是為誌。

（文見民國《內鄉縣志》卷九《藝文志》。李正輝）

清目王恩王公慎修字廷獻號環溪行二德壽碑

【額題】百代流芳

從來有德者必有壽，而有壽者正不必有惠。是壽難而德壽更難。考我公之為人，溫和素著，而暴淡悉化勤儉，性生而驕見，處己則卑以自數，與人則恭而有禮。守寶氏之義方，覺子孫雖愚，而有貴必嚴懷朱子之家訓，覺孺人雖沒而徽音猶在，以故死者多至古稀，而生者年近期頤，德壽兼全，為一鄉之善士。愚不揣固陋，欲使公之人，不泯於沒，後必光，使公之行，傳於生前，謹其要而為之。

清目王恩王公慎修字廷獻號環溪行二德壽碑

壬山丙向有樹木，後世子孫各取業。

　　　　　文生薛德昂、薛德峻。
　　　　　　　　　王立敬，
　　　　　　　　　王清太，
　　　　　　　　　趙訓，
眷親友文生楊紹棠、監生　孫思誠，　男立愛、孫生明、生靜　　　叩首拜
　　監生趙應運、　　趙應春，
　　　　　　　　　李長太，
　　　　　　　　　李風元。

同治二年正月上旬立。

（碑存內鄉縣麥子山村。馬懷雲）

清王貴暨孺人王氏合葬墓碑

【額題】卯山酉向

麥山結寨之年，正有姓離居，時也烽煙四起，人各逃生。棄寨者，幾不守先人之墳墓。越起六年，公次子慎修俱公之不傳於後也，欲勤磊公囑予作文以記之。余竊聞公之為人也，平易近，待人正直，處事性極純樸，心機極誠篤，族黨聞無不愛慕者。孺人王，有舉案齊眉之賢無河東獅吼之恐，閭里中咸稱為賢內助焉。公生男五，次子頗曉文義，例授鄉耆，其餘悉皆勤生理，制產業，不愧為公之育子，更兼以諸孫濟之允稱，公生能之盛來昆，繩堪卜世澤之長，凡此皆公之功德所貽也。是為記。

清顯　考王公諱榮貴　　二位合墓
　　　妣　孺人王　氏

考王公諱榮貴

庠生楊紹索撰文。

邑居頭曹清監書丹。

唐炳錢筆。

墳地五分，四至有界。

奉祀男長勤修、次慎修、三家修、四國修、五德修。

孫金章、立本、立成、立命、五章、文發。

曾孫生惠、生明、生汰、生緒、生隨、銀銘、錫銘、虎山、保山立。

同治五年歲次丙寅清明節。

（碑存內鄉縣麥子山村。馬懷雲）

永垂不朽碑

　　慨自生不逢辰，捻匪紛擾，謹遵上諭，堅壁清野，以救一方生靈。我老東寨係古寨，深得地利，四面峭壁如削，而其上坦平，可容百餘家，牆垣頹圮，而基址猶有存者。蓋天下之平久矣，幸賴諸君子在寨內者同心協力，在寨外者仗儀疏財，歷三載而牆壕成，軍裝備也，大費經營焉。修寨以來，賊匪驚擾無虛歲。己丑冬，髮逆附寨，日夜攻擊，寨丁登陴日夜守禦，寡不敵衆，人心惶恐，禱於關聖帝君之前，以祈神佑。是夜賊退，寨外落賊手一隻，寨中屋上積雪留馬蹄迹焉。乃知此寨保全皆帝君默佑之力也。見此情形，歡聲如雷，創修廟宇，裝塑神像，實出衆心。而神恩之浩蕩，終無由報萬一也。惟有進人事，順天意，竭誠敬以奉祭祀，庶不政貽怨恫於神明，而此寨可常保也。後之人勿謂神去人遠而忽之。

廩膳生員薛鑫撰文。

邑廩膳彭瑞堂書。

　　　　耆張翰子寅亮
寨首　　　　　　　　　督辦。
　　　　耆　李　純　儒

郭成玉鐵筆。

大清同治七年二月二十一日。

【碑陰】

【額題】衆志成城[1]

（碑存內鄉縣馬山口鎮小寨關帝廟內。馬懷雲）

重修赤眉鎮火神廟碑

嘗稽《洪範》之疇，五行居首。五行之序，水火爲先，水神曰元冥，火神曰祝融，二者之功用甚大，二者之祀典亦獨隆。然水懦民玩，火烈民畏，故人畏火也甚于畏水，人之敬火神也亦虔于敬水神。乃今敬火神者，或不戢自焚，始捐金施資，而冀以免禍；或元夕張燈，以金錢買夜，而妄爲邀福，皆非真能敬火神者也。若吾鄉曾氏，則不然。

蓋鎮之名赤眉也，以後漢更始旣都長安，赤眉賊首樊崇，自武關進兵，築城暫駐，至今鎮西二里許，有劉盆子墓焉，故鎮曰赤眉城，寨曰赤眉寨。寨之建未詳，崇禎年間，因闖王兵起，許氏糾衆重修。

廟之創，本清禪寺，至國朝定鼎，乃改爲火神廟。夫自二氏之教興，梵宇庵觀，充斥寰區，如中鄉蕞爾，邑乘所載寺觀四十所，堂庵十餘處，而此寺獨改爲火神廟，非吾鄉縉紳先生能辟佛老而敬鬼神，其變置，正未易易也。初，廟僅三楹，規模狹窄，風雨剝蝕，久就傾圮。曾君諱智以重修爲己任，募化已就，未鳩工而病革，遺囑其子不一襄厥事。果爾其父析薪，子克負荷。曾君獨立募化，恢擴此廟，而此廟遂成鉅觀矣。

未幾，粵匪、皖匪焚掠殆遍。曾君及同志重修古寨並築大堡以避難。不意同治二年十月初八日，寨房失火，燒死男女數十人，殃及廟。曾君復率道人募化，又重修大殿三間，經房兩座，門樓及耳房三間。工已告竣，道人李信廉請記於余。余識薄材剪不能文，但念此寨與福山旗鼓相當，福山聳峙於左，赤眉實兀於右，而湍水自冀望山迤邐而來，橫亘其中，洵斯土之勝概，而吾鄉之福星也。惟其地靈是以人傑，而此鄉紳商率多端方正直之士，不以盛衰改節，不以成敗移志，慷慨不謂材，督率不辭瘁，故終能翊曾君重修之功，烏可沒耶。是爲志。

邑增廣生員周殿甲沐手撰文。
邑歲庠生劉然藜沐手書丹。
大清同治八年歲次己巳仲秋穀旦立。

（碑存內鄉縣赤眉鎮小寨頂。馬懷雲）

邑賢侯董大老爺德政碑

馬山口，內城東北之巨鎮也。入市者肩摩，貿易者雲集，而究足以便民之用者，惟雜貨生意爲尤最。夫雜貨鋪之售物，原採至於煤，特其一焉耳。奈有煤行張玉堂窺雜貨鋪可

---

[1] 人名字多殘。

訛，陡生貪心，忽在縣案稟票催諸雜貨鋪幫伊錢文。地保呈稟，向無幫辦之例。蒙批：著工書查照舊章有否？工書亦以向無幫辦舊章再呈。蒙批，既無幫辦舊章，張玉堂竟敢蒙混率請票催，實屬可惡，著即傳諭申斥，不准額外再向該雜貨鋪索費滋事，如敢故違，定即傳究。是批也，雖屬杜一時之弊，實可立萬世之防。即我賢侯之廉明果斷，仁愛慈祥，不肯於市井遺將來之患者，舉此一端，亦可見矣。故勒諸貞珉，以誌不朽云。

邑庠生張省遵批敘文。

邑庠膳生員袁瑞堂書丹篆額。

鄂福綏鐵筆。

皇清光緒九年三月吉日。

（碑存內鄉縣文物保護管理所。馬懷雲）

清河南南陽府內鄉縣為常明發買地券碑

大清國河南南陽府內鄉縣城西門三十五里三條崗所管小地名常凹老塋巽挾，自今擇新塋一處，坎龍艮向。四至元嶺厘城保人氏，正係牛王神社土地分方居住。自後去世，未卜，今擇本境崗園之地，堪作塋所，恐有干犯地氣，除備金錢九千九百九十九貫，買到土府門下龍穴一所，正坐艮山坤向分金，計積八卦塚，其地東至甲乙青龍，南至丙丁朱雀。西至庚辛白虎，馮至壬癸玄武，上至青天，下至黃泉。中央乃亡人安葬之處吉穴，如為立券約一本，附於墓中亡人常明發收存，永遠為照。

左右鄰人，東翁西母。知見人日、時主之神。

光緒十一年十月十八日吉時安葬之處。

（碑存內鄉縣博物館。馬懷雲）

邑賢侯潘大老爺官印江字文濤斷案改作碑

【額題】政簡義明

王先生者，初不知何許人也。雲遊至馬山口，在張寅亮藥鋪簷下垂簾賣卜，皓首龐眉，狀貌甚古，終日默然無妄言，人號為不語先生云。同治己巳歲，與寅亮談相契洽，因寓藥鋪中，詢其里居姓氏，曰光州人也。問及家世，但含淚而不言。居恒慷慨太息，嘗以世道人心不古，風氣有江河日下之勢為隱憂。其言風水之說，與河圖洛書相表里。又精岐黃家言，施方救人，活者無算。手著善書曰《五樂三合》，授梓勸世。寅亮中心悅服，先友而後師之。

無何，年益老，氣益衰，日困於病不能出遊，遂移居寅亮家中，左右就養，服勤就養無倦色。先生見寅亮師事之禮，壹出於至誠，乃解囊中百餘金以付之，屬曰：予身無所歸，殁後，爾其以此金治衣衾棺槨，餘資留爲歲時祭祀之需。

　　先生既沒，寅亮謹遵遺命，祭葬盡禮，以餘資置田數畝，以爲後世祭掃焉，擇吉殯先生於其父塋側，師徒情義，可謂篤矣！不意有夏館王子義者，冒稱先生之侄，見財起意，捏詞將寅亮誣控於縣。幸蒙邑侯潘公坐照如神，廉得其情，澤及枯骨，斷令此金與子義無干。所□之業，准寅亮子孫耕種收籽，以奉先生祭祀，永不許寅亮子孫將地畝當賣。如敢違斷，准該處地保紳商人等呈官究治，其外人亦不得覬覦爭競也。並飭購石立碑，樹於馬山口關帝廟內，永垂不朽。是爲序。

　　王瑞璣撰文。

　　袁瑞堂書丹。

　　皇清光緒十二年六月吉日。

　　張寅亮立。

（碑存內鄉縣文物保護管理所。馬懷雲）

公道常存碑

【碑陽】

【額題】公道常存

　　征商，非吉也。後聖王慮逐末者紛紛，於是，有崇本抑末之議，然猶釐而不征，或法而不釐。夫於商且寬仁如是，矧爲艱苦於商者乎。

　　馬山鎮土瘠民貧，計養生者甚有□立於柴炭之役。涉山越嶺，冒雪履霜，肩之摩幾於見骨，□□□將爲露筋，辛苦萬狀，謹可糊口。故忠厚惻側之人，對肩挑貿易，多有不□便宜之恩。其計設誘利，稍有人心者，斷不忍爲。前者羅姓欲辦炭行，仁天公□批沮抑之，既已勒諸貞珉，以垂永遠，負炭人等又興起劇戲，示終歲勤□，歲晚爲樂之意。兵燹後，戲久不演，茲恐往事就湮，後之視今，不如今之視昔，而巧於貨殖，或藉口征商，以市利也，固復演戲立石，以誌不忘。

　　王璿璣撰文。

　　袁瑞堂書丹。

　　張光宗鐵筆。

　　清光緒十四年立。

【碑陰】

永垂不朽

公議條規

一、秤准定天平十六兩，短少者罰錢五百文，想格外多得者亦如之。

一、戲分，各扁擔一百文，欺瞞者查出罰錢五百文。

一、戲畢，分資不到者加倍出錢。

一、戲畢，餘錢不許私使，或置秤、或遺下年唱戲，各分從輕酌出。

（碑存內鄉縣文物保護管理所。馬懷雲）

重刻清世祖臥碑

順治九年題准刊立臥碑，立於明倫堂之左，曉示生員。朝廷建立學校，選取生員，免其丁糧，厚以廩膳。設學院、學道、學官以教之，各衙門官以禮相待，全要養成賢才，以供朝廷之用。諸生皆當上報國恩，下立人品，所有教條開列於後：

一、生員之家，父母賢智者，子當受教；父母愚魯或有非爲者，子既讀書明理，當再三懇告，使父母不陷於危亡。

一、生員立志當學爲忠臣、清官，書史所載忠清事迹，務互相講究，凡利國愛民之事，更宜留心。

一、生員居心忠厚正直，讀書方有實用，出仕必作良吏；若心術邪刻，讀書必無成就，爲官必取禍患，行害人之事者往往自殺其身，常宜直思省。

一、生員不可幹求。

一、生員當愛身忍性，凡有司官衙門不可輕入，即有切己之事，只許家人代告，不許幹與他人詞論，他人亦不許牽連生員作證。

一、爲學當尊敬先生，若講說皆須誠心聽受，如有未明，叢容再問，毋妄行辨難，爲師亦當盡心教訓，勿致怠惰。

一、軍民一切利病，不許生員上書陳言，如有一言建白，以違制論點革治罪。

一、生員不許糾黨多人立盟結社，把持官府，武斷鄉曲，所作文字不許妄行刊刻，違者聽提調官治罪。

光緒十八年壬辰孟夏穀旦重刊。

（碑存內鄉縣文廟。馬懷雲）

內鄉縣城門西帶丹江石匾

西帶丹江
光緒丁酉。
章炳濤書。

（匾存內鄉縣縣衙。王偉）

守正不阿碑

聖垛之陽，默溪之左，有馬山口鎮，山環水抱，天地一大隆毓，人事一大聚會，詢古今之巨津要道也。相其勢而爲市，詢厥權輿邈渺難稽，恩並景運隆盛第一，良以聖天子忠厚開基，施仁政，廣敎化，務均平，所以無偏耳。故其時遷無遷，有補財用之不足，居貨行貨，致奇贏之有方，爾無我詐，我無爾虞，其休風原宜長留宇宙者也。乃物情屢更，愈趨愈其逐末者多，日倚市門，以強凌弱；務本者少，時稽市利，以假混眞，種種滾弊，可勝道哉！我等目擊心傷，不忍坐視，因議罰規，開列左右，以挽世俗之頹風，即以培國家之元氣。是爲序。

一、議合鎮行中任客投主，不許自□身份出外會客。域有門面，只許出桌一張，亦不許放□鄕夥計混做，擾亂行規。若不遵，合行公議酌罰。

一、議本行有客不准外行刁會，或與客過貨，不許短斤少兩，不遵者酌罰。

一、議包貨水濕漚瀾照退，以假爲眞全充公，以濕變乾半充公，不遵者加倍罰。

一、議合鎮買賣藥材抽釐助神，賣主每斤抽錢五文，按月查收，徇私者酌罰。

藥材行衆社友。

趙光華撰文。

秦璟書丹。

皇清光緒二十八年歲次壬寅仲秋月上旬吉日。

（碑存內鄕縣文物保護管理所。馬懷雲）

榆關口堰碑

【碑額】永垂不朽。

竊思引水灌田，本爲謀利計也，而必宜以義爲利者。蓋因堰戶衆多，不立規矩，恐見利而貽忘義之害。況榆關口之堰，由來已久，規矩更爲森嚴。但因湍水爲災，同治九年，河衝壞。至十二年，堰長許禮、首事人陳清源、陳清華合堰衆公議復開斯堰，故至今有狼戾之粒米，無鴻鵠之苦境，篾獲粑稔之慶矣，茲者就之。茲後留心堰事，恐年遠日久，條規廢壞，與堰中人太學生陳士傑、監生許書貴，與堰衆共約，刻諸項於碑，以哄其事，即公心以平其憾，斯堰係永遠利賴無窮矣。堰中條規盟於後。此堰復開時，特爲堰出力□□爲志之耳。

一、諭堰上做工五畝地一張掀，不足五畝者半張掀。每逢打鑼，按晌出工，缺工補工，穀熟結算，少一晌者，出錢四十文，缺工八十文。

一、諭堰上放水一輪三天，一次自上而下，或一次自下而上，由堰長指派若干人管水，不經允許偷放水或未放好者退出，罰錢五百文。

一、諭堰上做工之人各宜盡職，不許逞勇恃強，在此打鬧，違者罰錢五百文。

一、諭堰上雜派，俱按地畝出資，有抗拒不出者不許灌田。

一、諭堰上共出渠課拾石零八升。

一、諭堰長勞務穀子三石，浮出三畝多口，一十二畝亦在浮水之中。

光緒三十二年十月二十二日立。

（碑存內鄉縣赤眉鎮東北七公里魚貫口小學。馬懷雲）

王子涵以城工增廣文武生六名碑

王鐔

同治元年，羣匪擾境，適王公自都還里，縣尊紳民請公入城，為菊潭總局長。公誼不容辭，赴城主講菊潭書院，兼理總局事。城久頹圮，雞犬得逾。公倡衆築修，工竣，請獎閤邑。同治五年，上諭下，得額外生員文武各加三名，公之力也。今三十餘年矣，理宜表誌，生等因請諸縣尊章大老爺，與兩學齊、周師爺，豎石於此。

懿歟漰左，篤生偉人。鄉舉孝廉，筮仕名臣。歷任江南，生民造福。周海與湯，同其尸祝。勤政愛民，清修實踐。朝野交推，名馨丹篆。綸音下逮，秩歲三遷。腹心內託，外寄旬宣。無何興疾，還歸鄉里。風鶴頻驚，城垣頹只。我公倡首，衆趨呼走。不日功成，雉高堞厚。天子獎勸，爰錫印綬。公不自功，為衆請命。穆廟日嘉，福爾百姓。增廣生員，額外益三。文武蒸蒸，共慶恩覃。公之經猷，未得大展。公之心傳，上紹訓典。洙泗洛閩，雲從日拱。著作叢書，十有三種。內聖外王，魯公范子。清興我公，一人而已。同治己巳，為公歿年。國典褒榮，崇祀鄉賢。私諡誠懇，或拂公心。至今景仰，式玉式金。總公懿德，難括一字。目曰大公，其當此事。為誌豐碑，敢云表美。庶勗將來，繼公而起。

光緒。

（文見民國《內鄉縣志》卷九《藝文志》。李正輝）

欽加知府銜賞戴花翎卓異候升調署內鄉正堂雲翁汪老父台印繼祖德政碑

內鄉，磽區也，亦嚴邑也。古云盤根錯節乃別利器，故宰菊潭者，非勤不足以議理劇，非明不足以燭微，非才不足以濟世，而非威非惠可不足以懾強而服衆。風土習情，由來固然，惟汪公勝任愉快焉。

按：公之蒞任在光緒三十四年三月，未期政通人和，百務就理，無他，勤也，明也，威與惠也。公嘗云："吾爲上等人，則不能下等，則不願益中等也。"此公之自道云爾。由今觀之，真上等矣，何則？悃愊無華，日計不足，月計有餘，故所以稱循良也。公際維新之會，百計不擾，而畢□爲涸，鮒昭再蘇，爲國家養元氣。□載以來，善政紛如，不可枚舉。而於籌劃吾馬山口藥稅一事，尤其最者。稽先，此鎮道光初年，始有藥材行銷各處，計其品有六七十種，價高者每斤七八十錢，低者十數錢，貴賤統計，每斤約折二三十錢耳。光緒戊申春，縣尊蔣禀以值百抽三，抵補□油厘稅，未等妥協即他遷。公接篆後，承憲催復，遂據實查禀，憲札飭催嚴厲，客商咸懷觀望。公剴切詳明，直陳於上憲，開誠佈公，勸導予下，同紳妥議，定以不論價高價低，買客每斤納稅錢一文。核計無背原禀之旨，而客商無不悉從，遂開辦焉。事經創始，委曲求全，皆公實事求是之善政也。至今去矣，無計挽留，刻于石並頌如左：

幹載我公，筮仕中鄉。一載賢勞，百務精詳。藥材抽稅，創始酌章。論斤抽稅，法式允當。上益公家，下不廢商。千載德政，山高水長。

王鐔撰文。

秦廷明書丹。

宣統元年，馬山口藥材行同義生等四十餘家同立。

（碑存內鄉縣文物保護管理所。馬懷雲）

淅川縣

誥封驍騎將軍都督王公宋臣墓表

顧景星

公諱宋臣，字柱石，南陽淅川人。偉骨相，膂力冠倫，少遊荊、益，雄傑自命。順治初，滇、黔未入版圖，公仗策來歸，章皇帝嘉之，命從戎鄖鄂。

今上康熙五年，滇、蜀平，江漢底定，上念楚豫要隘西陵、弋陽為古重鎮，晉公都督僉事，駐黃州。簡練將士，角力較藝，春秋攻駒，阜廄蕃庶，暇日指顧勢勝，環示將佐，紀律先肅，什伍無奔，罰不旋踵，賞無費留，行旅憩於桉栢，雞豚放於營壘。而尤敬愛士大夫。士之賢而貧、民之矜寡篤癃者，歲時賙給。

康熙七年，鄰鎮叛卒匿大崎山，搜牢四出。公擒斬渠魁九人，撫其餘歸伍。歲饑，首倡捐賑，上聞晉一級。

十二年冬，雲、貴叛起，江表蜩螗，公鎮靜自處。明年正月，大司馬巡撫張公檄守武昌，賊黨起陽邏，謀以元夜入犯。公處分既定，息燈火，停漏鼓以疑之，分哨九門而自擐領十數騎周巡雉堞，竟夜飲湯兩盞而已。賊又將乘夜焚漢口以搖武昌，公偵賊所伏，出百騎衝之，追殺殆盡。五月，麻城東山賊起，公請於巡撫，引兵東剿，東山平。冬十月，江右賊出鄱湖，陷湖口數縣，蘄州大震。時公精甲盡在武昌，而所部多新募，餉匱，軍容未振。知府于公備芻糗，贈火槍百口，遂趨蘄州，令守備黑子駐黃梅清江鎮，擊敗賊船于斷腰，會禁軍西上夾攻賊，收湖口、星子諸縣。上大悅，命兵部紀錄。而公勞瘁病作，食少一升，和門星隕，櫪馬夜驚，嗚呼惜哉！康熙十四年二月二十二日也。巡撫思公功，疏曰："據黃州府知府于成龍報文前來，臣不勝驚悼。該將力瘁以死，幼子伶仃，窮途旅櫬，應否稍賜存卹，下慰忠魂。"疏上，賜祭葬。

先是，康熙六年覃恩誥封驍騎將軍，元配劉氏封夫人，並封二代考妣如其官。蔭一子，入監讀書。公子麟紱甫六歲，居喪成禮，今且十齡，黃人不忍其歸豫也，留公柩。而公與黃岡王氏敘兄弟有年，麟紱將長為黃岡人。戊年十月二十九日卜葬縣東邇和鄉楊畈之原，既建塋兆，既掄黃腸，畏壘桐鄉，永思無疆，嗚呼哀哉！麟紱聘武昌城守都督僉事李公諱兆捷女。幼女二，未許聘。黃州紳士屬文表墓，據事直書，庶有備史擇焉。

（文見錢儀吉《碑傳集》卷一百十四。馬懷雲）

新建魁樓碑記

本朝知縣于先登

學宮之東南隅，舊有一閣，奉文昌魁星二神。考之邑乘，自縣創建，即載在祀典者也。

夫士子朝夕勤修，亦自問所得何如耳，徼福與否，可以不計，然而文昌魁樓往往與學宮並建者，其義以先聖道在六經，如日月行天，萬古常昭。而斗魁、文昌兩星，相與聯互於紫微垣間，總持祿命，以化成人文，實與聖教相表裏。士之奮跡功名，致身尊顯者多資默佑。其所以福庇吾人，甚昭灼也。淅之為地，上應鶉火，下枕丹邱，其象為離，主乎文治，自漢、唐、宋以迄有明，人文蔚起，是不一代固彬彬文物區也。兵燹而後，漸以凋殘，至使兩廡委於草萊、名宦、鄉賢兩祠，亦蕩然無存，而昔之所為魁樓者，竟莫知所在。余既與邑之士大夫謀，為建兩廡及名宦、鄉賢祠，次第落成矣。獨文昌魁星閣未還舊觀，亦文事之未備也。乙卯春，始議闢當年遺址，建一閣而合祀之。按《史記・天官書》：斗魁戴匡六星，為文昌宮。《甘石星經》文昌六星，其形如筐，在北斗魁前。星雖二而躔則一，合而祀之，於義適相合也。計木料磚瓦物件，余倡之，紳士協贊之，閣遂巍然成傑構矣。今而後，士之勤修自好者，雖無徼福之心，而神自有默相之理。其在《詩》曰："豈弟君子，干祿豈弟。"《易》曰："自天佑之，吉無不利。"神人相感如影響焉。多士勉乎哉。

康熙十四年。

（文見咸豐《淅川廳志》卷四《藝文志》。馬懷雲）

淅川香嚴禪寺中興碑記

滇南文林郎知淅川縣事今陞內府中書黃庭相撰。

香嚴寺有二：一在白岩萬山環抱中，一在山麓丹水旁，相望三十里，俗謂之上寺、下寺。按志：

大唐慧忠國師道場，敕賜"長壽"。其以香嚴傳，由國師入塔時，異香百里，經月不散而名也。宋、元因之。明文皇時，隆平侯張信、駙馬都尉沐伍、大司寇金純、考功郎郭進、司農主政王和，奉敕修太和山宮觀，奏請創建殿宇，以奉如來，以棲禪真。特邀俞允。與武當功程俱舉，山門銀榜旋題，則沐都尉手書也。至成化二十三年，提督太岳尚衣監潘記復奏請賜額敕護，頒曰"顯通"，其長生田萬頃仍舊。茲寺之興創可考焉。無何，萬曆之季，丹、淅合漲，平谷溢岸，下寺山門、鐘樓、天王、韋馱、十八尊者，洪流泊沒，儼若浮海幻化矣！惟上寺在山水窟中，雖成敗異致，而傑閣精舍，自嘉靖時重修以來依然無恙。逮愍帝十七年，流賊蜂起，寺僧逃匿，土豪大□泯其跡，而踞福田者即用其維火爐法，致使焦土垣黔壁落落風雨中，與寒煙古木、荒煙敗草、棲鳥雀而嘯猿者，不知幾何日矣！

會際我世祖章皇帝龍飛御宇，而石山遠禪師重興焉。門人蜀叟古公以繼之，南陽太守維新王公捐俸資而首倡，且復為之清理土田，還故址於滄桑變更之後，僅得三十餘頃。去其賦，免其徵，捐其役，有佔據侵擾者厲禁之。將俾僧眾安心息慮，朝參暮禮，祝聖壽福民於永永無窮也。惜其營造之工未半，而蜀叟西歸，繼主是席者非其人，以致山並家鬼作祟，不百年僧散寺毀，不惟若逃亡人家，即向之土田則半入豪民之手。前方丈寶林禪師道行名譽，信重于緇白。邑侯秦公厚禮致之，香嚴始有聲色。康熙辛丑春，付囑其高弟愚公禪師而卓錫關中，則香嚴之再興有由矣。自公之主持也，接引方來，規劃已往，清疆界以復久侵之田，其澹泊以裕困倉之蓄，不期年而道益振，檀施且多，於是，仍興工改作。易下寺正殿之湫隘而恢廓之，創善法堂於荒榛而巍煥之，山門弘開，樓閣壯麗，他如棲禪之所，護法之殿，旁及齋寮、廚庫之屬，莫不釐然具備。飛金湧碧，絢耀中天之上，皆入導。其上寺闕則修之，圮則易之，漫漶黙昧則丹堊之，至於秉大願力以斡旋，則在拆古鐘樓於覆壓之會，啟大雄殿於朽敗之餘，演法則建潮音堂，授道則開毘耶室，修僧堂廣博靖深以牧清衆。東則香積廚，西則雲會堂，修廊、祖、山門、旁廡、復屋、叢林，凡所宜有者，靡不畢備。工首事於甲辰春，落成於壬子秋，前後九歷寒暑。道成、悅賢二上人，實陰相之。古云："境隨心變，地以人靈。"斯語有驗於今日也。諸方瞻仰，莫不踴躍歡贊，而不知其非具大法眼大慧根者，詎能繩萬代之祖武而勝任耶！以是故郡守、邑令、鄉官、居士，薰其德而聞其風，咸嘉與其精修之堅，詣力之勇，為名刹重開生面，而不知其師之遊戲也。經所謂"本無為法而為有為，不離世間有為法而入無為"。第一義諦，誠在於斯。余故樂敘其興造本末，並述其歷代沿流，劂諸石以昭後云。

皇清雍正十三年歲次乙卯孟春上之吉。

監院廣福全兩序大衆立石。

（碑存淅川縣香嚴寺。馬懷雲）

重修宣宗皇帝殿碑記

自鷲鷟嶺分燈，而西天東土凡列為伽籃護法者一十八家。泊後漢雲長關公沒後為玉泉山伽籃，由是，天下精藍皆以關夫子為護法。惟香嚴則以唐宣宗代之。此何以稱焉？緣宣宗為光王時，武宗忌之，拘於後苑，將見殺。中官仇士良料武宗之將絕其後嗣，知李氏之子孫舍光王則無可為後代之中興主也。遂詐稱光王墜馬死，因脫身逃去，至香嚴禪會下披剃作沙彌。其機緣語句，俱載行錄。他如《廬山瀑布詩》、《鹽官書記》以及《黃禮佛問答》[1]若是者，彰彰可考。未幾，□武宗崩，後胤無人，唐室之天下搖搖而靡定矣。由是，太后勒令中外大臣至香嚴迎光王歸，即帝位。以勿用之潛龍，忽而首出庶物，蔬食飲水；忽而珍食萬芳，破衲穿雲；忽而山龍火藻。當此之際，而不為富貴所淫者乎？難哉。然雖萬邦稽首，而常念野鶴孤雲；兩地參天，而恒思金湯佛國，非天下之至精者，孰能與於斯？非天下之至粹者，孰能與於斯？經云：應以帝王身得度者，即現帝王身而為說法。又云，佛法付之國王大臣，惟宣宗有之。此天下精藍皆以關夫子為護法，惟香嚴則以唐宣宗代之之所由來也。自唐、宋以迄元、明，世世住持無相易也。

---

[1] 以下字殘。

但自勝朝敕建以來，數百餘載，未曾修葺，堂殿不無棟折崩之患。謐上下兩寺修造已訖，惟茲宣宗一殿，余嘗有志而未遑。頃在下寺廷中，忽覩宣宗殿無故崩倒，且被覆壓在地。及出，見四壁依然，惟椽與瓦遺落空處。次早，即往上寺視之。是夜，宣宗皇帝殿果被狂風所害，宛如定中所見無異，益知神靈之不爽若此矣。爰是鳩工庀材，殿宇聖像，煥然一新。因備述始終，諸石以昭不朽云。

皇清雍正十三年歲次乙卯仲秋前五日。

兩序同闔院大衆等立。

住山沙門愚謐山僧沐手敬撰。

（碑存淅川縣指月處東。馬懷雲）

題唐弘經撰憨憨和尚牧牛翁廟碑

元僧憨憨牡牛翁，乃寒拾之流亞陰也，不知何許人氏，族亦莫考。自號憨憨，飲啖自若，行止無常，敝衣跣足，行乞襄、鄧間十餘年，人莫知其所蘊。儀容古怪，顛歌狂舞，時哭時笑，或有問者為誰師，亦曰為誰，人莫可曉。嘗一日數食不言飽，數日不食亦不說饑。至大初，寓香嚴之西廊，職牧牛，故今俗呼曰"牲牛祖師"。一日，有虎突出牛前，師叱之，虎伏地不動。師以手摩其頂曰："皈依佛，皈依法，皈依僧，許汝食肉，不許傷生"。其虎點首而去。鄧州牧文炳岑公入山祈嗣，聞師有異狀，因訪問曰："弟子五十無嗣，今祈之，可得否？"師曰："汝已有子，焉用祈。"人以為妄。是日晚，果以喜聞。岑公悅其神，以衣物遺之，師不顧而去。忽一日，告主事僧曰："借我一牛，十日奉還，得否？"主事應諾。師遂乘牛與之俱化。至期，而牛仍在羣中益出。寺僧怪其神異顯著，以石為塔于寺左，藏諸骨石，今為之牧牛溝。其後真應著顯，凡有禱者，其捷如響。山下居民感其德，為立廟山中，秋春以薦時鮮。貢士唐弘經撰碑記其事。奈代謝時易而廟毀，碑亦不存。寒拾之流亞，雖耆民老衲相傳於口舌，而荒唐無稽，終難取信於賢達，故置之不論者數年。乾隆戊午春，僧元亮掘地得斷碑，拂拭捫摩細玩，乃弘經撰牧牛翁碑然。文雖曰不全，而拾其所有，俾來者知聖賢降跡寒微，以伏人之驕慢，感而漸進聖域亦可矣，不為無補，故筆諸以石云。

釋愚謐題。

乾隆二年歲次丁卯吉旦東楚王萬春書。

（碑存淅川縣香嚴寺。馬懷雲）

敕建香嚴顯通禪寺愚謐禪師法雲塔銘碑

鷲嶺拈花，雞足微笑，禪宗肇啟，傳二十八世，達磨東邁，面壁九霜，神光接武，續葉聯芳。而至六祖，俊流倍出，化緣益張，登堂入室者不可勝數。出乎其右而拔萃者，南嶽青原號二甘露門，師法日勝，子孫益繁，派別為五。而臨濟門風號曰壁立，三十傳乃有天童，以中興其道。風穴喜公是其嫡孫，玄化天中，時為第一。師乃喜公四葉之孫寶林印公高弟，俗姓王，山左昌邑人，母黃氏，父偉文俊。少業儒而善病，乃禮法師楚雲公披緇。未幾，謁南都荊石禪師於棲霞，受滿分戒，指看狗子無佛性，話不契，遂振策行腳，磨勵淘汰有年。千葉雲禪師主法，素因師往謁，未百日，而公案訛優有悟入，呈頌曰："狗無佛性，全提正令，擬犯鋒芒，喪身失命"云。乃為之助喜。然師自為向上，猶有一間，遂北遊五臺山。行失路，見一婆子飯牛，問前程是甚麼所在。婆子放下草器，面壁而立。師再問路在甚麼處，婆子以手向背後指。師回首，忽失其所在。師自謂鈍根不契如來大法，乃浸入獅子崖打長七四十日夜，目不交睫。一晚，茶器破碎，豁然大悟，如夢覺。平生疑滯，泮然冰釋。乃有投機頌曰："歷遍溪山途路長，歸來結屋碧崖傍。夜深打破閑傢俱，拾得紅爐一片霜"。是年下山，遍謁明眼尊宿，以求印證。時寶林印公旺化南陽，學者宗仰。師往見。問："甚處來"？師曰："燕京"。林豎拂子曰："燕京還有者個麼"？師奪拂子擲地下，曰："是甚麼"。林駭之，師乃伏膺庪止。承顏接辭，商略古今，應機妙密，當仁不讓。師資相歡，不減溈山之與寂子也。

康熙己丑，林遷陝西之樺林，師繼其席於香嚴，時再舉之垂。雖已見於老木生春、旱泉溢流，而香嚴自宕山掩照後，魔風搖盪數十年，若逃亡人家，而人未嘗又不以為難。然師竟以寬臨衆，以精治己，仁風德雨，披拂濡潤。不數年，化穢邦而成佛國，轉波旬以為淨檀。由是龍象奔趨，廈屋崇成，層樓傑閣，塗金間碧，如化成釋梵龍天之宮，照耀於崖壑間。幣人徒見其經營日新，而不知出其談笑閒暇也。乾隆丁巳春，遷襄州之黃龍。五年庚申，再遷香嚴。兩處住山二十餘年。胸中不設城府，怨親一目，樂人之病，走人之急，咸出乎天性。不勉而能，可謂有光于佛祖，而不忝為一代師法也。

今以老退柏子庵，門人輩乃卜吉於清風嶺之陽，建堵波七級，穴地為宮，高三丈有奇，師以為將來之歸藏焉。門人悅賢公謂予曰："吾師所著有《語錄》二冊、《竹策進錄》一卷、《禪餘集》、《草堂頌古》等書，並行於世。今有塔上之銘，敢煩先生椽筆之光，而勿惜照耀於崖壑，則吾師之幸。"予與賢舊有友許之好，且因萬固主僧懶石之請，義固不用辭，乃援毫引，而為之銘，銘曰：

拈花微笑，禪宗紀綱。四七傳世，彌布竺邦。達磨東邁，二三教揚。宗風益振，子孫榮昌。兩株嫩桂，五葉芬芳。大樹臨濟，垂陰倍汪。傳三十世，傑出蔣郎。嫡孫行喜，家教倍彰。孫枝葉茂，惟公惟強。韌發齊魯，道化南襄。摻守嚴密，悟入深長。顯微禪幽，二十餘霜。賢慧等視，怨親一囊。仁風披拂，德雨洋洋。龍象奔趨，波旬潛藏。名聞無替，佛祖有光。移老柏子，安餇貞祥。豐碑弘塔，父賢子良。真歸何日，地老天荒。銘師壽石，永永無疆。

河中崔紀沐手撰。

玄門後學李有實書丹。

時皇清乾隆十一年歲次丙寅桂月吉旦。

嗣法門人照熙率兩序大衆同立。

（碑存淅川縣香嚴寺。馬懷雲）

建修崇文書院碑記

本朝知縣李庚生

事之可有可無者，不必其亟舉也。若關於型方訓俗之大端，有其舉之，決不可廢。我朝以文治天下，右道崇儒，數百年來，治隆化洽，教學修明，凡府州縣衛設立聖廟，又建書院義學，養育多士，制極隆焉。淅邑界隣湖陝，城環眾山，距省會既遠，且在郡垣偏境，民情椎魯，士習拘牽。庚生奉簡命承乏茲土，見祠宇津梁之頹廢坍塌，氣象蕭然，而書院義學則缺如已久。視事之初，督紳士亟修學宮，其餘易為力者，次第枚舉。去年夏，始得卜地於儒學舊文昌閣基而創書院焉。夫聚商賈必於廛，考百工必於肆，類聚然也。民不聞絃誦詩書之訓，孝弟廉恥之心其何以興？士不登請業講貫之堂，禮樂刑政之原其何由達？淅雖褊小邑，豈遂無醇謹樸茂可進於聖賢之徒，俊秀聰明堪與科甲之列者？惟教之無其地，修之無其人，弛之既久，學自為師，進取途塞，士之應制舉者名為肄業，而半雜於耕。莫倡於前，遂靳其後，奈之何不識見日陋而鄙吝日生乎！

庚生自束髮，從侍先大父於桐鄉，竊見夫治己治人，非學無以為術。故今之創此書院也，雖不敢妄擬諸嶽麓、嵩陽之制，竊比於文翁安定之為唯是。有其先之以待繼者，使此邦有志之士，得藉手以相勵於成，則區區之志耳。工開於嘉慶己卯二十四年六月二十日，至次年七月十六日告竣，計造講堂一所三間，齋房六所十八間，大門三間，游廊十八間，廚房六間，內建文昌殿三間，啟聖祠仍其舊，前立一坊，其東偏山長書齋七間，面浚曲池，環以垣，計數十丈，題其坊曰雲路，顏其齋曰志道，據德依仁游藝，署其門曰崇文書院。計捐廉貲數千緡。董事者司鐸劉君，監工者邑紳劉、李、黃諸生，咸泐於碑，用彰同志。尋將儲膏火，致名師，立定章程，另鐫於石。是為記。

嘉慶二十五年七月。

（文見咸豐《淅川廳志》卷四《藝文志》。馬懷雲）

遷修關帝行宮功程告竣碑記

【碑額】萬古流芳

嘗聞莫為之前，雖美弗彰；莫為之後，雖盛弗傳。荊關關聖帝君廟宇建立有年，原在老城南以外，遺磚尚存，後被丹水漲溢，漸至傾壞。商賈父老，目擊心傷，於嘉慶十一年邀衆商議，僉謀遷移。但工程浩大，難以猝辦，拔取厘金以為遷修之慮，於十六年先買廟垣地基一所，果於十七年將老廟盡行崩塌。於十九年，始建之正殿三間，塑神像一尊，左右列楊四將軍、財神以配之。又於二十一年，建香亭三間，牌房一座。至二十三年，修山門五間，戲樓一座，鐘鼓樓兩楹，香亭前建竈神、藥王廟兩間，以上數工共使錢壹萬貳千三百貳拾陸串文，經理四十餘年而厥功始竣，前買北邊房垣一所，蓋南邊鋪房一所，以作主持每年香火之費，非素蒙神惠，何以歷年經理而不彈勞苦若是乎？但恐年深久遠，湮沒不傳，謹將始終巔末勒諸碩砥，以誌父老之盛德，以彰尊神之威惠。使後之人歲時報賽，拜跪一堂，無不信義相將，情誼相洽，輸虔誠於有素，沐神庥於億萬年也。是爲序。

　　古馮翼有莘邑鄉飲耆賓弟子弟兵車步霄薰沐撰文。

　　古馮翼有莘邑後學義子屈大烈盥手敬書。

　　經理首事人曰興盛、萬泰成、恒泰元、大順最、天成萌、長泰增、合興□、通順成、長茂盛、永順合、合順店、永興康、通興行、太和鴻、恒發常、榮興魁、義合店、義聚甡、合順義、公義號、公與義。

　　大嶺觀住持方木立，徒：任合鼎、黨合喦，徒孫孟教賢、慮教瑞，徒曾孫李永棋，徒玄孫王元琿、吳元瑛、吳元慶、茹元壽、陳元東、賢元璽。

　　時大清道光三十年歲次庚戌蒲月中浣三日敬立。

（碑存淅川縣荊紫關會館。馬懷雲）

創建春秋閣序文

　　嘗謂德之至曰聖，尊之至曰帝，非帝不能行聖道，惟聖乃能居帝位。如蜀漢關聖帝君，綱維人祀，明大義於千秋，威惠於黎元，沛綸恩於萬世，累朝顯聖，歷代賴封，故熙朝於春秋二祀，命太常寺正卿祭焉。曾憶當年水鏡先生豫義聖顏曰：公乃天神下界，出類拔萃，超羣絕倫，千百年後，當血食萬載者也。荊關係秦豫要道，商賈輻輳，行旅蟻穿，跋山涉水，無警無慮，雖屬仁王治化，寔乃神靈默佑，尤宣朔望焚香，以報神庥於萬一，故建春秋閣，仿聖駕晏息之處，理合御服，袞衣展籩，眉開鳳眼，談嶙經於閣中，何以武服戎裝，若是其威乎！往來客商進廟參神，遊觀遍覽，幾有不解其故之歎。蓋因嘉慶年間，丹水漲濫，將廟址地基盡成水國。商賈父老目擊心傷，遂邀衆友遷移神座於殿後，欲建樓閣，當時未舉。道光二十九年，復□□衆議願捐資財，以襄盛舉。有捐修河工所餘之錢三百三十三千一百文，燈山公所積之錢二百二十三千一百文，二宗並捐助共□□五百五十六千貳百文。創建春秋閣一座，前修拜亭一楹，以肅拜跪，以壯觀瞻。庶幾神像安而神靈妥，降福降祥，億萬斯年□□。僅將守先待後，原始要終之意，勒諸貞珉，以誌不朽。是爲序。

　　古馮翼有莘邑鄉飲耆賓弟子車步霄薰沐撰文。

　　古馮翼有莘邑後學弟子屈大烈盥手敬書

經理首事人永興康、公義同、恒泰行、長茂隆、太和鴻、長泰增、大順最、通興行、天成萌、義聚甡、恒發常、合爲義、合順店、義合店。

住持賢丞璽，徒茹元壽、陳元東，侄徒王元琿、吳元瑛、吳元慶。

大清道光庚戌年五月中浣三日敬立。

（碑存淅川縣荊紫關會館。馬懷雲）

荊紫關會館捐資碑

【碑陽】

【額題】流芳百世

瑞昌錫、新興合、薛公義、仁義成、通順合、孟永興、永興正、永興玉、萬春堂、三義店、范天錫、吳永興、鄧永順、楊元炬、萬合成、劉福全、公興通、全盛染坊、恒順合、萬金堂、鄭彥廣、天興英、永興盛、魁興號、合順關、清遠成、李永成、山西居、太興合、四德號、雷祥泰、牛永豐、李玉合、世隆德、世興公、郝順館、日生元、咸恒德、啟童合、元順號、公信行、同泰薛、魁盛德、研新發、恒茂福、永盛合、通順遠、三盛合、義興恒、何起才、薛萬興、尚祥發、蕭祥發、□常方、乾興德、郝順興、四盛染坊、三合號、□盛興、世烈和、張順庭、王成美、萬興行、合盛興、萬盛合、雙盛漆坊、王合興、屈合生、英泰合、逢源號、魚長順、永義敷、萬盛德、郭合興、高敬居、乾員聰、一心成、王維焯、楊興盛、公興義、廣全合、廣全德、義合永、永盛李、恒順合、興和行、全盛號、鄭彥興、興泰春、萬興號、恒順怡、祈興劉、公合永、山和行、天元敷、景泰和、□□□、□□□、□□□、□□□、□□□、協盛增、長髪吳、薛振江、雙昇染房、義順德、三合興、德居店、天福號、官船行、王一德、茂盛生、長安館、正順號、仁義祥、興隆廣、一信盛、大興號、和盛義、新興恒、茂盛永、永順通、大豐合、永泰祥、全盛合、林合玉、三盛號、合盛馮、夏合牛、永順通、同泰祥、和順玉、豐全號、董學慶、大順昇、董三盛、薛自珍、生興成、關雙合、永泰皮坊、通順興、興茂合、王啟林、薛爾和、廣裕恒、萬聚恒、信玉合、朱文合、廣濟堂、雙興奎、順興和、井茂盛、王合興、恒興發、蔣善奎、興盛泰、王自祥、高興、劉觀榮、復興果鋪、張文章、新盛益、李登盈、邱鶴麟、衛衍修、李興泰、劉永盛、王興盛、陳升龍、陳三合、義合館、李自榮、王元積、白三合、萬發奎、新盛魁、宋宏發、刁德號、寧遠祥、永盛號、天成行、王文進、李文召、義成名、萬盛號、玉興成、鄧壽犖、三盛號、永茂德、義盛德、周處民、公合永、德潤正、長生堂、李建榮、薛爾成、李興、永盛泰、高凌霄、馬長盛、尉秀德、永興信、永興牛、馬金、京興館、復盛英、隆盛川、王明智、姬大順、翟永順、湯永生、曹金盛、雷□、孔毓德、孔吉昌、南和生、日昇行、劉彥盛、合盛通、萬盛號、裕發約、同順長、萬盛永、永盛成、新興盛、正興隆、永興德、恒聚德、永容人、永興隆、三興號、寧遠號、興通永、公興新、益盛成、聚興行、公信行、合盛公、謙益升、同協永、合盛慶、悅德堂、衆花，各捐拾貳千三〇〇。

　　以上共捐錢五百〇九串零壹萬六十三[1]

【碑陰】

【額題】千古流芳

施錢人芳名開列於後

天成萌、永誠合、信成鹽店、合興關、共順重、大順最、長泰增、三成屠行、恒泰元、太和鴻、長茂隆、祾善鹽店、永興恒、萬泰成、通順成、義和牲、薛公義、萬泰成、正興成、長髪祥、雙興順。

又屢年借用共錢五十六千文，今作佈施。

又屢年借用共錢拾三千文，今作佈施。

以上共捐錢貳千壹百玖拾玖串零八拾五文。

永興義、永順合、日興盛、復興美、德順之、杜合盛、永發生、永發利、永發成、潭進興、衆酒客、興隆昌、恒發常、永興順、存成積、恒興萬、公和衣鋪、衆鐵匠、黨必華，以上共捐錢五百六十四串六百三十五文。

全興行、二成合、正興生、二成永、永順、公和奎、廣濟堂、三興之、萬順成、天興生、義合福、天泰合、萬應號、長順公、同泰公、長生染坊、大順德、義聚公、合順義，以上共捐錢三佰八十四串七百三十九文。

雷天興、東來永、衆成衣鋪、晉興通、義順成、榮順義、衆菜園、衆飯館、高廣興、柳德興、榮興魁、宋永興、雷汝興、興順裕、長順德、天泰生、順興和、仁義德、天順成，以上共捐錢三百八十串零六百五十五文。

日盛祥、源盛公、恒盛館、恒盛通、忠義合、永豐公、新成合、公義順、公義同、雷天智、永和明、茂盛徐、隆盛泰、二合興、人和李、雙泰居、享順館、薛金錫、合山館，以上共捐錢八十九串八百四十三文。

合盛興、晉盛和、泰興合、雙合成、李永發、杜世烈、文自耀、張秉忠、萬合生、党金榮、萬慶公、永承德、天順公、永興德、三盛成、長茂玉、雷恒泰、刁臣玉、大順溫，以上共捐錢六十二串三百五十文。

三盛棧、鄭大之、德合成、郝清圖、永成合、成順合、正興昇、〇興積、萬發和、復盛合、福盛魁、段永盛、公盛益、三之棧、公興義、集誠茂、祥興坊、德興順、魁興恒，以上共捐錢六十一串零六十文。

復成生、德盛富、之亨成、泰來和、聚泰成、屈大烈、長發永、兩益成、永茂之、之亨居、天成福、合順成、德盛合、寶之古、魏自孝、開泰館、恒茂玉、華陰館、興隆恒，以上共捐錢五十五串六十文。

---

[1]　以下字殘。

杜茂盛、寧泰興、源盛周、信誠齋、雙成遠、世德成、公義成、義盛遠、全益、郝行興、合盛魁、張增泰、郭崑、隆盛興、長盛興、三益號、駿生恒、永興恒、陝西館，以上共捐錢五十四串二百二十文。

義興和、興盛祥、通順來、喬復茂、茂興康、永新成、益泰園、魁興德、王美居、順興和、永興錫、公義和、德盛魁、茂盛皮坊、恒盛興、東泰園、長興公、廣興成、恒興永，以上共捐錢二十一串壹百三十文。

時道光三拾年五月十三日敬立。

（碑存淅川縣荊紫關會館。馬懷雲）

萬善同歸

捐助功德人芳名開列於後：

大順最丰［錢］二百串文，長泰增丰壹百串文，通典行丰壹百串文，永興康丰壹百串文，天成萌丰伍拾串文，復興美丰伍拾串文，太和鴻丰四拾串文，合順義丰四拾串文，悅來行丰叄拾串文，興隆恒丰貳拾四串文，合順店丰貳拾四串文，恒發常丰貳拾四串文，成茂隆丰貳拾四串文，公義同丰貳拾四串文，義合盛丰貳拾四串文，復成生丰貳拾四串文，沈興隆丰貳拾四串文，薛公義丰貳拾四串文，永盛行丰貳拾串文，永興恒丰貳拾串文，義聚牲丰貳拾四串文，新成合丰拾伍串文，東來永丰貳拾串文，叄國牲丰拾串文，公義成、德順元、永興合行丰貳拾串文，合順門丰貳拾串文，同德忠行丰拾串文，叄合興丰拾串文，公興義丰拾串文，新順行丰拾串文，重興棧丰拾串文，趙義盛丰八串文，義和店丰七串文，仁義店丰七串文，全盛店丰七串文，全興祥丰六串文，全興恒丰拾串文，復和行丰拾串文，永隆行丰伍串文，公義和丰伍串文，恒泰行丰伍串文，屈大烈丰四串文，公義順丰伍串文，晉興通丰伍串文，咸甯館丰叄串文，益泰合丰叄串文，興盛合丰叄串文，復興順丰叄串文，義順森丰叄串文，義豐成丰叄串文，天順成丰叄串文，永遠成丰叄串文，南遠成丰貳串文，元享成丰六串文，仁義成丰貳串文，德盛富丰貳串文，雙泰居丰貳串文，胡德富丰貳串文，□翼比丰貳串文，同發生、合□和丰壹串伍百文，世德成丰壹串伍百文，悅盛通丰壹串伍百文，通盛店丰壹串伍百文，合盛順、義合福、源盛公、雙盛遠丰壹串文，三義順丰壹串文，隆盛泰丰壹串文，伍美居丰壹串文，新興爐丰壹串文，泉永興丰四串文。

燈山會功德人：

長茂隆、悅來行、雙興順、恒泰行、永興合、義聚牲、通興行、信義行、兩益成、長泰增、天順最、合順義、公興義、萬泰成、合順門、薛公義、恒發常、永豐公、韓光寧、太和康、□興盛、永發生、復興行、永興康、永興康、樊富隆、恒茂王、東來永、永興義、通順成、公順行。

共捐丰貳百貳拾三串壹佰文。

此會係十三年立，今歸廟內。

(碑存淅川縣荊紫關會館。馬懷雲)

黃學彬等為應贈故先考黃公諱兆元大人立買地券

蓋聞立鐵券文憑亡人執証生方事。大清国河南省南陽縣淅川廳撫民府西鄉上張保滔河口地方，老龍社下孝男黃學彬孫郁文，虔備文銀四十兩整，買得閆樓地方二龍社下阴地一段，東西長四十弓，南北橫四十弓，扦定坤山艮向兼寅申二分金安葬。

皇清應贈故先考黃公諱兆元大人之墓，永遠為塋。自今安葬之後，千年萬代，如有人等惧拙出者即元墳墓，恐後無憑，以此契石為証。

大清光緒丙子年十一月初三日辰時下建立。

(券存淅川鄉縣博物館。馬懷雲)

陝山會館購地碑

【額題】留芳百代

葉啓泰旱平地五畝八分二厘四毫。每畝地價錢二十五串文，共地價錢一百四十五串六百一十二文，合銀八十七兩七錢一分八厘。

隨帶地糧錢四分七厘。

張明全旱平地九畝二分一厘八毫，每畝地價二拾六串文，共地價錢二佰三十九串六百六十八文，合銀一百四十四兩三錢七分八厘。

隨帶地糧銀八□分。

李三興旱平地十畝六分三厘三毫，每畝地價錢二十五串文，共地價錢三百六十五串八百二十五文，合銀二百二十兩零三錢七分六厘零九絲。

隨山地糧銀一錢六分。

八家立約，請中往來糧地畫押，共用銀二十五兩七錢。

共置地一百九十三畝八分零八毫三絲，共地價錢四千九百七十一串六百九十八文。上三價值不一，共合銀二千零一十三兩二錢七分五厘五毫。

每年共納地糧銀二兩五錢一分六厘。

二宗，共請中立約來往量地畫押使費銀五十三兩二錢。

用銀一百三十八兩□錢三分一厘。

契呈用銀三兩一錢。

契紙用銀四兩。

二房丈量，用銀八兩三錢。

□行□用銀二十七兩三錢七分五厘。

石□□十一百二價每兩用七四百一十文，□□□□□四十文。外地界十二錢四串一百文。每兩銀價壹串六百四十文。

石碑二個，用銀十八兩四錢九分。

以上總共用銀三十二百九十四兩四錢六分二厘九毫。

下存銀一百二十九兩六錢八分六厘五毫。

光緒二十四年閏三月二十日。

又買董萬海旱平地二十二畝，每畝地價銀二十二兩，共地價銀四百八十四兩整。

陝山會館[1]

（碑存淅川縣荊紫關會館。馬懷雲）

---

[1] 以下殘缺。

新野縣

建南城樓記

汪永瑞

粵惟中州為四方道理之會，天下治亂之徵恒於焉。□見而新野尤介楚、豫之交，地勢平遠，孤城如斗，控□□之上游，居唐、鄧之都會。自明季寇氛日熾，不啻黃巾赤眉之烈，中其毒者數十年，自大河以南邑無完壘，而新之受其禍者滋酷矣。幸皇清受命，掃除凶逆，取天下於亂賊之手，么麼竊據之口，刓削殆盡，而中區鼎奠漠然，徒見山高而水清矣。然其邑里蕭條，城堞圮廢，樓櫓無存者，徃徃是也。不惟物□彫瘁，征繕為難，抑亦民心思治，別有所恃以無恐與。然則鑿築固圉之計，豈所備誠非所急，而聖人所志為金湯者，固不在此而在彼乎。某於丁亥釋褐之冬，來尹□土，迄於今已二載矣。雖其地極荒殘，然每見其民多力本而奉上，其士多習禮而敦義，其胥吏亦稍約身而守法，刑禁少試，四野晏如，天下而皆新民也，即撤藩而守可矣。然某職司守土，輯寧幹止，風雨綢繆，責莫逭焉。始念其民之瘁也勞之，不如其逸之，今迄可小休矣。計暫尤必為之計久也。始於農隙之暇，庀材鳩工，新作南門之城樓，不逾月而告備焉。而工人以其成請余。因之慨然有感焉。夫天下名都大邑，高城峻隍，繡錯如綺矣。今皆□壟平乎，壕塹墮乎，抑猶有崇墉言言而樓季莫□者乎，而今果奚若也。新之邑，容蓄不過千家，池隍不□尋丈，於險阻之恃，亦少微矣。然使其民出離亂之餘，念朝廷拯民水火之澤，相與甯其父子而永其千年，循其所為，力本奉上，習禮敦義，約身守法者，共與享無事而樂昇平。而撫有斯民者，且為之厚始而圖終焉，則斯樓之成也，雖永億萬年焉可也。是為記。

順治六年。

（文見乾隆《新野縣志》卷九《藝文志》。馬懷雲）

建三城樓記

崔誼之

明英宗五祀懷柔趙君，公恕勤慎，為邑名宦，修城塹，崇麗譙，門則有額，東朝陽，西通德，南望遠，北迎恩，規制犂然備矣。綢繆牖戶，繼不乏人。季業寇訌，蕪無完壘，垂二十年。

皇清定鼎，草創維艱，越十有一載，余來眹篆，時則楚服未靖，防旅戒嚴，駐茲土者，就民居而枕戈焉。屬警報至，余與諸將登陴守禦，惟南城三楹樓，我謀斷及巡堞，以□籌傳斗擊之宵，無言寒暑雨雪矣。余既志懷柔之志，乃闤闠蕭條，羽書旁午，歲無公旬之日，有之誰與集厥口者，五稔且久，一木未支，余因撫膺太息曰："同一守土，口則犁然以備，今則固陋不遑，余之才不及昔人，毋以口勢所為有難易歟！"是歲己亥，撫軍檄下，郡邑纂集乘口。余於建置先後詳稽而筆述之。粵自國朝疆土指定，歷六十載，今又數易，惟南城三楹，搆於姑蘇汪君。其諸闕勿備，廢勿興，雖非子志，然重滋余咎矣。會我士民有負晉人責而受理於上者，命所司督償其負，則易椽瓦以當子母，而計直若干緡，余悉資之易入官，乃鳩工謀三城之未舉者。比當事，既可吏議撤去客旅，不復駐城以內，中澤之鴻，漸次來集，因得與二三耆老經營而畢事。為落成之日，余勞諸耆老曰：今之規制，百不敵昔矣。乃是役一竣，而籌傳斗擊之宵，巡堞以眂，雖際寒暑雨雪，可以坐而謀斷者，遂余一人之志。若夫畋而田，宅而宅，乃心王室，永繫苞桑，其惟二三耆老與眾百姓之志也夫。耆老某某並記如左，門額之書，則仍舊云。

順治十五年。

（文見乾隆《新野縣志》卷九《藝文志》。馬懷雲）

創修魁樓記

邑令張璽

邑初無魁星樓，形家以為非法，余視篆之五年，政稍暇，始謀創建。爰捐俸為諸生先，慕義者輸金有差。遂卜學口口地，北聯漢臺，南抵城垣為臺，臺下為門，顏其額曰口口。其上為樓若干尺，中立魁星。比落成，邑人士畢登平視，唐山遙遙，楚天如慕，僉曰巍哉。觀庶幾為科第樹茲左券。余惟人視神，神亦視人。踵余後者，尚雅意作人，擬彼菁莪，邑人士無使塵封鄴架，燈輟董帷，吾知多士之蒙神休也，如登樓然，歷階而上矣。是所望於他日。

康熙三十五年。

（文見乾隆《新野縣志》卷九《藝文志》。馬懷雲）

清處士郭公諱攀華字玉山孺人趙氏之墓

嘗聞玉生於山，治則破焉，非弗寶貴，然而形神不全。我公生平寧拙勿巧，寧樸勿華，誠有雕鑿不事而光輝大，若不能與琳琅並重，而積厚流芳，誠確所遺，家聲賴以不墜，豈與世之生則榮，沒則已者，所可同日而語哉。小子戴德，銘刻於後，以誌不朽。

奉祀男鴻基，孫璉、琰、琮立石。

龍飛乾隆拾年三月吉旦。

（拓片藏河南博物院。王景荃）

重修千佛寺碑記

粵自漢明帝夢金人十二，長丈餘，飛空而下，遂遣蔡愔他等一十八人之天竺月支國，得佛經四十二章，繪佛像於清台，歷代帝王皆尊崇之，此佛像之所由來也。是豈徒攝身心肅觀瞻已哉！良以國泰民安，風調雨順，以至五穀豐登，六畜興旺者，無非我佛隱為之福庇，暗為之護佑也。新邑艮隅三十五里許，焦家店地方栗河東岸，舊有千佛寺行祠一所，古刹也。創建莫知所自，而地無論遠近，人無論少長，莫不稱其名曰程家庵。我儀度之或係程姓捐貲而創建，或屬百姓募化而重修，均未可知。所可慮者，創建碑記無存，重修碑記復缺。迨至國朝定鼎，越康熙庚午歲，往持□海山至□益聖等，約會善信募化重修，迄今已多歷年所矣。殿宇傾圮，聖像摧殘，住持僧繼齡、繼恒，化主王文華等目覩心傷，不忍坐視，因復約衆善人等同發善念，施捐貲財，共勷厥事，庶殿宇傾圮者復為之更新，聖像摧殘者復為之裝飾，越數月而厥功告成。往來瞻仰者，羣羨輪奐之至美，遠近拜謁者，共覩聖像之璀燦。則此舉也，詎可泯滅無傳乎？是為記。事後為之頌曰：

□尊泰濮入中州，歷代崇榮無他求。慧眼旁觀數萬里，婆心直及幾千秋。前人創建應獲報，後世重修復蒙休。自此羅□刹生色，刻碑奕祀示無咎。

邑庠生員彤德和沐手撰。

逸林陳小年書。

岢龍飛乾隆十年歲次乙丑季春吉日立。

（拓片藏河南博物院。王景荃）

李冲墓誌

公姓李氏，諱冲，字幼君。金錫之子，邑庠生塤之孫也。明始祖綱由山西洪銅［洞］遷於茲，至公十一世矣。公生於康熙四年正月二十一日，卒於乾隆十三年三月十七日，享壽八十四。生平植微種德，不求聞見。工童痘科，日夜奔走，援濟赤子，然未有圖也。初葬潦河岸南，孫等因世代凋喪，故業消乏，仰仙長樊本學選擇吉地，改葬河北。艮山坤向。

乾隆十三年三月。

（誌存新野縣，拓片藏河南博物院。王景荃）

重建魁樓碑記

邑令徐金位　常山人

粵昔聖哲神靈天挺，仰則穹蒼，奎宿屈曲，胚胎文字，奎之肇文章也，信諸後世。緣之自京省州郡，迄彈丸之邑，必擇形勢之宜搆層觀焉，而繪像其中。執筆踢斗，怪特雄傑，隨春秋祀之。宰其土者，咸踵事修葺，為多士致祈祝與祈穀報享無以異。

　　新野奎樓踞縣治東南，南接雉堞，次北議事臺，漢諸葛忠武為昭烈籌策既其地也。又次北鐘皷樓，雁行珠聯，傳為形家三臺並峙之義，理或然也。余視事之明年春，數往過之，樓脫圮殆盡，鐘皷、議事兩臺亦各就剝蝕，目睹心傷者久之。他日取邑乘按之，邑舊無奎樓，創修自前令張君始，逮今五十有八年，土木力盡亦固其所因。喟然歎曰："膺民社者秉義利，人□□所因，猶將為之，況成前人之美乎！"於是，進紳士，僉□□權忄一辭，鳩工庀材，自簷牙梁棟，垣墉戶牖，靡不撤其舊而新是圖，並議事、鐘鼓兩臺亦漸次振□，□□將有期。諸紳士致詞曰："斯樓之建也，勤勞在一日，□□意及無窮，公其何以教多士。"則應之曰：余承命來撫斯邑，教養數大政，日夜求所以塞責未給也。此□烏敢以自信。雖然，亦竊窺夫文章之義矣，在天為□□日月，在地為山川草木，在人為道德經綸。宋初五□□奎，其占為有道文明之應，已而，名賢輩出，真儒接踵，□廉洛□□，尤特然傑出，於以接道統之傳，登堂窺□，□載以下，知所適從者，諸公之力也。夫豈月露風雲，發□決策之謂乎。抑□之韓子曰：根之茂者其實遂，膏之□者其光□。仁義之人其言藹如，諸君果能由本及末，□渴於四子、五經之旨，厭飫浸灌，言有□而行有恆，由是徵聘勤□伯觀聽動，天子以□□之儒而來，當時之□□，不必乞靈於□之點，而斗之涵□已光射三臺，名垂千祀矣。今日區區之建修安足云。

　　乾隆十九年。

（文見乾隆《新野縣志》卷九《藝文志》。馬懷雲）

梁弘式墓碑

【額題】永言孝思

　　清顯考梁公諱弘式字矜侯府君妣孺人田氏之墓

　　先人宅兆世卜于南，今忽葬父母于北，論者以為非宜，然兒輩亦有說焉。蓋逮存之日奉養缺典，兒輩各抱隱痛，因妥親靈於屋宇之右，庶兒輩得效時食之薦。而吾親精神意氣亦常與兒輩接也。

　　茲於葬母之辰，為勒石之舉，豈敢言報哉，用以誌不朽云。

　　男監生廷烈、廷勳、廷熙、廷燕。

　　孫大定、大讓、大恭、大良、大儉、大章、大信、大義、大禮、大靜、大慮。

　　曾孫伯元、伯蓮奉祀。

　　乾隆二十二年三月初六日立。

（拓片藏河南博物院。王景荃）

邑侯徐公築渠築堤碑記

【碑陽】

　　蓋聞濬澮決川，古聖首以經國開鉗灌鄴，史冊著為嘉猷。渠堤之所關於農田水利甚大，經理不可緩也。新邑自渠堤久廢，一遇潦溢，而民坐受其困，民困而欲甦生之，甚道無由。

　　我邑侯徐公諱金位，浙西□延望族。由內廷教習，自乾隆癸酉簡任茲土，於今六載。侯居心以寬，臨刑以簡，有利必興矣。弊□□其世□可□舉，邑民食我何□□□□！因見百寧處豫省下游，東臨唐、西、矚白水大澢環，其時溧河據其□。一遇漲水之年，各河陡發，橫波澎湃，一望汪洋，所堵內無□，邑民之受困，已非一日。自侯下車來，感然□□，爰周歷郊源，相地利而尋歸迹，渡水勢而謀修堵。不特舊冊所載之堤十一道，渠三十道，逐一修築，堅實深通，即冊之所未載，凡渠之宜修，堤之宜增，率皆設法勸諭，爲一勞永遠之計。茲□□□渠一百三十七道，新增渠十有六道。從茲要害有備，而河不為外侵；積雨可疏，而水不至內浸。□□全民安席，所謂禦大災捍大患者为□，民享千百年之利，寧有涯乎。今逐條詳其源委，托其里數，列以丈尺，使後之撫斯土者有所備以善後，是侯之德彪炳於千秋。□□若纂輯志乘，闡揚節孝，以樹風化。重造奎星樓，修正白水書院，延師課□，以院□，添□黃渠河石橋，以濟行人。清理刑獄，增設監房，以□罪囚。□查保甲，平治道路，撫綏地方，收養災民，則交侯之本實心行實政，未足為侯異也。

　　各渠堤工成，聞於上憲，憲重加獎。予淑己等呈請將各渠堤勒石以垂永久。志侯之德。侯曰：奈民之利而導之方，愧勞苦吾民。奈何德之有？若夫勒石以垂永久，是則余之志也。遂勒之於石。是為記。

　　乾隆二十三年九月朔日。

　　調補山東肥城縣知縣陶淑己撰文。

　　封邱縣學訓導喬景題額。

　　增廣生員趙中選書丹。

　　闔邑紳民公立。

　　計開原溝渠三十道：

　　魚鱗渠自彈子湖發源，入溧河，長十五里。

　　水字溝發源老潭，下入唐河，長十五里。

　　李鐵營渠即竹林渠，下入花陂陂渠，長七里。

　　馬槽渠係溧河分流桐柏溝，入唐河，長四十二里。

　　紅沙渠自谷姓地頭發源，下入溧河，長□里。

　　趙家渠發源毛家寨，下入唐河，長八里。

　　□□渠發源馬□林，下入□□□□□。

□□渠發源唐縣[1]

【碑陰】

陸家渠上□徐家公渠水，下入寺莊湖，長四里。

盧家渠自秦常家發源，入下于家渠，長五里。

朱家渠自八里王家發源，下入寺廟湖，長四里。

中水渠自熊家墳發源，下入白河，長三里。

以上縣南。

二郎渠自刁河發源，下入白河，長七里。

錦塘渠自鄧州發源，下入黃連渠，長五里。

大湖渠自新家莊發源，下入石河，長六里。

□□渠[2]

黑龍渠自馬家集發源，下入柳堰渠，長十一里。

柳堰渠自小王家營入兩河口，歸白河，長二十六里。

雙合渠自李家營發源，下入柳堰渠，長四里。

西田渠[3]

龍潭溝上接堰渠水，下入溧河，長八里。

小官渠分官渠水，下入黃渠河，長十二里。

寺莊湖自鄧州發源，下入黃渠河，長三十里。

王家渠自鄧州發源[4]

計開原堤十一道：

柳林堤自趙家口起至水府廟止，長一里。

李家堤自李家廟起至沙臺止，長十二里。

以上縣南。

七里河兩岸堤草場至齊家營，長二百九十九丈。

七里河東岸堤自鄧州[5]

七里河西崗堤自鄧州起至大渠止，長七里。

矼石河東岸堤自賈莊坡起至高橋止，長八里。

萬兒渠堤自喬家營起至新集止，長十里。

---

[1] 以下字模糊不清。

[2] 以下字模糊不清。

[3] 以下字模糊不清。

[4] 以下字模糊不清。

[5] 以下字模糊不清。

護林堤鄧家莊起至[1]

白河東岸堤自澗河鎮起至港口止，長五里。

白河東岸堤自港口村起至張家營止，長一里。

老白河東岸堤自車兒灣至白河止，長四里。

以上縣北。

計開新增堤十六道：

白河東岸堤自沙台起至何家營止，長十二里。

白河東岸堤自水府廟起至李家堤止，長一里。

白河東岸堤自溧河口起至張家莊南止，長三里。

溧河東岸堤[2]

溧河西岸堤文家渠南至溧河口止，長一里。

以上縣南。

白河西岸堤新集起至張家莊止，長五里。

白河西岸堤自母家莊起至楊家集止，長六里。

白河西岸堤[3]

白河東岸堤自後河頭起至樊家集至，長六里。

唐河西岸堤自澗家漫起至張家莊後止，長二里。

唐河東岸堤[4]

矼石河西岸堤自范家坡起至濃子溝口，長七里。

姚陂河東岸堤自馬家集起至賈莊坡止，長五里。

潦河東岸堤自南陽縣界起至潦河口止，長三里。

潦河西岸[5]

計開復古溝三十二道：

堰渠自龍背店南發源，下入龍潭溝，長二十里。

溧陂渠上接餘林渠，下入溧河，長十二里。

花陂渠上接竹林渠，下入溧河，長十里。

袁太渠[6]

鞭杆渠自梁家莊發源，下入紅沙分渠，長五里。

---

[1] 以下字模糊不清。

[2] 以下字模糊不清。

[3] 以下字模糊不清。

[4] 以下字模糊不清。

[5] 以下字模糊不清。

[6] 以下字模糊不清。

蔡陽渠自錢家廟東發源，下入中渠，長六里。
小東渠秦常營發源，下入孫田渠口，長十里。
田家渠上接[1]
港口黃家營發源，下入老潭，長八里。
湖渠信家坡發源，下入唐河，長十八里。
大渠自呂家閣發源，下渡黃渠，長八里。
冷水渠分[2]
養老渠自馬槽渠分支，下入馬槽渠，長二里。
以上縣東。
鵝兒湖自盧家堰發源，下入白河，長二十里。
老河渠自樊集西發源，下入白河，長二十五里。
呂家渠自[3]
李家渠自李家堰發源，下入溧河，長四里。
上紅沙渠自雷家莊發源，下入溧河，長十六里。
未心渠自十里河發源，下入中渠，長二十四里。
古渠自楊家[4]

（碑存新野縣文物保護管理所。王偉）

重修三潭廟碑記

乃其故郡五泉，又係新府神之棲，皆名勝地也。而廣□村墟亦何樂乎？此而君之第，神不將擇地而居，惟是因誠而□□艮方有村，名魯家營。去村數武，萬歷時，建有龍神行宮，而神之威靈顯應照也。在人身自聞，固一都人氏極祀而供奉者也。迄今年所多歷，四圮神像□□至風雨飄搖，未幾暗淡而寡色，使無以□□之毋□□神裝神位□□不□□處乎。幸有□□□□君等，目覩之而心惻然矣。遂同衆議，確捐資財，置物料，盡去其舊以圖新，越歲餘，廟貌□□且□及僧舍，莫不煥然改觀。或亦汴梁五泉之流，亞乎不華，惟是同合西南隅，復有人□□□□間，相繼而竣□，以地而成局，亦水火而既濟，厥後雲行雨施，捍患禦災，其庇佑我民人者，是所難量矣。□□□□□□□也，而人之善□□乎哉！列石以垂弈祀，是或鼓□作福之一道也夫。

---

[1] 以下字模糊不清。

[2] 以下字模糊不清。

[3] 以下字模糊不清。

[4] 以下字模糊不清。

邑庠生陶時秀撰文。

龍飛乾隆二十六年歲次辛卯菊月吉日。

（拓片藏河南博物院。王景荃）

姚氏墓碑

皇清顯祖妣張孺人姚氏之神墓

張氏原籍安邑，客寓新邑。祖考偕祖妣姚氏，攜余父伯仲于康熙三十年間來新時，余父年六歲，余小子耳□之。父行三，生余兄弟有二，余居長。生永泰，叨列宫牆；次清泰。永泰生孫昕、昭、旭；余次弟生成泰，亦今邑庠，次振泰。嗟夫，子孫蕃衍，先世功德，孺人卜葬在茲，余尊父遺命志。艮山坤向，以示不忘。

孫鳴山、鳴遠；曾孫庠生永泰、清泰、成泰、振泰；來孫昭、昕、旭仝奉祀。

乾隆三十六年歲次辛卯二月穀旦立。

（拓片藏河南博物院。王景荃）

重修玉皇廟碑

今夫莫為之前，雖美弗彰；莫為之後，繼盛弗傳。邑東北鄉□四十里官道旁，舊有玉皇宫殿，不知建自何代，□自何人。重修而補葺者，大約亦屢念此地居峻嶺，道屬要害，迄今傾圮堪慮，幾至坵墟，觀覽之下，誰不動心。附近居民劉景等目擊心傷，不忍漠然。爰公相議曰：茲廟為久遠香火之地，亦百甯之名區也。吾輩當勤力贊勳，以求重修盛事。僉曰："唯唯。"於是，募化衆村，各捐資財，前後左右大殿，無不煥然一新。向非二三君子倡先之力，曷克臻此。嗚呼！斯舉也，非僅以上繼已往已也，將以使用權後之偉人傑士，慕餘慶之風者，莫不觀感而興起焉！其□功豈淺鮮哉。

邑後學呂殿鳴撰文並書。

化主劉景。[1]

鐵筆薛振乾。

木泥周作霖。

住持道來存。

龍飛乾隆肆拾捌年仲冬穀旦。

（拓片藏河南博物院。王景荃）

---

[1] 以下人名，字多模糊不清。

王盤王貫墓碑

王氏鼻祖諱盤諱貫妣雷氏顏氏胞兄弟之墓

聞吾家原籍洪洞，移居茲土者自盤、貫二鼻祖始，一居河南，一居河北。厥後屢遭兵燹，□次莫稽。今且孫等恐久而愈失，遙溯近序于已往故祖現在，云孫僅得九輩之次，建祠立碑，俾後起木本水源之意焉。是為記。

□孫華及胞弟青仝立。

乾隆五十年四月初六穀旦立。

（拓片藏河南博物院。王景荃）

重修四王廟碑記

先王以神道設教，非崇尚虛渺為無益之□，蓋上收攝人心而□，下敬□□□東，舊有四王廟，不知創自何時。考諸石闕，一重修於元至正二年，再重修於明□仁皇帝四十有一年，迄今歲月深久，漸就荒涼。鄉人李順等，慮其無以壯觀瞻□攝人心，糾茲二議□□毀壞者補之，剝□者飾之，規模不改，氣象一新。行見入是廟者，履其□其和，若未登其堂，無和兄在，蕭然起敬，□私情邪念□歸無有共勉之。于□□忠義之□□□之為□□□□□□諸君子所為，有令于先王立教之意。於是乎□若為善獲福，一切世人□□之說，悉□而不言□□□也。

內□子王令錢十五千。

住持僧虛桂。

廩生楊文□。

生員李□□撰文。

生員周雲書丹。

原任廣西賓州營中軍守備□理思思營遊擊加三級紀功五次李文□施銀壹兩。

大清乾隆五十二年歲次壬子八月己酉吉旦立。

（拓片藏河南博物院。王景荃）

高氏先塋碑記 [1]

水有源而流派長，木有本而枝葉盛，若人之昭穆相承，綿綿延延於勿替者，亦 /

---

[1] / 以下碑殘。

族自青齊高孫溪胙土賜姓，本支日番衍矣。第歷年久遠，譜牒散佚莫稽，聞洪武／
孫公自山西洪洞縣遷居新野之東，越今户丁增繁，東西二村衡宇相望，人稱巨族／
之始祖明遠公亦當明初由洪洞遷鄧，彼此相去七十餘里，往來常不絕跡。業／
茲矣。兩地固少素封之家，要皆以讀書為業，幸祖德綿遠，文學接踵。祥父思菴／
為廉吏，克振家聲焉。祥又賴先人遺金，於乾甲辰科捷南宮。七弟經祥，戊申／
今東來拜謁，適族衆將豎碑祖塋，請余文以紀之。祥曰："唯唯。"斯舉也，敬祖也／
茲未許也。水源木本之思，誠勃發于莫遏也。不揣固陋，略述梗概，而為之記。
賜進士出身吏部銓選知縣字晚生叔祥撰文。
旹乾隆伍拾三年梅月穀旦。

（拓片藏河南博物院。王景荃）

萬鎰墓碑

【額題】水源木本

清顯曾祖考萬公諱鎰妣李氏孺人神墓

公諱鎰，居長，溫恭人也。憶其行略，孝人於衆，和易於衆。初為門户計，身入公門。衛情反覆，退休田間。娶李氏，生民安及嵐與巖，教以義方，嵐入邑庠，而門家道興始基之矣。厥後貽澤綿遠，子孫墾補廩，曾孫青邦增不可謂非克後也。《易》曰："謙謙君子"，我公有焉。

男民安、生員嵐、巖；孫胡、連、璽、璧、宗；曾孫景隆、景昌、守先、景雲、從先；元孫秋、年、興、成、亨、盛、享、勤、儉；來孫春奉祀。

龍飛乾隆伍拾三年梅月吉旦。

（拓片藏河南博物院。王景荃）

漢壯穆侯關公行祠碑

孟子曰："聖人，百世之師也。"蓋以清風和氣，落落數大節，昭日星耀耳目，雖中庸不可能而足跡以奇著，歷久彌光矣。漢關夫子當道統晦盲强豪問鼎之日，而獨愛讀孔子之麟經，輔昭烈尊正統，奔馳迍邅于戎馬間，而志不少懈。大抵得力於春秋，而非漢儒之訓詁所能幾也。且夫子高厚塞其體，天地帥其性，以至大至剛之氣，而有配道與義之養，故威鎮中華，則奸雄思避，參贊上帝，則呼吸可通。其生存也，世有天神之驚。其歿後也，代隆帝王之號。蓋嘗思之炎火燼而然灰，視叩馬於西山，鴻以揮霍而非隘，秉燭立而達旦，軼介節于東魯，出以莊嚴而能恭，是以浩氣充塞，鞭風霆蘯，乾坤常往來於兩大，而朝野遐邇，婦孺强悍，晨昏寤寐，莫不各載一關夫子于心目中，則頑廉懦立鄙寬薄敦者，誠所謂使天下之人齊明盛服以承祭祀，洋洋乎在上在左右，而其德允盛矣乎！非天下之至神孰能與？于此獻帝興平七年，夫子助昭烈屯軍新邑，邑北沙北鎮，夫子堤閘水淹夏侯惇處也。雀尾坡遺跡迄今在焉。山西諸君子創建夫子廟，肖像其中，或謂夫子式微于新，神武未展，何眷彈丸乎？然日月經天，明無不照，江河行地，流焉不私。雖非若三宿桑下，惓念輒生，而漢高歸魂于豐沛，太公五世而返周，此諸君子所以興親炙之思，起目存之想，而非第鄉先生歿可祀于社之常也。況此地北望龍岡，想武侯之綸巾羽扇，南瞻襄漢，有鳳雛之吉羽德暉。而英靈神交道天衢，披雲霧或下視當年禽賊之盛績，毋以掀髯而一祭也歟！並作歌以祀公。歌曰：

天門詄蕩正氣伸，日當天中心在人。龍逢遠係卯金臣，綽髯上□好獲麟。配天絕業尊大倫，當塗殷禮不得親。震澹遷都早望塵，乃知聖人自有真。志高慮遠蜂薑烑，屈于生存縱於神。明明照臨動下民，夫子七年久駐新。夏侯曾此魚鱉淪，今飭閉宮薦嘉珍。炳榮蕭與百未醇，練時粥粥迎尚賓，赤兔青鋒下蒼旻。

邑廩膳生員樊履正沐手拜撰並書。

總理弟子正興號、李正順、趙魁盛、趙正大、福隆號。

社首弟子宏大號、公興號、恒茂號、晉大號、新盛號、萬盛號、永盛號、魁泰號、久成號、福盛號、成興號、合興號、大興號、李全仝立。

大清乾隆伍拾柒年歲次壬子季夏穀旦。

（拓片藏河南博物院。王景荃）

秦氏老塋碑

從來一本發為萬殊，萬殊同歸一本。族姓繁衍，支分派別，而因流朔源，總歸一本。吾原籍本山東濟南府歷城縣人。遠祖有諱忍、諱耐、諱泰、諱和者，于前明卜居於南陽之新野，一支住磯潭之秦社營；一支住沙堰之堰窪。吾家世居於斯，不知幾多年矣。遭明末兵燹之後，播遷流離，譜牒盡失，考世係者，殆無稽焉。

國初，吾曾祖邦首公，落籍於南陽府之大屯村，雖居處兩地，而時相往還，奈數傳以後，族分愈遠，竟致數十年音問不通，汲汲乎將成路人矣！吾族侄玉琮等，惟愈久而愈疎也，相商樹碑祖塋，以聯同體，不致俗尚聯譜者亂我世係，則幸甚矣。居秦杜營字紹周者，吾伯父行也；居堰窪名懷玉者吾侄輩也，考世係者以二人為稽庶，因流溯源，同歸一本，族姓雖繁，世係不致紊亂矣，故志之。

裔孫秦宗聖、世傑、世重、宗游、宗亮、宗儒、文章、廷重、廷輔、廷儀、文昌、玉柱、玉功、玉印、玉石、玉琢、玉瑚、玉璉、玉海、玉美仝立。

裔孫婿邑庠生乾元萬方來書丹。

裔孫丙午科恩進士吏部候選直隸州分州翰屏秦廷擢勒石。

大清龍飛乾隆伍拾柒年歲次壬子秋九月庚戌穀旦立。

(拓片藏河南博物院。王景荃)

王國臣墓碑

欽賜耆老王公諱國臣孺人楊氏孫氏焦氏神墓

公諱國臣，乃東塋諱璽之長子也。賴祖父而攻書，憑師長以學藝。在鄉党平難解忿，在州縣勤幹急公，所以親疎貴賤，咸謂允文允武人也。不意年近三旬，原配孫氏卒，繼娶楊氏，未三年而亦卒。再娶焦氏，所生三子：長名仁，次名理，三名棟。三子中，惟理克繩祖武，教入國學，門閭由是改變，家道自此光隆，凡此，雖公之行為，亦焦氏之內助耳。更可喜者，年過七旬，欽賜耆老，可謂德壽兼降，福祿雙全者乎。聊具數語，以誌其生平云。

男：監生仁、理、棟，孫：朝典、朝佑、朝舉、朝聘、朝勳；侄：瑤、順，侄孫：朝欽，侄曾孫：先，奉祀。

龍飛乾隆伍拾柒年歲次壬子夾口月吉旦。

(拓片藏河南博物院。王景荃)

邢懷宗墓碑

清故顯祖考邢公諱懷宗府君妣張史氏孺人之墓

祖，乃吾曾祖諱國鳳之次子也。誕吾父一人，諱尚義，已按昭穆次葬祖父左側。配先君妣者史氏，亦合葬焉。竊思吾祖之宅兆於茲也多歷年所矣。因先塋之無穴，豈信行家言妄希牛眠哉，誰知荷蒙默佑丕啟我後人，子振孫繩，瓜瓞綿綿，雖吾祖積累所致，地理之說要亦非無有而不足信者。但恐世遠年湮，或忘所自，特豎石碣，以誌祭掃不朽云。

大門孫邢朝發；曾孫連傑、城、茹、祥；來孫大任、化、士。

二門曾孫連禹、連雲；來孫大文奉祀。

大清乾隆陸拾年季春中浣吉旦。

(拓片藏河南博物院。王景荃)

王繼祥墓碑

皇恩欽賜耆老顯考諱繼祥王公妣孺人張氏之墓

蓋聞木必有本，水必有源。人之本源亦如之，生其後者詎不可忘諸念。父，祖之次子也。自祖于龍潭南王家廟，徙居許家橋，閱九十餘年，忠厚傳家不絕如線。以及我父幼而寒薄，痛自憤厲，克勤克儉，不數年而家道于以漸殷，至於事親孝，事口口，交友信，處鄰和，生平為人有忠厚長者風。由是，生兒兄弟二人，教兒以務農，教兒弟以讀書，析新之道，誠有當耳。孰意兒弟□命不猶不能克承父志，父即為之捐監，以贅圜橋之末焉。父心其稍慰哉！且爾時，父年耄矣，幸值尚齒之期，皇恩下逮，賜以耆老，黃髮而被冠裳之榮，曰□而列縉紳之數。積善者餘慶，信不誣已。今父溘然長逝，其由□以來本末源流，種種可紀，爰勒于石，以誌不朽。

男聲振、聲聞監生，孫□智，曾孫成仁，奉祀。

嘉慶七年穀旦。

（拓片藏河南博物院。王景荃）

王儒墓碑

顯考王公諱儒妣孫氏儒人合葬之墓

根深者枝自茂，源遠者流自長。祖之貽謀豈淺近哉！吾祖生平□□□□□□持己，和以接物，故同居另爨，兄弟無間言。祖即不事詩書，亦儼然安雅流也。兼之祖母善於治內，至今孫輩猶得享飽暖之休，皆祖與祖母之賜焉。祖行三，生孫父兄弟二，俱亡。恐年久遺規不傳，特豎石，以垂不朽。

男繼行、繼周，孫之舉、之岐、之選、之福、之誠，曾孫多秀、多林、多清、多璧、多貴、多欽、多璉、多安、多寧，元孫：成理、成志、成俊、成文、成章、成法、成遠，奉祀。

嘉慶九年歲次甲子冬月穀旦。

（拓片藏河南博物院。王景荃）

王繼周墓碑

顯考王公諱繼周妣陳孺人合葬之墓

父生讀書善記，未數年因另居，即棄書務農，而以勤儉克底于饒裕焉。父平日愛身若玉，珍書如金。恬退自甘，有忠厚長者風。及歿，恐懿行不傳，故特表而出之，以為後之子孫法。且又另葬于祖塋東北隅之新塋，而其不附葬于祖塋者，以祖塋地狹故也。具以其行事，別葬始末，而歷序不記云爾。

男之福、之誠，孫多安、多寧，曾孫成遠，奉祀。

嘉慶九年歲次甲子冬月上浣穀旦。

（拓片藏河南博物院。王景荃）

特授新野縣正堂候補直隸州加三級又隨帶軍功加二級紀錄十次袁施捨碑

　　邑北沙堰鎮雀尾坡迤南，至望夫石河灘地約二里許，奉州總孔鑑斷札，仰本縣協同委員併臨勘悉□之得地三百餘畝，詳府立案，永作官荒。其堰溝之北河東岸下，有菜園地兩段，壹拾捌畝。為□子□香維艱，乃施于祖師、關帝二廟。標價人廣全，據傾字批准領過割糧銀，勒以永作廟內焚修之地，不得私賣，察出按例嚴辦。尤恐年月滄桑，強梁者藉口占□，爰立案以存，謹復書諸貞珉，以□□□□□世云。應徵正項銀二錢五分六厘。

　　邑庠生李允秀撰並書。

　　嘉慶十三年相月立。

（拓片藏河南博物院。王景荃）

徐寧墓碑

　　清故顯祖考徐公妣馬氏合葬之墓

　　吾徐氏之先世自山西遷來，據此居於溧水之濱，歷年既久，族姓繁衍，具在譜係可考也。至吾曾祖諱加印，生吾祖兄弟六人，而祖居其季。祖諱寧，字元靜，祖母馬氏，生吾伯父及吾父。伯父諱子宏，伯母王、呂氏，生一子，曰景芳。父諱子書，字傳文，母葉氏，生孫兄弟三人，曰景道，太學生；曰景選、景福。曾孫三人，俱幼。自祖之歿也，以祖塋墓多地狹，乃卜墓於茲，及吾伯父歿，遂附葬焉。及今孫父歿，而亦附葬焉。然孫自就名成均，久缺拜掃之禮，今敬構石用志。吾祖之墓，戌山辰向，以垂於後云。

　　長門孫景芳，次門孫監生景道、景選、景福，曾孫同德、同心、同春奉祀。

　　峕皇清嘉慶拾八年歲次癸酉菊月初六日穀旦立。

（拓片藏河南博物院。王景荃）

萬民佐墓碑

　　清顯考萬公諱民佐妣陳氏孺人之神墓

　　公諱民佐，北塋諱鑑之二子也。自雍正元年受生，憶其生平，忠厚勤儉。娶兒母陳氏，因人多地狹，遵兒祖之命，移居陳家營。生兒一人，名重。厥後家道破興，不幸于嘉慶庚戌歲壽至九旬有一，以疾告終。聊具數語，以誌其生平云。

　　男重孫邦禮、邦儉、邦勤、邦棟、邦信，曾孫學禮、學文奉祀。

　　嘉慶二十一年菊月立吉旦。

（拓片藏河南博物院。王景荃）

趙良璧墓碑

清顯祖考趙公諱良璧字希珍妣馬氏孺人之墓

公諱良璧，字希珍，迺諱文魁公之子。兄弟四人，位居行二。逆厥生平，原屬克盡孝友溫厚和平人也。處己甚嚴，本謙恭以明辭讓；待人恒恕，黜浮薄而尚敦龐允。所謂祖武是繩不愧象賢莫安。室人馬氏，生一子，曰棟，既覘式穀之有似，因知義方之立教。歿後，爰卜葬於里東偏，定為乾山巽向，謹勒貞珉以誌。

孫飛龍、化龍，曾孫六德、大德、懷德、廣德、文德，元孫王昆、王潤、王堂、王澤、王振、王美、王璞、王和、王塋、王秀，來孫恒立、恒一、恒謙、恒貞奉祀。

龍飛嘉慶二十三年歲次戊寅仲秋穀旦立。

（拓片藏河南博物院。王景荃）

清例贈登仕郎宋公諱文學字聖傅墓道碑 [1]

事密出一身一家之近而制行品，詣能使人生而重斗山之望，歿而淚俎豈之思者，非甚感德不能臻此也。如公者，歿其人歟。公賦性穎異，少時祖父遺業甚薄，公棄儒就商，居積較厚，遂以貸殖起家，雖立身市□大有鴻夷風，與世穀之熙熙攘攘為利往來者不侔也。公性孝，雙事父母，甘冒盡養，周旋左右，歡然無怨色。待人性慷爽，重義輕財，有貧之者輒周之，鄉鄰稱長者。其處事也，物來而順應之，無將迎矣，留戀坦懷，相與若無事然。公有丈夫之氣，/

然教之皆有義方，蔚然□雅稱，克家□□□，桂子聯芬蘭，孫兢□是又可信 /

公榮膺 /

鄉之人因思公□德，乞文于余。余爰不揣固陋而質□之。

候選知縣安□民頓首撰。

邑庠生員呂□成頓首書丹。

道光二年歲次庚子菊月穀旦。

（拓片藏河南博物院。王景荃）

萬民佑墓碑

【額題】水源木本

【聯題】仰賴祖宗培植厚

---

[1] 此碑 / 下殘。

荷蒙大□□□多

清顯考萬公諱民佑妣秦氏孺人神墓

公諱民佑，北塋諱鑑之三子。憶其行略不計事功，惟樂躬耕，有古田舍之風。娶秦氏，生二子，家道寒微，雖未恒訓詩書，而耕雲鋤雨，寧非教以義方，迨至四旬有七，以疾告終。因祖塋地狹，新卜吉地，弗立石以誌其姓氏，恐世遠代湮，不知為誰氏之墓。故敬刊珉石，大書深刻以誌之。

男傑，孫邦顯、邦朝、邦定、邦清，曾孫安穩、保大、遂大奉祀。

大清道光四年□□□巳□春吉日立。

（拓片藏河南博物院。王景荃）

梁廷燕墓碑

【額題】春露秋霜

皇清顯祖考梁公諱廷燕字崇德妣孺人王老太君之神墓

蓋聞墓之有表，猶家之有譜。所以重本篤親，使後世子孫知其所自耳。吾祖行四，序葬於茲者已五十餘年。北連湍水，源遠流長，南對荊山，鐘靈毓秀。第牲石久缺，當孫父及叔父時常以為憾，迄今又十餘年矣。溯詒謀于祖德，留澤孔長，痛孝思於前人，有志未逮。又且子孫繁衆，世係宜紊，非勒諸石以誌。數傳而後，有茫然不知祖考之字諱者，此墓表所以急已耳。非敢云報也，亦即以誌不忘云耳。

長門孫繼輝，曾孫克善、克己、克學、克仁，元孫應德；次門孫繼光，曾孫廩生克讓、克賢、克寬、克誠，元孫峻德奉祀。

道光七年歲次丁亥十月穀旦立。

（拓片藏河南博物院。王景荃）

王行四墓碑

清顯高祖考王公行四諱玉珖妣張氏孺人合葬之墓

高祖以耕稼為業，農務之暇，間泛江湖業舟估。一日，賣買收價貨多數十金，歸裝已遠。□之即時反，白主人，主人猶不信，固使會計焉。遂一一退還乃去。其生平之臨財不苟，出言不貳，大率如此。自來有拾金不昧者，若我高祖之所為，不更過之耶。爾時，漢、樊諸名鎮，轟轟然名我高祖之人所為，往往多如意事。於虖！一人有慶，子孫賴之矣。讓等高祖之厚德謹述之，用志不忘。

高祖同胞四：伯高祖早亡，不知諱；次高祖諱玉美；祖諱玉玹外從；高祖行居季。生我曾祖二人：伯諱華；次諱貴。

元孫大讓序。
高祖 /
華、貴 /
國弼、國楨、國遏、國珍 /
起傑、起元、起鵬、起蛟 /
大讓、大柱、大鶴、大彥、大頭、大閏、大昂、大旭、大培 /
安靜、安方、安勇、安中。/
皇清道光捌年歲次戊子仲春穀旦。

（拓片藏河南博物院。王景荃）

吳邦敬墓碑

【額題】沒世不忘

清故考吳公諱邦敬妣張氏合葬之墓

祖諱文貴，生父兄弟二人，叔早逝，從葬于祖考矣。及父歿，祖塋狹隘，遷塋於茲。今兄歿，葬于父側，恐世遠無稽，刊石以誌。

故長男有禮，次男：全禮奉祀。

道光十年仲秋月穀旦。

（拓片藏河南博物院。王景荃）

白璞良墓碑

顯始祖白公諱璞良先塋

顯始祖白公諱璞良，廣行陰□，吉人天相，後世子孫繩繩，家道綿遠。或仕宦以先於前，或興家以裕於後，皆世祖仁德之所及也。迄今世遠年湮，有十五世孫諱洪先等，念及世祖之德久而弗傳，積官地五畝之利，建碑塋前。上顯始祖功德之無量，下傳子孫感恩於無窮焉。是為序。[1]

龍飛道光十二年歲次壬辰仲春月上浣穀旦。

（拓片藏河南博物院。王景荃）

---

[1] 奉祀人名剝泐不清。

高班墓碑

清壽顯世祖考高公諱班妣孺人張氏合葬之墓
　我高氏始祖管孫公，于前明時，自洪桐遷居新野東鄙馬槽渠側。再傳而後，分居東岡，號為東塋。塋□□于淮水南，僅與□□□秋，復分塋於村之中間。壟墓雖存，名諱莫考，誠為憾事。及我世祖塋地更□□卜吉于□，苟無碑以誌名諱。恐世遠年湮，支分派別，復之視今，亦猶今之視昔也。因約近里族人釀議，勒石以垂不朽，保後世子孫有所稽考云爾。
　六世孫從中敘。
　龍飛道光十五年歲次乙未菊月穀旦。

（拓片藏河南博物院。王景荃）

重修土地廟碑

　人得所庇則富，神得所妥則靈，此大較也。新野縣城東，離城十八里楊家莊西南，冠王東北，舊有土地廟一座，不知創自何代。世遠年湮，風雨飄搖，磚毀瓦碎，神像淡然。不□以修之，人無所庇，神無所妥。爰廟地有松樹二株，貿錢重修。□□□等目覩心傷，公舉善□□□□殿一間，不數日而功成。人得所庇而益富，神得所妥而益靈。妥神靈以肅觀瞻也，用為祈穀報功之所，故勒諸石。
　大清道光十九年季春立。

（拓片藏河南博物院。王景荃）

史華墓碑

清顯高祖考史公諱華妣汪氏孺人合葬之墓
　公乃吾之高祖也。高祖兄弟二，高祖居次。高祖生子五，長諱緒卿，吾曾祖也。曾二叔祖諱右卿、曾四叔祖諱銀卿、與曾五叔祖諱玉卿俱隨葬於茲。而曾三叔祖諱剛卿，則以塋域窄狹，遷葬於家西七畝地。至於太高祖諱成美、與吾太高叔祖諱茂美，以及吾七世祖諱文敏、八世祖諱守倫已先葬於此塋之北。恐代遠年湮，後人莫知其由，故並勒諸石以誌之。
　元孫正謹序。
　長子緒卿，孫照、有；曾孫典章、荒章；元孫正、春、秋；玄孫省身、修身、全身。
　次子右卿，孫應，曾孫起章、鎬章；元孫果，來孫富身等。

三子剛卿，孫邦，曾孫貴章、榮章；元孫俊、秀、案、庚、淵、遺；玄孫：保身等。
四子銀卿，孫順，曾孫羣章、學章、有章、賜章；元孫喜成等。
五子玉卿，孫運、旺；曾孫願章；元孫模範、楷楷；玄孫喜身，
奉祀。
道光十九年八月吉日立。

（拓片藏河南博物院。王景荃）

常玢李氏墓碑

清故顯考常公諱玢妣李氏之墓
【額題】流芳百世

吾常氏，係黃帝相□先之後也。□□□餘年，代不乏文人。宗□失序，難以修志。可志者，明季一世祖諱如士；二世祖諱體元；三世祖諱起龍；四世祖諱允翠，生四子，吾祖行三，諱大勳，生五子，吾父行五，生吾兄弟四人。長兄朝卿，葬宅西北隅；二兄朝士、三兄朝議，葬父墓側。此常氏之本源也，恐年久湮沒，勒石以誌，以示後世子孫不忘云。

孝男朝中，孫保元、振和，曾孫述前、繼宗、光宗、光前、成前、知前、隨前，奉祀。
大清道光廿年三月初六日吉立。

（拓片藏河南博物院。王景荃）

吳萬春林氏合葬墓碑

清壽顯曾祖考吳公諱萬春妣林氏孺人合葬之墓

公乃始祖天錫公之長孫，高祖莊行公之長子也。公生吾祖兄弟三：伯祖諱尚仁，祖諱存仁，叔祖諱居仁，俱序葬茲塋原。始祖塋在城東南二里許，諺云吳家墳，有碑可考。高祖塋在始祖塋東南約計半里。曾孫明誠恐後世無考，爰勒石以誌之。

故男存仁、尚仁、居仁，故孫克巳、克勤、克忠，曾孫明誠，元孫光示、光賢、光立，來孫素、雨、玉等奉祀。
道光二十三年歲次癸卯孟冬吉旦。

（拓片藏河南博物院。王景荃）

奉天承運碑

奉天承運，皇帝制曰：朕惟虎臣，布專閫之猷，千城寄重，鳳寧頒酬庸之典，金石輝

流，榆塞風清。迴憶長城之鞏固，柳營星隕彌傷，大樹之飄零，爰勒貞珉，用昭偉略爾。賞加太子太保銜、原任四川提督齊慎，謀嫻步伐，性秉忠純，策名將校之中，才原出眾，奮跡戎行之內。心已先入蜀地從軍，仗戈矛而直入。楚疆告警，冒矢石以前驅，劃賊壘於燕南，縱橫電掃，振軍聲於河北。颯爽風生，夙著奇勳，頻膺寵錫，內府頒珍奇之物，吉羽增輝。軍中標健勇之名，牙璋晉秩。迨至丹霄入覲，彌彰捧日之忠心。爰命紫閣留圖，用飾凌煙之盛典。既移旌于關右，復建節于滇池。方謂刁斗森嚴，長資保障，孰意螙弧淒抑，遽告淪祖。念宣力於兩朝，必銘功於百世。贈卹有加，祭葬如禮，諡曰勇毅，象厥生平。於戲，竹帛名垂，疊荷龍綸之賁，松楸兆起，應崇馬鬣之封。式是豐碑，欽予寵命。

　　大清道光二十五年歲次乙巳三月。

　　臣齊重義、臣齊重春、齊重偉、齊重健敬謹勒石。

（拓片藏河南博物院。王景荃）

齊博墓誌銘

【誌文】

　　墓誌銘

　　皇清誥授振威將軍、晉增太子太保、紫光閣繪像功臣、賜諡勇毅、御賜祭葬、參贊大臣、提督軍門、健勇強謙巴圖魯。顯考府君齊公諱博，字三會，號禮堂。生於乾隆四十年四月二十九日戌時，於道光二十四年二月初十日巳時壽終，□□□行□正寢，享年七十歲。□□卜□□□□南二十五里處□莊西北□□□□□，係乾山巽向，內□□□□□丙戊辰分金。

　　男重義、孫山曾□□□石。

　　道光二十六年五月十七日立。

（誌存新野縣博物館。李秀萍）

王炳墓碑

　　清顯祖考王公諱炳妣王氏孺人二位之墓

　　公、孺人，係余伯祖父母，而不啻養生父母也。公兄弟三人，公居長，次即余本生祖考，諱熅，生余父諱禮中。伯祖父中年而亡，所生一男四女，女各擇配。男諱國中，二十餘歲亦亡，無人承繼。伯祖母因取余為嗣，余甫三歲，祖母攜持抱保，寒為衣而饑為食，撫育之恩，不可勝數。迨至成人，家勢略進，亦伯祖父母始基之矣。故勒石以誌不朽云。

　　乙山辛向。

　　祖考享壽三十四歲，祖妣享壽八十九歲。

故男國中，孫思宗，曾孫進道奉祀。

大清道光二十六年孟秋穀旦立石。

（拓片藏河南博物院。王景荃）

趙氏（朝合）墓誌序

【額題】

癸山丁向

庚子庚午分金

【誌文】

趙氏墓誌序

皇恩欽賜德壽鄉耆趙公，諱朝合，字維一，係河南省南陽府新野縣東北離城四十五里焦家店地方趙家湖人氏。公生於皇清乾隆丙戌年三月初九日吉時，卒於道光二十六年九月二十六日卯時。公祖諱文英。生二子，公父行二，諱萬倉。生二子，公居長。公妻王氏、張氏。生二子，一女。女適梁門。公祖塋，在趙家湖家北。祖塋地限，敬卜吉地，塟公於斯。此地，係備價自買，一段二十畝，東至丈渠，西至葛姓，南至丈渠，北至王府磧。公墓西边，有無主孤坟一坵。塟公之後，福神庇護，凶煞遠避，強梁不得侵擾。立此墓誌，以照永遠。

男職員元震、元明，孫鴻賓、鴻讓、鴻德，曾孫光譜奉祀。

大清道光二十六年十月十五日立。

（誌存新野縣博物館。李秀萍）

高殿魁墓碑

顯祖高公諱殿魁妣孺人袁氏合葬之墓

公銓之次子，宗惠之孫也。塋擇於村正西。璽之曾孫，思賢之元孫也。卜地於村右側。我高氏始祖管孫公，于前明初，自山西洪桐［洞］遷居新野東鄙馬槽渠側。二世祖玄清公，遷居東崗，號為東營。塋遷于流水溝南。人丁衆而地亦狹，又擇塋於村之後。墓猶存而名莫考，不知湮沒幾代矣。苟無碑磧，何以誌之？因叔侄□謀，爰造碑記，勒名于石，永垂不朽，是後世子孫，有所稽考云爾。

故孝男秀，孫從朗、從寬、從衆，曾孫清山、清華、清中、清光、清吉，元孫玉振、玉富奉祀。

大清道光二十七年歲次丁未仲春月穀旦立。

（拓片藏河南博物院。王景荃）

邢尚秀墓碑

清壽顯高祖考邢公諱尚秀妣王氏孺人之墓

道光二十九年歲次己酉季冬穀旦立。

公明宗之子、國治之孫也，祖塋在村之西南，因地勢甚狹，遷葬於此。生子二，後頗蕃衍，勒石以誌。庶後世子孫各動其水木本源之意矣。

長男朝旺，孫連峻、仕、相，曾孫大賓、順，元孫玉德、琢、琇，來孫心泰、廣、同、清、全，晜孫正人、巳、家，仍孫明天。

次男朝玉，孫連生，曾孫大虛、有、體，元孫玉鳳、順、琳、貴、龍，來孫心智奉祀。

（拓片藏河南博物院。王景荃）

重修觀音堂大殿道房並山門碑記

嘗謂廟也者，貌也，實為一村之觀瞻也。故而增新，新而復故，迴圈之理也。苟其廟宇傾圮，神像毀壞，使不嗣而補葺之，則居民之禱祀者，可有拜跪之所乎？吾村舊有觀音行宮一座，不知創自何時，重修兩次，皆有碑誌歷歷可考。丙午秋，住持真宗者，心傷廟宇之破漏，情哀神像之黯然，爰糾合衆會人等，各捐貲財，共勷厥事。功既告竣，屬余作文以記之。余才拙且愧枵腹，何知為文。衆會首曰："粉飾之詞勿用，直就其實而敘之也可。"余念此次重修，規模雖然由舊，而其窮工極巧，則有倍于當年也。惟願斯廟之堅固，千古不朽。吾衆會人等勒諸貞珉，亦與之俱傳不朽云。

澤齋信好德撰文並書丹。

大清道光三拾年歲次庚戌桂月下瀚穀旦。

（拓片藏河南博物院。王景荃）

皇清誥授振威將軍太子太保參贊大臣四川提督健勇巴圖魯強謙巴圖魯齊勇毅公墓誌銘

道光二十四年春，齊公薨于四川馬邊行台，遺疏入，天子震悼，恤典有即禮。於是，公年七十，而馳驅王事者，已四十餘年矣。士大夫幸處太平，黼黻隆業。其才雖大不必奇，即或席先烈效尺寸而所憑者已厚。若夫結髮從戎，身經百戰，出入於生死不測之地，振拔於指數不及之中。士卒之功，不奇於偏裨，不足以膺上賞，偏裨之功，不奇於長帥，不足於達主。知豪傑樹立，豈天幸哉！我朝武功之盛，卓越千古，元勳宿將皆得與功名相始終。公與先忠武戮力最久，楨之聞見公者，至詳且盡。哲嗣以銘來請，其曷敢辭。

公諱慎，字禮堂，世居南陽之新野。弱冠，入武庠。聞川、陝間，匪徒嘯聚，蔓延數省，慨然有大志，以鄉勇隸將軍麾下，所向克捷。賊負隅阻險，盤居於窮山深箐中。公單身入其巢穴，步行日二三百里，偵悉其狀，賊無覺者，人亦莫測其所以然。大帥特奇之。由把總洊陞遊擊，蓋一歲一遷也。越癸酉，而有滑縣之役。先是公追賊至陽武，生縛渠魁數人，奪其糧馬器械無算。遂乘勝抵滑，城內賊衆且萬，皆驃悍善戰，堅城壁立，欲恃險以勞我師。公暗決地道，實火藥，陽麾兵攻城，戰方酣，地雷迅發，轟城西南隅二十餘丈。賊出，全力死拒，擂石如雨。公執大旗先登，首中巨石，血濺尺許，暈撲幾殆，更而起，再撲再上，手刃其夥數十，率衆蟻附而進，咸驚萬神，不浹辰而巖城下。捷聞上，嘉歡者良久，晉秩副將。公荷兩朝知遇之隆，實基於此。會殲陝西麻大旗等股匪，擢固原提督。今上御極之元年，特調甘肅提督，西陲重地，非威望素著者不以畀。國家倚公如長城，以紓西顧憂。未幾，逆回張格爾之變，起公提兵進討，轉戰萬里，厥功甚鉅，以健勇巴圖魯復賜強謙勇號，繪像紫光閣。

御製贊曰：新野武□滑縣擊賊，提督兩省，忠誠報國，烏什防邊，擒剿出力大頭目誰庫圖魯克。嗚呼，榮矣！公之任提督也，嘗以旬日內平播帳番，至四川，隨平雷波夷，所在皆以威惠著。歎夷不靖，公拜表請行，優詔褒答，遂命參贊粵東，旋赴浙江，獻收復三城之策，見途次多饑民，歎曰："此官吏責也。焉有堯舜在上，而致一夫失所者？"奏請拯恤，率如公言。堵禦夷船，親身督戰，擊斃紅衣夷目一人及夷匪無數，士民有二江保障之譽。豈撤回川，報稱之心益切，而積勞成疾□□為矣。伏枕流涕而逝。公豈有遺憾哉！忠貞篤棐，其性然也。

曾祖諱世有，祖諱奇，父諱清柱，以公貴封如其官。曾祖妣孫氏、祖妣田氏、劉氏、妣張氏，俱封一品夫人。□□□賢能有德，封一品夫人。公由川返，葬於家西祖塋之右。越六年，張夫人薨，遂祔葬焉。子一，重義，戶部主事。孫三：長偉，軍功保舉知縣，以公故特旨引見，即授湖北大冶知縣加知州銜；次春分，發陝西即補通判；三建軍功，藍翎即選通判。曾孫四人。

公狀貌魁梧，喜讀書，終日振襟危坐，無倦容。性廉潔，能甘淡。□□□糲必盡數器，曰："不勝於軍中飲血時耶。"在粵旋，臨饋遺累萬，悉力卻不受。先忠武嘗薦公可大用，周敬修漕帥亦謂"文官不愛錢，武官不怕死"，齊公兼之矣。銘曰：

將星炎兮天風哀，咽叨斗兮嘶龍媒。公母夜台兮雲台，華表千年兮化鶴歸來。

誥授光祿大夫閩浙總督世襲一等昭勇侯楊國貞拜撰。

誥授奉直大夫江南道監察御史提督四川學政蔡振武書丹。

大清道光三十年歲次庚戌十月穀旦。

男重義，孫偉、春、健，曾孫裕□□□。

（拓片藏河南博物院。王景荃）

創修永安橋及單板石橋碑記

　　嘗聞倚成于石，約則以木，橋梁之設，由來久矣。雖大小之□侔，寔往來之甚便者也。如堤埂外固南北之通衢也。奈□□溪所阻，徒行者恒受褰裳之苦，御車者亦致濡軌之慨。□時其量，心寔悽之。因捐己財，修橋二座，豈市恩以沽名乎？欲往來人等永遠安濟焉爾。是為序。

　　業孺劉金錠撰文。

　　業孺張中和書丹。

　　監生劉廷傑，暨子監生元鐸，孫世珍等敬修。

　　鐵筆匠段肅。

　　泥水匠張大成、張□儉。

　　大清道光三十二年孟春吉日立。

（拓片藏河南博物院。王景荃）

王多林墓碑

　　皇清顯考王公諱多林字蔚然元妣郭氏生妣樊氏孺人合葬之墓

　　嗚呼！天下境遇之難，未有如吾父者焉。父生時，兄弟俱幼，祖父早逝，□□無助。父元配郭氏，又不得與偕老，境遇之難，何至此哉！繼娶樊氏，生澤潤及澤遠。澤遠承繼叔父，奉父祀者惟澤潤一人耳。父性孝友，耕讀傳家，當祖父辭世時，父幼，賴祖母教育，及長，克勤克儉，不敢稍違祖母訓，以故得祖母歡，鄉里俱稱頌之。父享年六十有四，理宜從葬祖塋，因祖塋地狹，別立新塋，豎貞珉焉。

　　長男監生澤潤，次男降服澤遠，孫振南、振東、振乾，曾孫意奉祀。

　　乾山巽向，丙戌丙辰分金。

　　大清咸豐元年七月穀旦。

（拓片藏河南博物院。王景荃）

李遜墓碑

　　清例贈德壽登仕郎顯考李公諱遜字懷茲行三妣陳氏孺人之墓

　　曾祖始塋于溧西，祖附之，大伯歿隨之。但地勢狹隘，不能萃處於一域。故遷二伯父于此塋以南，遷亡弟于二伯父之塋東南，各占福地，固其宜耳。惟吾父母宅兆于茲，是為新塋。新塋者，長門所分，受之祖業也。事宜其朔，謹志。

男庠生耀春；孫中[1]

咸豐元年仲秋吉日。

（拓片藏河南博物院。王景荃）

創修五板橋碑誌

小漂之左，宿廟之陽。路亘東西，道通紳南。沔彼渠水，其□蕩蕩。冲我大道，擊我周行。車慨濡軌，人悲褰裳。善士陳公，目覩心傷。□捐貲財，共建橋梁。小橋□石，不愧慈航。夫橋五板，頓成康莊。鼇背寬闊，□齒□□。堪□成矢，何慮汪洋。立功不朽，作善降祥。勒之貞珉，千古名揚。

南陽縣郡庠生張景星撰文書丹。

大清咸豐元年歲次辛亥季秋下浣穀旦立。

（拓片藏河南博物院。王景荃）

重修觀音堂碑記

邑東任家集古村內苑也，舊有三大士行宮一座，創始無聞，稽諸貞珉，康熙乾隆年間，經任童氏暨張炎兩次重修，是前之創，必有賴於後之繼也。迄今七十餘年，廟貌傾頹，神像剝落，若不急為修葺，何以安神靈而庇兆姓乎。楊君諱懷祥等，觸目心傷，集衆捐金，募匠庀材，上殿拜殿，仍厥舊址，山門改建，神像輝煌，工程既竣，煥然一新。將見蓮花池內鬱鬱飄香，楊柳瓶中瀼瀼滴露。渡迷津而開覽路者，羣叨神惠於靡涯也。爰告通坊，以為之記云爾。

庚午科賜進士曹中技撰文。

邑庠生員徐步瀛書丹。

首人楊懷忠八千、楊懷信七千、吳傑六千、楊懷振六千、任國治六千、張珠玉五千、寇希重三千、監生周次伊三千、寇希義貳千、張希魁貳千陸佰、任國順貳千、常振學貳千、閆修德貳千、喬子旺貳千、喬傑貳千、喬方貳千、王本晉貳千、楊懷順貳千、寇希賢一千五百、楊懷珍一千五百、吳清一千、生員徐步瀛一千、江學純一千、楊春運一千、寇起文一千、寇希天一千、常朝中一千、地方田振生一千、王作翰一千、湯進仁一千、馬治中一千、陳思祿一千、徐克勤一千、朱克訓一千、趙如年一千、鄭克典八百、龐文八百、徐懷仁六百、寇良成五百、李文興五百、趙富五百、盧修桂五百、喬應昌五百、李懷忠五百、趙文有四百、吳邦敬三百、朱克信三百、陳思忠三百、徐克寬三百。

---

[1] 以後模糊不清。

大清咸豐元年歲次辛亥臘月穀旦。

（拓片藏河南博物院。王景荃）

魏氏孺人墓碑

清顯妣魏氏孺人之墓

嘗思詩有同穴之言，兒豈不知哉？況祖塋現在渠西，兒父諱漢遠、與前母徐氏俱葬其中，又欲生母亦葬于此。孰意母常屬之曰："吾死之後，另選塋地。"謹尊母命，而擇塋地于東南崗。父母雖不能同穴，而亦不其相遠也。此是母心唯兒知之，爰為豎石，以示其後云。

奉祀男朱坤一、朱乾一、朱定一，孫玉美、玉磨、玉光、玉貴，曾孫元德、元仁敬立。

大清咸豐二年季冬吉日。

（拓片藏河南博物院。王景荃）

張顯泰墓碑

【額題】源遠流長

清壽顯祖考張公諱顯泰妣賈氏孺人　二位之墓

□吾張氏遷居斯土，已十餘世矣。奈世遠年湮，尚□以玉之名諱杳不知，良可慨也。尤甚幸者，嘗□□父言，家南半里許，乃張氏先塋也。現有表檀古樹十棵，厥後改葬于江□北，亦張氏祖塋也。迨高祖公成望、曾祖公偉遷塋于祖塋北，乾山巽向，亦安其所也。及今又遷祖塋，尚不立碑以誌之，安知後之視今不如今之視昔耶。爰列諸石，庶使後之子孫□有所考焉爾。

丑山未向，辛丑辛未分金。

故男忠孝，孫素輝奉祀。

咸豐三年仲春月下浣穀旦。

（拓片藏河南博物院。王景荃）

胡國顯墓碑

清故考胡公諱國顯字季達妣孺人李氏劉氏之墓

公諱國顯，字季達，世傑公之第四子也。昆仲三人，孝友一堂，而公門子嗣缺如，或歎之繼筵。公曰：侄猶子也。吾□農人而作此越分事哉。於是，取長門三子胡謨已承家焉。是為志。

男諼，孫成方、成元，曾孫進善、進會、進明奉祀。

大清咸豐三年小陽月穀旦。

（拓片藏河南博物院。王景荃）

李敬墓碑

顯考李公諱敬字懷直行二妣葉氏繼妣蕭氏孺人之墓

新塋者，次門所分，受之祖業也。其地錢糧樹木，專屬次門經管。自此以往，任恁次門便用，長門情願另擇吉地。特恐世遠年湮，子孫莫測其由，是以筆之于石，以垂永遠云。

癸山丁向，丁丑未分金。

長男榮春，孫中榜、中模、中楷、中標，曾孫百齡、百安、百均、百恒；

次男顯春，孫生員維屏，曾孫：連城、連山。

大清咸豐三年孟冬吉日立。

（拓片藏河南博物院。王景荃）

史炯歸氏合葬墓碑

清顯考監生史公諱炯字王雲歸氏老孺人合葬之墓

父乃吾祖諱錫章之子也，生於乾隆四十四年，卒于道光二十一年，享年六十有三。母歸氏，庠生諱行善之長女也，生於乾隆四十四年，卒于咸豐五年，享年七十有七。父母生吾兄弟五，姊妹二。吾祖已隨葬于曾祖諱忠之側。至吾父辭世，祖塋窄狹，未能隨葬。因擇兆於茲，丙山壬向，去東祖塋半里許。恐代遠年湮，後人莫知其詳，故列諸石，以誌不朽云。

長男田仁，孫慶元、祥、福、壽，曾孫調琴、堯琴、舜琴；

次男田義，孫慶功、魁，曾孫宣琴；

三男田禮，孫慶緒，曾孫鳴琴、清琴、文琴；

四男田智，孫慶年；

五男田信，孫慶佑奉祀。

大清咸豐五年三月中浣穀旦立。

（拓片藏河南博物院。王景荃）

胡其昌及妻墓碑

【額題】木本水源

母王氏，葬于此地已有年矣。父胡公其昌，係一門雙承，臨終遺命，令別葬于祖塋之西北隅。故母獨葬于祖塋。至嘉慶二十五年□□□□箴冠而葬。弟媳甘氏殉節而死，□有烈媳□于村□，從母葬於斯。兒長子大亨，為弟承□□後，亦□於□特在道光二十六年子孫從葬，母之魂可不孤矣。特建碑誌，以垂永遠云。

長男國璋，孫大德，曾孫清仁、清義。

大清咸豐五年三月穀旦。

（拓片藏河南博物院。王景荃）

魯紹美德壽碑

皇恩欽賜登仕郎魯公諱紹美字尊五德壽碑

伏波稱翁于建武，樂天主會於香山，德壽居五福之中，此後世所以傳為美談也。公生平持身端愨，不涉城府氣，尤善理家，雖年過古稀，勤儉之教弗□也。見人有過，面折之，不積怨懟，利物濟人，輕財重義，羣推以忠厚長者之稱。會覃恩下逮，公得與引年重典，此非□德□隆之報與。□捐館舍，四方來覘者，莫不潸然淚下，公之行誼，大概可知矣。是為序。

男玉揚、玉珙、玉南、玉堂，孫百川、百福、百泉、百祿、百祥、百度，曾孫鼎。

大清咸豐六年六月穀旦。

（拓片藏河南博物院。王景荃）

梁廷爵墓碑

【額題】水源木本

清顯曾祖考梁公諱廷爵字修天妣孺人白氏神墓

曾祖之積德兮，遺澤孔長；曾祖之餘慶兮，獲福無疆。光曜我門庭兮，內稱孝弟外推端方。若啟我後人兮，祖安耕鑿，父兼農商。欲報曾祖之恩兮，寸草春輝莫相當。聊表曾祖之墓兮，撰語勒石永不忘。

長門曾孫克儉、克立，元孫書祥；

次門曾孫克和，元孫書籍、書策、書箴奉祀。

□□咸豐七年夏月上旬穀旦立。

（拓片藏河南博物院。王景荃）

史筆章墓碑

清顯祖考監生史公諱筆章字載籍妣王老孺人合葬之墓

乃吾曾祖諱忠之季子也。公正性，生有古遺直風，生於乾隆二十二年十月十七日，卒於道光二十五年十二月二十八日。祖母王孺人，亦附葬焉。祖兄弟四：伯祖諱棟章，葬村西南隅；仲祖諱錫章、叔祖諱楠章俱隨葬祖塋。吾祖卜地於茲，去祖塋僅數武步，此猶戀戀膝下不忍遠離其親之意也。豈僅得敘天倫之樂。茲特建石墓前，庶代遠年湮，俾後人咸知墳墓之所在云爾。

長男璀，孫監生曰明，曾孫書洛、希洛、成洛；

次男熙，孫曰祥，曾孫振洛、□洛、順洛；

三男玿，孫曰恭，曾孫敬洛；

四男憲，孫恢齡、復齡，曾孫勻洛奉祀。

清咸豐七年桂月穀旦立。

（拓片藏河南博物院。王景荃）

李恒德墓碑

清壽顯考李公諱恒德妣孺人喬氏合葬之墓

我李氏始祖經公，祖居江西，自明世客遊新野，遂相宅于唐水東，新號李家灣，業已五世矣。迨太高祖金選公去河就岡，乃于陳園村是居焉。生子三，而我高祖實公居長，生則分居於北村，歿乃卜塋於村西斯塋也。曾祖天章公從葬其間焉。祖自孔公亦從葬其間焉。至我父塋域狹甚，更卜於斯，使不勒諸貞珉，恐世遠年湮，不惟支派之不分也，亦且名諱之莫稽，故敘之。

孝男秉富、秉興、秉禮、秉恭，孫春生、春榮、春輝、春秀、春茂奉祀。

大清咸豐七年小陽月穀旦。

（拓片藏河南博物院。王景荃）

田永興墓碑

清顯考田公諱永興之墓

公諱永興，田氏之絕塋也。現有孤墳五座，墳地一□，東至田姓，西至溝底，南至田姓，西至祖塋。族人田鐸與眾族公議，同願立碣，以為不沒於後云。

眾族同立。

大清咸豐八年仲春月吉日立。

（拓片藏河南博物院。王景荃）

劉氏高祖（懷儀）墓碑

　　公之先人已失傳矣。公諱懷儀，妣馮氏，自馬橋遷居許家橋村，及歿，遂卜塋於茲焉。公生二子，長定漢，次相漢，連葬。定漢公生二子，長文龍，連葬，次文炳，葬在祖塋西北隅。文龍公生一子，振邦，葬在本村南邊。文炳公生二子，長振旺，葬在祖塋以東，次振顯，葬在文炳塋以西。相漢公生三子，長文義，遷居于蒼苔河北，及歿，遂葬于河北。次文禮，乏嗣，葬在祖塋西南；三文智，葬在祖塋。文義公生二子，長振周，次振宗；文智公生三子，長振國、三振有，俱卜葬在河北；次振興，葬在祖塋。支分兩門，繩繩不絕，爰勒石以示後人。塋地五分。

　　長門元孫宗仁、宗盛、宗武、宗全、宗有、宗朝、宗蘭，來孫元恒、元德、元平、元士、元合、元清、元漳、元慕、元體，晜孫富新、富獲、富根、富安、富景、富運，仍孫從典、從謨；

　　次門元孫：故宗俊、宗傑、宗健、宗奇、宗雅、宗溫、宗良、宗恭、宗儉、宗讓、宗強，來孫廷富、廷貴、廷法、廷猷、廷升、廷成、廷章、廷舉、廷魁、廷玉、廷賢、廷清、廷太、廷文、廷順、廷科、廷召，晜孫平富、治富、天富、全富、有富、進富，仍孫從道、從信奉祀。

　　大清咸豐八年三月清明日立。

（拓片藏河南博物院。王景荃）

董國林墓碑

　　本三世太高祖考董公諱董國林妣郭氏孺人之墓

　　公之去今已數百餘年矣，其行誼幾不可考。第訪諸故老，徵之家乘，知公娶郭氏，生二子，長諱尚聘，次尚鳳。公悉教以義方，弗納於邪，故半耕半讀，在當日則傳為家法，在後世則尊為令緒，迄今云仍相承，支雖延乎百世，而貞珉不勒，名奚播於千秋，是以德林、建□輩墾獲墳之地，酌每年之利，或鳩工或庀材。爰立石以為後世子孫勸。

　　皇清咸豐八年冬月穀旦敬立。

（拓片藏河南博物院。王景荃）

張士倫墓碑

　　顯祖考張公諱士倫一位之墓

　　始祖居於唐河岸，後遷居于劉家村。祖父與祖母生孫父一人。父□□□人，天遭不幸，祖母早逝，祖父葬祖母于祖塋，及祖父辭世，孫□□□于新塋，使孫兄弟二人同室共爨，長慶天倫之樂也，豈不甚善？但祖母葬□□父不與，非祖塋之不矣，寔以地之窄狹耳。第恐世遠年湮，後世子孫有□□，故不得不勒諸貞珉，以誌不忘云。

  故長孫爾章，長門會孫；

  次門孫爾方，會孫平心、文心、合心，玄孫三樂、三綱奉祀。

  大清咸豐拾年三月吉日穀旦。

（拓片藏河南博物院。王景荃）

王國廣墓碑

  清壽曾祖考王公諱國廣字普庵妣史氏孺人合葬之墓

  曾祖行二，諱國廣，乃高祖諱勉之子，太高祖諱玉換之孫。世居湍右，伯曾祖出繼湍左諱多德，族繁難以備載。曾祖有子三人，長即孫祖諱塌哲。生孫父諱大謙；叔父大遜。二叔祖諱起槐，生孫堂叔諱大強；三叔祖諱起恕，生孫堂叔諱大欽、大舉。迄今人丁雖繁，守分如一，耕讀外無他務，此皆曾祖克承庭訓垂裕後昆者也。且二叔祖另卜吉地于坎方，惟孫祖與三叔祖續葬祖塋。昭穆之間，誠有缺略。竊恐世遠年湮，門支失傳，故亟泐諸貞珉，以誌不忘云。

  男長起哲、次起槐、三起恕，

  孫大謙、大強、大遜、大欽、大舉，

  曾孫安陞、安教、安卿、安省、安海、安懋、安盛、安運、安遇，

  元孫心恒、心傳、心悅、心仁、心德、心亮、心潔奉祀。

  大清咸豐十年季春穀旦立。

（拓片藏河南博物院。王景荃）

葉子富墓碑

  顯考葉公諱子富妣胡氏孺人之墓

  公氏夫也，不幸于道光二十一年四十九歲而卒，遺生母七旬，幼女二。氏夫婦也，奉母告終，養女出歸，孤身獨處，恒念煙祀無依，故取愛子，既不失昭穆倫序，應宜助于立石。是為記。

  奉祀男同太。

  大清咸豐十年孟夏朔吉旦。

（拓片藏河南博物院。王景荃）

史官與妻王氏合葬墓碑

遠清顯祖考史公諱官妣王氏孺人合葬之墓

曾祖諱官，高祖□□之子也。曾祖生吾祖兄弟四，吾祖長。高祖塋在村西，曾祖塋在村東，次叔祖歿已隨葬焉。吾祖另卜葬于村南，三叔祖卜葬于石橋南，四叔祖母王氏卜葬於村北厥後。曾祖與□叔祖塋近河，恐及崩塌，遂遷於茲。恐後人不知祖塋之所在，故列諸石，以誌不朽云。

此塋域係次門愛卿之地，不與別支相干。

奉祀長男珍卿、次男愛卿、三男寶卿、四男祥卿。

大清咸豐拾年桂月穀旦。

（拓片藏河南博物院。王景荃）

欽賜登仕郎馬天良德壽碑

溯香山之老□，思洛社之耆會，知德壽美談傳來久矣。今公年逾古稀，獲引年嘉惠，豈不榮哉！愚與公莫逆交，因敘短詩稱之曰：

其為人也，素尚樸忠，弓馬善調，詩畫頗通。和睦鄉黨，勤儉家庭。療獸知白，利人垂青。富貴場中，正其衣冠。文武士內，□以金蘭。雖涉城市，亦逸山林。一動一靜，宜古宜今。作善者人，降祥者雨。□□難老，優遊如仙。

又贈以七律云：

昂昂志氣抱平生，□攏紅塵君自清。秋月照來明世道，春風到處和□情。惟□□□後彌茂，漫說李桃先向榮。華告蒼髯多閱歷，稱翁□錢並芳名。

邑庠生李經賜拜贈

男朝□，孫學海、學儒、學典，曾孫玉珠敬立。

大清同治二年復月穀旦。

（拓片藏河南博物院。王景荃）

喬士友墓碑

清顯喬公諱士友孺人杜氏之墓

公世居新野城北老白河之側，家貧無子，務農為生。道光年間，因病即世。孺人杜氏，壽延六旬有七，卒於同治三年六月。同族諸人因公無人奉祀，恐年久無以為志，爰立石以記。

同族諸人公立。

大清同治三年仲秋穀旦。

（拓片藏河南博物院。王景荃）

欽賜鄉耆張公諱同德壽藏碑

公諱同德，乃有龍公之子也。兄弟三人，公居行二。元配喬氏，生一女，適楊門。繼娶葛氏，生一男，名星瑞，少亡。公榮壽七旬，適覃恩下逮，欽賜鄉耆，衣頂榮身，可謂光耀一時矣。異七十六歲，壽終正寢，嗣續無人。不能秉裕子後昆，爰為豎石表厥生平，使後之覽者，知公雖乏嗣而□祠蒸嘗，余等實念念不忘云。

胞侄星河敬立。

大清同治四年歲次乙丑菊月穀旦。

（拓片藏河南博物院。王景荃）

重修閭里豁免雜派碑

【額題】鴻恩永戴

緣閩營都督僉事張公諱敏，左都督楊公諱正，副將張公諱遜，張公諱□，李公諱雄，隨□□伯黃公諱莫如深，鼎克滇黔，剿羅刹，征臺灣，擒夏包子，又復平定江南八百餘寨。所帶親兵十折其七，敏遜□身□石矣，九死一生，聖祖仁皇帝念其奮不顧身，忠而能力，康熙三年，自福建調選進□，欽賜蟒袍狐裘，弓刀馬匹，世襲拖沙喇哈番。康熙七年，奉旨屯墾新野，給簽撿地一應軍需雜派概行豁免。是年部文云：屯□□裔與土著士民不同錢糧上納正供，凡河工柳梢差徭夫役概行蠲免。康熙二十九年部文云：屯墾後裔，著本州縣加意優恤，務期安□得所，□敏流離。乾隆十五年，皇上巡幸中嶽，蒙崔府尊批准，豁免差徭。乾隆十七年，莊府尊修白□待□到縣□免雜派。乾隆三十一年，京兵過境，里民出□役馬匹，屯墾後裔張廷拔、楊元龍等，具呈在案。邑侯曹公批：查據該生等□□前等□勞創撥地今當軍差，該生具呈請免雜派，本縣亦照舊例准免可也。同治四年三月，城內議設車馬局，要閭里出車，二縣無車，□□二十串以當抵兌。監生張□壁等具呈在案，邑侯張大老爺于五月十一日牌掛大門，批云：所呈現各情已□前詞，敘明□切批示矣，□即□□可也。同治六年十月，縣兵將赴□城各寨派車，耆民張冠士、監生張戩穀等具呈在案，懇照舊章以彰帝德。邑侯彭老父台見此係仁皇帝優等勳衣之至意，于十二月初三日□□金□云：大□州縣民皆支持新野也，/[1] 入號首站大小□□往來終經軍興以來，更見繁多，所有用車輛，民既不支，又無車行可顧，貲不得不借支，民又以／代雇之章，茲將公呈卻合

---

[1] ／處殘。

情理，自應□如所請，此後閩營一里，凡一應軍需，車馬大役，□離派□□照章□免以派皇仁而優勳衣閭人，念自康熙七年到期新迄今二百餘年，錢糧止納□供，並無□□□□不忍沒仁皇帝優待勳衣之恩，與邑侯翼戴天子之勞，謹勒貞珉，以誌不忘云。

大清同治七年小陽月合閭營里同立。

（拓片藏河南博物院。王景荃）

萬邦成墓碑

清顯考萬公諱邦成妣秦氏孺人之神墓

故父，祖父賢之次子，伯父邦甯之弟也。想父生平，幼失怙恃，惟兄嫂是依。稍長娶生母秦氏，克成內助，生兒兄弟五人，厥後家道漸增。兒正旺父垂訓之明也，不意兒父四十五歲而辭世矣。今擇吉日，援筆勒石，以誌不忘云。

男士俊、士喜、士雙，孫允惠、允重、允山奉祀。

大清同治八年正月朔旬穀旦。

（拓片藏河南博物院。王景荃）

處士張公諱朝榮遺行碑

【額題】典型猶存

張公諱朝榮，務農人也。性耿介，寡言語，處己以敬，待人以誠。雖詩書未自而韻，宇宏深卓，卓然有丈夫風。年五十餘，遭世多舛，逆髮蜂起，張惶失措，身被傷虜，迄今數年以來音信渺然，存亡莫卜，時也，命也，傷如之何？妻喬氏，痛破鏡之難圓，憫宗祀於將墜，爰取次門次子以承先業，庶統緒之有歸矣。是為序。

子文典、孫寬心奉石。

大清同治八年仲冬月。

（拓片藏河南博物院。王景荃）

王孟祥墓碑

清故王公諱孟祥妣徐孺人二位之墓

想公之在世時，念先人之無祀，慮後世之無傳，光前裕後之志，無時不惓惓於中也。以雲取愛，誰曰不宜，孰意公無嗣而取愛，而承愛之子亦無嗣焉，將欲取嗣於門庭，而長次孤單則無繼可取，岌岌呼其裘墜而禋祀絕矣。余等聞公素行品端，不忍泯漠，將子貧所當出之地另行便賣，超祝魂魄。豈立碑人不聞公之靈爽無怨恫，而公之□事亦□□托也。

志之于石，永不忘云爾。

經營首事人子清、子春。

故繼男二貴奉祀。

同治玖年菊月穀旦。

（拓片藏河南博物院。王景荃）

魯心義墓碑

【額題】永言孝思

清顯考魯公諱心義妣孺人黃氏之墓

公乃崇雲公之三子也，長兄諱平，次兄諱志伸。公生兒一人，兒當孩提，公即棄世，是罔極之深恩未獲報于萬一也，能勿切蓼莪之痛哉？幸也，兒有母焉。內為兒治家事，外為兒理穡事，故兒得箕裘不墜而家道永昌矣，是為序。

男王富，孫應熙奉祀。

同治九年歲次庚午臘月穀旦。

（拓片藏河南博物院。王景荃）

趙之順墓碑

故高祖趙公諱之順顯考妣二位之墓

人之有祖猶水之有源也。水不可以無源，人安可以忘祖。我高祖之順，生曾祖廷成、廷清兄弟二人。廷成生吾祖國林，俱葬於高祖之側。廷清因塋地狹，恨不能與先同兆，另遷塋於家東吉地。祖國林，生吾父艮先，輔後又擇於家圯新塋。今瓜瓞綿綿，恐年久失傳，故勒石以誌之。

次門曾祖廷清。祖國印、國胡。先考良太、良景。

長門故曾孫子端、子正。

次門故曾孫子書、子盛。來孫登方、登才、登善。

大清同治十年仲夏月吉立。

（拓片藏河南博物院。王景荃）

陳克信墓碑

清故顯考陳公諱克信字犉甫妣孺人元配裴氏繼配李氏之墓

公承祖業，善守成，以忠厚傳世，乃陳公諱廣、字博云之孫，陳公諱士傑、字超然之次子也。試舉其生平大略，以義方訓子，以含忍持家，敦親睦族，愛從親仁，日恂恂於詩書禮樂中，古之有樂善不倦者，公其是歟。茲刊諸石，以示後世薦香於塋域者，庶敬思先澤於不忘云。

男樹德；孫泰運、景運、掌運；曾孫玉振、玉桂、玉衡、玉璽立。

大清同治拾年小陽月穀旦。

（拓片藏河南博物院。王景荃）

徐景福德政碑

欽賜鄉耆例授登仕郎徐公名景福德壽碑

蓋聞達尊有三，齒居其十，此人瑞之稱所由昉也。溧右介庵徐公者，新邑望族。昆玉三，公居季，生而醇謹，甫就學，即有古儒者風，諸先達俱以大器目之。奈□怙恃，壎篪響杳，公以家計寒微，遂輟讀就耕，獨立支持者，數十年蓋如一日云。嗣是產業昌茂，光大門閭，少君俱以謹飭聞，令三嗣精理岐黃，業聲稱藉甚，且名噪成均。長孫遊泮壁，四孫並隸國學，諸孫曾之攻詩書者，亦皆蒸蒸日上。芝蘭玉樹，環列庭階，凡此皆賴公之教以誠實，皆賴公之德以致也。古所謂壽者作人，公其有焉。尤可慕者，公古處素敦在晉接交遊間，無不以循分守禮相諄諄。鄉里薰其德而善良者，概難更僕數。兼之慷慨過人，雖持身儉約，遇諸義舉，輒傾囊以勸厥成，此又見公之器重宏深，故克多歷年所也。

丁巳年，公壽登古希，鄰右縉紳先生僉以年高德邵為公慶，因翕然申請。遂蒙例授歆仕郎。迄今年逾八旬，康疆如故，以引以翼，頤養天和，親族輩見而慕之者，莫不曰矍鑠哉！是翁非甚盛德，其孰能與？于斯於以徵將來之福量，正未有艾也。

愚素慚固陋，詎足道公之生平，奈盛德感人，竟相稱頌。爰即所素稔者，略陳梗概，以誌天錫純嘏之慶云爾。

宛南廩善生眷晚□山膚頓首拜撰。

邑庠生員愚孫堉萬成章頓首拜書。

男同樂、同德、同春、同升，孫步瀛、步漢、步進、步霄、步青、步嶺，曾孫連枝、連城、連山監立石。

大清同治拾壹年肆月上浣吉日。

（拓片藏河南博物院。王景荃）

耆老萬公例授登仕郎德壽碑

□□壯窮益堅，不求利達，自致寵榮，此其人良足多也，惟我公其庶幾乎。公名士友，字方來，緊乃祖乃父世積陰功，惜不伐不矜，名埋眾論。公遵母秦氏之箴，乃起家萬門之後。閉戶讀書，未遑他務，揮毫落紙，綽有餘妍，文章屢拔前茅，經壇能奪衆席。家貧運蹇，履潔懷清，計日看花，臨風對酒，車馬客罕至蓬門，絃歌聲常徹茅屋。閱歷既深，光陰遞逝，心怡神曠，逍遙惟藪畝田間。口授指陳教誨及四鄰童輩。待己以庄，與人有禮。吁，麟趾於子孫，靖鼠牙於里黨，歲有自今，年來逢古稀，固宜衣頂榮身，附國家，合語乞言之典，豈第內梁糊口，寬身世，安貧待老之年，章以遺文，良有以也。壽之貞石，候其禩爾。

邑舉人候銓縣孫廣心撰文。

邑庠生愚姪成章書丹。

鐵筆人劉文之、傅振元、郭懷玉、李懷玉。

男允海侍養。

大清同治拾壹年拾壹月吉日立。

（拓片藏河南博物院。王景荃）

周鳳桂劉孺人墓碑

【額題】永世克孝

顯祖考太學生周公諱鳳桂妣劉孺人之墓

祖生而岐寒，長益慷慨，以蚤歲失怙，家計需人，讀書未卒業，援例納粟入□□揮霍，周濟茲党，施惠貧乏，往往代人賞債。嘉慶中，楚匪昌亂，有朱姓兄弟襄陽，諸生也，攜貲避賊，與祖素不識，無賴者乘危延其財。祖曰："吾友也。"邀至家，歡留數日，朱之貲無恙。其他義行多類此。晚病目，以以嘉慶二年卒，享年蓋六十二。祖之行略，至今尚在人口，是為敘。

故男於德。

孫長河濱、次河寅、三河群、四河象。

曾孫廣林、瑞林、珍林、起林、榮林、儒林。

元孫天永、天申、天福、天平、天佑、天慈、天冬、天理、天爵、天命、天禎、天祿、天一。

來孫定坤、定中、定邦。

大清同治十一年歲次壬申吉日立。

（拓片藏河南博物院。王景荃）

周于德墓碑

【額題】永言孝思

顯考周公諱于德劉張孺人之墓

人幼業儒，欲振家聲。年十八，先大父太學生喪明，動履需人，家計仍需父料理，不得已而，棄儒務農。性勤儉，衣食不浪費，和鄉鄰睦，族黨親疏無間言，事親尤□先意承志，得先大父歡心，竟忘其喪明之痛也。先大父捐館，遺田百餘畝。父擴充田宅，親苦有加，以道光七年卒，享年五十有三歲。河寅、河象等不忍沒父之德與父之勞，謹勒貞珉，以誌不忘。

男長河濱、次河寅、三河群、四河象。

孫廣林、瑞林、珍林、起林、榮林、儒林。

元孫天永、天申、天福、天平、天佑、天慈、天冬、天理、天爵、天命、天禎、天祿、天一。

元孫定坤、定中、定邦立石。

大清同治十一年歲次壬申穀旦立。

（拓片藏河南博物院。王景荃）

白玉駒德壽碑序

□□白公大人玉駒德壽碑序

□□處士白公諱玉駒，字雲穀，以八旬□□□□聖恩受□□□□之賜，其令□思□者德焉，文於不佞。公兄弟四人，公居季，少有至性，事親以孝聞，內外無閑言。家苦貧，析居自養，慨然以奉親為己任。親疾，侍溫□無倦容。及其歿也，附身附棺之費一出己囊，不以累諸兄。其兄三，雖柝居，無□我心。迨諸兄歿，皆公一人殯殮。公之德如此。視世之尋斧荊枝，西榮東頜，相形為快者，豈不天壤哉。洪惟國家□□老之□宴開千叟，禮隆三王，第以其年乎，抑以其德乎，德在壽中。孔子所謂"仁者也"。行見孝友睦姻之□□家庭而洽，□□將耄耋期間皆公所自有，無煩更為卜也。爰勒貞珉，與金石同壽，是為序。

候選直隸州州同辛酉科拔貢趙鎮汴撰文。

鄧州庠生竇燕桂書丹。

故長男麟朴等立石。

龍飛同治十二年癸酉□春月穀旦。

（拓片藏河南博物院。王景荃）

郭長文墓碑

故顯考郭公諱長文老大人之墓

碑之言：悲所以悲往事之堪悲，實所以記往事之可記。先考諱長文，字道顯，仁敏公之子也。先妣閻氏，係出名門，以故晁勉同心維德之行篤。生五男二女。女則淑慎，男皆欲善繼善述者也。不幸先考棄世，殯于先祖之側，誠所謂分所應爾。不數年，先妣亦復棄世，遷于家廟南高□□，氣勢蒼茫，形勝俊秀，是天以佳城吉地厚俟先妣，不孝與孫等焉得卻之，自是以後，三房、二房、五房，隨祖側而安窆焉。不孝與五房，他年亦從先妣於九泉，俾彼此不孤，幽魂□慰，此其事雖可悲而其實誠可記。後之覘者□□分明，益動報本起遠之思。至於先考孝悌為先，勤儉為本，端方持世，耕讀傳家，生□誼有忠厚長者，遺民鄰里鄉党口碑尚存，不必復為稱述焉。

　　男志禮、志義、志美、志修、志強。

　　孫有德、有欽、有道、有訓、有信、有典、有榮。

　　重孫文清、文明、文奇、文光、文秀、文才　奉祀。

　　皇清同治十三年孟夏月上浣穀旦。

（拓片藏河南博物院。王景荃）

李金選墓碑

　　六世祖考李公諱金選妣王孺人之墓

　　始祖考李公諱經，世居江西省吉安府吉水縣大板橋穀村。自明遷居河南唐縣執坡堰陳李溝作商蒼台。二世祖考諱文成公，由我朝順治六年卜居新野縣李灣。六世祖考諱金選公，生三子，由雍正年間去河就崗擇里，此地名曰榛園，南北分焉。卜塋於南村之西。三子諱官公從入塋焉；長子諱實公遷塋於北村之西；次子諱宦公遷塋于南村之東，於今歷年已多，若不勒諸貞珉，則先世不傳者，後世亦弗彰矣，故敘之。

　　孝長男實，次宦，三官奉祀。

　　龍飛光緒元年歲次乙亥仲春穀旦。

（拓片藏河南博物院。王景荃）

郭孺人墓碑

　　清故顯妣谷母郭孺人墓

　　父諱忠志，母張孺人，並葬村西里許祖塋[塋]中。繼母見其地狹，遺命百年後別擇吉地，以為窀穸所。繼妣歿，謹擇佳城於村西北隅，遵母命也。雖律以太公封于營邱而□世□反葬□之事，似近乎忘本，而遷塋[塋]之意，亦有合於東山葬父、西山葬母之說焉。是為志。

　　男清洋、清龍。

　　長門孫太真、太武。

　　次門孫太和、太昌，曾孫盈安、盈禮、盈祥、盈玉、盈斗、盈倉、盈瑞，孫太息奉祀。

大清光緒元年陽月穀旦。

（拓片藏河南博物院。王景荃）

江永煥墓碑

清故夫江公諱永煥行三孺人元配潘氏二位之墓

公，氏之夫也。公諱永煥，行三，娶潘氏為元配，僅生一女，而潘氏已亡，又娶氏為繼配，竟乏嗣。氏與夫已□獨堪憐矣。不意同治三年，夫又辭人間世，氏之□獨尤為特甚。所謂霜雪之後，加以冰雹也。氏以伯兄永築、仲兄永泰，隨父葬于祖塋，而祖塋地狹，不能安厝夫身，因卜兆于祖塋之側，與四弟永連合塋。氏恐世遠年湮，泯沒不傳，為之立石，以誌不朽。

繼配喬氏立石。

光緒元年仲冬月中旬穀旦。

（拓片藏河南博物院。王景荃）

廉氏墓碑

【額題】不忘其本

清故顯祖妣廉氏孺人一位之墓

祖母氏廉，配祖之舉公。于歸，翁姑繼逝，年未三旬，賦柏舟，其時家政無主，祖母躬親稼穡，事勤織紡，茹蘗飲冰，切切然惟以治家訓子為己責。厥後父與伯父、叔父均成立，得祖母歡。田產漸置，房舍屢增，一家得享飽暖安居之樂者，皆祖母經營之力也。吾恐後世湮沒，爰勒石以誌不朽。

祖母享年九旬有餘，無病而終。因祖公墓旁地狹，難祔葬。遷塋於茲，與祖公墓相距僅數武。祖母生吾父兄弟三人，父諱多林，行居仲；伯父諱多茂，乏嗣；叔父諱多清，無子，取弟澤遠承繼。

孫監生澤潤，曾孫恒發、監生振東，元孫化增、化興，來孫仁義；

孫澤遠，曾孫振乾、振坤奉祀。

大清光緒二年孟秋吉日立。

（拓片藏河南博物院。王景荃）

楊德祿墓碑

清故始祖楊公諱德祿趙孺人二位之墓

旨思水必溯其源而後知所出，木必究其本而後知所生。始祖自江西吉安府遷新野縣王樓村，此本源之所在者也。第宗譜被焚，墓鮮碑碣，知始祖之諱者得之傳聞而已。恐世遠年湮，為之後者，非為先人之諱不可知，即墳墓亦無由考。故今勒諸貞珉，昭茲來許，以示綿綿無窮云爾。

男繼章、鴻章、恒章，孫晏禮，曾孫：九思、九經、九錫，玄孫永增、永志、永先、永慶，來孫忠、集、林、玉、鈇、功立石。

清光緒二年仲秋月上浣穀旦。

（拓片藏河南博物院。王景荃）

皇恩欽賜鄉耆彤公會菴德壽碑

公行五，光前其字也。性和厚，事親以孝聞。比季中年最少，而推棘遜梨，夙秉至誠，式好無龍，長則愈篤。其率子侄也，維耕維讀，不然亦擇仁術而為之，毋容嬉遊。至於講睦婣敦，任恤族黨，舉無間言。其排難解紛，讓畔讓路，細行之矜，烏可闡述。今者黃髮台背，強健不衰，矍哉！殆所謂德彌邵者年彌高歟！聖天子引年有典，養老有文，杖鄉投國，杖朝久懸，其例以馭下，公則適當其期，自宜歸來就養矣。是以戚里聞之而稱善，鄉閭慕之而致頌。晉觴遐祝，幸嗣後之海屋，添壽大年，正未有艾也。爰綴以銘曰：

身訓穀雨犁方兮，生於今者。行古天克相此吉人兮，膺箕疇之福五。

親友人公立。

男克道、克仁，孫鵬豪、鵬儀、鵬來、鵬翰，曾孫士秀、士毓、士訓泐石。

大清光緒二年桂月穀旦。

（拓片藏河南博物院。王景荃）

陳繼康墓碑

清壽顯陳公諱繼康妣閻孺人墓

公諱繼康，同胞者四：伯名繼元，仲繼周，季名繼成，列于叔者則公也。原配孺人閻，為富同公胞妹，無子，生一女，適高門。而公夫婦相繼逝□，有遺業，幾無所歸。公同胞諸人及親族等不忍三門終淹，因呈請仁天顏案下，為公繼，蒙批。著邀同該族長公議立繼，議得長門繼元公次子名玉富，理合承繼，以綿公祀。而二門、四門均屬甘心，誠盛事也。倘在幽者有知，想亦為之歡顏矣。爰刻諸石，以垂不朽。

承繼男玉富奉祀。

光緒三年仲春下浣立石。

（拓片藏河南博物院。王景荃）

萬氏墓碑

【額題】春露秋霜

清顯叔考元配萬氏孺人之墓

叔妣萬氏孺人者，乃吾叔考諱懷璽公之元配也。于歸後之嗣早亡，已續葬於祖塋，後叔考繼配董孺人，又無所出，無人承祧。又二人沒後，理宜同穴，奈祖塋窄狹，力難合葬。予係胞侄，因令擇吉地而歸窆焉，另有碑誌可考而知。但孺人以一人葬於祖側，恐世遠年湮，而孺人之姓氏弗傳也，因勒諸石以誌之。

侄田富，侄孫恒清奉祀。

皇清光緒三年桂月吉旦。

（拓片藏河南博物院。王景荃）

焦興家墓碑

【額題】永垂不朽

清顯故焦公諱興家孺人寥氏墓碑

公□□□時之子也，賦性教友，居心質樸，其行事亦足為家乘增輝光焉。惜艱育乏嗣，承祧無人。及物故歸兆，從堂弟興成友誼難忘，命子扛幡不計，毫利不侵。親族不忍，議給地一畝獎勞慰幽。餘有地四畝，作為祭田，分給興順、興成、興旺耕種，備治祭費，永不准私自支費。因特豎石與公行，並傳來許云。

大清光緒伍年十月初一日穀旦。

（拓片藏河南博物院。王景荃）

萬超墓碑

【額題】沒世不忘

清顯考萬公諱超妣王氏孺人之神墓

公諱超，係祖民則之□□□□□□□□□那有安眠之期，教子義方，兄弟絕無乖戾之象。猗歟休哉，不亦樂乎！蓋公之長子曰邦樂，莊以持己，忠厚待人，勤于務農，節儉是用。邦樂之為人，亦大可மяい矣。公之次子曰邦喜，幼則習於詩書，長以教稼為業。和睦鄉党，善於解和，是以年過七旬，身被皇恩，振厥家聲矣。嘻嘻，子孫繩繩，光大門庭，此皆公之盛德所感也，是為記。

長男邦樂，次男邦喜，孫士純、士敏、士恒、士明，曾孫同禎、同祥、同文、同堂奉祀。

大清光緒伍年拾壹月拾伍吉旦。

（拓片藏河南博物院。王景荃）

陳玉環張氏合葬墓碑

清故始祖陳公諱玉環張氏孺人之墓

光緒六年二月吉日。

玉環以上之祖諱陳彩，孺人黃氏；考諱伏，孺人岑氏。未來茲土，且祖在鳳陽村安居，是為序。

祖墳地五畝有餘，東至小路，南至大路，西至黃姓，北至溝。四至為界，闔族人公議稞外不稞內。

二世祖長門起龍，次門起虎，三門起鳳，四門起英，五門起豹。

三世祖克量、克典、克明、克溫、克富、克恭、克儉、克襄。

四世祖付志、付才、付禮、付貴、付道、付勇、付和、付生、付長、付亮、付旺、付安、付耀、付全、付連、付恤。

五世祖士旦、士寶、士先、士國、士朝、士本、士祥、士德、士順、士民、士卯。

（拓片藏河南博物院。王景荃）

皇恩欽賜鄉耆趙公（春生）七旬德壽碑

【額題】綸音

先生名春生，字□□，□□其號也。世居梁家莊，後徙王祠堂，遂家焉。先生□性敏達，業詩書，勤學不倦，每與宛、唐、鄧、新之文人交，多契之。一時助人成就功名，□□不勝屈指。先生□年間目已就□工文而不能書，無惑乎屢試不售也。然科第雖云未登，要亦彬彬儒林選，故遐邇筆墨，士無不以先生長者目之。至其三□□行善□悉述何為人謀一節，尤以不忠省之，殆欲追曾子輿之流風歟。迄今年逾古稀，疊□當其秋鄉已榮膺登仕郎矣。茲又以耆老咨部是達遵之三，先生兼之也。余與先生雖不能文，聊其數語，以誌行略云。

邑庠生員王潤漳撰文。

邑廩膳生楊炳華書丹。

親族人趙正全、趙文連、趙文俊等公議立石。

大清光緒六年歲次庚辰喜月吉日穀旦。

（拓片藏河南博物院。王景荃）

合族公議碑

從來萬物本乎天，人本乎祖，祖開燕翼，常欲詒闕。孫□孫繼統緒，宜必細其祖武。始祖自大明遷移於此，子孫蕃滋，如瓜瓞之□縣，群處和□猶人斯之先說，蓋以先人之德澤深厚，斯有此□□□□□，支分派別，而先代名號，因知恩□尊斗大小與所做分，其與古帝往聖所言□□□□□□□。

合族公議不許爭訟，如有家務賬債、田邊地界、口角相爭，遵祖長分說。如有人不遵規犯法者，合族送官究治。

故四代文貴、文祥、文舉、文第、文選、文奎、文科、文琳、文場、大臣、大忠、大斌、大用、應增、應誥、應奇、尚德、尚順、國貞。

故五代思恭、思問、思敬、思明。

故六代天佑、天興。

光緒七年三月中浣穀旦。

（拓片藏河南博物院。王景荃）

胡其昌墓碑

【碑額】瓞綿椒衍

逝曾祖胡公諱其昌之墓

曾祖乃高祖進義之子也。高祖生曾祖一，復為伯高祖諱進朝繼嗣，係一門雙承焉。高祖為祖娶于氏，生子二：長國璧，隨葬於此；次國彥，從曾祖母葬于高祖之塋，去此不及百武。伯高祖為祖娶于王，生子二：長國章，次國文，俱隨曾祖母葬于此塋之東南，相去約有百武。曾祖母之俱不與祖合葬者，遵曾祖之遺命，故各擇吉地而葬焉。然從葬有人，而墳墓要皆不孤矣。曾祖一生不喜，惟好設施，修堤補路，生平之所為，無不可對□□。茲特俻述顛末，俾後人顧墓興思，咸動木本水源之恩。

曾孫沐薰謹序。

奉祀。

大清光緒七年小陽月立。

（拓片藏河南博物院。王景荃）

方淩雲陳孺人合葬墓碑

【額題】源遠流長

皇清顯祖考方公行二諱淩雲妣陳孺人合葬之墓

祖乃曾祖從富之次子也。祖兄弟二人，祖與伯祖淩俊相繼辭世，曾祖墓側僅容一棺，因並遷於茲，非得已也。其後三叔祖淩華從葬曾祖墓側，以延宗祧。祖母膝下二子，長正身，次正均，皆中年不祿，從葬于祖之墓側，寔接宗緒。祖之生平，寡言語，敦行止，居身儉，治家勤，種種懿行，誠恐久而湮沒不彰，故特勒諸貞珉，昭示後裔，俾知遷自何塋，世自何繼，則雖遷焉而如未遷者矣。

夫故男正身、正均，孫國珍、國桂、國治，曾孫克成、克勤、克喜、克冬奉祀。

龍飛光緒七年小陽月穀旦。

（拓片藏河南博物院。王景荃）

熊顯德墓碑

皇清顯考熊公諱顯德妣孺人王氏二位之墓

曾子云"慎終追遠"，終既慎遠，亦當追吾父母一生功德，有難忘者矣。父母生子四人，以承先啟後。女二人，長適倪，次適楊。父享年七旬有五，母享年七旬有三，卒以後各占風水。父葬于祖父以下，母葬于父之左，相去四尺許，列石以誌，使後世子孫永識不忘云。

監生殿清，男殿諝、殿韶、殿祿，孫三運、三途、三益、三貴、三常、三山、三縣，曾孫振茂奉祀。

光緒七年十一月初八吉日立。

（拓片藏河南博物院。王景荃）

劉國士先生懿行碑

永仲秋，水田村有人來，初見過，述其鄉先生懿行，求文實諸石，以慰鄉人之思。來人曰：先生姓劉，諱國士，其字紹先也。性廉靜，識時務，以故棄儒術業岐黃，悟透大脈疾辨，四時遠近求者，沐春溫古所稱大國乎，其在斯人歟。且先生志行□備，與人接，溫潤而澤，渾渾不見圭角，衣不帛，飯一盂，疏一梓杖，履優遊與田父野老，但話及□麻，曾未及醫藥一語。粥粥然若無一能者。然年近古稀，於光緒九年四月間，捐館舍。遠近聞之，莫不咸歎老成之云云也。又云先生家非素封，不□富期餘而後乃知先生之為人也。嗟呼！貪夫謀利，錐刀是爭。好名之人，動衆是期。而□之胸無成□，枉勞□來免遺□於大□也，先生乃業精成虛，肱早三折，有力者求之而往，無力者求之而亦往，並不計家之有無，利之厚薄，□□焉惟以濟也活人為念。噫嘻！先生其殆超乎名利之外，而為□德之君子歟！自先生歿後不數月，遠近鄉鄰咸謀所以不朽先生者。余謂先生歿而□□如此，歿雖數月，而鄉人思之如此，□後大書深刻與金石同堅矣。嗚呼！孰謂先生而果歿哉也。

壬午科恩舉人方居幹撰文。

賜臣高鳳閣書丹。

吳學書鐵筆。

大清光緒八年□□□□仝立。

（拓片藏河南博物院。王景荃）

熊萬善墓碑

清故顯考熊公諱萬善字體仁孺人鮑氏合葬之墓

□門之中□也，□□□張家莊與人佃地，未數年賠累一空，迄今憶之真無以為家矣。然猶有兒父與兒母共相營謀，不至顛覆。孰意父年逾四旬，旋即棄世，可慨也。兒兄弟四，依母度日。兒八歲，余皆幼小，尚不知度日為何如事。兒母乃以一人撐持，晝夜紡績，勤勞困苦，幾不堪言焉。兒兄弟皆確遵母訓，或習手藝，或習農業，或習生意，漸置薄田三十餘畝，較之往年糊口其有資矣。孰意母享壽八十竟盍然舍兒而長逝也。兒等情不容已，乃謹將父母恩鞠之勤，爰刊諸石，使後世仍無忘所自云。

奉祀男天福；

從祀男天祿軍功、天壽、天才（故），孫恒安、文安、順安敬立。

大清光緒捌年□月吉日穀旦。

（拓片藏河南博物院。王景荃）

黃廷梁墓碑

故黃公諱廷梁一位之墓

直，厚友朋，睦親族，協舜公之子也。先塋數代無碑，其名□公自幼家貧，父母早歿，一生與人雇工，至老無依。前年有病，□議將公宅地五分，村西墳地五分，並給闔族均管，春爃□□前拜莫地有諫資，香煙永遠不絕。公前時病沉[1]恐居世失傳，沒公遺地之意也。是為記。

---

[1] 以後數字模糊不清。

族弟入璋序並書。

族人公立。

墳地內有孤墳十壹座，宅地南北順十四二梳橫六弓二。

光緒八年冬月上浣穀旦。

（拓片藏河南博物院。王景荃）

張文密繼配陳孺人墓碑

皇清顯妣陳孺人一位之墓

張公諱文密，元配王孺人，繼娶陳孺人，無子，取長門文柏之次子然為嗣。公與王孺人俱葬于祖塋，因地勢偪狹，奉陳孺人並塋而葬於此地。公之子孫從公葬于祖塋。恐後代不能記憶，爰立石以誌。

男然，孫興茂、興義，曾孫振邦、振聲、振昌，元孫之恒、之晉奉祀。

龍飛光緒玖年貳月穀旦立。

（拓片藏河南博物院。王景荃）

韓天理高氏墓碑

清壽顯考韓公諱天理孺人高氏二位之墓

吾家祖塋，在此正西約有里許，曾祖與祖皆祔葬焉。□□□□隘，難再序，因遷兆於茲，以為宅。所非敢據□前轍也，亦不□為後世計久遠爾。

長男華，次男振，宗孫尚科、尚選[1]。

光緒十年二月吉日穀旦立。

（拓片藏河南博物院。王景荃）

盧安林墓碑

清顯考盧公諱安林妣劉孺人之墓

公世居城東北四十里許陳家營。父母早亡，兄弟終鮮。始以肩擔糊□，繼□□田養身，交易公平，鄉里和睦。雖未讀古人書，而一生所為，實有與古人默契者矣。公享年六十二歲，娶劉氏之嗣，生三女，長從李溫，次從張□□，三從楊天道。嗚呼！病僅有女奉湯藥，桃競無人相承接，然欲靖雙親之魂□□。衆女之志，永矢祭掃勿替，時奉茲恐年湮，墓失

---

[1] 以下人名剝蝕不清。

所考，因豎石以誌。

光緒甲申年桃月。

(拓片藏河南博物院。王景荃)

五龍會朝太和山序

太和山，峻嶺突兀，高插雲宵，山之四圍周方八百里，宮觀及庵序列於下，上有祖師神像，祈禱必應，每歲中秋後，朝山進香者陸續不斷。泊乎新年嚮往愈衆，大抵不外乎還願者。近是光緒十八年正月初一日，五龍會朝山者一百八十四人，會內劉新正於初六日迷路他往，尋覓無蹤。同會人等到金頂與紫宵宮、進藥宮，以及南頂叩祈神靈默佑，不令劉新正久留外鄉。延至二月間，前後四十五日，果值新正同歸。是可見祖師之靈應，而吾儕之焚香為不虛也。彼說者謂神道遠人道邇。豈知誠心有感，神道與人道未始不息此相通也。同會人喜而傳之，不得不勒石以誌之矣。

邑庠生員李起鵬撰文。

邑南處士樊榮宗書丹。

邑南業儒台臨沼□□。

清光緒拾年菊月穀旦。

(拓片藏河南博物院。王景荃)

孫志建墓碑

清顯祖考孫公諱志建之墓

公，諱可福之子，而成美之孫也。初配曾氏，繼配郭氏，俱未合葬。非後嗣之不情，乃欲各占地脈，以厚所培植于來許云爾。

故男克科、克法、克思、克猷、克型、克修，故孫懷謙、履謙。

孫承謙、恒謙、儒謙、永謙、曾孫銘、炳、達、端、超、召。

大清光緒拾年十二月穀旦敬立。

(拓片藏河南博物院。王景荃)

皇恩欽賜登仕郎萬公諱邦喜字興來德壽碑

嘗思一曰壽，壽之義大矣哉！富貴不能必，貧賤不能移，威武不能屈，皆天也，非人之所能為也。茲則萬公幼讀詩書，壯務農業，耕讀傳家，儉以持己，寬以接物，分爭息訟，不吝貲財，排難解紛，不辭勞苦。有功不伐，犯而不校，忍讓成風，善心常存，至老不衰，其斯而已矣。所以年近八旬，身沐皇恩，或謂天也、地也、命也。予則謂，故大德者必然之數也耶。

　　愚姪士哲撰書。

　　男士恒、敏、明，孫同堂、文、友、山，曾孫俊康、應心侍養。

　　大清光緒拾壹年歲次乙酉春月穀旦。

（拓片藏河南博物院。王景荃）

焦母李孺人功德碑

　　皇清待贈顯妣焦母李孺人功德碑

　　今夫興滅繼絕，先王之盛典；承先啟後，善人之孝思。母李孺人者，乃□心公之德配也。生女，適魏氏，而膝下無嗣。孺人初不為意，嘗謂嫂而言曰：叔猶父也，侄猶子也。近門有侄有孫，奉祀有人矣。況一人兼祧，清有顯例，何足介意哉！未幾，氏已仙逝，嫂朱氏邀請親族述其遺囑，公議將故侄興順敘室其下，孫德一奉祀春秋。今者德一念祖母于歸未幾，失其伉儷，奉養翁姑，承志順意，治家有道，朝夕勞役，和睦鄰里，賢播載邇。憶其生平，可謂摑愛難數矣。若不表明其事，恐久失傳莫識，茲特為樹石，俾後世云仍知其所自，且使世之覩斯文者，幸祖興後而有後焉云爾。

　　邑學儒生□榮慶撰文。

　　邑學儒生□□□書丹。

　　孫德一立石。

　　鐵筆匠焦振坤。

　　大清光緒歲在□□□□□□月穀旦。

（拓片藏河南博物院。王景荃）

時星墓碑

　　顯曾祖時公諱星王孺人合葬之墓

　　曾祖諱星者，兄弟二，子一，乃逢之次孫斗之胞弟也。祖性溫和，幼以孝聞，鄰里親族皆稱慕焉。傳至正本之嗣，取二門正余之子卓承祧，則祖之祀絕如未絕，祖之魂不致或餒耳。是為序。

　　故男正本，故孫卓，曾孫永才、永衣、永隆奉祀。

　　皇清光緒十一年歲次乙酉冬月立石。

（拓片藏河南博物院。王景荃）

焦尚榮墓碑

【額題】永垂不朽

皇清顯考焦尚榮妣龔氏徐氏之墓

嘗思卜宅兆而安厝，自古然也。余焦氏所卜宅兆已安厝三輩，地亦平康焉。迨至余兄弟四門析居，塋地今與大門二門管業，與三門四門無干。第恐世遠年湮，子孫莫識，遂以墳地起釁，今特同□□議定由余人諱尚榮之墓，東西南北四面方出九五，寬其中均，許按序接埋，不准拔塋墓側，如有不願接宗而埋者，宜於受分別業中擇吉地，不得仍于祖塋內卜葬，致生事端。余等四門謹遵公議，名無異說，故于祖塋前勒石，以誌不朽云。

同族親文潮、成文、尚寬、尚義、克楨、德昌、心恒；

公議奉祀雲慶、雲瑞、雲東、雲祥仝立。

大清光緒□□年吉日穀旦。

（拓片藏河南博物院。王景荃）

周興墓碑

清壽顯考周公諱興妣孺人劉氏之墓

□北數武，有沙明水秀，林樹陰翳，先父母安厝所也。父諱興，少食貧常，而人傭未嘗□私其力，又耿介寡言語，謹取與，鄉黨鄰里咸以忠厚稱。母劉氏，亦善持家，理井內□，勤紡績，朝夕寢門，常得舅姑歡。道光十六年早亡，從父遷葬于茲，與祖塋相隔有□村南北之別。恐年遠代湮，統係失傳，有不僅列祖之名諱莫考者矣。因述父母功，並志列祖墳墓所在，令後人由親及疏，由近及遠，不忘報本返始之意也云爾。

男鵬鳴，孫復有、復恒，曾孫之仁、之德、之義奉祀。

龍飛光緒十三年仲春上浣穀旦。

（拓片藏河南博物院。王景荃）

高存墓碑

清故顯考高公諱存、妣李氏孺人二位之墓

思本源要木本，人孰無是心哉。想公生時，常與人傭□實受辛苦難，不妄分文，始治田十餘畝。今年逾古稀無後，一旦辭世，近門絕無承繼之人。堂弟文，與堂侄三合、三義、三才，及堂孫全發共商，取安魁爲繼，恐世遠年湮，無所考據，因勒諸貞珉，以誌不忘。是為序。

義男安魁奉祀。

大清光緒十三年冬月穀旦。

(拓片藏河南博物院。王景荃)

焦門蔡氏墓碑

清顯妣焦門蔡氏孺人之墓

母乃聖善人也。壽終之日，祖塋狹隘，難同父穴。因另選宅兆竣定所，有族叔維義，族弟金春、占春、青春、立春公議祖塋旁邊地勢旺相氣□寬闊，雖續葬數傳，料無凶咎，彼此互相□□，遂安厝於此，以□幽靈焉。但叔與諸兄弟之雅意，今雖嘖嘖人□，恐日久淹沒，無以示後嗣而昭來許。故樹石墓前，與母氏之德並垂不朽於千秋云。

孝男喜春奉祀。

光緒十三年冬月吉旦敬立。

(拓片藏河南博物院。王景荃)

楊文行妻劉孺人節孝碑

皇清旌表處士楊文行之妻劉孺人節孝碑

孺人氏劉，楊公文行德配也。幼嫻姆訓，識大體，年十八於歸，二十生子，二十三而孀。孺人痛不欲生，旋念親老子幼，家務乏人，不獲已，以婦道代子道，而奉親無倦容。以母道兼父道，而教子有義方。其子景震，忠厚樸素，恪遵母訓，業儒未成，援例入成均。孫春和，循分守己，毫無妄為。曾孫三，皆聰明穎悟，頭角崢嶸。從此桂馥蘭芬，藹然一堂。孺人含飴弄孫，以俟期頤之。自至此固孺人之節孝，有以致之分，天之報施善人□不爽也。今八旬有餘矣，苦節如例於下，囑序于余。余質言之，令大書□刻，以為天下後世風。

欽加六品銜候選儒學教諭辛酉科援貢趙鎮汴撰文。

邑廩膳生郭秀峰書丹。

男太學生景震，孫春和、萱、省，曾孫國□建石。

光緒十三年歲次丁亥仲冬月穀旦。

(拓片藏河南博物院。王景荃)

皇清軍功從九品白公諱雲宵字淩漢懿行碑

公，新野東南隅張將莊望族也。幼岐疑，讀書不事章句，事繼母以孝聞，遇子弟嚴而有法，一門之內，□雍□□，人無間言。善理家政，勤儉之外，作苦與僕輩等，由是家益殷實。子弟外出從名□遂來修□□之費雖多，弗吝也。親鄰有困之普濟周之，遇肩擔貿易者，市其物不計其值，曰：若輩生計□，吾焉忍與之較刀錐之末哉。其厚德率類此。至於捐助寨費，修補橋梁，繕廟宇，平道路諸善行，難以細述。咸豐丙辰，楚匪跳梁，公率衆拒於河，事平，蒙□給獎從九品。又數年，髮逆擾豫，勢益兇猛，鄉人咸避於城，公獨弗去，蓋欲以一身為一鄉守也。賊至，遂被虜以去，至今無□。公之諸子悲其□□之沒於外也，為余述其懿行，勒石以不朽乎。公問序于余，余維士君子懷奇異不能得位，乘時以大展其經□節□□□□時者，施於家而家無不齊，施於鄉而鄉無不化，制行而倫類樂取□歿世，而鄉里稱善人，是亦足矣。又奚必名位□□□□奕而終可以垂不朽哉！公子三，俱稱兄，家□孫亦振振穎異，頭角崢嶸，是即天之所以報公也，孰謂公而未歿也哉！

邑廩膳生員□晚張銘鼎拜撰並書。

男士昂、坤、□，孫文朋、炳、湘立石。

大清龍飛光緒拾肆年孟冬月。

（拓片藏河南博物院。王景荃）

張承平楊孺人合葬墓碑

【額題】永言孝思

清壽顯伯考張公諱承平妣楊孺人合葬之墓

今夫生不相離，死亦不相倍者，人情則然，其勢難必也。故吾伯父由村西南隅徙葬於此，雖不得與吾祖托體一所，而即此幽泉無恙，亦足安吾伯父以慰吾祖考也。且吾伯父生子一，未嗣而亡，所遺田產宅屋，可備後日祭用。凡我族人，皆不得年專此。吾恐後人莫知，因胥刻諸石，以俎豆千秋云。

故男銘牖，胞侄銘户奉祀。

大清光緒十八年三月上浣立。

（拓片藏河南博物院。王景荃）

萬允貴墓碑

【額題】春露秋霜

公諱允貴，冬公之子也。公父早故，家無糊口之資，公母因而改適，遺公一人，少無所依，逮隨母而去。及公稍長，業貿易，善居積，貲財漸有數十串。由是自遠而歸，即居於族兄允蘭之家，不幸公之壽數無多，□未室而又早故。允蘭之次子留春，為之殯殮。因同親族人商議，以遺財刊石為志，厝公之名字，不終珉滅也。

大清光緒拾捌年十月吉日穀旦。

（拓片藏河南博物院。王景荃）

皇恩欽賜鄉耆方公諱永書德壽碑

鄉耆方老師長德教序

古之人多才多藝者尚矣，其化則一才一藝，苟能業精於勤，亦足以訓當時而傳後世。吾亦有方翁，世居城南郭外之八里，居恒樸誠，勤儉讀書，不數年為貧而就木工，及其得心應手，從學者實繁有徒。翁為之口講指畫，不少倦亦不少隱。故出其門者皆能自成其藝，以為糊口計。門徒被其教澤，僉曰：何以報德。幸我師年逾古稀，躬逢聖天子禮隆，養老典重引年，爰共舉呂聞，可以邀幾杖而叨膳饎，同力豎石，以誌其德教，並紀其德壽，因屬序于余。余曰：師道立則善人多，大儒中有斯人，茲勒之貞珉，亦可見翁誠端人也，其取友亦無不端，是為序。

欽加五品銜候選教諭拔貢趙鎮汴撰文。

壬午科恩舉人族兄居午篆額。

邑庠生員族侄中矩書丹。

門徒于文、吳永光、楊興順、于全、劉振榮、張臨旭、白炳軍、賈喜龍、張平順、郭成祿、屈安、常有德。

子豁；孫增齒、增爵、增德立石。

鐵筆周占科。

大清光緒十八年冬月穀旦。

（拓片藏河南博物院。王景荃）

誥贈振威將軍墓表

《禮》言：諱王父母、不諱王父母在於逮事與否。蓋推孝親之心以及親之親，此子稱孝而孫乃稱慈與。夫孝慈莫大于榮親，一旦得志于時，置身通顯，仰荷聖天子殊恩，封贈三代，大丈夫得志固如是耶。吾鄉捷三協戎，其以武功起家，其祖若父皆沐覃恩，豐碑巍峨，植諸道周，惟于其先人父墓未表，實用缺然。歲辛卯，解組歸，始克舉行，囑余表其阡。余得諸父老傳聞，知公最悉，不敢以不文辭。

公諱成富，字裕如，世居新野城北沙堰鎮。御史焦公榮裔也。廣行隱德，奉教門惟謹，朝夕禮拜，無間寒暑。雖貿易他鄉，禮拜一如在家儀。一時遠近教門舉為楷模焉。購田數十畝，耕耘之暇，時或戀遷，在市井無市氣，與鄰里交在，廉泉讓水間，至今協戎公禮拜之勤，忍讓之行，可謂無忝爾祖矣。其祖妣誥贈一品夫人馬，名門之女，善相夫子，生夫子六人，五門後再傳，而捷三貴為協戎，天之報不爽也。公曾長孫安邦，任鎮江守戎，曾三孫占鼇阿口藍翎衛千，其他曾元輩皆磊落其才，不以富貴驕人，異日功名均未可量。積善之家，必有餘慶，亶其然乎，亶其然乎！

　　誥贈武功將軍五男玉金。

　　貤封武功將軍長孫克倫。

　　誥授振威將軍協鎮衛保刻一等湖南宜章營參軍次孫克勝。

　　欽加監提舉銜候選縣丞三孫克昌奉祀。

　　歲貢鄉再晚岳之琮薰沐頓首拜撰。

　　姻再晚余傑薰沐頓首敬書。

　　大清光緒十八年冬月初一日立。

（拓片藏河南博物院。王景荃）

朱漢英墓碑

　　清顯祖考朱公諱漢英孺人陳氏合葬之墓

　　祖乃曾祖諱煦之次子，伯祖漢魁之弟也。生平雖不概見，今觀子孫繁衍，家道頗興，未有不出先人之積德者。前祖母與祖合葬于此，祖母田氏生父二人，伯叔與前祖母亦遂續葬，祖母遷塋於庄北河上，父與大娘、三嬸又隨祖母亦續葬。今不指明，恐後人失兆，爰立石以誌之。

　　奉祀故男靜一、千一、恆一。

　　孫光隆、光太、光盛、光成。

　　曾孫建召、建鳳、建中。

　　玄孫名山。

　　大清光緒十九年十月吉日穀旦。

（拓片藏河南博物院。王景荃）

陳以洞墓碑

　　清顯祖考陳公諱以洞孺人氏合葬之墓

　　吾陳氏，舊居溧河鋪西二里許村名沙台。迨以棟祖，復遷居於此老官村，二百有餘年矣。祖塋狹隘，子孫蕃衍，其遷塋於村之前後左右者不可勝數。族議時久年湮，恐春露秋霜之意就湮，故特列諸貞珉，觸目驚心，庶不失木本水源之意也。是為序。

　　子國欽，孫登龍，曾孫世華奉祀。

　　大清光緒十九年歲次癸□□□穀旦。

（拓片藏河南博物院。王景荃）

陳清玉墓碑

清顯考陳公諱清玉妣孺人王氏合葬之墓

公諱清玉，字子珍，邦奇公之子也。公娶王氏，生三子。當公歿時，三子尚幼，王氏撫育多方，不辭勞苦，迨及暮年，皆能成器。今王氏於甲午年八月初二日病故，享年八十七歲。三子念母之苦節慈德，特為立石，以啟春露秋霜之感。是為序。

孝男繼明、繼旺、繼山，

孫玉全、玉昌、玉根、玉強、玉正、玉成，

曾孫新益、升進、升益　奉祀。

大清光緒二十年八月下旬穀旦。

（拓片藏河南博物院。王景荃）

閏可清墓碑

清故閏公諱可清妣陳氏合葬之墓

公乃虎成公次子也。世居鼓王庄，後遷高家橋，迄今已多歷年所矣。公昆季二，兄諱大麥，未娶早夭。公娶陳氏，僅生一子，廳娃，亡於外。公生時，努力自養，迨歿時，尚餘地若干，價值貳拾伍串。族間議着公之堂侄經營公之衣棺□，其斫大矣，至公之禮祀，俾同感族人立石不朽云耳。

此地肆分，四至俱陶姓，合族公立石。

大清光緒二十年陽月穀旦。

（拓片藏河南博物院。王景荃）

邵氏奏准碑

欽命河南全省提督學院翰林院編修加三級邵奏准：

皇帝垂拱之十九年，趙君建誠字則明，予之硯友，相接甚殷，十月晦，邀同人飲。其時，馬子、連子、楊子在坐，酒半，談及則明母邵氏事，乃知孺人節孝焉。孺人性幽閒，幼配處士趙君廷秀，合卺數年，歲在咸豐丙辰，髮逆入境。廷秀素懷忠義，罵賊被挾，不屈遇害。孺人肝腸斷，幾欲投繯殉，旋念上有白髮之親，下有黃口之兒，勉收血淚，懸孤孀守，兼值連年兵荒，孺人扶親抱子，身肩鉅任。暨翁姑辭世，一切喪葬或禮莫愆，孺人之辛苦備嘗，孺人之境遇彌艱也。光緒臨極，泰平有象，孺人持門戶，夙興夜寐，克勤克儉，田產日增，富能好禮，凡有貸借，慷慨勿嗇吝，恤鄰周急，鄉黨貧乏者，咸嘖嘖頌德弗衰。德者福之基。桂子蘭孫，喧喧一堂。子建誠、建朝克家令器，孫同普、同科、同榜，頭角崢嶸，俱稱家楨，預作國寶，可酬孺人三十餘年之節孝矣。節孝如例，在庠戚友欽其儀範，舉學憲邵奏准旌表。旌下，孺人年六十有四，精神康健，由此而耄耋而期頤，俱未可知，蓋以孺人閑德卜之也，則明，孺人塚男，孝行丕著，欲以母之德勒貞珉。諸同人寔贊成之。予誼無容辭固陋。因思九熊畫荻皆賢母也。若孺人者，心匪石而不轉為擬，昒風願矢死以靡他，有懷鄜什履霜採冰，數十年如一日，殆與柳歐二母，後先焜耀于青簡彤管間也。吁，可□風矣。

邑庠生愚弟篆玉張同璽頓首拜撰文。

邑業儒生仲克氏許明德頓首拜書丹。

襄邑庠生愚表弟馬登雲頓首拜題聯。

辛酉科拔貢族末鎮汴頓首拜題額。

親邑增生金樓氏馮遷喬、邑廩生萬里氏張明鑑、邑附生淨堂氏杜名堂、族邑業儒如山氏建崇仝頓首具保。

長男建誠、次男建朝，孫同普、同科、同榜建石。

鐵筆李全泰。

龍飛光緒二十年歲次甲午小陽月下浣穀旦。

（拓片藏河南博物院。王景荃）

張玉明墓碑

清故少男張玉明高孺人二位之神碑

嘗讀詩曰：共伯蚤死，其妻共姜，勁節不移，淚憚班竹，真心自矢，堅擬老松。而高門之女歸張門數年有餘，奉公姑一生受苦，念小天百世流芳，查與共姜並駕而齊驅哉！

大清光緒二十年仲冬月穀旦立。

（拓片藏河南博物院。王景荃）

張宗貴徐氏墓碑

【額題】永言孝思

清顯祖考妣登仕郎張公諱宗貴徐氏之墓

竊聞木之喬也可遷，城之佳也可卜，則知幽明之理二而一者也。公居行二，諱宗貴，迺紹隆公之子諱會公之孫，自張湖遷居田莊百有餘年。公原配徐氏，繼配楊氏，皆無所出。

又娶王氏，所生三子，長曰明金，次曰明士，三曰明文，雖相繼而亡，而子孫崢嶸，實昌於後。今楊氏、王氏殯埋張湖，公與徐氏卜塋于張莊東南隅，與曹公比鄰。後世之人，無忘公之慎以擇里，更無忘公之慎以擇交焉。

奉祀孫長門曾孫應東，元孫知賓；

次門元良，曾孫應西、應星、應禎；

三門元善、元恒，曾孫應奎、應祥、應午。

大清光緒二十年十二月上澣穀旦。

（拓片藏河南博物院。王景荃）

張天旺墓碑

張氏始祖考諱天旺妣宗孺人合葬之墓

始祖諱天旺，自大業縣遷居於邑東，迄今百餘年矣。第族無家譜，墓鮮碑碣，恐後世繼繼繩繩不知為誰氏之丘壟。成念水源木本之意，感春露秋霜之思，因獨立石以誌不忘云爾。

長門男貴，孫廣和、廣順；曾孫起盛、起齊、起禮；元孫門定、門艮、門明；

次門男武，孫廣會、廣成、廣有、廣禮、廣信；

三門男梅；

四門男智奉。

大清光緒貳拾壹年暮春中浣穀旦。

（拓片藏河南博物院。王景荃）

曹殿元墓碑

【額題】享思維則

清顯考曹公諱殿元妣待贈孺人劉氏裴氏翟氏合葬之墓

可述之孫克後之子也。兄弟六人，公居長，次法元、次應元、惠元、東元、魁元以次而及。因祖塋地狹，應元四人皆遷塋，惟公與法元附葬。恐久而失次，故詳記之。

奉祀男金武、金榜、金銘仝立。

光緒二十一年十月初一日穀旦。

（拓片藏河南博物院。王景荃）

朱印墓碑

【額題】本支百世

清顯太祖生員朱公諱印、孺人杜氏之墓

公，正色公之長子也。公之祖父已遷塋于家北渠東，公又回葬於此。公之孫勳，又遷于左。恐世遠年湮，後人失兆，爰立石以誌之。

故男文玉，孫勳，曾孫宏基，元孫雲，來孫含經、含典。

大清光緒二十一年小陽月穀旦。

（拓片藏河南博物院。王景荃）

清壽江氏始祖墓碑

【額題】水源木本

清壽江氏始祖之墓

墓豎碑石，示不忘也。想余始祖原籍福建泉州府晉江縣，於康熙年間屯田斯邑，迄今八世。惜余家未留宗譜，始祖、高祖諱俱失傳，自曾祖以後尚克記憶。曾祖兄弟二人，曾祖居長，諱有德。祖兄弟四人：祖行四，諱寶禮；大伯祖寶珠；二伯祖寶義；三伯祖失名。追余考兄弟六人：伯考諱全泰；二伯考□失；三伯考全法；考全德；五叔考全榮，以上均序葬此塋。惟六叔考全祿，遷葬此塋之西南隅。至於二曾祖諱有惠，生堂叔祖一人，諱寶坤，改葬此塋之西，相去十餘里。恐年遠代湮，不識所自，故勒石以誌之。

來孫[1]

光緒二十二年二月清明節立石。

（拓片藏河南博物院。王景荃）

張明福墓碑

清故顯祖張公諱明福妣馬氏魏氏之墓

且祖所以妥先靈而豎石，所以示後嗣也。吾祖始娶祖妣氏馬，生吾父而早逝焉。繼娶祖妣氏魏，未幾而祖亦故矣。繼祖妣甚有賢德，經營家事，教養子孫，故家道日昌。焉使不豎石以誌之，則其人其功不幾湮沒不彰也哉！是為序。

故男文貴，孫炳，曾孫印金、長銀、印文奉祀。

---

[1] 以下人名略。

大清光緒二十二年仲春月穀旦。

（拓片藏河南博物院。王景荃）

馬母張孺人墓碑

皇清顯妣馬母張孺人之墓

父諱鳴泮，字芹香，母王孺人，合葬祖塋內，此遵太公就封，五世皆反葬周之義不忘本也。母張孺人亦應與同穴，但祖塋地狹而序葬無地，因擇吉地于祖塋南百餘步，雖云遷塋猶在祖塋前，仍一不忘本之心也。二門暨五門之子孫，序葬於其下。至於長門暨三四六門之後，或葬祖塋之前，或塋本村之西，不並葬於此地者，實因瓜瓞綿綿而螽斯揖揖，子孫之衆多，恐此地之狹，不能容焉耳。

光緒貳拾貳年歲次丙申桃月下旬穀旦。

（拓片藏河南博物院。王景荃）

張泰清神道碑

清故處士張公諱泰清字安泉神道碑

自來實大者，聲必宏，行成者，名自立。如吾二叔安泉公非即其人耶。叔生有至性，風格岐嶷，自童時，諸先達見者，莫不以英物奇之。稍長，束髮受書，過目輒成誦，六經以外，諸子百家之記無所不讀。初試以文，不事剽竊，思深筆捷，直欲追前輩名大家氣息。爾時常從先祖邑庠鐘秀公遊，焚膏油以繼晷，恒兀兀以窮年。祖或竊自慰曰：光門閭，振家聲，將惟次子是賴矣。族中人亦曰：光門閭，振家聲，將惟汝子是賴矣。未幾，嗜書成癖，年十九完婚，越五載，而蚤世。噫，惜矣！叔卒于道光四年，距生於嘉慶六年得年僅二十四歲。祖因是口不言文，木鐸弗振，悲傷成疾以沒。此吾家往事吾所素聞者也。嗣後父臨終時，又屬吾而告之曰："汝叔之壽雖不永，汝叔之名垂不朽，汝宜好為之。"迄今父言猶在耳也，故勒石以誌，庶叔之名雖滅而不滅也矣。

邑庠廩膳生員王觀光撰書。

大胞侄建一字宗說，孫樂志、樂書、樂柱、樂照，曾孫宜行、善行立石。

大清光緒二十二年卯月上浣。

（拓片藏河南博物院。王景荃）

輕財重義碑

六合寨居新、唐之中，東達棘隨，西通秦隴，車馬絡繹，往來不絕，蓋富商大賈所必經也。今春，有客遺布數十疋，值金數十串，拾者不一家，且不一姓，經寨中首事人偏加訊問，竟能絲毫無損，如數歸還。酬之錢文，不受。與以酒宴，不赴。僉曰，是區區者，焉用謝焉。客不得已，思所以傳不朽者，莫若貞珉，勒之石，實銘之心也。而六合寨之義鄉仁里，嘖嘖焉且偏于棘隨秦隴間矣。是為序。

　　拾布人高平章、朱進如、高心太、高全、朱進忠、朱清正、朱清科。

　　首事人高星照、高秀林。

　　邑庠生員高星垣撰文。

　　增廣生員高功純書丹。

　　德和義立石。

　　鐵筆賈可名。功錢五串。

　　皇清光緒二十二年桂月穀旦。

（拓片藏河南博物院。王景荃）

朱漢斌墓碑

【額題】孝思維在

清故顯考朱公諱漢斌之墓

　　公父諱詢，兄諱漢方，其兄隨父葬于家前，公隨母遷塋家北，兄弟二人俱乏嗣焉。公亡之日，所遺地四畝。親族欲為取繼，業不顧養，無奈着近族林一收其田產，以備後世香煙之貲。林一不忍公沒不彰，爰立石以垂不朽云。

　　大清光緒二十二年十月穀旦。

（拓片藏河南博物院。王景荃）

皇恩欽賜登仕郎劉公德壽碑

　　粵稽君虞國者養於上庠，庶者養於下庠，朝廷令典亙古亦數千年矣。至我國定鼎，恩禮特隆，年高德邵，例□我皇之錫。劉公諱□興，字□之，本村端方人也。世習農業，恂謹持重，□言不妄，雖未獲枕經胙籍，而孝友溫恭，仁篤慈惠，本天性焉。田□宗族□其孝，鄉黨□□□村中父老子弟具加親愛□。治家也，戴星而出，戴星而入，風雨耕耘，假寐不遑，是以公方弱冠，先□□公克□增至兩頃，□心以制恆產，其才加□□等矣。且身修而後家齊，先聖而自有名訓。公以儀型有道，而子孫男女□義方允克紹箕裘之緒，□又可以裕後昆，迄今年已□□翁猶□□。孔子曰："大德必壽"，古人誠不我欺也。夫公以龍鍾之歲，上蒙國恩，下隆家道，蒸蒸乎閭里之望也。《易》曰："積善之家，必有餘慶。"余當為公贈焉爾。

男天增、孫和章、寅章立石。

龍飛光緒□十二年陽月中旬穀旦。

（拓片藏河南博物院。王景荃）

魯效楹墓碑

【額題】于萬斯年

皇清顯祖考魯公諱效楹妣孺人李氏田氏三位之神墓

公賦性純厚，其事親也孝，其待子也慈。父母昆弟皆無異言。元配李氏，生一子，名喜之。繼娶田氏，又生二子，長名行之，惟次子信之，遷塋東邊，此即公之陰功所感，而天之報施善人也。長孫玉方等，不忍忘先人之德，故立諸石，以為後世子孫之法則云。

孫玉舞、玉春、玉璲、玉方、玉望、玉麥、玉環；

曾孫應長、應才、應冬、應琢、應順、應新、應聚奉祀。

大清光緒二十三年歲在丁酉端月敬立。

（拓片藏河南博物院。王景荃）

魯國學墓碑

【額題】繩其祖武

皇清顯曾祖考魯公諱國學妣孺人彭氏二位之神墓

公之去世，將近百年矣，聲音笑貌，莫能記憶。第父老傳聞曰：娶妻彭氏，生一子，名效楹，幼讀詩書，功程不懈於片時。長務稼穡，四圍不見其荒，薦名雖鄉間愚人不同也。余恐時久名沒，故為之序，以致終於不忘夫。

曾孫玉舞、玉春、玉方、玉望、玉麥、玉環，

玄孫應長、應才、應冬、應琢、應順、應新、應聚奉祀。

大清光緒二十三年歲次丁酉丙午月穀旦。

（拓片藏河南博物院。王景荃）

曹銘富墓碑

【額題】萬古千秋

清故曹公諱銘富之墓

公孤身獨立，又一胞妹，適李門為媳。公秉性剛直，幼習木作，勤儉之家，並無須臾之怠。事父母，能竭其力，年近四十有餘，不幸母親病故，不數年，公亦遊逝。父元春，

年老無靠，有地一畝有餘，與銘敬耕種奉養。年近九旬，一病而終。敬不忍絕嗣，將地一段二畝半家西地內萬墳地，橫六弓零四尺，順十一弓，其餘給林高與銘富繼嗣，不忘銘敬之恩，早晚殷勤，不能輕忽，垂石不朽云。

  林高立石。

  大清光緒二十三年小陽月穀旦。

（拓片藏河南博物院。王景荃）

焦公李氏孺人墓碑

  【額題】本支百世

  顯妣焦公李氏孺人之墓

  孺人李氏，乃焦公諱拔之繼配也。于歸以後，十年有餘而公亡，家務叢脞，賴其料理。子孫蕃衍，待其訓誨。李氏所歷之境，可謂艱苦備嘗也矣。堅貞之操，可比之于往古，而罔極之恩，當報之于近今。夫婦之倫，理應合葬，但因祖塋狹而遷此，故立石以誌之。則後世子孫可以知其遷所由來矣。

  長門故男尚潔，孫故雲漢、雲泗，曾孫全漳、全成、雙世、雙盡，元孫俊科、同召、盈科、勝科；

  次門故男尚清，孫雲台，曾孫潤漳、薊漳、建漳，元孫春望；

  三門男尚寬，孫雲合、雲連，曾孫雙才、雙選奉祀。

  光緒二十四年季春中旬穀旦。

（拓片藏河南博物院。王景荃）

重修祖師廟碑

  古有云：莫為之前，雖美弗彰；莫為之後，雖盛弗傳。此古今作述之大凡也。即營建，何獨不然。百寧艮鄉，舊有古剎一座，梵宇巍峨，環漂而居者依為形勝，座前鎖以石梁，自前明聶定邦、聶彥邦創修而後，輪轅輻轒為自唐以來孔道。院有柏，前後共八株，柯銅根石，輪因離奇，杜子美詩云："霜皮溜雨四十圍，黛色參天二千尺。"此柏其仿佛與！大殿三楹，正位祀元武真君，樓上有觀音像，山門之上，肖關壯繆，咸□祀焉。東西僧寮各三楹，左右耳房各一。其創建之年月，不詳於誌乘，亦無碑版可尋。年來雨□□□，諸多傾圮，觀瞻寖以不肅，雖歲時伏臘，香火仍不少衰。而棟宇凋殁，幽靈莫妥，神得毋怨，□於斯人□□□□□□□更新之。僉曰：可醵貲鳩工，敝者葺之，傾者扶之，舊者新之，瑕者煌之。作始於光緒乙巳七月下旬，落成於八月下旬。工竣之日，徵序於余。余維元武，水星也。自□清禦家懷預柔百神□□□□忠降福者，□□□□，歲時致祭。元武之立廟，始於前明，衍於我朝，一時祀事孔明，自通都而大邑，而市□，而□□善信士□□□幾徧於十八行省，豈歸以神光普照，實能詳和甘而錫休祥哉。況現金身於太和頂，三廟規義，我□至等等歷千百祀而有赫，為億萬家所來朝，真君靈應，配五嶽四瀆而稱尊。茲廟之建，即不敢上擬□寶頂，而當良辰□節，漂之右，漂之左，士女聯翩，冠裳雲集。或奉香楮以明虔，或薦溪毛而祈福，爺英靈之□進，善心泊然以生，邪念皆渾然而化，久之誠敬所感，大沛祥霖。祥霖所被，屢獲豐年，元武之造福，吾鄉曷有既哉！況觀音廣錫族類，□□益徵其繁昌。關聖普施威靈，蒼赤胥賴以呵護。《書》曰："澤潤生民"。詩曰："介以繁祉"。行予諸神卜之矣。余雖不敏，竊□觚而志之。

歲進士候選訓導陶漢樨撰文並書。

光緒二十四年□□□□□月。

（拓片藏河南博物院。王景荃）

高清科公甲甫述行碑 [1]

乃制行之本，世有磊磊落落為閭里光者，善矣。吾鄉族兄甲甫公，其較著也。公姓高氏，諱清科，甲甫其／

合寨之白丁也，少生古依母成立，及長，貿易肩挑，稍有利，輒曰足亦足備菽水多奚為？無何，生不逢時，髮逆逼／

公被□乃善調處，未遭身禍。及歸，仍服賈焉。高氏，巨族也。村落數里，異姓互處其間，口角相爭者，指不勝屈。公則曲為排解，一言永釋，偶有不相下者，則治酒筵而和焉。更有廳禍猝臨邊累者，幾有破家之虞。公曰："孽本自取，與人何尤。"乃偕同人杜其漸，官可不知而其事即化矣。其猶有可述者，族某有急難事，貧無資，委婉咨嗟。公曰："一勺之水，所活多矣，不可袖手。"借之錢文不計利。夫難平者，事也。難得者，心也。公之平夫不平以得里人歡心者，由仗義之與疏財也。自是遠近感恩，貧富頌德，及聞訃，弔者數百人焉。親友不忍沒其行，欲壽貞珉。予曰盛舉也。因不辭而直序之。

公壽五十三，德配李氏。子二：琴堂、中堂，猶子書堂、景堂皆頭角崢嶸，耕讀是務。行見家庭和睦，門第輝煌，天之賜福未可量也。子孫繩繩，其又躋美於後也。

邑庠生族弟指陛拜撰。

邑處士族弟連陛拜書。

大清光緒二十五年歲次已亥辜月下澣穀旦。

（拓片藏河南博物院。王景荃）

---

[1] 此碑／後殘，字缺。

胡孺人節孝碑

旌表處士黃公諱金甲之妻胡孺人節孝碑

孺人者，黃公金甲之妻，胡公景樂女也，幼嫻姆訓，識大體，鍼黹之長，特餘事耳。年十九于歸，性溫厚，疾言遽色無有也，事翁姑以孝聞，定省之節，未嘗一日間，勤儉治家，一絲一粥妄費焉不忍，□紡織，親炊爨，雖隆冬盛署，勞瘁不憚。孺人之賢聲久已嘖嘖人口矣。生女一，未週歲，金甲公以疾終時，孺人年方廿五，痛不欲生。翁姑憐而慰之，含淚言曰："死者長已矣，我輩筋力就衰爾。女尚懷抱，損生雖美，如此之人何哉？"孺人聞言啜泣，遂奉高堂，撫幼女，矢志靡他焉。不數年，翁姑相継壽終，孺人獨身經理，喪具悉從厚，婦盡子道，理固然也。旋念膝下乏人，因取長門堂姪建坤承嗣，是黃門之宗祀賴以不墜者，亦孺人之力居多。於戲，孺人者，特巾幗中一婦人耳，尚能敦大義完貞操，使乾坤正氣常留人間。世之立志不終者，聞之應愧死矣。迄今年逾古稀，秋季辭世。姪建坤為之請旌。國家典重節孝，綸音寵錫，用建綽楔，以表芳徽。後之覽者，覩豐碑之巍峩，未能嘗不流連慨慕云。

世愚晚邑廩生張銘鑑撰文。

眷再晚邑庠生鄭夢蘭書丹。

男建坤敬立。

大清光緒貳拾陸年小陽月中浣穀旦。

（拓片藏河南博物院。王景荃）

萬義合墓碑

高祖萬公諱義合妣孺人馬氏合葬之墓

公諱義合，均合公之胞弟也。公之父，葬于村之北塋，無碑失傳。暨公卒，與其兄均合併塋葬於茲。公娶馬氏。生子名千，乏嗣無後。因取進之子邦，立為後。宅子二所，地六十畝盡付焉。邦立娶陳氏，生子四人，俱農業是務。至今子孫繩繩，後之福皆公之德也。其孫公議，恐世代久遠，不知祖塋所在，遂令衛伐石，聊具數語，以誌不朽云爾。

男千、孫邦立等奉祀。

大清光緒廿七年喜月吉日。

（拓片藏河南博物院。王景荃）

齊國碩墓碑

【額題】永言孝思

清十四世祖考齊公諱國碩妣元配趙氏繼配梁氏白氏孺人之神墓

公父諱暄。公兄弟五人，其長兄國彥，仲兄國珍，叔兄國璉，俱葬齊花園東北隅。恨塋隘甚，不能不為遷塋計。公孫獻廷，出繼於振甲，公之祀，幾不絕如線。幸有獻廷孫福印，感水源木本之思，不忍忘其所自生，爰立片石，以昭茲來許。

長男振紀，孫獻珂、獻廷、獻瑞，曾孫米貴，元孫用印、福印、遂印、成印，來孫文定；

次男振綱，孫獻有奉祀。

大清光緒二十八年四月穀旦立。

（拓片藏河南博物院。王景荃）

王修經墓碑

清故考王公諱修經妣曹白氏合葬之墓

公諱修經，乃德彰之長子也。公元配曹氏，繼娶白氏，生二女，身已辭世。公以勤儉為生，劬力以養二女，俱以適□，有心取繼承祧，自又揆已之不能，公之心有常不坦然者矣。今公既卒，遺地一畝，□豈忍絕公香煙乎？親族公議，取胞弟修道之子名香桂為一門雙承。公雖至幽冥，方可展舒其心矣。但祖塋地狹，不能續之以葬，故遷葬于茲外方榮之地，即公遺之地以作香煙。是為序。

雙承孝□男香桂奉祀。

大清光緒二十八年小陽月穀旦。

（拓片藏河南博物院。王景荃）

趙元珠墓碑

顯考太學生趙公諱元珠、妣馬氏、張氏孺人合葬之墓

予父幼列儒林，讀書明理，文通詩秀，屢試不荐，此乃命使主之。後以料理家務，遂弗期於上進，至十七歲，榮□□□也。予母馬氏，端莊淑慎，有潤德焉。所生兄弟有四，或耕或讀，毫不妄外，克勤克儉卻無偏□。□□歲，母□辭世，長、二兄相繼而逝。繼母張氏撫養四弟，待子無異親生，母在九泉，可以瞑目。□□□然天□之年，朝夕供養，得盡人子之分，請師指教，晨昏侍側，時聞義方之訓，功□□□□□□□□然國福受業，

聊可慰父之心耳。無何，予父六旬，竟赴玉樓之詔乎。嗚呼！兒若□□□□□□□乎？幸而子孫繩繩，書香綿綿，始□數傾，略言飽暖，大抵祖、父倍嘗辛苦之所至也。夫茲者□數語，勒諸貞珉，使後世知我父母之為人概如是云。

  男長故天恩、次故天賜、三監生天增、四天祥；

  孫廣京、廣山、廣秉、廣汴、廣晉、廣韓、廣宋、廣明、長山、長安；

  曾孫萬陞、萬福、萬瀛、萬鐸、萬川、萬利奉祀。

  大清光緒二十八年冬月十六日敬立。

（拓片藏河南博物院。王景荃）

盧浩墓碑

【額題】百代常昭

  清顯考盧公諱浩妣張氏二位神墓

  公諱浩，中臣之子也。公所娶張氏，惟生三子。第念公其生質也樸實，其待人也忠厚，其處家也勤儉，其盡力也耕耨，斯為信善人也。但恐歲月久遠，公之懿行或失，因立片石，表其生平，庶永垂於後世而不朽云。

  男守成、守巳、守田，孫三友、三順、三居奉祀。

  大清光緒二十九年季春月上浣吉日敬立。

（拓片藏河南博物院。王景荃）

張士漢墓碑

【額題】永垂不朽

  清故張公諱士漢之墓

  從來木有本而水有源，人之有宗祖□□木之有本，水之有源耳。我□□居張馬湖，不知何年遷居于木板田，遞傳以至於今。公諱士漢，文學昆玉四人，公居行二，長兄士英，三弟士敏，俱有接宗之人。惟有四弟士知，遷居何處，至今失傳。公生平勤儉治家，忠厚待人，生子一人，教養甚□，表明其德，後人莫知其詳，故勒貞珉，以誌永遠不忘云。

  故男車，孫細浩，曾孫學儒，元孫明法、明善、明源、明理、明傑、明剛，來孫元信、元香、元立、元方、元和、元德，□孫。

  皇清光緒三十年季□月穀旦。

（拓片藏河南博物院。王景荃）

清顯祖張公諱秉焱李孺人之墓

嘗聞：息之深者達之盲，積之厚者流之光。以是知根深所以葉茂，源遠所以流長也。想我曾祖公諱秉焱，居心正直，處世忠厚，更克排難解紛，鄉黨之中得公之調處，恒有和睦之樂。仗義疏財，鄰里之內被公之周濟，庶無艱窘之憂。此以燕貽子情，耕讀貽厥孫謀，衣頂榮身，於以知子孫崢嶸於後，房屋較勝於前，皆公之德澤孔長也。後之人能不因其行以思其德，永矢弗諼也耶。

故男明魁，故孫都司軍功清和、清平、清潤少亡，曾孫恒心、恒秀，元孫志柄、志道、志中奉祀。

大清光緒三十一年小陽月下旬穀旦。

（拓片藏河南博物院。王景荃）

張正業墓碑

清故顯曾祖考張公諱正業妣閻楊氏孺人合葬墓

曾祖正業公，吾高祖成公之次子也。由後村遷此，迄今一百餘年。兄弟析居，田產二十餘畝。生祖考明道公一人，生平勤儉，度阡越陌，竭力耕田，故能以家道蒸蒸日上。爾時，曾祖妣閻孺人，內助之力居多焉。教祖考以義方之訓，兼之以耕讀傳家，從師上學，毫不惜乎貲財，泊乎晚蔭，治田百畝有餘，享年七十餘歲而卒，遂卜葬於茲。但此地之勢□□□□以續葬，及祖考明道歿，又遷葬家西，故立石以誌之。

故男明道，故孫玉發、玉潔，故曾孫繼德；

曾孫繼善，元孫學孔、學顏、學曾、學思奉祀。

大清光緒三十三年歲次丁未杏月下旬穀旦。

（拓片藏河南博物院。王景荃）

焦德昌墓碑

【額題】永言孝思

清顯處士焦公諱德昌孺人龔氏二位之墓

公乃光祿之子也。賦性平和，存心忠厚，事親全孝道，教子以義方。幼持讀詩書，深知嫉邦而秉正，長務在農業，時思黜華而戒奢。辛苦備嘗，家道漸興，公之為人可謂繩其祖武，垂於後昆者矣。公父葬于祖塋，公宜續葬，乃塋地狹隘，難以續葬，故公之父葬于廟北，公之塋遷於家西。恐世遠年湮，泯沒弗彰，因銘石以誌之。俾後世子孫知所由來焉。是為序。

壬山丙向。

孝男百福、百祥，孫朝秀、朝堂奉祀。

大清光緒三十三年三月上旬立石。

（拓片藏河南博物院。王景荃）

重修劉氏祠堂碑

劉氏祠，創自咸豐九年二月上旬，此前輩已成之功也。至光緒三十二年五月十八日，漂水漲溢，橫流滿野，平原之地水高數尺，近河稼穡水亡殆盡，人民房舍淹倒無數，而祖祠亦受其災焉。水高三尺，風波萬丈，磚瓦木料損失大半，合族人等無不目覩心傷，曰："此祠乃前輩所創，吾先人庇蔭之所，如聽其傾頹，不為重修，不惟失先人之庇蔭，亦且枉前輩之成功，豈不遺笑大方乎！"因而約同合族有事人等，按烟灶，計地畝，抽排錢文，同力合作，不數日，而功告竣焉。至棟宇牆壁，較前日高大且堅。而今而後，吾知不過水災則已，即過水災，料不至於損傷若是也。于是，緣舊碑而重刻，就背面以記事，雖因陋從儉，亦竊有弔古之思，焉敢云立石頌功哉。

大清光緒三十三年桂月吉日立石。

（拓片藏河南博物院。王景荃）

魯應允墓碑

【額題】永垂不朽

清顯叔考魯公諱應允之墓

叔父諱應允，年僅逾弱冠，天不幸早夭，遂于祖而從葬焉。及父之卒，卜宅于始祖塋之西，後予雖不能于叔父相從，而立石以誌，則後世子孫猶知不遠伊邇云。

胞侄遂友。

大清光緒三十四年三月上旬立。

（拓片藏河南博物院。王景荃）

馬天榮墓碑

【額題】昭茲來許

清故顯考馬公諱天榮妣郭氏合葬之墓

聞之木之長者必固其根本，流之遠者必浚其泉源，此尊祖敬宗，《禮經》所以有明訓也。公行一，上發宗祧，下繼煙祀者哉。今祖塋之側，地極狹隘，窀穸無所，不得已於老墳南邊得卜吉地，永為殯葬祭埽之區。後之覽者，求諸貞珉可知耳。

男朝毓，孫學駿、學騎奉祀。

光緒三十四年三月上旬穀旦。

（拓片藏河南博物院。王景荃）

馬天華墓碑

清故顯考馬公諱天華妣氏合葬之墓

聞之《禮》："國之大事，在祀與戎。"則春露秋霜，非仁人孝子所難忘哉。公居行二，大抵如其兄之醇善可知矣。為祖塋無地，不能續葬，與兄建塋一處以蔭統後世。不意今茲失傳，家無遺業。族人合謀，捐貲代為豎石，庶億萬斯年，得以永垂不朽云。

男朝川、朝順、朝棟、朝獻，孫學孔、學顏，曾孫玉寬奉祀。

光緒三十四年季春上浣穀旦。

（拓片藏河南博物院。王景荃）

王同德墓碑

顯考王公諱同德張氏孺人合葬之墓

父諱同德，吾祖多才公之次子也。父在日，吾兄弟幼弱，父能獨理稼穡，披星戴月，不憚勞苦。居家孝慈及慕，功德非可一言而盡。至於房舍、田產於焉漸廣，使一家得享飽暖安居之樂者，□□吾父經營之功也。若不豎石表明，吾恐世延年泯，漠而弗彰，爰勒貞珉，以示後人。

大清宣統元年二月穀旦立。

（拓片藏河南博物院。王景荃）

黃然墓碑

【額題】孝思惟則

清故顯考黃公諱然妣孺人何氏合葬之墓

生則同室，死則同穴，理亦然也。但吾祖墳地勢狹隘，不能與何孺人合葬，因遷于祖塋之側，卜吉壤而厝焉。不惑世俗之說，只求□身之安。其焉以安靈魂者至矣。然恐代遠年湮，後人莫知其處，特刻片石，以誌不朽云。

大清宣統元年立。

（拓片藏河南博物院。王景荃）

許國維墓碑

【額題】春露秋霜

清壽顯祖許公諱國維妣孺人王氏合葬之墓

予祖兄弟三人，行居於三。長伯祖庠生諱國清，次伯祖諱國定，□□遂□，從予曾祖諱自忠公葬在西河灣始祖墓北，及予祖沒，遷塋於此。長子、三子從葬，次子葬後墳園祖塋西邊。恐年遠失傳，今立石以示後人。

此地係長門私產，不准公用葬人。

男振遠、振遙、振遐，孫升瀛、升才、升庠、升學、升謙，曾孫德溫、德廉、德慎、德水、德舉、德均奉祀。

大清宣統二年季春月上浣立石。

（拓片藏河南博物院。王景荃）

張振紀墓碑

【額題】繩其祖武

清故張公考諱振紀妣王氏合葬之墓

父諱振紀，乃祖諱朝聘之子，曾祖諱榮之孫也。祖生父兄弟四，父行三，性好勤，課桑田之晴雨，雖帶月披星而辛苦備嘗者，父亦未嘗有倦容焉。迄於今，父之沒世，已數十年矣。然父雖沒世，而父之功德，豈與父俱沒也哉！因列諸貞珉，亦聊寓追遠之意云爾。

男效顏、效鳳，孫玉璞、玉如、玉良、玉爛，曾孫建祥、建喜、建昭、建立、建本。

皇清宣統二年三月十五日立。

（拓片藏河南博物院。王景荃）

李金玉墓碑

清壽李公諱金玉一位之墓

孔莊村舊有李氏祖居於此村，三門分支，長門、次門皆有祠。相傳惟三門傳至諱金玉公者絕祠。世遠年湮，沒世以後餘地乙畝。眾族人商議課金乙千文，以為香火之資。今故樹貞珉，以誌不忘云爾。

其地乙畝有餘。

大清宣統貳年桐月上浣。

（拓片藏河南博物院。王景荃）

皇恩欽賜鄉耆劉公印元體甫子健德壽碑

維宣統三年歲次辛亥，邑東耆民劉公，年登中壽，身體康健，子若孫報捐于朝，得恩詔賞賜耆民一名，奉詔後表德銘功，壽諸貞珉。所以式鄉閭，廑皇恩也。厥子勤富來丐序。余不敏，且學荒業廢，何足言文。第思誼屬戚鄰，事在難辭，爰即平日之所知，與勤富之所言者，略陳讜陋，為鄉里勸。

公謹願人也，幼務農，事親有禮，居家有法，除三黨往來外，未嘗妄交一人，妄動一步。幼配孺人王，先公卒。生二子：長萬富，次勤富。萬富先儒後醫，精岐黃，生涯□□輕財，一方被神祐，皆公教養之力也。光緒甲辰，公長子卒，所生孫男三人，皆為之延師讀書，獨與次子早作夜息，襄理家務。自是而後，田產為之屢增，房舍於焉煥新。公亦優遊桑榆，課耕課讀，極家庭樂事。語曰："仁者有後。"信哉。今者古稀初度，朝庭米肉之頒，□有定例，然非公之盛德有以召天和而餘家慶，則亦未足垂諸久遠耳。夫有德可傳，有壽亦可傳。惟其可傳，是以並垂不朽云。

邑增廣生員眷晚許繼衡撰並書。

男故萬富、勤富，孫殿鼇、殿俊、殿雲豎石。

宣統三年孟秋月上浣穀旦。

（拓片藏河南博物院。王景荃）

○百柳詩碑

新柳
青青別露一番春，嫩色嬌妍更可人。
自是世情多厭舊，非關垂柳亦爭新。

疏柳
離離淺影不遮村，蕭散枝條瀉日痕。
春燕歸來尋舊壘，□從柳外見紫門。

高柳
垂天翠線超林端，樹杪藏鴉夢亦寒。
高騫枝葉先承露，遮莫時人仰面看。

深柳
柳暗天光常帶陰，浸人綠影上衣襟。
滿地蒼苔無日到，叢枝密葉亂春禽。

古柳
鬱鬱孫枝不計春，曾經折送九朝人。
年華一任炎涼轉，桓子十圍敢與倫。

弱柳
清瘦腰肢一撚輕，春深猶自不勝鶯。
舞風嬌怯渾無力，倦態姿□別有情。

遠柳
縱有嬌鶯語不聞，隔溪遙映隴頭云。
幾點前村新綠影，絲絲葉葉了無分。

小柳
翠影團團小似輪，種來條葉未全均。
生厭世人輕老大，一枝早占上林春。

絲柳
紛紜細縷舞風輕，好結同心贈遠行。
一林絲雨如添線，幾度鶯梭織不成。

枯柳
瘦如怪石立汀洲，舊日雙鶯過不留。
春光靡麗無相染，直等張騫泛鬥牛。

將綻柳
河洲淑氣動長枝，俏眼含青未展眉。
嬌羞初許東風嫁，無限春情尚且持。

半綻柳
乍吐英華色更新，風流何必露全身。
早鶯驚醒三眠夢，欲掃娥眉半殊白。

垂陰柳
□□□沉看卷舒，俄然鋪地掃難除。
□□□碎空堦影，細葉長絲畫不如。

飛絮柳
綠樹雪飄輕復微，晚風不動高林飛。
低低無影落芳徑，遠遠多情穿繡緯。

落葉柳
飄灑江村覆短蓬，半留疎翠影泥空。
同根各自為榮謝，吹落何關一夜風。

雨柳
帶雨一枝綠可捫，空階淅瀝依黃昏。
娥眉深鎖帝妝好，翠袖風翻拭淚痕。

露柳
著樹無聲濕曉煙，晴空冷翠滴春前。
葉間零亂明珠夥，憑藉東風柳線穿。

煙柳
飄渺微光罩綠線，樹腰半露影參差。
茨抹輕籠迷曉色，不知何處鬧黃鸝。

月柳
月掛長枝露正溥，送來疎影滿河幹。
綠絲掩映嫦娥面，一道隨堤橫廣寒。

晴柳
露色枝頭蕩眼明，喜晴鶯語弄嬌聲。
蘭湯新浴佳人起，翠帶輕盈爽氣生。

風柳
冷然花信到天涯，入柳盈盈翻綠霞。
無那春風輕復軟，千綠萬縷盡西斜。

雪柳
野岸株株帶粉肥，孤舟漁火冷相依。
分明風絮漫天舞，豈是雪花遠樹飛。

冰柳
舞腰環佩掛重重，響碎寒林幾陣風。
滿樹流光看不定，池亭一帶玉玲瓏。

金錦柳
看鶯不見語方知，珍重芳名最得宜。
青帝為看添富貴，枝頭盡掛黃金絲。

清明柳
閒閌樞戶插長枝，令節恰逢拜掃時。
紛紜士女醉芳草，柳色依依起孝思。

啼鶯柳
穿樹斜飛金羽翎，一聲恰含曉煙冥。
何處羌兒弄笛巧，漏春枝上最先聽。

吟蟬柳
雨過園林返照明，翠條倒掛小蟬鳴。
轉丸遭盡塵埃笑，高柳騰飛播遠聲。

繫馬柳
雕鞍金鐙繫垂楊，嫋嫋綠絲映紫韁。
春郊漫自誇神駿，汗血曾經幾戰場。

藏鴉柳
春染柳梢綠正芳，婆娑葉底有鴉藏。
高臥一枝清夢穩，懶攜日影過照陽。

蘸水柳
曲岸長楊蘸水妍，縠紋清蕩倒浮天。
照得一株成兩樹，垂絲上下影相連。

映簾柳
鶯囀清陰鋪院稠，蝦鬚靜掩一庭幽。
隔斷微塵飛不到，依依翠色入簾浮。

隔牆柳
粉壁誰家亭榭遙，綠煙影裏燕雙飄。
知是園中春色滿，牆頭半露柳枝嬌。

維舟柳
停橈驚起鷺雙雙，柳下孤舟繫晚江。
浪細牙檣風不動，青垂亂縷罩蓮窗。

人柳
漢范風光別樣新，柳眠柳起靈於人。
翻笑世人無醒日，茫茫夢裏過殘春。

瑞柳
翠陰罩掛滿堦除，枯木敷榮還自如。
共道長安近聖駕，豈知瑞兆在中書。

眉柳
不錯妝台螺黛濃，遠山□日羨臨邛。

枝頭亂點宮眉七，京兆無勞弄筆鋒。

營柳
冉冉綠雲上將營，流鶯啼處馬爭鳴。
細柳軍容天子肅，而今那得亞夫兵。

車蓋柳
有柳如張翠蓋圓，挺然長柄倚雲邊。
高家種此昌門第，枚卜承恩宰相賢。

染衣柳
虎榜分榮姓字高，爭誇□固少年豪。
九烈憐才真異事，先將柳汁染宮袍。

玉笛柳
關山一曲動愁人，夜色淒清月半輪。
雁嶺霜寒秋欲盡，偏能吹出柳枝新。

舞腰柳
輕梟東風舞細腰，春鶯不禁欲魂銷。
宮中楚女空擔餓，何曾學得一枝嬌。

陶潛柳
能開青眼辨愚賢，自不托根向市塵。
人中識得陶元亮，五柳名高百世傳。

張緒柳
靈和殿外帶春嬌，豈是尋常舞灞橋。
□□張郎今何處，風流還寄在長條。

種柳
門對清溪東有橋，春風草閣遠塵囂。
閒來種柳溪門外，好聽流鶯弄玉簫。

灌柳
灌柳東皋逸興奢，綠陰小徑夕陽斜。
野人抱甕代山雨，手汲清液拂浪花。

簪柳
春來偏愛柳垂絲，小攏雲髻翠一枝。
雖然不是桃花豔，□得釵頭蜂蝶隨。

折柳
一枝相贈不勝悲，人意難堪只此時。
古今離別終無盡，攀折何年是了期。

訪柳
春點河橋霽日和，耽幽只履海浪過。
小舟忽見漁人問，雪綻絲楊何處多。

賞柳
今年不是去年春，賞柳還思種柳人。
柳下春前須盡醉，人生幾見柳條新。

題柳
畫橋風暖嫋長枝，心醉詩人不自持。
檢點奚囊多好句，吟來儘是柳枝詞。

畫柳
經歲春光照淺溪，雙鶯枝上未聞啼。
依然綠嫋條條綿，不遂風吹東復西。

索柳
名園看柳正春晴，魂夢於今仍聽鶯。
願分數本□溪上，少過東風遊蕩情。

送柳
覓得寒江種自嘉，幾枝春色贈君家。

池塘雪霽含英早，不數東園桃李花。

評柳
株株藏否細論衡，姿態各依境地生。
楊柳且難逃月旦，如何人不畏鄉評。

別柳
攜樽別柳過漁磯，已見風催葉亂飛。
輕飄衣上如相戀，囑付來春須早歸。

憶柳
枯木寒鴉景物淒，爭如媚柳嬌鶯啼。
想到春煙迷翠影，寸心已在蘇公堤

御溝柳
碧波初柳欲陵天，掩映雲中鳳照懸。
紅葉詩流何處去，千枝疊翠蕩春煙。

西湖柳
翻翠拖煙暗六橋，迷船如織鬧笙簫。
尚恐西施不傾國，株株為畫黛眉嬌。

隋堤柳
千二長堤汴水頭，垂楊譜內盛各留。
翠曳遙天盡處影，行人過此說龍舟。

曲江柳
柳列翠屏鶯弄簧，九重賜宴沐□光。
曲水春風人倚醉，綠陰罩掛綠□□。

章台柳
勾風弄月舞平康，拖逗春情萬縷長。
繫馬紛紛皆使少，獨留青眼盼韓郎。

陽關柳

嫩色年年縮別情，往來此地餞長征。
分離折贈知多少，三疊熟聞唱渭城。

鈞磯柳

柳陰漁父枕箋眠，表草磯頭水流川。
明月殘霞收鈞去，一枝穿得錦鱗還。

春郊柳

映帶煙郊遠近迷，杏花村外板橋西。
東風芳草游春路，□拂王孫駿馬嘶。

桃源柳

武陵歲月靜常春，綠柳紅桃隔世塵。
水源洞□垂絲掩，再有漁郎難問津。

懸崖柳

千仞崖頭根倒懸，春風雲際聽鶯遷。
巉岩對起如屏障，翠影輕籠一線天。

道旁柳

清陰盡可憩征夫，短堆長亭草色鋪。
遙望垂楊知古道，□□捷徑不須圖。

汴洲柳

迴亭疊渚柳千行，紅蓼風中疑乃長。
畢掛孤帆天際影，何須畫裏看瀟湘。

畫橋柳

煙暖雪消春水年，綠楊斜吞畫橋橫。
須知有客能題柱，赤眼年年等長卿。

陌頭柳

一點青青綻陌頭，撩人春意普天浮。

簾卷翠樓忽入望，閨中少婦也知愁。

花徑柳
曲徑幽深西轉東，垂楊嫋嫋傍花叢。
苔錢點砌人行少，拖地風絲掃落紅。

檻柳
子立東風翠一團，重重采檻護春寒。
瑤草綺窗深院靜，小□倦□侍欄幹。

盆柳
曲幹蟠根小盎中，斜垂新翠致無窮。
栽培別自有天地，人事能參造化工。

缾柳
愛惜蛾眉怕染塵，瞻缾換水插來新。
瑣窗靜對一枝碧，不卷簾櫳滿室春。

池柳
春草晴波漾細紋，幾枝斜橫紛紛□。
鑿地偷將天一片，垂楊倒影起青雲。

山柳
幽谷託根有靜緣，一團嬌綠舞流煙。
山木不材翻自得，清泉白石永天年。

宮柳
輕絲索帶御爐香，月映宮門清影長。
占斷九重春色好，深籠玉輦轉昭陽。

官府柳
庭空舞松影交加，只認官俯是柳衙。
一聲椽吏傳門鼓，葉底驚飛滿樹鴉。

妝閣柳

小樓窗映綠絲垂，妝罷出簾步頻移。
疎楊竊取妖妍態，枝逞柔腰葉展眉。

草堂柳

數間茅屋柳陰中，靜裏煙霞食不窮。
待月材門常懶閉，垂階萃線作簾櫳。

田家柳

楊柳風搖麥浪深，兒童放□過前林。
南東其畝耕鋤倦，饁婦同食坐綠陰。

漁村柳

近草茅簷遠映湖，風吹漁唱孤蒲。
幾家綠柳夕陽好，常向枝頭曬綱罘。

樵樵柳

纔下危峰又領頭，草橋石徑檉陰浮。
倚樹息肩斜照晚，回看山後白雲稠。

酒家柳

楊花滿院小簾懸，座客宣呼語尤顛。
醉裏不關榮辱事，綠陰濃臥酒中仙。

客窗柳

疎櫺弄影綠森森，異國春光動客吟。
斜月半窗旅夢醒，絲絲偏繫故園心。

陋巷柳

條條翠線覆茅廬，駿馬雕鞍繫久疎。
獨有垂楊情未改，送將春色到窮居。

朱門柳

朱以爭妍耀遠眸，重門簾卷異香浮。

錦堂更助春光盛，鶯戀豪華滯不流。

書齋柳
閉戶翻經手自評，楊花飛入硯池輕。
滿座綠陰窗影靜，文鶯巧和讀書聲。

僧房柳
原是曇花貝葉行，佛前瓶水舊家鄉。
閱盡勞亭攀折苦，愛投寂靜來僧房。

道院柳
盈階風綻綠絲條，誰言元都惟種桃。
呂公相度登仙界，道院清幽不戀陶。

春柳
金粉半消絲漸長，丰姿濯濯比王郎。
間紫參紅春意開，舞風常帶百花香。

夏柳
獵獵風蒲共野塘，濃陰輕獲怯驕陽。
日長正是三眼夢，又聽蟬聲噪晚涼。

秋柳
乳燕嬌鶯久寂寥，西風蕭瑟冷河橋。
憔悴思春嶺鎖黛，傷秋無力舞宮腰。

冬柳
脫盡章台粉黛姿，容光消瘦為阿誰。
如今更見舞腰細，往日學蠻未足奇。

淡黃柳
影帶娥黃舞嫩姿，詩家清景在斯時。
雪清林外東風頓，金粉輕飄萬縷絲。

淺翠柳
眉畫黛螺不重描，薄於竹粉淡如蕉。
雨過溪橋輕翠鎖，芳顏一變一杏嬌。

深綠柳
詩歌來綠至今聞，曾見嬌姿上柳雲。
為染宮花添色重，濃妝不是媚東君。

間黃柳
金葉紛紛間翠枝，水村霜冷錦迷離。
只為陶家留住久，綠衣半染菊花姿。

一株柳
扶疎春影罩橫塘，獨立挺然異衆芳。
掛葉留煙瀟灑甚，不依同類借餘光。

萬樹柳
傍堤臨水密如麻，翠線風牽萬樹斜。
金鶯入柳采春信，一翅青雲路自奢。

公諱篤青，字山子，余之十一世祖也。生於明清鼎革之時，隱居不仕，著《百柳詩》，又著有《柳煙集》、《雪鴻爪看花吟》，俱無可考。今僅將《百柳詩》刻于其石，俾後世誦此詩者可追思其為人，以永矢弗諼云。

十八世孫監生多學謹識。

十六世孫監生心銘敬書。

多惠、清心、多田、多士、多銀、多從、生員光汴、多榮、多誦、鴻昌、鴻萱、鴻道、澤春、雲春、明珠豎石。

大清宣統三年八月穀旦。

（拓片藏河南博物院。王景荃）

喬國瑞與王李氏合葬墓碑

【額題】報本

清壽顯祖考喬公諱國瑞妣孺人王李氏合葬之墓

公始祖自喬營遷居于庄，迄今分為三門，公乃係長門之裔也。兄弟三人，公居長。其生年最謹慎，耕□餘□，毫不外務，而又性極巧，凡所造作，無不玲瓏過人，故鄰村每稱為世門高手。一生娶三婦，合祔者為原配與始継室也，惟後継趙氏，另遷塋于村之東南隅，相去約有半里許。子妹三。壽五十六而歿。孫媳輩慮年遠難考，故勒諸貞珉，略記其巔末云。

故男備藝、故孫喜蘭、曾孫玉山奉祀。

宣統三年小陽月上浣穀旦。

（拓片藏河南博物院。王景荃）

社旗縣（南陽縣）

同行商賈公議戥秤定規碑

　　賒旗店，四方客商集貨興販之墟。原初，碼頭買賣行户，原有數家。年來人煙稠多，開張賣載者二十餘家。其間即有改換戥秤，大小不一，獨網其利，内弊難除。是以合行商賈會同集頭等，齊集關帝廟。公議：秤足十六兩，戥依天平爲則，庶乎校準均勻，公平無私，先俱各遵依。同行有和氣之雅，實主無疏戾之情。公議之後，不得暗私戥秤之更換。犯此者，罰戲三台。如不遵者，舉秤禀官究治。惟恐日後紊亂規則，同衆禀明縣主蔡老爺，發批鈞諭，永除大弊。

　　山西平陽府曲沃縣傅□□□。

　　郭汾□書。

　　集頭楊朝。

　　主持道人舒功志、蕭成元。

　　大清雍正二年菊月。

　　大清同治元年九月初九日重刻。

　　隆茂店、大生店行頭同立。

（碑存社旗縣山陝會館。王興亞）

創建春秋樓碑記

　　竊聞《五經》之有《春秋》，猶律有斷例，百王法度，萬事準繩，皆在此經而實與《詩》爲表里，自《雅》詩既亡，大道不著，聖人慇乎有深憂焉。於是，托二百四十年南面之權，以作《春秋》。《春秋》既成，去聖百世，以心印心，能究其旨者惟亞聖。迨至漢末，能以聖人之志爲志，而明其好者惟我關聖帝君。是以凡名勝之區，悉建廟以崇祀典，而樓閣之以春秋名，所在多有。先儒云：春秋化工也，春秋山嶽也，既切崇奉之隆，尤宜位置之焉。所以尊經，所以延聖，至肅也。斯鎮居荆、襄上游，爲中原咽喉，洵稱聖地。鎮興伊始，立廟之初，即謀卜地爲建樓之基。而未逮者，以事巨用廣，工大費奢，倘施有不給，胡以觀成？且樓建所需，非大木無以勝任；而厥木惟喬，實産南邦，越道里之遙而購之，恐非易事。抑更有難者，欲造虹橋雲棟之奇，非具月斧雲斤之手，無以施其巧，而宋斤魯削，散處天下，何以招來而羅致之？今首事諸君，幸逢崇聖右文之盛世，毅然以爲己任；各輸其誠，各展所長，或識優而審其向背，或獎善而勸其募化，或效奔走取材於楚，泛江河而來宛郡，或周知四方，遍訪匠師，集工倕之技於廟建。凡數閲寒暑，而百物備、五材具，然後輂山而石，第見雉雉鞏固，剛地而陶，巍然落成。迥出霄漢，金碧輝煌，光映日星。試置身其上，憑眺宇內，皆在遠瞻曠覽中。而翹首南向，又若可俯視焉。巍巍乎登臨嶽之峻，初不知身向碧雲也。自此地以樓傳，益顯坤輿之秀；樓以經傳，永惟聖數之尊，以視崇閣岑樓之無於褒貶，無尤關乎賞罰，其有於世道人心為何，如彼流連景物之詞，概不敢錄，懼褻也。爰且顛末，勒負贔屭，以誌不朽。

原任衛輝府新鄉縣訓導加一級南安郭興賢沐手撰文。

後學弟子鳳城謝元龍沐手書丹。

後學弟子絳州王特生沐手泐名。

首人義和店、雙城鋪、興盛昆號、永合店、正順魁號、永升鋪、天祿館、世德號、永豐粉店、聚興鋪、四舍磁鋪、王盛公記、復興合記、公興遠記。

龍飛乾隆肆拾柒年歲在壬寅冬拾貳月穀旦。

住持李大相、王大卿。

建春秋樓捐銀商號：王合盛八十一兩六錢一分，魁子號八十二兩，恒益鋪八十二兩零三分，通盛鋪八十三兩八錢二分，暢盛號八十三兩九錢二分，信太興號八十七兩四錢七分，信太號八十七兩七錢五分，四合瓷鋪八十八兩二錢一分，俊興鋪九十兩，永和鋪九十兩零五分，世德號九十兩三錢八分，苗興隆九十兩二錢一分，泰永號九十四兩七錢，王盛鋪九十五兩一錢，恒大號九十五兩二錢一分，公興號九十五兩七錢一分，雙玉鋪九十五兩七錢二分，宜興鋪九十五兩七錢四分，四盛號九十五兩九錢二分，增盛明記九十五兩九錢五分，泰興鋪九十七兩，興泰鋪九十六兩零一分，楊之棟九十六兩零五分，元興鋪九十六兩零八分，祥順號九十六兩四錢四分，成義鋪一百兩零零二錢二分，晉興魁記一百零五兩零七分，肇興紳鋪一百一十兩，郭順昌一百一十兩零五錢，元泰鋪一百三十兩，世發鋪四十二兩九錢四分，聚興鋪四十五兩，雙益號四十五兩三錢，興盛鋪四十八兩零三分，萬全堂四十八兩七錢二分，西盛興鋪四十九兩六錢四分，和合鋪五十四兩六錢，永發鋪四十九兩六錢四分，廣德堂五十二兩零二分，復盛鋪五十四兩九錢，忠信鋪五十四兩九錢八分，永益成五十五兩，世興輝記五十五兩零二分，公興遠記五十五兩一錢三分，德勝鋪五十九兩八錢五分，玉興鋪五十九兩九錢，王和鋪六十兩零零三分，藺玉盛六十兩零零七分，封盛旺記六十兩二錢九分，協恒號六十兩七錢，杜廣裕六十九兩零二分，益和鋪六十九兩三錢二分，玉成鋪六十九兩九錢二分，天興鋪六十九兩九錢四分，文太鋪七十兩，天成店七十六兩一錢，天利號七十六兩七錢二分，正順魁號七十七兩，全盛號八十兩，信成堂八十兩零一錢六分，永茂店二十八兩九錢六分，人和鋪二十九兩零六分，潘永豐二十九兩四錢六分，隆盛鋪二十九兩六錢八分，二福館二十九兩七錢八分，中和公號二十九兩八錢九分，義聚號二十九兩九錢五分，李元太三十兩，忠義店三十兩，玉泉館三十兩，義和店三十兩，天盛館三十兩，石永昇三十兩，永興鋪三十兩零七錢三分，常盛號三十二兩零二分，同春號三十二兩零八分，興盛昆號三十五兩，廣信號三十五兩八錢一分，永發盛三十六兩，玉盛鋪三十六兩零一分，泰義行三十六兩一錢，雙合店三十六兩三錢二分，同盛鋪二十九兩八錢五分，萬發鋪四十兩零零四分，旋號四十兩零零八分，晉成鋪四十兩一錢二分，振興號四十兩二錢二分，瑞昇店四十一兩零八分，誠號四十二兩，和盛號四十二兩九錢，三益窯二十兩五錢，續通順二十兩零二分，王盛鐵鋪二十兩零二分，乾盛店二十一兩九錢六分，一千零五拾九兩六錢二分，王盛公鋪二十二兩，鎰盛店二十三兩零四分，誠意店二十二兩零四分，雙合花店二十二兩零六分，雙合館二十二兩七錢二分，恒興鋪二十三兩二錢八分，李公合二十三兩八錢四分，張盛號二十三兩九錢，隆盛興號二十三兩九錢六分，王華陽二十三兩九錢六分，存盛號二十三兩九錢八分，天祿館二十四兩，永義鋪二十四兩，復興鋪二十四兩，復興鋪二十兩，萬亨鋪二十四兩三錢三分，雙成鋪二十三兩，合順館二十五兩二錢四分，大順鋪二十五兩六錢三分，趙興盛號二十五兩九錢六分，復興合記二十六兩，如松號二十六兩八錢三分，裕興號二十七兩六錢八分，中和店二十八兩一錢二分，永盛茂行二十八兩一錢四分，合盛店二十八兩二錢四分，廣裕號二十八兩八錢五分，六順店十四兩四錢三分，永和店十四兩六錢六分，合義店十四兩九錢八分，永和店十三兩，太興號十二兩，日雜鋪十五兩五錢，七百二十九兩二錢七分，和順店十五兩九錢三分，永豐粉局十五兩九錢六分，偕義店十六兩，興盛號十六兩八錢八分，順興館十六兩二錢六分，義和花行十七兩零三分，唐順號十七兩零九分，世興館七兩九錢一分，九興館十九兩一錢八分，福全館十九兩六錢二分，盛生館十九兩八錢，雙魁店十九兩八錢五分，萬順館十九兩八錢六分，協豐慶十九兩八錢七分，萬盛館十九兩八錢八分，永興鋪十九兩八錢八分，吳盛店十九兩八錢九分，恒盛廠二十兩，萬玉廠二十兩，丕興號二十兩，敬勝號二十兩，胡鳳三十兩八錢四分，正大館二十兩八錢六分，□在興號二十兩零一分，順興號十四兩八錢三分，功大號十三兩七錢三分，德勝店十四兩零六分，義和鋪十四兩，興盛號十三兩八錢一分，三和鋪十三兩五錢三分，信誠店十二兩九錢四分，萬興號十二兩零四分，五百六十一兩五錢四分，集合局十二兩零三分，元盛天號十二兩，乾太局十二兩，德順號十二兩，太和鋪十一兩九錢七分，義興行十一兩九錢三分，萬興鋪十一兩八錢七分，通盛局十二兩七錢九分，裕昌鋪二十一兩九錢，義和店十一兩二錢八分，廣興店十一兩二錢七分，和順店十一兩二錢，義順鋪十一兩零三分，金玉鋪十一兩，萬興鋪十兩九錢四分，和興鋪十兩九錢三分，玉合廠十兩九錢三分，三合號十兩零七分，王永興鋪十兩零三分，存義廠十兩零三分，德興鋪十兩零二分，李永采十兩，隆太號六兩零二分，琉璃店七兩，永太店七兩二錢八分，福義館七兩六錢，德泰鋪七兩七錢七分，李和合七兩九錢三分，丹局七兩九錢三分，三義館七兩九錢七分，豐盛店八兩零二分，恒太館八兩四錢四分，三百三十三兩一錢九分，森茂通盛行九兩二錢三分，德隆店九兩五錢，晉魁號九兩五錢四分，廣盛號九兩五錢八分，京盛鋪九兩七錢八分，上元館九兩七錢八分，天成館九兩八錢七分，義盛玉號九兩九錢一分，義成仁號九兩九錢二分，盛太號九兩九錢二分，三盛號九兩九錢四分，大興號九兩九錢八分，李國棟十兩，合行銀行十兩，昌盛廠十兩，合興義記十兩，太益店十兩，惠成鋪十兩，李茂林十兩，義盛鋪六兩零二分，合盛鋪六兩零二分，吉順號六兩，公興鋪六兩，義盛鋪五兩九錢八分，盛興鋪五兩七錢，方發鋪五兩二錢八分，衛雙和五兩二錢六分，魁元糧行五兩一錢八分，孫太和五兩一錢一分，李元亨五兩一錢，永盛鋪五兩零七分，二百六十三兩六錢七分，常春堂五兩零二分，吉天佑五兩零二分，森茂糧行五兩零二分，安恒興二兩，廣隆鋪五兩，魏道順五兩，合順鋪五兩，光輝館五兩，永升鋪五兩，西永太局五兩，鄭生廠五兩，天成號五兩，許榮馥五兩，公玉店四兩九錢八分，天培號四兩九錢八分，柴永興四兩九錢八分，元成來四兩九錢七分，恒茂森行四兩九錢六分，興隆鋪三兩零六分，上官泥（娃）三兩一錢二分，聚仙館三兩三錢八分，三義堂三兩四錢，生髮鋪三兩九錢三分，李選香三兩九錢八分，興隆館四兩，合興鋪四兩，許文彬四兩，梁會元四兩零二分，王克義四兩，三盛鋪四兩零二分，劉思德四兩零六分，魁盛鋪四兩一錢五分，一百四十兩零錢三分，義和合記四兩二錢，三聚鋪四兩二錢二分，興元鋪四兩零二分，同興館四兩二錢二分，元裕館四兩二錢二分，永順號四兩五錢六分，公盛鋪四兩六錢五分，西萬順店四兩七錢，茂生號四兩八錢五分，楊乾四兩八錢六分，雙盛鋪四兩八錢九分，雙魁館四兩九錢，義盛館四兩九錢三分，信鳳號四兩九錢五分，丁盛充號四兩九錢五分，聚盛號四兩九錢六分，成順衣鋪三兩零四分，慶豐太三兩零一分，鴿車鋪三兩，許如林三兩，湧泉油坊三兩，楊子霈三兩，全興茂三兩，吉長髮三兩，義興店三兩，北三盛店三兩，馬永杏花行三兩，晉和店三兩，三聚鋪四兩二錢二分，興元鋪四兩零二分，棧興廠三兩，萬全店三兩，源茂店三兩，喬益號三兩，一百二十二兩一錢三分，鼎興號三兩，大昌發鋪三兩，全信鋪二兩九錢二分，四合木鋪二兩九錢五分，聚興油坊二兩九錢五分，許輔世二兩八錢五分，恒盛鋪二兩八錢四分，靳和信二兩七錢四分，德永鋪二兩七錢二分，孟興財二兩三錢四分，魁興鋪二兩口錢三分，公益行二兩三錢三分，統盛慶二兩三錢三分，車乾成廠二兩三錢分，潘局二兩四錢五分，中和貨鋪二兩四錢二分，永安號二兩四錢，祥合鋪二兩四錢，晉源號二兩四錢，甯宜興二兩三錢七分，永昇欽號二兩二錢五分，肇興行二兩一錢，吉盛廠二兩一錢，魁興油坊二兩一錢，杜關利二兩一錢，集瑞鋪二兩零四分，柴正興二兩，趙興隆二兩，王友文二兩，景順號二兩，七十六兩七錢四分，馬炳盛二兩，李律二兩，通順館二兩，直生鋪二兩，許如國二兩，永福店一兩九錢八分，廣和堂一兩九錢七分，曹德盛一兩九錢五分，柴泉發一兩九錢五分，劉雙興一兩九錢三分，東萬順店一兩九錢，三益興油坊一兩八錢四分，嚴合義一兩六錢八分，李興號一兩零五分，恒昌號一兩零五分，靳如格一兩零五分，楊永安一兩零五分，暢永安一兩零五分，暢武色一兩零五分，恒成鋪一兩零五分，通益鋪一兩零五分，興成鋪一兩零五分，廣聚堂一兩零五分，晉太油坊一兩零五分，王全銀一兩零五分，姚富通一兩零五分，黃發盛一兩零五分，毛保興一兩零五分，同興油坊一兩零五分，戴盛店一兩零五分，益太號一兩一錢八分，賈元淮一兩二錢，四十五兩四錢三分，胡和勝一兩二錢，福順號一兩二錢，九盛號一兩二錢，趙錯一兩三錢六分，相璽一兩三錢六分，李效好一兩五錢，程可萬一兩五錢，吳德興一兩六錢八分，張敦一兩六錢八分，順興號一兩，奉公號一兩，李福盛一兩，洪慶羅廠一兩，晉魁號一兩，王永太一兩，三合店一兩，郭天錫一兩，盛炮坊一兩，王文一兩，喬富五一兩，許萬順一兩，豐太張坊一兩，張記一兩，王成義一兩，信興皮襖鋪一兩，天成鋪一兩，全增店一兩，吉耀煥一兩，老光濟一兩，普濟堂一兩，三十五兩六錢八分，德義鋪一兩，雙成碗鋪一兩，三太席鋪一兩，張白茫一兩，陳世林一兩，德順棗行一兩，王連太鋪一兩，趙愛民四錢五分，公順皮襖鋪四錢七分，趙吉堯五錢，祥太號五錢，通興益五錢，信誠號五錢，程萬忠五錢二分，靳玉盛五錢二分，修順鋪五錢二分，興盛店八錢四分，張玉智八錢四分，賈晉武八錢四分，魏大貴八錢四分，全盛醋坊八錢四分，靳英八錢四分，王太元八錢四分，興順館八錢四分，大興館八錢四分，協聚館八錢四分，甯利盛九錢五分，趙永和九錢五分，周有董九錢五分，王道明九錢五分，洪順鋪九錢五分，雙生席鋪九錢五分，二十五兩九錢，劉萬貴九錢六分，楊貴九錢八分，義發號九錢八分，劉萬盛九錢八分，祥昇號九錢八分，啟太染坊四錢二分，石太醋坊四錢二分，尚文祖四錢二分，豐裕醋坊四錢二（分）東三勝粉坊四錢二分，甯尚厚二錢二分，公太號三錢，恒義順亭號一兩，集合館錢八百文，八兩五錢，總計銀八千零七十八兩四錢四分。

（碑存社旗縣山陝會館。王興亞）

公議雜貨行規碑記

　　蓋聞通商惠賈，自古訓之，豈屬在開張行店而可無定規歟。本鎮之有雜貨行，由來已久，似無煩於再議矣。第以人心不古，規矩漸沒，或妄冀重資，弄巧成拙，希圖蠅頭，徇私而害公，因是賠累莫支，以致倒塌之患者有矣。夫生意之盛衰，一視乎行家，行家既已賠累，又奚望生意之長盛乎！以故行客聞之而膽戰，每每發貨他處，鋪家見之而心寒，往往收拾不做，如是不改，其何能堪哉！爰是集我商行，公議規程，歷剔弊端，使勿二而勿三，斟酌盡善，期可大而可人，行見規矩畫一，主客兩便，利人利己，不必衰多以益寡，是馴趨行，自可近悅而遠來，則所以惠商賈之道，不誠在是哉！左詳條規，以示不朽云。

　　一、賣貨不得包用，必要實落三分，違者罰銀五十兩。

　　一、如有舊店換人名者，先打出官銀三十兩會行友，違券者不得開行。

　　一、買貨不得論堆，必要逐宗過秤，違者罰銀五十兩。

　　一、不得合處分夥，諸違者罰銀五十兩。

　　一、買表辛不得抄紅碼，必須過秤，違者罰銀五十兩。

　　一、不得沿途會客，如違者罰銀五十兩。

　　一、落下貨，本月內不得跌價，違者罰銀五十兩。

　　一、不得在門口攔路會客，任客投主，如違者罰銀五十兩。

一、銀期不得過期，如過期，按生意多寡出月利。

一、不得假冒名姓留客，如違者罰銀五十兩。

一、結帳不得私讓分文，如讓者罰銀五十兩。

一、不得在人家店中勾引客買貨，如違者罰銀五十兩。

一、買貨破爛水濕，必要以實價公除。

一、不得棧房門口豎立招牌，只寫某店棧房，如違者罰銀五十兩。

一、平色有公議砝一副，足紋銀九、七、八、六爲則。

一、每年正月十五日演戲、敬神，各家俱要齊備，如故違者不許開行。

一、有新開行者，必先打出官銀五十兩。

一、客到店中吃飯，俱要飯錢。

大清乾隆五十年歲次乙巳九月十七日，閻鎮雜貨行仝立。

（碑存社旗縣山陝會館。王興亞）

重修祖師廟左靈官殿及創修舞樓碑記

【額題】姓字馨香

　　兩間有鬼神，猶其有人心也，皆天理與爲流通而往來相應，未嘗有一息之停也。蓋自先王以神道設教，而幽明咸格之。故昭然森列，漢、唐而後，廟而象之，歷數千百年，無有異議。是故其始之爲創也，必實有見於禦災捍患者之爲功於斯世也。大而肫然，有所不忍忘也，確有感福善禍淫者，之爲教於斯民也，深而凜乎，有所不敢玩。其繼之重整而增修之也，莫不動於其心之所不容已，而發於其情之難自禁。是以經之，營之、攻之、成之，不言而作，不戒而孚，極天下艱難勞費之事，舉以爲不足辭也。

　　宛郡東百里，賒旗店河南，舊有真武祖師廟，地錯南裕，址壓唐濱，其創始而繼修之者，歷有年所。至是，邑中信士詢謀僉同，慨焉踵武。於是，易舊爲新，隘者闊，卑者崇，前增戲樓，重修護法靈官。爲瓦若干片，磚若干塊，木若干章，石若干口，土若干方，灰若干斤，米鹽工費之資若干數，酬直當而民不勞，衆縈舉而財不傷。功起於四月十九日，至八月十五告日竣。金碧輝煌，規模瑰偉。名雖爲因，實則創之。夫真武神帝也，原實人帝也，載之祀典，不煩贅述。靈官之設，出自別錄。然俗傳已久，而人敬信爲龍焉，是亦能助化者也。

　　嗚呼！／[1]

　　大清乾隆／

（碑存社旗縣。王興亞）

---

[1]　／以下字漫漶。

續修南大橋碑記

【額題】千古流芳

韓子云："莫爲之前，雖美弗彰；莫爲之後，雖盛弗傳。"是故天下事不患無人以造其始，而患無人以要其成。南大橋，本鎮之要津也，其所以來者遠矣。自己卯重修之後，不逾年，而復以大水衝壞其碼頭。蓋因爾時工程浩大，人無專主，雖規模粗具，而條理未密，識者不能無遺憾焉。迨其後，碼頭既壞，邑人楊肅見而歎之，曰："嗚呼！使吾祖而若在，焉得成功如是之難乎？使吾祖而董其事，焉得碼頭衝壞如是之速乎？"初，此橋未壞之先，有肅之祖諱彬者，其年生赤心義膽，人皆仰之如泰山北斗。每至此橋，輒指而視之，以爲此橋必壞，方欲伸公輸之能手，遂已成如來之嘉客，有其志而無其事，其亦豪傑之不幸乎！肅者，彬之孫也，其雄才大略，頗類其祖。適值橋功未竟，遂慨然以乃祖之志爲志。顧自以爲德薄望微，不克獨任其事，而大思其事之仍無成也。爰是，敬約同人，恭請善□□士誠、劉漢章、張琯等，皆一時之英俊也。是數人者，協力同心，布化資財，以續修此橋。其所已具者，因而整理之；其所未具者，因而增補之。茲當垂成之期，衆善士求序與余。余曰："前此碑誌，已塗鴉獻丑矣，今而復爲之，不啻無鹽之屢出其面，以示人也。"衆人曰："雖然是吾等之願也，且道人善，先生其獨無意乎？"既不容辭，因援筆而爲之序云。

南陽縣學生員王輔撰文並書丹。

首事人監生張文方、忠介和一千。生員烏升進、楊卓、劉興州、王泰、程發信、常文建、劉天福、李稅、何珍、申國友、李貴、楊學典一千五。

首事人陳玉、林同、楊肅、劉漢章、靳守倫三千。

道士王旅秀，弟子劉太福。

嘉慶二年歲次丁巳季冬下浣穀旦。

（碑存社旗縣橋頭鎮南門外珍珠河上。王興亞）

重修火神聖祠碑記

蓋聞：神威赫奕，千秋肅瑟，祀之。瞻廟貌巍莪，百世仰靈，光之。布矧分居離位，人蒙樂利之休，職司炎帝，家傳絣幪之慶者。我裕州南賒旗店河南東街，舊有火神聖祠，創始前朝，固已肇飛煥彩，重光昭代，亦復粉堊凝霞。奈時代疊更，風雨飄蕩。當斯時也，垣墉傾圮，難伸俎豆之儀；法象塵封，莫展椒醑之獻。時有貢生王公諱涵者，念切重興，立意補葺，又嫌廟前狹隘，願施己地一段，以便酬神演戲。敬約同志，募化衆善，鳩工庀材，不逾月，而功成告竣。迄於今，垣墉整飾，傑出青雲之表；法象燦爛，□然輝煌之尊。自是，衆庶輸誠祝樂，利於靡涯。佇看聲靈丕著，荷絣幪於無疆。勒諸貞珉，永重奕禩。

同郡鄉學馬瀛亮、董術撰書。

首人晉天興施銀五兩，監生號棟施銀拾兩，生員王交運施銀五兩，從□程登殿施銀捌兩，首生王涵施地一段、銀五兩，生員李朝金施銀六兩，生員王萬齡施銀五兩，□□賈錫環施銀六兩，生員馮升選施銀三兩，監生王殿擎施銀三兩，閻德振施錢一千，孔先禮施銀一兩，趙復德施銀一兩，張耀先施銀五錢，王□貞施銀一兩，薛敬施銀三兩，趙名世施銀二兩，徐廷良施銀五錢，宿偉儒施銀五錢。

鐵筆王興。

木匠王□興。

泥水匠王有施銀一兩。

金塑王彥升。

住持劉名源，徒王大緒，徒孫芫教興。

大清嘉慶十二年歲次丁卯月屆黃鍾上浣吉旦立。

督工吏何玉。

募化人趙德時。

（碑存社旗縣。王興亞）

重修饒良玉皇廟碑

饒良，古鎮也。故碑載，光武微時嘗避暑於此，其他也無可考。但其地崗巒聳秀，清流映帶，更有林木叢蔚，商民雲集，蓋扶興之鍾在是焉。當鎮之衝，舊有玉皇廟，創始不知何代，考之殘碑，自前明萬歷某年，至我國朝嘉慶十三年，重修者凡五次，近年以來，漸就頹廢，附近居民目擊者心傷之久。至道光十八年，善士邱柏官、張玉琢、王朝榮等，既閻鎮紳商，公議捐金重修，稍易前制而更新之。於是，募化四方，卜吉鳩工。自九月望日經始，重新大殿三間，三宮殿三間，禪室五間，改修山門三間，增修市宅八間，金裝神像，彩繪棟宇，凡三越月而工竣。

大清嘉慶十三年。

（碑存社旗縣饒亮。王興亞）

南陽賒旗鎮山陝會館鐵旗杆記

賒旗鎮在縣治之東百里，地屬水陸之衝，商賈輻輳，而山陝之人爲多，因釀金構會館，中祀關聖帝君，以帝君亦蒲東產，故專廟貌而祀加處，其餘金則繕廊廡。歲時伏臘，同人展廊，□□講公事，咸在乎是，落成有日矣。而□□我朝邑一屬之所募，除公用外，獨贏三千餘金，廟之壯麗，不可有加，又不可析空金入私。因鑄鐵旗杆二株，重五萬餘斤，樹於大門之左右。會館爲兩省之公所，而是舉也，則我朝邑□□□其區區者也。山陝會館遍天下，皆宏敞可觀。第朱仙鎮有鐵旗杆，今於賒旗鎮再見，神之誠可卜，其邀福之厚，斯不可以無記也。

　　同人以余原丁科舉人候選知
　　登仕佐郎吏部候選
　　　　　　朝邑
　　陝西同州府大荔縣經理首人
　　　　　　郃陽
　　大清嘉慶貳拾貳年歲次丁丑榴月上浣穀旦。

　　嘉慶二十二年歲次丁丑桐月，叩獻山陝廟鐵旗杆一對，萬餘斤。永保平安，吉祥如意。首事人穆坤、陳和順膠房、協盛氈坊、劉道傑、馬龍德、義盛皮坊仝叩獻，永保合會平安。

　　陝西同州府朝邑縣安仁鎮金火匠人雙合爐院索武成、福魁、徐忠孝、曹天申、姚丕和仝鑄造。

　　　　　　　　　　　　　　　　　　　　　　（碑存社旗縣山陝會館。王興亞）

重修靈稷祖師廟碑記

　　甲子秋初，余應賓興於步縣台赴泌，道經靈稷鋪，詢其所由名，鋪之長老謂余曰："此靈稷祖師故里也"。靈稷修煉銅山，得道仙去後，鄉人禱雨輒應，遂建廟祀，而鋪從此名焉。余歸，閱縣誌，良然。嗚呼！靈稷亦靈，而有功於民哉。鋪西北五十餘里昆河東岸有廟焉，亦名靈稷。關帝象居左，祝融象居右，居其中爲主神者，則靈稷也。其創立之始，或因禱應歟，或欲應禱歟，皆不可知，要必以其有功於民也。余族弟燕申所遷村舍廉莊，去廟咫尺。壬午秋，因其簷牆頹落，金碧殘，從環方諸公後，募化而重新之，其亦有舉莫廢之意也乎。事既竣，燕申請余記。余因爲述所聞於靈稷鋪者，以備掌故云。

　　泌陽縣儒學廩膳生天畦王民皐撰文。
　　業儒性香李蘭光書丹。
　　首事人／[1]
　　山主／
　　主持僧福顯。
　　大清道光貳年歲次壬午孟冬十一月初八日上浣穀旦。

　　　　　　　　　　　　　　　　　　　　　（碑存社旗縣朱集鄉古城村。王興亞）

---

[1] 以下字模糊不清。

過載行差務碑

【額題】流遠

　　蓋聞禮有定制，事有成規。即我等過載行先輩，原有議定章程，雖歷久而不容紊亂。奈世遠人湮，前定者百無一二，即支官席片，屢經加增，日復一日，以一倍十，總傾業辦公，毫無已時。茲道光二十三年，解義和首充行頭，因差務繁紊，賠苦不堪。呈詞藩台案下，蒙批，仰南陽府確查究詳。今蒙府憲恩結，着應支差事，照舊辦理，毋容浮派。至於席片，始有定額。

　　每年府置涼席棚二千三百條。
　　　　縣　　　　　　　二

　　宛博林三驛每一百條。

　　府考八百條。

　　院考六百條。

　　縣考三百條。

　　院府考五百條。

　　院縣考四百條。

　　教場院考五百條。
　　　　府　　四

　　至有貢差換倉，以及撫憲閱兵，另酌辦理。恐歷久加增，後不復前，故立珉，以爲千古流傳云爾。是爲序。

　　大清道光二十三年八月十二日，賒店鎮過載行同立。

（碑存社旗縣山陝會館。王興亞）

慈禧太后御筆之寶

龍

虎

同治二年十二月初二日。

（碑存社旗縣山陝會館。王興亞）

唐河縣

田公去思碑記

曲耀辰

　　唐在昔，賢大夫歷可指數，而楚之京山田公為最著。公以丙戌高第尹于唐，明年，當報政，例應遷，艱聞，乞以制去。紳士父老挽而留之，莫釋也。相與謀俎豆公于專祠，志不忘也。且曰：公百歲後，吾子若孫不獲見公，見公之祠如見公焉。耀辰聞其言而義之，為之記曰：《禮》禦大災捍大患，則祠之。祠以昭報也，公何需此一報也。然公之澤及于唐者甚大，民終不忍去公于懷也。祠亦猶行古之道也，因記。

　　公嘗曰：百工庶司受事于君職皆不易，副而縣令尤不易。司民而不敢為民請命，令不易。牧民而不得為民求牧，令不易。淚墮而尹鐸雖勞，無裨三載之殿最如是者，令不易。催科而陽城微拙，莫逭終歲之糾劾如是者，令不易。假虎之狐，搖尾而恣威福，憑城之鼠，拱手而肆吞噬，令卒不敢誰何者，不易。公處數不易之地，推心置腹，備歷諸艱，不胗人以媚人，不屈身以呈身，不市小惠以要喜，不傷大體以招謗，不以上官之峻檄易我素履，不以下士之甘言狥我顏面。公之守誠卓，而公之善政嘖嘖在人者，正可紀也。

　　公徵輸不煩鞭箠而如期如額，編審里排，逃丁補，亡丁去，而現存者無因。清查新墾荒者除，熟者抵，而坐荒以為熟，縱熟以為荒者悉除。工興數歲，一夫役，眾夫幫，苐給由單，各自兌取即止。師行六月，草輸草，豆輸豆，不折不耗，不多應供之額，不尅抵兌之餘，各如其數而止。兩造相陳，不株莫不贖鍰，片言折獄，洞見表裏，豪右知法即止，驛馬繞道解逃遇途。民不堪命，朝詳而夕禁焉，一一如其所請而止。鹽引，國課也。原額二千七百，一旦加之以四千七百八十七引，公一議再議，必愜公之說即止。而公之心，終未即止。

　　嗚呼，公之為唐治者良苦哉！會見公三年以來，有抱不急之牘，溷公署押者乎？有累日積旬匍匐訟庭，輕繋囹圄者乎？有袒庇大家，梳縛單戶者乎？有宵人外嚬笑博徒囂飲惡少年舞于市者乎？有廚傳供帳，不價而取，豪商架債，肆行逼民者乎？有借客為奇貨而凌虐貧黎，狠狠賺民之行戶者乎？有軍民訴差不均，訟師妄唆越控者乎？曰無。有且以其暇，構名□□、建縣治百餘間，以及牆圍捕署、秋香亭、清德堂、城門樓、垛口諸役，皆不煩民間一錢。又以其暇流覽圖史，平章花木，手植桃成華，李成實，竹成林，樹成拱，荊榛廢基煥然一變，風度垺于河陽，復嘉與諸文學立課授餐，談說經書，搜剔古人之心腹，以啟闢士子之眼目。公精神何其整暇，而唐邑之元氣何其休養而生息也。公可忘耶不可忘耶？公文章高古似昌黎，峭勁似子厚。書法詩賦冠軼一時。今人中不多得也。異日聖天子簡卓異于□良，公出其所以治唐者入告。我後推一邑之，豈弟以周悉東西朔南之疾苦，天下行且祠之矣。祠之請，自唐始。

公諱介，號眉生，湖廣京山人。

康熙六年。

（文見乾隆《唐縣志》卷九《藝文志》。馬懷云）

國朝重修學宮碑記

曲耀辰

皇帝二十有二年桂月先甲之三日，邑博士張君垓令賈子七襄詣辰里，議建修學，為邑侯楊公築文廟牆，高大戟門，建設先賢神主計也。公始至唐，其時協裕之車牛，民多累；比戶之盜劫，民多驚；取貨于市，民多擾；採薪于山，民多艱；老人之更報，民多困于里之派；庫子之供應，民多苦于費之支。公去其累，靜其驚，息其擾，釋其艱，免其派，不取其支，更絃而張之，悉德焉。頌遍東荊，民樹幟以誌之，蔭滿西堤，士歌詩以咏之。夫士者，民之望也。收民者，先收其望。公為民鼙獎，而尤念學校為士之所出，不憚力而加意整茸，其將以是收其望乎。公初謁文廟，見牆垣盡頹，乃捐俸鳩工，百堵皆作，環橋門而驚聲新，聽者後先樂附也。繼相舊戟門卑卑無足觀，大啟其宇，黝堊丹漆，煥然一新。釋菜日，進觀兩廡，虛設七十二子之姓氏，俱未之列。命□□□□庠錄以歸。如瞿九思之議，舉以法而為之主。向之盡頹者，今復數仞矣。向之無足觀者，今則巍然矣。向之入其室而不知其人者，今諸賢位置朗朗若日星矣。張君終始監其事，知此之不易成也，不□沒其績，致辰為之言以劙諸石。辰思今聖天子親行釋奠禮，經筵時開，與文臣聯詩詠訂樂章，期以絃誦陶淑吾民，而刑名錢穀之司，雖各擅其長，不盡稱上揆文意旨。公獨勤勤于學宮，其亦仰體聖天子重道崇儒之休乎。夫文教之不崇，始于當事者之不重儒。不重儒則視夫子之牆若罔聞知焉，矧其為夫子之弟子與。公之是舉，其知所重也夫。然服儒之服者，皆託于聖人之門牆，而從學于聖人者也。公優遇之，月為課以程其業，季有試以鼓其修，循循善誘，以造就之心重之，非謂其邀利達于異日，植桃李于公門也。重聖人于其誦聖人者而重之，重朝廷推朝廷養士于學之意而重之，是則可傳也。《袁州學記》以知袁州者范陽祖君。傳唐之學，自今以往，當以公傳。

公諱爕，字仲霖，盛京人。

康熙二十二年。

（文見乾隆《唐縣志》卷九《藝文志》。馬懷云）

始祖墓碑

大清康熙四十四年十月初四日立。

聖旨清誥授榮祿大夫涂公封一品夫人余母之墓

德裕、

德馨、

孝子德美,孫從龍。

德明、

德俊、

(碑存唐河縣湖陽大涂庄。王興亞)

涂顯神道碑

康熙四十四年十月初四月立。
聖旨皇清誥授榮祿大夫涂公諱顯字孝臣神道碑
道光十八年四月十二日重立。

(碑存唐河縣湖陽大涂庄。王偉)

雲南總鎮誥授榮祿大涂公暨夫人余氏墓誌銘

張雲翮

余膺簡命,觀察嶺南,與孝翁涂公同寅三載,結契甚厚,逮公陞授滇南,音書通問,數數不絕。諸公子亦不時過從,因得備悉公行。為公按狀:

公諱顯,字孝臣,閩之詔安人。大父士傑,以精練韜略,博通文學名於世,歿,贈為驃騎將軍。天語褒嘉,有"威宣閫外,家傳韜略之書;澤沛天邊,國有旗常之典"云云。大母鐘氏,贈夫人。父應瀛,克紹先志,以貽孫謀。朝廷褒其行曰:"義方啟後,穀似光前。"踵父爵,亦贈驃騎將軍。母鐘氏,贈夫人。生四子,公其季也。公幼而奇嶷,長而俊偉,弱冠時,即倜儻不羈,有班孟堅萬里封侯之志。會明季,海寇蜂起,搶攘無虛日。公奮怒,鳩族丁以禦之,所至輒披靡,無敢或膺其鋒者。期年,鄉勇來集者以數千計。公為指授方略,加意訓練,莫不忠義奮發,一以當百。海寇聞風鼠竄,閭郡賴以安堵。

國朝定鼎後,四海波平,八荒賓服。公見太平已久,天命有歸,遂商諸同事,率眾投誠,朝廷嘉其有斬將搴旗之功,達天知命之學,優予俸銜,授都督僉事。欽賜鞍馬狐腋蟒面袍褂,駐師長樂。旋又奉旨帶兵移駐河南,督墾於唐縣東南二十里之侯旗屯,以備調征。

康熙甲子之冬,今上偶以羅剎弗庭,命下兵部齊公,飛調貔貅弁員,各逞奇能,展索抱,急趨異域,蕩平醜類。此誠千載一時,英雄應世之昌期也。時公上疏立功。上准其請。正紅旗彭公、建義將軍侯鑾儀使林公,見公眉宇飛揚,英華畢露,數言有合,依若心臂,奇其才,壯其志,令為前部先鋒。鐵甲金槍,衝風冒雪,計日抵呀克薩。會天大霧,及霧開,兵薄城下。逆醜倉皇失措,驚為自天而至。公即乘其無備,出其不意,以竹箭蘸油，焚其木城，奮勇當先。兵衆環而攻之，直搗巢穴，斬其梟帥，擒獲三百餘人，斬殺焚燒，死於刀劍銃鉋者無算。逆醜震慴天威，破膽受降，遂獲全捷，奏凱旋師。以臨行時上有"但取歸順，勿恣殺戮"之諭故然。綜計公於乙丑二月出都，六月朔抵境，初十日旋師，九月入都，往還萬餘里，未半載而大敵已削平矣。自古用兵之神且速，未有過於公者也。朝廷錄功，以公為第一，擬為不次擢用，因限於缺，暫補公為兩廣督標左營，管理中軍事務。

兩廣為山海要缺，督標為臂指重任。公能苞苴不染，恩威並著，兩粵奉為儀表。庚午秋，陞授雲南援剿右路總鎮。地界蠻夷，諸土司多頑梗不率，聞公至，皆震怖，遠迎至數百里外，咨嗟歎服，以為神人。既抵任，公因荷天眷注，益切報國之思，日夜淬厲，以倡弁員。旗幟務期鮮明，劍戟務期銛利。比行伍，時簡閱，凡作進退，其法一本於古。一時同寅諸公，比之孫、吳復生，管、樂再世，公真不世出之才也。

數月後，公以過於勞瘁，感觸瘴癘而抱恙，旬日益篤。自知將訣，乃扶病夜起，櫛沐朝服，令兩公子扶持，望闕北面稽首。陞虎帳，集所轄弁員立麾下，給以祝詞，有曰："大丈夫生當季世，遭逢聖主，遇以國士之目，擬以不次之擢，雖殞命疆場，肝腦塗地，不足報君恩于萬一。今不幸疾革，獲保首領於牖下，非某志也。公等咸受國恩，諒有同心，前程正遠，各宜努力圖功凌煙、麒麟諸閣，非異人事也。勗哉勿忽！"扶歸後堂，復憑几端坐，召諸公子囑曰："武可百年不用，不可一日不修。吾自閩中禦寇以來，身經百戰，未嘗偶有所挫折，非關天賦過人，不過血性肫篤，武藝嫻熟，二者而已。我死，汝即扶櫬歸里，料里三營兵丁，嚴加約束，勤事操演，以備國家之用。勿因循懈弛，墮乃父志。"言訖，不語。視之，已溘逝矣。

嗚呼，異哉！吾於是益歎公之為人為不可及矣。人即刻意勵行，亦不過於安常無恙時則然，而疾痛患難之時則不及焉。不謂公於死生呼吸之際，竟能委曲周詳，一至於此。吾為繹之，其自知將訣，智也；扶病夜起，勇也；勗弁員，仁也；拜北闕，敬也；令櫛沐，孝也；囑後事，慈也。一舉而智、勇、仁、敬、孝、慈備焉，非甚盛德，孰克有此！倘所謂絕無而僅有者，非耶。凡此皆公之大較。而吾所樂為公志者，他如前征羅刹時，途中乏水，公率甲士夜禱於天，賜甘露，降洪雨，一軍賴以無恙者，此固公之精誠上通，感召之理有然，然鄰於幻杳難稽，故略而弗志。志其信而可徵者，以行世而傳後云。

公生於崇禎辛未年閏十一月十三日亥時，卒於康熙庚午年十一月初六日丑時，享壽六十歲。夫人余氏，明千戶侯余公諱延長女也，雞鳴戒旦，勤執婦道，有蘋蘩之德，內助之才。公官嶺南，夫人留綜家務。羅刹之役，俾公得盡力王事，無內顧之憂者，皆夫人之力也。生於崇禎戊寅年六月十三日寅時，卒於康熙丁丑年閏三月十一日巳時，享壽六十歲。公有五男：長德美，候選州同，娶分駐南陽左都督翁公諱求多次女；次馨，候選州同，聘襄陽總鎮左都督蔡公諱元女，繼娶雲南臨安總鎮蔡公諱祐長女。次明，都督同知，娶分駐新野左都督張公諱旻女；次裕，業儒，娶分駐鄧州左都督許公諱勝孫女；次竣，候選州同，娶瓊州總鎮吳公諱啟爵之女，肇四國公吳公諱六奇之女孫。女一，字廣東潮州候選知縣黃公諱成太之第五男。孫男十三：從龍，廩膳生員，娶貢生高公諱岱女；翼龍、雲龍、伯龍、元龍、如龍、化龍、管龍、天龍、子龍、游龍、為龍、見龍，俱幼，業儒未聘。以康熙乙酉年十月三十日申時，合葬于唐縣西竹林寺之東南麓[1]，癸山丁向，兼子午三分，丙子丙午分金。銘曰：

　　造物鐘靈，篤生奇傑。弱冠從戎，寇氛撲滅。禦災捍患，忠義奮發。佐輔興朝，杖秉旄鉞。捧檄三冬，出師六月。梟帥授首，夷醜潛穴。孫吳媲美，管樂同烈。功漫鼎彝，恩重丹闕。於戲我公，爭光日月。

　　康熙乙酉年十月。

（碑存唐河縣大涂庄。王興亞）

涂仲江墓碑

康熙五十八年歲次乙亥吉月立。

【額題】日　月

清顯考九世祖仲江涂公之墓

孝子德恒、德性，孫瑜禮奉祀。

（碑存唐河縣湖陽大涂庄。王興亞）

城隍廟紀夢碑文

汪運正

　　郡邑之人而奉一神，與郡邑之人而奉一吏等治也。至若喇嫩惡行誅賞，燭幽鏡遠，直通吸息，則又非吏所敢儗。夫冥明判若所昭垂者國憲耳。乃挾其百出之情形，敢於蒙吏而聲臭窈穆之神，惝惝寢寐間不翅取懷，而撇非以神之聰明，罔不體而威權之弗稍假易乎。余承乏數年，大小聽斷，率不敢拂，抑庶情緬，維我神日鑒在茲。

　　戊午秋，鄉民翟玉者老而孤且病。一日，其里甲以扃戶自經聞，往按之，項痕交匝，似被勒狀，猝莫得其由。踪跡有史林山者與玉時來往，且素不訓。鞫之，吐其實。蓋玉積錢若干，利其有而斃之梁上之懸。以玉無戚屬，可免深求耳。牽指與謀者某某二人，會對簿，某某者但口宽而情咽不出。余以兩人謀果與而姑縱之，無以慰死者。若其誣服，忍□生命為因□□□於神宇。皱二下，方寐恍惚，聞語云：□玉者，□人□執法，既覺，余遂以某某為弗誣矣。覆按，仍曰□□情咽不出。適硃書史林山名，恍然曰：神乎神乎，我得

---

[1]　總兵竹林寺墓碑載：始祖先世原籍江西，遷至福建漳州府詔安縣二都九圖白沙崗，一名上涂，一名下涂。清聖祖康熙七年，帶軍至河南唐河十八里，軍墾落業，建村閩營。

之矣。史下從人，林內暗藏二人，殆所謂三人口至云。執法義取如山乎。再詰林山，始供一人自勒狀甚悉，與某某夙隙，故誣之。即釋二人，獄乃定。不旬日，林山忽作痛楚聲，如受扑繫，大呼翟玉索命至矣，遂嘔血死。人益懔神之明威，為不可度矣。昔辛次膺所莊氏獄，夢神擲屋瓦于地而決卜承霖，劉季輔夢詣神所大書一捌字，遂得跛者刀而賈人之冤雪。以今視口，吏之才識雖殊而神鑒匪遙，見微知著，後先一也。邑士民請紀其事。夫人晝佑夜為禍福倚伏，莫非受攝於神，挈挈焉一端是錄，毋乃隘甚然易有之。刑罰清而民服，豫之義也。神道設教而天下服，觀之義也。從古來耳目不經之事，往往記載流傳以聳民聽，是亦驅而之善之一術也。爰敘其巔末於石。今而後，尚有作奸胎骯掩著，以冀逃法網者乎，可以惕然省矣。

乾隆三年。

（文見乾隆《唐縣志》卷九《藝文志》。馬懷雲）

建修文昌閣記

宋梅

國家首重文教，自朝廷以至州里學校兼設，凡人才所由關，罔不兢兢加意，矧文昌為斯文之主宰，教化之權衡，其棲神之地，尤不可不懼重而妥侑之也。唐邑為宛屬名區，桐柏口峙乎東，漢江襟帶其南，而流峙境內者，則有午峯、紫玉諸山之秀，鹿、唐、泌、桐、趙諸水之濚洄，故自漢、魏、宋、明以乞昭代，歷有名人卓犖可考。方今聖天子崇儒重道，文教覃敷，維茲唐邑宜其遠勝乎。口昔乃近今以來，科第寥寥，文風未振，是其士君子人事之未修歟？抑蒞是邦者因革建置之未善歟？

丁酉秋，余調任茲土，謁聖廟畢，即謁文昌帝君，其神像陪祀於關帝廟之東首副間。余甚異之。訪之紳士，謂舊在常平倉內，前任裴君以倉廒非棲神之所，暫移至此，業於學宮東建有開基，創而未就。嗟乎！右文重道者，君子之心也。修墜舉廢者，守土之職也。士大夫延師訓子，置之不得其所，鮮所造就，而況于神乎！昔范文正公延堪輿卜地，指其宅基為塋，可卜甲第無算。文正公即捐此宅為蘇州郡學，至今聯綿科第，冠于各省，非地靈人傑之一證乎。余踵裴君之志，捐俸勸事，并各紳士共輸囊橐，鳩工庀材，而此閣告成，卜吉遷神座于閣中，坐北面南，居學宮之巽方，殆所謂文筆峰也。其閣之西南，則為崇賢書院，以訓經學。閣之西北，則為蒙養書院，以訓蒙學皆有。數年來，整頓修葺，敦師設教，與文昌閣次第舉行者，自茲以往，高山仰止，學宮居其中，文峯崧翠，帝閣居其東，而誦聲朗朗，則又兩書院之笙簧蘊藉者，環口而震響焉。余不敢謂唐之文風自此而丕振，然以余之拳拳為文教整理，從此士君子爭自濯磨，當必蒸蒸日進。而天鍾其秀，地效其靈，神隨天地之氣而顯其應。將見後日之唐，必有以大異乎今日之唐，而更遠勝乎往昔之唐也。余故敘裴君創建之始及余落成之終，立石以為之記。

乾隆二十五年。

(文見乾隆《唐縣志》卷九《藝文志》。馬懷雲)

崇實書院碑記

宋梅

　　自古身膺民社，不外教養兩端，養固為先務，而教亦所急需。乾隆二十二年，余調任唐邑，查通縣並無書院，亦無義學，殊非仰體聖天子崇儒重道，各上憲振興文教之至意。遂於二十三年，設立崇實書院、蒙養義學各一所。書院以教生童，蒙養以教幼稚，延師訓課。自戊寅而至癸未，兩學之人咸知向上，其歲需修金膏火，悉余自行捐備。但無水之炊終難為繼，籌畫數年，無項可撥，心竊憂之。迨乾隆二十八年，有捐修城工餘銀五百六十一兩四錢，經紳士呈請，願將此項銀兩置買地畝，以為書院、義學延師之費。隨據情通詳，以公濟公。蒙巡撫部院何批准在案，爰置買腴地二頃三十一畝，坐落縣北鄉七里頭，繫業戶全科出賣，計十一段，每畝價銀二兩六錢，共價六百兩零六錢。將城工餘銀五百六十一兩四錢作為買價，尚少銀三十□兩二□，余如數捐足。於乾隆□十九年九月初八日立約交價，將價並地畝段落四至弓口造冊，鈐印，同文約附卷，每年每畝稞租銀三錢餘外，以作書院、義學修金膏火，歲底造冊報銷，併造入交代。尚有費用不敷之處，余仍養廉內捐備。所有置買地畝垧段、價銀，及捐銀姓氏、銀兩數目，統行勒碑，以垂久遠。願諸生立志，毋怠厥功，以圖進取，余有厚望焉。是為記。

乾隆二十九年。

(文見乾隆《唐縣志》卷九《藝文志》。馬懷雲)

重修學宮記

宋梅

　　從來治化之行，端在文教，而文教之本，厥惟黌宮。至聖先師集羣聖之大成，振萬古之聾瞶，德配天地，道冠古今，此大成殿之所由來也。至於四配十二哲，兩廡諸先賢，俱為聖道之羽翼，厥功茂哉。他如鄉賢之標正，名宦之純良，忠義之正氣，其有關於世道人心者非淺鮮也。而主持斯文，檢點甲第，文昌魁星之功居多云。我唐邑文廟，建於東南，地勢宏敞，任斯土者未嘗不累經修葺，奈日久年深，風雨剝蝕，漸見傾圮，兩學師惻然憂之。

　　余廿二年秋調任茲土，即有志重修，□□□生未臻康阜，大功實難修舉，雖有志焉而未逮也。今春眾紳士請於余曰：自父師蒞任以來，年歲疊見豐收，閭閻咸登仁壽，政通人和，民安物阜。古有云衣食足而禮義興。重修文廟其可乎？余應之曰："唯唯。"此余九年未竟之志也。爰是捐俸首倡，眾紳士悉解囊樂輸，而兩學師力為贊勷，於三月初旬鳩工庀材，大成殿、東西廡、啟聖宮、戟門、泮池、欞星門、數仞牆、明倫堂、鄉賢、名宦、忠義各祠，以及文昌閣，悉次弟告成。聞古魁星樓在天池三汲橋南，與紫玉諸峯相接，厥後倒壞，移於東南隅，今羣議仍復舊址，果有益於斯文。余即順乎羣情，建造從其新，地基因其舊，而天池三汲橋亦因之而修整，加以黝堊，施以丹臒，遂覺宮牆煥彩，奎壁騰輝，遠瞻近矚，非復往日之觀矣。唯是廟已觀成，無守斯廟者，終非善後之計，眾紳士又請於余曰："兩學署居住大街，與學宮相距甚遠，照顧實難。近聖人之居，方為萬全之道。"余曰："善哉。何其思深而慮遠也。"由是相度地宜，於明倫堂東建正學署主房三間，東西廂房各五間，大堂大門各口間，計十有九間，甫一月而工已竣。又於明倫堂西建副學署，工程浩大，需磚甚夥。一時運用不敷，意欲暫為停工，忽掘地起土，於地中得磚□□□□。廟中人羣喜而相告曰："此神靈之助，天意之所為也。"不二旬，而工又竣。其規模間數悉如東，□是而專司有地，守廟得人，學署無賃住之憂，學宮鮮污踐之虞。敬副聖天子崇儒重道之盛心，仰體各上憲雅化作人之至意，庶幾哉師道立而善人多，教化行而風俗美。培植斯文，其在斯乎，其在斯乎。因思唐邑十有餘載，膺鄉薦者乏人。茲乙酉秋，屆鄉試年，郭生各折桂中式前茅，此雖郭生之文藝人設明師之指引有方，或者古聖賢在天之靈默啟人文，俱未可知。從此文風丕變，士氣鼓舞，科甲聯綿，正未有艾也。余與同城諸公有厚望焉。遂將事之始末，併眾紳士之善行，悉勒貞珉，以垂不朽。若夫羣廟之因時整理，兩學之修殘補缺，是有望於後之君子，特援筆而為之記。

乾隆三十年。

（文見乾隆《唐縣志》卷九《藝文志》。馬懷雲）

重修八蜡廟劉猛將軍廟記

黃文蓮

蜡饗肇於伊耆氏。《禮經·郊特牲》云："天子大蜡八。"鄭注以為所祭有八神也。孔疏八蜡：先嗇一，司嗇二，農三，郵表畷四，貓虎五，坊六，大水庸七，昆蟲八。考王氏肅分貓虎為二，無昆蟲。或疑昆蟲害苗不當祭，不知非祭昆蟲，祭司昆蟲之神也，功在稼穡，故歷代祀之。

我雍正二年，奉勅特建劉猛將軍廟並著祀典。降神錄載，神名承忠，吳川人，元末授指揮。弱冠從戎，兵不血刃，盜賊鼠竄。適江淮，千里飛蝗遍野，揮劍追，遂須臾蝗飛境外。後因鼎革，自沉於河。有司奏請授猛將軍之號。自其生時，已能為民禦災捍患，歿而為神，益著靈異。我不知古之司昆蟲者何如，神仗將軍之靈，直可使昆蟲毋作矣。

唐邑八蜡廟三楹，在城南百餘步，歲久漸圮。南門內劉猛將軍廟，棟宇傾頹，不能蔽風雨。文蓮以丙子夏六月奉檄調署茲土，未之任，飛蝗過境，視事以後，蝻孼萌生，撲捕勿止。爰偕僚屬及紳士虔禱於神，顧瞻廟貌，愁然不安。遂與正諭石君、司訓韓君、署城守劉君、分司馬君、尉黃君謀所以新之，各捐俸錢為之倡。紳士咸樂輸，得若干金。鳩工庀材，計日落成，蠱患遂息。夫神無所不在，而廟固神所憑依也。神得所憑依，則降福所皆矣。繼自今，田穉無害，年穀順成，唐民之邀福於□□豈有涯哉。因為□其歲月，而以樂輸姓氏書□□□，尚冀後之來者，時而葺之，修明祀禮，答保障□□，功垂不朽焉。

乾隆五十一年。

（文見乾隆《唐縣志》卷九《藝文志》。馬懷雲）

重修武廟前軒碑記

黃文蓮

夫事惟當為即為，然後可以無悔。而尤藉克事其事者，於以經理而裕如。唐武廟，南北五架，有東西廂，東西各有序，門在檐下，檐外別為三架，屋無□檻而有序牆，稽古殿堂，前檐特起曲椽無中梁者曰軒。此其制也。俗呼為拜殿。東序外有小院，草房數楹，為僧寮庖湢所，歷年雖久，狀若完好。丙午季秋之望，住持僧告予曰："拜殿將傾。"予審視楹柱微腐損，序牆亦稍欹，詢修葺所需，曰三百金。予念經費無出，且予暫時代庖，冀可苟延以俟來者。因語住持，姑緩圖之。居無何孟冬十日，向夜西北風大作，軒牆楹弗能支，向東傾，序外草房亦被壓。翌日，住持以告。予始悔向之當為而不即為也。因命撤其朽折，掃除庭宇，徐議興修。越明年，丁未春三月，多雨，西序牆亦漸圮。亟召土木匠相度估計，僉曰："須五百金。"予益悔向之當為不為，以致需費增多也。時董事生員張君師、謝君魯瞻諳於工程，謂予曰，是可稍省。顧一時工費無措，而其事又不可緩，奈何？予遂偕僚屬倡捐，先擇吉鳩工庀材，取閒歇□給，徐令住持設簿勸捐。維時山右之賈於茲土者，踴躍樂輸，得若干金。閱月工竣，頓復舊觀。軒前有閣三楹，牆垣門廡，咸次第修葺，重加丹漆，東院草房並易以瓦。皆張、謝二君所經理。計所費較增。而捐簿所入，尚餘數十金，可備他處工程之用。予嘉眾商之好義樂輸，暨張、謝二君之經理盡善，俾予貽悔于前者，猶得補過於後，而並使來者無勞也。於是乎書。

乾隆五十二年。

（文見乾隆《唐縣志》卷九《藝文志》。馬懷雲）

分管文書

立分管人涂逢程、涂逢書，因幼失怙恃，依伯成立，彼時地無百畝，人逾十口，重賴伯父勞心勞力，治內治外，辛苦百端，艱難萬狀。而且伯母李氏，直將奩銀七百兩罄入公用。嗣後伯子逢甲、辰等，又復俱各嘔心吐血，慘澹經營，垂今六十餘年，擴地五十餘頃，俾侄等得以安居坐享，納貢入泮，實出伯氏一門父子三人之力。今伯父年近八旬，不幸二子相繼病亡。伯父照理家務，猶然耄期不倦。似此傷心慘目，侄等何忍言分，又何忍邊分。第念聚必有散，與其分諸異日，徒托祭文，告知於歿後，何若分諸此時，畢露肝膽稟明於生前，蓋侄等所尤咽嗚流涕者，伯本兄弟三人，當離侄祖日，伯十三歲，侄父等九歲、五歲，是危莫危於此時，亦苦莫苦於此際。若非伯父幼而老練，加以才慮過人，立志堅定，居心公平，無論侄等難有今日，即侄父等亦萬難讀書入泮，甚至失目者不至失所。是侄等父子兩世，均受教養卵翼之恩。推恩波及伯子，即無寸補，似亦各有應得，況復各屬勞苦功高。今三門僅有侄等四人，侄與伯子分則同堂，義比同胞。伯之待侄，直舉猶子視如己子。侄等情甘將祖產八十九畝，按照老三門劈分，卻仍作價並給一門，價錢列後。下餘伯父一生所治產業，情願按照侄等兄弟四人劈分，至於每門受分之處。近今設再續置田產，姑待逼真另鬐時，一即將三門應賠價值，如數償給，以斬葛藤。所有四分家產，各列約後。夫律設大法，禮順人情，情所難已，聖人弗禁。侄今此舉，實秉一片血心，非比矯枉過正。故夫如此分法，雖極至南山可改，北海可移，要亦遠傳之子孫，世世勿替。嗚呼！義之不歉，淚隨筆灑。分管雖主於此日，情有可原；藕斷絲連，析居仍俟諸他年。而今而後，惟願伯父努力加餐，含飴弄孫，以相與優遊於無事之天而已。特此，敬邀族眾親友，書立合同分管，一樣四張，各執一張，永遠存證。日後如有不肖子孫，妄起爭端，執字稟官，以不孝律治罪。

　　鳳凰山祭田莊一處，永遠不分。

　　吳協泰、吳重品、

　　樊紹甫、耿聯奎、

　　王幹、涂景崧、

　　同族親：涂運升、涂源涌、

　　涂頗良、涂源沛、

　　涂運至、涂秉衡。

　　道光八年十月初四日，立分管人涂逢程、涂逢書。

（碑存唐河縣大涂庄。王興亞）

人龍公墓碑

　　嘗思先祖之傳家也，克勤克儉，無怠於業矣。乃惟我涂氏受姓所從出，不詳於記載，故郡縣無可考。至南唐而有名廙者，官於豫章，自是遂代有聞人。迨我太高祖諱元坤，當國朝定鼎之初，自唐遷宛，[1]生我高祖諱景玉。於乾隆元年後五月二十五日，乃生我祖諱人龍，字中立，享年三十有七，至乾隆壬辰九月二十五日卒。元配李太君，繼配陳太君，皆

---

[1] 元坤公後裔世居小圪坦頭村，原屬南陽，故稱"自唐遷宛"，現已劃歸方城。文中應書而未書元坤公之父、祖名諱，可能別有原因。

無所出，則先人之祀，恐自止而絕，故過繼胞弟諱仁傑之長子諱廷選，以承後嗣，廣德之父也。今援之貞珉，以傳諸後世，故略述其概，以誌弗諼云。

孫廣德謹序。

皇清待贈顯祖　考涂公中立府太君合葬之墓

妣元配李氏繼配陳

亮、

發、　偉、

侄孫廣業，侄曾孫幸

　太、　英、

　　喜、　故俊、　仁、

奉祀孫　故　廣榮，曾孫　彥，玄孫好　義、　合立石。

緒、　　勳、　　禮、

太學生德、　　順、　　智、

龍飛道光二十二年歲次壬寅孟夏上浣。

（碑存唐河縣湖陽大涂庄。王興亞）

護墳地記

始祖墓旁護墳地四段，菜園一所，共約八畝餘。合族公議，留一園戶，作課錢二十二串正。因住址係草房五間，每年除修房屋錢兩串正，除地方官事錢二百文，至交課時，園戶該出錢十九串八百文。按清明節前三日，合族俱至塋前，園戶將課租一併交納，不許拖欠分文，以作祭掃之費。塋前樹木，課戶照管，不許毀傷。大補井在園主，小補井在園戶。未課時，先同人言明，交借頭錢二十串正予備，園戶拖欠課租，即以此借頭錢作抵。此錢若存誰手，誰即拿出，以備祭掃。辭佃於正月二月先說知，八月交佃，十月騰房。予備信牌一面，族中五房，每房各派首事二人，按年輪流收執。園戶見牌交租。執牌者，亦不得怠緩誤期，致礙祭掃。

（碑存唐河縣大涂庄。王興亞）

德美公墓碑

公諱德美，本福建漳州府詔安縣二都九圖人氏。父諱顯，字孝臣，蒞任雲南曲靖府羅平州援剿右路總鎮，遂［隨］父帶兵屯墾於唐，名其村曰閩營，因家有焉。兄弟五人：公居長，次德馨，三德明，四德裕，余夫人生；五德竣，周夫人生。公母陳夫人，生公一人。性情卓異，禮儀淑躬，每從征戰有功，職授候選州同。德配翁太君，係分駐南陽左都督翁公諱求多次女，名門淑媛，四德兼著。生子三：長從龍，次如龍，三翼龍，俱業儒，有文名。迄於今，子孫盛多，蘭玉濟美，由公德□致。公之八世長溫等慮公之盛德，或泯無傳，因謀勒石，永志先澤於不忘云。

（碑存唐河縣湖陽大涂庄。王興亞）

西崗寨東寨門門額刻石

咸豐拾壹年
天成寨

（碑存唐河縣湖陽大涂庄。王興亞）

李方城墓碑

曾祖考之父祥熾，母樊太君。曾祖考諱方城，字荊衛，樂善好施，親族睦鄰。年饑餒，按口給糧，活親族百餘家人；或比鄰有賣妻鬻女者，助以錢穀，不使離散。其生積德累仁數十年不倦，是以家道興隆，子孫昌大，皆行善所致也。荊衛公生於乾隆十七年五月初三日卯時，卒於咸豐五年十二月未時，享年百有四歲。於本年十二月二十五日合葬。曾祖妣孫太君□□□□□□。小學《四書》，文理皆通。生五子：長萬清、次時清、三長清，四永清、五鎮清。教子不外孝悌忠信四者。五子或治家，或士或農，或商或賈，是以子孫昌隆盛熾，家道殷實和平。曾祖妣生於乾隆十三年五月初三日申時，卒於嘉慶二十四年十月初一日子時，享年七十二歲，於本年十二月二十日葬於此，首亥趾巳。

皇清太學生曾祖考公諱方城祖妣母孫太君合葬之墓
立碑人[1]
宣統二年十一月吉日。

（碑存唐河縣樊營。王興亞）

李萬清墓碑

祖考之父諱方城，母孫太君。祖考諱萬清，字德靜，行一。生於乾隆三十五年八月十三日丑時，卒於嘉慶十一年二月初六日寅時。於本年本月二十日葬父墓之趾。公乏嗣，

---

[1] 此行字漫漶。

取胞弟時清長子秉太爲繼子。妣魏孺人，生於乾隆三十九年九月初五日丑時，卒於道光六年十二月二十六日，享年五十三歲。於本年十二月二十九日合葬此墓。方向首亥趾己。

　　皇清例授登仕郎祖考李公諱萬清妣母魏孺人合葬之墓

　　大功服孫布政司理同陞銜縣承海嶼，海三，暨元孫振鐸、耀庚等立石。

　　宣統二年十一月吉日。

（碑存唐河縣樊營。王興亞）

李永清墓碑

　　祖考之父諱方城，母孫太君。祖考諱永清，字定庵，行四。相貌魁偉，秉性聰明。窮理明善以修身，教子弟以小學、大學之道，待外人以忠孝篤信為本，耕讀傳家。子侄孫入庠三人。子林芳，侄緣堂，孫海嶼。定庵公嘉慶十八年入庠。生於乾隆四十八年八月二十一日未時，卒於咸豐三年四月十五日戌時，享年七十有一。於本年五月初十日葬於此。定庵公元配陳太君，繼配鄭太君均無子，側室張太君生二子：長子林芳，次子林壽。林壽少亡，葬父墓下。元配陳太君，生於乾隆四十七年七月十七日未時，卒於嘉慶十五年五月十五日巳時，年二十九歲。於本年十月初一日葬於此。繼配鄭太君生於乾隆五十二年正月初二日寅時，卒於咸豐十一年正月十六日午時，享壽七十有五。於同治二年二月二十日與祖考暨元配合葬。側室張太君生於嘉慶元年正月二十日子時，卒於道光十五年五月二十日子時，年四十歲。於本年六月初五日，亦葬於此墓園內。墓於子林芳元配焦太君、繼配曲太君二墓之上，均首亥趾己。

　　　　　　考李公永清
　皇清庠生祖　　　　　合葬之墓
　　　　　妣母　陳　太君

　　　　　　　　　　　勤、
　　　　　　　　　　　順、
　　　　　　　　　　　樂、
　子庠生故林芳，孫監生海洲、海聲，暨曾孫監生克儉，大功服孫縣丞海嶼、監生海三。
　　　　　　　　　　　讓、
　　　　　　　　　　　智、
　　　　　　　　　　　縕、

　　宣统二年十一月吉日。

（碑存唐河縣樊營。王興亞）

李鎮清墓碑

祖考之父諱方城，母孫太君。祖考諱鎮清，字静齋，行五，出繼胞叔方豫。継母高氏。公平生忠信明決有膽略，善拳棒，涉獵經史，好讀兵書。咸豐六年，南陽臨水驛瓦店地方，鄧大躬、王三軒作亂，勾結田店一帶土匪，已聚百餘人，於南唐交界之廟中，天明即起事。祖考與族孫廩生李械芳約族強健者數十人，出賊不意，執為首者殲之，脅從逃散。昧爽，南防總鎮兵至驛，匪已平矣。鎮憲邱公聯恩賜公匾額題云："有勇知方。"静齋父生於乾隆五十四年三月初四日午時，卒於同治十年二月十四日己上世，享年八十三歲。於本年三月十五日合葬是墓，方向首亥趾丁。祖妣生於乾隆五十四年五月初五日巳時，嘉慶十三年四月十五日歸李，五年而卒，嘉慶十七年十月二十七日葬於此。継配祖妣張太君，南陽縣二等世襲歸德鎮參將張長齡之妹，幼讀書，能講解，得要領。故宜家教子，悉本之《女誡》、《內則》小學各書，生二子：長林平，次緣堂。祖妣生於嘉慶五年四月初六日亥時，卒於同治十年一月十五日未時，享年七十有二。於同治十一年三月上旬，始卜葬於唐縣西南三六里羅廟村中，係首寅而趾申。

皇考太學生祖　考公　諱　鎮清　合葬之墓
　　　　　　　妣母繼配张太君

布政司理同升銜縣丞孫海嶼，暨曾孫長木燼、次国均、三兆相、四中權、五錫九、五十齡、六擇執，元孫　俊一、悅恭、德基。

宣統二年十一月吉日。

（碑存唐河縣樊營。王興亞）

鎮平縣

重修儒學開聚星門記

知縣葉日升

鎮邑叠經變亂，學宮頹圮，官斯土者，土瘠民貧，諸艱蝟集，方焦勞吏治民生之不暇，而何以黌宮為？余以政事之暇，閱邑志，儒學舊在城西北隅，明萬曆間，瓊山梁君必先以科名寥落，用形家言，遷今地。謀定於廟前通雲路，開小南門，東南建文昌閣，次第舉行。適以艱去。嗣有北平張君爾庚踵梁志，建閣異方，而雲路、小南門等仍缺焉。余承乏茲土，詣廟，行釋奠禮，徘徊周覽，則棟撓瓦落，池湮垣傾，惻然久之。又遲之一年，用是懼然曰："是余之責也夫，是余之責也夫。"雖然，興作重事，竭民膏血而為之，則病民，必錙銖而問之，攻鉛槧者，又病士。若是者，其不葺非也，葺之亦非也。余不憚捐己橐焉為多士倡。其願勸茲舉者悉以聽，計所用木石、瓦甓、竹葦、灰鐵、丹漆之類，及僱募匠作人夫等，費千金有奇，纖毫不擾於民間，負擔不呼之力役。於是，庀材鳩工，閱二月，禮殿成。又閱月，戟門成。又三月，兩廡成。舊制左右止十八楹，今增廣三十楹，自殿角直達戟門，俾從祀外，諸生可肄業焉。又三月，泮池成。泮池舊在欞星門外，茲移諸關內，填磚灰砌，罔不堅固。次欞星門成，移於泮池原址。又五月，小南門成，顏曰聚星。經始於康熙二十二年之夏，落成於二十三年之冬。若啟聖宮、明倫堂、兩祠、兩齋，及庚庫庖湢，各次第整飭，以仰慰前二令有志未逮之心，且勸鎮士，以為士貴勵志耳。自今多士各革其佻達之習，培其作聖之基，將見士氣振拔，絃誦彬彬，家炳青藜，人標赤幟，而人文蒸蒸輩出，庶聚星藉，是不朽，余其拭目俟之哉！

康熙二十三年。

（文見光緒《鎮平縣志》卷六《藝文志》。李正輝）

御製平定準噶爾告成太學碑 [1]

御製平定準噶爾告成太學碑
乾隆二十年。

（碑存鎮平黌學大殿內。馬懷雲）

---

[1] 見本書第一冊第29—32頁。

御製平定回部告成太學碑 [1]

御製平定回部告成太學碑
乾隆二十四年。

（碑存鎮平黌學大殿內。馬懷雲）

新建香火碑記

嘗聞廟祝所以妥神，侑享所以祝神，二者均不可取。况我鎮邑顯佑伯城隍感□尊神，猶非淫祀可比。形成于漢，其功赫赫，爵封曰伯。其位巍巍，靈應所覃者，南連楚、越，西通秦、晉，東接齊、梁，北逮幽、燕，雖千里外，罔不呼靈爽，焚香燭，奔赴殿堂，以瞻尊神之光焉。庇處宇下者，叩之即應，禱之輒能，視為謨然。每見他廟于正月朔旦之期，皆有侑享，以慰神靈。獨我隍廟悄然寂然，瞻拜者皆惻然難安。茲有四門地保于乾隆五十年，糾約城鄉軍民紳士合社人等，各捐貲財，無論多寡，于每歲正朔之夜，脩清醮，演優唱，紛紛然沐手焚香，連綿三日。庶乎神之德可報，人之心亦安。然始事易為力□□，□□難為功，誠恐久而湮沒，其不至褻神也幾希。茲同社內所積之銀一百兩整，存之公中，以為永遠香火之資，庶後之經其者，得以有所接踵，用泐之貞珉，以示不朽云。

合社弟子。
四門地保。
大清乾隆伍十伍年季冬吉旦立。

（碑存鎮平縣城隍廟。馬懷雲）

鎮平縣城關重修清真寺正殿拜殿及講堂居屋碑記

【碑陽】

鎮邑城內西隅，建有清真寺，由來久矣。其正殿卑小，拜殿亦甚淺隘，僅可容十數人禮拜其中，多不免暴日塵沾之苦，非惟不足以妥尊主，仰且無以壯觀瞻也。掌教與鄉老等欲有以廣大之，但工程浩大，費用繁多，非一鄉一邑之捐資所能給。又募諸遠方，一時之好善樂施者俱回應焉。遂鳩工庀材，經營佈署，由是而正殿，而拜殿，而講堂居屋，次第俱舉。斯事也，經始於乾隆五十八載，落成於嘉慶九年。故志之。

水交騰代位。

---

[1] 見本書第一冊第 32—34 頁。

首人劉聰、劉建。

鄉老王珍[1]

嘉慶十二年歲次丁卯孟夏中浣吉旦立。

【碑陰】

回回本居西域，自唐時進入中原。歷宋、元、明以及大清，至今千有餘年。星荼羅列，散布天下，亦甚繁多，故府州郡邑各建清真寺。本處如今意欲另立大殿窰子以及三層殿，但本方力微難舉，今募化四方，以助成功。將捐資姓名開列於後，以永垂不朽云。

（碑存鎮平縣文物保護管理所。馬懷雲）

建涓陽書院碑記

桐城人署鎮平縣姚暄

書院之設，由來尚矣。有其舉之莫敢廢也，廢而不舉，守土者之過也。鎮邑舊有涓陽書院，肇自何年，建於何處，莫可稽攷。縣志所載，惟義學三座，創於國初，曰興賢，曰毓材，其在本城者曰儲俊。迄今百餘年，荒烟蔓草，欲復其舊，而遺址已無存焉矣。乾隆五十五年，前邑宰王君邦俊置蔡橋三官廟地一頃五十五畝，詳明各憲，撥入書院，為膏火之需。迨嘉慶十四年，署令葉君菁以教課，尚無其地，與學博郭君彪商建書院。適武生王應科有住宅一區，武舉張學曾、武生李培棠等，倡義捐置，具價四百五十千文，而王生慨然允售，且捐錢五十千文以為修葺之資。善哉斯舉也。嗚呼！始也有書院之名，而無膏火之資；繼也有書院之田，而又無教課之地。今張君、李生倡義公捐，而王生又能減價捐資，成斯美舉。從此，士子講習有地，肄業有資，將見德業日新，人文蔚起，不大有造於鎮邑也哉！予因王生之請，為述其顛末，而勒諸石以示久遠云。

嘉慶十四年。

（文見光緒《鎮平縣志》卷九《藝文志》。李正輝）

重修侯莊寺碑記

邑舉人任騰蛟

修祠寺，善事也。然為善則可，炫善則不可。己有善而隱之則可，人有善而沒之則不可。王君良棟嗜善者也，以醫起家，家既裕，遂絕不受酬。宛商王太順者，為善尤勇，德君之療己痼疾也，厚酬之，不受，益重其人，遂與訂莫逆交。里有侯莊寺，古刹也，不知創始何時，碣誌為萬歷間秦貴重修，今二百餘年矣，上雨旁風，勢就傾圮。君久有志修復，

---

[1] 以下本坊人姓名與捐資數目，字多漫漶。

而苦力不逮，謀之商，商慨然捐助。舉前後左右五殿，而更新之，棟宇神像，翼然煥然，蓋欲以成君志酬君也。既又以君勞於斯役，更餽衣履之資，約值數十金，君誼不辭乎，遂準其值，為商修董石河橋一座，互為讓善，各不肯居也。居人王廷舉等相與語曰："兩人之善，不容沒也。"謀為勒石，而求記於余。余惟四大非有，五蘊皆空，大雄氏之所以為教也。夫頂踵不恤，而何有於祠寺，又何有於滅？度後千百年之祠寺，然祇園布金，當時以為功德。釋氏所為功德，即吾儒之所謂善也。以余所聞捍災救患，嚴窮恤困，以及儲倉建塾，育嬰掩骼諸事，固皆善之尤善者，獨惜兩人能善釋氏之善，而無以吾儒之所謂善者進之也。抑余又聞寺工之竣，兩人欲並置良田，設義塾，以阻於勢，不果。然則吾所謂善兩人，蓋已見及之，而特未能竟行其志也。然其為善讓善，而不炫其善，亦良足多矣。夫不炫己善，善也；不沒人善，亦善也。然則兩人之善，與勒石諸君之善，固均可誌矣。吾尤望嗜善者，而勇於為善者，能善釋氏之善，更孳孳而善吾儒之善也。於是乎記。

道光年間。

（文見光緒《鎮平縣志》卷六《藝文志》。李正輝）

重修淯陽書院碑記

貴州貴筑人癸丑翰林按察使傅壽彤

昔予奉命守宛，時值淮寇西駛商雒間，鎮平為宛西要衝，不時提師止其地，未暇與都人士講學論文，為振興作育計也。而其事固未嘗一日去諸懷。自歲癸亥以逐寇至，再守宛，又即營於所謂淯陽書院中。藩拔級夷，未忍卒睨，嗣又聞不戒於火，並傾頹者亦蕩然無存，予心惻焉，以謂此事之廢，固非偶然。而其興也，殆將有所待也。故予於兵備此邦時，即思得一賢有司，起而任其事，兼以償予數年未就之懷，不謂閩中吳君，即於其時調權是邑也。予竊喜此邑之得人，而此事之成亦固有日矣。君果於履任後，集邑之紳與民，而營室方中，鳩工庀材焉。閱二百有二旬有二日告竣，自講堂以及學舍秩如也，亦翬如也。工既訖，丐余為文記其事。余維書院之設，所以輔學校之不及，非僅以弋取科名也。將使肄於其中者，德業相勸，過失相規，其於修己治人之學，既無弗講明而切究，而以愛其親、以敬其長，以善其鄉黨、州閭，更有其可風可法者，俾吾民朝漸夕摩，觀感興起，咸曉在於善之不可不為，而惡斷不可為。如白黑方圓之迥異，雖有桀驁強狠之徒，知無以容於其間，亦將變易其所習，而羣勉為士君子之行。然則書院之設，既以輔學校之不及，其在今日，當兵燹之餘際，承平之始，鎮平之民又值創鉅痛深之後，意其間之賢者能者，罔弗爭相濯磨矣。既休養之，復匡直之，其足以隱裨吏治於無窮者為何如。凡我屬僚咸如吳君治有不臻上理者乎。且夫天下者，州縣之所積也，州縣治則天下治矣。《記》曰："建國君民，教學為先。"不信然歟！雖然，吾竊有慮焉。夫自蘇侯創建以來，迄今四十年耳，未災以前，已多曠廢。然則經始者矜心作意於先，而繼之者因循苟且於後，久則弁髦焉，贅旒焉。其不至廢壞者幾何歟？自來良法美意不旋踵，而即為具文者大率類此。靡不有初，鮮克有終。詩人所為致慨也。今吳君所立條約至為詳備，後之人其果能遵守而無失乎？都人士既知其所由興，又知其所由廢，愈宜親師取友，知類通達，為里黨樹儀型，為國家敦風俗，庶不負吳君振興作育之意，亦即余所望於都人士者。

　　同治七年。

（文見光緒《鎮平縣志》卷九《藝文志》。李正輝）

重修涪陽書院碑記

　　邑人拔貢王翊運

　　郡縣之有書院，始於嵩陽、睢陽、嶽麓、白鹿諸區，其後歷代踵之。誠以運會開自天，發生本於地，幹旋則在乎人也。即我鎮背騎立面湼流，民篤農桑，士敦詩禮，山水雖未高深，應亦有鍾毓之時，何以國朝百餘年間科第寥寥？推原其故，皆由督課有人，而膏火之資與肄業之地缺如，故士子莫知所習，文風因以不振也。乾隆五十五年，邑侯王公來宰是土，始於蔡橋置膏火地。嘉慶初，魯君思振文運，增高奎樓，未及謀書院而去。至十四年，署令葉與司鐸郭，商建書院，置大龍廟劉姓地，其事與魯公相後先，而皆未克大舉。道光八年，長白蘇公知縣事，以書院規模狹隘，因即察院廢址，闊其根基，為養士之所。數十年來，山川猶是，城郭依然，經諸賢侯節次培植，人材輩出，駸駸乎復聲名文物之舊。由今溯昔，諸公造士之德不可沒，而天人感召之理應不誣矣。同治丙寅，難民之僑居者，兩次不戒於火，延燒書院，半成焦土。越戊辰，我吳侯以現任內黃事來攝邑篆，下車之初，歷剔宿弊，威愛兼施。不數月間，民安盜弭，生靈蒙福。目擊書院荒廢，特召集邑人咨以方畧，預立章程，董率則專委紳耆，出納則不經胥吏，法良意美，人聞風踴躍慷慨捐資。不浹旬，積錢四千餘貫，用以鳩工庀材。廢者舉之，無者增之。懼號板之速朽，而易以石；因租稞之無多，而益以地。講堂號舍，煥然一新，從此人文蔚起，當更拜賜於神君焉。抑運竊有感者，我侯清操碩望，歷宰邑篆，仁風徧扇，甘雨隨車，行以卓異超薦，豈僅為百里樹甘棠哉？乃偶爾承乏，不以權理無多時，懈其為民造福之志，而我邑竟得私荷栽培沐教澤以成斯役。謂非斯文之幸乎？我邑人士果能爭自琢磨，飭行勵學，振翼仕途，以副我侯培養之意，則又我邑人之大幸也。是為記。

　　同治七年。

（文見光緒《鎮平縣志》卷九《藝文志》。李正輝）

重建武廟碑記

知縣吳聯元

鎮邑武廟在東門內。同治甲戌，余奉命宰鎮，逢祀典，入廟告虔。見神像露處，不禁為之怵然。詢其故，乃同治四年，不戒於火，屋宇灰燼。今滿地荒蕪，片瓦無存。竊念帝之威靈，海內蒙福，鎮邑祠宇如是，若不修葺，咎在有司。客秋小稔，乃進邑紳喬君玉庭、王君元亮輩，商重建焉。眾皆欣然從事，爰諏八月之吉，鳩工庀材，重建大殿三楹，拜殿三楹，三代殿三楹，山門五楹，兩廂各六間，殿中設栗主，與文廟體制同，用昭恭敬。余捐廉三百緡以為倡，都人士共捐二千七百緡，司事十餘人，清廉自矢，無纖毫浮用，胥吏亦不假手，閱半載工竣。溯曩時咸豐辛酉，同治壬戌、丙寅，皖捻逼城下者四，賊夜間見城上火光燭天，因皆遠遁，其實無燈也。後獲賊問之，始知其故。非神威垂佑，能如是歟？喬君殿魁、聞君勝皆於廟中習武事，先後成進士，捷鄉闈。武科之盛，人僉以為神貺。茲於閏五月朔日落成。是日也，絳雲在霄，休氣東至，邑人舉手加額稱慶焉。時諸紳以碑記屬余。因敘其營建顛末，書於麗牲之石。

同治十三年。

（文見光緒《鎮平縣志》卷六《藝文志》。李正輝）

重修城隍廟碑記

廣東人知縣張薇

幼讀史，見項籍之破彭越也，滎陽被圍甚危，將軍紀公慷慨獻謀，自乘王車誑楚，至以身殉。千載而下，其精忠義烈之概，猶想見焉。庚午秋，予奉命宰鎮，下車後，聞父老相傳，謂漢紀將軍以功封本邑城隍，已數百年。夫以將軍之佐漢高征伐，其功可謂大矣。滎陽危，而以身殉主，其忠可謂至矣。衡以有功德於民之義，俎豆千秋，理所應爾。余自涖茲土，凡三禱雨、一祈晴，所以為民請命者，無不相應如響。每逢神誕，遠方之人來者，絡繹於道。是神之佑民者深，故民之奉神益虔也。崇廟貌，壯觀瞻，乃可以邀神貺，可聽其風雨摧殘乎？修之葺之，有司之職也。爰於壬申二月上旬興工，越五甲子而成，凡木石丹艧之費，皆官紳士庶所集貲。茲於其成也，諸紳以碑記屬予，因紀其始末如此。

（文見光緒《鎮平縣志》卷六《藝文志》。李正輝）

王氏祠堂規矩序

有及門王生者，請業之暇，求所謂祠堂規矩序者。余曰：嘻，善哉。家有祠堂，所以妥神靈，序昭穆，亦即所以儀型子孫者也。迄今户大族繁，間有不率教者，祠堂設賭局，神靈其何以依？族户無大小，昭穆于焉盡紊，林園樹木，先祖之羽翼，悉子孫又何以成材？合族目擊心傷，公議罰矩，開列于後。章程一立，各宜凜然，庶神靈可以式憑，昭穆不紊，子孫亦可以納于軌物焉。余不繁多贅，謹敘所言以誌。

一、議祠堂物件，老墳樹木，若有人偷盜損傷，察出者，罰胙一臺。為私情者，加倍重罰。

一、議族户無大小，糊撻亂罵，合族到祠堂罰豬羊以祭，若要故違不遵，禀官究明。

十八世孫儒童杏林占信撰書。

羅方峰敬刊。[1]

光緒九年建于月上浣穀旦立。

（碑存鎮平縣王崗鄉硯台村。王興亞）

增修清真寺碑序

師峭導

使在教者，同心向善，義至正也。方其奉朝請入中國，首建碉聖寺於羊城，繼修磨呢寺豫境。其後，寺宇遍延天下，有謂清真寺者，有謂禮拜寺者，至今皆以清真為名焉。

鎮平東柳泉鋪之北，吾教聚族而居，歷年已久，有武庠水君諱振川者，好義樂施，偶修講堂，方幸蝸牛之地，勸敦有所。乃以修寺遭好事者之忌，幸遇鎮平縣尊張公斷明在案，准其修理。前已敘明，勒諸貞珉。嗣以屋宇淺隘，難壯觀瞻，履蒙教長水聚潮之兄諱清潮，出外募化，廣修大殿拜房四間，院牆一所。鳩工庀材，閱數月而功成。欲將衆善姓字，刻石以永垂，丐余作序。余固淺陋，不善文辭。因歷敘事于以□，鎮平邑賢矣之廉明，亦見水氏之樂善不倦者，竟相繼而起也，願志石以來者。

唐邑丙子科舉人辛未考取景山學教習龔翅楚撰文。

□□□邑庠生陳雙光書丹。[2]

皇清光緒十四年辛□十月十四日。

（碑存鎮平縣柳泉鋪。王興亞）

---

[1] 各户捐銀兩數，字多模糊。

[2] 捐資人姓名分列七行，字多模糊。

方城縣（裕州）

執照碑記

裕州正堂郭允昌

為給照以永禪業事。照得大乘山，方城名勝。前獨空大士倚錫松，阿會靈鷲，不弔萑虎市。行諸佛菩薩流離□草中，偃□無狀，爰伐木驅狐，拂居灌竹，得見三十二相。延請大比丘慶貴等衆，譯大乘了□愚，乃以給孤園主司十洲杵，傾囊中有，治牛一犋，驢一頭，於山之麓開荒地餘畝，免其稅糧，作如來供。其或羅剎諸流侵寺田、驅寺牛、凌寺僧、捏行奸奪者，當以此照躋公堂焉，須至執照者云。

給大乘山僧慶貴等。準此。

順治六年五月初二日執照。

石匠程麻子。

（碑存方城縣文物保護管理所。王偉）

煉真宮重修藥王祠記

馮肇易洪園居士

州隍東北隅有煉真宮，不知創自何時。每聞父老口傳河上公曾煉丹於此。其丹鼎爐爐，至今存云。又□漢湖陽公主修真地，而勾漏令葛仙亦託踪焉。其□流藏修之陬歟。明初有張三丰者，號邋遢張，留三年，人莫知其寢處。一日，題詩壁上而去。成祖靖難後，□□□□□□□□，三年終，□□□曰□□□□□□道士也。言訖，不見。遂敕下，贈宮名曰仙靈，而殿□為之一新。光耀中天，非復人間恒境已。後又有道人□甲梁者，梁姓高，福名鳳，頰龍髭，指甲盤掌，因以為□，雅好黃老，精長生術，游秦，秦王重之。推奏世宗，□□徵至，語《道德》、《素問》，大悅，封為一品真人。詢其幽□□則以是宮對，遂發帑金，恢擴其域，北玉皇閣，前□清殿，東梓潼祠、壽亭侯殿。西韋孫神應王祠巍煥□。又皇時更麗已，無何而寢沒於癸巳之淫霖，黃冠星□，殿宇凋落，而韋孫神應王祠更為頹壞，有義匠□□信與余弟肇圖謀於余曰：玉皇閣功鉅力薄難□，徐俟來者。若王祠可勉強新之也。君其圖之，余遂□於古唐尹王公令邦信董其事，徧募達人君子有□給者，余襄其成焉。於是，重建王祠而輝煌之，扁曰□世聖真，而壽亭祠像亦飾一新。凡此皆邦信之□□□□□□□□□□□□于丙申之十月，越三載而功□□□□□□紀之，因述其事併宮之梗概，勒之貞珉，以示後□□。

順治十七年。

（文見乾隆《裕州志》卷六《藝文志》。王偉）

重修文廟聖殿記

三原人本州知州王廷棟

今上御極之元年，歲在壬寅六月，余來牧裕州，迄今九年矣。當殘疆孔道，何日何時不逐災塵，冒雨雪，奔走迎送於輪蹄間。余雖風塵吏，每接皇華天使，聞聖天子勵精圖治，春秋親幸太學，釋奠先師，意在崇儒術，敦文教，余欣忭無已，已而嘆曰："此王道之要也。聖主先之，自公孤而下，有職守者，可不奮揚天休，崇宣聖言，以期唐虞三代之治乎！"余不敏，忝任茲土，則新聖宮，興學校，士有絃誦，黔黎觀型，俾孝秀既升起彬雅于衰殘，予之首務也。

裕黌宮創自明初，中間遞有重修，而重修之最後者，迄萬曆年止，大抵土木之材，即堅牢可敵風雨，經久不過百年。自萬曆至我朝定鼎，已百年有奇，而敗址崩桷，俎豆之器，盡蝕苔蘚。余每逢朔望，偕同寅與師生拜階下，震悼歛歔，不忍瞻視，遇淒風苦雨，更為愓心焉。將以議修，而城以內不百家，家二三役，城以外遠無一村，村三兩家，財力並詘，且轇轕百出，又何能興土木、勤工作焉耶。中夜徬徨，如是者垂五年。

丁未春，余謂學博長葛李君曰："聖殿益不敵風雨，勢必頹，奈何？"李君慰余，有以成余志，曰："天下事有慮始實難，而樂成亦易者。今日之學宮，當亦如是。今公倡率於上，倘諸士子鼓舞於下，以勸以輸，以巍煥聖宮，亦旦暮可期者。豈聖宇頹敝，竟讓緇黃輩耶！"乃於丁祭前，約諸生畢至，果如約來者八十餘人，集戟門下。學博李君與別駕會稽馬君、州幕陶君虛公商酌，官輸俸，士輸釜庚，衆皆唯唯。余因謂之曰："聖殿壞，匪伊朝夕，以今論，余守土無狀，不敢為無當空言歸咎於前，委責於後，第列在黌序者，廖廖百餘人，率皆燈寒虀苦，家無盧次之安，體乏飽煖之樂，今議是工，大有不得己者，諸生其諒余心。"於是，諸生各捐貲若干數，置簿登記。又舉有才望能勤事者宋子宗周、張子素、吳子巖崇、賈子欲琬等十人董其事，而簿記則屬之歲進士君成嗣美、唐君敲舞勸輸，鄭金庀材，寧堅勿瑕，期可以垂之久遠。余星騎隨柴車採木入棘倩中，暑雨浸蒸，體生濕痾無敢惜。經始於己酉夏四月，撤舊材一新，巍然七楹，越仲冬功初成，而余適有辰陽之命，泛五溪之舟，探酉洞奇文，幸不以鮮終貽笑也。戟門、兩廡、明倫堂皆翼配聖殿者，余力弗遑，踵事增華，則後起者之責歟。七峯巀嶭，潘水瀠紆，瑰瑋蔚起，雄視中州，起衰殘為彬雅，余拭目望之，多士其勖諸。

康熙八年。

（文見民國《方城縣志》卷八《金石志》。馬懷雲）

施照碑記

　　陳府今將原買到郭守經山場一處，施與大乘山常住為業。其山，東至馬家山，南至分水嶺，西至黨家庵，北至土地廟。四至以里，土木相連，俟後有人爭競者，本府一面承當。此照云云。

　　施主陳隨貞。

　　經管陳天寵。

　　時康熙五十四年三月二十九日施。

　　石匠石國輔。

（碑存方城縣文物保護管理所。王偉）

重建南城麗明樓碑記

　　董學禮

　　按州城宋末建，明洪武三年南陽指揮使郭雲脩築，正德十二年，知州郝世家始為磚城。外建月城，四重樓敵臺，備極壯麗。自明季被□，四門樓櫓俱經焚毀，南城樓滌盪更盡。國朝定鼎以來，順治十二年，知州陸求可稍為修□。康熙二十六年，知州劉玨亮重修。故東西北三門城樓棟宇粗具。南城樓尚未□議新也。余康熙四十五年來守是邦，甫下車，周視城垣，見南城一帶，雉堞圮毀，瓦礫匝地，竊念是門位鎮離方，當陽坐照，而顧令頹廢若此，何以起四境之生色乎。即以修復斯樓為己任，會四十七年夏淫潦，城圯，各處陸續捐修已竣，乃具材木，辦磚石，命匠鳩工，舉城樓而更新之。訖五十四年夏四月而落成，規制宏敞，歸狀偉望。南陽王文莊公《修城記》所謂壁鬱青霧，樓絢丹霞，庶幾復其舊制矣。形家謂是樓之建，向明得位，實啟文運，因額之曰麗明，取《易》離卦重明麗正之義也。間於簿書之暇，登樓憑眺，但見士庶恬熙，往來雍□，遠村煙火隱見林外，是亦生齒漸繁，風俗樸茂之一□。守土者不亦□然為之色喜乎。是為記。

　　康熙五十四年四月。

（文見乾隆《裕州志》卷六《藝文志》。王偉）

鎮國將軍余添墓碑

　　　　　鎮國將軍考余公
　皇清　　　　　　　　　顯之墓
　　　　　二品夫人妣郭氏

公諱添，字伯益，原籍福建漳州府漳蒲縣銅山所人。由行伍受札副總，於康熙七年，奉旨同募義伯黃公帶領官兵，移駐河南南陽府裕州督墾。

誥授鎮國將軍，賜蟒袍刀馬，給恩田養贍，仍聽調用。以年老致仕，於康熙三十三年四月初八日，以疾卒於家，壽六十六歲。

葬於城南三里許，乾山巽向。謹志。

龍飛雍正十一年歲次癸丑仲春吉旦。

（碑存方城縣文物保護管理所。劉宗志）

創建關帝廟碑記

蓋聞除地為壇，所以報賽，立廟為祠，所以妥神，祀典所載，固昭昭也。距州治之北六十里許，有地曰拐河，羣山環而四圍。衆壑趨而為溪，昔在大□□□其間，居民繁盛，風淳俗美，甲于裕之諸村鎮。至崇禎癸酉歲，流寇肆氛，屢遭劫殺。更兼荒歉頻仍，人家消乏，僅存十分之一。甲申歲，舛運將盡，滿災已滿報。

清朝定鼎，掃除賊党，自順治至康熙以迄雍正，重熙累洽，人民漸富庶，歲月愈見升平。本鎮善人白錫璧、張文星、谷沛田等共集一社，贏錢數載。僉曰："市廛之設，所以便交易，而神廟不立，其奚以隆祀典乎？"遂卜址於街之西北，建立關帝廟一座。惟神義炳乾坤，足壯山河之威；心同日月，直褫奸雄之膽。謹發虔心，創修正殿三間，旁列道院一所，屈指木植、磚瓦、裝塑、顏料，一切工價等項，不下百金。量功績之浩大，實獨力以難成。無奈，募化本街善男信女，捐金不拘多少，佈施不論貴賤。資用即備，爰鳩工人，經之營之。未幾，而廟貌輝煌。未幾，而神像金碧。自此有求皆應，無禱不靈，佑我後人，共荷神庥。

是役也，經始于雍正己酉仲秋前朔，落成于重陽廿後。功完事竣，謀欲立石以重永久，屬予作文。予不敏，姑敘其事之始末，鐫於石碑，亦不沒人善之意云爾。是為序。

晉都古郇陽廩生李鵬程撰文，子後學克建書丹。

大清乾隆元年歲次丙辰仲秋菊月吉旦立。

（文見方城縣文物保護管理所。劉宗志）

重修開化寺碑

勅授奉直大夫知裕州事加三級紀綠三次白山薩槎撰文。

賜進士出身文林郎原知江西建昌府南豐縣事改署南陽府裕州學正加一級紀功一次睢陽褚俟藻篆額。

暨陽樓廷熊書丹。

方城之有開化寺也，創始於元，改建於明。規制宏敞，殿宇莊嚴，往來要會之地，巋然稱一郡巨刹。歲序遷移，風雨剝落，自鄭牧君重修，閲年八十，廟貌依然，而榱桷凋敝，遊歷茲土者，每惻然，欲行更新，以成善果。前有郡人張運中，後有周進孝，竭貲捐助，一時四方善信，各踴躍樂輸，已故僧正、宗正，實首先經理。自戊辰迄今，歷三載，工始竣。刊石記事，固其所也。

　　按佛法之興，由東漢明帝延入中國，浸熾浸昌，梵刹幾遍海宇。洎達摩西來，九年面壁，方得授衣，二祖宗風妙諦，世有傳燈。後人踵事增華，且合佛教、道教，附儒教，而列之爲三。蓋儒以忠恕教人，道以感應教人，佛以慈悲教人，其宗旨雖異，要皆普度一切，導人爲善之至意也。顧未解禪宗者，□從識佛教之□，亦不敢□□教之，非第觀人心，祇奉香火亘綿，入廟思敬，可以觸善心，可以袪邪念，即神道而覺愚氓，或亦可作化民善俗之一助焉。余叨牧是郡，廢舉墮修，竊嘗有志，視殿寢之輝煌，徇僧衆之□懇，聊志數行，用昭時日，兼期奠茲寺，於不朽云。是爲記。

　　峕龍飛乾隆十六年歲次辛未小春月穀旦。

　　判裕州事任大鴻、儒學訓導羅元、吏目改師立、駐防千總胡汝梅、署千總事劉應召、協部吉魯璋、僧正司僧正果善。

　　石工姚佩秀。

（拓片藏河南省文史研究館。馬懷雲）

裕州大乘山普嚴禪寺重修觀音閣法堂碑記

　　特授河南南陽府裕州正堂加三級記錄十八次記功九次王琮撰文。

　　裕治山郡也，東西屏列如來峽然，就中尤聳拔者，則小頂、七峰為最，其中靈跡頗著遠，香火蓋絡繹焉。至於規模闊大，氣象□□□□□，林木蓊鬱，則唯有大乘者。大乘踞州治之東，高可十餘里，綿延而直入林界，昔人所恃以為堅城者是也。其中面城一峰，唐人建築之大乘寺，自元和以後，二百餘年，傳記無聞，則莫知所自始。大約茲山或因寺而名之歟，未可知也。予下車後，藉公宿寺内，因得遍歷寺之前因，雖金碧剝落，而土木嶄然，尚無傾圮之患。大殿後，有觀音閣，其地稍隘，且當年重修時，工師之所未及，歷今又不知若干年而頹然也矣。竊念昔人所創建，相度經營，與夫鳩工庀材者，不知凡幾心力，乃竣斯役。未嘗不望後之人以時修葺，俾鐘鼓之地，綿及無窮。乃未幾而劫火銷沉，土崩而瓦解，觀音閣如是，吾烏知殿廊山門不更閲時而圮乎？是可懼也。乃急商之方丈靜居和尚，賴衆善力，將舉事焉。予維閣之為地，全寺之勝概所關，猶文廟之有魁光。若處以湫隘，非惟無以妥大士，亦無以展常住風脈，而地或不靈。且大悲殿之後，地開拓向陽，盡有餘地，若移建於此，則起伏照應，見為益敞，安知不自今日而復元和以前之盛乎！和尚是予說。今四月初八日工竣，乞文於予。予因得記其改建始末而貞珉焉。

奉直大夫、知裕州事睢甯王琮，州判李振祖，駐防千總董慎德，學正張綬，訓導李煥，吏目舒鼎，南裕分司徐。

皇清乾隆三十六年歲次辛卯孟夏穀旦。

傳臨濟正宗三十九世沙門靜居潤統闔院大衆立石。[1]

修像匠人周屏翰。

木泥作匠人耿蘭、劉光先。

許州鐵筆匠王有、李冉、崔永明鎸。

（碑存方城縣文物保護管理所。馬懷雲）

皇清太學生韶川褚公（型良）暨元配王孺人繼配張孺人合葬墓誌銘

【蓋文】

大清乾隆三十六年歲次辛卯季冬月穀旦墓誌銘

孝男褚沛、淳，出嗣男準、濰仝立。

【誌文】

皇清太學生韶川褚公暨元配王孺人繼配張孺人合葬墓誌銘

韶川褚先生歿後之四月，其長男庠生冠乙，以先生行述，抵余徵銘焉。且曰：賴吾子與先嚴素善，契知最稔，其有隱德未著者，今將合窆吾兩母□□□其事，而吾子採之。吾亦不敢累吾子諛墓之誚，子其毋辭。余按書傳：周武元年，封殷微子於宋，客而不臣。《振鷺》之詩，可考也。今商邱、睢陽，即其地。微子之後有家於褚者，因得姓，則先生固殷人也。先生高祖之先，未詳何代遷於裕東之褚家灣，高、曾之墓，咸在焉。洎先生祖燕及先生，始遷於裕邑之東街。博學能文，尤優於品。從遊者多，一時名俊。顧謹以歲進士，任寶豐縣儒學訓導，人物藝文載在裕誌。燕及先生生二子：長諱岱，字長青；次諱密，字仲青。皆歲進士，有文名，性嗜恬退，俱未登仕板而卒。長青先生派寔以碩大，別有記載。惟先生，仲青先生次子也。伯兄諱儀良，字諤臣，歲進士。季弟諱法良，字格臣，州庠增廣生。先生諱型良，字匡臣，別號韶川，以援例入太學。先生生有至性。甫六歲，喪父，輒哀毀動人，依依母側，泣訴百端，情調悱惻，聞者憐焉。已，養母氏，舉念不忘。處世綽有行義，凡取與辭受，雖小必儼。鄰有困乏者，無不賙恤。年未及冠，頌聲已徹閭里。無何，就傅。未數歲，家稍中落。先生尚在弱冠，即慨然曰：保世滋大，以光先業，孝之大也。儒術路賒，恐非急務，且有弟姪輩，堪承儒業。遂辭講席。事無內外悉任之，勤儉勵操，數年間突臻豐豫。嗣伯兄、季弟相繼淪歿，先生早夜辛勤，撫教三姪。一登壬申鄉薦，兩列黌宮茂才。保滋大而紹書香，先生之行誼何如也。猶憶先生二軼事：乾隆之八年，

---

[1] 施主姓名，字多模糊不清。

有洛陽販客，過先生河堰庄，遺金十餘兩。先生以客本匪易，急使人追數十里，還其主人，封包無動。人咸義之。城南有古路，被水冲塌至百七十餘丈，每遇陰雨，行人憚於泥塗。先生為備重價，買熟地碾作通衢。凡來往經過者，輒咄嗟贊嘆，徘徊不置。厥後年益强，德乃益懋。弥敬孝友，厚宗族，宜鄉党，州閭人咸称盛德云。自□而先生年已幾六旬矣。却辭家務，優游庭除。時同二三故交，飲酒賞花，□款曲，通情愫，殆無虛日。每語人曰：古人七十致仕，我六十休養，不亦可乎。於斯，可想見先生超然物外之致焉。乃越四年冬，漸染疾，再徂夏，竟而令終於乾隆三十六年五月初八日未時也，距生於康熙四十七年正月二十四日寅時，年正六十有四。元配王孺人。克稱婦道。生於康熙四十五年十月初五日亥時，卒於雍正十二年七月初六日寅時，年二十有九歲。生女一，適傳生心寧。繼配張孺人，敬修内職，儀範閨門。生于康熙五十年六月二十六日亥時，卒于乾隆二十六年八月二十日卯時，年五十有一歲。生男四：長淳，州庠生；次沛，太學生；次準；次濰，出嗣三門；俱業儒。生孫三：家楨、家麒、家驥，俱幼。又繼配魯氏，現居萱堂。卜合葬之期，則乾隆三十六年十二月初七日巳時也。吉地在西郭外西北一里許，杏山龍脉之末，祖塋右側。昭穆按次之穴。余以居之逼近，而知之最稔也。於是，即所述者而述之，且與之銘曰：

維昊有成言，敕式莫越。□而彝常，謚母康□。迺若受命，密刻於靈。椿萱花萼，如分咸寧。曰迪彝倫，惠愷則懋。力幹百為，克實厥舊。木中有柏，鐵中有錚。先生締造，蒼柏金城。

辭曰：

松鬱鬱兮古，族綿綿兮昌。住佳城兮永，享榮封兮光。再為歌曰：靉靆山雲，千蒸萬结。神魄同藏，金骨石節。消息盈虛，與化無歇。

歲進士候選儒學訓導眷晚生龔方遂頓首拜撰文。

癸酉科選拔貢生候選儒學教諭眷世弟陳坤載頓首拜書丹。

賜進士出身知郾縣事加三級紀錄五次年眷姪趙來章頓首拜篆蓋。

（拓片藏河南省文物考古研究所。李秀萍）

重建萬年橋碑記

宛城東北六十里有水焉，俗名曹家河，即夢溪也，於書無可考。但據殘碑所志，及野老相傳，源出東西二峰寨之麗，南流五十餘里，抵隱山之右與白焦水合，而茲介其中，距博望五里許，諸村入市者，皆於此問津焉。每逢盛夏霪雨，輒汪洋不可渡。初康熙年間，善士常守庫者，曾築於茲，以通往來。惜乎規模卑狹，幾不可容軌，兼之歷有年來，勢就傾頹，輿者難之。從兄子哲南鄰也患之，欲重葺焉，會年饑，未果。寢二載，歲大稔。咸曰："可矣。"子哲奮然有決色。爰酌親友，遍語之故，且勸之捐，舉座稱善舞疑色。因募之，得百餘金。乃鑿蒲山之石，鍛漳溝之堊，更得四方善士爭輦之，月餘畢集，於是召工計之。工曰："此地闊而無堤，不可為，請移之。"遂南從數十步，待水涸始營之，閱五旬而告成焉。不惟高大過之，而且堅固倍之也，名曰萬年橋，不亦可乎。是為記。

乾隆五十三年七月立石。

嘉慶十年九月。

（文見民國《方城縣志》卷九《交通志》。王偉）

大乘山普嚴寺重修碑記

　　普嚴寺者，據方城之勝，余向所游覽處也。歲己巳，余館于寺之南村，因更來游，時方初夏，見林壑景物之美，尤如曩時。而棟宇摧敗，岩廊凋敝，無復昔日之觀矣。余不勝怏抑而去。比秋，秒忽於課從之暇，手執一卷而假寐焉。夢至一處，四山環峙，千嶂聳翠，中一蘭岩場，其門曰福天。余逡視而入，見宮殿森嚴，金壁輝煌，光彩奪目，疑非人世所有者。俄而，來游者甚衆，視之皆善氣迎人，飄飄欲仙。又見一道行尊者，居蓮座說法，諸游人皆虔誠皈依，余亦追隨其後。而座上尊者，忽揖余而迎之上座，檢其案頭有冊頁一部，曰《佛會錄》。余披閱之，皆來衆人姓氏也。余方稽所相識，而普嚴寺僧投刺者至，余乃驚容，視所執卷者非《佛會錄》，乃《太平廣記》也。余正疑之因，叩其由來，乃知寺已重修工竣，屬余為文。余赴招而至，則見前後佛殿以及禪院僧舍煥然一新，不啻夢中境也。及介面長老上人云："是舉也，皆募者諸檀越，共襄厥事，是不容以無記，因出諸檀越功德簿以示余，遂微熟焉。余閱簿中姓氏，與夢中《佛會錄》適符，夫乃知衆施出之齊達福天矣。余素未嫻釋典，兼愧不文焉。然以上人之請，義不容辭，無已爰次所夢，以為好善樂施者勸，其事亦並以記云。

　　裕州庠生張潤身撰文。

　　唐邑儒童段清璠書丹。

　　大清嘉慶歲次己巳建上浣穀旦，主院僧靜居潤八十四歲，率闔寺大衆仝立。

（碑存方城縣文物保護管理所。馬懷雲）

皇清太學生孫公（允中）暨朱孺人合葬墓誌銘

【誌文】

　　皇清太學生孫公（允中）暨朱孺人合葬墓誌銘

　　時容孫公，余母舅也。余幼時學於舅氏家，與諸表弟共研席者數年。乙酉歲，舅捐館。今初夏卜吉，與妗母朱孺人合塋。表弟書誥請誌於余，謂母舅一生行誼，惟余能識其詳也。余何敢辭！因歷叙其事，以誌之。

公諱允中，字聖傳，時容其號也。原籍開封府許州。八世祖諱織錦，號太素。明庚戌進士，官至巡撫，回籍。七世祖諱儲元，官至督司，萬曆四十五年入直隸宛平籍。太高祖諱爾康，字百周。貢監，考選通判，蒞任裕州。任亡，卜塋南門外半里許，今有柏塋焉。百周公裔：少君，諱楫，行三，乏嗣。諱楬，行五者，公高祖也。占業券橋鎮，遂入裕籍。曾祖諱煊，字炳如。子三：長伯祖佑基，增廣生員。三叔祖佑譜，監生。龍錫，字三章，行二，武庠生，即公祖也。考諱作哲，字淑明，庠生。妣馮氏。公同胞二人：長諱允恭，字克敬。次即時容公也。

公為人端凝，敦古道，重然諾，言笑不苟，父母鍾愛之。幼年攻詩書，嘗期克自成立，遠紹家聲。奈家事繁冗，竊有志焉，而未逮。淑明公老年得酒疾。侍奉湯藥，調理數年，竟未愈。淑明公歿後，雖艱窶備嘗，而殯塟無不如禮。不幸長兄中年溘逝，衣衾棺槨，公親理之，毫無遺憾。時公之長男甫四齡耳，即諄諄訓之曰：爾伯父乏嗣，命爾承繼，當孝順無違。公敬事孀嫂，為三妹、三姪女備妝奩，整齊如一。乾隆甲辰歲，拈地另爨，猶同宅居住。公念伯祖一門口甚繁，將公中市廛讓伯父照管，所獲租息銀兩，毫不介意者三十餘年。至嘉慶乙亥歲，清分田宅，衆口難調，釀成訟端。俟兩月餘，始赴州候審。堂兄懿菴公，進城同住一處，泣涕如雨，終夜不寐，力勸同族戚，擲紋銀五百兩。公之重義而輕財也如此。憶戊辰癸酉，值歲祲，散穀米養佃户，兩次得以全生者，皆公周濟之力也。且鄰親素負公債者，至豐歲償還，不較盈虧。族姪百璧，每念及此，未嘗不流涕曰：非蒙族叔祖撫育，焉有今日？時村中趙姓者常曰：丙午年大饑，庄農數十户，悉淑明公給糧，絶不悋惜，亦不望報。今時容公之慷慨樂施，有先大人風。其持家也，量入為出，咸有成規。焦心勞力，家產漸增。方入成均，農忙時，日赴畎畝，經營過度，是以年未五旬，得冒腕疾。公之子頗孝，請名醫調治，甫愈。忽二目昏花，是皆平日勞心積慮，血氣就衰之所致。每課耕讀之暇，輒以鷹鶉自娛，此外無他嗜。內兄內弟朱公曰：創業固難，而守業亦不易也。公曰：余外營產，至理家政，大抵內助之力居多。公德配朱孺人，係庚辰舉人善菴公女，增貢生含章公妹，廩貢生訓導轄五公姊。德容言功，賢聞閭里。晚年得嗽疾，調理未愈。己卯春，疾終。公不願舊塋安厝，請輿師營建宅兆，得馬頭村，力為圖之。辛巳年，卜塟朱孺人於兹。數年不續，恐無如朱孺人之和惠者。為後嗣慮，誠深且遠也。訓子義方，家庭雍睦。公遇端人至，樂與談論，竟夕不倦。如公之內姪數朱兄，及慕乾乙，賈體芳，族孫敬亭，俱為素所敬重之人。所以長男書誥入庠，克紹書香。書鼎、書府，試輒前茅。而未遊泮者，亦以數年家務之累耳。無論富貴貧賤，俱禮貌之。其尊賢敬士，處己待人，剛正無私之隱，概可知矣。

公生於乾隆二十六年正月初二日辰時，卒於道光五年十一月十一日酉時。朱孺人生於乾隆二十四年三月二十五日子時，卒於嘉慶二十四年正月二十七日巳時。子三：長書誥，繼伯父嗣；書鼎、書府，俱業儒。孫男三：守平、守道、守義，尚幼。銘曰：施德廣，遺澤長。卓卓懿行，落落端方。持躬涉世，積厚流光。玉瘗幽宅，永奠壺觴。土山龍脉，潘水朝堂。

中有衣冠，紹厥書香。家風丕振，肅懷是鄉。貽爾子孫，松柏蒼蒼。勒銘誌石，神其禎祥。

生員愚甥褚藎頓首拜撰。

廩膳生員姻再姪賈蒨頓首書丹。

道光七年歲次丁亥四月十六日。

降服子書誥、孫守平、道，奉祀男書府、鼎，孫守義拭淚納□。

（拓片藏河南省文物考古研究所。李秀萍）

建立菩薩堂碑記

河南省南陽府裕州城東史新里殿下樓，周士忠建立菩薩堂，後列忍字辭一段為勸：

忍一句，禍根從此無生處。

讓一著，功莫與人爭強弱。

耐一時，火坑變成白蓮池。

退一步，便是人間修行路。

任他惱，任他怒，只管寬心大著度。

終日被人欺，神明天地知。

若還存心忍，步步得便宜。

有人來罵我，我也只說好。

有人來打我，我自先睡倒。

他也省力氣，我也不煩惱。

這個波羅密，就是無價寶。

能依這忍字，一生過到老。

（碑存方城縣文物保護管理所。劉宗志）

重修扳倒井漢光武廟碑記

裕東二十里為扳倒井，相傳漢世祖憩此，扳石得泉，遂鑿為井。井有亭，後有祠宇，置花圃，蓋昭勝跡也。往來士大夫經歷其間，緬中興之遺跡，莫不景仰維虔。余壬辰春，蒞任斯土，見其□□雅潔，其泉亦清而甘。顧其廟宇，自康熙年間重修，迄于今百數十年，不即修理，將必傾頹，致足惜也。適道人張合煥、張合誠、袁合信等仝請於余，思有以新之。援為其倡，捐廉俸，合紳邑商翕然助資。癸巳春三月，道人諏吉興工，改建井亭，葺殿宇，修牆垣，塗丹漆，復於暢園之東，增屋三間。四閱月而工告成。園亭整飭，廟貌一新。余為顧而樂之，而益以滋愧也。何也？余之治裕，雖有百事修舉之志，殊無刻期成就之能，是可藉以自勵矣。因濡毫而為之記。

賜進士出身前翰林院庶吉士充武英殿纂修官知裕州事楚南謝興堯撰並書。

（碑存方城縣文物保護管理所。劉宗志）

扳倒井古柏記

漢世祖光武皇帝御極二年，鄧奉、董欣叛命，廷尉岑彭為征南大將，軍帥建議將軍朱佑、左將軍賈復、建威將軍耿合、漢中將軍王常、武威將軍劉宏、偏將軍劉嘉、耿植等將軍戰數月不下。次年，帝自親征，駐營於此。夏四月，大兵雲集，士卒汲水于井，取之不盡，用之不竭。帝顧謂曰："扳倒井矣！"因而得名。進師，西有河漲，士卒脫履渡軍，故曰脫腳河。遂洙董欣于小堵鄉，擒鄧奉于小長安，悉平，罷師。萬民感德，立廟于井後，以誌不忘，歷代修葺。至明，刻御祭文于石碣，今尚可考。廟有古柏二株，殿後者盛，幹老枝疏，盤鬱蜿蜒，蒼翠奇異之盛，堪與原陵之柏競美，殆千百年植物也。累遭兵燹，巍然猶存，其有神靈之呵護輿！夫思其德，故愛其樹，古今人自有同心，因豎石以表古跡。庶後之君子，必敬必戒，勿翦勿伐而後可也。是為之記。

　　誥授中議大夫三品銜候選道員趙名珊撰文。
　　誥授賞戴六品頂戴儒學優廩膳生員周華林書丹。
　　汝州許靜撰書篆額。
　　誥授武翼都尉候選遊擊趙名珍監豎。
　　鐵筆馬才鐫石。
　　大清同治十二年歲次癸酉仲春月上浣穀旦。

（碑存方城縣文物保護管理所。劉宗志）

南山開礦摩崖題記[1]

同治十二年人六個培小五干。

（摩崖存方城縣四里店鄉老麼溝村南山。王偉）

誥授奉直大夫欽賜藍翎候選知州華堂孟公（克榮）墓誌銘

【誌文】
誥授奉直大夫欽賜藍翎候選知州華堂孟公墓誌銘
誥授中議大夫三品銜候選道員姻愚晚趙名珊譔文。

---

[1] 按：石下方為礦洞口。培小五等人在此開鉛鋅礦。

誥授奉政大夫賜進士出身雲南大理府欽加同知銜雲南縣知縣愚表弟周華林書丹。

公諱克榮，華堂其字也。本亞聖裔。祖仕宋，南渡之後，落籍方城。歷金、元、明，迭遭兵燹，家乘失守，单脉獨傳者數世。七世祖宗禮公，從軍十餘年，國初旋里。傳六世，五仕教職，稱望族焉。公父閣書公，赴京候選通判，未仕。母寧宜人，生公於嘉慶甲子五月辛卯。公天性純孝，疏財友弟，以悅諸母。鄉黨稱孝，親族頌德。為人慷慨好義，工著汴城。捐裏河務，修通濟雲虹，功普利涉。修黌宮、試院，德培儒林。修魁樓以彰文明，設義學以惠鄰里。遇有鰥寡孤獨，不能度者，給之以食。婚姻、塋埋不能為者，助之以財。種種善端，不能枚舉。咸豐間，越逆北竄，盜賊蜂起。上諭督撫，察州縣有老成練達，德行孚眾者，舉為董事團練保甲，眾舉公。修城池，造軍器，輸財濟急，運石備守，流寇遠避，萬民得安。捍災禦患之功，可稱於後世。真偉人也！公比輸餉，得知州選用。以軍功，欽賜藍翎，匾頌壯猷方新，眾譽齒德兼隆。公可謂三代之英矣。延光緒丁丑、戊寅，連年歉收，人民相食，裕之逃亡者折半。皇上加恩，開倉發帑，賑濟飢民，咸舉公為調理。任事年餘，不幸積勞成病。己卯秋七月念九日，七十六歲而壽終。公卜塋城西四里許孟庄前不百武，與王宜人合塋焉。宜人生女一，適郡監生楊星吉為室。繼娶孫宜人，生男一、女一。男繼鑑，太學生。女適郡孝廉方正趙名瑞為室。今擇期臨窆，宜人命鑑刊石以誌，俟遠年君子知之云爾。銘曰：

望重方城，德馨堵陽。恩叨毳悅，績著金湯。慕義仰仁，遐邇頌揚。俎豆千秋，山高水長。

孝男繼鑑誌。

大清光緒伍年歲在己卯冬十月初九日穀旦。

（拓片藏河南省文物考古研究所。李秀萍）

清孟公（繼孔）洙泉墓誌銘

【誌文】

孟公洙泉墓誌銘

洙泉公，諱繼孔，號峨山，行一。據譜系，為亞聖流裔。舊隸山東籍。南宋時，由鄒人裕，遂家焉。自有明以來，為方城望族。宗枝蕃衍，接踵聯芳。公曾祖諱鶴齡，字振皋，例貢生，誥贈承德郎。曾祖妣氏關，誥贈安人。祖候補通判，諱敏功，字閣書，誥贈承德郎。祖妣氏邱、甯、馮，均誥贈安人。父大學生，諱克讓，字謙菴，號地山，誥封奉政大夫。歷溯先芬，世多厚德。母誥封宜人關太君，生長名門，夙嫻內訓，孝慈淑慎，姻黨稱賢。教公素有義方。公胞伯華堂先生，諱克榮，誥贈奉直大夫，賞戴藍翎，候選知州。襄理城團公務，德望重於里間。公尤英明豁達，克振先聲。善於事親，勤於教子，雍雍肅肅，有古人風。而尊賢敬儒，卓越尋常。辦公理務，不憚煩瘁。近年修倉積穀，及書院增廣號房，潘河築修水壩，張廷尉祠得以重修，公皆與有勞焉。光緒十六年，以捐賑功，由國子監例授儒林郎、光禄寺署正。妻氏王，例封宜人。子二：長廣心，娶李氏；次廣珊；俱業儒。女二：長適庠生周毓南，次字石門。公生於道光十九年十一月十三日未時，卒於光緒十七年十二月十八日申時。謹卜於十八年春，安厝於城西北八里許酈水上祖塋之側。爰述顛末，以勒諸石，以垂永久。銘曰：

悠悠流水，曲曲高岡。崇封馬鬣，鬱鬱蒼蒼。蔭及苗裔，受福無疆。慶鍾祥於累代，同此山高與水長。

男廣心廣珊納壙。

大清光緒十八年穀旦。

（拓片藏河南省文物考古研究所。李秀萍）

清例贈昭武都尉候選州同王公鎮九（鼎新）暨賈恭人郭恭人郭恭人墓誌銘

【誌文】

皇清例贈昭武都尉候選州同王公鎮九暨賈郭郭恭人墓誌銘

歲丙申夏四月，鎮九王公德配郭恭人卒。將合厝，族黨姻婭追慕公者，請勒諸幽宮之石，因掇其行狀以誌之。公諱鼎新，字鎮九，行一。祖籍郡東官莊。曾祖諱謙，字受益。祖諱興讓，字遜賢。考諱桂堂，字馨莪，太學生，贈昭武都尉。幼失怙，事母以孝聞。元配陳太恭人生公，甫四齡，馨莪公捐館，賴繼母田太恭人撫育成立。蓋公之生，已不辰矣。而公獨以孤苦之餘，力圖奮興之舉。上承前業，下裕後昆，殆所謂拔俗而振頹者歟。公生平樸直敦厚，事孀母克盡厥道，待族眾曲致其情。常與叔祖運昌公結義團，以禦侮；倡賑捐，以濟貧。其行誼，尤有足稱者。生五子：長源深，恩獎都司職銜。次源澧，太學生。三源潘，武生，以功授守備職。四源清，早逝。五源漳，太學生。孫：聚昌、其昌、永昌、慶昌、福昌、禄昌、壽昌、星昌、克昌，并業儒。公生於道光二十三年四月二十七日丑時，卒於光緒三年九月初五日亥時。因避荒郡城，權為伏厝。元配賈恭人，秉性賢淑。生於道光二十年七月二十五日亥時，卒於同治三年六月初一日戌時。德配郭恭人，幼承嚴訓，嫻習壺範。生於道光二十三年七月二十八日亥時，卒於同治七年五月初九日午時。德配郭恭人，持家嚴整，教子成名。生於道光二十七年二月二十九日亥時，卒於本月十三日寅時。孝男源深等，遵制成服，擇於五月初八日同葬於村之西阡。謹篡述其行，以誌諸墓。且銘曰：

惟公秉性，敦厚樸堅。不為世易，不為俗遷。幼而岐嶷，其志卓然。長而慷爽，厥望隆焉。更兼內助，溫恭稱賢。相夫以禮，壺範斯傳。子孫濟濟，福禄綿綿。願後之人，庶幾念旃。

奉祀男源深、源澧、源潘、源漳暨孫聚昌、其昌、永昌、慶昌、福昌、禄昌、壽昌、星昌、克昌泣血納壙。

大清光緒二十二年五月上澣穀旦。

（拓片藏河南省文物考古研究所。李秀萍）

誥封碑文

奉天承運皇帝制曰：考績報循良之最，用獎臣勞；推恩溯積累之造，以彰祖澤。爾王作霖，乃按察司經歷銜進士王瀅之祖父。錫光有慶，樹德務滋。嗣清白之芳聲，澤留後世；衍弓裘之令緒，祜篤肯堂。茲以爾孫，遵例急公，貽贈爾為文林郎，錫之敕命。於戲！聿修念祖，膺茂典而益勵新猷；有谷貽孫，發蒙養而丕彰潛德。

制曰：冊府酬庸，聿著人臣之懋績；德門積慶，式昭大母之芳徽。爾尹氏，乃按察司經歷銜進士王瀅之祖母。箴誡揚芬，瑜璜表德；職勤內助，宜家久著。其賢聲澤裕後昆，錫類式承乎嘉命。茲以爾孫，遵例急公，貽贈爾為孺人。於戲！播徽音于彤管，閫範彌光；膺異數於紫泥，寵床允劭。

奉天承運皇帝制曰：資父事君，臣子篤匪躬之誼；作忠以孝，國家宏錫類之恩。爾廩生王道南，乃按察司經歷銜進士王瀅之父。善積於身，祥開厥後。敦子著義方之訓，傳家裕堂構之遺。茲以爾子，遵例急公，贈爾為文林郎，錫之敕命。於戲！殊榮必逮於所親，寵命用光夫有子。欽茲優渥，長芘忠勤。

制曰：奉職在公，嘉教勞之有自；推恩將母，宜錫典之攸隆。爾盧、姚、張氏，乃按察司經歷銜進士王瀅之母。閫範宜家，夙協承筐之徽；母儀貽榖，載昭畫荻之芳。茲以爾子，遵例急公，贈爾為孺人。於戲！著淑德於不瑕，式榮象服；膺寵命之有赫，允賁泉壚。

光緒二十四年五月二十日。

宗再晚王廷襄謄朱。

（碑存方城縣文物保護管理所。馬懷雲）

重修州城碑記

裕州，古號方城。其地當南北之冲，外障荊襄，內環河洛；東挾江淮，西脅武關，非有堅城不足以備不虞。明正德間，太守郝公始易土為磚，迄今三百餘年，經我熙朝賢州牧之重修者屢矣。乃自咸豐六年重修而後，歲久復多頹圮。州牧徐公初次蒞裕，即軫念城工，屢議興修，以其時方辦倉穀、保甲，不能兼營。未幾，調禹，深以未即修整為歉。光緒庚子夏，山東林公署理是邦，紳耆以徐公前議告，公曰："善，此其時也！"即捐銀二百。徐公聞之，亦先後捐廉二百，以為之倡，遂開工興修。缺者補之，圮者培之，卑而可逾以脤而欲墜者，易而新之。自四圍城垣以及譙樓、雉堞，無不一律修整完固。然而，工雖告竣，而款費猶未齊也。烏何，十月初，林公積勞成疾，遂以不祿。時公方乏嗣，裕人哀感難鳴。至次年正月，公側室遺腹生男，都人士為之稍慰。然終以工費虧累為憂不圖。壬寅仲春，徐公回任，問及顛末，紳耆以告，公曰："林公紫崖，代吾完成，彌吾缺憾，吾豈不能代彌紫崖之遺憾乎！公等無憂，是在我矣！"於是，督催餘欠，濟以捐廉，一切代彌完密，而此工始克竣焉。計共費銀一千五百有奇，費錢二仟七百貫有奇。

斯役也，賴林公之勇，以任其勞。實賴徐公之遠慮，以開其先；又賴徐公之仁厚，以善其後。皆我裕人之所不能忘也。

林公，山東榮城人，諱亮基，字紫崖。徐父台字秋崖，官印佐堯，浙江蕭山縣，光緒乙亥科名孝廉也。兩次治裕，德政不一，茲不具述，止記其有關於城工者，是為序。

欽加四品頂戴賞戴花翎特授裕州知州蕭山徐佐堯倡捐。

欽加鹽提舉銜賞戴花翎署理裕州知州榮城林亮基倡修。

欽加內閣中書銜癸巳科舉人特授裕州學正偃師李惟新篆額。

欽加藩庫大使銜賞戴藍翎特授裕州吏目清苑周公保書丹。

賜同進士出身候選知縣郡人王潪撰文。

大清光緒二十九年桂月下浣穀旦立。

（碑存方城縣文物保護管理所。劉宗志）

清誥授通奉大夫欽加二品銜賞戴花翎候選道孟公（繼鑑）墓誌

【誌文】

皇清誥授通奉大夫欽加二品銜賞戴花翎候選道孟公墓誌

清波孟君，諱繼鑑，鑫秋其號也，本亞聖裔，自宋南渡後，落籍裕州，歷元、明，單傳數世，家乘失考。公八世祖宗禮公，從軍十餘年。迄國朝，七世祖、六世祖，皆教職。今蕃衍，遂稱方城望族焉。公之考昆、仲二：長諱克榮，字華堂，即公考也，誥封通奉大夫，賞戴藍翎，候選直隸州知州。妣王、孫太君，均誥封夫人。次謙菴公，諱克讓，誥封奉政大夫，太學生。生子繼孔，字洙泉，敕授儒林郎、光祿寺署正。生子二：長廣心，入州庠。次廣珊，候選縣丞。當咸、同間，裕境迭經兵燹，光緒丁丑、戊寅，復加之以饑饉，凡守禦、團練、賑濟及城廟諸工，經官紳協辦，一切公務，大抵嘉賴孟府者居多。華翁、洙泉，後先濟美，近十年來，則專賴清波纘其緒。凡公務無從措手者，惟清波克資以濟焉，以急公助賑功，初授郎中，後加道銜。性樂善，雖心力所能為，未克盡遂其願，然已善舉累累，如重修南北城垣、東城河堤、西門大路、開化寺後殿、東西關外各置義地，累年施茶、施藥、施隍廟燈油，僱人撿字掩骼，並印施池上草堂勸善諸書，均歷歷在人耳目間。惟城中創立樂善局未果，嘗以為遺憾。生於道光己酉年二月望日卯時，卒於光緒庚子年三月十三日辰時。公賢配誥封夫人許、王、孫，繼室氏楊，均未產麟，以同祖堂兄洙泉之次子廣珊，為之嗣。元配許夫人，生女一，適泌陽古城乙酉科舉人戊戌大挑一等欽加同知銜賞戴花翎湖北即補縣正堂李綬卿。將卜於光緒二十九年十月初旬，葬於大孟村南阡華堂公之塋次，因誌其墓，而繫以盧君之銘，銘曰：

　　籍登仕版，望重方城。淵穆其度，宏通其情。生前好善，沒世稱名。□碑載道，藉藉有聲。

　　賜同進士出身候選知縣愚弟王□拜撰。

　　裕州儒學廩膳生員愚晚張炳焱拜書。

　　甲午科舉人候選知縣愚弟盧景焱製銘。

　　癸巳恩科舉人候選知縣愚弟馬龍元篆蓋。

　　男廣珊率子昭□昭慧納壙。

　　大清光緒二十九年小陽月上浣穀旦。

（拓片藏河南省文物考古研究所。李秀萍）

南召縣

重修丹霞寺記

諸齊賢邑令浙江人

　　丹霞寺之建立，始於唐長慶四年。天然禪師創為道場之所。至宋熙寧四年，會禪僧德淳崇而新之。元季兵燹，毀為煨燼。明永樂甲午，有僧譚寬惟建一宇，正統丙辰，僧自然以興修為己任，由是殿宇巍峨，嘉靖二年，僧性壽重修。迨明之季世，土寇雲擾，佛像山田毀佔。欣逢國朝定鼎，海宇昇平，而星散之僧徒稍稍復聚。有和尚砥中者，披荊棘，闢草萊，清釐侵地，阡陌分明，實為寺中興之法祖，而靜菴、冕珠兩和尚，相繼焚修，竭力贊襄，因而前緒輝光，丹霞寺之氣象，煥然改觀。乾隆二年間，一清始為住持，而砥中者，乃一清之法祖，靜菴其傳衣缽師也。一清自入寺後，誓願堅深，前人之有待於後者，罔不一身肩荷，非獨朝經暮典參悟元機，即山前後之寸沙尺土，在在率衆躬耕，漸次成熟。

　　辛酉春，予蒞官茲土，因公過此，見其三山環繞，二水瀠洄，古木參差，孤雲聚散，誠道場之福基也。徘徊久之，乃謂一清曰："寺之大觀麤備矣。寺之成功則未有也。《書》曰：為山九仞，功虧一簣。"言成功之難也，可不惕哉！一清曰："是固僧之志也，敢不勉旃。"於是，壬戌、癸亥二年內，新建法堂，又重建釋迦、昆盧兩殿，向之所稱未備者，至此而金碧輝煌，洵可為有志者事竟成也。所更難者，鳩工庀材，絲毫不仰賴於檀越。山之所有者，則取之於山；山之所未有者，則取給於歷年籽粒之所積餘，恢恢乎用之若有餘裕焉甚矣哉，率衆躬耕之明驗也。古云聚沙成塔，即一清之謂歟。當日之稽核工材者，則一清之法嗣鼎瑞也。至一清之戒律，精核嚴敷宣，大乘別有所書，茲不復贅。是為記。

　　乾隆八年。

（文見乾隆《南召縣志》卷四《藝文志》。馬懷雲）

文林郎德馨彭公墓誌銘

登封耿介翰林

　　憶余為諸生時，德馨彭公即聲名籍籍於宛、鄧洧水間。然隔郡弗相識也。已而，余浮沉宦海者十餘年，歸返初服，結廬嵩陽，聞河洛廣文先生彭公其造就多士，絕去浮襲文藝之習，獨標本根，有安定湖學之風，心焉儀之。而公適奉府檄過嵩下，相與盤桓，雙柏兩溪，清秋夜月，談天人性命之理，不覺心契，遂握手定交。嗣後亦數有字，徃來論學，未幾，而遷秩石城，復由汴水還顧我山房，信宿繾口不忍別。余贈以詩，有"今日文章推洧水，他年道統賴竈山"之句。約以南旋時，當下榻書院，風雨晨夕，商訂千秋之業。不期請告逾年，嵩陽之約未踐，於今春三月溘然長逝。其仲子毓淮親持報訃並行狀致遺命，來求誌隧道石，為之痛悼者久之。念余與公道義交，一旦幽明永隔，感歎存歿，其何忍辭？按狀：

公諱如芝，字德馨，其先開封府禹州人。祖諱月，遷居南陽府南召縣，生二子，長諱振羽，公之父也，為邑博士弟子員，下帷攻苦，以數奇不第。公幼承庭訓，篤志向學，十四歲，為督學使者首拔士，有聲黌序。未久，即食餼。文章光熖奪人心目，讀書務求大旨，不屑屑於章句。博涉經史，上下古今，有擔荷一世之志。遭遇世亂，兵寇饑饉，雖流離困苦，未嘗廢書處，人所不堪，而有怡然自得之樂，始終操持，確乎不拔。

本朝定鼎，順治戊子貢於鄉，不欲以明經自畫，愈究心舉子業，揣摩成熟，而終困場屋，未遂青雲，豈非命與？蒙部選汝州訓導，歷俸七年，遷真陽教諭九年，再補汝陽教諭一年，遷河南府教授十一年，所至以興學造士為己任。居洛，設囗帳於明倫堂，門下受業常百餘人，捐俸為饌，講學課士，寒暑風雨不輟。每科、歲二試，觀風考皆為之豫定其高下，及榜發，十不失一，其藻鑒如此。課士之外，閉戶讀書，一切外物皆不入其胸中。數年之間，門下成人小子遊泮宮，登桂籍者接踵。而戊午解元裴若度，亦其選也。公之學以躬行為本，慎獨為要。一切起居言動，應事接物，悉主於敬。教人必先孝弟忠信，無擇賢愚，無分眾寡，皆以至誠與之，故人心樂從，執經問業，恆囗滿戶外。識者謂其從遊之盛，近追伊洛，遠比河汾云。

康熙戊午，陞任江西贛州府石城縣知縣。石城僻邑，歷來相沿積弊，為百姓患苦。公履任之初，盡洗從前陋規，與民更始。由是父老子弟歡聲載道，有清官第一之頌。即捐俸設立書院，聚邑中大雅之士，講學論文，朔望解說聖諭六條，家喻戶曉，務使風俗人心歸於醇樸。常自矢曰："生平讀聖賢書，志不在爵祿，今儼然膺民社之寄，惟期不愧此心，不負百姓，即可以報朝廷矣。"自公之暇，高臥北窗，輒吟詠淵明《歸去來辭》以自況。未及二載，即告歸。清風兩袖，布衣牛車，逍遙里閈，不改韋素家風。然勉學誨人之意，終老不衰。易簀之日，無論知與不知，咸歎典型淪亡，為之涕泣焉。

公狀貌魁梧，聲音洪亮，平生無疾言遽色，即有橫逆相加，亦惟自反，不與之校。前後為學官三十年，其陶鎔砥礪成就者不知凡幾。初刻意為文，晚年聞道，與羲、文、周、孔相晤對，蓋其自得者深矣。爰為之銘曰：

昊天生人，有清有濁。誰與迪之，斯民先覺。公起南郡，聲華嶽嶽。終三十年，勵志聖學。教育成就，金鎔玉琢。分符出宰，政醇民樸。拂袖歸來，尋孔顏樂。碩果不食，山地為剝。音徽雖杳，雲漢昭倬。

（文見乾隆《南召縣志》卷四《藝文志》。馬懷雲）

復設南召縣記

邑人增生王師聖

從來興廢沿革，歷代各異其制。召自畫野分疆以來，唐、虞、夏、商，悉屬豫州。周、春秋屬楚，戰國屬韓。秦置南陽郡，迨至於漢，為雉城，以光武獲雉兆中興之祥故也。東漢暨晉因之。西魏立雉陽郡，置向城，以春秋時許國向邑之人遷此。開皇初，改武川縣，以南為向城。唐初，仍之。武德三年，以縣置淯州，宋暨金、元，省入南陽。明初，更置鴉路鎮巡檢司以鎮之。成化十三年，撫按酌議，置南召縣。以地有南召店故名，號曰雉城。東接裕壤，西連嵩界，南通宛邑，北達魯陽，在郡北百二十里。崇山峻嶺，誠要地也。立縣於茲，遂移巡司於李青店。時南陽軍捕分府任公諱義、南召知縣張公諱珙，修築城垣，周圍三里四十步，高二丈五尺，廣一丈六尺，池深一丈七尺，濶二丈，門三，東曰東興，南曰博望，西曰永豐。上各建樓。正德十三年，邑侯彭公諱倫建窩舖八角樓四。嘉靖甲午，馮公諱鮫重修，易東門曰通汴，南曰近宛，西曰連嵩，各增建戍樓。隆慶庚午，李公諱璽甃以磚石，更於北城建樓，題曰望京。其東南西樓改作高大，儼然金城湯池也。明末，流寇猖獗，土賊周加禮盤據南召，攻劫李青店，殺戮不可以數計。戶口寥寥，將不可為縣矣。順治十六年，廢南召，為鴉路鎮，仍置巡檢司以鎮之。我朝聖聖相承，休養七十餘年，生齒漸繁，雍正十二年召邑紳士具詳請縣治。制臺王公具題，復設南召縣。是年，邑侯楊公諱嗣清董理學宮，建修倉庫，而教養之政已具，歷涂、朱、諸、汪、范、包、鄧諸公，相繼培養，不一而足。今暮春東周贊府陳公諱之煊奉委來治茲土，益加撫綏，政修人和，士民咸理，倡纂縣志，採輿論，稽羣書，凡秩官、選舉、忠孝節義，以及疆域、戶口、山川、形勝，罔不廣為蒐輯，經三月而告成，厥功大哉。昔周公保釐東郊，表厥宅里，畢公克成厥終。今召邑得楊公始興政教，陳公丕振風俗，特修邑志，其古之周公、畢公者乎！師聖深為切慕愛戴，聊獻芻蕘，以彰朝廷之鉅典，以顯二公之雅化，更以表縣治之聿始云爾。是為記。

乾隆十一年。

（文見乾隆《南召縣志》卷四《藝文志》。馬懷雲）

漢高密元侯鄧公墓碑

國朝鄧圭縣令□南人

鄧公諱禹，字仲華，諡元侯，世居南陽新野，佐光武中興，官大司徒，進太傅，封高密侯，雲臺敘元勳。元配李氏夫人，繼配余氏、劉氏。子十三人。生西漢孝平二年壬戌，卒於東漢永平元年戊午伍月，勅塋洛陽北邙山。十九世孫獻為北魏潁川刺史，值爾朱榮入洛，殺王公以下貳千餘人，恨獻不獲，欲伐公墓，遂遷公骸南歸。一說塋湘鄉，一說塋濟源，一說塋南召。濟源在北，湘鄉極南，惟南召距公新野故里不遠，當以南召為是。

乾隆甲子夏，圭補南召令，考遺編，縣西拾捌里香爐山公墓在焉。前令諸君立墓碑，歲時致祭。圭登掃公墓時，詢諸里老，僉云相傳不誣，言之甚確鑿。墓前按山上大石如香爐形，其後山名清風嶺，羣山拱衛，洵宅兆之吉者。圭先祖景祥公於元時，自廬陵徙居湖南之巴陵，原係南陽派。兵燹後，族譜散軼，其宗支的派，弗克詳第。公嘉功偉烈，至今彪炳光史冊。景仰先型，羹墻如見也。治召二載，夢寐中恍惚公來告，若啟若翼，幸免隕越。今春，圭因病乞歸。伊陽令宗弟國藩之任，道過召，得鄧氏族譜善本，始知廬陵一支，為平壽敬侯裔。平壽敬侯乃公第四子，當以公為一祖，平壽敬侯為二世祖也。嗚呼，河流萬派，莫非星宿發源，山之千壟千支，劈脉自崑崙。圭向未悉源流，固不敢妄附耳孫列。既確知宗派，安忍自忘源本，昧所從來歟。謹錄公里居生日嗣續，及仕宦爵諡卒塋，勒石樹之墓左云。

乾隆十一年。

（文見乾隆《南召縣志》卷四《藝文志》。馬懷雲）

褚氏祀田立石文

貢生褚方昌邑人

祀田去始祖之墓半里許，壹叚伍拾畝。方昌祖遺初倡供時祭，從弟善昌踵事加增，益之叄拾畝，從堂姪景仲又益庄基壹畝，基前地貳畝，以為佃戶之居焉。乾隆丙寅春三月也。

褚氏在唐為開國勳，封河南開國公。世傳褚榻墨本，士大夫家多有之。自昌始祖肇遷家南召，卒塋羅漢店三尖山。原始祖生六子，二子無出，四子遞衍派分二十四小支。昌之高祖墓遷在始祖墓之左。茲昌一一能述之慟。惟明季流土交訌，召邑被禍為尤慘。褚氏死者半，流離逃散又半焉。譜系遂毀於兵燹。即昌始祖、列祖高祖名號，皆已不可稽。憶昌少時，先子與昌言，輒流涕，言猶在耳。昌與諸弟洎子姪溯述，慟心欲絕者也。昌祖又遷七里灣之高垜山。自是以下，昌始備悉各行巔末焉。其在二十四支中，貧苦實夥，各為謀生重本計。昌又不能時時見冀，惟寒食之前日，禮俗皆具，祭饌掃先塋，可合全族長幼尊卑等，會於始祖之兆前，而又有至有不至。不至者，愧無將弗克展孝思，待昌既去待至爾。嗚呼，何其戚也。茲春始有祭田議，而弟善昌，洎姪景仲、克廣之，爰命堂弟魁選經理，俾無缺。詎非列祖有靈默啟昌等而教以合族敬宗之意與！嗚呼，昌與族人既非時相見，見止此時耳。自茲至明年，傳諸後年，年以為常，凡為長幼卑尊等，各於祖前奠拜，餘序齒坐，各問生理；或耕或讀，相戒守分，興仁讓，敦雍睦，有能大厥家聲者，愈加增益廣之。愈益廣祭器祭儀外，或有餘貲，凡吾族人力不能葬，葬之；病不能醫，醫之；成人不能婚，婚之。即吾列祖顧而樂，罔時怨，罔時恫，抑亦可知也。嗚呼，念之哉。系曰：

茲褚氏先代之塋，有人延世，有田綿耕，畢來孝享，既潔既豐。於萬億年，忽忘所從生。

乾隆十一年。

（文見乾隆《南召縣志》卷四《藝文志》。馬懷雲）

始祖光生公墓碑記

家胡爲乎有譜？所以重本篤親，使後之子孫不忘所自出也；墓胡爲乎有碑？所以始信記實，使奕祀子孫知其所墓處也。乃常見有無譜之家，日月綿邈，茫然不知祖考之由來；無碑之墓，世代曠遠，惘不知墳墓之謂誰者，比比矣。我鄭氏雖有家譜，而塋域之碑則有缺焉。我始祖，本山西澤州府陽城郡臥虎石人也。自明太祖皇帝時，始遷至於召邑焉。祖母祖氏，生二男：伯諱奉先，仲諱奉德。後葬于達店之南，大道之西，迄今已將四百年矣。舊有墓誌，損於風雨。自我高、曾、祖、考以來，即有志重立，奈時勢窮迫，未得成志。今境遇少遂，正子孫追遠之日也，聊建一碑，以成先人之志，以與家譜同垂不朽也夫。

時乾隆十九年歲次甲戌季冬朔日建。

十二代孫畢亭謹序。

（文見南召縣、方城縣《鄭氏家譜》。馬懷雲）

重修祠堂碑文

蓋聞木本水源奕世深，永言之思；祖功宗德千秋肅，仰答之忱。而要必有地焉，以妥先靈，斯奉光思考者，得展厥誠矣！

我鄭氏舊有家廟，在明時，非不巍然可觀。奈災於兵燹，所存者僅有遺址，其荒涼景象，豈堪入目耶！爰是合族公議曰：某當某任，某辦某事。邐不佞，竊永肩一心，不敢告勞焉。于舊廟左，坐兌向震，創爲正祠三間，以及大門、牆垣，規制堂皇，煥然一新。

是役也，經始於乾隆戊子，告竣於甲午。雖合族戮力同心，要皆先人在天之靈所默佑也。登斯堂以伸將享，見饁聞之孝思，有不油然而興者乎？是爲序。

乾隆三十九年。十三代孫庠生登選撰。

（文見南召縣、方城縣《鄭氏家譜》。馬懷雲）

修建若公碑記碑樓及公士公承天公碑樓並城東河東大路西絕塋碑記序

始祖公士公墓、高祖承天公墓，均有碑記。唯公之墓尚缺焉！本于捐資建立，適見墳樹槁朽，理應更植。有族兄恩廣者，慨然首出，與族長暨合族商議，即將樹之尤枯者砍伐貨賣，共得錢三十千，即以此錢爲公建立碑記，及公與公士公、承天公建立碑樓，又爲絕塋並建碑記，而此項已盡無遺矣。顧此舉頗勞，其總理、襄理之人，不容湮沒，茲並鑴名于石。以爲後世子孫不忘孝思者勸。

總理孫從九品恩廣。

襄理孫庠生師皓撰文。

東里書丹。

道光五年敬立。

（文見南召縣、方城縣《鄭氏家譜》。馬懷雲）

創修拜祠對庭廚庫重修正祠碑

蓋聞立家廟，所以薦蒸嘗也。我鄭氏家廟，始於前明，遭兵燹，遺址僅存。乾隆戊子，曾經先代諸公創修，刻諸碑碣。後經輿師以爲門前水發不合，于道光四年，族長命諸兄將祠內柏樹變賣，創修對庭三間、廚房二間、改大門于艮方，建暖閣於左右。凡已歿之人，俱設主牌，序其昭穆。並將祭田之半改爲稻鄉，迨今春祭田頗有儲蓄。又創修拜祠三間。門垣、正祠、皆重加整理，丹堊而髤漆之，計費共七百餘金。

是役也，自甲申迄甲午，越十餘年，雖諸兄有勤勞，實族長之督理，亦先人之默佑也。工竣，囑余爲序。豈敢以鄙陋辭？敬陳始末，勒之貞珉。非敢媲美前人，亦使後之子孫咸知修廟之由，得以薦烝嘗於無替焉爾。

道光十四年。十四代孫庠生東里撰。

（文見南召縣、方城縣《鄭氏家譜》。馬懷雲）

蠶坡章程碑

【碑陽】

賞戴花翎、候選知府、另補知縣、置理南召縣正堂、加五級、紀錄十次丁，為剀切曉諭永期奉行事。照得天下大利，首重農桑。召邑地瘠民貧，猶賴養蠶為事畜之助。[1]

理合酌定章程，永遠奉行。為此，示仰闔邑紳民人等知悉。所擬各條，凡養蠶之家均宜凜遵。倘各條內或有不便，急宜增減者，亦即隨時呈明改正，不得面從心違，則天麻人和，互相感召，本縣實有厚望焉。切切特示。

計刻條規遵：

---

[1] 此處碑殘損，有缺字。

一、廣植蠶坡，以資喂養也。召邑山坡，宜栗養蠶。凡坡有荒棄者，悉力栽種；如無力之家，商同鄰佑幫種，或出資影種，俟獲利按股均分。有抗違者，準地保指名送官責治。

一、保護蠶坡，以垂永久也。凡坡栽後，倘有漁利之徒，斫條刨根，毀打湮干疙瘩，及牛羊踐牧栗芽者，準地保指名送官。輕責責罰，重則枷號，決不寬貸。

一、愛養蠶蟻，以阜民財也。凡繭擇種之始，几費經營，及入坡之後，急宜愛養。近有無知之徒，每在蠶蟻場中放牧牛羊，任意踐傷，則收成無望，殊堪痛恨。準地保稟官責治。

一、嚴禁抽豐，以杜詐索也。每遇絲繭豐收，即有棍徒聚衆索繭，托言乞求，與搶奪無異，即拾繭亦必俟放剎方準。倘有結黨勒討，乘間偷竊者，準地保查獲送官，定照盜賊例治罪。

一、樽節草木，以裕民用也。凡物必以時取，則本不竭，用無窮。霜降前不準割黃柏草，橡子未落不准振打。有外境拾柴人毀薪木，及放荒燒山林者，準地保送官責治。

右諭通知。

告示實貼皇后峪。

【碑陰】

國家首利，農桑為要。其培也，宜深；其防也，宜密。昔黃帝夫人親教民桑，此食桑蠶也。桑，固不可以不樹。後漢光武記野蠶成繭，被於山阜。而明成祖時，山東復有野蠶之瑞，此皆食栗蠶也。栗又不可以不養，此先王所以斧斨有戒，山虞有禁也。我召皇后峪，山多田少，地瘠民貧，可幸者，坡宜槲栗，能養山蠶，以利民用；則蠶坡之益人，匪淺鮮矣。近有漁利之徒，斫條刨根，毀典之家，伐薪燒炭，以致樵者採，牧者踐，種種弊端，難為枚舉。道光十二年，閣鄉建蠶姑祠於齊家堂，同懇邑侯胡公出示禁止，有碑記可考。同治十三年，邑侯丁公修先蠶宮於南石廟，遂酌定蠶坡章程，急為出示嚴禁，而蠶坡之害，得少息焉。首事等恐久而漫滅，頑梗之輩，復蹈故轍，時特將告示章程刻於石，以垂永遠，于是乎序。

邑優庠生謙德俊撰文並書丹。

耆老廉廣義、宋之榮、監生溫淸修、張國祥、監生高殊聯、九品廉廣居、□生劉庚三、劉成德、典藉官段書秀、監生廉淸先、耆老廉善純、高同德、武生趙邦哲、九品陶成玉、監生趙邦相、廉善習、監生高星聯、梁士堂、□生李芳清、王振宇。

大淸光緒十年七月。

（碑存南召縣皇后鄉郭莊學校。馬懷雲）

西峽县

省界碑

陝西河南兩省交界。
乾隆年間。

（碑存西峽縣西坪鎮豫邊村。王偉）

創建白石尖山神土地並金火二祠記

凡名山，自有神佑之。白石尖，□方之□祖山也。西自熊耳，東□伏午，抽脈□峽，巋然中寺，如玉□朝。夫者獨白石山□□□東西兩分三幹，蜿蜒數十里，誠群山之主，本諸峰之根基也。自貞來隱此山，靈氣鐘毓，精華發露，鐵礦現而爐火興焉。每爐可養賽三百人，農之利器皿，達數百里，巨非內邑福利之源乎？禮有功德於民則祀之。食其功者報其德。此山神之祠所由建歟。柳□一方有土地之神焉，爐火賴以庇佑，爐火有始興之仙師焉，造化藉以宣揚，是民均被其福澤，而神功實足以利賴百世者，以故配以土地，附開爐仙師於右，以便祈祝報答云。

原郡禹州西輞山李貞譔並書。
本邑宗弟誠銘施錢四百整。
山主白石山人，七十一歲，李貞。長子武生天澤、次子天香施地一區，共□錢二十四千整。
大清嘉慶三年季春上浣之吉日立。

（碑存西峽縣文物保護管理所。王偉）

創建白石尖開山老君祠序

先哲云：福瑞禍始，不可□開。又云：好事多磨。識時務者謂之俊傑。貞才疏學淺，幼謝科舉，□天人之變，買山歸隱於內邑之白石尖，閉戶潛修，苟全性命。不圖鐵礦出自本山，竊憶天地精華，山嶽靈毓，昭然發現者，正天意裕國便民時也。逆天不祥，罔感獲罪。詳律例千五百餘條，除金銀銅錫水銀等砂例禁外，而鐵礦無禁文。又習見我禹及商州、郿陽鐵爐悉通行坦，謂順承天意，於乾隆五十五年慨稞礦於造鍋者，因致續立大爐煉鋼鐵，萬民方慶便利，不意禍端起，時勢變，魔降至矣。適值署印饒學江，票喚爐主、山主，責以私開礦罪，明索銀六百整，力不能給，遂致竝爐主鎖壓廿四日，枷號三十六日。而懷刑畏法，士竟罹罪矣。大儿天澤苦揭銀百三十兩贖焉，枷鎖雖脫，爐未允開。天澤復約紳士六七人湊銀五六百，賂正印楊公溥，始獲批示。試採未月餘，驀被署府印李提訊，執金銀等砂等字，鐵在內。楊公亦不敢辯。賂銀千餘，始克無罪，鋼鐵仍禁止。恨以丈夫生壤間，必興一濟世利民業，澤被沒世，乃非虛生。因立一鑄犁面小爐，意農器苟免責罰也。支應官吏，完官債，竭盡心力。幸楊公歲定規例外，不□扰。由是環白石繼立小爐十餘座，勢可永興不替矣！至本山外，現礦三二處，皆汰置爭用本山，精礦者山靈陰或者意乎。按聖經紀，太上老君元氣之祖，天地之始，布氣融精化身，周沙界達立法度，故五金之屬、陶鑄坑冶皆宗祠焉。茲因立祠略序興爐始末，□召後人俾知開出之苦，幸能躅事增華，□而復興。庶幾諸縣繼起，永為南陽百世之利源，令農夫耕牛世被惠澤，斯不負昧睹勢以開端者之被枷帶鎖云。是為序。

山主禹郡白石山人七十一歲正固李貞自序。

汝州廩貢中峰路□[1]

大清嘉慶三年歲戊午[2]

（碑存西峽縣文物保護管理所。王偉）

重脩碑記

【額題】永重不朽 金烏玉兔

建廟者何？妥神也。妥神者何？□□□上□□□□□廟所以妥而神昭德者，由來久矣。迄今數十，棟折榱崩，神則冠破衣殘，覩□□□□元恒□重脩之志，固獨力難成。爰募同人，各捐貲財，鳩工，經□刻桷，神已佩玉披金，雖神德感人之所致，亦人幾向善之所同也。茲當告竣，演戲開光，並勒石者，其亦有感於斯乎。

山主羅智童。

功德主：

羅發財、羅榮、劉琳、李明遠、張喜德、王文亮，以上出三千五百文。

□雲、張治國、徐國維各出王百文。

王惟烈、呂應選各出八百文。

三義號五百。

王起聖、周克茂出六百文。

覃竹貴、同慶元、徐廷在、周盛新、李學才、方立化、江華坤、長顯號、王發雲、王殿魁，以上十一名各出五百。

---

[1] 後殘。

[2] 後殘。

趙興隆、楊冠春、□國政、王全、□□□、萬□德、董倫、呂鳳、汪君榮、李國才、曹殿□、譚金□、李明義、王金□、黃萬三、張起雲，以上各出四百文。

胡益林、石敖□、李文傅、楊遇春、張士成、王國良、王萬□、□起雲、□世祿、□朝相、蔡朝珍、□正元、□斌、胡秉坤、胡□□、□國瑞、張文令、胡□□、葉虎一、邊文志、周萬典、吳有臣、劉志甫、杜有文、李法旺，以上二十五名各出三佰文。

任鳳支、李世貴、雷文景、謝孟臣、謝孟德、王□、張姚龍、汪享榮、彭俊、錢塔有、顧□虎、高□榮、夏興仁、合盛鋪、朱百□、張廷立，以上十九名各出二伯文。

方宗義、倪景和、王錦、金紹宗各出二百文。

呂秉恒、黃選鳳、張堯己、羅法宗、羅儀章、呂秉升、黃得言、張榮□、劉國藻、文宗皇、王天□、姚方□、李天卓、陳衡□、王學禮、方宗發、鞠朝相、聶國臣、張近初、陳世祿、李宗福，以上二十二名各出二佰文。

謝龍□、楊斌、宋金玉、王自怯、□金貴、王奇、王應桂、萬全德、羅俊、宋立可、方恒元、王梅、陳天財、賈福榮、慶虎、張文廣、黃良魁，以上十八名各出二佰文。

張林、尹西川、李克順、張漢宗、李金才、余國章、朱國順、夏興太、姚鳳谷、夏吉興、崔九祿、陳有財、張盛皆、□得見、曹金方、李明德，以上十七名出二佰文。

李如成、秦月德、趙友、刑德福、刑坤，以上六名各出二佰文。

李元周、戴有福、劉文宴、劉大德、周邦太、艾宗法、秦宏科、周成先，以上九名各出一豐五十文。

張文成、秦化良、杜學仁、盧長貴、崔□、魏良福、陳萬林、劉□祥、董天□、張文科、袁光輝、熊金魁、景林□、艾占榮、汪義元、王紹機、郭法有、李文坦，以上十八名各出一百文。

□□□、□□□、□□□、秦玉□、李海□、邵□仙、陳章卓、陳尚□、張迎萬、楊朝林、邱貴、米□□、王義德、餘學遠、陳鳳彩、張海山、李萬順、張兆吉（以下字跡不清）

古蓼王作舟撰文，出三百文。

督理張喜德、杜學廷、羅選、李榮高。

龍飛嘉慶拾貳年歲次丁卯陽穀旦。

鐵筆程延俊。

窯匠蕭朝□。

（碑存西峽縣文物保護管理所。王偉）

福緣善慶

嘗聞《史記》、讀《周官》，蓋未嘗不歎聖人□理財有道，國家之需財孔亟也。柳知□子母者，雖由乎人而佑福祿。財神廟創自雍正年間，奈屢經風雨，不無損傷。嗣後修理者，已非一次，無庸復贅。今朝街人議，廟內新建卷棚三間，至於正殿、獻殿、僧房、戲樓一一補茸，始覺規模宏敞，氣象輝煌，庶可以仰答神庥也已。又於廟外創建神宮祠，以補風水，安工敦仁偉矣。一方之保障者，兌朝震，詢于萬民□屏藩。用是謹誌諸石，以垂不朽云。

　　解梁庠生侯泰階撰。

　　監生杜兆祥書。

　　當事人崔相溢、崔存福、侯泰臨、崔聚恒、王昭然。

　　梓工游宗榜。

　　石工李占鼇。

　　大清嘉慶十五年歲次庚午桃月穀旦。

（碑存西峽縣文物保護管理所。王偉）

新建火神及諸神廟碑文

　　【額題】永重不朽

　　小水南寨溝曰處花。□之北麓，從未有火神廟。自嘉慶乙亥年始，故歷來建焚宇者，必有諸天及阿羅漢之像，蓋因其地勢宜然，崇其稱即以為鎮也。顧從來稱靈佑者，□往往舍佛，而必曰火神，曰黑虎，玄壇牛馬王、河□大稱澤，潤者曰龍王。稱保安者曰蟲王，瘟司土地山神。此其故何耶？豈以佛□□□□翼低眉合眼之熊，未必熱衷向人若此，十三尊雖□有剛氣，未必餘而剛也者。仁之發義之符王□之公，喜怒哀樂之長情也，便民緩急多矣。時窮勢迫，倘得季命，故樂得而稱道之也。然□也有其人，雖為之執鞭可也。世有其祉，雖黃金鑄像可也。寨溝口舊無其像，族鄰洽此，歲久年淹，間有居民魏浩等慨然發願，將敬邀而創修之。謂予亦居花山之北望麓里，而覽寨峰有棲□之喜，因屬序。予記此舉亦可謂有剛氣者也。宗茲地之所宜奉其靈佑者，以福人人，亦未有不應之者。寨溝□何幸而得此哉！予雖綿力不文，右循蘇先幼之例，亦何不可而必辭乎，於是，勉從固請，為此是序。

　　內邑增生吳福年、朱高懷各施地三分。

　　魏浩小五伯，魏樹□施樹□株。王□捐□□、□高□小三千，王□棟小二千，王耀小二千，吳富年小二千，陳瀠小一千五，楊義隆小一千，程福元小一千，□□光小一千，王□選小二兩，魏俊德、魏全章、魏芳、符天祥、符元祿、樊用、蔡邳先、王朝宗、衛發桂小二千。

　　張文升、徐宣采、周大秋、丁光學、張得發、李文學、王天玉[1]

---

[1]　以下有二排，字模糊不清。

大清嘉慶貳拾年歲次乙亥十月二十八日穀旦。合社同立。

（碑存西峽縣文物保護管理所。王偉）

重修菊花山□□廟碑記

【額題】皇圖永固

嘗考酈道元《水經注》云：菊花山西北名澗山，蓋溪澗之異名也。□□年飲此水者，大率皆壽百歲，然其時甚□。在昔李青蓮、孟襄陽各至其上，對酒傾壺觴焉。厥銘□□□□□□己有志□□□姓請為壽者家之句。而三壽洞也，高□□猶稱曰雲封，曰日照，蓋猶有存焉。嗟夫，余嘗見山川鐘毓之秀，□□□□□□，不勝感慨。於歟，低徊往復不能去。然而，後之視今猶昔。惟此德行道藝云。士或發為文章，或播為詩歌，古董數百年，而讀其懷□□□之□，而耳目為之一新者。雖為甘各猶存菊花如在人壽□百可也。何者八景，惟此為最？菊潭而係以秋月，則固與天地同一不朽也。而為何□志壽。

乾隆己酉拔貢生□任河南府宜陽縣教諭龐重光撰文。

邑居士吳任道書丹。

大清道光八年九月吉日。

（碑存西峽縣文物保護管理所。王偉）

重修歌舞樓左右門樓記

財神廟前，舊有歌舞樓，自乾隆五十四年創建，迄今歷五十八年矣，左右門樓，自道光九年重修，迄今歷一十八年矣。屢經風雨，漸就傾圮，合社人等不忍坐視，歲次丁未，序屬三秋，約金數十，鳩工重修。缺者補之，殘者新之，越至季冬，工程告竣。將立碑記，微余為敘。余惟諸君之新是樓也，雖為敬恭明神之事，而亦有維持善教之功焉。□前繼往者創建之志，後開來者重修之心，盛可傳，美可彰，真足志之而不忘。至於各捐貲財，亦不容湮沒弗彰矣。茲將姓名字號開列于左。

新盛店銀四兩四錢，正順昌銀四兩四錢，正順德銀六兩四錢，恒茂永銀二兩二錢，福盛店銀二兩二錢，雙合店銀二兩二錢，永興正銀二兩二錢，益順店銀二兩二錢，廣盛合銀二兩二錢，三合爐銀一兩一錢，通順館銀二兩二錢，三順永銀四兩四錢，恒茂合銀二兩二錢。

首事正順合銀四兩四錢，登仕郎杜兆熊銀二兩二錢，登仕郎張景法銀五錢，日升成銀一兩一錢，萬盛店銀一兩一錢，德顧館銀一兩一錢，萬和行銀一兩一錢，中和館銀二錢，萬利行銀一兩一錢，萬花樓銀三錢，楊合興銀一兩一錢，魅盛號銀二錢，劉效先銀一兩一錢，董祖舒銀五錢，梅芳林銀四錢。

皇清道光二十七年十一月初六日同立。

（碑存西峽縣文物保護管理所。王偉）

峽口鎮南岡清真寺碑記

蓋聞好善樂施，足征秉彝之良，疏財仗義，尤屬天性之善，此有德之人，所以彪炳千古也。自去年正月，有貢生李十二官印國安，目覩清真寺經學日廢，因發善念，捐錢壹佰叁拾仟文，每歲稞租，以作延請師傅束脩。凡例門墻者，俱以教相傳我輩，清真寺有師講經，感德無暨，爰于列諸貞珉，以誌不朽云。

衆鄉老仝立。

大清同治五年梅月喜日。

（碑存西峽縣文物保護管理所。王偉）

重修觀音堂火星閣舞樓拜殿記

【額題】於斯萬年　日　月

且自軺推滄海，普慈於紫竹林中，德展離宮，煥文明於紅雲影裏，觀音火星，其為靈□昭昭哉。舊有其廟暨舞樓拜殿等，昔人創之，固所以祀天神，亦所以培地脈也。乃經風雨以消，庶多歷年所，覩飛之象貌，半就凋零，苟非救弊扶衰，不終抱殘守缺乎。因藉錙銖於里黨，聿興幹補之經營，翻陳出新，□草曩時頹靡，塗丹飾粉，倍增今日暉光。夫致誠恪於神明，作善原非邀福，而溯降監於幽□，報於□□無憑，爰即父老之鴻功，敢舒淺陋以短引。

星聯張光丘撰文。

功德主立本誠、玉興恒。

總理徐含章。

公直三益号、何有采、義順正、長順永、順成義、張秀昌、慶源順、貢元馬騰雲。

公宜孫玉兆、全盛李、萬順仁。

化主郭朝福、徐文中、徐文明、李守先、董樹策、餘登魁、陳萬慶、范永仁。

化主魯國興、崔福顯、王有朋、徐朝旺、魯全升、劉克從、董長富。

管人黃大豆。

石工鄂大憲。

木工王春□師。

化工周鳳池、周鳳武。

觀音堂住持姜本明徒呂合龍、王忠、甘□人、王教化。孫郭齡

張須

藩榮

徒程永寬

孫劉永寬、一孫張元吉

左永堂　　仝建。

大清光緒六年歲次庚辰小陽月穀旦立。

（碑存西峽縣文物保護管理所。王偉）

遠施茶社碑

遠施茶社
里南至穆家埡五十里又至荊紫關九十里。
里北至核桃樹十五里又至寨根四十五里。
古土名黃家河。

（碑存西峽縣西坪鎮花園村東。王偉）

屈原岡序碑[1]

【碑陽】
【額題】地以人傳
屈原岡

【碑陰】
【額題】忠昭萬古
　　古中鄉之北有霄山焉。迄西而東，見夫土脈崇隆，邱陵矗峙，蜿蜒橫亘，為秦、楚往來通衢。土人告余曰：此屈原岡/
　　年矣。當時仕楚為三閭大夫，陳諫，懷王不聽其言，憂鬱而云。其後，楚為秦擊，敗北而歸，道經此岡，潸然感嘆曰：使因/
　　曰此只片時愧悔耳。違計後人之崇之慕之，為之名岡哉。然士君子不得志於時，遊歷所及，或登高以□□，或臨□其遺蹟，表章闡揚，一寄高山景仰之慕。況屈原之進諫王前，忠忱如揭者歟。又嘗見天壤間，迤都大邑多著賢豪□/
　　一事具名蹟有數處，大都作傳記者遇庸流必畧而不述，遇名流則爭書以為己光。即偶

---

[1]　/後有缺字。

爾□□之所，猶將附會□想。如縣南有富春山，相傳為嚴子陵垂釣處。玫諸浙東，又有富春山，子陵釣臺亦存焉。時更陵易，皆恍惚渺茫不可不置若是岡也，廼以爾時追憶亟呼屈原者再，而後之人因重其人，遂名其地。至今使登臨此岡者，猶若耳有所然，怡然曠然，直似與當年楚君追念之情形，神往而如通聲欸縱。屈原之遺風餘韻，俱已哀敗不可仿佛而獨有□。片言中要，雖不見信於當時，猶足興起於後世歟。然則世之懷才君子思見用而屢遭摒棄者，其亦□□□慰焉。是爲序。

　　花翎三品銜在任候補道特授南陽府正堂加三級紀錄十次徐承□。

　　欽加同知銜丁酉科舉人河南直隸州州同孫廷瑞。

　　花翎同知銜暫署裕州事河南候補縣正堂賈培基題額。

　　花翎四品銜傳旨專獎撫院營務處特授鹿邑縣調署南陽府內鄉縣事邱銘勳撰文。

　　邑庠優附生員周景昌書丹。

　　鐵筆梁福堂。

　　大清宣統三年月日。

（碑存西峽縣屈原岡學校。王偉）

桐柏縣

修城隍廟碑記

邑令高士鐸

郡邑靡不有城隍也，蓋聖人之治世欲臨民者，正乃心誠乃意，凜於敬而毋怠焉。若曰守斯土之任，有斯神而為之表裏焉，欲黎庶之齊其心一，其志凜於法而生畏焉。若曰幸免於陽法者，有斯神而為之陰察焉。是聖人以神道設教，以輔王政之不逮爾。如其廟貌傾頹，觀瞻不肅，君子無以啟其敬，小人不足生其畏，豈惟褻越神明，抑亦王政之缺略歟。

余於壬申仲春蒞任，首謁神祠，正殿之外，皆崩頹敗落於荊榛瓦礫之中，不勝愀然而悚，比欲修葺。靳於心力不佽，然靡刻不惕然於方寸間也，積十年省珠減桂之資，謀於本縣楊尉諱善鴻者，轉界之原任駐防田君，田君諱養立，材幹敏長而敬於事，闢土開陶，鳩工庀材，不兩月而落成。勷其事者，則鄉大夫好義之樊君諱翰者也。計創牌坊一座，石甃甬道十二丈五尺，重建馬殿三間，社令廟三間，戲樓三間，兩廡曹司十六間，悉皆宏大高廠，深嚴邃密。向之荊榛瓦礫，今則丹碧輝煌，輪奐翬飛矣。陛堦納陛之際，無賢不肖，莫不惴惴如有所臨，有不自知其然而然者。余不禁喟然曰：信乎，廟貌之肅，啟君子之敬，而生小人之畏也。於以悟夫臨民者，正其衣冠，尊其瞻視，莊以涖之，而民莫不治也。若謂崇飾廟宇，以為民祈福，余則以為不然。夫君子之為治也，精白乃心，恪恭厥職，無忝於神明，則一誠昭格，何旱乾水溢之，不有禱輒應耶，如祈福云。然是斯役也，要利於神明，神豈妥之乎。惟是神明垂著於無窮，而木石之壽，不保百年，惟宣行王政之君子有攸賴焉。是為記。

康熙壬申年仲夏。

（文見乾隆《桐柏縣志》卷八《藝文志》。馬懷雲）

桐柏縣令高公生祠碑記

以公飲冰之操，綏桐十載，今撫軍徐疏治平第一，以待聖天子不次擢用。蓋朝廷之上亟需清正之臣，如饑如渴，其斷不以霖雨蒼生之望而久淹於彈丸之桐也，明矣。桐之耆老率其子弟，聚族而謀曰："吾其如公何。吾儕小人即欲效昔民，詣闕上章，留鎮何能必得，惟自今以往，攜男抱女，依公之左右，如被公之撫摩焉。瞻公之色笑，如聆公之慰藉焉。是孰若峙祠以奉之之為差快人心也。"眾皆躍然□於焉。急挾一磚一甓，各俱一石一木，刻期鳩工，屹然告元圭於黌宮之右。公之隆學校，重人倫，已非一日。是祠也，允足以翼之。乃祠成之日，恭逢皇覽之辰，作廟而誦南山，塗暨而歌嶽降，喧呼之聲，震動林谷。固有桐以來，數百年所未有也。惟公於桐極從來未有之焦勞，宜桐於公亦極從來未有之愛戴。試觀十載以來，田里聿新，道塗式廓，人烟四集，孰有如公者哉？而且上培及國脉，下慮及子孫，而曾不以增田增稅，換一己之功名，孰有如公者哉？而且無一日有採買之煩，無一役受鞭箠之累，又不惟錙銖之勿取而已。而且傾自有囊橐，全萬民之性命，孰有如公者哉？公之政鉅細畢舉，公之心晝夕皆枯，且耳目之所不及評尤為古循，書之所不能盡，於以師表百城而俎豆奕世也，豈不宜哉！

康熙四十一年。

（文見乾隆《桐柏縣志》卷八《藝文志》。馬懷雲）

文廟魁樓碑記

山東人分巡道雪山李慎修

乾隆五年二月十五日，余巡南陽之桐柏，與諸生講書竣，進觀集之百姓，教以父子兄弟、夫婦之倫，至情致欵婉處，白叟黃童俱為首肯，意欣如也。已而，偕邑令翁君、廣文張君、楊君等登魁樓。奎樓於舊無之，係翁令與張廣文解金率諸生成之者。是日，天氣融怡，廣文為余指其西稍遠者為胎簪山，即淮源所出。近西南為水簾洞，過洞為天封。天封之東為翠屏山，東南為金臺，迤邐東北稍遠為石門。李于鱗詩云：「明月不離桐栢水，浮雲自發石門山。」即其地也。正北有牡丹山、紅石崖，去此四十里。一週覽間，諸峰環集几席，心曠意豁，不復知有人世間事。乃為歌曰：

藹藹兮春之雲，蕩蕩兮春之風，融融兮春之日，怡怡兮春之情。煙巒兮層叠，孫嶂兮遙撐，如聳身於天表兮乃觀乎太空。童冠兮皆吾一體，蠢動兮亦吾同生。業已合天地萬物而不隔兮，又何分乎貧富貴賤，與一切得喪窮通。

歌已畢，日平西矣。余歸而客俱隨之，以為奎樓之記，則不可聊以寫天懷之浩蕩，任筆墨之淋漓也。

乾隆五年二月。

（文見乾隆《桐柏縣志》卷八《藝文志》。馬懷雲）

金臺觀新建奎神樓碑記

邑令鞏敬緒

今上御極之十有七年，余奉命來為桐邑宰。秋七月涖其事。至日，見邑之紳士與其父老夜齋沐晨興，詣文廟謁先師，行釋菜禮畢，見奎神於樓，樓在廟之東隅，地卑隘，鄰市。余進諸紳士謀曰：「我人士文氣不振，雖其責不全係於斯樓，然斯樓未嘗無所係也。盍選諸於近城高處，得金臺觀前之隙地，在城之東南隅，頗高廠，去市頗遠。遂與諸紳士遷之。

余家先大夫世學《易》，余亦以是經薦於鄉。素不學青烏家言。余觀金臺觀在城東南隅，於文王後天卦位在巽方。奎神主文明，於卦爲離，遷斯樓於斯地，是為下巽上離，於卦得鼎，鼎之辭曰：「鼎，元吉。」余取其得鼎，元而獲吉也。《彖》曰：「聖人亨以亨上帝。而大亨以養聖賢。」余取其學者以敬天之心，力學聖賢，而享天祿於公家也。又曰：「巽而耳目聰明，柔進而上行，得中而應乎剛，是以元亨。」意者我桐學之士由茲一舉，敬沐神庥，耳目新而聰明發，柔進則不躁，上行則不抑，得中應剛，則中有所得，而上應乾剛之用。是則元亨之道也。神位居樓之上中，中虛而明於卦，實當六五。六五之辭曰：黃耳，金鉉，中以為實。意者桐之鼎甲，實由茲發乎。抑所以致其在中之實者，其□有待耶！夫桐處豫州之正南，於南陽則在東南隅。山則胎簪聳秀，水則淮流發源，禹神之故跡猶有存者。謂山川之靈，不鍾斯人可乎！余讀《史記・天官書》柳七星張三河，唐《天文志》角亢在陳。謂自原武、管城濱河濟之南，東至封邱、陳留，盡陳、蔡、汝南之地，西涉南陽郡，逾淮源至於桐柏，中角八度，終氐一度，屬角亢之分。《通志》謂三河之域於南陽府為桐柏，今陳、蔡、汝、宛間暨一切豫州之分，大河內外諸郡邑多聞人，桐獨非鶉火之次，不上應列宿耶？我人士勉之矣。

是役也，始於壬申冬十有一月，涉今歲癸酉夏六月，凡越八月，始報我竣事。公私捐金錢共糜數二十八萬三千六百。職其事者學博李君之杜、邑庠田生毓瑜等若干人。余亦往返經紀其大凡焉。夫凡事成功之難，難在始基。始基既端，則成功自易。苟吾桐之人士，遷高明之境而進之，洗舊染之心而新之，本之孝友以立其基，培之羣經以發其華，資之諸史以通其用。則出可以觀其所學，處可以驗其所守。國家收得人之效，君子多上達之目，亦如新是樓者，托基高處，先立其大而後及其細。先規其素而後繪之以采色，寧非案斯邑者之厚望耶。聊因并鑴石於斯樓之西南隅，記其日月，以為之左券云。

（文見乾隆《桐柏縣志》卷八《藝文志》。馬懷雲）

重修淮瀆神廟碑記

淮瀆發源桐柏山，經壽、鳳、淮安，會黃河，入海，經流三千四百二十里，通氣協靈，立廟享祀，由來舊矣。考《禹貢》言乂淮、浮淮皆在徐州，言淮海則在揚州。而溯導川之績，必自桐柏。蓋治水者，先疏其源，而後可以達其流，此古今不易之至理也。往歲，黃河安瀾，循軌□□洪澤湖，蓄淮之清水，以刷沙敵黃，而糧艘經山陽清河，間亦資淮利濟。其間奠民居，資灌溉，多在揚州之境。然予必於發源之地，亟加疏濬，祇迓神庥。夫亦宗大禹之志而已。先是乙巳歲，豫、皖雨澤愆期，因之淮水弱而清口停淤，且漸有黃流倒灌之虞。夙夜疇咨，深惟洪湖水淺，意其初源，必有沙石壅塞，致遏經流者，不濬其本，何以暢其末？爰命豫省藩臣江蘭虔往瀆祠致禱，尋導初源。藩臣旋以禹廟東有三大井，湧出三泉，加淘濬，引歸河身，即以具圖復命。予思《一統志》載淮水有伏流數里，湧起三泉爲井之文，且閱今圖中岡巒稠，復知所謂三泉者，未必即真源也。復命撫臣畢沅親往推勘，由桐柏山麓迤邐南上約十六七里，至中峰胎簪山，見水一潭，詢之土人，指爲淮池。復延緣細徑而上十餘里，始至山頂，有大石盤陀，廣十餘畝，旁窟淵暎，泉出石間，爲之汰除沙礫，則發谼歕湧，汲取無竭。於是，導淮自桐柏之言益信。而《水經注》所云淮水，出胎簪山，潛流復出者，亦印證悉合。是爲淮瀆真源也已。潛源既昭，光景斯煥。爰命發帑重新神廟，以揚答嘉祉，嗣是以來，神瀆濬發，風雨協調，附近郡邑，既均被潤澤，而向之洪湖，有時稍弱者。近歲澄澈浩瀰迴洩，應節以濟重運，則舳艫相接，銜尾遄行，而滌黃流，迅洪波，尤以見錫佑之功。景爍昭彰，誠有不可思議而得之者。夫以長淮爲川澤之靈，而宅奧棲源惟神，實司其契。予之推求精確，不憚再三，必宣致其誠而感格之捷回應，景昭百川，於是，效順萬民，於是，蒙福，然則賁祀報功，其庸可以已於言乎！

　　廟修於五十一年四月，告成於五十三年五月。守臣以碑記請，爰繫顚末，俾刻石以光昭祀典云。

　　乾隆五十四年歲在己酉季夏月御筆。

（碑存桐柏縣淮瀆廟。馬懷雲）

驻马店市

汝南縣（汝寧府、汝陽縣）

洪洞楊公永思碑記

信陽侍郎何瑞徵

汝陽迺天中首邑，煩劇衝疲素稱焉。頻年流土交訌，情形變更如轉環，官司去就等，凡庶縣之事，多半委之細吏，甚而竟有以武弁代者。向緣時事頓異，地方胥靡。是以民計日困，民生日蹙，汝人之目不瞻慈母，口不頌神君者五載。我朝定鼎之二禩，汝南宥在德服，盡歸版籍，首簡其令吾邑者，唯公克此任。

公嘗初起東山，憂先天下海內之事，早已預籌於胸中，奚止一汝！但就今日之籌於汝者，而其所以籌海內者，衆可知矣。公甫下車，邑以內，邑以外周覽詳記，必議諸兩庠，咨之父老而後斟酌權變，漸次區畫焉。先是城內房屋焚毀，道路荊榛，公榜示鎮店，多方招徠流亡者，復業二千餘姓，於今室有堵，行有塗矣。因慮邑有貿於市而無耕於野者，非久長之道也。迺率里書，親歷各村寨，踏勘荒熟，先得熟田一百五十餘頃；繼而奉文編審，勸諭鼓舞，盡力開墾，又得熟田三百餘頃。開田有數而徵餉有額，除拋荒蠲免外，應徵者無多。舊有大戶收解，公痛念苦累難支，嚴革火耗，令書役徵收，花戶自對投櫃，解納俱遣官差。此錢糧之擾既清，而驛遞之苦，公尤其急蘇者。汝南接荊襄，北連燕晉，凡往過臺司，緊急公移供應，時不停晷。自經兵荒，郵傳久廢。公多方設處馬驢，復令公役喂養，此急公而不病民之法也。至於嚴察保甲，以清境內之奸，獲賊首李進朝而餘孽潛踪；操練快役，以固城池之防，則營頭盡為解散，而無煩召募。嗣是於政之暇，迺進生童而談經論文。邑學遭兵燹日圮，公目之心傷，殫力辦處，鳩工修葺，經越月而迺告成。舊有校士館，傾壞久矣，公又於察院傍無用官舍重修，以躋前徽。立天中名社，召集多士，每月三課，錄其優者，呈學臺獎勵之，以振囊昔摧折之氣。鄰邑士子景時雨咸臻者數數。頃歲大比，生童資斧維艱，公捐俸相助。時而入彀者，悉公所拔名下士，其造就人才也有如斯。公猶曰："文事修而武備尤不可緩。"軍器火砲，邑故有之，今日無存矣。公又捐俸，命工造鎗、刀、銃、砲百五十餘件，火藥千餘斤，散給四城，以備緩急。且秉性澹泊，食無兼味，水薪俱若市價，行戶並無賠累；至那鹽行以充門丁之餉，禁刁訟以去紙贖之罰，汰冗役以清衙舍，禁佐貳而勿擅民詞，皆公之斟酌權變，漸次區畫所必至也。不佞嘗讀韓忠定、薛文清二先生書，而知公潛心理學，留意經濟，皆本諸此。見自題堂聯有云："持己無他長勤慎和緩，臨民有大體公正廉明。"於以見公有邃養，有遠識，其與士民若時雨清風，一事而善，數十事之用。一年而裕，數百年之福。《詩》云："心乎愛矣，遐不謂矣。中心藏之，何日忘之。"汝人於公之謂也。

順治五年。

(文見康熙《汝陽縣志》卷十《藝文志》。馬懷雲)

修楊阜治平橋記

汝寧府知府金鎮

戊戌秋九月，余以秋官郎來守是邦，凡諸廢墜修舉未遑，進耆老而問所亟當興復者，咸曰："楊阜之石橋也。"是橋橫跨澺水，上通黃河支流，下合江淮注海。商艫鹽舶，多聚於此。而荊、楊、雍、冀、諸州賓旅之所往來，復駢至輻輳，輪蹄不不絕，誠水陸之要衝，而汝穎之咽喉也。迨稽明初，施設板橋以濟。至霖雨聚漲，板輒漂沒。乃以輕舠橫渡，覆溺者相繼，民甚苦之。嘉靖三年，有崇王禮官張宗道者，始捐資千金，甃石成梁，往來稱便。迄今百三十有餘年，橋乃傾圮殆盡，僅橫數木以容徒步。車騎經過，輒臨津而歎。疇昔覆弱之患，將復見於今矣！余聞輿人梁人並列。《周官》十月成梁，載在《夏令》。橋梁之設，自古為重。唐時刺史王周見橋壞，覆民租車。周曰："橋梁不修，刺史之過"。乃償民粟修其橋，是誠責在長吏也。天子不以余不材，畀以一方民社。民有痛苦，余方噢咻之，拯恤之，力扶凋瘵，庶幾民俗阜安。顧茲輿梁，特為政之一端。尚弗為修治，不已有負厥職乎？乃與寮屬謀重構之，因自捐俸金以為之倡，而屬邑咸有同心，亦各捐俸有差。遂於順治庚子十一月，命參軍胡崇倫鳩材庀工，紀經其事。士民之聞者，無不奔走恐後。羣力不期而臺，衆工不戒而勤，昇輦偕作，畚鍤並舉。越明年之三月，而工遂告竣。士人礱石為碑，欲為文以記其事。余曰："是役也，烏足以記也哉！蓋昔之治橋者多矣，如崔亮之治雍州也，謂川為之浮木。蔡襄之治平海也，海水為之迴潮。此皆費累鉅萬，功垂千世。其精誠足以動天地，其忠信足以動鬼神，其結構崇壯，類非人力所能設施者，故足述也。若是役也，烏足以記也哉！"既而思曰："事無大小，期於利民。是役之成其結構，雖遠不逮古人，而要以利民為念。且當其初也，賴僚屬之同心，而後能慮厥始及其既也，賴士庶之慕義，而後能臻厥成，是皆不可以無記也。"且吾聞之物之廢興成毀，相循於無窮。有昔日之成，即有今日之毀。有今日之由毀而興，即有後日之由成而廢。則斯橋也，張宗道創造於前，余今踵修於後。前人之賴後人，猶後人之復賴後人也。余故取而備書之，使數百年後，撫此土者，聞余言而興起。時修《周官》、《夏令》之典，概慕王周償粟之風，其或有裨也。夫橋共七空，高一丈五尺，廣一丈三尺，長八丈七尺有奇。復增高三尺，其廣袤則仍舊。橋故無名，今曰治平，亦庶幾民俗阜安之意云爾。

順治十八年。

(文見嘉慶《汝寧府志》卷二十三《藝文志》。馬懷雲)

興復社稷壇風雲雷雨山川壇記

金鎮

國家立社稷，己祀五土百穀之神，蓋為民也。天子為天下之人立社，曰大社。諸侯為境內之民立社，曰國社。東作方興，則造五穀，既登又報功也。國以民為本，人以食為天。故建國君民先立社稷。唯天子祭天地，諸侯祭社稷而已。若夫風雲雷雨山川，按《周禮》祀風師、雨師，唐天寶五載始祀雷，明初又加以雲。而山川則興雲致雨者也，具立為壇壝。春秋告祭，著在祀典，莫敢廢也。

汝寧自明洪武初，立社稷壇于城外西南隅，立風雲雷雨山川壇于城南三里許。至成化間，分建藩封，立有國社于端禮門右。有司遂附于國社，行禮不復設祭矣。鼎革以還，藩封既廢，故府改為軍營，壇壝亦並湮沒。守吏因循，莫或舉行，迄今已十有八年。余承乏是邦，再舉丁祭，而不及社稷諸壇。夫舊典不修，是為慢祀。因稽古牒及詢諸耆舊先生，得其原址。亟下檄汝陽縣，芟闢草萊。復為壇壝于辛丑之仲秋，克修厥祀，舉廢典也。夫王者祭天地，諸侯祭其方之山川社稷者何？王者父事天，母事地，故以子道事之，是天子之於天地，固一氣相感者也。諸侯分國而治，各以其方。故不敢事天地，而唯祭其方之山川社稷。其於山川社稷猶一氣也，今郡邑之吏，奉天子命，以撫有茲土，則山川社稷咸受職焉。一氣感召，損益同之。和則致祥，虔則致異，莫之或爽。土生百穀，山川出雲雨，神既失職，安能畢其能事？降茲有年，為斯民福哉！譬一家之中，諸父昆弟主伯亞旅，有不得其所者，內失其和而求外修其業，不可得也。雖然，《傳》曰："先成民，而後致力于神。"蓋事神治民，各舉其功，而後神受其成。苟民事不修，即有其享之神，猶莫或也。盡人以格天，安民以事神。上下咸若，百神享之，陰陽自和，風雨自時，歲之告成，庶可或幾也。爰撰為文，以告來者。

順治十八年。

（文見嘉慶《汝寧府志》卷二十三《藝文志》。馬懷雲）

興復八蜡祠記

汝寧府知府金鎮

汝南經兵燹後，百神之祀，多廢而不舉。神人未和，慶祥勿下。天災流行，水旱時有。歲辛丑，復大旱，穀不登。余夙夜祗懼，爰昭告于山川鬼神，興復社稷諸壇壝。復訪諸故老，舉八蜡祠而修復之。謹攷《郊特牲》謂："主先嗇祭，司嗇祭、坊種祭。坊與水庸享農及郵表畷禽獸，而陳祥道，則以迎貓虎為禽獸。"其說良是。遂于十月朔，依其序次立八神之主，致齋而祀，彰舊典重民事也。夫八蜡之祭何昉乎？自伊耆氏昉也。夏曰嘉平，殷曰清祀，周曰大蜡，漢曰臘，至唐、宋復曰蜡。異名而同實者也。其禮，上至天子，下逮諸侯，祭之日，皮弁素服，命祝史正詞曰："土反其宅，水歸其壑、昆蟲不作，草木歸其澤。"三代聖王其致禮于神者，恭且嚴若是，後之人以享以祀事神，其敢不然！或曰：祭有祈焉，有報焉。蜡，報祭也。有功則報，無功則不報。《禮》曰："四方年不順成，則八蜡不通。"言其方歲凶，則斯方之神，不得與諸方通祭也。三代以還，其制雖或不同，然觀柳宗元蜡說曰"水旱蟲蝗則黜其方守之神，不及以祭。"是唐猶若是也。今歲凶而祀八蜡，豈禮歟？曰：是不然。古之蜡兼在民，用民之力多。今之蜡專在官，用民之力寡。蓋古者蜡祭既舉，使民飲食醉飽，令其酣暢為樂，所謂百日之蜡，一日之澤也。若歲凶則民力不贍，故缺其祀，以省其材，非得巳也。今去古已還，惟存其意，著於令甲。令有司歲時舉行耳！又何可愛其牲牢，而不吉蠲以享乎？且吾聞之，古者國有凶荒，則索鬼神而祭之故云。漢之詩曰："靡神不舉，靡愛斯牲。"又曰："上下奠瘞，靡神不宗。"是則敬恭明神，以祈昭格，自古已然。故歲旱而祀八蜡。余猶行夫古之禮也。況乎蜡之為靈，至誠所感，罔不協應，載在典冊。于前代勿具論。明永樂間，潛縣蝗螂生，縣令王士廉禱于八蜡祠。三日忽有鳥數萬食蝗殆盡。開封之鄢城，正德丁卯秋，禾菽蔽野，飛蝗忽來，勢若風雨，邦人大恐。群白于令。令亟設次于野，或誠以霧露，輒曰："祀而為民，敢不敬乎？"既奠幣歸，凍雨終夕。翼日，蝗悉抱草木死，年乃登。皆近而有徵，未可誣也。余雖無嘉德以薦馨香，然潔吾酒醴，奉吾粢盛，亦庶幾神降之福。嗚乎！報功之際，既不敢廢于凶歲，則順成之慶，神豈忍靳其豐年？吾知自今而後，五穀蕃熟，穰穰滿家，茲邦之人，歌《豳風》，擊土鼓，熙熙然飲食醉飽，以承神庥者殆將未艾也。

順治十八年。

（文見嘉慶《汝寧府志》卷二十三《藝文志》。馬懷雲）

重修汝寧府城樓碑記

汝寧府知府金鎮

汝南郡城，建自明洪武初。啟東、西、南、三門，尋拓而大之，增闢北門。正德間，太守畢君昭始甓以磚石。明末，寇訌中州。崇禎壬午，城陷，大肆屠燔，毀城樓垣堞而去。城以內幾成邱墟。清興以來，二三殘黎稍葺茅以居，生聚未繁。前守諸君雖殫力撫綏，而街市[1]之間，尚多廢廬也。余以順治戊戌秋九月，來守是邦。方驅車抵北郊，遙矚城上樓櫓，蕩然無存。輒慨然歎曰："此非古豫州地，漢晉以來，戰爭靡息。且近經巨寇蹂躪二十餘年，今賴天下底定，疆宇粹寧。然而，壤接荊、吳，草竊易生。設有不虞，將何以為守乎！"謁廟受事後，即圖修建。因念物力凋殘，未敢驟舉。迨庚子冬，光、商之間，奸徒

---

[1] 嘉慶《汝寧府志》卷二十三作"闤闠"。

揭竿猖亂，羽檄交馳。余躬率丁壯士民，登陴修守禦具。洎乎事平，凡閱旬餘。而時方沍寒，人皆露立城頭，霜風掠面，冰雪侵膚，日夜戒嚴，不遑啟處。是知城之有樓，非徒以崇結構，壯觀瞻，實為捍患禦暴之攸資。余向者之言，殆非過計也。乃會集寮屬，登城相度。復周視四城，東南一帶雉堞傾圮者約三十餘丈。亟削草繕，詳白當事，請自捐俸金以為之倡。而別駕鄭君、司李張君，欣然胥助。所屬州縣諸君，亦各捐金有差。爰命幕官分董厥役，鳩工庀材。經始於辛丑之秋九月，顧需材木不貲，而汝河自經淤塞，商賈不通。境內所產木植率多椅桐，不中㯟題構櫨之用。會有廢藩遺房變價者，遂為按籍納價，以故材木充用。若夫工匠徒庸，不以簿書期會。惟募自民間，考其工程，計日給值。蓋是年夏秋之交，亢陽累月，田禾不登。閭井小民多有菜色，皆相將而來，樂於趨役。以故力作衆多。其他陶甓黝垔之屬，悉經營咸備。於是，輦壤甓石，操斤執畚，捄度工作，鼛鼓弗勝。各門建大樓一，月城建敵樓一，惟取樸堅，不施華彩。而雉堞之圮壞者，復為分工，漸次修築。至康熙改元壬寅春三月，而工遂落成焉！夫古者建邦立國，誠言在德不在險矣！然王公設險守國，易訓昭垂。《月令》孟秋之月，必修城郭。謂非保民先務哉！汝自櫻寇難，民舍灰燼，城郭不完。倘守衛無備，有守土責者，尚可泄泄為處堂之燕雀乎！昔趙清獻公之知越州也，因歲歉僦民修城四千一百人，為工五萬八千。計其傭與粟再倍之。既以固圉，兼得救荒。史冊侈為美談。余之是舉，皆費出於官，不動民財。而更令饑黎僦工，不煩民力。然何敢效顰前哲，自為誇張。亦云勉盡厥職，知先務而已。故詳記其始云。

康熙元年。

（文見康熙《汝陽縣志》卷十《藝文志》。馬懷雲）

重建何許二先生祠記

汝寧府知府金鎮

汝南代有傳人。其倜儻非常炳耀史冊者，於明復得申陽大復何公與固陵汝登許公，是皆古之所謂鄉先生歿而可祭於社者也。二公歿後，兩邑各屍祝之。而郡尚無祠。萬曆間，河中王子崇古守汝，始立祠郡城，以二公合饗而署曰烈文，意蓋兩重之云。嗣守者，謂何不宜與許並祀，出其主于鄉賢祠中，而專祀許公？後長興徐子中行至，心非之。然謂其主已出，雖復入，恐不享。乃請于蔡中丞建祠天中山南，而專祠何公。此二祠分合之由也。兵燹後，祠悉燬。明禋久曠，神無所依。噫！二公之俎豆，當千載常新。今未及百年，輒一旦廢缺，非所以明報昭訓也。余遂度地府學之東偏，重建祠三楹，仍以二公合饗，署曰："何許二先生祠。"祠既成，將妥靈立石，客有問於余者，曰："二公之祀始而合，既而分，今而復合，其說可得聞乎？"余曰："此非余一人之臆見也。"竊嘗尚論二公而知其不可不合也。蓋人臣之事君，有二道，選義考辭，起衰拯敝，開一代之光華者曰文。投艱遺大，殺身成人，立萬世之綱常者曰忠。二者雖殊，其為國家所倚賴則均也。嘗考文自唐、宋諸大家而後，詩自元和以還，迄于元季，風滋下矣。明初，劉宋諸儒，颮然時起，藝林之盛，已兆其端。然迴瀾障川，猶戞戞乎難言之至。何公掃厥荒蕪，力追正始，令學者皆從其朔，非先秦、兩漢不敢言文，非開元、大歷不敢言詩。于是，前後七子，繼踵接迹，其開一代之光華者歟？宸濠之亂，諸臣相顧駭愕，莫敢誰何。使兵仗不移，賊必鑫奔豕突，天下事未可知也。許公生而撓其謀，死而奪其魄，兵未出于九江，賊已擒于鄱陽。孤患偉烈，震動天地。其立萬世之綱常者歟？是二公者一以文傳，一以忠著，誠均為國家所倚賴也。其合祀焉宜也。客曰："然。則二公各造其至而不相兼者歟？"余曰：不然。何公雖以文章名，然植身大節，皎然不欺。觀其移書宰相，逆瑾為之寒心；峻絕錢寧，奸人為之側目。危言激論，雖鼎鑊在前，刀鋸在後，而毅然不顧，殆文而忠者也。許公究心理學，寄情吟咏，雖禦寇于樂陵，秉節于豫章，日擾擾艱險中，不得悉慮其蘊。然讀《澹欲堂記》及弔文丞相詩，淋漓感憤，成一家言，則嘗鼎一臠，可知異味。窺豹一斑，足見全體。殆忠而文者也。第世之論人者，稱其所至，則畧其所兼。故目何公者不得不以文掩其忠，目許公者不得不以忠掩其文。而二公之文與忠，固未始不合而為一人也。嗟乎！何先許兩年生，雖前後策名，而具仕於武宗之朝。當其時，亦極亂矣！劉瑾進而賄賂滋。錢寧、江彬用而巡幸興，臣偽而奸，民窮而盜。驕藩因得以伺隙而生心，其禍皆起于宦官、嬖豎，故何公不憚觸忌諱，冒罪戾為君相言者，誠有以見其微也。夫使當時立于朝者，盡侃侃正論如何公，行行不阿如何公，則錢寧之奸必不肆，儀衛之請必不復，宸濠即欲反，其事無由。而許公掌其鎖鑰，必如淮南之憚汲黯，是建禮之禍可以不作也。惜乎！竭智盡忠，蔽障於讒，使修辭明道之儒，發憤而賦歸。秉義守節之士，慷概而齒劍。余于二公未嘗不欽其心之同，而悲其遇之難也。夫生而同時，仕而同朝，歿而同心，豈可祀而不合廟乎？《易》云："同聲相應，同氣相求。同明相照，同類相招。"二公之靈，固已乘迴風，載雲旗，握手於冥漠之鄉。而後人區區之見，或出之，或分之，無乃過歟？余故曰："此非余一人臆見也。"蓋上論二公而知其不可不合也。既已言於客，退而為之記。

康熙。

（文見嘉慶《汝寧府志》卷二十三《藝文志》。馬懷雲）

重立天中書院記

汝寧府知府金鎮

古無書院之名，而黨庠術序，以文教為帝王首務。聚一方俊秀，董之于學，又取材行完潔者以為師。日講月察，使俛然修其德行道義，儲公卿大夫百執事之選，其所以立範垂訓者至宏遠也。教之既殷，士羣居族處於學中者，僅習章句，課文字，追逐時好，取青紫，學官徒取尤位，不復有所講明，而二帝三王立學之本意寖晦。故宋世諸大儒，慨然思補絕扶微，以道學為天下倡。更立書院授徒，使四方簦笈雲集，共服習於聖賢之業。如考亭會講于鵞湖，象山說書于鹿洞，其取著矣。則書院所以扶庠序之衰而補其不足也。

自宋迄明，書院幾遍天下。汝寧天中書院，建自明太守廖子自顯，厥後徐子中行繼其事，汝陽令岳和聲廣其舍，巡按邱公兆麟重修之。舊有學田，岳和聲及後令王萬祚相繼增置，共六頃有奇，以資教養。今並委為邱墟，鞠為茂草。余欲興復之而未遑。會本府軍捕廳裁缺，其公署向買民舍，頗宏敞，余特請兩臺次為天中書院，中有正樓，崇祀先代名賢，前為講堂，旁為號舍。每月集諸生講課其中，捐俸置民田二頃。仿學田之制，為書院莊田。計歲輸正供外，以供諸生月課飲饌、給賞諸費。余即分瞻貧生，佐膏火。租稅出入，屬府學教授經理之。其崇祀名賢宦于斯者，以端木氏為宗，配以召、賈諸公。生於斯者，以漆雕氏為宗，輔以曹子、秦子，配以袁、陳諸公，使學者瞻拜其下，如親師範焉。

嗚呼！孔子歿而微言絕。七十子終而大義乖。賴宋世諸大儒傳其道統，綿綿延延，以至於明，復得河津姚江諸子興起絕學，昭示來茲，斯道因以未墜。百餘年來，未聞有繼起者。雖天下郡若邑，多有書院之設，非若鵞湖、鹿洞，發明道學德性之分，剖晰喻義喻利之辨，使聽者爽然自失，歘然淚下也。有司之賢者，不過萃子弟而教之，以連篇累牘為工。勉其特試於鄉校，角藝於制科。至於洙泗之源流，伊洛之始終，漫不加省，則猶然章句文字已爾。古人之書院，果若是乎？余竊嘗有慨於中。願與斯邦人士，研窮義理之精微，參考古今之同異，原心于秒忽，較體于分寸。積累涵養，學為真儒，非僅善其辭已也。即今以文程士士，舍此無以自見。然窮之所學，達之所行，必根于心而成於言，閟其中而肆其外，以舉子之業，闡聖賢之蘊，務身體力行之。居于鄉，則明經修行，法漆雕氏信斯之意。次亦秉節扶義，不失為袁、陳諸賢儔。仕於朝則輔政濟民，遵端木氏勤慎之傳，次亦奉法守理，不失為召、賈諸循吏，則進退有據，庶幾乎不負所學者矣！若是徒以其言，邀利祿于一時，取聖賢語脈為富貴，筌蹄得志則殘民以逞，不得志則沒世不稱。試思先生所以立範垂訓，與諸儒所以輔絕扶微者，謂何而自待若此，知斯邦人士必不其然。余既喜書院之成，又恐學者失鵞湖、鹿洞遺意，而徒務於章句文字也。於是乎言。

康熙。

（文見嘉慶《汝寧府志》卷二十三《藝文志》。馬懷雲）

熊郡伯修天中書院記

劉元琬

康熙癸亥歲，黔逆滅，海氛平，琉球、暹羅來貢者三十餘國。聖天子方偃武修文，崇儒重道，與天下觀太平之盛。一時公卿大夫莫不相為鼓舞，以希雅化。

我郡伯熊太公漢上名閥也。家學相仍，與鍾陵先生昆仲濟美，文章經濟妙天下。其於濂、洛性學，身體力行，未嘗不須臾佩服也。歷任名邦，所在著聲，美政洋溢，難更僕數，尤以培植斯文為己任。及遷守汝南，甫及下車，值兵興旁午，尋復饑饉洊臻。公惟鎮之以靜，節躬省費，肅清法紀，汰冗役，禁濫差，以裕州縣。日措餉賑饑，平反獄訟，剛者不吐，柔者不茹，民依以安。見黌宮麗譙頹廢，謀次第修舉，即捐俸，先事文廟，奕然改觀。又念士習波靡，起衰是棘。乃相地北郊三里許岡嶺自上蔡來者，盤結為平原曠野，南對郡城，汝水環繞縈洄，昔年孔迴之化猶有存者乎。而鸘鴨池一帶，長堤橫亙，厥而西眺雒峰，東撫淮甸，最佳地也。公曰："善。"於是，高下顧瞻，步定基址，鳩工庀材。工尚未竣，適華亭王太公祖撫豫，加意講學，衛道重儒，與公相券。公益恢宏整繕，前闢大門三楹，中建講堂，後為文昌樓，樓前對起長廂一十八間，各界戶牖。西北隅書齋三楹，東北隅庖室三楹。堂中妥二程夫子暨上蔡謝夫子主，以為中原名賢，流風不遠，多士景仰觀感，其在於斯。落成顏之曰："天中書院"，以羅十四城英才而教育之。公於公退之餘，率僚屬就省視之。廩餼周備，悉出公俸資。會文之期，第其甲乙，以鼓勉多士。多士咸感激憤發，蚤夜誦讀。春風化雨中，交行並進，盛哉斯舉！人才其自此未可量矣。嗟夫！今之學宮遍天下，即書院者亦不乏。或鞠為茂艸，或務于章句口耳之末，欲若公之進髦士，而以聖賢之學教之，以聖賢之業期之者，未數數見也。聞天中書院之風，其亦可以稍興矣乎！多士被公陶冶之澤，時屆賓興，咸欲奮揚天路，思所以報公於其去也。因屬予為文，勒之貞珉，以垂盛事于不朽云。

公諱仲龍，號恕叟，戊子拔貢，階光祿大夫，汝寧府知府加六級，漢陽人。

康熙二十二年。

（文見嘉慶《汝寧府志》卷二十三《藝文志》。馬懷雲）

汝陽縣新建城隍廟記

知縣邱天英

汝陽縣，舊無縣城隍廟也。縣城隍神，附於府城隍廟之廡。余來治汝陽，宿於府廟，心若有不足焉者。曰：古先王之建國也，列爵惟五，分土惟三，府視乎公，州視乎侯，縣視乎伯。秉蒲璧而端坐乎上者，伯也。陰陽一理。故城隍神封顯佑伯焉。或曰：祀典所載，無所謂城隍神。今春秋壇祭，列坐於山川、社稷、風雲、雷雨者，非城隍神乎？其意曰：東方生人之所也。山川、社稷、風雲、雷雨，其生人者矣。有其生之，而無所以衛之，其功不全。故城隍所以衛國者也，並祭於東焉。燕公及曲江諸說，一時辯論耳。《易》不曰"城復於隍"。又曰"王公設險，以衛其國"乎？當是時，即欲改建而格于議，越八年弗果行。丁卯春，因與學博及諸紳士講約復理舊說。僉曰：朂哉。第鳩工庀材，一時有為借動里夫之說者。余曰："不然。輸納有則，經費有歉，何勞吾赤子為？"乃盡出俸餘，市材雇役，卜基慧文院之右，創建正殿五楹，後殿三楹，大門中扉各如其數。樹以藩屏，繚以周垣，奉顯佑伯而中處焉。眾皆喜曰："公之視伯，猶府之視縣也。請謁有期，稟命有時，凡事各有專署。若朝夕嚴侍於大府之側，其何以自安乎？"于是，乃立祭期而作迎神送神之曲。詞曰：

笙簧奏兮金鼓鏜，神之來兮八鸞鏘鏘。醴酒在堂，君子樂兮壽且康，萬年如斯進霞觴。

右迎神曲。

燎瘞既畢牲醴分，神已餕兮均且平。百室盈兮婦子寧，神將安息歸太清。朝遊八極暮滄溟，五風十雨和民生。

右送神曲。

康熙二十六年。

（文見嘉慶《汝寧府志》卷二十三《藝文志》。馬懷雲）

何郡伯德政碑

劉元琬

國家氣運丕興，天必篤生偉人，用以上佐天子，下庇兆民，以成一代太平之治。故無事則敦禮樂以寧人，有事則執干戈以固圉。如李廣為北平守，魏尚為雲中守，寇恂為河內守，皆以將帥之才而膺專城之任，求之於今，實難其人。如吾何老公祖信足媲美乎古人矣！

公自去歲季夏來蒞吾汝，甫下車，庶事允諧，百務咸理，十四城之紳衿、士庶尊之如君，愛之如親。《詩》所謂"樂只君子，民之父母"者，吾公真其人也。蓋公性情仁厚，政事練達，凡所舉行者，不務虛名以干譽，唯期實事以安人而已。如嚴保甲，黜浮靡，均差徭，募開墾，汰冗役，革行户，慎刑獄，種種善政，未易更僕。而其大者，尤在革無藝之征，禁不典之禮。往者非不嚴禁，然上以虛文示，下以虛文應，百姓嗷嗷日即於呰窳。我公以身先之，簠簋用飭則苞苴自絕，州縣仰承意旨，各勵清操，以愛養元元為急務，大法小廉，必至之理也。今年夏，武昌叛卒猖獗，德安、黃州與汝南接壤，楚省民人望風而潰，謠言洶洶，申、羅一帶州縣不安厥居。我公練衙兵千餘人，銃手二百餘人，旗幟組練，望若荼火。更親為申令左執鞭弭，右屬櫜鞬，不殫炎暑，援桴而鼓之，步伐正齊，隱若一敵國矣。後偵者至，言賊首將北，聞汝南有重兵，去關數十里，斂旆而退。此公大有造於地方也。秋冬間，苦旱，種秫未收，牟麥未播，遠邇皇皇，懼無以卒歲。公宵旰不寧，步禱於山川、社稷之神。方三日而澍雨如注，四郊霑足，萬民歌舞於塗，咸知公之精誠能格天地矣。於是，十四城之紳衿、士庶僉曰："宣上德以惠我民者，太守之職也；作歌頌以美其上者，小民之情也。"遂奔控於撫臺、藩臬諸上臺，諸上臺皆嘉歎之，將具疏以聞於朝，以示風勵。汝人又圖所以不朽我公者，以余汝人也，公祖之德政實親見之，遂索文以昭示來茲。予曰："公治吾汝，僅年餘耳，美政將次第敷布澤我人也，政未艾也。"僉又曰："今皇上軫念民瘼，二千石有嘉績者，不次第擢用，我公行將調鼎帝室，作楫天朝，入則周公、召公，出則方叔、召虎。文德武功，彪炳青史。雖然，吾汝被德之深，何可忘也。"爰錄公之治行可傳者，勒之貞珉，庶與甘棠之詩，峴山之碣，共永奕禩云。

康熙二十七年。

（文見康熙《汝陽縣志》卷十《藝文志》。馬懷雲）

重修汝陽縣儒學碑記

知縣邱天英

國家承平，海內乂安。戎馬生於郊原，愁歎不聞於篳屋。聖天子乃大修文教，兩幸闕里。詔天下郡邑凡庠序之有頹敝，殿宇之有腐朽者，各地方有司竭力修建。於是，汝陽縣知縣渭南邱天英乃稽首頓首曰："學校者，王政之本也。昔子產不毀鄉校，千古韙之。若廟貌不肅，無以壯聖容；祭典不備，無以昭聖德。備員於此，而見廟宮之摧折也，其何以正獻春秋，以屬羣僚，以薦芹茆，燎膫腥血以告幽明乎？時而養老，又何以拜賓蕭介，讀律讀誥，以昭深衣燕衣之光乎？時而觀射，鷟旅戾止，又何以令司馬奉中司正揚觶，以示在泮獻馘，在泮獻囚之義乎？"

按：汝陽舊有廟，在縣治西南。勝國時，為楊補之創始。後鍾原亨改置縣治東南，後提學副使改置縣治東。成化間，孫晟創始。萬曆間，岳和聲重修。崇禎間，明倫堂、東西兩廡燬。至順治間，楊義、劉瑞、紀周珍等相繼增修，循舊也。天英肅然起敬曰：前令之功德，蓋已不可泯滅矣！奈何其圮頹如此哉？聖謨洋洋備官而未之聞乎？隨召殷爾，選材於地。凡棟橈楹木植數尋者若干株，伐石於山，凡階墀垣墉方廣豐隆者若干丈。甓人司埴，鑄人司金，旅人為簨，鳧氏為鐘，梓人為枸虡。凡丹漆絲繢，甕甄之類，毋或不具。又擇馮相之良者為之定期日，遴土圭之精者為之測深厚。於康熙二十八年二月初二日為經營之初，隨於康熙二十八年七月二十日落成。自大成殿至兩廡，出戟門至欞星門，奎星樓，名宦鄉賢祠，凡屋幾十間。自聖座哲廡，名宦鄉賢祠牌幾十位。棟宇榱桷，簷楹雕彩，費若干緡。自明倫堂至啟聖祠，敬一亭，儀門，庠門，角門若干所，皆金碧五彩，塗飾如法。朝夕親為督理，溫以悅人，嚴以警惰，煥然可觀矣。復選人材俊秀者為樂舞生，各製朱紅團花緞衣一襲，春秋秉翟執翿於其內，合奏大成樂章，用叶宮商播之絃管，鍾鳴而律應，笙奏而羽和。升降有容，獻酬有禮，不必登闕里之堂而紊三元極，儼然天中之麓而汝水之陽也。於是，汝之縉紳士夫相率而言曰："此學宮之修，既不費民間一錢。工作之具，動累千金，捐貲之難，不可以不紀儒師。"又進而言曰："制度宏偉，無異靈光，寒氈首蓿不足以誦一言，烏乎其不傳？"天英恭肅而拜曰：是役也，天英何功之有？不有聖天子之詔令在，乃循其實而為之言，以誌諸碑銘。曰：

於穆聖宮，肅肅離離。濟濟多士，惟廟貌是崇。牲醴肥潔，以報豐功。噦噦鸞音，春秋敬從。泮宮清潔，言采其芹。赫赫宮牆，直歷考亭。松檜有陰，桃李咸英。苟曰壯麗，莫敢曷承。巍巍棟宇，上或生雲。浩浩閟宮，芝或生楹。笙簧有奏，萬舞盈庭。惟素王之德，協天子之心。鍾鏞在左，磬鼓在右。揖讓升堂，進退有度。惟忠與孝，萬民斯服。惟節與義，千古卒獲。雇瞻崇墉，與天比隆。微臣拜颺，期期口給。潔茲廟宇，掃灑堂室。惟父母斯民，不敢不竭力。敢告父老，聖恩無極。不忘斯民，教養是亟。大哉王言，故詔令邦邑。

康熙二十八年。

（文見康熙《汝陽縣志》卷十《藝文志》。馬懷雲）

重修鼓角樓記

黃似華

嘗讀王文成《居官箴》云："民情好逸，勿擅興作，以傷物力。"甚韙之。以故濫竽郡邑周二十年。凡緇流黃冠，競以謬悠之說，欲莊嚴其古刹，而跂翼其新宮，百歊之而百不售也。游人俠客，痛飲雄談，賞名勝之可娛，悵丹腹之未具。則懷袂從臾，如醉翁六橋故事，又概未許。衙舍之湫隘，器具之殘缺，往往窘甚。吾不欲豁平昔時意苟安之已耳。一切不急之務，無益之作，總不敢以煩土木而勞工力。抑又聞之薛宣子為彭城令，宣過之橋梁郵驛不修，即歉其不能張忠。定以縣令置頓嚴辦，更鼓分明，遂稱為好官。此胡以說也？豈縣前不戒，則虜使其民。縣後不慮，則傳舍其官事。固不可以執一論耶？郡治東偏有譙樓，自勝國燼於兵燹，寄更漏於儀門。入我朝且百有餘年，而武林錢公始鼎建之，移震而巽，壘土為臺，臺上搆樓，更名"鼓角"。趾宇高廣，鐘鼓、銅壺、角牌數目，詳熊侍御碑記中。迨予至，又後錢公百餘年。圮甚，不復可因。上祀一元帝，向非范金為之，當久漂搖風雨下矣！五夜執籌之夫，惴惴覆壓是懼。後請移置鐘鼓，暑不及修復事。蓋即興臺走卒，亦知公帑搜括之後，地方災眚之餘，上下俱詘，輒難舉贏耳！予謂有其舉之，莫敢廢也。前人遺事，眉睫簡闕，尚不能辦，何況其他？顧核修理公署，歲額纔十五六金。遇新守之仕，則預籍數年以下，猶不給諸務襧是。其纖嗇若此。而予自視事，弊規都盡，露肘無措。祇自捐俸薪二百金，以為嚆矢。汝俗質儳，莫有應者。惟崇藩及其藩之承奉、戚畹二三人，與州縣長吏，乃各有捐。于是，鳩工庀材，子來從事。經始于上巳之吉後重五，二十日落成。前助尚有贏餘。會方修志，屬典守者，即充其費，告竣有日，當另置牌懸示，以旌義舉。若前記援引《堯典》"敬天勤民"之意，某不敢侈其能。郡人稱"遠望如團葆羽，此舉最為助宣風氣"，其亦不敢尸其功，而第敘重修大旨如此。

維時同知萊陽宋兆祥、通判漂水張統、安岳范月第、推官興化魏應嘉，咸協予經理。時宋署申、范署鄢則又以州縣之助助之。而予即前閩、浙江南北舊守令也，登焦竑榜進士，蜀之內江人。

康熙二十八年。

（文見嘉慶《汝寧府志》卷二十三《藝文志》。馬懷雲）

汝守遺愛祠祀

黃似華

郡治西，有藁城張公子麟碑亭。亭久廢，惟碑在，額跌剝落泥淖中，祠禁豈為汝設？而汝向無祠。他處往往如綴蜂室，豈彼皆好諛，而此獨有三代之遺直耶？爰闢故趾，創起三楹，繚以垣牆，重門如制。增祀蒲州王公崇古、寧鄉曹公科、饒州史公桂芳、安邱公度，從民思也。續搜有邱公一碑，亦置祠內。題其門以今名，而予為記。

予惟今之守名則古也，而實非古矣。古之時，或以尚書令僕射出為郡守，或以郡守入為三公，位倨而權重。上非有臺使監司之節制，下而丞掾史不得持事而掣肘，以故尊。遂得行其志，治化淳美，境內殷富。今之守僅僅薄書期會，即米鹽凌襍，皆視上可否。刑名所關，動有參駁異同。首尾足畏，城堞莫展。而聰明特達之士，了無顧忌，每破常格，則按劍鑠金隨其後。惟中庸者流，直泛泛悠悠無所事事，待滿歲月遷去。噫！守而若是，則古所稱，與我共治。惟良二千石者，何在耶？雖然，治無寬猛，官無利鈍，顧真有愛民之心何如耳！今五君子者，張弛螯舉，都在民上起念。如興水利、預儲偫、振文教、表節孝、剔弊竇、警奸慝、清冤滯、修橋梁，與夫戡亂之功，嚼蘗之操，一皆率任自然，非以示德于民，而民亦翕然驩然信而悅之，去則泣留，久而彌思，惟其愛之真也。不則，有喜功趨事之心，乏從善闕疑之度。雖曰利之，其實害之，則為愛吾技。不則，竊皎皎之聲，負悻悻之氣。傲視上官，睥睨同列，不顧民事之得濟與否，則為愛吾名義。不則，如前所稱，泛泛悠悠，無所事事，則為愛吾官，皆非真心能愛民者也。而胡以祀焉！或有造予者曰："是祠也成，五君子可六矣。且自昔為守者，固未有過潁川者也。"予曰："非敢然也，麻中之蓬直，莖上之露清，其所托者然也。夫人亦慎所托矣！藁城守汝八年，惠澤最渥。而蒲州精敏，寧鄉節愛，饒州教化，淮安清肅，後先相望。長興徐公中行，治行不減五君子，而文雅過之，徒以任淺不敢及。則良二千石之多可知也。後之君子，將以汝南月旦重此祠，不以蜂室視之，而且式穀似之，則區區有深意耳。"抑予常有言：高山仰止，景行行止，雖不能至，然心響往之。我思古人，實獲我心矣！三代遺直在斯，其以予言為然否？

康熙二十八年。

（文見嘉慶《汝寧府志》卷二十三《藝文志》。馬懷雲）

分鎮汝寧府參將何公惠政碑

李天馥

古者之選將曰："莫先於將才，有將才而後始有將量。將量得而後福隨之矣。"昔在兵法則謂：“在內令其愛天子，在外令其愛將軍。愛將軍所以願戰，愛天子所以願守，戰守具而後軍令全。”夫汝寧戰守之國也，在唐元和時，相為裴度，將為李愬，諸公大猷克著，振四十載未興之師。又得昌黎韓愈為之文，故至今赫赫淮西傳誦不朽。厥後顏真卿、岳飛、孟珙之徒，皆著大節於其間，而不能鑴金石以照曜斯世，其道亦有幸不幸也歟！

　　清興四十餘年，鎮將之在汝寧者稱不乏人，亦不聞勒石以永傳其事。今何公一麾幢未幾年，而兵丁之老於疆場者，相率而聚論曰：“何公古之賢將也。”將領之久於行伍者，列隊而偶語曰：“何公古之儒將也。”仕宦之治於汝寧，傳其戍卒之引領者，協恭而私謂曰：“何公古之福將也。”至於兵民雜處，䈕屋窮簷，彼談而此議，盈市而聚廬者皆曰：“禦兵有法，待民有禮，未有如何公。”茲時之按堵無虞也。嘗考其初，雍雍一書生耳。以山陰世胄寄籍於京衛，值聖天子橐圖論文之時，而遇詞林說劍之會，由武舉人得會試進士，復殿試得鼎甲，賜榜眼及第，親選御前侍衛，出為江南崇明遊擊，授浙江提督大廳。斯是時也，兵民之頌將才者，蓋已勒碑傳之矣。茲之授汝寧參將也。得之於兵者，不過投醪挾纊之私耳，不過宣諭飭法之嚴耳，不過步伍之訓練技藝之精明耳。諒凡為將者，皆得同此道也。夫何此之施於兵者，未見其異乎人而彼之戴夫將者，則有異乎頌也。又何此之施於兵者即得乎民之心，而彼之戴乎將者即得夫民之願也。然其故何悉數而得乎？朔望則於公所講聖諭矣。兵馬糧餉切照司庫支發，無虧剋矣。按期訓練，技藝嫻熟矣。盜息民安，野無夜吠之犬。約束兵丁，家無樊圃之虞矣。馬斃則照實價以買之，病故則選子弟以補之，寒暑有節而勞苦得公也。蔬水薪柴，行戶不擾，而奠安無累也。又何有陋規之擾，吾兵病吾民者哉。則是具李廣、郭子儀之寬而復得夫程不識、李光弼之嚴，直諸葛亮渭濱屯政之法，羊叔子陸抗襄、鄧之和也。夫然後頌為賢將，頌為儒將，頌為福將，而亦可以不虛矣。究而言之，談兵者皆以此為常談也。然而談兵者，果何人得盡此常談也。又何必動言九天之上，九地之下，惟將軍制之而已哉。是《管子·內政》之篇，《淮南》兵法之訓，此物此志焉。則是愛天子，愛將軍，亦惟上有以施之耳。以之媲美淮西，不可同日而語哉。

　　按：何公諱天培，字子厚，浙江山陰人，現為汝寧分鎮參將。時因兵民之請，而余為之文，其碑不幾段文昌之䃂乎！更為之銘，銘曰：

　　於赫明堂，天子治之。而公而侯，維熊維羆。奄有四海，震疊是宜。滔滔淮汝，繞我懸瓠。凡厥庶民，是刈是獲。賴茲將佐，莫敢不服。肅肅汝城，靜安無譁。闑外有令，奠爾室家。好子寧止，無爾怨嗟。我行其野，禾黍油油。我行其庭，闃如無人。韜鈐有制，萬國是寧。史氏作頌，穆如清風。將帥得謝，戍鼓逢逢。爰告當寧，寰海攸同。

　　康熙二十九年。

（文見康熙《汝陽縣志》卷十《藝文志》。馬懷雲）

復立范張祠記

張鼎彝

去天中郡之迤西而北，及舍鋪名金鄉。朔暨椽髻數椒，覆以箭茅，為今之郵舍云。雙松古于舍後，張子過而疑之，是必有異，跡之知為漢范張祠。元伯巨卿，稱生死交，備詳郡史。汝人士高其義，建祠雞黍臺，歲時致享焉！先朝邑冢宰趙公賢移今地。相傳祠後即元伯墓。兵燹以來，鳥啼鼠拱，祀典湮滅。令是邑者，以其祠為公廨，而並廢其像。張子惻然曰：「見古之賢人君子而不知敬之慕之，此其人可知也。見古之賢人君子，敦信重義，篤於交誼，生死以之，而不知敬之慕之，此其人于朋友可知也。見古之賢人君子，敦信重義，篤於交誼，生死以之，百世高其行，為之肖像，以求椎牲以享，而我乃不特不知敬之慕之，已也坐視其淪廢而弗之恤，甚且以其舍為公郵，而並廢其像，使後人過其地者，竟莫知為誰氏之宇也，此其人尚可言乎？嗟乎！彼其意不過謂古之賢人君子，即敦信重義，篤于氣誼，生死以之，于我無與耳！而上官者，可以榮我、辱我，予奪我者也。公廨弗修，倘上官者過，而獲戾焉！彼古之賢人君子，即敦信重義，篤予氣誼生死以之，而我朝設醴而夕告虔，其能為我援掖乎？推此心也，則即傾千人之廬，破萬家之產，苟可以得上官之心所弗恤已，又何賢人君子二祠之兢兢為然。而其上者，苟非大謬於賢人，君子之道，必不以其能媚我而重之也，則何益哉！」或曰：「兵燹之余，土滿民瘠，上官又未可以露處，稍變通焉，亦未為賢人君子之所重，非子何咎之深也？」無信不立，孔子嘗言之矣！元伯巨卿皆信之表也。借口于兵燹，而棄民之表，未見其有能成民者也。若夫子維名教，前人之所不能為者政，後人之所不能需。余遵汝年餘，郡有賢人君子，敦信重義，篤于氣誼，生死以之。數千百年來，肖像以求，椎牲以享。而乃弗能詢之父老，稽諸郡史，早為表章之，以樹民則，而猶坐視其淪廢，使其祠猶為公廨，過是地者，猶弗知為誰氏之宇，是則余之過也夫！爰謀諸眾而復之。

（文見嘉慶《汝寧府志》卷二十三《藝文志》。馬懷雲）

登瀛題刻

登瀛
乾隆癸酉。

（碑存汝南縣城南關。王偉）

上蔡縣

重修上蔡邑侯張公祠記[1]

趙頲

　　人之至者，則其德業亦至。故其精誠之所幹運，用能輔佐國鼎，奠乂黔黎。在當時噓枯為榮，在後世猶能起廢為興者也。

　　鄒平張公之尹我上蔡也，操湛如水，御政若衡，處世猶家，保民如子，治邑七載，鷙集雉馴，三異十奇之美，無不畢至。善政縷縷，備載天中李莊靖文中，茲不贅。初，公之以蔡令而遷秩宗也，蔡人士一聞邸報，知留之不可，為之建祠於南郭門內，與應山傅公祠相為對峙。意以前有召父，後有杜母，俾後之人，歲時俎豆，思傅而因以思公也。公以至誠率物，不欲要名以取媚。乃親自操觚勒石，改其祠為先賢漆雕氏祠。蓋以漆雕氏為蔡人，邑無特祀，非所以崇報先賢之意也。未幾，而公去矣。蔡人百里攀號不絕，如失慈母。嗣是而蔡人士思之不忘。其不憚跋涉，歲為致省者，踵相接也。及公讀禮於家，蔡人士千里弔唁，關河不阻，而公亦每有諭詞慰問，藹然如家人父子疾痛相關語也。繼而轉吏垣、晉廷尉，陟大司空，拜御史大夫，位居華要。凡蔡令員缺，必謀之當道，擇慈惠端亮者授若任，恐以谿刻者擾吾民也。是公之心無一日不眷注於蔡，類若此。萬曆癸丑，蔡人士愈思之不忘，復建祠於南郭外，與先儒謝先生相為對峙。意以謝以立德稱，公以立功顯，並著不朽，俾後之人歲時俎豆，思謝而因以思公也。崇禎壬午，逆闖肆虐，繼以兵寇焚毀，畫棟飛甍，夷為邱墟瓦礫矣。嗚呼！可勝悼哉！邇來民獲小康，欲重為修建，謀議尚未能也。今歲庚寅，直指使海豐李公祖與公為桑梓之誼，兼欽公之德業。驄馭按汝，道經於蔡，詢公之祠宇而薦觴焉。一聞頹廢狀，即發贖金若干鎰，命明府張侯董其事，庀材鳩工，重新公之祠宇，閱兩月而厥功告成。門、堂、垣、屏，整飾如初。後以頲為蔡人，稔知公之德政，屬頲為公以記其事，兼以報之烏府。然頲竊思之矣，當公之去蔡，在萬曆之乙巳，時頲年方齠猶識之，同群兒嬉戲，倡和襦褲之歌，迄今將浹四紀，思之怳如昨也。蔡人士能一日忘公也哉！昔寇萊公之沒於雷，喪歸於洛，道經公安，土人設祭於路。折竹植地，掛紙錢焚之，逾月而枯竹盡筍。論者以為公之生平，秉道嫉邪，故其精誠所感，致生雷陽之竹。然以公之德業，生能佐主庇民，噓枯為榮。故其沒也，猶有景行好德者，瞻依顧念，起廢為興，皆是公之精誠貫徹寰區，沁入脾腑，故能如此也。頲生也晚，其祖若父，皆親被公之德化者，故不辭譾陋，而忻為之濡毫云。

---

[1]　康熙《上蔡縣志》標題作"重修上蔡邑侯張公去思祠記"。

順治七年。

（文見嘉慶《汝寧府志》卷二十四《藝文志》。馬懷雲）

上蔡邑侯張公去思祠德政碑記

趙潁

聞古功在社稷則祀之，澤在生民則祀之，由太史觀風以上於天子，論定而後為之祀，所以報德銘功以傳於後，洵不朽盛事哉！厥後凡忠信之長，慈惠之師，仕於其國者，有功德及民，其土人於其去也，則力援之，援之不得，則於其去後也而為生祠，以記述其事。雖不出於古，蓋禮以義起，其此之謂夫？由是峴山之碑，雷陽之祠，猶古甘棠遺意也。

戊子長夏，三韓張公銜命來涖我蔡土。公初至，止狀貌魁梧，言笑不苟，見者知其敦厚用慎，有古長者風，以為召、杜復出也。及視事，首問閭閻疾苦，惟是輕徭薄賦，一與民休息。遇諸生持大體，嘗曰："諸生當愛吾鼎，能閉戶讀書，吾雅重之。其不法者，吾得而制之。"及諸生有過，但優容曲全，不忍刻也。緣是諸生憚其嚴而樂其寬，以相勖於寡過。初，民有訟者，大辠則杖，小辠則逐，毫無議贖者。不期月而民訟衰息。桁楊無累，城郭公署，不獲已始務補葺，不喜多事紛更以擾民，是以土木之役少而民用佃作。蔡舊例收解錢糧，以里人為大戶，次第行之，所費不貲，以故里中富者貧，貧者逋。公憫之。議定官收吏解，花戶但輸納而已。民近不費財，遠不勞力，數百年賠補之苦，一旦而除。蔡舊地仍小畝，徭費頗煩，公極力議折大畝。具詳司、道及部，事如所請，永垂田籍。自今以始，蔡無雜役之苦，此其大略也。五載以來，所安全者甚多，而不矜赫赫之名，惟是敦厚周慎為治平之本。其有造於茲邑也，豈一二端所可盡哉！抑豈千百言所能述哉！公制錦成，薦剡數列，為當道嘉異。茲仲夏，奉欽召入都，寄股肱心膂之托，慰蒼生霖雨之望，且將以治蔡者治天下矣。今公雖去，流風猶存，蔡人蒙安席慶則思公，士能寡過則思公，民不逮岸獄則思公，土墾而粟漸裕則思公，畚鍤不擾則思公，下里無京邊之勞，公旬無煩苦之徭則又思公。公之可思如此，蔡人之思公如此，使非結茅以奉之，肖像以禮之，勒石以紀之，蔡人之心其能已乎？今茲之舉，蔡人誠不忘公也。然非蔡人之不忘公也，以公之自為不可忘耳。夫人亦各有心也，官長有一不當，則群起而訾議之。即儼然在邑，且有離心，況已去其土，而猶惓惓不已於思者，必非情也。

余蔡人，佩公之德，沐公之澤，至矣哉！《詩》曰："民之秉彝，好是懿德。"余於公益信。

順治十年。

（文見康熙《上蔡縣志》卷十五《藝文志》。馬懷雲）

重建上蔡縣治碑記

周源

　　上蔡，古蔡國初封地也，侯封疆域，著在周初，較若列眉。然姬姓之國，至於今名與地未之改者，惟蔡與息耳。蔡之為地，本以卜筮得名，於此可觀易道焉。方冢子初封，克庸祗德。侯於東土，有震之象卦。二體皆震，開國承家。惟以不克負荷為競競。故君子以恐懼修省，憂勤於始，而後可安樂於終。故出可以守宗廟社稷，以為祭主也。兵燹之餘，其象為革。卦，兌上離下。邑治甫建，更張太驟，則不協於時。措置乖方，則不宜於俗。必所興所革，素信於民，而明足以察事理，義足以順人情，然後可通行於上下而無弊，所以能主重器而免於悔也。革故則鼎新，故受之以鼎卦，離上巽下，心入乎理而耳目聰明。故能上得君心，下得賢輔，而虛中以應之。所以正位凝命，而長有國家，易之象然也。

　　邑自寇氛肆虐，城社丘墟。寓縣治於公館，每臺、臬至止，則令、長避舍居之。歷二十餘年，易六令矣，中不乏賢者，非格於功令，則憚於興作。百里之侯，無棟宇以獲寧居，兩臺之使，無館舍以駐憲節，何以為建國規模、出政令而示觀瞻也！歲在癸卯，余適承乏宰是邑，仍假寓舊館，拜公座、謁先師如儀。邑有宋謝顯道先生祠，久荒落矣，余以次謁之曰：「此道民之本也。」即捐俸修葺，舉祀典焉。更得先生《語錄》善本，謀再梓行，以廣其教，庶幾立政有本矣。載閱舊治，草則宅之。余慨然曰：「建國誠民，是誰之責耶？顧時訕舉贏，非計也；惜小廢大，非體也。」捐俸節費七百余金，遴材木，陶甓磚，雇工役，咸如市價。設四門約長，以諸生行優者主之，出入有程，勤惰有課，士民願以材具助者聽，並著於冊，得列名焉。經畫故址，重建公堂，退思、燕寢、遊息，左右兩翼，分曹佈局，屏門、路門，歷級而升，於是，公庭翬如，燕室翼如，麗譙岌如，出政有庭，議事有所，懸象有闕，館庫咸備，庖湢畢具。不費公帑，不煩民力，不逾時而落成矣。邑士大夫咸進曰：「邑治荒廢，迨二十餘年矣，一旦鼎建，曷可無以記之？」予不敏，敢以不文辭！

　　今之州邑，此古之侯國；今之公庭，古之公朝也。凡公朝前門、後寢、堂室、房夾備有儀度，非以奉己也，聽政於是，讀法於是，飲射於是，宣天子之詔命以及萬民，非壯麗嚴肅，無以儲神明而端出治之本，施政教而發觀感也。在易之象，取諸大壯，蓋以壯固為義也。卦，震上幹下，以剛德行正道，則大人之事備。故君子非禮勿履，以自勝者為強也。朝日聽政，其象為臨，曰君子以教思無窮，容保民無疆，卦，坤上兌下，教以牗民如澤之說，養以保民如地之厚，生養遂而後禮樂可興，臨之象然也。月吉布令，其象為觀，曰先王以省方觀民，設教體察民隱，如風之披物。建設禮度，如地之著象。所以通民情而垂教典，觀之象然也。淮北姬宗，惟蔡祚為長，故能產毓賢人，為後學先。漆雕子若通《尚書》、《傳》、《禮》，而謝顯道以《禮記》、《論語》名世，未有以《易》學名者。予故因蔡之得名，而著《易》之爲象如此，倘亦於治民之道少有裨歟！若後世觀美之祝，未敢概引以自侈也。

康熙二年。

（文見嘉慶《汝寧府志》卷二十四《藝文志》。馬懷雲）

重建伏羲廟碑 [1]

楊廷望

蔡治東，舊有蓍臺廟，相傳爲太昊伏羲氏，畫卦之所也。廟何昉乎？意者唐虞三代之

---

[1] 嘉慶《汝寧府志》卷二十四《藝文志》標題作"重修太昊伏羲氏廟碑"，其文爲：

上蔡城東，舊有太昊伏羲氏蓍臺廟云。廟者，自堯、舜、禹、湯、文、武、秦、漢、晉、唐、宋、元、明，歷代敕建之廟也。其間地二拾伍頃，即堯、舜、禹、湯、文、武，秦、漢、晉、唐、宋、元、明，歷代所賜，以奉祀事者也。其意蓋謂陳州爲太昊之都。蔡出白龜，地生蓍草，爲太昊畫卦之所。史遷所謂："百莖叢生，上有青雲覆之，下有靈龜守焉。"至今蓍草生其中，重其地爲之廟也。且崇尚易道，以其地瞻獲蓍草也。故事蒞此土者，春秋二仲之次，丁親往祭其廟。廷望於丙寅仲春筮仕之初，出城東蜿蜒扶輿，磅礴鬱積，迢迢自大伾而來。北枕濁河，汴京，艮嶽聳其後。南望光羅商固諸峰，隱隱几席。西則西（接上頁）平、遂平、雲莊、嵖岈諸山，列爲屏障，東則洪河、蔡河、合淮、汝諸水，滙爲巨浸。唐一行所稱："上應書之天市一垣"，誠大觀矣。父老迎而入，將齋宿而拜，登其堂駭然，瞻其座愓然，非復所云草衣卉服，開物成務之伏羲氏也。儼然螺髻偏袒、圓頂方袍之釋迦矣。曰：何謂也？衆應之曰："有僧亂後寓此，而以佛易帝像。"所謂帝像者，在寺旁小廟焉。廷望聳然起躍然而立曰："世人之惑於佛，而不識此聖帝之所由也。"吾爲汝父老言："此伏羲氏者，乃堯、舜、禹、湯、文、武、秦、漢、晉、唐、宋、元、明以暨本朝，凡厥聖神之始祖也。此廟者，堯、舜、禹、湯、文、武、秦、漢、晉、唐、宋、元、明所鼎建，以奉伏羲氏者也。此間之地，皆堯、舜、禹、湯、文、武、秦、漢、晉、唐、宋、元、明所錫，以供祭祀者也。且其地二拾伍頃，贍護蓍薹，此洪武初命禮部遺官再爲經理之者也。四至尚載明楊塤碑中，彼佛者何知也？此皆學佛主人妄爲之，而陷於不義耳。"乃急遷其佛像於遠方之佛舍，恭迎太昊伏羲氏之像而中處焉。灑掃潔淨，先以桃茢除其不祥，隨以丹漆補其有玷，然後循故事興拜祝燎瘞於其下。一時從事士大夫或驚焉，或訝焉，或起而欣然曰："此明末大亂，方外僧所作之孽，而今果得正道，以維大禮於既墜也。"於是，訪其蓍臺，則鬱鬱葱葱者草也。俯瞻蔡河，則汩汩有聲洋洋而東注者水也。闢草而尋，先天卦臺在其左，後天卦臺在其右。父老曰："此廟腐爛，非重建不可。"遂請於太守何公，得汝陽十四州縣諸公並力，中建大殿五楹，前後左右配殿兩廊、以及大門、二門、三皇閣皆次第鼎新。於是，經營五載，始得落成。至今年秋再謁廟宇。是日也，天氣晴朗，熏風襲人，恍然若有所得，遂爲之立碑。書府州縣臺諱於碑陰；又爲銘曰：

維皇上帝，混沌初分。畫卦於蔡，建都於陳。至今蓍草，百莖叢生。
白龜間出，時覆青雲。惟茲土壤，乃潔乃馨。於昭萬禩，祀事孔明。
祀事既昭，廟宇聿興。丹楹刻桷，重簷刮楹。上雨旁風，無所蝕侵。
寒霜冬雪，無所浸淫。不嚴而肅，不示而誠。於赫濯靈，萬古斯型。
典禮既設，靡莫不興。俎豆有序，鍾鏞既陳。笙簧疊奏，磬莞繽紛。
進退有度，揖讓攸分。牲醴且潔，粢盛芳芬。神之聽之，既和且平。

舊，自漢唐迄今，累朝敕建而修之者乎？地廣二拾伍頃，世隸諸廟中，用修祀事也。蓋以太昊都陳州，蔡與陳鄰壤也。蔡出白龜，地生蓍草，伏羲氏作，取而筮之，以畫八卦之變，故名曰蓍臺。史遷所謂百莖叢生，上有青雲覆之，下有靈龜守焉者，非此地也耶？夫天生神物，聖人則之，於以溝深索隱，定天下之吉凶，成天下之亹亹，苟無蓍則無易，無《易》則天道弗顯於上，人事弗明於下。兩儀變化之理，終古或幾於息。惟伏羲之德如是，至今蓍存而臺存，神龜之靈用以顯白於世。噫嘻！其產靈故其地重，其地重故其廟亦與俱永也。故事守此土者，遇春秋二仲之次戊，親往祭其廟。廷望於丙寅仲春，值祀廟時，道出城東，寓目四顧，見蜿蜒扶輿，磅礴鬱積，迢迢自嵩少而來，北枕汴京，艮嶽崞其後；南望光、羅、商、固諸峰，隱隱在指掌間；西則嵯岈諸山，列為屏障；東則洪、蔡兩河，合淮、汝諸水，滙為巨浸，古所稱上應天市一垣者，故其產靈，其地重歟。父老迎而入，將齋宿而拜，登其堂訝焉，瞻其座更駭焉，非復向所云草衣卉服，筮蓍畫卦之伏羲氏也。儼然螺髻編袒，圓頂方袍之釋迦氏矣。余亟詰之曰："斯何地也？而有彼佛也？"父老告余曰："明季亂後有僧寓此，因以佛易帝象。"所謂帝象者，在寺旁小廟耳。余因進諸父老而曉之曰："甚哉世人之惑曉溺於佛，而不識此聖帝之所由也。此伏羲氏者，乃開天之祖，立人之宗，其廟固歷代帝王鼎建以奉神靈者也。左右之地，又歷代帝王錫之廟中，以供祭祀者也。其地二拾伍頃，贍護蓍臺。明初，命禮臣再為經理之，四止尚載明楊塤碑中，亦惟是此地之鐘靈萃秀，以崇禮神聖而慎重將之。佛何與之有？乃舍神聖之尊，而輒易佛氏之象，崇信其法，以求所為福田利益，舉國不知其非，學士莫指其失。余竊歎其傳笑四方，為惑甚矣。"於是，諸父老茫然喪其所懷來，失厥所以進。喟然並稱曰："允哉所諭，此鄙人所未知也！"百姓雖愚，聞此敢復迷乎？爰命亟遷其像於遠方之僧舍，恭迎太昊伏羲氏之象而中處焉。先以桃茢除其不詳，旋似丹臒䭏其不潔，乃循故事興拜祝，燎瘞於其下，而告成禮焉。因訪其蓍臺，巍然臨於蔡溝之北，先天卦臺在其左，後天卦臺在其右。叢生其間，而英英表異者蓍也。俯瞻蔡河，洋洋而東注者。元龜之所效靈而顯異者也。嗚呼！以若此神靈之地，而令彼佛者實倡處此，日漸月染，恬不為怪。余之撤其象遷其居，尊聖帝之遺以祀之。其亦庶乎其可也。余又念焉，佛象雖除而廟貌勿新，非所以示尊崇、垂永久也。睹此敗宇頹垣，棟欲折而僅支，榱將崩而莫續，苟不為重建而鼎新之，烏乎可！遂請於郡伯何公，並汝屬卅縣諸公共勸厥事，中建正殿五楹，前後配殿，左右兩廡，門構二層，並建三皇閣。經營凡閱五載，乃告成功，今年秋祀再謁，入其中第見金碧輝映，儼然如在，壯麗崇宏，森然燦列，恍若有神呵護之者，夫而後其不虛此闢邪崇正之一念也。夫遂勒之貞珉，並書諸同志之台諱於碑陰，而為之銘曰：

維帝太昊，屯蒙肇開。畫卦於蔡，建都於陳。蓍草挺異，白龜兆靈。惟茲土壤，乃潔斯馨。惟茲廟貌，再整重新。攸除攸去，美奐美輪。於昭萬禩，禩事孔明。

康熙二十四年。

(文見康熙《上蔡縣志》卷十四《藝文志》。馬懷雲)

蓍臺碑記

閻興邦

　　上蔡縣東三十里，一臺屹然臨於蔡溝，曰蓍臺，蓍艸生焉。蓋伏羲氏畫卦地也。其西北有廟以祀伏羲。歷代設祭田貳拾伍頃。明末，荒蕪不治，故臺與廟亦就圮傾。今既修復之，招徠墾闢，且為之言曰："伏羲畫八卦，開萬世文字祖，文王、周、孔共發明之。定陰陽，辨吉凶，合天地，通鬼神，故曰幽贊於神明而生蓍。無蓍則無《易》。《易》不可見而乾坤幾乎息矣。伏羲之德如是。則臺也，廟也，當與河圖、洛書竝垂永久矣。守斯土者敢不保之勿替。"

（文見嘉慶《汝寧府志》卷二十四《藝文志》。馬懷雲）

重修上蔡縣儒學碑記

楊廷望

　　皇帝御宇之二十有三年，兵戈偃息，四海太平，武功既成，覃敷文德，秋東巡，迴鑾下恩詔，大赦天下。敕諭修葺各省郡縣學宮，御書"萬世師表"匾額，懸于聖殿。士民翕然向風，翹首以觀，唐、虞三代，典樂明倫，辟雍鐘鼓之盛焉。越貳拾伍年春王正月，上蔡知縣臣楊廷望受一命宰蔡邑。任事之明日，謁聖宮，棟析榱崩，蝸涎蘚蝕。蓋以歷年水旱頻仍，是以物力維艱，興修未暇也。乃進蔡之學師、士子而告之曰："孰使先師不足生俎豆之光乎？孰使多士不克有絃歌之地乎？矧其奉天子詔而可需之歲月乎？即日區處擘畫，庀材鳩工，凡一年有奇而告成。按學宮定制，有聖殿，有兩廡，有明倫堂，有尊經閣，有啟聖祠，有名宦、鄉賢祠，有鐘鼓亭，有戟門，有櫺星門。今蔡之學宮，其棟宇尚在，而需葺之者，為聖殿、戟門、櫺星門。其基址僅存，而待建造者，為兩廡，明倫堂，尊經閣。至于名宦、鄉賢故祠，竝魁星樓，皆在戟門之外，櫺星門之內，非禮也。移建名宦、鄉賢兩祠于尊經閣之前，其魁星樓則另建學宮之外東南隅。樸斲丹臒、輪焉奐焉，庶其足以妥先聖賢之靈而仰答庥命歟！學師、士子僉曰："是不可無以記之"。廷望曰："亦知聖天子建學之義乎？豈徒春秋享祀，贊襄瞻拜而已哉？蓋欲使人有德，小子有造也，亦欲雍容揖讓于其地者，履中蹈和而備清廟明堂之選也。"蔡邑先以蓍龜兆靈，太昊畫卦而得名，嗣此代有聞人，如先賢漆雕開、先儒謝良佐，實生此土。而夫子周旋列國，其往來于蔡者最久。然則，蔡之人士豈無有聞聖人之風而興起者哉！方今聖天子在上，禮樂明備，治教休隆，日進諸大臣于內廷，講論聖賢經書要旨，纂輯《五經四書解義》，頒行天下。俾天下師以是為教，弟子以是為學，而復令郡邑之吏，朔望講明聖諭十六條，以訓迪百姓，而防閑其邪心，所望爾士民者實深且切。惟爾士民，上體朝廷作人之意，膠庠子弟，闡揚聖教，研究經史，而又留心康濟之實用，勿僅守拘遇之意見，以酬當世之知，而小民自田間來者，敦孝悌、崇禮讓，士出于農，亦皆彬彬乎有儒雅之風。則其生光學校者，不特為鼛飛鳥革之觀也。廷望謹拭目以俟之。

康熙二十五年。

（文見嘉慶《汝寧府志》卷二十四《藝文志》。馬懷雲）

上蔡書院記

俞森

上蔡楊令筮仕之初，都門諸公卿凡識令者，各效期誠之詞，令祇受之。甫下車，即次第釐舉，既有成效矣。於是，景企前哲，思用弦歌，繼皋成之後，而使斯人咸以君子長者自治焉。乃於學宮而外，益求教士之地，訪有藁城張令所建書院，而跡已湮沒，欲興復而未果。會戊辰冬，大中丞閻公觀風是邑，復申敦趣，遂改卜城西墺塏地，闢為上蔡書院。廣袤若干丈尺，為室若干楹堵。先賢有祠，示觀法也；來學有舍，安誦習也；有倉有庖，以給饔飧；有租以裕錢穀；其他蔬茹、井匽、什器、糞除具備，頗極綜密。既落成，遂延師其中，勉以講明天地倫物之理，古今得失之事，誠正復其性真，文章發其英華，可謂賅且盡矣。乃繪圖具書，請余一言，以紀其事。

嗚呼！余即有言，亦豈有加於令之所設施激勉者哉！雖然，今天子表章六經，崇尚儒賢，海內學士，觀光沐化，為師者非是不教，為弟子者非是無學，宇內蒸蒸，咸底純懿，蓋已人洙泗而家濂洛矣。竊以教者之敷宣，不貴豐澤，而貴警悚；學者之承受，不在蹈循，而務誠求。苟講授之際，但取前人之成說，灌灌而示諸人，非不鼛然可聽也，求其入斯人之隱微，而奪其安身立命之根弗能也。而聽受者，只取講師所敷衍，依文而矢諸口，即暢然足以悅人而傾其聽，不知所以研窮聖賢之精神，以勵其必為，無退轉之誠意，則直謂之如同未有文也；豈非聖天子所以繼天立極者以實求，而吾人之所以遵道遵路者，乃以文應乎？誠捫心自思，寧不惻然自愧也邪！夫漆雕子，茲土文學之鼻祖也。其當日，立乎孔門，承《詩》、《書》、《禮》、《樂》之誨，與博文約禮之方，何難以得之耳者揚之口，出諸口者懷諸心，而卒以為未信焉。然則，學者之所恃者，果不在於講解之精詳，與聆受之鴻博，蓋可知也。然則師之所以教，弟之所以學，必有在於語言文字之外者，非今日之所宜急反而實求也耶？吾以為急反而誠求，亦無庸以他為也。昔日謝顯道先生為朱子發說《論語》，而特舉《師冕見》與《子見齊衰者》之兩章，豈非教人者，惟在聳動其真切自有之良心，使之無或昧而盡有，以致之吾身所接之人與物。又聞先生自負該博，舉史書不遺一字。明道曰："賢可謂玩物喪志。"先生於是汗流而面發赤，豈非善學者必有一番真切為己之志，而尋行數墨，出口入耳者，反之固有羞惡之良心，皆其所當泚顙而騂顏者哉！苟語諸人者，先思體諸身；聽之人者，必求有諸己，則教者惻怛之意，自足貫注乎學者之心，而無面從之失；而學者惻怛之意，自肯服膺乎教者之說，而不至有色取之偽矣。如此，則盎然太和之氣，上下流通；諸公卿之期誠，大中丞之敦勉，與賢令尹之敬業樂群，渾合無間，後之人景行流衍，將不與邑之先賢共為不朽歟！其以是鐫之石，使師、弟授受間，皆有所感發焉。

康熙二十七年。

（文見康熙《上蔡縣志》卷十五《藝文志》。馬懷雲）

上蔡縣義田碑記

上蔡原有學租銀貳拾壹兩玖錢貳分伍釐，明末，兵寇蹂躪，地畝失迷，無可稽考。歷年舊額，在崇禮、高嶽、在坊三里。徵租起解，里民無地有糧，歲受賠累。康熙二十七年，知縣楊廷望蠲資置買地畝，買牛招租，墾種收課，完納學租，將崇禮等三里賠累虛糧，詳請豁除訖，以其餘糧供書院之用，所有捐置地畝數目，開列於後：

一契用銀柒拾伍兩，買金甌小地壹拾叁頃捌拾貳畝捌分玖釐肆毫捌絲肆微，內將半坡店地連街基共熟小地肆拾畝伍分捌毫玖絲伍忽捌微，換里民聞自太荒小地拾伍畝貳分叁釐玖毫伍絲捌忽叁微。除換外，實在聞自太小地肆拾肆畝柒分叁釐陸絲貳忽伍微。二項共小地拾肆頃貳拾柒畝陸分貳釐伍毫肆絲貳忽玖微，折大地叁拾壹頃玖拾陸畝伍分陸釐貳毫陸絲壹忽玖微，坐落邵店南伍里堡，每小地壹畝，佃戶歲納課銀叁分，小麥伍升，穀子伍升。共該課銀肆拾貳兩捌錢叁分壹合，小麥柒拾壹石叁斗捌升壹合，穀子柒拾壹石。

一契用銀壹兩貳錢，買汝陽生員李瑋荒小地壹頃貳拾陸畝貳分柒釐陸毫肆忽貳微，折大地叁拾伍畝柒釐陸毫陸絲柒忽捌微，坐落邵店南五里堡，每小地壹畝，佃戶歲納課銀叁分，小麥伍升，穀子伍升，共該課銀叁兩柒錢玖分，小麥陸石叁斗壹升肆合，穀子穴石叁斗壹升肆合。

一契用銀伍錢，買李肅荒小地貳拾肆畝陸分玖釐捌毫伍絲貳忽玖微，折大地穴畝捌分陸釐柒絲叁微，坐落邵店南五里堡，每小地壹畝，佃戶納課銀叁分，小麥伍升，穀子伍升，共該課銀柒錢固分，小麥壹石貳斗叁升伍合，穀子壹石貳斗叁升伍合。

以上共小地壹拾伍頃柒拾捌畝陸分，折大地肆頃叁拾捌畝伍分，東至大路，西至汝陽界，南至汝陽界，北至王木，共該課銀嗎拾柒兩叁錢伍分捌釐，小麥柒拾捌石玖斗叁升，穀子柒拾捌石玖斗叁升，除完學租銀貳拾壹兩玖錢貳分伍釐外，餘銀貳拾伍兩肆錢叁分叁釐，小麥柒拾捌石玖斗叁升，穀子柒拾捌石玖斗叁升，以為供給書院之用，備詳。巡撫都察院閻蒙批允，立石以垂永久，詳文附錄在後。

本縣生員章孔博捐小地壹頃壹拾貳田壹分玖釐壹毫壹絲貳忽伍微，折大地叁拾畝捌分捌釐陸毫肆絲貳忽叁微，坐落城西北二里許，每小地壹畝，佃戶歲納課銀陸分，共該課銀陸兩陸錢柒分。

江南候選千總趙煌捐小地玖頃肆拾畝壹分貳釐陸毫叁絲柒忽壹微，折大地貳頃陸拾壹畝壹分肆釐陸毫貳絲壹忽叁微，每小地壹畝，佃户歲納課銀柒分，共該課銀陸拾伍兩捌錢壹分。浪係江南人，在上蔡開荒，壹約用銀壹百貳拾兩買賈成亮小地柒頃肆拾貳畝玖分壹釐玖毫叁絲叁忽，折大地貳頃陸畝叁分陸釐陸毫肆絲捌忽，坐落邵店東北。壹約用銀肆拾兩，買王岱年小地壹頃玖拾柒畝貳分柒釐肆忽壹微，折大地伍拾肆畝柒分柒釐玖毫柒絲叁忽叁微，坐落城西南二里許古城口外，今已墾熟，報部行糧訖，願捐為書院義田。

　　本縣生員曾昌國捐小地肆拾壹畝肆分叁釐柒絲貳忽肆微，折大地壹拾貳畝柒分捌釐陸毫叁絲壹忽貳微，坐落鐵佛寺東北劉家莊，每小地壹畝，歲納課銀柒分，共課銀貳兩玖錢柒分。

　　本縣民李復龍等共捐小地伍拾畝陸分捌釐，折大地拾肆畝柒釐柒毫柒絲柒忽捌微，坐落城西北二里許，緊鄰張孔博地，每小地壹畝，佃户歲納課銀陸分，共該課銀叁兩肆分。

　　以上肆項共小地壹拾壹頃肆拾肆畝肆分貳釐捌毫貳絲貳忽，折大地柒頃壹拾柒畝捌分玖釐陸毫柒絲貳忽陸微，共該課銀柒拾捌兩肆錢玖分壹釐壹毫壹絲叁忽伍微，除納正賦條銀貳拾叁兩壹錢伍釐壹夏壹捌忽壹微外，餘為書院費用。

　　通共義田小地貳拾柒頃貳拾叁畝貳釐捌毫貳絲貳忽，折大地柒頃伍拾陸畝叁分玖釐陸毫柒絲貳忽陸微，共該課銀壹百貳拾伍兩捌錢肆分捌釐，小麥柒拾捌石玖斗叁升，穀子柒拾捌石玖斗叁升，除完學租銀貳拾壹兩玖錢貳分伍釐外，加解費銀壹兩，又完條銀貳拾叁兩壹錢伍釐柒絲捌忽壹微，外加火耗銀貳兩叁錢壹分叁毫貳忽捌微，共去銀肆拾捌兩叁錢肆分伍毫叁絲玖微，餘銀柒拾柒兩伍錢柒釐肆毫陸絲玖忽壹微，小麥柒拾捌石玖斗叁升，穀子柒拾捌石玖斗叁升，以為書院生徒各項人役費用，外買劉瞻武地畝，另列規條後。

　　康熙二十七年。

（文見康熙《上蔡縣志》卷二《建置志》。馬懷雲）

義田規條

　　一、經師係合院生徒模範，必須揀選文行兼優者，竭誠禮聘，在院訓迪，不得徒慕虛名，延至非人，縱有學富五車而行乖三德者，不得徇情引薦，上得罪於聖賢，下有負於後學。

　　一、書院原係先儒謝予講道讀書處，今生徒在院就學，必須先器識而後文藝，倘有品行不敦，徒事咕嗶，或有天資刻薄，放蕩為高，或有盜襲虛聲，分立門户，諸如此類，有忝名教者，經師盡法處究，立行驅逐。如師長徇庇，許院長率合院生徒鳴鼓共攻。

　　一、諸生附近書院者，供給不議外，如有路途遙遠，城中無處寄食者，自備糧食，交廚役代爨。

　　一、諸生會文日午間，院申備點心一頓，或湯麵，或米粥，論人數多寡，書記公同院長，支領麥穀，先期春辦登簿集算報銷。

一、生徒及諸色人等，不得在院飲酒、賭博，違者送官，按律究擬，並不得呼朋引伴，在院嬉戲。

一、蠹胥鄉地，不得假稱上司過往，暫作驛舍、郵亭。間有官司借寓遊客及宴賓演戲者，院長婉辭。至於鄉紳衿士借院設席，及閒人擅人坐臥騷擾者，輕則院長面斥，重則鳴公。

一、奸徒不得借守院名色，延致僧道，誦經修齋，裝塑神像。

一、院長、書記、門斗、莊頭，有侵欺租課，通同作弊，冒破支銷者，查出，重則申憲，按律究擬；輕則送縣，盡法究追。

一、武生劉瞻武將墾熟荒小地貳頃陸拾壹畝零，願輸書院，知縣楊廷望給瞻武牛工銀捌兩，以其地給守院人耕種辦糧，如後有更替者，即將此地交代，不得據為己業，私相典賣。

義莊地畝，將坐落、四至、號段，書院勒石外，備造清冊二本，一存縣庫，一付院長收執。其各莊地界，俱勒石立於地旁，如有奸民及蠹胥、學霸，私將界石毀棄，希圖侵佔，或將冊籍改補移圻換段，朦朧影射，許在院生徒呈告院、司、道、府，按律究擬。

康熙二十七年。

（文見康熙《上蔡縣志》卷二《建置志》。馬懷雲）

汝寧府上蔡縣為嚴飭修復義學以崇文教事

蒙本府信牌蒙巡撫都察院閻憲牌，照得義學之設，原以振興文教，化民成俗之急務也。本都院下車之始，隨檄該府轉行所屬各州縣，設法捐修具報，等因。到府，備牌到縣，蒙此，查得中州為群儒講道之鄉，上蔡又為二程及門高弟。竊登封有嵩陽書院，洛陽有二程書院，衛輝有百泉書院，上蔡先儒謝良佐，親承程子之教，書院全毀，基址徒存。茲當聖學大昭之時，憲臺諄諄以作人為訓，是上蔡一區宜考復書院，以弘教養。卑職自蒞任以來，曾草創書院于縣城西門之內，前任上蔡知縣張學禮祠堂之左，延師講論，已非一日。第思負書裹糧之事，代不數人，然無養廉之資，必不能成長久之計，因上蔡原有學租貳拾壹兩玖錢貳分伍釐，彬在崇禮、高岳、在城三里起解，但從古及今，有糧無地，累賠在民，卑職目擊心傷，於本年三月內買牛招佃，誅茆築莊，墾無主荒小地壹拾伍頃，折大地肆頃壹拾陸畝陸分陸釐柒毫，以其所入代完學祖外，尚可餘剩雜糧壹百餘石，即以養經師並為蒙童資膳。目今現請有湖廣黃州府歲貢生舒逢吉主持書院，日夕講訓。但恐日久弊生，或為勢家之所侵奪，或為奸蠹之所齦蝕，敢請命批勅勒石，以垂永遠，使日後奉為功令，以所墾地畝永在書院，完每年學租銀兩外，餘所剩者供養蒙童及延師之費，勒碑講堂，以誌不朽，上可仰體憲臺菁莪作人之化，而下不貽百姓賠累學租之苦，庶幾上蔡謝氏道學之訓再見今日，與嵩陽書院得並美中州，而憲臺教育之宏仁，昭垂千古矣。蒙巡撫都察院閻批據詳修復義學，延師訓迪，並墾立學田，永為書院之用，具見實心舉行。第稱學租有糧無地，其始豈無地耶，今以新墾而作學租之地，是否相合，仰仍詳細查開報奪。繳。

又詳：看得上蔡縣學租銀貳拾壹兩玖錢貳分伍釐，載在《全書》，列于邑乘。原其初，必非無地之糧也。奈至明季，流寇蹂躪，蔡邑人民死亡殆盡，遂至滿地榛蕪，錢糧僅存虛額。我朝定鼎，加意撫綏，蠲荒徵熟，止照現在熟地行糧，學租地畝，竟無從稽考。而學租銀兩亦未奉蠲除。向著崇禮、高岳，在城三里賠納。至所以著三里賠納之由，亦不可考。卑職到任三載，每至查比學租，三里民人哀號請命，數十年間，實為積病，目擊心傷，不忍坐視，再四圖維，學租銀兩，既難請蠲，而學租地畝，又無從指實。無如墾無主之荒地，補無地之虛糧，斯糧不空懸，而民無賠累，遂于本年三月內，築庄房，招佃戶，給牛種，墾得小地拾伍頃，折大地肆頃壹拾陸畝陸分陸釐柒毫，以其所收籽粒，抵完學租，尚有餘剩雜糧壹百餘石，即以為書院師生膳養之資，具詳縣案。茲奉巡撫都察院閻批，查夫學租為上蔡之額糧，而荒地亦為上蔡之額地，有糧必應有地，而學租實地，世遠年遙，既無冊稽可查，又無故老可問；卑職不得已，捐資招墾以上蔡之額地，補上蔡之額糧，國賦既不虛懸，小民又無賠累，而餘剩籽粒，復可供書院膳養之資，一舉而三善備焉。故敢具實陳明，上達憲聽。至于民間墾地，例應陸年起稞。今卑職所墾，抵補學租地畝，本年即收籽粒者，以牛種庄房，俱係卑職捐資，並非佃戶自買，自不得與民間墾地同科。而于民亦屬兩願，但必墾請批示，勒石以垂永久，庶幾將來官吏不得以學租名色，仍派取于民間，仍不得以書院膳養之資侵蝕于豪強胥蠹之手。則嗣邑士民，永戴憲恩不朽矣。蒙巡撫都察院閻批，既據查明如詳，勒石以垂永久。繳。

康熙二十七年。

（文見康熙《上蔡縣志》卷二《建置志》。馬懷雲）

汝寧府上蔡縣為嚴飭修復義學等事

汝寧府上蔡縣為嚴飭修復義學等事。本年三月二十七日，蒙本府紙票，蒙河南布政使司批，據本府申詳，據上蔡縣申詳前事內稱：蒙本府紙票，蒙布政司批，據本府詳請上蔡縣墾荒抵補學租銀兩緣由到司，蒙批，既據查明，詳蒙撫憲批允應如詳行。但查學田地肆頃叁拾捌畝伍分，每畝徵銀伍分，今以叁頃肆畝伍分，每畝徵銀柒分貳釐抵補，是否符合，且前已詳明撫憲，抵租墾地肆頃壹拾陸畝陸分零，勒石垂久，今將餘地壹頃壹拾貳畝零捌墾行糧，有無互異，一併查明另報。繳。等因。批府，蒙此，擬合就行。為此，票仰上蔡縣官吏照票備蒙批詳內事理，文到該縣，查照批詳情節，逐一查明，具詳報府，以憑轉報批奪施行，勿得刻遲未便。等因到縣。蒙此，該上蔡縣知縣楊廷望查得卑職學租壹項，只開載每年徵解銀貳拾壹兩玖錢貳分伍釐，其原地肆頃叁拾捌畝，每畝徵銀伍分，竟無成案可稽，前奉批查，據卑職管見，以闔邑民地每畝柒分貳釐零科算，學租銀貳拾壹兩玖錢貳分伍釐，應得地叁頃肆畝伍分，而卑職所墾抵補學租之地有肆頃壹拾陸畝陸分零，是以有叁頃肆畝伍分抵補學租，餘地壹頃壹拾貳畝零，報入新墾之詳也。今復蒙藩憲批查，始知上蔡學租原係額地肆頃叁拾捌畝，每畝徵銀伍分，則卑職所墾之地，較之學租原額地數尚不敷地貳拾壹畝肆分，應否詳請憲臺將此肆頃壹拾陸畝陸分之地俱為抵補學租之地，卑職仍再墾地貳拾貳田玖分，以足學租原額地數，自不必復報新墾矣。如此，則既與院憲勒石垂久之批相符，又與學租額數相合，而闔邑士民亦永戴憲恩不朽矣。等情到司。蒙批，既據查明，再墾地貳拾貳田肆分，與學租額賦相符，如詳行，並將再墾地數以足學租原額各緣由再經行詳明撫憲。繳等因詳批到府。蒙此，擬合就行。為此票仰上蔡縣官吏，照票備蒙批詳內事理，文到即便查照批詳情節，並將再墾地數以足學租原額各緣由，仍經行詳明撫憲並報本司及本府查考。勿違。等因到縣。蒙此，理合將續墾荒地補足學租原額緣由，具文詳報，仰侯憲臺批允存案，一併勒石，以垂永久。蒙巡撫都察院閻批，據詳，該縣于原墾荒地肆頃壹拾陸畝之外，再墾地貳拾壹畝肆分，以足學租。原額地數，既經藩司查與學租額賦相符，如詳勒石，以垂永久。繳。

康熙二十七年。

（文見康熙《上蔡縣志》卷二《建置志》。馬懷雲）

重建上蔡書院記

楊廷望

　　初，望筮仕於京師，得汝寧之上蔡。諸先生咸相謂曰："今天子誕敷文德，重道崇儒，海隅徼塞之外，欣欣向風，奉德音而宣政教，非區區文法吏能勝其任也。況蔡為太昊畫卦之地，宣父轍環於茲，漆雕諸賢產於茲，古聖賢踵相接也。至漢、吳公治平第一，史氏不言政跡，然亦不外教養二途。厥後，召信臣、杜詩以循良著，而宋謝顯道以聖學名，上蔡蓋世有其人，治蔡者亦甚難乎其繼矣。"望謝曰："謹奉教。"既至蔡，四顧荒蕪，民貧土瘠。夏秋水漲，田卒汙萊，承凋敝之後，而撫椎樸之民，惴惴乎其難之。誠有如都門諸先生命者，雖然，為政有次第，而教養實相成。古人論治，正經界，井制牧，使強弱不相侵，出入必相友。於養民之中，寓教民之法，風俗既淳，教化隨起。上蔡在歷朝科第為最繁，其間名臣碩輔，累累不絕。乃今漸歉寥落，意者其教之道未盡歟？昔藁城張公於上蔡謝子祠作講堂書屋，延師訓士，按其地今且鞠為茂草。嗟乎！前有人焉以為教，今日之上蔡，何可無人焉以教之也！初，蔡學宮傾圮，望約邑廣文督率諸弟子，鳩工庀材，未暇及書院。戊辰冬，大中丞閻公按臨上蔡，進望而命曰："學宮為天子儲才之地，書院則先儒教士之區。昔鹿洞、嵩陽、湖州、應天各有師承，後胡翼之復嚴湖州之制，其法得聞於天子。上蔡去嵩陽不遠，謝顯道為程門高弟，宜乎書院之盛與四書院比，其故址猶存乎？修復舊制，無廢後觀。"望謝不敏。公曰："古君子教育人才，敦以物行，課以禮樂詩書，然後選於里，舉於鄉，貢於天府，得人事君，臣之責也。奉先儒以開來學，予之素志也。爾其闢地築室，毋慮工煩，毋虞費侈，予將捐俸俾爾從事，勖哉毋諉！"望再拜稽首曰："敢不惟命。"於是，相其土宜，觀其夕陽，於西城之址，闢上蔡書院。基廣貳拾壹丈，深叁拾丈，建門五，築堂四，講堂三間居中。門曰："據德"，經師講學處也。教養堂三間居後，門曰"依仁"，祀先賢漆雕開、漆雕從、漆雕哆、秦冉、曹恤、漢召信臣，杜詩及宋謝良佐於其內。召、杜為養，漆雕諸子為教也。復置敬業堂五間於講堂之西，兩廊六間，坐弟子課文，為遊藝門以闢之。講堂前置客廳三間，門曰：志道，待遠方來遊學士子也。大門三間，在志道門之外，榜曰"上蔡書院。"右置瓦屋三間，為一耳門，通薪水也。左置瓦屋四間，旁列三間，居守院人也。講堂東置倉房五間，為積穀處，仿朱子社倉法也。廚屋四間，給饔飧也。書屋八間，分坐諸弟子課業也。又於教養堂之後，築屋七間，居經師，其題曰"善下齋"，誌謙受也。西荒地長四拾丈為射圃，觀德兼武備也。又置蔬圃，穿飲井供晨夕焉。其右前有關壯繆、張公祠，循舊也。西作草屋八間，以居書院任事之役。外墾地拾伍頃七拾陸畝捌分，坐落邵店湖阜，歲收菽麥叁百石有零。完解額，設學租銀貳拾壹兩捌錢外，以其所餘備供膳及延師之費。自康熙二十七年戊辰至今康熙二十八年己巳，門室大小共陸拾叁間落成。經師為楚黃貢生舒逢吉，庠內外生徒若干人。又立四榜於左右楹，書歷年所試入學貢、舉、進士題名於上，以見我大中丞閻公樂育至意。夫大中丞奉天子詔，播揚德教，修復先儒書院，使人人知學，其待士誠厚，而期士者誠重且大也。望與諸弟子約，日夜淬勵，講明天地倫物之理，古今得失之事，正心誠意，以復其性，文章禮樂，以發其華，修其身以為天下國家用。比跡於昔時碩輔名臣。則望與有榮施，可以拜命於都門諸先生之教云。

康熙二十八年。

（文見嘉慶《汝寧府志》卷二十四《藝文志》。馬懷雲）

書臺記

楊廷望

隨溝渠而北三十里，曰枯河。由枯河而下，曰古黃河口，為巨浸。其中有臺焉。父老指余而言曰："此孔子遇雨曬書處也。"曰："籲，是何言之陋也？"孔子時，竹簡漆書，非若今之書欲曝之也。蘇子瞻《白石山房藏書》一記，甚言得書之難。孔子而曬書於此，誰其信之！然在聖人行事，苟有其可傳者，不妨為之傳，即謂之曬書臺，亦無不可。或曰："此臺隨水消長，未嘗淹沒，故神之也。殊不知中州之地，大雨驟至，不能久儲，臺勢處高，未及沒臺而水已洩矣。聖人之神，亦無不有也，即謂之出沒波心，賓士澎湃，而浪不能撼者，亦無不可。雖然，苟無聖人至此，是臺亦培塿耳，與糞壤何異哉！惟舊有是臺，故臺之也。旁有其廟，仍廟之也。廟而祀孔子，則祀之也。今廟既祀孔子，復有所謂佛於其間者，當亟撤之也。若所云曬書之說，姑妄言之，亦姑妄聽之，吾蓋因之有感矣。聖人亦人耳，一臺則傳千古。假吾人讀聖人之書，朝夕從事，與二三良友，設一聖人之觀於其上，春水灌河，百川騰逝，登臺而思，不幾汪洋千里，浩蕩胸次者乎！吾學焉，學其波紋層折，浩渺靡竟，雲翔而鳥瀾也。暑雨不時，蘊隆蟲，蟲登此臺也，四望無際，水波不興，誦《咒虎》之詩，演《龜山》之操。已而，清風隨來，萬籟俱作。不必問當日所曬何書，即浴沂、與點之章，亦有與時偕行之意焉。是一臺而未必無景行之慕也。至若秋陽皓皓，雲漢興歌，冬雪飄飄，皎潔萬頃，既不甘假蓋於子夏，又未得申之以冉有。撫卷而歎，謂吾道之窮皆由乎此？足見後人慕聖之切，體聖之誠，而無所不至也。聖人過化存神，何有乎一臺？又何不有乎此臺？人之誦聖人者曰："此曬書之臺也。"吾願世之登曬書之臺者，法聖人之行事。讀聖人之書者，亦不必注念於一臺。則有是臺也，吾得而修之。無是臺也，吾從何而修之。舍其舊而新是圖，吾為臺幸矣。

康熙二十八年。

（文見嘉慶《汝寧府志》卷二十四《藝文志》。馬懷雲）

重建厄廟碑[1]

楊廷望

蔡治之東六十里，有厄廟焉。相傳為吾孔子厄於陳蔡之間，後之人因其地而創為廟者

---

[1] 嘉慶《汝寧府志》卷二十四《藝文志》載《重修厄廟碑》文爲：
孔子曰："貧與賤，是人之所惡也。不以其道得之，不去也。"貧賤患難，君子素位而行。陳蔡之厄，在聖人自不當介然於胸矣。然是時，孔子當厄之語，乃出自孟氏也。且也《論語》一書，沮溺丈人之流，無所不載，獨於埃墨不祭咒虎曠野之云，偏載於子家氏之書，司馬子長之史。後人竟稱之竟以子路慍見，"君子固窮"之言，隱而不錄。幾至孔子有流離困苦之狀，遂開後人以信經不信《傳》之疑也。當厄，舊在陳、蔡之間。上蔡東去七十里曰蔡溝，有廟焉。予在其地，父老請予祀，且曰："廟不修，久且頹。頹則不復興，不幾失聖轍之遺跡歟！"今吾爲邑長於斯，而見其頹焉者，亦非長吏之心也。在孔子固不在廟。廟者，貌其德也。孔子嘗謂：有所恐懼，則不得其正。有所憂患，則不得其正。當厄之頃，正恐懼憂患交儆之時，廟而貌之，吾何爲於斯？乃改其舊址，遷其廟於蔡溝鎮之中。重簷復閣，壯麗可觀。無悲麟泣鳳之思，而有端冕凝旒之勢。令天下後世曰："聖人一舉動，而可法、可則焉。"所謂一日之厄，千秋之榮也。此予厄廟之所由作也。廟大殿三楹，高廣如法。周垣幾十丈，廟門屋三層，共六楹。從屋四所。外殿左文昌閣三楹，尊經閣三楹。買附廟地壹頃，用價貳拾兩，令有德行者守之。於是，春秋有祭，而作迎神降神之曲詞。曰：
聖道之大兮天下莫容。虎兕是率兮吾將適從。槐影搖寒兮翠柏崇。神之來兮香霧朦。鸞車喊喊兮律度和融。東西南北兮瞻顧通。上迎神。
聖轍曾至兮百世不遇。雲葉蕭蕭兮風露爲牽。異香生室兮芳樹連天。月臨玉宇兮三星在簷。俎豆有光兮銀燭和煙。神之留兮億萬年。降爾景福兮登華筵。上降神。
風聲謖謖兮開天門。雲氣蒸蒸兮朝百神。禮明樂備兮俎豆斯馨。車服禮器兮充我旅庭。君子萬年兮來格來歆。聖德於昭兮兆爲型。上送神。

也。其地北去陳州百餘里,西距蔡城六十里,名為蔡溝者,近是廟之建也,不知始自何時,書缺有間矣。明時,間有起而修之者,顧屢經兵火之後,棟宇軒楹,歲久傾圮。春秋享祀,亦罕有親臨之者。余甫下車,即躬造其地,瞻顧廟中,肅拜宇下。因徘徊不能去者久之,縈念生當右文之世,聖天子尊崇聖道,闡揚儒術,凡郡縣學宮,罔不革故而鼎新,成稱美輪而美奐。而煨使聖賢遺跡,闇沒失耀,不幾重貽長吏之羞,而見譏於當世之賢人君子哉!或者曰:"方今聖道尊顯,如日麗天,四海之大,八荒之廣,有不被於聖教者,咸共恥之。師表冠於萬世,聲稱浹乎來茲,俎豆牲牢,以時用享,樸斫丹腹,隨地勤修,榮尊休暢,可不謂隆焉!而溪必沾沾於聖人困厄之所,勞勞於厄廟之葺乎!"余曰:不然。學宮之在天下郡有修也,邑有葺也,此天子之休命也,非下吏所敢誘也。若夫遺跡久著,廟貌僅存,踵事而增華,此守土者之責也,非他人所能分厥任也。況聖人被厄之時,猶龍神之困於泥沙,祥鳳之羈於羅畢,匪兕匪虎,率彼曠野,愯然其若聞焉,傷矣。道大莫容,君子固窮,抑又悲已。即解厄之後,問居慨念,猶曰:"從我陳蔡者,皆不及門。"志豈嘗須臾忘陳蔡哉!存不能一日忘陳蔡,則千秋萬世後,其神明亦必眷注而不舍也。茲之舊宇數椽,在天之靈,其所憑依將在此矣。況由此出萬有一危之途,以顯其不容,□□之道,吾道匪耶!人心已見,斯文未喪,天意可知。則斯地也,當時則厄,沒則榮焉!固聖道顯晦之一大機也。豈其在闕里者,可以奉衣冠,尊瞻視,而車轍馬跡之所淹留,竟可漫易委諸榛莽中哉!然則厄廟之修,謂以此弔其不幸而遭於厄也。吾道其窮也,則修之不可已也,抑喜其幸而出於厄也。吾道益顯也,則修之又曷可已也。爰於瞻禮之餘,卜地於蔡溝鎮之中,經營而相度之,基址幾何廣,堂構幾何深,用材幾何,役夫幾人,乃立重門,壯麗其觀。乃建正寢,尊崇其制,且建尊經閣居其旁,文昌閣列其左。崇經學,重文教也。又廣置旁屋若干楹。價售附廟之地壹頃,詳刊其四止於碑陰,令祝者守之。凡皆舍其舊而新是圖,計其久而不謀其暫也。是雖未必有裨聖人之高深,但幸際休明。居是邦也,不使聖跡賢踪,貽固陋無文之誚,以無負聖世崇儒重道之意焉,則幾矣。

康熙二十八年。

(文見康熙《上蔡縣志》卷十四《藝文志》。馬懷雲)

重建先賢漆雕子祠碑

袁虞尊

蔡之華陂鎮,有先賢漆雕子墓。枕鴻隙湖,湖水泛濫不可制。浸淪歷久,墓竟湮沒不復見。而親民者大都碌碌庸吏,因循廢馳。自簿書、會計外,凡地方之山川、形勝、事蹟、賢豪,絕不過而一問焉。噫!此所以湮沒無聞,而不得與古之賢人君子並傳於世也。康熙庚午,邑令楊君廷望,與蔡之父老,濬渠洩水,首求先賢遺跡。未幾,水道通而墓亦巋然出焉。復慨然捐俸,為之馬鬣加封,創新祠宇,一時觚稜碧瓦,輪焉奐焉。因擇其後之俊秀上諸督學，俾紹箕裘，歲時駿奔無缺。楊君乃請余記其顛末，以聾豐碑。余曰："賢者之相得豈偶然哉！夫賢如漆雕子，生既聞於時，沒又傳於後，而千百世下，何以必待楊君而休風遺蹟，始見表見焉。則是前賢之有賴於後賢者，固非偶然也。假令漆雕子之賢，不足見信於孔子，而後之守茲土者，終不能如楊君之賢，即無鴻隙湖，亦俱湮沒無聞，與碌碌庸吏等耳。是知漆雕子之於楊君，雖千百世下，自有不相期而相得者，在其意中也。余不敏，不能揚休古道，亦何足為先賢重，而特以楊君之賢，若不亟為表正之，將何以風吏治而興起後人耶？因不辭固陋而為之記。

漆雕子名開，字子若，上蔡人。為孔子高弟，生平習《尚書》，志不樂仕。唐封平輿侯，舊祠存荒郊，今剝落不可葺。楊君即於華陂鎮，市地鼎新之，與其墓距咫尺許，後之過其墓，登其祠，瞻拜徘徊之下，吾知楊君之賢，必與漆雕子並傳，而繼楊君而至者，亦必當為之興起云。

康熙二十九年八月。

（文見康熙《上蔡縣志》卷十四《藝文志》。馬懷雲）

新建先賢漆雕子祠記

楊廷望

上蔡之有先賢漆雕子也，其里蓋在華陂鎮，其墓亦在華陂鎮，其祠亦在華陂鎮云。予丙寅來治蔡，有事於華陂。華陂者，乃鴻隙陂之東滙也。是時，鴻隙淤塞，春夏水漲，漂渺汪洋，崩瀉而激湍，有蓮花數頃，爛若錦綴之意，雕子墓正在陂西，宛在中央矣。予問諸土人指大塚曰：此漆雕墓，然則時在水中乎？吾聞文王之墓為水所齧，周公遷之風陵，時多變易。而此墓不修，其何以待先賢乎？"曰："明有郎令者蓋修之矣！"予乃訪其墓，拜其祠，讀郎令所為漆雕碑，竟謂漆雕與翟方進同塚。予掀髯笑謂諸父老曰："甚哉，郎令之好奇也。梁鴻死傍要離之塚，至今傳之。翟子威，漢相也。去周末千年，豈甘籍漆雕以為榮耶？且歷考諸書，翟子威墓在上蔡之南三十里，去華陂將七十餘里，道途之遠近，總不一考，而曰與漆雕同塚也。郎令素稱讀書人，果好為奇說如斯耶！然以為漆雕生於華陂，為其他開聖賢之跡。翟子威壞鴻隙陂，為其地廣粒食之源。庶幾教養同功，不此之謂，而為異說以欺人也。子威有知，亦不甘享此俎豆矣。予為惻然久之曰："此墓不可不修也，此祠更不可不修也。"修墓必先去其所以害墓者。害墓惟水，乃自青龍、白馬二溝。溯其水源，凡自漢翟子威所以督修渠堰者悉治之，毋使其有凝滯焉。一切卑窪汙下皆得種禾黍，而墓於是在平地，而水不能騁其威。遂費磚殖若干，工役若干，闕者補而頽者砌。修祠又當謀其久者，原其初，此祠與墓相近，人煙稀少，居者不能久留。乃於華陂鎮中之公地創頭門三間，二門三間，享堂、正殿各三間，又於大門旁捐銀買原任訓導梁鼎地基，構房拾二間，奉祀居之。庶幾得永久矣。始於康熙之二十七年，成於康熙二十九年之八月。是役也，工築具而溝洫通，固爲有司之事，而妥先賢之靈，以大聖人之化，尤有司之所當先也。然考《史記》聖門弟子傳，生上蔡者五人，姓漆雕者三人，姓曹、秦者二人，今止得一墓、建一祠也。彼四賢者生於斯，又將殁於何所歟？彼必曰：“顔子無林，吾輩亦得與復聖同爲邱壤可矣。何必挺然中流，勞我後人，以傷登作之苦耶？”在先賢之心，蓋已如斯矣，其如有司何？吾思翟子威亦云：“郎令好奇，幾令我於百世下欲漆雕公作大招之篇也。第鴻隙既固，其慰我者已不少矣。更有誰曰：壞我陂翟子威乎？一舉而周賢、漢相各安其地而自得云。

（文見嘉慶《汝寧府志》卷二十三《藝文志》。馬懷雲）

魁星樓文昌宫並三皇閣碑[1]

楊廷望

魁星文昌，世俗相傳以爲科名之宰，故業儒應選舉者，類皆崇奉，不敢懈怠。而又以魁光貴乎朗耀，居之也宜樓；文星欲其入垣，居之也宜宫。天下郡縣多附於文廟左右，以時其祭祀，而究非一定不可易之制也。粵自太昊伏羲氏畫卦於蔡，爲千古文字之始，厥後名賢迭興，大儒踵接，文教之盛，幾與鄒魯爭衡。迨有明末造，流寇縱橫，頻加蹂躪。斯

---

[1] 嘉慶《汝寧府志》卷二十四載《新建文昌宫魁樓碑》文爲：

聖天子隆尚文之典，海内翕然向風，家興禮樂而户競詩書。連歲以來，大駕兩幸闕里，觀其車服禮器，詔天下郡縣各修學宫。而上蔡學宫於康熙二十七年落成。素有魁樓，在學宫之内。予考魁星不在祀典。今學既已修，則魁樓與文昌宫常居學宫之巽位，且魁樓宜高而銳，毋令其卑微齷齪也。遂買張永寧地基，創文昌宫於其間。槐柳夾道，一水環門，委宛曲徑，盤囷錯觀，仍於城垣之東南隅，建高樓祀魁星焉。間讀《三餘贅筆》有云，樓潼神在處有之，而學宫事之尤謹。謂四川上直參宿，參有忠良孝謹之象。山水深厚，爲神明之所宅。或謂斗魁爲文昌六府，主賞功進爵，故掇科之士往事之。或謂神爲張宿之精，《詩》所謂張仲也。竊四川通省爲井、鬼分野，唯夔州在軫、翼間，與參宿何歟？而斗魁則枕參首也。又與張宿何應？而斗魁則近張側也。此皆臆説，無當考證之言。今按《史記》天官書云，“斗魁戴匡六星爲文昌宫。”凡星各有司，而皆係於斗，俗曰魁星，正謂斗魁言也。時人以文昌主道家之説，實皆不然。嘗讀道藏有所謂化書者二、一爲譚景升峭所作，簡潔高古，理致洞然。儒者皆讀之。此宋齊邱子所竊以爲己有者也。一爲文昌化書，其説皆臨乩降筆之事。又云：“張亞子爲文昌帝君，乃周宣王時所稱張仲孝友者也。儒者感於因果之詞，雖多尚之，而無當於理。是文昌之祠，當祠斗魁戴匡之六星，不必泥於俗人之見，而謂九天開化之星官，則得之也。且張仲之議，世亦夥矣，或以謂大螃，或以謂蜀主開明。况杜宇一事，千古所惜，豈可妄擬以爲神乎？今者樓出城上，從東南而來者，遥見一峰峣屼，夜則鈴鐸爭鳴，燈燭之光，儼然有太乙藜火之意。每當春秋祀事之夕，從密陰中覷雲霄，璀璨六星高懸巽角，衆人曰：此魁樓文昌宫之輝也。顧而樂之，遂爲之碑。銘曰：

六星在天，斗魁爲正。爲文昌宫，係於斗柄。上將次將，貴相司命。司中司禄，内階是應。天皇之階，熟敢不敬。魁抗參首，平旦方建。是爲文昌，位臨乎巽。黌宫在中，素王之位。星光正照，文明之會。大爾科名，奄有甲第。高視凌霄。星河在地。萬年斯佑，景福畢聚。

文遺澤，淪於草莽者，越五十餘年。其間高弟巍科，遂成絕響，豈人事適逢百六之運耶？抑陰陽向背，地宜有未盡善也？廷望自丙寅春，來宰蔡邑。見夫黌宮傾圮，教化陵遲，先代之餘韻流風，無有存者，慨然思所以振作之。數年間，鼎新學宮，明禮備樂，而又創建書院，慎擇師傅，以教育其弟子，月有課，季有試。廷望雖不材，未嘗敢遺餘力，似宜人文蔚起，炳烺後先。乃比來登賢書者寂然，何也？意者魁星文昌之神未有祀所耶？或者又謂城之東南隅屬巽，其位宜高，而蔡獨空缺卑下，夫是以不利於士子。此為青鳥家言，固聖賢所不屑道。然公劉之遷豳，文公之徙楚，陟降□原巘。山京之間，詳審備至，則相度建置，亦古人之所不廢也。於是，詢謀僉同，遂建魁星樓於城東南隅之上，鳥革翬飛，聳然文筆一峰矣。樓之下，價買張永寧地基，建文昌宮。宮之後又創三皇閣，以祀伏羲及神農、黃帝三聖人，召致羽士，以司灑掃啟閉。開墾荒地四頃有零，以供香火無缺。其座落四止，刻碑陰。夫而後數十里之內，見燈火之熒煌，恍若青藜之照。而晨夕鐘盤之聲，達於螢窗雪案間，有不聞之興起，日益加勵，以仰副神靈之默佑者乎？則將來之篤生偉人，黼黻皇猷，闡揚聖道。廷望預為蔡都人士期之矣。斯役也，始事於己巳之春，告成於辛未之冬。董其事者，則蔡尉呂錡，文學張惕、李文也。遂為之銘曰：

　　六星在天，斗魁為正。為文昌宮，位臨乎巽。流光四照，文章司命。大爾科名，孰敢不敬。三皇承之，教養行慶。於萬斯年，景福遐映。俎豆馨香，永言無竟。

　　康熙三十年。

（文見康熙《上蔡縣志》卷十四《藝文志》。馬懷雲）

重建上蔡縣儒學碑記

張沐

　　康熙三十年孟夏月，河南汝寧府上蔡縣之學宮落成。蓋自武進楊侯從丙寅正月來治蔡邑，歷今六年，經營拮据而始有此也。由聖殿而下，兩廡樂器庫至更衣所，名宦、鄉賢二祠至戟門，凡屋若千重，計幾百楹。由啟聖祠而下，明倫堂至教諭、訓導二宅，凡屋若干重，計幾百楹，埏埴榱桷，莫不咸新。先是大中丞閻公奏請天子，凡郡縣學宮俱設樂舞生，並移咨衍聖公，請給樂舞師。夙夜教習，演繹嫻熟。乃於茲春之仲丁前三日，率所訓成樂舞生六拾四人，以博士弟子員充執事，大演聖樂於學宮。沐以鄉人叨諸紳士之末，率子弟立階徐聽鐘鼓，見一時衣冠之盛，旄節之美，笙簧磬管之和鳴，揖讓升降之有節，籩豆樽俎之有光，慨數百年未遘之隆典，俾上蔡一旦有其勝觀也，敢不拜瞻述其事，以為楊侯記。

　　凡令當下車，必飾其行導，以為新任榮。侯來自風雪中，敝衣羸馬，攜兩僕，宿閭閻間，土俗民情，無不悉採，識者已知其氣概之不凡矣。任事之三日，循例恭謁先聖。見廟宇頹毀，力圖鼎新之，而又不獨此也。蔡民所最苦者，莫如水患。數十年來，每遇洪、汝二水泛漲，奔衝潰決，騰湧漂蕩，而不可禁止。侯席不暇暖，行立坐臥於泥塗之中，循溝洫故道，親率居民，畚鍤相連，疏築並力。蔡民狃於積習，初以為勞。迄於今水道既通，即有霪潦連綿，山水暴發，其退也駸駸乎若不足以終日。昔之偷安怨讟言者，皆踴躍趨事而不可遏。蔡遭兵燹，地土荒蕪，版圖焚毀，是以經界不正，爭訟日繁。侯請之撫藩，詢之父老，履畝清丈，按地繪圖，悉登版籍，計三月而政報。奸胥無所容其影射，豪右不得肆其兼併，凡民因得守其經界以安於無事。蔡稟盧岡之氣，其風樸略，猶為近古。迨其後以放蕩為高，民以安分為恥。侯為之嚴保甲，工捕詰，禁賭博，驅遊惰，於是，奸人相率去他境，而民咸知孝悌力田。憲司、胥吏，舊與前令爭衡。侯則不少假以顏色，士民有罹雉羅者，侯力為申請，雖受遣責，而有所不辭。

蔡之東有畫卦臺者，庖羲氏聖蹟也。累朝以來，建廟供祀。自明末為釋氏所據，其先不過利賜田耳，後即以佛像易之。侯毀其像，新其居，復先王之舊軌，而淫祠為之一正。若漆雕之有祠墓，宣尼之祀厄臺，侯則決鴻隙之巨波，考漢相之訛塚，乃專祠以祀漆雕，建廟而妥宣聖。二氏之異教，與流俗之訛傳，渙然頓絕。

諸如城垣之頹圮也而修之，書院之荒廢也而築之。忠義有祠，節烈有傳。正婚姻之禮，嚴同性之防，地丁之編審既詳，里甲之陋規俱革。是則侯之所為者，皆人之所不肯為。人第見其疾惡如讎，而不知其慈祥愷悌，無在不欲予民以休息也。侯之治大已。侯之為民計者不一政，而其所最切者，惟學宮為尤急，故始焉修葺之。稍不稱，旋復改作之。茲日之鐘鼓管絃，為宣尼而作，亦為民而作。故濟濟多士，無不為民焉；茲日之金碧輝煌為學宮而成，亦為民而成，故溝洫阡陌，無不為民焉；茲日之棟宇窶筍，為宮牆而新，亦為民而新。故風俗之和美，陵墓之經營，無不為民焉。沐之所以為蔡幸者，無不自侯心計之也。非侯之治蔡，孰能與於斯？侯復念蔡邑荒殘，典籍未備，請於國學印刷《十三經》，《廿一史》。將構尊經閣以貯羣書。沐更於多士有厚幸焉。敢秉筆而為之記。

侯諱廷望，號競如，江南武進人。共勷厥事者，教諭韓杲，訓導李篤，典史呂錡，例得與書。

康熙三十年。

（文見嘉慶《汝寧府志》卷二十四《藝文志》。馬懷雲）

上蔡縣改建月城門記

韓杲

晉陵楊公尹上蔡，三年而大綱舉，又三年而萬目張，政興人和，小民熙熙然有含哺鼓腹之風焉。壬申春，蔡人為枌榆之會，桑柘影斜，酣歌擊缶，將各就陳孺子分肉以歸，遺其細君。中有人焉，兀坐不起曰："諸君無行，試聽吾語。吾從田間來，見有策蹇過蔡城者，向吾曰：'蔡人樂乎？'惜哉！其為處堂之燕雀也。蔡之城，東西朔南四門相向，無少許紆曲，其象主兵革，甚不利于居民"。吾聞之而驚且疑，繼思之而信。夫蔡邑經屠戮之慘，不可以指屈。至明季而蔡幾虛無人，今之鱗集節比而居者，較之鼎革時且十百倍，固數十年之深仁厚澤，休養蕃息，非一人之所致，而惟我楊公六年中，噢咻鞠育之功，為更深也。我公且旦暮優擢去，吾儕欲為子孫計長久，盍逮公之任事而圖之乎？眾皆曰："諾。"詢謀僉同，越明日，乃相率躋公之堂，而述所聞以請，而其間之讀書識義理者，又從容前進而為之辭曰："蔡之苦兵燹，往事可驗矣，且更有說焉。蔡為伏羲氏畫卦之所，惟卦有八、四象生之；今門雖四，而內外各二，是亦四象八卦之義也。如更而營之，南為離，則內離而外巽，西為兌，則內兌而外坤，北為坎，則內坎而外乾，外生內也；東為震，則內震而外艮，內克外也。外生內，則以下奉上之道順；內克外，則居重馭輕之權伸。無亦協輿論而於聖人之旨，復有合焉者乎？"公俯首而思，登埤以視，審度良久，爰進蔡人于前而命之曰："諸父老言是。"于是，鳩工庀材，諏吉肇事，蔡人亦荷畚鍤子來恐後，不數月而工竣，堅好倍于往日，蔡人樂之，復相率躋公之堂稽首稱謝曰："蔡城之不利于居民也，非至今始知也，長吏多威嚴，則小人不敢以告，告之亦必以為迂遠，而不切于事。即或心知其故，而視部治如傳舍，晨夕務會計文簿，以求報最之，不暇，其于民之利於否，漠然秦越之不相關也，引其在數十百年之後哉！今之請于公而公從，公從而蔡人咸踴躍以應役，官民交信，上下相與以有成，若廡蔡者，恐未易一一覯也，是不可無以記之也。"公曰："諸父老言是。"乃伐石為碑，而問記於余。余振鐸此上，觀其新規，詢其故址，而深知諸父老之言，公之為此舉，誠是也，遂援筆而為之記。

康熙三十年。

（文見康熙《上蔡縣志》卷十五《藝文志》。馬懷雲）

新築仁壽堂紀事

邱天英

天英來治汝之七年，武進楊競如始來治上蔡。甫下車，謁太守，即與天英交也。執英手而歎曰："蔡自兵燹後，一覽皆荒煙蔓草、凋敝未蘇，瘡痍未起，今欲使之勤則怨，使之儉則仇，使之謀生意而計久遠，則皆聚而訟。使君之迫我以勞也，必如之何而後可？"天英曰："唯唯。"既而，語天英曰："予知所以治蔡矣，必勤而不敢辭其怨也，必儉而不敢倭其仇也。欲其安逸於後，無寧服勞於前，而不敢強其不聚而訟也。"天英曰："唯唯"。於是者五年，勤者已受其勤之益，儉者已安其儉之功。所謂謀生息而計久遠者，果能百室盈而婦子寧也。今年五月，楊侯以壽稱於蔡，汝之人自蔡而來者曰："異哉！"蔡人千百為群，負瓦石，運甍梁，築室於三皇閣之下，奎樓之右，鑿水為池，植水為園，若錦襟而繡布者，將以為楊侯休息之地，諸民為之稱觴而祝壽，竟忘前此之所謂怨者、仇者、聚而訟者，而相嘻以逸遊也。"於是，結鄰封之父老，侶與國之童稚，扶杖者於前，負戴者於後，共祈於長吏曰："將往而觀蔡民之化也。"予子弟其各以一錢輪，合十三治之眾，而為錦屏，以榮其事焉。十三治之長吏皆曰："爾百姓之能戴楊侯之仁，則必能知爾侯之治，曷往而問序於汝陽公？汝陽公之治汝最久，楊侯之政其聞之最熟者也。"於是，十三治之民又拜天英之堂而求序焉。天英曰："爾十三治之衆，欲知楊侯之政乎？汝亦知昔者之怨、之仇、之聚訟者乎？楊侯知蔡地之荒蕪，由溝洫之不開也，乃露居而野處，畚鍤如雲，襤褸不惜，水潦息而民有食矣。楊侯知蔡民之惑溺，由淫祀之繁興也，乃毀像而廢祠，木鐸徇路，月旦有評，異學衰而民知向方矣。楊侯知風俗之不古，由禮義之不興也。乃正婚姻，禁嬉遊，爭奪不生，飲博不行，狹邪清而民知遵道矣；且也水旱災傷之必謹，陵墓祠宇之必固，有賢俊必延師以訓之，有貧乏必置田以養之，月有課而日有考，風雨不懈，而膏火自繼也；上至太史之採風，下至丁徭之清理，計日而行事，執簡以從王，履畝而徵，按圖而索，奏效於几席之下，安堵於閭閻之中，此築室以祝之所由來，皆五年拮据之所由致也。爾民其往觀乎蔡之人，當一一為爾指畫之，告誡之，使爾知楊侯之初，而若有以屬民也，使爾百姓見蔡民之化，歸而效蔡人之德爾父母也；爾亦知蔡人始而若以為勞，今且永以為樂也。第見入其境，如茨而如梁者，不須左餐右饔也；遊其市，肩摩而轂擊者，不異攘攘熙熙也；啟其户，則壁有鳴琴，室無懸磬矣；語其人，則揖讓成風，樂利成俗矣。其築斯室以為楊侯遊息之所者，此之峴山之雲，醉翁之月，燕喜之堂，有美之室。楊侯蓋亦勞矣，蔡人蓋亦義矣。"天英聊一述汝人之見，以應十三治之請云。

康熙三十年。

（文見嘉慶《汝寧府志》卷二十四《藝文志》。馬懷雲）

上蔡闔縣修溝記

劉元琬

水之為天下害也，自古為然矣。而水之為西北害者為最甚。水之為西北害者最甚矣，而水之為中州害者為更甚。大河東下，萬壑競奔，當時設兩渠以殺其勢，此河渠之所由始也。溝洫不通，則河渠阻塞，故千支萬派，以疏其流，繼河渠而治者，自不得不議溝洫也。農桑為國根本。先聖王勞心焦思，一則曰興水利，再則曰興水利者，又豈無故哉！余蔡人也，知蔡害為最切。蔡受水之地也，一日不有以通之，則蔡為澤國矣；一渠不有以疏之，則蔡聚魚龍矣，安冀其斥鹵為桑田耶！今蔡之開溝洫，開已然蔡之溝洫，非開未然之溝洫也。從已然之溝洫而淺者深之，非欲創未然之溝洫而疏而瀹之也。奈之何自荒亂以來，無有言及此者。

康熙丙寅，我楊公之筮仕而來也，首建開溝渠，民若苦之。非苦之也，乃其習而忘之也。越數日，遂與父老約，親循古渠而西，大驚曰："西南正上蔡受水之地。蘆岡之西，汝河之故道，今舞陽雖截斷其流，而西平、泌陽、遂平諸水，仍崩瀉入我上蔡。而潕水、瀙水之害吾蔡者，似不可令其濡滯而不通矣！沙河、柳堰及小沙河之自遂平而來者，皆吾蔡受之也。黄埠三汊河口，更不可令其於沮而自痊矣。樹河、蔡埠河，一為西平之汝河分支也，一上承西平之重渠橋水，下受沙河、柳堰諸水，可令其積而成邱，泛而為淵乎？古人之成法現在，吾必欲諸父老通之。"眾皆曰："通之便。"於是，又循古渠而東，則漢臣杜詩所開之五溝。蔡人德之，至今稱為杜母者也。洪河最為大害，須居民築土為堤，出河身丈許，不獨上蔡無患，而項、沈、潁、壽亦庶幾其無患矣。凡所謂東朱馬河，西朱馬河，固當濬，而草河尤當急濬，以殺其勢。則黑河、茅河、枯河、包河、蔡河，又不必言矣。楊侯之循溝洫者如此，而父老之祝楊侯之便者又如是。楊侯曰："非古之舊者不得自創，吾以身先之。"春而暇，則從暇日而修之。秋而暇，則從暇日而濬之。朝往而暮歸，雖風雪不顧也；晴往而雨還，雖饑寒不計也。或連數日而露處於外，或與民同粗糲而食之。民忘乎其為官，官雜乎其為民。凡五年而溝洫成，窪者皆種禾黍，而汙者幾為良田矣。蔡民方有起色，蔡人乃相與為余言曰："楊侯之通溝洫也，不可不碑以誌之。"茲者山川如故也，蔡岡在東，蘆岡在西，汝河塞而故道可尋矣。杜溝通而橫直如舊也。蔡塘、黃陵、朱馬諸河，開者開而沿者沿。白馬、青龍得殺水之勢，而西北無於泥矣。洪河有舟楫之利，而東南諸河無梗塞之虞矣。又得黑河分東南之頹波，茅、包二河引下流之故道，從此而連旬雨水，粒食庶無足患也。余地畝多在蔡，受溝洫之福者已久，遂因諸父老之請而為之記。然亦不過記其始終之勤勞耳！至若其明德之遠，自有輿地之考在。雖然，更為蔡人進之，為後之治蔡者進之，溝洫豈楊侯之家事哉！使蔡人而體溝洫之利也，自相勸勉，不煩督責也。吾固為蔡人幸，使治蔡者而遵溝洫之法，以養吾百姓，日夕勤求，以與我子弟相為告語也。吾更為治蔡者幸，更為蔡人幸也。是為記。

康熙三十年。

（文見康熙《上蔡縣志》卷十五《藝文志》。馬懷雲）

上蔡邑侯楊公競如德政碑記

冀景雋

皇清定鼎以來，蒞是邑者雖不乏賢侯，而清正才能、視民如子、治邑事如家事者，惟我楊公一人。公於丙寅歲下車以來，迄今九年，其養民教士，善政多端，未易更僕數。然有數大事，皆他人之所不能為與不肯為者，而公則靡不毅然為之，實為可頌而可傳者也。

蔡自明季兵燹之後，人煙零落，地土荒蕪，四十年來，成熟者十僅一二，公為之招流移，勸土著，並力開墾，今則熟地日多，而耕耘者日眾矣。然田野闢而疆界不清，則爭訟無由而息。公為之頒弓式，按里甲分荒熟，編字型大小，繪圖形，鱗次踏丈，悉登版籍。奸胥無所容其影射，豪右不得肆其併吞，因得各守其經界，以相安於無事。其經理地畝者如是。蔡邑素多水患，公遍歷境內，察其堤堰沖決、溝渠淤塞之處，農隙時，親率百姓補築疏鑿。或並行泥淖之中，或同餐粗糲之食，朝往而暮歸，晴出而雨返，凡五年而厥功成。

窪者皆種禾黍，瘠者幾成膏腴，其盡力乎溝洫者如是。學宮傾圮，公則大為鼎新之，門殿堂廡，巍煥宏敞，較勝前日。一切祭器、樂器以及經史書籍，無不購求完備，誠哉，其為興賢育才之地矣！謝子書院久廢，公為之創立於城之西北隅，高築門牆，迭為堂序，置田贍給，延師受徒，講習其中，貧家子弟不患讀書無資，而四方之負笈從遊者亦日繁矣。蓍臺廟者，累朝敕建以祀伏羲者也。祭田貳千伍百畝，有司春秋致祭，其來舊矣。明末，為釋氏所據，塑佛像於其中，而名之為寺。公則徙其佛，逐其僧，清其田，仍復舊制，建新殿，塑伏羲像，募羽士守廟，供奉香火，而太昊氏之遺址不致丘墟矣。孔子厄廟僻在草莽之間，規模狹隘，棟宇傾頹，公移建於蔡溝鎮，復置田以供祀事。漆雕祠，舊在華陂鎮漆雕墓之前，歲久傾毀，而墓更為積水淹沒，公則泄鴻隙湖之水，封植其墓，而改建賢祠於鎮內。復買地構房，而請復祀生世守之，昔聖、昔賢之靈於焉妥矣。其餘若文昌，若魁星，若八蜡，若城隍，若蔡仲，莫不各建祠廟而百神享矣。且也改建月城，而民人胥利矣。建倉積穀，而凶荒有備矣；西洪橋乃南北之通衢，易木為石，而利濟且將千百年矣。其建置者如是。若夫楊家集、孫灣店，蔡之版圖也，與項為鄰，項人據為項有，數十年莫可如何。公則具詳各憲，會開、汝兩郡伯親勘其地。項人逞強爭執，而公侃侃然折之於兩郡伯之前，項人理屈，而歸其地於蔡。其正疆域者如是。至於杜侵漁之弊，納糧則花戶自封；免鉤攝之擾，聽訟則受詞立斷；嚴保甲以弭盜賊，築圍牆以固地方。抑且明人倫，而同姓為婚者有禁；正明分，而僕佃欺主者有禁；靖盜源，則開場賭博有禁；惜物力，則高臺唱戲有禁；惡罔利，則告助有禁；息惡風，則打降有禁。其令行禁止者如是。更如表許、官二公之忠烈，於五十餘年之後，得以入祀名宦；恤秦、晉流離之饑民，來者予以食，歸者給之以資，不惟多所存活，且得返其故鄉。其深仁厚，澤之及於久遠者復如是。是則公之所為者，豈非為他人之所不能為，與他人之所不肯為者哉！不知其幾為勞心，幾為勞力，而其政乃如是之善也。噫！公之德至矣，蔑以加矣，非第尋常俗吏之所不可及，即當世之賢士大夫，與古之所稱循良者，亦無或過焉者也。士民受恩最深，值我公之去，幾欲攀轅借寇而無從也。

公諱廷望，字競如，江南武進人。其德澤之留於蔡邑者不忍忘，因相與勒碑而頌之，謂予辱公門下士，囑予為文。

康熙三十一年。

（文見康熙《上蔡縣志》卷十五《藝文志》。馬懷雲）

蔡仲廟記

楊廷望

《禮》云："五嶽視三公，三公之職，寅亮天工，五嶽之靈，化育萬物，德莫並焉，功莫隆焉。"惟豫為四方道里之中，嵩嶽高峙，雲氣氤氳，膏澤旁溢。其東則岱宗之所遙矚也，其西則太華之所接壤也，恆山經其北，衡山聳其南，四回環拱，以太虛視之，固不啻五嶽之雍容一室矣。蔡邑為天中，地距嵩嶽三百餘里，周蔡仲以率德改行受封茲土，政教覃被。及春秋時，篤生漆雕子、秦子、曹子三賢，為聖門高弟；漢唐以還，名臣霞起，理學雲蒸；洎乎明季，則有霍公、許公、官公作令於蔡，遘流寇之亂，前後死節其大義凜凜，真與日月爭光。凡此康侯之治績，先哲之懿徽，以及忠臣之節義，孰非川嶽之鐘英而綱常之永賴者耶！方今聖天子至德光昭，懷柔百神，及河喬嶽，薄海內外，物阜民安，即荒陬僻壤，亦家弦洙泗之音，人砥忠孝之行。而於名山大川，前賢往哲，有功德於民者，無不遍致禋祀，則凡服古人官撫有民社者，其敢怠厥事而忘所報哉！余丙寅歲筮仕來蔡，井邑蕭條，蒿萊滿目，調劑之法，茫無所施。既而，喟然曰："政之廢興，悉由人事，邑雖殘，獨不可以理乎？"於是，開溝渠，正經界，勸農耕稼，而民漸足衣食；修黌宮，建書院，延師講課，而士漸知學問；外而城郭、倉庾、道路、橋梁，以次修理；再而祠宇，則厄廟、伏羲廟、文昌宮、魁星樓、城隍廟、八蠟祠、漆雕祠、墓諸處，以時建造。九年之內，朝夕經營，各有就緒。獨念三代以後，歷漢、唐、宋、元以迄乎明季，數千百年之間，中原迭遭兵火，屠戮之慘者，惟蔡為最烈。因憶余從軍秦、蜀時，曾佩朱書五嶽圖，頻涉險阻，默叨神佑，獲免於難。及余治蔡，久欲建立五嶽廟祀，而力有未逮。舊有東嶽廟在縣治之北，於癸酉冬仲，忽無故而燼於火，心竊訝之。詢之土人及青烏家，云以東嶽而祀於坎方，失其位次，近日之災，意者神其不妥乎？適余將息肩去蔡，蔡之士民籲請復新東嶽廟，余應之曰："蔡為中嶽所轄之區，與其重建東嶽廟，不如並祀五嶽也。汝等亦知蔡之所昉乎？昔以蔡仲開國，而祀典無聞，先代之賢士大夫，而無專祠以奉祭祀，余甚忸焉。今者特建一廟，正殿五楹，像祀五嶽，並勒《真形圖》於石。祈神力之捍患禦災，俾我蔡人永安衽席，所以酬素志也；前殿三楹，像祀蔡侯，謹額之曰'蔡侯廟'，不忘封邑所自，明地主之義也；左廡像祀漆雕、曹、秦三賢，遵禮教之所宗也；右廡像祀霍、許、官三忠義，表風化之所係也。是役也，於崇德報功之中，而寓佑民之意，不亦一舉而三善備乎！"眾皆踴躍稱便。爰卜地於東郭門之外，價買冀貢生地拾畝，倚城面陽，厥土塏爽，率眾輸力，鳩工庀材，越半載乃落成。

余今去蔡矣，後之蒞茲土者與闔邑之人，時為省視而修葺之，勿使頹廢，則廟貌常新，庶永明禋於勿替耳。是為記。

康熙三十三年。

（文見康熙《上蔡縣志》卷十五《藝文志》。馬懷雲）

清文林郎原任直隸內黃縣知縣後補四川成都府資縣張公（沐）墓誌銘

【誌文】

張公諱沐，字仲誠，號起庵，河南上蔡人。考諱崧望，邑庠生。母葛氏、曾氏、陳氏。

生於明天啟元年正月朔三日。順治丁亥，入邑庠。甲午，食廩饍。乙未，拔貢。丁酉，中順天鄉試。戊戌，成進士。康熙壬寅，授直隸內黃縣知縣。丙午，入北闈，罣誤□級。己酉冬十月，邑令謝請鄉飲大賓[1]。甲寅□□□薦，以蜀督軍前候用。己未，總憲□薦[2]，補四川資縣知縣。抵任，以老病□仕□子，郡守熊延主天中書院[3]。戊辰冬十月，邑令楊請鄉飲大賓[4]。甲戌春，延主□麓書院。□本省大中丞□□□□□書院。辛巳，邑令□請鄉飲大賓云[5]。壬午年，八十三歲。□八月十二日，以□□□□。元配，劉公庠生諱裕德女，同葬穴左。繼配，張公諱□□女，同葬穴右。□□□氏、孫氏。男三：長燧，□監生，候選州同，娶邑庠生孫公諱碩膚女。次煓，邑庠廩膳生，娶邑歲貢林縣訓導楊公諱景震女。三炓，增廣生，娶邑孝廉唐縣教諭蕭公諱瀼露女。女三：長適邑孝廉直隸交河知縣王公諱基昌長男候選同知諱官龍長男候選教諭志旦。次適汝陽縣副榜貢楊公諱永昌四男儒童焜，早逝，女孀。次適邑庠生蕭公諱□長男儒童心如。孫男五：長為垣，邑庠廩膳生，娶鄢城縣孝廉郭公諱峻長男庠生之驁女。次為壇，邑庠廩膳生，娶邑進士江西龍南知縣賈公諱程躍□男廩膳生管女。三為里，邑庠附學生，娶邑歲貢冀公諱□雋男庠生居始女。四為至，殤。五為均。女孫五：長、次，未字。三適邑孝廉楊公諱春三男大木。四、五，幼。曾孫四：長錫□，次錫賢，三錫□，四錫純。曾女孫二，俱未字。是喪也，金玉珠幣不以殉，三日而殯。附於身者，幅巾、深衣，大小斂。梓棺丹漆，憮以誇奁。三月而葬。附於棺者，桐槨聖周，間實三物，納志兩端，覆以重石。封壟崇六尺。兆居蔡岡里本邨東南里許，鳳凰寺北稍西。

大清康熙四十一年歲次壬午十二月朔九日，男司燧、煓、炓泣血立石。

（拓片藏河南省文物考古研究所。李秀萍）

清處士張公（煓）墓誌銘

【誌文】

張公諱煓，字柴夫，號勒庵，河南汝寧府上蔡縣人。考諱沐，邑進士，文林郎，原任直隸大名府內黃縣知縣，後補四川成都府資縣知縣。妣劉氏、張氏。生於清順治七年二月二十日寅時。康熙乙巳，公一十六歲，歲試入邑庠。乙卯，科試一等三名，補增。丙辰，歲試一等一名，食廩饍。嗣後，科歲首取者凡三。戊子年，五十九歲，將成歲進士，於十月初六日未時，疾終正寢。公兄燧，監生，候選州同，娶邑庠生孫諱碩膚女，病故。弟炓，

---

[1]"謝"字下空一字未刻。

[2]"薦"字上空一字未刻。

[3]"熊"字下空一字未刻。

[4]"楊"字下空一字未刻。

[5]"請"字上空一字未刻。

增廣生，娶邑孝廉唐縣教諭蕭諱瀼露女。妹三：長適邑貢生陳留縣教諭王諱志旦，妹早逝。次適汝陽縣儒童楊諱焜，早逝，妹孀。三適邑儒童蕭諱心如，早逝，妹孀。嫡配，邑貢生林縣訓導楊諱景震女。男五：長為垣，邑庠廩膳生，娶郾城縣郭諱之駿女，早逝，繼室娶汝陽縣李諱仙盤女。次為壇，邑庠廩膳生，娶邑廩膳生賈諱管女。三為里，過嗣長兄。四為至，殤。五為均，業儒，聘郾城縣進士陝西汧陽縣知縣郭諱沆女，未娶。孫男三：長錫賢，次錫純，三錫祜。純聘郾城縣孝廉候選知縣葛諱佩管女，未娶。女孫三：長字邑庠生王諱皋長男練成。次、三幼，未字。侄男二：長為里，邑庠附廣生，娶邑庠生冀諱居始女。次為塤，幼。侄女六：長適汝陽縣貢生泗水縣教諭周諱天辰次男時。次未字。三字邑孝廉候選知縣楊諱春次男大堃。四字汝陽縣監生傅諱世英四男[1]。五、六幼，未字。侄男孫二：長錫命，次錫和，幼。侄女孫三：長字郾城縣監生郭諱植三男[2]。次、三幼，未字。是喪也，三日而殯。附於身者，冠以幅巾，服用時制，大小斂按禮如式。梓棺丹漆，幠以誇衾。附於棺者，桐櫬堲周，間實三物，納志兩端。封壟三尺，踰□而葬。兆居蔡岡里本邨東南里許鳳凰寺北，考塋穴後之左。

時大清康熙四十七年十二月之望，男為垣、為壇、為均泣血立石。

（銘存上蔡縣文物保護管理所。李秀萍）

上蔡溝碑文

從來溝閘之設，所以利水行、防水患也。夫陂水導入河，非溝不能順其流。河水漲入溝，非閘無以禦其害。且蔡邑洪濟里，舊有南北洪河一道，迤東有古溝一道，名曰上蔡溝，由東北迤西達入洪河。百餘年來，每逢淤塞，蔡邑人等隨即疏通。因光緒十八年間，為此溝與汝民胡志道等興訟在案，迭控撫道轅下。蒙巡撫部院裕批，司檄委即用知縣江令會勘訊斷，兩造各執，復經本府札委王令，會同兩縣詳細復丈，計溝岸七寺二段，共長七百二十弓，高低參差不齊，核與江令原量數目長出一弓，本府又復親詣勘明相符。當經斷，今將汝境南岸長出十弓之處，一律削平，與北岸高低相等。此後，永遠不准格外加高添長。其南岸，遇有雨水沖缺，許汝民按照舊岸幫寬修補。溝歸蔡民經管，如水有淤塞，准蔡民自行疏通。倘年久淤塞太甚，動工大修，須各隨時稟府，委員驗明，再行動工，以杜爭端。兩造均各允服遵斷，具結稟准銷案。因思水利攸關，原冀旱澇之有備，而訟端永息。庶幾仁讓奇風，合行出示曉諭。為此，示仰汝南、上蔡兩縣軍民人等知悉，嗣後，界溝即蔡溝，南北溝岸，如應修補或應疏通，與大興溝工之處，均須一一遵斷辦理。務和衷而共濟，毋負氣以紛爭；務恤患以親鄰，毋挾嫌以滋事。此示之後，倘敢陽奉陰違，執迷

---

[1] "男"字下空一字未刻。

[2] "男"字下空一字未刻。

不悟，定即拘案嚴究，決不姑寬。其各懍遵勿違。特示。當出示之際，面諭汝上兩造，各將示勒石，以垂久遠。余遵照辦理，會同本邑首事人等，各捐資財，創修閘口，將示勒諸貞珉，永遠遵照。是為記。

儒童趙甫田書丹。

光緒二十五年。

（文見上蔡水利志編纂委員會《上蔡水利志》。王偉）

新蔡縣

重建儒學碑記

邑令譚宏憲

　　蔡之建學，元以前弗可考。自大德八年，李令演創建於東門外之南陬。明天順丁丑，汪廣文正言建議遷於街北。嘉靖乙卯，朱令茹復遷於城內東南隅。兩朝二百餘年，三易其地。其間廢興盛衰，不知凡幾。至明季又將百年，兵燹之後，殿宇僅存，廊廡傾圮，至於儒學，化為丘墟者已十餘年。余以順治癸巳，承乏茲邑，見禮樂教化之地，悉委之荒煙蔓草，廣文僦屋而居，講肆無所，登降無儀，心竊病之。爰謀更新，乃捐俸勸輸，鳩工庀材，不煩公家，不費民力，闕者補之，圮者植之。文廟兩廡，皆復舊觀。但學宮逼近雉堞，萬曆間，議者以文運寢衰，由面牆之。故因於城南，復闢一門。明季戒嚴，旋閉之。今形家以為啟之便，而城外無居民，恐無以固圉，乃築青雲路，拾級而升，達於城。建坊其上，顏曰"龍跳天門"，以接離火之氣，有通顯之義焉。左建奎樓於巽方，昭文象也。後建敬一亭，以貯四箴，建祭器房，以藏籩豆。右建明倫堂五楹，進德、修業二齋，各三楹，儀門庠門各三楹，廣文署二所，繚以周垣，煥然改觀焉。顧念建學所以明倫，而世儒不察，每以科第之多寡，為學校之盛衰，亦甚非先王廣勵學實之意矣。使蔡之人子各孝其父，弟各敬其兄，族多忠信，而里多長厚也。吾以為學校之盛也，使黼黻以華其躬，文章以美其業，冠蓋相望，車馬赫奕，而門內之行闃然無聞。吾以為學校之衰也，惟以世之所為盛而兼乎吾之所為盛，是則余建是學之旨也！試登龍門，臨城四眺，襟洪帶汝，弔呂亭之故樓，憑蔡仲之遺址，庶幾哉先王之風，其以此而在也。夫呂在陶唐時，為秩宗之所封，蔡平侯遷於呂，故稱新蔡。稽帝之命嘗曰："夙夜惟寅，宜哉惟清！"士能敬以治心，夙夜匪懈，可以交於神明矣，是學之始事也。蔡仲之命曰："率德改行，克慎厥猷。"士能勤以自新，懋勉遷善，可以法於後世矣，是學之終事也。終始典於學，以求不愧明倫，彪炳史冊。斯無負設教興學之舉，多士其勖之哉！茲於學之成也，爰記之如此。

　　順治十年。

（文見乾隆《新蔡縣志》卷九《藝文志》。席會芬）

新蔡縣均役碑記

邑人宋祖法

　　治河之役力，天下大利大害，有云以不治治之者，猶未詳其利害之所關也。若有害而無利，如賈讓三策有云。徙民避河，不與河爭地，猶不可治。若有小利而無大害，如海運可行，漕運可緩，猶可徐為濬塞，亦可治可不治。不知河水汛濫，因為地方之害；河以濟漕，實為國家之利。陵谷雖有變遷，利害原無今古。若不時為補塞，時為開濬，河不束則漕不通，漕不通，何以運江南數百萬之粟，集百貨以光京師？則天下之害，孰大於是，豈獨吾豫獨受其害乎？利害如此，其大治河，其曷容已？蓋裁天地之化，必資人工而後就。自唐虞而至今日，金、木、火、土，皆不聽天而必資於人；而欲治水修河，有不資人力乎？考自大禹治水之後，至周定王河徙砥礫，即有河決之患。歷漢、唐、宋、金、元、明，無不時決時修。迨皇清定鼎，潰決時聞，或濬或塞，幾無虛日。是以工役浩繁，民不堪命。況經明末殘破之後，土滿人稀，戶口雕殘，未有如吾郡之甚者。雖然，河工之役，以吾民供吾鄉之役，民亦樂從。但賦役不均，地畝之多寡不一，夫役之增減未確，不幾受害中之害乎？

查派河夫之例，蒙總河朱大司馬俯恤民艱，以策地二十頃出夫一名是矣。但汝屬有折畝之例，汝陽等縣皆三畝六分折為一畝，而新蔡止一畝八分折為一畝，若照地派夫，則一畝而應二畝之差。如汝、上二縣，或三十餘名，或四十餘名；新蔡則派至四十九名。附郭巖邑，派夫獨寡。彈丸小邑，派夫反多。不均之歎，民何以堪？幸本邑譚侯潔己愛民，興利除害，不遺餘力，條陳利弊，詳之上臺。詳稱則壞定賦，相沿已久，不敢求減。至一切雜差，如河工等役，仍照府屬州縣例，照畝折算，分別科派。屢駁屢申，確不可易。幸郡守金公秉三無明燭，萬里轉申，總河批允如議。當此三空四盡之時，寬一分，民受一分之賜。從此，賦役惟均，民樂子來，不特一郡之害已除，而治河一役，補塞告成，安瀾可期，漕運可通。國受其利，民遠其害。天下之大利大害，俱興革而無餘憾矣。

康熙初。

（文見嘉慶《汝寧府志》卷二十五《藝文志》。馬懷雲）

袁烈婦碑記

譚宏憲

烈婦王氏，新蔡王生佩女也。年十三，許配袁生奎子祈昌。未婚，昌病故。氏服衰，從父母往哭慟絕，歸之夕，竟投繯死。父母哀之，議合葬袁墓。里民以聞，邑令請旌。兩生以貧不果。邑士多詩輓之。余聞而感焉，請勒石表之曰："袁烈婦墓"。雖然，氏猶女也，未醮於母，未饋於姑，未齊於夫。乃稱以婦而系以袁，何也？禮，既氏未廟見而死，不遷於祖，不附於姑，歸葬于女氏之黨，示未成婦也。氏以死從夫，則于於婦矣；志于婦，則議合歸袁。義，莫嚴於志，因而婦之，亦從其志也。乃近世如張貞婦，議反復辯論幾千餘言、大約謂未廟見，義未成婦，可以無死。噫！何其論之苛乎？世風不古，禮教未明，賴有至性之人，以維持於不墜。方其以死從夫也，彼香閨弱質，非有學問之力，義理之養也。非為前有如是之事，有所效而為之，亦非為後有如是之名，有所慕而為之也。而一念所至，以為如是，則安不如是。則不安者，誠有見於從一而終，其名已定，其志不可二也。推此志也，雖與日月爭光可也。蓋女之事夫，猶臣之事君，人臣委贄守，官死於其職，禮也，義也。而草莽之士亦有捐生報國者，世莫不從而義之，聖人亦有取焉。此即未嫁殉夫之義也。傳稱公為與童汪錡死敵。魯人欲勿殤汪童。孔子曰："能執干戈以衛社稷，可無殤也。"觀於斯言，其於旌閭之典，又何疑焉。志於成人不得不以成人旌之。猶之志於成婦，不得不以成婦旌之也。此事已三十餘年，至今傳誦不衰。益知天壤間自有此不可磨滅之正氣，固無俟勒之貞珉，斯為可傳。余所以表其墓者，亦以勵風俗而扶禮教。庶幾汝墳之化，可再見于今日云。

康熙初年。

（文見嘉慶《汝寧府志》卷二十五《藝文志》。馬懷雲）

新蔡縣修城記

禮部右侍郎何瑞徵

　　城以盛民，作城自禹始。《大易》設險，春秋城築，書著既勤，詩誦百堵，無城則議創，有城則議修。但修城之役，有以修而為創，有以創而為修。難易緩急，不可同年而語也。蔡城屢遷屢修，姑不具論。自明之洪武初年，始為創築。至正德壬申，兩為流寇所陷。邑侯劉君始甃以磚。迨崇禎末年，數為流寇攻陷，百雉殘於兵火，頹垣穴乎狐鼠。頓令仡言者寢剝，屓拘者拉攉土著，惕其羣處，行李淒其瞻矚，繇前綦重之論，容狃因仍之貫乎？幸我譚侯以燕山大儒來涖茲邑，忠孝傳家，公廉持己，守冰壺之操，人且畏。知甘塵甑之貧，財無苟得。既膺百里專城之任，即抱蒼桑磐石之憂。下車之日，目覩殘毀，即議修築。況接壤潁州，漢、唐迄今，素稱鄰邑盜藪，豈可託言民以創。巨夭以降，割襲屑越之故，玩門庭之圍乎？雖然，昔日之修，僅為補葺，今日之修，實為創築。我侯智勇沉邃，几榻研籌，心血幾枯。因念河工頻興，民勞財匱。雖不容不修，又有不容遽修者，何也？千瘡百孔，既剝膚以椎髓，復罄蓋而竭帑，不幾盛民，反以病民。於是，生聚教訓，遲之十年。民無喧雀，政有驅雞。時和年豐，正值農隙之時，法月令之補築，舉大工以維時，不以監病工，不以工厲民。竹頭木屑儲之有素。灰則煆之廢石，磚則取之廢址，土則取之衢壤，度高以高，度廣以廣，竭其離婁，審其拘錄，除其溷誘，增其扃扅，奠其攬搜。昂其窳閭，務澌而固，務深而握，務圓而規，務方而矩。幸而黔首效勛，匠役競勸，未及五旬，忽而告竣。崒若斷岸，蠢似長雲。製磁石以禦衝，糊頹壤以飛文，蓋屹然一巖邑矣。已乃飭樓櫓、繕器具，以竣內防。驅遊民，肅牌甲以杜外釁。是以臺使過客動色改觀。以傾圮百年之城，一旦而勢壯金湯，人保康乂。非有愛下之仁，慮事之智，而又濟以經濟之才者，不能也。大要欲興大役，急則築怨、築愁，緩則因循罔效。侯則不緩不急，而功垂不朽。謂之修亦可，謂之創亦可，以修兼創，以創為修。深仁厚澤，與城並峙於無窮矣。《詩》云："不競不絿，不剛不柔。敷政優優，百祿是遒。"侯之謂歟。是為記。

康熙二年。

（文見嘉慶《汝寧府志》卷二十三《藝文志》。馬懷雲）

金粟禪林碑記

譚宏憲

古人恆有舍宅為寺者，後世侈為美談，謂能不私其有而得長擅其有，是則善其有者也。如晉司徒王珣以其宅為虎邱寺，右軍王羲之以讀書樓為金庭觀，唐右丞王維以輞川莊為清源寺，秘監賀知章以其宅為千秋鴻禧觀，沈東老以其宅為四仙觀。凡此指不勝屈，令人歆慕高風，猶曠世而相感焉。其所寄託遠矣。使此數賢各私其有以貽子孫，而至今日，亦已化為荒烟蔓草，不可復識。又安得聲施後世哉！是固有不待宅而存，不與宅而俱。往者所見，誠達也。邑先達瀘水宋公，以南塘別墅改為金粟禪林。讀其記畧，有大人之致而不詭於正，有敦本之思而歸善於親。推先人之意而施及於後，兼收其美，尤為前賢所不及。余竊向慕之，茲值落成，屬余為記，輒敢僭言？邑南郭，舊有池，環數十畝，名曰"南塘"，創自助甫張公。其後數易其主，荒落已久。公先贈君明初購得之，園中花木皆贈君所手植。因悟木樨無隱之義，植桂尤多，迨贈君沒，旋值兵燹，公自易之，解節避亂江南。及中原底定，始獲旋里。再過南塘，則三徑就荒，而所植桂樹獨鬱然無恙。公念贈君手澤之遺，因而增置亭榭。入門有第五橋，門內有宛在堂，前有此君亭，後有瑞芝閣，傍有醒花草堂，臥梅軒，深秀軒，浮有亭，水心亭。清陰廣雅，幽篁深處其間。板橋曲徑，皆有雅人深致。公日遊息其中，賦小山叢桂，身將隱矣。乃以薦舉再至，始應詔出山。自公之出十有餘年，而余時偕賓客僚吏，或穿竹賞花，或載酒泛月，相與優遊宴會於此園者，亦十有餘年。久而樂之，幾忘此園之非我有也。西歷官駕部視學七閩，今賦歸來慕古人舍宅為寺之義。而園之東，舊有大士蘭若，因以其園施而廣之，改為佛寺。建山門三楹，大殿五楹，迴廊十楹，藏經閣三楹，鐘鼓樓二座。香積廚三楹。樓閣亭榭，仍存其舊，額為"金粟禪林。"施地千畝，為十方常住之需。公之言曰"金粟即桂花也，且佛有金粟如來之號，其義相合。五行之吏，金屬秋，其位元在西。佛自西來，以金粟額禪林，義有取爾也。"禪林既成，延高衲如惠遠者，使居之。惠遠作廬山白社，一時賢士大夫皆從之遊，如新蔡之畢穎之，即社中人也。陶淵明以飲酒而不肯入，謝康樂以心雜而不能入。今公性不飲而心復淨，知於清淨，理當必有得也。然吾與公非徒謂其有曠達之觀，而更重其有仁孝之思也。曰："吾親所愛，吾思所以守之。吾親好施，吾思所以繼之。"昔蘇明允嘗愛吳道子所畫，藏經龕四版。及沒，子瞻施之浮屠，作大閣以藏之。寺僧至欲盟之佛以守之。子瞻曰："吾之以是予子者，幾以為先君舍也。天下豈有無父之人歟？其誰忍取之。"守此金粟也，與子瞻所以守四版者正千古有同心也。若夫家有名田而不自有，曰："父母之貽也。"田有餘粟而不獨飽，曰："父母之志也。"以千畝之粟為供眾之資，一出言而不忍先忘親，孝子不匱，永錫爾類，仁之至也。公既改別墅為禪林，而澤及千方之衆，歸德先人，傳教後世。所謂有達人之志，而不詭於正；有敦本之思，而歸善於親；推先人之德，而施及於後，故足述也。公大父納言乾峰公，以修築東堤之功，惠在一方，千萬世勿替。故簪纓奕世，食報無窮。公復能繼志如是。其螽斯衍慶，垂裕後昆，又寧有既哉！是為記。

　　康熙。

（文見嘉慶《汝寧府志》卷二十三《藝文志》。馬懷雲）

文廟禮器碑記

呂民服

　　先師孔子，歷代祀典不一，禮樂備，國朝稱盛焉。歲在甲子，皇上幸闕里，揮宸翰大書"萬世師表"四字，懸殿額，用昭重道至意。旋以御製頒天下學宮，如式遵行。於鑠哉，一代巨典，萬世大觀也。既又咨春卿，特設樂舞生六十有四人，著衣冠頂帶，於春秋上丁，按律奏舞，以相肆祀，典制喬皇至矣，蔑以加矣，駕歷代而上矣。

　　民服，一介小臣，作吏下邑，敢不對揚休命，通隆盛事。顧蕞爾荒陬，禮器殘闕，有間至金石絲竹之屬，又復莫考。揖讓升降，不可以意求。綴兆疾舒，不可以思得。何者為迎神之咸和，何者為奠帛之寧和，何者安和之為初獻，景和之為亞獻，終獻撤饌之為宣和，送神望瘞之為祥和？方期詳請上臺，謀觀厥成。恭遇大中丞閻公，仰體聖天子典禮樂、崇聖道雅意，招工歌之士於厥里，教習新設樂舞生，兩閱月而藝成，頒式各府州縣則而效焉。民服慶古禮復作、古樂復興也。爰取禮樂諸器，悉為創制。今之列在廟中者，籩豆、簠簋、筐篚以竹以木者也。如法而織以竹，琢以木焉。鼎瓶尊罍，以瓦以金者也，如法而陶以土，冶以金焉。冪勺罍，洗巾盆，不一其類，或以金，或以布，或以木者也。其以金以布以木悉如法。爐燈庭燎，成法可遵也，悉如法。奮麾幡纛之引導者也，以絳帛矣。則絳帛矣，若鍾、編鐘，金之大者也以金焉。持盤編，磬石之潤者也以石焉。琴瑟則有木絲，在篪笛簫管笙與匏，則有竹與匏；在塤用土楹鼓、懸鼓、應鼓、搏拊鞉鼓，田鼓用革，篌業崇牙鼓之文也用木，況敔所以起止也用木。旌節鑰翟，厥用維絲與尾，舞以色尚赤，帶用綠，冠加頂，靴以革為之，制悉如法。樂舞生，選童子秀而文者充焉，不以喬野濫厠，誠慎之也。凡既備矣，用是踴躍拜手而言曰："古所謂功大樂備，治辦禮具，知禮樂之情者能作，識禮樂文之者能述，詢無如我昭代之盛者。"敬勒珉石，用垂不朽。

　　康熙二十四年。

（文見嘉慶《汝寧府志》卷二十三《藝文志》。馬懷雲）

重修城隍廟碑記

呂民服

　　城隍廟在縣治之西北大市，直入金牌署宇，貌巍煥而勢嵯峨者，廟是也。余來治新蔡、宿神室以告虔，見其外覺可觀而其內將頹敝矣，乃心焉籌度之。謂此廟不修，行將敗。上雨觀風，神無所棲。古者城隍神之鎮縣治者，爵視伯。執躬圭，與邑令同分陰陽也。然陰陽無異理，假褻越乎鬼神而怠慢乎祭祀，神之不安於陰，亦猶令之不安於陽也。陰陽乖沴，則風雨不時，瀆神慢祀，又何有云享祀豐潔，神必佑我者乎。雖然，未可為一日之事，且徐以圖之。爰考舊志，茲廟蓋修自萬曆癸酉，成於甲戌，兩年而始告落。去今蓋百有二十年矣。其中歷兵火，閱時歲，得巋然獨存者，莫非神之力也。自余來新蔡亦將七年，此七年中何嘗一日不欲為廟計。第覽邑之郊原，則荒草蘲然也。邑之歲時，則旱潦繼踵也。邑之人民，啼饑者載道，而號寒者□室也。為□者治民之不暇，而敢言事神哉。然猶未敢自懈也。余乃漸而履畝矣。見耕者在田，而禾黍有成也。漸而編甲矣，見廚有煙火，而室聞饑杼也。雞犬之聲可接，而揖讓之風或見矣。于是乎民有起色，神曷佑我。乃進父老而言曰：汝知先王之制祭祀乎？東方生人之區也，為立風雲雷電之壇焉，城隍之神與之共祀焉，北方泰厲國厲之所祀也。治幽者，必以神。乃命城隍以主之，載在會典，罔敢隕越。若夫廟祀者，此吾與爾父老朔旦歲時所禱祠而瞻望者也。今見榱桷頹矣，棟梁崩折矣，神像露處而風鬟霧鬢，泥立而鶴跂也。苟不協於鬼神，安所謂惟德是依者哉。況吾與汝父老為斯民之倡，亦將何以妥侑神祇，廟貌是式乎？于斯者有年。越今年辛未，復以是言為父老訓。父老曰：茲則可以修矣。今大河以北，及關陝、兩晉旱乾連年，蝗蟲蔽野，民之逃亡者無地不有也。幸此數百里稱為有秋，假於此而勸諭之，樸者自新而愚者自悟，俊秀者冀其有觀瞻，而扶杖機軸之間皆樂以五銖尺布，思徼福于神明矣。況山有木，工可度也。陸有車，農可運也。舟之所載，斗之所量，可以襫至而輻輳，計日而報成功矣。遂從大殿起手，至後寢宮前，拜殿兩廊分司，前門及坊宇，不日而告完。于是，率父老子弟拜舞于階，酣歌于室，以落成。父老曰：是役也，雖邑子弟之相與有成，香火之靈感所致，亦天時之有以默就，而經營者之適以巧合也。先王以神道設教，夫豈無故而然歟。乃作迎神送神之曲，于歲時伏臘以享云。

　　院宇沉沉鐘漏長，嘉栗旨酒生馨香。遙觀淑氣來羹牆，蘭有秀兮菊有芳，神其至止凝禎祥。我有黍稷我有牛羊，惟神之佑兮安且康。

　　右迎神曲。

　　香霧霏霏神既歡，君子有酒旨且甘。雲車風馬鳴和鑾，神其醉飽歸青天，千祥百祉盈閭閻。逢彼伏麗降我几宴，惟神之德兮如淵泉。

　　右送神曲。

（文見乾隆《新蔡縣志》卷九《藝文志》。王偉）

重開龍門碑記

浙江學道劉元琬

邑城之有龍門，非古也。蔡何以有龍門？曰："以文廟面壁故也。"文廟面壁有龍門，非古也。蔡文廟面壁，何以有龍門？曰："以學宮逼近東南雉堞，惡其塞，故闢門以通之也。"門之闢，幾何時也？則傳自萬曆年始也。其闢而復閉，何也？則以明季之艱于守禦也。修復道為青雲路，則以歷級而登所由適于龍門也。建坊城上，曰"龍跳天門"，則以出潛離隱象變化也。門額曰"啟泰"，則以去否發屯將日升也。厥左建奎樓曰"聚五昌期"，則取義於五星聚井，昭文明也。然則，龍門之闢也，以疏道脈也，以振文運也，以增形勢而崇觀瞻也。子輿曰："義路也，禮門也。"《詩》曰："君子所履，小人所視。"此之謂也。

歲戊辰，呂令君蒞蔡之四年，政通人和，百廢俱舉，而尤加意斯文。思有以起其衰，而救其弊。嘗以形家言龍門啟閉，關學校盛衰。邑人士扼腕於科第寥落，或咎門閉之故，亟以重開龍門請，呂侯曰："是余之志也，亦余之責也。"爰捐俸，鳩工庀財，經營日月，門坊樓額，煥然一新。不傷財，不勞民，大有功於文教，甚盛事也。廣文李君緘庵、任君汝振暨叔子弟中山侄，緘予為記。予維蔡邑，鍾天地中和之氣，其人秀而文。科第之盛，甲於中州。繄為龍門之故歟，未敢以為然也。雖然，無平不陂，無往不復。文運之有盛衰也，猶龍門之有通塞也。龍門之蓄極而通，其文運之積極而盛乎。試登龍門而望之，南襟汝水，北帶洪河，岡陵起伏，爽氣西來，堤障蜿蜒，清流東注，呂亭故墟，四顧依然。吾聞秩宗之所封，職司降典，其猶有存焉者乎？紹前徽而啟後人，端在是也。士之由是路出入是門，為潛也，為躍也，為田之見也，其尚弗忘所自哉！昔大禹受金檢玉函之書，以弼中天文明之治，首曰："鑿龍門"。龍門之名義有取諸。則是役也，功不在禹下，不可以無志。

康熙二十七年。

（文見乾隆《新蔡縣志》卷九《藝文志》。馬懷雲）

御製四子贊[1]

清聖祖
康熙二十八年。

（碑存新蔡縣文廟。馬懷雲）

---

[1] 見本書第一冊第3—4頁。

大呂書院碑記

呂民服

書院之設，盛於宋，倡於明，成於嵩陽、白鹿，大梁、嶽麓，而道遵於蘇湖。制經義、治事兩齋。乃德聞於天子，而取法乎後世。是在中州者大梁，嵩陽外，為白沙，為伊洛，為上蔡，為澠池，為百泉，為瀆水。中州書院，甲於天下。新蔡舊無書院，明萬曆間，知新蔡者，烏程潘君曾弦，始建鮦陽書院於城外東陲，兵燹時，已焚毀矣。本朝順治間，大興譚君宏憲，欲建呂亭書院，未果。民服自康熙乙丑來治茲土，見荒煙蔓草，廬舍星散，人民遠離，且招撫不暇，又遑問禮義哉？越六年，感人文不振，乃為修黌宮，鑿龍門，改水口；書聲漸達於牖户，閭閻漸觀其彬雅。士知有塾，教知有方，而科弟於是乎有人矣。遂進學諭，聚邑人士而問之曰："汝亦知新蔡前者人文之盛乎？其樸者利於農，秀者利於士。今見秀而文者，實繁有徒也。曷從吾教乎？古者，教士必有課，課必於日月而立範也。造俊必有地，地必於城闕而置館也。"將卜地而經營焉。適有王氏園基，瓦礫茂草欲售者，再於是合衆議，公捐貲買為官基。遂鳩工庀材，早夜督理，不間寒署，構造幾易日月，乃立大門一重，典禮堂一重，時雨堂一重。堂東西各有齋曰"達才"，曰"成德"，曰"居仁"，曰"由義"。內奉伯彝、漆雕開、曹恤、秦冉、陳番之主，以時祭祀，藏《通鑒》、《性理》諸書，以供披覽。隨聘名師，講學課文，月凡兩會，而諸生童之從教者甚衆。前鑿池以種蓮，後聚石為山，植花木於旁，以為遊息地。又循唐人"遠上寒山"之句，於山後右基築石曰"白雲深處"，於左幽篁中，創亭曰"彈琴處"，蓋取王維"竹里館"餘意。更於院之西構"觀德堂"三間，為"習射圃"。規模既就，邑人士樂觀其成，請余命名，余曰："在昔唐堯命伯彝典禮，佐禹治水有功，封呂侯於此地。今時余為邑宰於斯，而與諸子弟講學於斯也，亦古人典禮遺意矣。且余與諸父老日夕溝遂之上，幾胼手而胝足焉。又數千百年後，得以呂姓，紹古聖之跡，此地又有大呂小呂之亭。是書院也，即謂之大呂書院，奚不可耶？"衆皆諾，立石一，求余記。余曰："子不聞律呂之義乎。六陽之長，曰律。六陰之長，曰呂。陽，君象也，得黃鍾之律焉。陰，臣象也，得大呂之呂焉。君命臣而為宰，臣得君而敷之治。今聖天子右文，兩幸闕里，都憲閻公日督民興義學，教子弟。民服微臣也，體聖天子右文之心，修學宮，置樂舞，今復創書院，日與二三子課業於茲，陰陽和而萬物得。是書院也，於大呂之義或宜歟？至若踵前四書院之盛，而昭聖道之光也。端有望於二三子者。

康熙二十九年。

（文見嘉慶《汝寧府志》卷二十五《藝文志》。馬懷雲）

重修城隍廟碑記

呂民服

城隍廟在縣治之西北，大市直入。金牌署字，貌巍煥而勢嵯峨者，廟是也。余來治新蔡，宿神室以虔告，見其外覺可觀，而其內將頹敝矣。乃心焉籌度之。謂此廟不修，行將敗，上雨旁風，神無所棲。古者城隍神之鎮縣治者，爵視伯，執躬圭，與邑令同分陰陽也。然陰陽無異理，假褻越乎鬼神而怠慢乎祭祀，神之不安于陰，亦猶令之不安于陽也。陰陽乖沴，則風雨不時。瀆神慢祀，又何有云享祀豐潔神必佑我者乎？雖然，未可為一日之事，且徐以圖之。爰考舊志，茲廟蓋修自萬曆癸酉，成于甲戌，兩年而始告成。去今蓋百有二十年矣。其中歷兵火，閱歲時，得巋然獨存者，莫非神之力也！自余來新蔡，亦將七年。此七年中，何嘗一日不欲為廟計。第覽邑之郊原，則荒草藋然也，邑之歲時，則旱潦繼踵也。邑之人民啼飢者載道，而號寒者滿室也。為吏者，治民之不暇而敢言事神哉？然猶未敢自懈也。余乃漸而履畎矣，見耕者在田，而禾黍有成也。漸而編甲矣，見廚有煙火而室聞機杼也，雞犬之聲可接，而揖讓之風或見矣，于是乎民有起色，神曷佑我，乃進父老而言曰："汝知先王之制祭祀乎？東方生人之區也，為立風雲雷雨之壇焉。城隍之神與共祀焉。北方泰厲國厲之所祀也。治幽者必以神，乃命城隍以主之。載在《會典》，罔敢隕越。若夫廟祀者，此吾爾父老朔旦歲時所禱祠而瞻望者也。今見其榱桷頹矣，棟樑崩折矣，神像露處而風鬟霧鬢，泥立而鶴跂也。苟不協于鬼神，安所謂惟德是依者哉！況吾與汝父老為斯民之倡，亦將何以妥侑神祇，廟貌是式乎？于斯者有年，越今年辛未，復以是言為父老訓。父老曰："茲則可以修矣。今大河以北及關陝三晉，旱干連年，蝗蟲蔽野，民之逃亡者，無地不有也。幸此數百里內稱為有秋，假于此而勸諭之，樸者自新，而愚者自悟，俊秀者冀其有觀瞻而扶杖機軸之間，皆樂以五銖尺布，思徼福于神明矣。況山有木，工可度也，陸有車，農可運也，舟之所載，斗之所量，可以繼至而輻輳，計日而報成功矣。遂從大殿起，至于後寢宮，前拜殿，兩廡分司，前門及坊宇，不月而告完。于是，率父老子弟拜舞于階，酬歌于室以落成。父老曰："是役也，雖邑子弟之相與有成，香火之靈感所致，亦天時之有以默就，而經營者之適以巧合也。"先王以神道設教，夫豈無故而然歟？乃作迎神送神之曲，于是，歲時伏臘以享云：

院宇沉沉鍾漏長，嘉粢旨酒生馨香。遙觀淑氣來羹牆，蘭有秀兮菊有芳。神其至止凝貞祥，我有黍稷我有牛羊，惟神之佑兮安且康。

右迎神曲。

香霧菲菲神既歡，君手有酒旨且甘。雲車風馬鳴和鑾，神其醉飽歸青天。千祥百祉盈閭閻，逢彼伏臘降我几筵，惟神之德兮如淵泉。

右送神曲。

康熙三十年。

（文見嘉慶《汝寧府志》卷二十五《藝文志》。馬懷雲）

顯考清授中憲大夫貴州黎平府知府加一級宋公（敏學）顯妣清封正四品即恭人韓太君合葬墓誌銘

【蓋文】

顯考清授中憲大夫貴州黎平府知府加一級宋公顯妣清封正四品恭人韓太君合葬墓誌銘

【誌文】

孤哀子承基泣血撰

顯考清授中憲大夫貴州黎平府知府加一級宋公顯妣清封正四品恭人韓太君合葬墓誌銘

宋氏先世，隸江南溧陽。始祖諱智，移住新蔡。至四世祖諱□，嘉靖己未進士，歷官銀臺，我考高祖也。五世祖諱有□，□我考□曾祖，與銀臺公俱祀鄉賢，又同祀忠義。再傳我考之祖諱祖□，崇正甲戌進士，歷遷保定巡撫，清起用福建學政。生一子，諱瑞□，我考之考，順治拔貢，康熙元年年二十五午月終閩署。我考之妣趙太恭人，於是年十月五日誕生我考。時太恭人年二十七，守節撫孤，教我考以例監入仕。我考諱敏學，字子勉，號梅興。初任四川敘州府永寧衛同知，陞貴州黎平府知府。剿撫生苗，定□辟疆，功成晉秩，陳情終養。事親三載，太恭人卒。我考哀毀，於康熙四十一年二月初七日丑時卒，享年四十有一。我妣韓恭人，諱待，字芝蘭，世居項，外祖諱□久，己亥進士，無為州刺史公長女。性賢慧，容莊肅，通經史，行敦厚。孝侍姑嫜，其家居幾三十年，逮下無□□心□以三世單傳，至考、妣之子孫輩，而慶衍螽斯。我妣生於康熙三年七月二十日未時，享年五十有二，卒於康熙五十四年四月十三日子時。基曾□考、妣□行刊□葬□□□西南二里宋家橋北贈奉直公三世祖塋之幹方。用□□□乾隆十二年丁卯十一月十六日寅時，合葬考、妣。子長承基，恭人出。元配本城進士高安令劉公琪女，繼娶大興人□州守李公□□女。次承業，娶京衛舉人平溪守備孫公鈹女。三承熙，娶京街進士廣城主簿陳公正策女。四承桃，娶母舅韓公樹女。養女一，適永城訓導汝陽□詠。孫十：昭、□、□、□、春、□，承基出。曉、□，承業出。暘，承熙出。暉，承桃出。孫女五：承基出四，承桃出一。曾孫七：昭出一，春出四，曉出一，暉出一。吁戲，音容大□，從此長□，慮遠□深，□□志石。敬銘之曰：純孝全忠，褒封報功。□□□□，平和正中。循禮合葬，室同穴同。佳□永奠，□氣載風。

大功侄諱光謙篆蓋。

諱光訓書丹。

金鄉趙□□鐫。

乾隆十二年十一月。

（拓片藏河南省文物考古研究所。李秀萍）

創建田祖廟記

靳榮藩

《虞書》三事允治，即聖門富教之意。富莫先於重農功，教莫先於隆學校，事神道民義相須也。乾隆丁丑夏，梁、宋大水，而予以其秋役於蔡，積潦甫退，邑閭蕭索，官若吏計口授粟，日不暇給，間以朔望謁諸壇廟。而先嗇司嗇露棲於頹垣蔀屋之中，又何以妥神靈而祈報賽耶！榮藩愧且懼，恭遇聖天子大發帑金，賑困挑河，感召天庥，民以即安。明年秋，蔡大熟，蝗不為災。予乃進邑之薦紳先生，與其父老子弟而告之曰："伊耆氏始為蜡，若知其神乎？即豳雅之田祖，郊特牲之大蜡，主先嗇而祭司嗇者也，祭百種以報嗇者也。《周禮》所謂祈年於田祖，吹豳雅，擊土鼓，以樂田畯者也。《甫田》之二章，曰：'琴瑟擊皷，以御田祖，以祈甘雨，以介我黍稷，以穀我士女。'而《大田》之二章，又謂'螟螣蟊賊，田祖有神，秉畀炎火。'夫四蟲之害去而甘雨來，嘉穀積，皆以田祖為之主，合二詩而觀之，田祖之神赫矣！祈與報可緩諸今日者，江北之蝗來，凡十次，有修五十餘里者，有集於樹而壓折者，有厚盈尺者，而秋稼如雲，一無損害。雨暘時若，我庾維億，皆田祖賜也。祈與報可緩，諸夫蜡祭，載在令甲，宜有專祠，獨我新邑神僑於張氏之三仙廟，於義非是，而雨有師，倉有神，皆無一畝之宮，重農功之謂，何其作廟為宜！"僉曰："可。"乃擇倉後官地為廟三楹，中祀八蜡，配以劉猛將軍，遵功令也。東祀龍王祈雨也，西祀倉神介穀也。而額其廟曰"田祖"。綜二詩之義，而通之於"禮經"也。肇始九月，迄十二月，以底於成。祈且報於斯者，幸田穉之無害，求千倉而有慶，修人事以迓天澤，可不謂本富矣乎！若夫學宮書院皆為美備，而於奎樓再鼎新焉！學校之隆，更有望於同志者。

乾隆二十三年十二月。

（文見乾隆《新蔡縣志》卷九《藝文志》。席會芬）

改建奎神樓記

靳榮藩

新蔡，固人文之藪也。角亢之野，洪汝滙焉。毓秀鍾靈，代生賢喆。如畢吏部之飲酒，千騎侍之。著書文采風流，輝映奕世。在勝國時，憲副曹公首以宦業顯，而南司空宮保公，實承其緒。嘉、隆之間，張中丞有五子三甫之目，於是，名賢林立，如閻冏卿宋通參等，皆身躋通顯。至國初，前輩或提學於閩中，或領郡於黔南，其他取科名登仕籍者，更難悉數。果地效其靈，形勢使然哉！抑人傑而地乃靈也。五十年來，文獻雕替，前邑令高密傅侯慦然憂之，商於學博楊公等繕明倫堂，聚生徒於大呂書院課試之。又因青烏家言，欲改建奎神樓，而未果。乾隆丁丑秋，余承乏是邑。其明年，歲大有，乃延致紳士，公議募資，因城上東南隅之舊基而改卜之，坐巽向乾，為樓兩層，高二丈三尺。公餘之暇，親為擘畫，迄庚辰五月，歷兩載而工始竣。於戲！士君子立德立功，固有不必拘拘于翰墨之勳者，即文章之士，雞窗螢案，鳳翼龍鱗，亦非必沾沾于形勝之助者。然靈傑相資，有科目而後有縉紳先生，有縉紳先生而後有表率觀瞻。則都人士之所以丹艧堂構，以無愧于曹張諸公之鄉者，正自有在，而不徒以斯樓之成為輪奐之美也！奎壁揚輝，是所望于諸君子。傅侯名豫，乙丑進士。楊公名克緝，壬申進士。而同官共事者，司訓杜公泩、分司萬公鎰、邑尉高君懋升，他皆詳于碑陰。

　　清乾隆二十五年五月。

（文見乾隆《新蔡縣志》卷九《藝文志》。王偉）

確山縣

創建確山縣小學碑記

吳碘

郡處天中，故稱沃野，名世輩出。確山雖巖邑，然當南北孔道，聲教旁達，固亦彬彬乎盛哉！慨自勝國之末流，輾轉鋒鏑二十年，雕劺極矣！迨我皇清定鼎，蔀屋重輝，恩命豐申，風行草偃。然視承平殷盛之世，户口僅十之一。旁觀四野，荒煙蔓草，正賦維艱。兼以郵驛鹽艖，襟肘交露，二三父老其所為固極難矣！然嘗從而跡之，則實家有絃，户有誦，鎖棘而試，每見夜光照乘，劍氣沖星。司民牧者夫奚以得此于邑哉？蓋以太守金公斯文宗匠，且以潁川、渤海之仁心，而布文翁、衛颯之雅化。是以熊車領郡之始，即脩天中書院，羣諸縫掖而勸課之，字比句櫛，甲乙鉛槧，固已十年于斯矣！蓬生麻中，不扶自直。則邑人士之英英競爽，復奚疑焉？余不佞，風塵牛馬，奔命靡遑。然回思結髮受書，固側聞父兄之教，子弟之率矣！沾祿命而長一邑，而不知所以為教，誼不敢出。矧有大賢之能容，謬謂孺子之可教，則凡操几執杖而獲者，即何妨晨鐘暮火而授哉？方旦昕夕圖，維求所以傳道授業而解惑者，猥以墨突未黔，尚爾遲遲弗果。而公復勤心俊秀，檄令邑中隙地啟宇而正童蒙，而且延請儒生授之脩脯，務使單寒之族，樂遊乎家塾黨庠，以儲大用，而比素封之不與焉？一再叮嚀，詞旨諄復。余不佞，乃更踴躍從事。人謀鬼謀，爰就縣治之左，西大街而擇厥地焉。復即卜吉鳩工，伐厥石，庀厥材，誅厥茅，咎鼓杵聲，趁農隙以興厥役。背坎向離，前為五楹，後復為五楹，繚以周垣，通以門楣，遂取次而落成云。郡有書院，既涵濡明體適用之人。邑復有小學，更裁成舞勺舞象之衆。菁莪棫樸，多士克生。公之大有造於天中，豈非百世之功哉！余也躬逢其盛，而樂觀其成與有榮施矣！乃因是更有感焉。蓋聖人之道，日月也。一人向曝，而近光者必多；聖人之道，江河也，一人窮源，而問津者彌衆。今天子右文興化，而復有賢長吏倡率其間。古道之昌明，又豈特一郡一邑之福哉？昔鄭僑之興與誦也，曰田疇，曰弟子，請移以誦公矣。

康熙六年。

（文見嘉慶《汝寧府志》卷二十三《藝文志》。馬懷雲）

邑侯吳公德政記

邑人翟昌

皇清剖竹於茲而稱循良者，固不乏人。然求其潔清自矢，以文章而飭吏治者，誠莫有如我公矣。公自丁未下車，睹驛遞之衝繁，民生之凋瘵，即進父老而慰之曰："民無樂業，以政之紛囂而法令不明也。"于是，一切去其太甚，革火耗，寬逋欠，小過則略一敲朴，有蒲鞭之風。昔豪猾則雷轟電掣，不少假貸，自以為不冤。每月進諸生而甲乙之。復立義學，小子有造，蒸蒸然弦歌在朗城。已始也民畏之如神明，而繼也民愛之如父母也。七載之內，田野漸闢，戶口漸興。確邑頌神君焉。古所稱治行第一，不又于公見之歟。今當綸音寵頒，蕭然單騎而去。合邑士民皇皇然攀臥無從，相與聚族，而謀所以金石之者，睹甘棠遺愛謂以思召伯者思公可也。即方之古循良，何多讓焉。此固確人之思公，亦公之自有可思而思慕於是其未也。

公諱琪，字伯美，山西汾州人，己亥進士。

康熙十三年。

（文見民國《確山縣志》卷二十三《文徵中》。馬懷雲）

郡守何公德政碑記

趙時亨

何老祖臺，山海勳裔，累世寵榮。其才足以攝九州，其量足以均四海，其德足以佐天子而式百僚。初授岢嵐刺史，擢梧州司馬，兩署思恩、柳州。所任之地，多盤錯難理。說者謂天之不速佑我公，何哉？余獨不謂然。從來豪傑奮興，天必歷試諸艱。堅其才，以大其用。岢嵐自逆吳殘破之後，人民逃竄，正以待公之招集也。田地荒蕪，正以待公之勸墾也。歲遇奇荒，正以待公之賑濟也。若西粵梧郡，夙號梗化，而思恩、柳州為尤甚。所屬土司積年逋賦，兼之猺獞雜處，民多悖禮。非公之勸諭輸納，宣揚德義，何以使其革心向化，風俗丕變乎？凡遇難為之事，公則處之裕如乎！古不云乎不遇盤根錯節，無以別利器。殆公之謂歟！治化既洽乎輿情，名聲自達於宸衷。丁卯歲，汝寧缺守。皇上以汝為心腹重地，守非其人，則民受其殃。因嘉公之才，重公之德，特簡公守汝。蒞任之日，道經確邑，即於民間之疾苦，詳為諮詢焉。且獨念確彈丸蔽地，路當南北之衝，差使絡繹，供給維艱，地畝蕪蔓，人戶寥落，每縣令至，公即與之商可否，酌損益，有利必興，有害必革，是以邇來郊原麥秀，芃芃在望，龔黃茂績，於茲復見。而確之民生，大有起色矣，猗歟休哉！確人荷公之仁，沐公之澤，敢自忘其頌揚乎？因屬言於亨，勒之於石，用垂不朽。亨思公之俠義冠千古，才德邁當世，邐迤共傳之，賢愚爭道之。自是褒之璽書，紀之竹帛。彈丸之石，何足為公重也。但以聊展確人訟德之公云爾。

公諱顯祖，字邁，公奉天錦州人。

康熙二十六年。

（文見乾隆《確山縣志》卷四《藝文志》。馬懷雲）

重修三義廟碑記

邑令張登第

地有祠，祠有記，蓋以傳其跡，溯所自也。雖不敢撫飾以炫耳目，私鄙以迓床，懷然于感應之理，若有憑式，興廢之由，不可思議者。苟不言以誌之，不特無以啟後人敬畏之心，明予疇昔之志，則吾于是役，非疑福利自干，將謂侈蒙附會矣，又烏可已于言也？憶余丁巳歲，歸自漢南，道經確邑，去城北二十里，見路側荊榛中有廢廟遺址在焉，及停鞭瞻睇，而神像剝落，委墮于敗茅瓦礫之間，莫可辨識。比詢土人時，有二三父老為余言曰："此地名古城，昔為三義廟。然世代云遙，古跡湮沒，舊以地名傳述，殊為禋祀所宜，明季寇氛屢經頹廢，而棟垣泯滅，距今幾何年矣。"語罷，即怏怏退。予聞之，慨然良久，忽覺有動于衷，因念委巷之言，雖無稽校，然赤壁荊襄，俱崇廟貌，況朗陵當燕楚之衝，而昭烈為豫州牧，昔聖帝羈跡于許，或亦躍馬提刀當日馳驅之地歟，且今薄海內外及聖帝足跡未履併靈爽不至之處，無不仰如日月，凜若雷霆，咸各肖像以祀之，何茲之云古城者反任其傾毀若此乎？余時心有所感，乃于匍叩之頃，默默有祝，但得筮仕近地，願重新之。距意謁選都門，竟授茲土。噫，異矣！雖祿緣有定，寧不凜為神助耶？抵任後，旋欲舉行。因郊圻未靖，鞅掌兵車，而重新之念，實倦倦弗敢忘。越明年，鳩工庀材，爰廣舊基而擴之。建山門三楹，鐘鼓樓二楹，廂房左右各三楹，正殿三楹，後樓三楹。樓塑聖帝看春秋像，題其額曰"涵義樓"。蓋昭其忠義之有本也。東建禪房三楹，兩旁廚房各三楹。再東茶廳三楹，以為行旅歇息之地。其又後廳三楹，為學博蒲君王君暨邑之紳衿士庶所建，為余設立生祠。余固辭不敢，因塑白衣大士像以祀焉。週圍牆計一百四十八丈，委余捐俸以成。不煩民力，延僧寂印住持其間，並墾荒熟地六頃，免其差糧，用供香火之費。是役也，起于辛酉，抵于戊辰。因官橐蕭條，前後凡八載，始獲落成。迄今殿宇巍巍，神像秩秩，往來冠蓋停驂瞻禮，登其門，升其階，望其金闕，仰其威儀，而肅然以興，憬然以省。是固為確邑之大觀，抑余疇昔之願所及，若有憑式，不可思議歟。傳其跡而溯所自，是皆余之不容已于言者。如圖撫飾，以炫耳目，私鄙以迓床懷甚，非余之所出也。至于不朽之任，雖屬後來之事，余更有厚望焉。因援筆而為之記。

康熙二十七年。

(文見嘉慶《汝寧府志》卷二十三《藝文志》。馬懷雲)

閻大中丞嚴禁碑記

趙士鴻

一禁銀七錢三使費，一禁改折漕米使費，一禁各項無名私派，一禁重戥私加火耗，一禁餽送四季規禮，一禁餽送各節規禮，一禁索取地方土產，一禁借查衙蠹使費，一禁賒取貨物短價，一禁里長供應過差，一禁辦買本色幫貼，一禁驛馬草料幫貼，一禁私派驛馬夫工食，一禁差買里民柴草，一禁差役下鄉需索，一禁祭祝派累行戶。確之士民，躬逢憲禁，均蒙覆載，爰是勒碑而為之頌曰：[1]

今上御極之二十有七年，適楚氛竊發，小醜跳梁，聖天子宵旰憂勤，環顧中州，地為楚北門戶，思得才望重臣，以資彈壓。爰晉閻公大中丞節秉鉞兩河，且賜金幣，寵眷有加，懷萬方也。

公受事伊始，即以身肩天下重，悉心籌畫，覈于憲章，大猷善政，指不勝屈。吾儕小人，戴高履厚，難以名言。顧皆確民也，在確言確。確山向遭流寇塗炭之後，遍地荊榛，民戶寥落，而啼饑號寒者十恆八九，且路當南北要衢，蹄輪交錯，長吏煩於迎送，小民疲於犇命。蒞茲土者，雖多方調劑，百計補苴，其呻吟疾痛之聲猶故也。公下車日，首以墾荒為致富庶之要務。凡守令因公謁見者，即諄諄戒諭，不啻再三，故招徠之法，遠勝他時。今田野多闢，民有起色矣！確邑素稱人文藪。比年以來，災旱薦臻。單寒之士，一意謀生。硯田鞠為茂草，公私悉乏，乃督有司首倡義學。凡窮鄉僻壤，設立黨塾，延請耆宿，捐備脩脯，訓迪童儒。又每月進弟子員而考較之。躬自丹黃甲乙次第獎賞，以故絃誦之聲，遍乎閭閻。使文教丕振，鬱然改觀矣！確邑往因軍事孔亟，差徭不無雲繁。公咨訪輿情，微察時弊，慮正賦之外，或有加耗私派，以滋民困也，則飭絕之，維嚴防徵輸之際，或有各色幫貼以剝民膏也，則霆擊之。維迅恐追呼之間，或有雜項使費，以漁肉民也，則白簡之維從。不特此也，任土作貢而私取產物有禁，案牘勾提而胥役下鄉有禁，衙署曰需而賒短價值有禁，以及些須炊薪之徵求，里長供應之細節，城狐社鼠之豪蠹，藉命圖賴之刁風，捐賑廣積之良籌，保甲弭盜之善法，莫不舉之，革之，剪之，剔之，以奠元元於衽席。由此以觀，公之為民謀樂地至矣盡矣！仁心仁政，無以復加矣。然猶不自已，仍孳孳皇皇欲為更也。清知為吏也苦，餽遺交際，用戒羣工，既行屏絕，全厥宰守，與民無擾，因以庶司百職，咸大法而小廉。城市郊原，悉老安而少育。是何非我公天地之大造，與夫至德，難名帝力，何有吾儕小人戴高履厚，亦不知公之仁政盡於斯，抑未盡於斯，第就確之民，家喻戶曉者，薄言一二，勒之琅珉，以誌萬井感激之誠，俾見在將來恪遵憲約，弈世於不朽。是為記。

公諱興邦，號梅公，遼東籍宣府人。

康熙二十七年。

（文見乾隆《確山縣志》卷四《藝文志》。馬懷雲）

---

[1] 嘉慶《汝寧府志》卷二十三《藝文志》載文為：
一禁銀七錢三使費，一禁改折漕米使費，一禁各項無名私派，一禁重戥私加火耗，一禁餽送四季規禮，一禁餽送各節規禮，一禁索取地方土產，一禁借查衙蠹使費，一禁賒取貨物短價，一禁里長供應過差，一禁辦買本色幫貼，一禁驛馬草料幫貼，一禁私派驛馬夫工食，一禁差買里民柴草，一禁差役下鄉需索，一禁祭祝派累行戶。確之士民，躬逢憲禁，均蒙覆載，爰是勒碑而為之頌曰。

道臺項公德政碑記

邑人宋繼殷

今上庚申歲，公承簡命駐節申陽，所轄兩府一州三十餘縣，提封數千里，大治濯俗，湛恩汪濊，罔不式歌且舞矣！而確邑被德為尤深。蓋確邑為南北衝途，公時時停驂其地，見生齒凋零，田畝荊榛，且冠蓋相望，供應維艱，未嘗不咨嗟太息，求所以安全之術。於是，命有司招撫流亡，開墾荒蕪，輕徭薄賦，與民休息。更念驛站之苦，厚廩餼以優夫，豐芻粟以養馬，非皇華使臣不得輒擾驛騎，而確邑漸有起色。今蒙公惠九年於茲矣。至於公之大德，政凡三署臬篆，政簡刑清，多所平反。中州無怨民。人以為漢之于定國，唐之徐有功不能過也。蓋公以仁慈為心，循良為政，以省事寧人為急務，不屑察察以干名譽。古人云：日計不足，歲計有餘者。公之謂矣。去歲，武昌兵叛，確之民半走山谷，人心皇皇，不寧厥居。公檄各郡邑修城池，飭器械，以為戰守之備。尤念確邑西接泌陽、唐縣，皆峻嶺深溪，恐不軌之徒，乘機生亂。調郡兵戍守其險地，而民安堵無恙，皆公調劑之力也。合邑士民被公覆載之仁，父母之恩，謹撰公德政之及於確邑者，勒諸琬琰，庶與朗山、淮水共垂不朽云。

公諱一經，字韋庵，己亥進士。

康熙二十八年。

（文見民國《確山縣志》卷二十三《文徵中》。馬懷雲）

改復弓口記

嚴克嶟

周尺較秦、漢尺可六寸，其畫井分疆以尺六為步，步百為畝，秦滅古法。孝公始以二百四十步為一畝。漢唐以來，准尺制弓，以弓代步。故弓口之廣窄，糧賦之輕重，所由定也。糧賦之輕重，民生之利害所由係也。民生之利害，即牧守之仁虐所由分也。明興，率土以六尺二寸為弓式，國朝定鼎，不改明制。順治七年，奉旨丈荒，其弓仍舊。康熙十九年，張振寰仕確，蠹役神［紳］奸，蠹創弓制，僅四尺八寸。一時確邑以欺隱罹法罔者，流離瑣尾，匪更僕可數。後三十六年，又馮孫侯甫下車朗陵，輒悉邑中利害所在。其最不便民而貽害獨大且遠者，莫如蠹役所創弓式。因慨然曰："事關重大已，不得專屬。"邑人授以旨，赴府控訴，太守董飭縣查明，孫始申詳懇請，仍用六尺二寸舊制，積年宿弊，一旦釐正。由是確之弓廣，確之賦輕，確之民利，而郡伯邑侯之仁，旁沛無垠矣。於是，羣謀所以不朽其仁，相聚而語曰：自我公之修南北兩路官舍也，而皇華之使臣慰。自我公之設三鄉義學也，而村民之子弟訓。自我公之創修常平倉也，而確民之凶荒賴。自我公之重修養濟院也，而小人之孤貧安。諸如此類，禿穎莫克書，而吾儕所尤尸祝難忘者，以復弓口一事，為最利溥。確合邑且浦，合邑之子若孫，伯與侯之仁，容有既哉！請以石記，即以此石作甘棠觀。

康熙三十六年。

（文見民國《確山縣志》卷二十三《文徵中》。馬懷雲）

普濟堂述

周之瑚

雍正十三年，確邑令葛諱世英者，奉飭體我世宗憲皇帝好生之德，捐俸建普濟堂於確城東街，收養無告貧民。而邑中紳商士庶之有力者，亦體葛之意，持涓埃以仰答皇上，各踴躍輸貲，得數百金。葛藉是益拓堂基、廣構舍宇十有八間，糜金一百七十三兩有奇。其支給貧民衣服口糧暨一切器用者，約三十餘金。又糴穀數十石，為堂中不時之需。而捐費尚餘百金焉。工竣，葛令屬輸貲諸公而告之曰："事匪創始，無與觀成。謀弗用長，無與善後，今堂成，額曰普濟堂也。濟於暫而弗克濟於久，濟於寡而弗克濟於衆，若普濟何？頃者，堂初建，入此室處者，已不下數十指。踵而進之，匪數可量矣。計一歲中，鹽米薪水，衣服醫藥之費，不預濬其源，則其流必竭；不先培其本，則其生必窮。吾與諸公約，為濬源培本之計，不竭其流，不窮其生。諸公其有意乎？"僉諭其旨。又共捐地四十畝，令亦撥官地三頃三十一畝零。每稔收取地租，又取建堂餘費授商店，歲息什一，俱以贍給。堂中於歲底則造冊申報云。余來任確，去建堂時甫十載，息金可三百。堂之中衣豐食足，忘其貧苦，偶冒寒暑之災，無虞藥餌之費。邑宰惟歲納堂內地畝秋稅於散給衣糧之時，親詣查核，以杜冒濫焉耳。余謹述以載於編，用告後之蒞茲土者。

雍正十三年。

（文見民國《確山縣志》卷二十三《文徵中》。馬懷雲）

新建八蜡祠記

嚴克嶸

蜡者何？索也。歲終索百神而享之也。享之者何？為民生計，報一歲之成功也。百神不八，此何以八？先嗇、司嗇、農、郵表畷、貓、虎、坊、庸八者，皆能予人以飲食也，故八也。夏曰清祀，殷曰嘉平，周曰大蜡，所由來也。後世或保如傷之人，牧於八蜡祠，尤必祇載也。祇載者何？其非僅禋祀之謂，其謂妥神靈以爽塏，鳩諸人而訓之，以共壯其廟貌也。乾隆四年，確邑令王諱孚建八蜡祠於城東隅，中列三楹，外繚以垣，肅肅穆穆。邑司鐸王諱泌暨廩膳生姚諟、劉穩安等勸其事。建之者何？愛吾民。故表建其有功於吾民者。勸之者何？愛吾民。故各出其力，以共勸其表建不使衰。此皆假藉以壯其廟貌也。其假藉者何人？非飲食則不生，非八神力則飲食不可得。為愛民生報功，為報功生建祠，又生勸建其祠，故云藉也。識者睹其祠，推原本始，不僅見簷牙之高啄，梲節之山藻，垣墉之枚實也。其不僅見者何？直覺創建者愛民之精意，與勸事諸公之悃愊團結，隱現於廟貌之外也！余聞王官確時，多惠政儒學。王老成練達，尤有功學校。姚與劉俱聲噪庠序，故為民生計，俱克用勤勞如此。

乾隆四年。

（文見乾隆《確山縣志》卷四《藝文志》。馬懷雲）

重修大成殿記

張坦熊

昔唐元和時，比部薛公治道州，儀部柳公治柳，俱入境，特新文宣廟。竊道柳處荊楚要荒之地，奇山怪石，外莫抗上國，經二公涖治後，人文蔚起，遂視神京大地不殊。識者謂文宣廟為吾儒本根，元氣之所在。比部儀部為道與柳，溉本培元，其枝葉秀蔚鬱芳，客顧問哉！周公禹彝先生於乾隆八年，特調確山。甫至，睹學宮傾圮敗廡，輒彷徨三歎。計鳩合邑士子，隨其力之大小，輸其財之重輕。宰亦捐貲董成。急商之高、王二廣文，悉[1]手稱善。值歲荒歉，邑人士力與心違。公亦捐賑，流黎勢艱並營。越明年，善舉弊革，歲稔時和。公遂慨然以大成殿為己任。朽易頹支，殘修崩葺。其於材也，為楹、為梁、為桷、為檻、為題、為梲、為楯櫱、為礎砌。其於色也，為丹、為漆、為白、為元黃。其於工也，為木、為石、為金、為陶、為繪畫。其於時也，為夏、為秋、為三閱月。其於象也，為火、為雲、為山、為卉、為龍、為鳳、為金碧、為離陸、為煥然一新。費不貲，任捕廳李茂襄其事。工竣，合邑以感戴之，私勒碑銘之記，因屬文於余。余思周公始任粵之龍江，繼又仕閩之壺山，至今過其地，其父老皆各往往稱周公之德不衰。曰某某公所創建也，某某公所捐施也，某某公所補偏救敝也。而二邑學宮之輝煌，尤公力為最多。碣鏝碑刊，未可一一數。今宰確仍是昔年閩粵故事。其他務未遑，首從事於大成殿者，匪但宏麗聖居，以壯一邑觀瞻。誠欲為確溉本培元，冀枝葉之秀蔚鬱芳，與中州名都巨邑競爽。明時直較薛、柳二先生於道於柳，縈心措意，千秋下若符節矣。確之人抑何幸歟！爰是相聚而謀曰：“我有本根，我公溉之。我有元氣，我公培之。”而學宮甫畢之餘，復為魁星構閣捐可數十金。愛我確人，揮黃白如沙。公之盛德，真人人夢寐矣。《傳》曰："盛德至善，民不能忘。"因是以不忘之心，鑴諸玟貞珉，用深景仰云。

乾隆八年。

（文見民國《確山縣志》卷二十三《文徵中》。馬懷雲）

---

[1] "悉"字後空一格。

修文昌閣暨魁星樓記

嚴克嶟

乾隆九年秋，余自京省還，道出中州之碻山，適友人宰是邑，奉飭修邑志。因以纂錄挽余行。余由是始獲與碻中賢士交。時邑生員劉穩安、安國棟等鳩衆重修文昌閣，新建魁星樓，俱落成，丐余記以文。余惟文昌魁星，上列元象，朗照方夏，主持吾儒。不啻能操甄拔髦士之權于杳杳冥冥之中，視所謂雪山談空，函關覆元，無裨人世者匪可論等。而陽儒者流，往往於禪堂道觀不吝朱提，甘為緇衣黃冠所蠱彭，與世之愚夫愚婦自矜為善男信女者眼界一轍。不幾負此儒者二字哉！近碻人文蔚起，絃誦聲滿四野。人人懷振翼鵬程題名雁塔之想。劉、安二生乘其機，鼓舞衆志，樹之觀瞻，用糾邑中諸人士為文昌魁星，構閣架樓，費不下數百緡。文昌閣舊在學宮側，頹廢已久。衆即其基，啟其宇，鳥革翬飛，幾與大成殿競爽。魁星樓碻向所無。二生新建於城東南隅，闢基成室。采椽雕薨，巋然在望。一樓一閣，互相輝映。一時邑中食經餐史之士，登眺流覽，直覺魁星之面貌如生，文昌之聲咳若聞。而生平之逐月乘雲，有不禁勃然毅然愈堅愈奮者，非二生功曷及此？不然，徒浪言邀福，崇向虛無。縱宮觀梵刹金碧輝煌，鈴鐸聲聞數里，余詎屑為之記哉！顧或者曰：文昌為斗，下六星狀如半月。世謂生西蜀潼川，天聾地啞，化蛇裂石，荒唐怪妄，何殊佛老。若魁星踢斗事，尤不經見。余去彼取此，謂其說即無稽，殊非顯背儒教，如二氏之出世辭家，棄滅倫常可比。吾儒於此，即殫力傾貲，崇大其居，莊嚴其像，烜赫心目，照耀都城，又豈三家村中所謂善男信女之佈施，可等類而齊觀耶！二生儒者不惑於邪，閣與樓義從學校間起，真加人一等矣！余承二生請不朽其功，並不沒其意，故書此，以鋟諸石。

乾隆九年。

（文見乾隆《碻山縣志》卷四《藝文志》。馬懷雲）

吳寨河橋記

劉師元

溱水出南陽桐柏山，濫觴約數百里，由泌陽入碻境，委蛇百折而南，距碻城四十里，曰吳寨河。河當孔道，淺水浮沙，褰裳可踰，不任舟楫。然碻處萬山中，每當山泉沸發，千澗會流，轉眴河岸浸沒，激湍洄波，翻銀滾雪，幾與江淮等。此時，縱羽檄星馳，莫可飛渡外，此霜雪交嚴，寒風裂膚之下，望河跣足，透體栗起，老幼寒噤，僵立不前者，日可數百餘指。舊有小橋，歲一再修，否則衝歿無存，病涉者時盈兩岸。邑候選州同潘大倫，性豪爽疎宕，又酷嗜急人困阨，於雍正十年買工驅石，壘橋於河基，以磙礎空為梁十道，架石板，長近丈，闊尺有六，每一梁，橫四板，鎔鐵錠綰之，寬七尺許，縻金數百。越歲始告竣。自是南北往復，或徒或車，或騎或輦，隨至輒過，去來互度，官民便之。一時豫省中丞王以情殷利濟旌，汝南太守蔣以義冠鄉閭旌，確山令葛以樂善不倦旌。余初南來，過此，未諳為誰氏功德，私心可之，謀記以文。顧自視過客，不果。後十載，復遊確，衆乞余文記吳寨河橋，始悉為潘子創建。因急研墨濡毫，伸紙疾書，以賞余宿志。竊建橋樹梁，所在多有，無慮皆合衆力所落成，以一人仔肩垂不朽者未易，槩見有之，或自潘子吳寨河橋始。潘子豐於財，能不為伏波將軍嗤，豈不過人遠甚！確中人能師視潘子，將見合邑鮮病涉地矣，容僅吳寨河為康莊大道哉！書此以旌潘子功，且以是為確邑人勸。

乾隆九年。

（文見民國《確山縣志》卷二十三《文徵中》。馬懷雲）

朗溪橋東新建小橋記

孫常店里許，舊有朗溪橋。地卑下，每夏雨傾注上流，急如奔馬，橋驟被擊攔，屢事修葺未善。鄰里僉以商予。予曰："水性就下，疏之則通。欲修舊道，須開新渠。顧此地南達湖湘，北通秦晉，往來繹絡，飛越實難，則渠開而橋宜再設焉。"僉曰："誠宜是哉！"雖然，義之所在，豈肯讓君獨勞。因相與捐貲鳩工，渠修橋成，吾用是且慶吾鄉多善人，而事之衆擎易舉也。異日者，新渠分地脈，北流有歸，短橋接臥波，東道鮮窒，馬跡車塵往來其間，即歷千百年，不長此坦坦也哉！

（文見民國《確山縣志》卷二十四《文徵下》。馬懷雲）

重修朗溪橋碑記

麻城人邑宰進士吳家駒

士君子苟心存利濟，不必其在巨也。即不費已財，不費已力，而一時一事，偶於物有濟，且莫不蒙其庥，而謳思於無已。況橋梁之設，其澤尤長，其利尤普乎。邑西北三十六里孫常店，楚豫相通之要道。店東南里許，曰朗溪者，即山峙其西南，河水發源於此，以斯得名也。山勢峭峻，河密邇於山，每遇山水暴發，則澎湃奔騰不可嚮。週行者苦之。舊有石橋，規模狹小，通徒步而不能行車，行者尤苦之。歲甲辰，邑庠生楊君睿士與高生登第，協力捐貲，重加修建。巍然巨觀，利賴者數十年矣。歲月既久，水嚙石傾，未嘗不歎楊、高二君創造之功巨，而繼起之難其人也。楊子得位，好善樂施，懼斯橋之圮，而病涉之衆也。毅然身任其事，庀材鳩工，於財所不惜，於力亦所弗辭。經始於九月中旬，不浹旬而工竣。行者賴焉。嗟乎！天下事靡不有初，鮮克有終。又曰："善作者不必善成，善始者不必善終。"斯橋也，假令昔人創於前，為之後者聽之傾圮而莫之修舉，亦事之無可如何，而莫能相強者也。今得位為睿士嗣君作述重光，後先濟美。吾歎睿、登二君創始之功不可忘，而楊子繼續之功尤不可沒也。楊氏之澤不且與朗溪而並永也哉！而要之物，興廢有時，成敗有數，後人誠踵而修之，不使楊氏專美於前，尤吾之厚望也夫。

乾隆二十九年。

（文見民國《確山縣志》卷二十四《文徵下》。馬懷雲）

萬壽宮碑文

清邑宰進士鄭命成

確為古朗陵，多山，層巒疊嶂，聳峙千載。而西北樂山，獨於邑為奇絕。山有龍泉怪木，古剎名梵。憑高四顧，松竹綠猗，玉虛靈應，紫霄踞其巔。後有玄都拜臺，前有迴龍遇。真奇峯巉巖，層樓傑出，誠天地之大觀矣！雖造物鍾靈，鑄此奇境，足供遊覽之登眺，亦賴高人逸士點綴而成也。訪諸父老，僉曰："此皆張氏先人楚白公所施田產地土，著道人賈上環鳩工為之。"余嘗追思慨慕，想見其為人。殆讀書萬卷，未展其才，故奇思鬱積，以自放於山水之間者歟！抑樂善好施，積陰德於山地者歟！宜其後人多賢，必不肯以宗祖遺跡湮沒而不彰也。歲乙丑，其後裔貢生張得中等，以萬壽宮道人黃自興等不守清規，控案堂訊。時呈出施約一紙，凡樂山諸宮觀以及附城之進樂宮、炎帝廟，皆其先人所施。康熙年間，住持道人賈上環於張珩舊地廟產，尚知檀越。自後，萬壽遇真，各道人皆以己產，不知有施主矣。放僻邪侈，無所不為。而土豪亦得乘隙以相侵掠。迨堂訊既確，將自興等責逐，追還原地於廟。由是張得庚等因得其情而去。予亦過而忘之。去歲六月，西山勘稼馳回，天氣炎熱，汗流沾巾，適於萬壽宮憩焉。汲泉烹茗，坐飲樹下，幽境深而清風忽至，乃留戀焉不忍去。胥吏稟余曰："此即前年張貢生所控，上為逐邪道而抑土豪者也。"因念昔人名勝之區，興而廢，廢而復，興者必賴有人以維持之。今雖有此懲創，保無後之人猶有復蹈前轍者？又恐各寺觀中亦有相為效尤者。為文勒石記其事，以示炯戒，豈獨為萬壽宮計久遠哉！凡以古來名山勝跡不致於荒蕪者，實守土者之責也。觀斯碑之顛末，是真可以借鑒也已。

嘉慶八年。

（文見民國《確山縣志》卷二十四《文徵下》。馬懷雲）

顏魯公祠祀田碑記

清邑宰進士鄭命成

余好茶飲，然茶之美，必得水之甘者烹之。余向所用，取諸縣北利涉橋下。庚申，始飲泉水而甘，問諸庖人，得於秀山之北泉，又曰香泉。夫泉出於北，則曰北泉宜矣，又曰香泉，何哉？稽之邑乘，北泉寺即顏魯公殉節處。公祠居其左。山下出泉，流入於八卦、九曲兩池之內。瀅洄乎上下之間，日星照耀，山嶽呈彩，光明洞澈，指心可盟。嗟嗟！微魯公不足昭茲泉之潔，微此水不能薦明德之馨。是泉，以香名，地以人傳也。顧地以人傳，而人可不以人傳乎！余也少而臨池，見公書法鐵畫銀鉤，無從追其筆力。長而讀史，見公之心，百折不回，歷試諸艱。在內為楊、盧所不能磨，在外為安、李所不能屈。祿山之亂，兄弟拒賊，公兄死之於前希烈之叛，抗志獨伸。公身死之於後，此其志與叔齊並傳，其節與雲長爭烈矣！吾向者所以懸聯匾，賦詩章，而不能道公於萬一也。今國家承平日久，大小臣工同心同德，中外方域來享來王，公之忠為後人所不必有之事，公之事實後人不可及之忠。所竊附者，確山小邑，公祠在焉。百世下聞風而起，可使頑夫廉，懦夫立，而顧祀典闕如，何以使後人長仰慕耶！嘉慶五六年，余曾備犧牲，具香帛，邀同城寅好及此鄉紳士奠拜於公之祠。既而思一朝之舉，可暫而不可久。與鄉士張得中等議，諸公退而商之僧人，僧人成旺亦知向義，慨然捐金，請以置魯公祠田。余不忍拂其善心，欣然樂從其請。爰擬於每歲之孟春，以羊一、豕一，其餘香楮等物各有差。祭之日，即以所供神惠，備席而飲，不必加豐。但得與同寅紳士會問歲時之豐歉，知民俗之利弊足矣。惟願後百千年相繼弗替，猶得追而溯之曰："斯舉也，倡之者前邑令某也，勸之者前紳士某也，助之者前僧人某也。"是我輩碌碌亦得附公而傳，豈不幸哉！故記之。雖然，余不能長宰是邑也，若董其事而不致湮沒，則又諸紳士世世之責也，此尤我之所厚望也夫。

嘉慶八年。

（文見民國《確山縣志》卷二十四《文徵下》。馬懷雲）

重建張氏留侯家廟碑記

長洲人邑宰進士蔣慶均。

漢張留侯以報韓狙擊祖龍，佐沛公運帷幄，成帝業，與蕭相國、韓淮陰侯並稱三傑，史冊昭垂，彪炳千古。留侯之子封陳留後，即以陳留名派。中州汝南、江右豫章皆其支也。縣屬蟻蜂店子房口，舊有留侯廟，世遠年湮，漸就傾頹。張氏宗支顧而愀然曰："是非所以報本追遠也。"爰鳩工而新之。舉族中之端謹明練者若而人董其役。以奉祀生缺，列名籲請於正一真人府。真人擇其五，准於奉祀。今年春，廟落成，余臨奠而俯仰焉，廟貌則聿新也，繚垣則周匝也，甓瓦粉墁，簷楹翬飛，蹌蹌躋躋，以妥以侑，慎對越而薦馨香，神其享之矣。廟中向有山場祭產，真人移檄於確。請給發示，諭令該奉祀生等公平管理，勿使祭祀有缺。歲修之費，因為申其禁令，並以文貞諸石。今而後，張氏子孫尚其勿墮先緒，勿啟爭端，以永奉蒸嘗於無替。是則真人暨余殷殷屬望之心，而留侯亦鑒觀默相也哉。爰述其顛末而為之記。

道光四年二月　日。

知河南汝寧府確山縣事長蔣慶均謹撰。

(文見民國《確山縣志》卷二十四《文徵下》。馬懷雲)

七里保義學碑文

邑宰解元李繩宗。

道光六年春，前邑侯何勸立義學，為化民成俗之計。每保紳士先捐貲以倡，又勸勉牌戶量力捐輸，所捐之貲，既有成數，囑公正紳士經理，按季抽息，以供每歲延師之用。董勸數月，各保義學，規模略具矣。七年冬，予奉委攝確篆，以為興學勸學為之先務也。但恐各保義學，或以虛名塞責，難收蒙童養正之實效，務宜循名核實，加意督勸。凡義學之所便者，因勢而布之利。義學之所患者，秉義以袪其累。庶義學克有成効，無負前令殷勸之苦心焉。西七保捐三百串有奇。庠生李君清華等公同經理，請師訓蒙三年矣，而碑碣未樹。李生具呈以請予曰：生等既勸義學之舉，又任經理之勞，善心義氣訓，固宜表章而傳之矣。即凡捐貲以助義學者，其子若弟皆得就學，親師聽講詩書之訓，習揖讓之容儀，明敏者固可培其根，以達其枝。即愚鈍者，亦不致從匪彝，以速戾於厥躬，其獲益不亦多乎。若善作善成，使義學有擴充之勢，而無廢替之虞。是今日之功，且貽庥於無窮矣。生其勉乎哉！

道光七年。

(文見民國《確山縣志》卷二十四《文徵下》。馬懷雲)

平山寺創建義學碑文

師道立則善人多，學校廢而流品雜。如欲化民成俗，其必在於學乎！顧學有鄉、國之分，而鄉學尤急於國學。誠以閭閻子弟貧難就學，少時目不識丁，長即遊手好閒，遂至流為匪類。多設義學，俾各就塾。地無大小，誦讀相聞。人無智愚，詩書自勉。庶先端童蒙之習，而化桀驁之性也。前任何公奉府憲札，飭勸令保內各設義學，勉以量力出貲。南三保胡公錫鑾欣作首領，更約保內紳民共襄盛舉。本縣抵任尤恐紳首奉行或怠，因綜核名實，樂其始而更勉其終，務使義學之設，足立經久不敝之規焉。該保捐輸之貲，業已置典田地，延師課讀。今計其總數並紳首所擬條規，申詳存案，俾立石以昭示來許。

時道光八年也。

(文見民國《確山縣志》卷二十四《文徵下》。馬懷雲)

修葺東嶽廟大殿記

山西人邑宰解元王士桓

五嶽並尊於天下，而東嶽之祀尤夥。豈非以其位居震方，為帝與萬物之所出乎？後世乃謂泰山治鬼，亦見其誣矣。顧古人之於山川也，皆望祀之。而後世率以廟且塑為像，動以出於浮屠氏，而排斥之至，謂為止宜用木主，抑又泥而不通於古已。蓋古之祭祀皆有尸。故必書其所祀之人，而後可定其主名，是尸與主並用，而非專用夫主也。俗儒不察，逞其臆見，遂致極尊崇之地，轉不聳動其瞻仰肅恭之心，且沾沾自命，為別於異氏也。不知天下有踵事增華之弊，即有窮變通久之理。祭必以尸之禮，既不可復行於後世，則搏土為像之舉，或亦未始，非覿其衣冠，致其尊敬之意歟！至謂向土木而拜之，獨不思古有壇墠之設，獨非土木乎哉！癸巳春，余始蒞確任。三月下旬八日，俗傳為東嶽誕辰，偕僚屬，循舊章，往舉祀焉。見其棟折榱崩，神像暴露，心竊未安，思有以修葺之計，其費非數百金不敷用。因時甫下車，又連歲禾稼傷水歉收，民無蓋藏，未敢輕議興作也。然每逢祀事，恒惴惴然唯恐無以對越乎神明。乙未春，麥將登矣。雨頻缺，將設壇致禱。適屆東嶽降辰，乃潔齋籲懇，而為麥祈。實已顧僚屬而言曰："三日內如得雨，當不惜多方設措，以興斯役矣。"僉曰："唯唯。"時日方杲杲，天無片雲。心亦不敢必其果雨也。乃不意，甫及午刻，而雲油然而雨沛然。而是歲之麥，遂稱豐收云。爰是設法勸募出貲，命邑生員劉學向、監生楊文楷司其事。經始於丙申，竣工於丁酉。司事者請余文以記之。余考是廟創於大實劉君，嗣後屢有修葺。茲因神之不崇朝而雨徧天下，大有功德於民生。乃闔邑之人共出貲以蕆其事，恐陋儒狃於習見，塑土為神之不典也，因特申夫窮變通久之義，但無使踵事之過於增華焉。則凡有其舉者，固自莫可廢也。而豈同於一切淫祀之概宜禁止也哉。凡督工捐貲者，皆備書於後，以彰其勞善。

道光十七年。

（文見民國《確山縣志》卷二十四《文徵下》。馬懷雲）

西七保義士碑序

儒學教諭趙輔堂

夫殺身成仁，聖賢所重。偷生背義，君子所譏。吾人生天地間，可以稱當時傳後世者，雖其人為之實，其氣之足以配道義者為之也。故上而忠臣孝子，其事則一日千古，其風則懦立頑廉，蓋由其氣常充塞乎宇宙，其人自表著乎簡編。固無俟學士文人品題而後彰也。若夫感一事之義，成一時之名，其人雖生長乎田原，而其氣足震驚乎遐邇。又烏得以鄉愚少之，而不急為之表章也哉！

邑西北臧家集，離城迢遙，與山比近，向為捻匪出沒之區。自咸豐二年冬，粵匪自楚入寇確，邑土匪蜂起。到處團練防堵，西七保以楊士輝為首，醜類忌之。數為士輝擊敗，殺傷甚多，仇懼愈深。本年三月二十二日，糾合數千人與楊士輝挑戰。士輝奮勇爭先，奈所部皆鄉曲烏合，臨敵鳥散。士輝獨力難支，竟遇害。同時死者五十餘人。嗚呼！人孰不愛生？士輝等寧獨樂死？其死也，其人為之，其氣為之，實其氣配乎道義者為之也。雖不克上擬忠孝，亦庶乎遠過村愚。不為表慕頌揚，俾姓名湮沒無稱，不惟無以慰英魂於九泉，亦且無以彰公道於斯世。縣令黃公由蔡州調署茲土，下車恰值此意外之遭，視事即慰。夫子民之望月，前因籌備兵餉，差事繁冗，又撫輯東南流民，因命邑貢生張琳至該鎮代宣德意。今月二十七日，西路剿匪復就近，親自撫問痌瘝在抱之隱，時時形於顏色。因捐廉，勒士輝等名於石，意在使事久而義氣如生。人往而姓字猶著。嗚呼！死者無知，則已死者而有知，吾不知其如何感而且悲也。

咸豐三年。

（文見民國《確山縣志》卷二十四《文徵下》。馬懷雲）

增修銅川書院齋房記

拔貢李嘉宴

蓋聞先生端本於庠序，聖人莞爾於絃歌。非循吏不使治民必讀書，然後為學。如我賢侯姚公，誠其選矣。公初授涉邑，即表異政，繼擢朗陵，咸誦神君，羔豚不飾，烏紗無饑，泉隨邑宰為甘鹹蝗與督郵共往來。文翁入都，常饋博士，何武到郡，先詣學宮，不圖此日重見高風，他若察稻微芒，鞭絲見鐵，履田而起，髦士拔薙，而弱強宗，都可編為州書，垂為縣譜。公下車時，以縣署被粵匪焚毀，寓居銅川書院，徧閱書齋，慨然以少一主房為憾。今年菊月初旬，逆匪解圍，公以逆匪所餘油麥等物，移市變價，合紳士楊文楷、趙鳳叶、王重賢、張清甫、李嘉宴、金景錄、劉文重等，經理其事。諭軍功楊恩洪督工購料，錢不足用，復由經歷姚宗麒錢二百串文，築成巨室，美輪美奐，非公留心學校，振興文教之力不及此。我邑人士感公盛德，更宜砥礪捐廉隅經明行修，庶幾人材蔚起，可副我侯之期許厚望焉。故於工竣而為之記。

（文見民國《確山縣志》卷二十四《文徵下》。馬懷雲）

建修姚公生祠記

古者銘謝城之功，拜石相之祠，誇浮藻，奮鷹揚，當時詠歌，後世慨慕，我仁侯姚公尤當黼其事而稱之。公印錕，字鑑冰，皖桐世冑也。策類姚崇捕蝗十道，智同姚合，威駿武功，廣招梟俊，扈帶鮫函，辨鏗鐸而琅闓無訛，教步代而踙局應節。如火如荼，以整以暇。是歲菊月初旬，以彈丸黑子之區，當聚蟻屯蜂之衆，紙鳶信絕，銅馬鴟張矣，寇深矣，可若何？維時公契箭一呼，革言三就，晝挺丈八之矛，夜鳴兩甄之鼓，葉公免冑，民見面而心安。子產成列，賊聞風而氣奪。九上九下，兵如刺蝟。三遂三郊，士無縮甲。寇來不上，我武維揚。卒能嚴關，鐵壯解散。銀刀蔓爾，百雉嚴如。石城數仞，宗子維城。無俾城壞，民之慶公之力也。合邑感戴，共建生祠，以申依戀。瞬息調陞河朔，五馬從大夫之後，一鶴與先生並行，朱穆畫像，詎能匹此。謳思張綱留祠，未足方斯愛慕。雖徧堂垂範，明知非郭丹之心，而冒禁刊碑，終難忘阮略之德。謹誌。

（文見民國《確山縣志》卷二十四《文徵下》。馬懷雲）

北四北五北七各保共駐馬店寨及公局碑

夏雲峯

天地之氣運，治亂相循。治則人皆相處於原野，勤其耕鑿以安之；亂則聚居於城邑，堅其壁壘以禦之。自髮匪颷起，而後狐鼠相競，結党成群者，枚數不盡。遂致烟塵匝地，烽火燽天，而人民之奔竄，家室之流離，顛危之狀，筆楮難罄。我皇上子惠元元，憫其艱厄，詔令民間各隨地勢，結寨自固。練江寨在確邑北，駐鎮舊地。據練河，對朝嶺，雖非屏藩重鎮，實亦一方要區。咸豐十年，匪亂猖熾，民不堪命，衆議自保。遂於此起其土而高之，以為垣溝，其地而深之以為濠。日夜勞瘁，財殫力竭，再易寒暑，至同治元年春，始克集事，則散者聚，逃者歸，耕者、讀者咸無失業。蓋亦有所恃而無恐也。乃首事諸人，焦心勞慮，不獲休息，欲求數椽之屋，以蔽風雨，率皆寄人宇下，鶉居無定亦可悲。適張姓、梁姓，各有市廛一區，欲售於人。因議其價值，購為公局。蓋合寨要領局為中區，中區定則可以萃摒，當公事之人心，使有所歸宿而不渙，亦可以萃倚此為安之人心，使有所憑藉而不亂。得主有常用寬悚惕，庶足慰四方小憩之思，無拂萬衆大同之願。詎至如向之紛紛然，鳥獸竄而身家難保哉！即承此寨功者，亦可踵其事，而增之居中，以馭永永無替，無使隳敗也。因敘其顛末，勒諸琬琰，以誌不朽云。

同治元年。

（文見民國《確山縣志》卷二十四《文徵下》。馬懷雲）

重修北泉寺碑文

邑宰戴文海

余自丙申捧檄蒞是邦。喜城西北多山，迭翠濃嵐，意其間必有佳景，而邑人因以三泉告。三泉者，南泉、中泉、北泉也。中泉廢塞，南泉脈稍微，惟北泉湛清可愛。暇乃往遊焉。山行十餘里，灌木叢攢，鳴禽上下，細流曲折，注石澗中，聲泠泠清耳，尋源而入寺，寺踞山坳，庭甃方圓二池，水清沙白，藻細鱗纖，汲以烹茶，香洌殊甚，乃知北泉之果冢也。寺三重，皆佛。東偏有顏魯公祠，明嘉靖時崇祀，相傳公殉李希烈難處。憑弔英風，感慨係之矣。考邑志宋曹庠、魏著、夏侯沖、賀貞隱此。而明碑亦以此為賀信道家山，旋得家山記斷碑讀之，信道當是貞表字。據稱寺建自齊。碣曰天宮，後更名資福禪院。至宋崇寧間，又為萬壽禪寺。其來古矣。顧所記蘭洲竹洞、柏徑松關、龍門、碧巖、豹溪、茶圃，以及仁智寮、玉花亭諸勝，已杳不可復識。近則兵燹後，寺益荒頹，獨泉之汨汨猶昔耳。夫勝地因人始彰，如歐公守滁而作亭，蘇子倅抗而鑿湖，簿書餘暇，寄意遊觀，豈惟自娛云爾哉！良由政成民和，熙熙然莫不歡欣鼓舞。每遇春秋佳日，山水清輝，各得以寬然俯仰之身，追從於登臨游晏，為之長者，亦樂與同之。故觀其娛心泉石，而事之百廢俱舉，可知觀其陶寫鳶魚，而民之無一失所，更可知矣。予仰企古人百無一二，猶幸烽烟久熄，年穀順成，疲瘵之民，更生相慶，北泉固無恙也。茲寺又可任其日就荒蕪哉！適紳士方集金請重修，予因捐俸以助，俾量為整葺。如其貨而止，雖視賀公所經營，蓋缺如。然而人生之樂，莫如情得其所可願，而力出其所能，為予與邑之人力不費而願易償，奚必窮其土木而後快乎！倘繼此豐樂相仍，民有餘蓄，暢其情而各輸其力，可以還家山之舊觀，即中南兩泉亦將次第疏通而潤色之，尤予所慨慕流連於山中之佳境而不能忘也。是為記。

同治六年。

（文見民國《確山縣志》卷二十四《文徵下》。馬懷雲）

重修試院記

甲辰舉人楊鳳鳴

確山縣試院，相沿曰王府，蓋明有崇藩之離館也。崇六王皆葬確山，其往來省墓之所休沐也。明季已燬於兵矣。國初，吳文端公之宰是邑也。勵農桑，修學校，因藩邸遺址，構而葺之，為試士之所，至於今邑人賴焉。舊有出題堂三楹，後堂為閱卷所。其右為文昌閣，閣之前有點名堂，後則三代殿各三楹。又後為號院，堂號東西號三廡，凡十有九楹。猶憶道光己酉之修號舍也，山右王公毅庵以名進士蒞確，一日，召邑人士而進之曰："邑有試院，吳公之惠也。顧號房缺圮，致士子負几案，以從寒暑而風霜之。是冒諸君子得毋務乎？"公於是，屬余與胡大令錫鑾、劉茂才永福、太學景明宗家東植翁董其役。匠陶具舉，礱石為几。凡期有三月而告成。後罹寇亂，余以下僚浮沈於四方，迄今二十有一年矣。咸豐三年癸丑夏，粵逆孽南竄入城，燔官舍，而試院無恙。七年九月，土匪圍城。庚申後，無歲不被兵。邑人乃於試院之巽隅構屋數椽，為防守局。然舊廡之摧剝於烏鼠風雨者，蓋已多矣！同治五年，余以備擢史館，解陳郡司鐸任歸里。六年，主講於銅川書院。廣文金公自新鄭分書，劉君融庵仁庵商於余，為重修之舉。太學生王崇章經制勝名欽率先倡捐，以襄厥事。而是時創設守府營適假館於試院。及戊辰春，縣試竟擁焉弗遷也。於是，諸士子嘖有煩言，訟之。縣以上聞於司院，上憲廉其情，移咨南陽鎮，飛飭前守備刻日將眷搬移，勒令謄交，並飭後任守備不得再行借住，致肇釁端，著為令。是春，余以辭內史復官於陳。越明年，而試院之役竣。門下士張明善、友人張仲山，馳書於陳，請為記。夫以古賢王，亭臺樓榭，一時名卿士大夫之遊歷，豈意後之為公有，而挾勢牟利者流，顧欲取聖天子作人之地，為非分之求。而豈知公道之不可泯，與夫執法如山者之代有良吏也。於是，益歎賢邑侯之公德在人，為不可沒也。試院周圍十有一尋，廣丈十有二尺，袤延三十，而贏繚以牆垣，廁以厈溷，自廳序門廡，以至臺甃浴湢之屬，計為室二十四所，間六十六，石几之號五十二，木凳倍之，並勒諸石，以示來者。

時同治八年八月十有二日也。

（文見民國《確山縣志》卷二十四《文徵下》。馬懷雲）

重修延禧明宏寺治辛酉碑記

安增

朗陵駐馬鎮有寺，曰延禧，蓋古來寺也。宋碑仆字脫，弗可考。考宏治辛酉碑云，創自宋丁丑間，為彌勒寺。後燹於兵。竊意此丁丑當為哲宗紹聖四年。明成化甲午，崇簡王就封汝寧，實建莊於此土，倘寺亦其遊歷託宿者歟。宏治時，崇府中官李傑、樊新，朗山僧善祥暨地主安祥、安敬、安升、安邦等，耆士張繽、張紳等，因寺遺址，廓而修之，壯麗為鎮名勝。紳，宏治壬子舉人、直隸鹽山主簿。邦，宏治戊午舉人，任四川達縣主簿，後為湖廣棗陽令，嗣此續修代有其人，而隆慶辛未、萬曆辛丑尚有碑。明季流寇蜂起，駐鎮悉屬戰場，寺遂圮。迄於國朝，雖屢修葺，然非復昔日之宏廠矣。乾隆時，張公國榮、薛公有本，各捐貲，募四方，鳩工庀材，稍復其舊制。茲寺之所以不墮，非二公之力歟！皇上御極之八年歲稔，眾善士更葺而新之。乙未之秋，僉以宏治碑最古，恐久將殘缺，而先民之善就湮。爰重刊姓氏，勒諸琬琰，蓋置序一仍其舊，而漶漫不可復識者有矣。余慨夫數百年之間，古之以善而垂於世者，其精神固可以自永，而不能無賴於賡續，以衍於無窮也。余慨夫今之待古人者若斯，其厚古人得此，於今人甚難，安得今人為古人之時，盡以今之所以待古人者待之耶！余又慨夫當時王公大夫游於此者，今俱不可復作。雖茲寺巍然獨存，而亦非復古者之舊，則又烏知數十百年後有作起，而更之之為誰氏？而茲寺者，其果不異於今所云耶！嘗考鎮東嶽廟碑，駐馬店肇自天順初，實安氏名全者為創始。又見故觀音閣成化碣，鎮屬下隗保，其名曰苧麻。蓋鎮之東，古有苧麻村云。

光緒二十一年。

（文見民國《確山縣志》卷二十四《文徵下》。馬懷雲）

棲隱山人夏公曉山德政碑

安增

與增三世而以文翰知交者有兩先生，一則楊於崗先師，一則夏曉山夫子也。夫子名雲峰，號霽軒，棲隱山人，曉山其字也。由鄉進士蒙前河南巡撫張中丞保奏，賞戴五品頂翎。性靜睿，處衆不拂不流。早歲以孝聞。勤誦讀，能文章，卓卓堪稱，恒日不舉火，而攻苦自若。及游庠，補博士弟子員，屢膺房薦，未售。訓子授徒，遊其門者，多所成就。咸豐癸丑，粵逆煽亂，土寇蜂起，人皆鶉居靡定。遵各上憲堅壁清野之謀，鄉里咸築寨自固。先生起而勷勷練江寨成。咸以先生宿儒長者恩劻靖公宜長一寨。因練保甲，嚴守禦，匪數圍攻，不得逞。婦孺頌德，父老稱賢。雖年逾七旬，而矍鑠勝於昔日。吉人天相，信不誣也。先生尤工詩歌，故其發為聲韻，沖情雅調，不染塵氛。書法蒼勁，有風格。今值八秩榮慶，門人戚里念函丈提撕之殷勤，堡寨調劑之勞瘁，爰志巔末，壽諸貞珉，以彰先生之德，永垂不朽云。

光緒。

（文見民國《確山縣志》卷二十四《文徵下》。馬懷雲）

重修東嶽廟碑記

信陽舉人仝履愫

安卓泉先生增吾，豫名孝廉也。壬辰歲，吾來銅川書院，其堂侄維鐳從吾遊。及庚子再來，而先生已於丁酉棄世矣。壬寅十月，維鐳來謂吾曰：駐馬店今介北七五兩保之間，而其成市，則自前明天順時始，吾遠祖全公與有力焉。市成之後，全公與諸子祥公、敬公、原公、泰公，特建東嶽廟於市之東偏，施香火地三十九畝，事詳萬曆三年汝南秋公記。迨馬氏添修兩廂，而廟制矣。數百年續修不知凡幾，及同治壬戌，先堂伯卓公協衆築寨，而廟適值寨中，避難者屢寓廟內，汙甚殘甚，每欲整頓而未遑也。己巳歲，胞伯培公始倡衆為之。堂伯實記其事。至今又二十餘年矣。正殿牆壁朽腐，將有拆崩之患。胞伯與堂伯議，此次工程不易，先安氏後衆，乃可集事。然猶艱於集貲，幾至中輟，故告成之日，總計三百餘緡。安氏僅八十緡而力已竭矣。堂伯未及記，願先記之。因思安在昔傑公創建大悲閣，施地九十餘畝。九敘、九皋兩公施義塋三十餘畝。鶴齡公董修義邱橋，佐修城隍廟，種種善舉，未可一二數也。而且列膠庠，貢成均，登桂籍，代不乏人。若如嵩公之殉階州，邦之宰棗陽，祀忠義、祀鄉賢，其最著，至今日則蕭條極矣。予曰：今雖不如昔，而樂善猶昔也。積善有餘慶，安氏方興未艾也。維鐳去，遂即其言而書之。

光緒二十八年。

（文見民國《確山縣志》卷二十四《文徵下》。馬懷雲）

西平縣

重修封人見聖祠記[1]

閻興邦

地之以聖賢重者，不妨並存之。而考其本末，以釋後人之疑，如封人一也，見聖一事也，而開封之蘭陽載之，儀封載之，汝寧之西平又載之。予博稽古乘，蘭陽之為舊儀地無疑者，夫子過於斯，封人吏於斯宜矣。而儀封之名始於金。既以名邑，則曰"此封人請見處也。"於是，有亭，有井，大書《論語》之一章，而附以李白、陳子昂之詩，若鑿鑿然。雖蘭陽不得而爭之者。至西平之有儀封鄉，其來甚久。嘉靖中，里人王生為之建祠。邑令劉君廷相記之。榜其地曰"夫子停轍處"，顏其額曰"封人見聖祠。"蓋又鑿鑿然與蘭陽、儀封鼎峙也。然百餘年間，飄搖傾圮，曾莫之問，何以妥聖人之靈？而申若不克見之思哉！

去冬嘉平，予奉命同少司徒、少司馬會勘荒地，道出儀封鄉，謁見聖祠，惻然憫之。適署西平事、上蔡令楊君廷望進而言曰："職雖代庖，意欲廓其規模，而詘於力，公誠修之，職敢不黽勉從事？"予嘉其志，捐俸二百金。學使者王君聞之曰："某膺文教，復聖賢蹟，某任也。"亦捐五百金。遂構堂於今歲元旦之吉，至三月而落成。因請予為記，以勒之祠中。

予閱舊記，舉儀封不舉蘭陽，已失之未考，其曰："定公十四年，孔子去衛適陳。哀公六年，孔子自蔡入葉。儀為衛屬，自衛適陳，必經於此。封人從此請見焉。至於蔡，即

---

[1] 民國《西平縣志附編》卷二《文徵》載文與此詳略不同：

遼東籍宣鎮人，河南巡撫閻興邦。

地之以聖賢重者，不妨並存之，而考其本末，以釋後人之疑。如封人一人也，見聖一事也，而開封之蘭陽載之，儀封載之，汝寧之西平又載之。予博稽古乘，蘭陽之為舊儀地無疑者，夫子過於斯，封人吏於斯，宜矣。而儀封之名始於金。既以名邑，則曰此封人請見處也，於是，有亭有井，大書《論語》之一章，而附以李白、陳子昂之詩，若鑿鑿然，雖蘭陽不得而爭之者。至西平之有儀封鄉，其來甚久。嘉靖中，里人王生為之建祠，邑令劉君廷相記之，榜其里曰"夫子停轍處"，顏其額曰"封人見聖祠"。子往來於衛道，經儀屢矣，一見再見，未可臆斷。蓋自靈公卒後，父子稱兵，三綱淪斁。以封人之賢，必不樂其國，或去之而隱於是鄉。鄉之人賢之，曰："此曾於儀見聖人者。"而其言傳於諸弟子之口者也，仍稱曰儀。封人即以名鄉，是則理之，所可信者。豈必於斯又見哉！夫封人既藉聖人以傳，而鄉又藉封人以傳，所謂地以聖賢重者，即當並存之，而不廢也。予幸斯祠之復，因考其本末如右，以補前人之闕，而釋後人之疑。俾謁之者一如在蘭陽、儀封，則聖人之教，昭昭乎揭於中天矣！

學使者王際有，江南丹徒人。署西平縣事、上蔡知縣楊廷望，江南武進人，例得與書。

康熙二十八年己巳季春月。

今上蔡，葉亦今之葉縣。此鄉介蔡、葉之間。封人掌封疆之官，夫子入蔡及葉，又相見焉。是邑之得名，為前之請見。鄉之得名，為後之請見。此憑臆而談者也，其誰信之哉？予請以理斷之。蓋封人之言曰："君子之至於斯，我未嘗不得見，則為儀掌封疆者蓋有年矣。今考夫子，定公十四年始適衛，居十月而去衛適陳時，則有匡人之圍，後過蒲復反于衛時，則有南子之見，因驂乘故去衛適曹而定公卒。及哀公二年，夫子又自蒲入衛。衛不用，欲西至晉，臨河而反居於衛，而衛靈公卒。夫子如陳。至哀公四年，自陳遷蔡又如葉，還居陳、蔡之間，楚使人來聘，將往拜禮。陳、蔡圍之時，則有絕糧之厄。復自楚反乎衛，此哀公之六年也。夫子往來於衛，道經儀屢矣，一見再見，未可臆斷。蓋自靈公卒後，父子稱兵，三綱淪斁。以封人之賢，必不樂其國，或去之而隱于是鄉。鄉之人賢之，曰："此曾于儀見聖人者，"而其言傳于諸弟子之口者也，仍稱曰儀，封人即以名鄉。是則理之所可信者，豈必於斯又見哉！夫封人既籍聖人以傳，而鄉又籍封人以傳。所謂地以聖賢重者，即當並存之而不廢也。予幸斯祠之復，因考其本末如右，以補前人之闕，而釋後人之疑。俾謁之者，一如在蘭陽、儀封，則聖人之教，昭昭乎揭於中天矣。學使者王際有，江南丹徒人。

署西平縣事、上蔡知縣楊廷望，江南武進人。例得與書。

康熙二十八年己巳季春月。

（文見嘉慶《汝寧府志》卷二十六《艺文志》。馬懷雲）

大中丞撫軍閻公書院碑記

提督河南學政按察司副使王際有字書平江南丹徒人

國家景運，遐被普天，率土以奠以寧，恭惟皇上制治保邦，猶深咨敬。親舉玉趾，慰安元元，靡遠弗屆。惟茲梁、豫，夙稱中土，蓋五嶽之腹心，四表所耳目也。首善暨訖於是焉。先我大中丞閻公以京兆牧伯出撫是邦，紹周公、畢公之良模，踵魏公、鄭公之大烈，朝廷倚公特重云。公曰："在昔明季，盜斥蹂躪中原，經本朝休養涵濡，四十有六載，民當再造之餘，宜持之以無事。當聖天子競業，憂勤於上，屬在臣下，其孰敢或弛。以故撫豫首政，獨清苞苴，澹泊寧靜，為下吏風，既滌煩苛，尤慎刑獄。暨僚率屬察吏問民，民有疴癢，為汝撫摩，何利宜興而弊宜革，有則以告立興，復而蠲除之。次第施為，一切就理。聲色喜怒，不動於形，而豫以大治。

溯自下車以來，雨露沾濡，愷澤旁布，時和歲豐，民恬物熙，欣欣焉更生樂育，率於善而遠於刑，公之化也。邇者皇躬靡寧，仰瞻雲漢，避殿減膳，疇咨在廷，大小伻僚悚惕洗滌，分遣使者稽察災旱，蠲賑有差，鏤刻天恩，淪肌浹髓。獨此兩河，蒼赤化日，舒長不至，上貽當寧，顧慮非公先吾君而憂，何由後吾民而樂乎？顧緣汝寧、南陽閒，地逼西楚，兵燹以後，猶餘不毛。歲在戊辰，上命內大臣出勘，公則單騎偕行，周覽郊原。蒙犯霜雪，廉得其實，特疏且請。時值歲除，道出西平，見聖祠下肅叩聖像，徘徊摧楹敗壁閒，謀捐資葺治，並新中嶽廟於東偏。時上蔡令楊君廷望署西平，實董其役。役既訖工，因祠左建講堂焉，從士民請也。先是公甫蒞治，咨民疾苦，外惟課士，是亟整黌宮，立約束，建義學，新書院，進博士弟子，民閒俊秀，親督課之，務俾窮簷，莫不向學。蓋士子之沐浴公德久矣！際有職隸下屬，荷公噓植受知逾深，喜楊令君偕士民之有是役也，為之申飭規豹，俾諸生以時肄業於其堂，恂恂粥粥入至聖宮牆，服先民矩矱，相與其宣德化，以綿公教於無疆，是予之志也夫。爰拜手為之頌。頌曰：

　　人或有言，懿惟我公。大河以北，太室以東，含和飫膏，安有終窮？豈徒一隅，私波鴻濛。予曰不肰。公也天只，譬之甘霖，一沃千里。挹彼注茲，霈則有喜。矧此樂郊，公親蒞止。其在於公，匪我獨私。公為我父，公為我師，恩斯勤斯，提斯覺斯。冬寒夏暑，我公是咨。秋實春華，我公是滋。煌煌路車，天子錫之。振振木鐸，夫子牗之。嵩高維嶽，實式憑之。講堂峩峩，豐碑屹屹。頌公景福，佩公祇德。惟德攸福，申命自天。後百千年，我公在焉。

　　康熙二十八年。

（文見乾隆《西平縣志》卷九《藝文志》。馬懷雲）

玉帝行宮記

邑歲貢生劉廷瑞

　　廟祀之設何為乎？食厥功，報厥德，而欽肅祇承之無已也。古者上至王京，下至侯邦，莫不專設祝史。緣義起禮，因分達情。以故山、川、嶽、瀆、日、月、風、雲、雷、雨之神，各得以類宅於其所。而圜丘大典，惟天子乃得執玉燔柴於南郊從事焉。遞及閭閻，不過春露秋霜祭厥祖考而已。洎乎漢、唐以降，祠宇繁興，即以天地至尊，州黨里閈亦得以塑像隆祭。蓋所由來者漸矣，非一朝一夕之故也。余村西里許，有河名曰萬泉。其流清冽瀠洄可愛。河之左有廟，翼然臨於其上者曰玉帝行宮。其中央金碧熒煌者即天帝也。關帝、二郎、龍王諸神像，其旁列者也。作廟顛末，姑弗深考。歲久傾圮，有善人戴運昌等起而重新之。或曰：是舉贅也。《記》曰："天子祭天地，非庶民所應爾也。"余曰："此說是已，而其機則不然。人，天所生也，因各得與天相通。"故《詩》曰："昊天曰明，及爾出王。昊天曰旦，及爾游衍。"宣父曰："知我其天。"而孟氏子亦曰："事天。"然則天者，正當引而近之，非可推而遠之也。或又曰："否，否。神各一名，天惟一大。今以僻壤窮落，彼蒼者天，胡為乎來哉？"余又曰："此膠柱鼓瑟之論耳。夫天其大，無外體物不遺。而曰猶有弗屆者，是有外有遺也。今夫鑽木得火，而曰火在是；掘地得水，而曰水在是；叩鐘得響，而曰響在是。人必以為迂且妄。何者？無以動之不應耳。其響、其水、其火，固無時不在也。天帝之於人，亦豈異於斯乎？"或又曰："如子言，此舉當矣。立廟禮之，其殆足以報之與？"余又曰："非也。天下尊其功，食其報，天固不自以為功也，奚以報為？即曰當報，而天有予人以當全之理，有望人亦當盡之業。苟其他弗克恪守，以此為報，抑末耳。然則茲廟之設，奈何？"余應之曰："事人者先事鬼。《經》曰：'務民之義，敬鬼神而遠之。'今天有天之秩序焉，天有天之四時焉。倘二三親友，務為孝友、睦姻、任恤之行；勤其稼穡、賦稅、力役之事，順而利之，誠而行之；入廟懍然，若上帝陟降於左右焉。則茲廟之設，又未始非永言配命之助也。其又奚以多求為哉。"說者爽然謝曰："子言良是。請鐫石以為萬世告。"

康熙五十一年立石。

（文見民國《西平縣志附編》卷四《文徵》。王偉）

倉上廟碑

邑乾隆辛未科舉人張天爵

嘗思陰陽陶鑄，萬物化生，人居其中，特一氣之鼓蕩耳。其生也何自來，其死也安所歸？即三代以前，人固有死而復生者，亦未聞其入地府中，見所謂若者帝、若者王也。乃世人相傳地藏王、十閻君，掌生死之數，擅賞罰之權，陰報之理同於陽報。豈古之所謂司命者，與西平縣西洪保上里有倉上廟，廟中有地藏王相，其形勢近於古城，城之東有興國寺，城之西有倉上廟。其初建之時，或係大都會所在，但世遠年湮未能深考，蓋其歷時也久矣！夫歷時既久，不無風雨鳥鼠之患，故神像廟宇，皆頹然而將廢。有丁伯祥者，募財重修，工既竣，屬余為文。余因即其所聞者，而臆度之，以傳於奕世云爾。

乾隆六年。

（文見民國《西平縣志》卷四《文徵》。席會芬）

儀封鎮中嶽行宮記

浙江平湖人沈棻字藕莼

五嶽為羣山之宗，而中嶽為之長。州有封，國有鎮，無不于嶽焉。是統分后土之命，而各主于其方。出雲降雨，澤潤生民，如羣牧之，率屬二伯之分陝布濩，天地之德，而人不知其功，是以望秩之禮，配于郊壇，其牲醴圭邸之次，祝版樂舞之節，無不極其崇隆。《記》曰：五嶽視三公，其尊之也至矣。然岱、華、衡、恒，各寄一方，嵩高獨居中土，為四方表，則宜特重於羣嶽。而《虞書》載，四巡獨不及嵩山。秦始皇上泰山，登會稽，至于湘山，而于嵩亦未嘗及。獨漢武幸緱氏，禮登中嶽太室。漢官在山下若聞，稱萬歲云。夫豈以宅中圖大河雒之區，古帝王之都邑在焉。車駕時至，常事不書，非略之也。若夫豫川之域，鄭、衛、陳、蔡之郊，是其專屬，神靈亦崇聚焉，有非他焉之可及者。我西平，蔡之下邑，西鄙儀封鄉，相傳為封人見聖之地，左流瀙水，右峙岈山，為周、楚、秦、蜀之孔道。自被寇燹以來，汗萊充斥，蜚鴻滿野，遺民之存者，落落如星辰，炊烟之相接者鮮矣。近稍稍勞來安輯，逋民漸歸，復成市集。歲甲辰夏，大旱。里民望嵩而禱，神降于巫，霖雨沾足，歲次豐穰。里民數百輩念無以答神貺，謀創殿宇，以妥神靈。卜地於見聖祠西，諸生趙瑁捐地三十畝，不二月而寢宮告成。遠近數百里齎香帛而至者，疊迹接軫，陳牲擊鼓，歌舞于祠下者不啻千百輩，而四方賈人挈囊橐，設珍錯，往往駢肩側足，數日不休。可謂盛哉！余攷祀典，天子望秩天下名山大川，諸侯各視其境內，嶽之祀於士民非古也。然東嶽行宮所在多有，即我郡邑祀之者大半，而中嶽之祀，中州于義差合。況祈禱輒應神靈之所，屬意小民不忘大德，有祈焉，有報焉，亦其宜也。思數年前，村野爲墟，蒿萊之所，叢聚求其耕耙奚奚焉難已。又加之燠旱，民其有孑遺哉。霖雨時至，粒我蒸黎，使食德之民，得舉勝事于今日，高甍畫棟，不日而成。遠近載觀，市肆闃咽，亦涖茲上者之樂聞也。里人以記見屬，敬爲之書。

殿始于乙巳年正月之望，落成于丙午十月朔日。用材甓若干，工若干，共金錢千五百云。

丁未蜡月望日記。

（文見民國《西平縣志附編》卷二《文徵》。馬懷雲）

城隍廟記

邑恩貢生候選教諭王式文

神人之相感，莫不有一，天焉。而人往往鼓舞於其中，而不能名言其所以然。邑有城隍，職司鑒察，無幽不觸，有覺必先。凡其彰善癉惡，歷歷有徵者，皆其保國佑民，而綿綿無盡也。西平為柏皇遺封，治之南不數武，有城隍廟在焉。自明季以及我朝，其間遞為重修者不知凡幾。獨至乾隆甲戌、乙亥之歲，傾覆殆盡。若拜殿，若大門，若東廊西廊，若戲樓、牌樓、寢宮、穿廊以及廣生祠與祠前拜殿，荒涼破落之狀，不堪寓目。苟非無情之侶，孰不過而傷心哉！適前任林公達幽明之理，矢供奉之誠，每當謁神之期，覩此凋敝，輒欷歔感歎。惟以工程浩大，非有人統理，無以為四方之倡，遂敦請耿君世忠、張君平湛，董率其事。張君萬春、郭君從典、薛君永清等，並代募貲財，復由二十一保地保隨地勸募，合一邑之力而共舉之。夫聖德洋溢，原足蒸動乎人心，而善念勃興，尤足感孚乎衆志，庀材散謫仙之黃金，鳩工運公輸之鬼斧，相其勢，酌其時，積漸以圖，循循然若有所待也。並日而營，皇皇乎若有所迫也。經始於乾隆二十五年，告竣於乾隆二十八年。當斯時也，寢宮穿廊猶是也而已，昭其嚴潔矣；東廊西廊猶是也而已，極其華飾矣；大門戲樓猶是也而已，覩其巍煥矣，而且肅然在前者拜殿也，則足以快斯人之心思焉；卓然在望者牌樓也，則足以耀斯人之觀瞻焉；峻宇特起而丹碧交加者，廣生祠與祠前之拜殿也。噫！斯舉也，扶腐朽之餘材，傑出雲霄之表；依敗壞之遺址，重施造作之功名。雖為因實近於創。自非林公倡其端於前，何以成厥始，非衆人奮其力於後，何以成厥終乎！而余尤謂倡其端者林公，而究非林公也；奮其力者衆人，而究非衆人也；樂為施者士民，而亦非士民也。蓋神之正直聰明者，惟城隍為最顯。凡牽牲設饌，而拜跪必肅者，莫非天地之宜然也。由是言之，林公之有，是欲動於天而不容已也；衆人之奮其力，發於天而不自禁也；士民之樂為施，感於天而不自知也。舉合邑之人而相協以天，尚何事之不可就，何功之不可成哉！所冀有志之士，今昔相望，不違其天而若其天，庶懿德攸好，而廢者可興，墜者可舉，將神之德所憑依者，自彰善癉惡之有徵，而保國佑民之無盡矣。余嘉是役之成，且欲永垂不朽，為後日之慕義者勸。故序其巔末，而為之記。

　　乾隆二十八年。

（文見民國《西平縣志》卷四《文徵》。席會芬）

仙池兩孝童墓表

　　江西豐新人西平縣知縣甘為仁

　　所謂孝童者，陳姓，行四，名乘起，十一歲。行五，名三起，九歲。其祖諱逢吉，其父諱上，皆博雅君子也。余蒞任西邑，即慕其為人，心甚敬之。間有公事過村必造焉。談經說史之下，見其兄弟爽慧秀髮，默識心通。問其學，曰能屬對，且並識三千字。性至孝，善承歡。其祖云：予一日酒酣，席地納涼。兩孫恐抽蚰入耳，傍坐揮扇，醒方攜手入室。其事祖母與吾無異。四孫好靜，足不出戶外，愛臨法帖。五孫好動，喜應接。所好雖不同，而相友愛則甚篤。余即其見賓時，進退雍然，悉有禮度，深信乃祖之言不虛也。乾隆二十年三月二日，乘起患痘，廿日未痊。三起歎曰："吾有味未嘗獨享也，今獨啖無味。"越二十日，三起亦患痘，於四月二日先亡。乘起在床泣曰："吾不得復見五弟矣！"又曰："吾有三兄，皆早夭，吾祖父母至今言之，慈淚盈把，吾父母悲火燒心，年未四十愁霜侵鬢。奈何又遭愛刃割腸也。"嗟呼！遲十一日而亦亡矣。陳氏二難，俱為下殤，其可哀也。夫汝祖因水阻未得葬汝於祖塋之後，今葬所於汝叔祖諱振吉者近。汝所未知未能，求教甚便。令先高祖諱言會，祖諱世祿，兩先生之墓在李家灣，相去十二里。求撫育教誨亦便，汝必知之，決不負乃祖、乃父之意。余聞之，孝弟至於天而日月為之明，孝弟至於地而萬物為之生，孝弟至於民而王道為之成。孝弟如兩童乃竟不能永其年，極其量，發為事業，著為文章，以至於不朽，惜哉！係曰：

　　嗟彼兩童，生而孝友，年則婉孌。貌何敦厚，人許其材。天不假壽，雙玉長埋，一靈永守。芳名不留，金石斯朽。末而敘之，如此回首。廿餘年來，學殖荒落，而不自知其老之將至，緬先君子遺訓，蓋不覺盡然流涕也已。

　　乾隆三十五年歲次庚寅菊月中澣。

（文見民國《西平縣志附編》卷二《文徵》。馬懷雲）

邑侯湯顯相德政頌碑

　　蓋聞蓄道德能文章者，其政教所孚，自有以發人愛戴之忱，而動其謳歌之慕，故酌春酒以獻壽。賦南山之有臺，詩冊所著炳耀古今，非偶然也。若公循良之治，明允之庥，淪肌髓而浹肺腑，尤非尋常所可擬焉。公為江西望族，早掇巍科，文藝衣被天下也久矣！筮仕後，雖簿書鞅掌，著述未嘗少減。庚寅歲終，蒞我西邑，甫下車，察民閒之疾苦，覽四境之情形，見夫學校、祠宇、城池、廨舍、道路、溝渠諸務，無不頹乎就廢，慨然歎曰："惟朝廷所以任予者，庶其在茲，予何敢不事事以報稱國家？然未可遽也。"於是，勸農桑，緩征輸，減刑獄，私賄不受於夜，悍吏不下於鄉，煦育生息，使民得從容力田耕穡之閒，凡所云躋乎春臺而登之雲壽者，蓋二三年。嗣是歲豐時，稔屋有裕糧，乃舉昔所就廢者，次第繕修。至上而祝釐之有地，下而學宮之增新，尤屬補前所未備。公暇因類紀所行，以為歌詩序文。邑人士咸勒石，以垂於後。蓋以公數載勤政，不忍聽其湮沒，致軺軒採風者，或莫知所據也。夫以我西邑境狹土瘠，當南北衝途，皇華使節無日無之，嚮之宰斯地者，恒若治絲而愈棼。惟公天才超拔，學業宏深，彈琴製錦，游刃有餘，故力為振刷，一切興作，煥然改觀。又性嗜學，人講習之事。凡遇士可教者，口授指畫，亹亹不倦。文翁化蜀，寧有異焉？行將榮膺遷擢，進秩臺垣，出其學術經濟，以霖雨天下，皆可於今日之政教卜之也。合邑士庶被澤深而服化久，思以達夫愛戴之誠，爰躋堂稱觥，拜手以獻頌。頌曰：

　　惟公令德，蒞我文城。廣布其惠，民遂以生。涵育太和，於今六載。舊習弗仍，頹風頓改。蒲鞭示戒，不任桁楊。生畜亭毒，民樂用康。催科維拙，不盡征輸。豐穰黍稷，德化淪濡。宮闕輝煌，帝壽是祝。我公特建，萬民悅服。黌宮深邃，聖教是崇。我公庋止，福祿來同。斗杓流祥，圖書標府。奎躔騰輝，文章有主。松柏志貞，椁構斯備。首蓿俸微，絃誦卜地。憫彼煢獨，添衣加糧。澤霑羈旅，除道成梁。花迎夾道，膏沃春田。召父杜母，輝映後先。福由德茂，日升月恒。頌公祺壽，載報賢能。

　　乾隆四十年歲次乙未冬十二月。

　　　　　　　　　　　　　　　　　　（文見民國《西平縣志》卷四《文徵》。席會芬）

權寨玉皇廟碑

　　邑歲貢生陳汝梟字法齋

　　嘗聞天子祭天地，司空視道途，禮也。顧禮緣情起，禮不可踰，而情則人人得以自盡。人各有敬天禮地之心，即各有濟人利物之心。權寨之玉皇廟及黃家朱家橋之建，率是道焉。玉皇廟之在斯里也，里之人水旱疾疫，凡有求必禱焉，亦一方之福地哉！或曰："天地好生之德，普被萬方，豈僅域於一隅！"而吾謂不然，蓋神之靈，靈於將事之人之心。心惟戲渝之弗形，神自鑒觀而不爽，何獨致疑玉皇之赫顯於斯土耶！第歷年久遠，殿宇傾圮，山門拜殿亦皆敗落。幸有族弟峻基、重光、謙光、觀光諸君，倡首作善，敦請化主，或各捐己資，或募化四方，鳩工庀材，不數月而厥功胥告成焉！向之傾圮者，已易而成巍峨之象；向之敗落者，已易而為崇隆之觀，誠盛舉也。雖然猶有憾，廟貌維新固足以妥神靈，而橋工未成，其何以便行人？於是，推敬天禮地之心，為濟人利物之舉，聯二橋於東西，厲揭不事，通孔道於南北，往來匪艱。工具成，索誌於余。余惟斯廟也，斯橋也，余曾祖輩曾修之，余伯叔輩又重修之，今此之役，蓋不惟衆人之幸，而亦吾家之光也，爰為文以誌不朽。

乾隆五十四年歲次己酉仲夏立石。

（文見民國《西平縣志》卷四《文徵》。席會芬）

三善橋碑

蘭儀人西平儒學教諭管訓導事張景坦

古者修治河道，建築橋梁，火朝覿而興作，霜戒寒而葳事，濟川澤之窮，通往來之阻。十月成梁，載在《周禮》。《孟子》亦曰："歲十一月徒杠成，十二月輿梁成。"民未病涉，此王政均平，固纖悉之畢舉也。其鉅者需費浩繁，朝廷發帑金，以時修治。而在間閻窪地，厲涉維艱，則民多建小橋以廣利濟。偶即頽缺者補之，傾圮者葺之，無使廢墜，善舉焉。

西平，古柏子國，汝水所經。其在《詩》曰："遵彼汝墳"，善紀事也。且地多小水，沮洳淤塞，溝渠紛裸，無梁以通之，其何以濟？邢家店以西師保地方，舊有三善橋，其來已久，屢蔽屢修。武子建功、文城之善士也，念一方之通途，承前人之締造，奚可自我而墮？謂茲橋也，一以便輿徒之馳驅，二以開田家之壅蔽，三以和睦東西朔南之鄰誼鄉情，故稱三善橋。爰約同志募化資財，共勷斯舉。又以餘力兼修李家橋，甃磚砌石，使之堅固完好。則一舉而衆善備焉，誰得謂非義士哉！工程告竣，鐫石垂後，而問序於余，謹綜顛末，用擬告後世之有志奮興者。是為記。

乾隆五十九年歲次甲寅。

（文見民國《西平縣志附編》卷二《文徵》。馬懷雲）

仙侶鋪玄天上帝廟碑

賜進士知西平縣事王進祖

世稱帝德粲矣。按《道藏》所載，神跡顯者，茲不具述。溯立廟之始，舊碑無存，殘碑斷泐，蓋其興而廢，廢而復興者屢矣。邑東南仙保，舊志載漢孝子董永墓在焉。道左向有玄帝廟一區，土人祈年報賽之所也。前邑令湯公曾經修葺，歷年久遠，勢將傾圮。余來守此土，每勸春耕，迎大吏必於此暫憩。見神像剝落，出廉俸裝金，用昭敬事。住持池教敦勸眾庶，補葺殿宇並重修廣生，創修門樓、影壁，以報豐年之惠焉。工畢，將勒諸石以傳後。竊惟神道設教事神，即以修身，小民未讀詩書，何知祀典？見像塑威嚴則肅然起敬，因而知鑒察冥冥者，默操賞善罰惡之權用，惕然於善必當勉，惡不可為。相率而孝其親，敬其長，力田以祈豐年，安分以保身家，懍茲神威以修身，誰謂斯廟之修不即所以教民哉！爰援筆而為之記。

嘉慶九年。

（文見民國《西平縣志附編》卷二《文徵》。馬懷雲）

玉皇閣記

知縣王進祖

嘗讀《易》曰："大哉乾元，萬物資始。"《書》曰："維皇降衷於下民，"故天子仲冬祭天於圜邱，掃地而壇，不敢廟祀，懼褻也。下此者不得而干焉！然而人心一天心也，心皆天也。與其為無形之奉若，何如為有象之觀瞻乎？此結宇樓之、崇像禮之、之所由來也。余視篆西邑，行部過儀，至封人見聖嗣，入而瞻仰焉。展拜畢，憑几小憩。鄉紳趙際清、趙振清二君揖余而前曰："聖祠左有玉皇閣，創始不知何年。康熙初，職先人有名之瑉者曾重修之，並捐地三十畝為香火資。邑侯平湖沈公棻為之記，載在邑乘。迄今百有餘歲，鳥鼠風雨，傾圮已極。職欲營建之，而力苦不給。因謀諸二三同人，僉以為可。於是，捐鏹斂貲，鳩工庀材，木石瓴甓，羣集騈至。經始於仲春之初，落成於季秋之吉。今則棟宇輝煌，煥然一新矣！請公為文以記之。"余曰："是舉也，有三善焉。建峻閣以妥明神，至虔也。明天道以牖下民，至教也。踵先志而大紹述，至義也。而且地近聖居，參之相得。有聖而天道闡，有天而聖道開。今而後，都人士持辦香而來者，咸知宥密皆天，屋漏有天，臨之在上，質之在旁，有威可畏，有儀可象者，無往非天也。克念作聖，玉汝於成，寧有既乎！"遂振筆而為之記。

清嘉慶十年歲次己丑菊月中浣勒石。

（文見民國《西平縣志附編》卷二《文徵》。馬懷雲）

鐵佛寺碑記

邑諸生于宗濂

嘗聞有功德於民者則祀之，能禦大災捍大患者則祀之。佛以慈悲為心，其禦災捍患默運於冥冥之中，不見其迹，而天下陰受其賜，故廟祀而尸祝之者，歷千載如一日也。竊維佛家宗旨，以明心見性為真詮。得其意而利用之，則蔽於物不溺於欲心清理，得與吾儒之存心養性之功，雖有虛實之分，而無背戾之患，奚必以佛法為異學而斥之也哉？且佛之慈悲，即吾儒之惻隱，苟能因惻隱而行其慈悲，將化澆風為淳風，易薄俗為美俗，殘忍暴戾由此而遠。睦婣任恤緣此以興。其有功德於民者爲何如哉？如以養生戒殺為慈悲，乃世俗謬悠之談，非佛家之宗旨也。憶佛入中國自漢明帝始，下及唐、宋、元、明，帝王崇奉者，時盛時衰，概隨時運爲轉移。

西邑于家橋南舊有鐵佛寺，父老傳聞為馬氏渡河時見佛像偃仆河岸，時有艱阻，禱於神前，輒蒙庇佑，遂輿載至家，創建祠宇，以酬神貺。元、明以來，代有增修。嘉慶乙亥孟秋，太學生令聞常君商同附近善士鳩工庀材，不數月而祠宇神像煥然一新。惟願入廟起敬，瞻拜生感，以吾儒之惻隱，恢釋教之慈悲。所謂明心而見性者，更無拂於存心養性之說，則廟祀尸祝固宜歷千載如一日也。

嘉慶二十年歲次乙亥。

（文見民國《西平縣誌附編》卷四《文徵》。王偉）

竹園石橋碑

邑乾隆己酉科舉人陳森

聞之好善樂施，拯物濟時，明知非一身一家之私計，而不辭賢勞，人情之所難也。至其事，為古之人所欲為，所得為，所能為，而卒不肯為，不敢為，不果為者，有人焉。毅然起而必為之，則尤難之難者也。西邑迤西七十餘里，有棠溪澗，《史記》蘇秦說韓王曰："韓卒之劍戟，出於棠溪。"《索隱》注：棠溪在西平，其水淬刀劍特鋒利，為干將莫邪所從出，亦名川也。"而自潘家橋上溯之，委蛇垂四十餘里，未嘗建橋者，何也？蓋溪之源，發於西界柱石山。柱石山西望也，山之麓蒙泉正出，爛若龍文，激波輝珠，迤邐北注。盛夏泛漲，諸壑競趨，奔渐激射，浮湍迅疾，蓋數十里絕津渡焉。既而南，山甫盡，一嶺橫陳，滙而為溪，漫衍東瀉，故道宛然。不知何年，崇岡中斷，急湍如決，蓄極而泄，勁疾彌甚，乃前不數武有津處，顏曰"竹園渡口。"東通淮汝，西達宛洛，沖道也。而素無橋梁，行者苦之渡。以東三里許，地名龍骨灣，有和氏墓。曹魏時，和洽官侍中，封爵，子逌，官吏部尚書。逌子嶠，仕晉為中書令。嶠弟郁，官尚書左僕射。渡南里許為冶爐城，晉置鐵官，令治此監造劍戟。想其宅墓經由，貢賦往來，其需橋也，蔽於物不溺於欲，心清理得，與吾儒之存心養性之功，雖有虛實之分，而無背戾之患，奚必以佛法為異學而斥之也哉。且佛之慈悲，即吾儒之惻隱，苟能因惻隱而行其慈悲，將化澆風為淳風，易薄俗為美俗，殘忍暴戾，由此而遠，睦婣任恤，緣此以興，其有功德於民者，為何如哉！如以養生戒殺為慈悲，乃世俗謬悠之談，非佛家之宗旨也。憶佛入中國，自漢明帝始，下及唐、宋、元、明，帝王崇奉者時盛時衰，概隨時運為轉移。西邑于家橋南舊有鐵佛寺，父老傳聞為馬氏渡河時，見佛像偃僕河岸，時有艱阻，禱於神前，輒蒙庇佑，遂輿哉！至家，創建祠宇，以酬神貺。元明以來，代有增修。嘉慶乙亥孟秋，太學生令聞常君，商同附近善士，鳩工庀材，不數月，而祠宇神像，煥然一新。惟願入廟起敬，瞻拜生感，以吾儒之惻隱，恢釋教之慈悲，所謂明心而見性者，更無拂於存心養性之說。則廟祀尸祝，固宜歷千載如一日也。

清嘉慶二十年歲次乙亥孟秋。

（文見民國《西平縣志》卷四《文徵》。席會芬）

郅公祠碑記

邑歲貢生楊權

蓋聞義者，人心之公。公漢室名臣，西邑佳士，光史冊，昭日星，義也。而邑人之建廟宇，妥神靈，亦義也。嘉慶丙子秋，陰雨連綿，彌月不開，祠堂僧舍，漸就傾覆。衆議修葺，越兩旬而事竣。是何費事之少而成功之速哉！余因之有感矣。東漢去今千餘年，由魏、晉以迄宋、元，遠而難稽，惟前明以來，廟祀無替。善人君子罔非發於不容已，而動於不自知也。

清嘉慶二十一年丙子。

（文見民國《西平縣志》卷四《文徵》。席會芬）

重修封人見聖祠碑記

知西平縣事李德林字修齋山東平度人

蓋聞生民以來，先孔子而聖者，非孔子無以明。後孔子而聖者，非孔子無以法。所謂儀範百王，師表萬世者也。以故，當時遊歷所至，偶被容接之，僑其地其人，均與昭千古而不朽。西平之有儀封鎮見聖祠，由來舊矣。粵稽《魯論》鄭注儀封為衛邑。蘭陽邑乘載，縣北有儀封縣。按此，則與西平無與，而《釋地續》又謂儀城乃衛西南境，距其國五百餘里。以方域考之，西平之傳，誠非無據矣。要之，人之於聖人也，高山仰止，景行行之，雖不能至，心嚮往之。矧封人親承懿訓，哲踪遐軌，留遺人間，後之人得之其地，無不徘徊鄭重而弗能自己，其立祠祀之宜矣。惟是祠歷修於里人王、趙、孫、魏諸公，大新於中丞閣公，迄今又近百年。歷時既久，浸就剝落。德林於道光丙戌夏承乏茲土。瞻仰廟庭，清深敬禮。亟為鳩工庀材，命紳士趙成博等董其事，用復舊規，並查前有中丞閣公、巡道袁公、遂平令孔君，共捐地三百畝零。德林恐其久而湮沒，請諸上臺，移作祠內祭田，歲備牲醴，恪共祠事。余資貯為歲修之費，庶幾廟貌常新，勝跡永著焉。孔子與天地日月鬼神合其德，繼堯、舜、禹、湯、文、武作之師，洵乎聖集大成者，封人何幸生與同時，而有見聖之嘉遇，德林雖不同時，未克見聖，亦復何幸而獲修，見聖之崇祠哉！後之視今，亦猶今之視昔，實於方來者有厚望焉。祠之左有閣公祠三間，講堂一所，俱已傾圮，爰循士人之請而並新之。是為記。

道光七年歲次丁亥二月中浣。

（文見民國《西平縣志附編》卷二《文徵》。馬懷雲）

陳依中捐設義學碑記

義學之設也，凡與衆共建之區，余既敘其事而勒諸石矣。而中有一人能大綜其成者，如常保上里公捐錢二百餘千建學，以教其里之子弟。乃邑生員陳依中獨捐錢四百千，人或以其事而異之。余以為好善之心則同。吾人舉事，但宜平論其事之當否與力之能否，此外，均非所論。義學而果當建也，與衆共建之其可也。即如一人自建之亦無不可。吾力而既能為也，如一人自為之可也，必俟與衆共為之則大不可。依中斯舉也，余不異其捐銀之多，而異其慷慨好施，不牽於衆也。特為之表，以勸夫後之向義者。

清道光七年勑授文林郎、知西平縣事李德林撰文。

（文見民國《西平縣志附編》卷二《文徵》。馬懷雲）

八蜡祠碑記

癸酉科舉人王芳三

伊昔皇古之初肇，自昊穹以至伊耆氏，始為蜡，《禮·郊特牲》所載，大蜡先嗇、司嗇、農、郵表畷、貓虎、坊、水庸、昆蟲八神，故曰八蜡。蜡也者，索也。歲十二月，合聚萬國而索饗之也。西平古柏遺封疆，以韓索人情樸茂，不尚浮屠。古刹所存，寥寥無幾。惟壇廟之在祀典者，越時必加修葺。邑北門外八蜡祠何年創建，無可考。庠生呂萬懷、監生張萬林、信士陳秉旺諸君子，毅然重修。將落成，家嚴聞而義之，大加激賞，以為事關民社，乃官吏之責，遂捐俸若干，命余齎送。覽其祠宇頗弘壯，正殿八蜡祠外，又建女媧廟一座，揣其取義，八蜡主先嗇則神農也，祭司嗇則后稷也。媧皇有補天之功，而禮缺有間，豈乾坤六索成男成女之義乎！茲之兩祠並建，誠所謂報本返始，不忘其初者歟！西廂更創修官廳三楹，治神人，和上下，諸公深於禮矣。其時服役者，無事逼迫輸貲者，無煩悉索，是蓋三時不害，時和年豐，而民力普存也。孔子與賓蜡，而歎大道之行者，比物此志歟！工蕆，索文於余，不假思索，構成數行，以編記年月，不然，執畫工之意，以繪像必謂人皇九頭，仗義鱗身，女媧蛇軀，鴻荒樸略，厥狀睢盱，如王文考之賦魯靈光殿，是索隱也。余則何敢！[1]

（文見民國《西平縣志附編》卷二《文徵》。馬懷雲）

---

[1] 民國《西平縣志附編》卷二注：按記內語氣，作者之父必爲西平縣令無疑。惟其父何名不可考，故作者籍貫亦不詳。

建修寶嚴寺水陸殿記

邑廩貢生黃逢辰

嘗聞佛者覺也，覺一切種智，復能覺有情，如睡夢覺也。粵稽通考，佛祖有七：一毗婆屍，二屍棄，三毗舍浮，四拘留孫，五拘那舍牟尼，六迦葉，惟七祖則曰：釋迦牟尼。釋迦者，言能仁牟尼者，言寂默也。自天地更始，世為王，佛名獲明大士。及應運時至，乃降神於刹，利民焉！父天竺迦維衛國淨飯王，母摩耶妃摩耶，夢天降金人而孕，周昭二十四年四月八日誕生，字曰悉達多。入檀特修行，證道成佛，號世尊。靈山說品，眉際放光。破暗然燈，持珠無垢。慈悲充集，無出其右。西邑東關外，舊有寶嚴寺，創始何時無所考。正殿曰大雄，前殿曰金剛，中殿曰水陸。梁武夢兆水陸會設之義，供釋迦牟尼聖像。伊時，士人或有感於釋典，朝有大事，及災疫流行，必先流汗數日，象教以來，最為靈應與！迄今殿宇傾圮，門垣敗壞，每逢祝釐之期，觀瞻莫肅。首事諸君子欲募化而建修之，方謀祇陀之精舍，遂得金錢之滿園。本水陸遺址，庀材鳩工，經始於八年三月，告成於本年四月。則見殿宇莊嚴，門垣整齊，金剛四像與十八尊者，次第俱新。斯舉也，所謂以神道教人歟！工竣，索文於予，予素不知佛，烏能為文。然固辭不得，僅即建修之時日，約略志之。如必逞蕭瑀之見，予不敏是為記。

清同治八年四月。

（文見民國《西平縣志附編》卷四《文徵》。席會芬）

權寨鎮陳氏老墳窪祖塋碑記

陳炳

權寨之東，金水之南，多巨陵焉。其一為圪塯廟，其次則予家先塋也。坐乙辰，向辛戌，面前奎壁雙峙，正形家所謂文章之宿，圖書之府也。故吾家業詩書者最多。松柏蔥郁，干霄蔽日，過者不問而知為鉅族焉。光緒戊寅歲大祲，木料踴貴，有宵小射利者，誘族中不肖子，謀竊伐之。比發覺而大木斯拔，已無復干霄蔽日者矣。近歲稍稔，族侄上舍生天佑，目覩心傷，與族中父老謀售其余，為去故植新之舉。更於墓地神道新植百餘株，至今已暢茂條達，蒼翠可觀。較之從前干霄蔽日者直孫枝耳，勿亦剝盡則復之理乎！塋中有祀田數畝，年久，坐落弓尺無考，今復丈量，較正明白，勒諸貞珉，俾後世子孫一目了然。庶祀田無慮侵沒，祀事不至廢弛，未必非我祖在天之靈，有以佑而啟之也。天佑慷慨，多大節，其他事類如此。事成，囑文於予，僅即更植巔末，約略述之，以為異日考據之資云爾。

光緒八年壬午十月。

（文見民國《西平縣志附編》卷四《文徵》。席會芬）

重修圪墭廟碑記

邑太學生陳載熙

是廟創始已不可考，以廟居阜上，故曰圪墭廟。其中神聖非一，而學宮附焉。其主殿則玄武祖師，即玄天上帝是也。今人但稱曰祖師則誤矣。大凡仙佛之稱為祖師者衆矣，如達摩祖師，呂祖師是則玄武祖師也。按玄武為昔樂善國王世子，幼慕道，所謂四十餘年成道果者。自周初以來，威靈最著，至明成祖聚宇內黃金三載，鑄廟於武當山巔，歷代封號，今則曰玉虛師相，玄天上帝，金闕化身，天尊也。中州人事悉主之，故民多祀焉。而是廟也。北帶金水，南映遙山，翠柏叢集，岡陵回環，遙望之綠雲彌漫中，殿宇巍峩，有亭翼然，有閣聳然，鬱鬱然，葱葱然，恍如縹緲之懸空，蜃氣之成市，近臨之野花燦而禽鳥飛，牧笛往而漁歌回。時而書聲琴韻抑揚朝暮者，士子誦讀也，時而笙吹管發鐘磬丁冬者，道家奏功也。每歲之春節，屆上巳，日麗風和，遊人接踵，香花夾道，躋躋融融，歡然而聚，肅然而拜者，廟會鄉社賽神也。夫廟會所以和鄉里，驗豐歉，一方人事係焉，豈獨為遊樂之盛地哉！但歲經久遠，宮廊傾頹，於是，近村諸公共謀重修，乃約善信，各捐己資，分任執事，未匝月，而廟貌神像咸與維新。乃囑余為之記，余何能文，惟時見今人之稱廟稱神也，每致聞者不解，故因記而先述之。俾知圪墭廟者，以地形言也。祖師者，泛稱也。至於神之靈，地之秀，靈秀交並以鍾奇，諒必愈久愈盛也。故樂為之記云。

光緒十年歲次甲申季春月。

（文見民國《西平縣志附編》卷四《文徵》。席會芬）

華公臺碑

邑學訓導閻利巽字申甫商丘舉人

夫神必感以至誠，而後靈應之。宰必行乎實政，而後民被之。西平舊有洪河一道，發源於舞陽蜘蛛、九女等山，至合水鎮，東流六十餘里，曲折環縣城三面，河身淺而且窄，河堤薄而且卑。每當夏秋之際，勢如飛瀑。而城郭若居釜底，一有衝決，不但西平頓成澤國，即皖潁各地亦必遭波及。縣西關外玄武廟河口，十一年之間，潰決七次。新興義三保攤款修築，費以萬金。河之為患大矣哉。光緒庚寅夏，邑侯華公友於來宰斯邑。下車伊始，即以治河為首務，立守備之法，造防閑之器。河之淤淺者導之，隄之薄頹者培之。次年辛卯夏六月，水勢大漲，雜以風雨，玄武廟河口幾至崩決。公會同王子蕃、汪子秀、陳集堂，韓亨甫諸僚友，於風雨交加之際，督各紳耆募夫搶築。歷數晝夜，未嘗少息。最異者，當河水盛漲之時，適有黃大王與九龍將軍由上游挾大溜而下，公率衆虔誠禱之。即時大溜入於中泓，隄根亦不沖刷。水落之後，公歎曰："微神之德，吾其魚乎！"然神之來格，公之誠也。民之蒙恩公之賜也。因建大王將軍廟於祈禱之所。壬辰之秋，又令民夫將洪河兩岸大隄一律加寬五尺。有主之隄，各保認修。無主之工，公自捐廉俸，與儒學王子蕃、閻申甫，城守營汪錦庵，少尉王普齋分保督修。至癸巳夏六月，兩岸上下百餘里，全行告竣。有志竟成，功莫大焉！竊願後之宰斯邑者，繼而行之，不廢歲修，實萬民之福也。因立石鐫華公臺三字，以誌不忘云爾。

光緒十九年歲次癸巳。

（文見民國《西平縣志附編》卷二《文徵》。馬懷雲）

重設儀封義學碑記

知西平縣事左輔字素儲湖南長沙人

自來民質毓之山川，民俗視夫教化。而教化之所由，善則端資蒙養，故朱子《小學》，一書於此，輒三致意焉。儀封屬縣西南鄙，舊有封人見聖祠，是否聖跡所經，前人辨之詳，姑不具論。而其地屏山帶水，土厚泉深。其人類清且樸，則造物之鍾於是鄉者，不可謂不厚。祠左為閻大中丞祠，蓋名宦也。鄉人就其祠為義塾，有地數百畝，祭費脩脯取給焉。先是司事者率漁為己利，歲久幾廢，經訟乃改為書院。歲聘名宿主講席，於今又十數年所，則教化之澤於斯民者，亦不可謂不厚。顧童蒙無師，而寒畯子弟多力不能讀，輒貿貿焉以樵牧老，甚且有即於匪僻者。歲丁酉，余奉天子命來宰茲土。循例往課士，攬其形勝，考厥程規，傷蒙養之未端，慨教化之無本。爰商諸劉君居廣、趙君國棟謀釀金復義塾。二君乃毅然自任。劉出緡錢一百四十千，趙出六十千，稟請發商生息，就書院設齋長為義學師，罄息款為學師俸，凡其鄉之孤寒幼穎，悉令入就讀。法良意美，條理井然。余嘉二君之勇於為善，而喜鄉人子咸得學，因記以文，而壽之石，俾後之踵事者懲前毖後，益振興而作育之。將見人文蔚起，仁里同稱。則二君之功為不朽，而余乃愈殷然有厚望於彼都人士已。

光緒二十七年歲次辛丑孟冬月。

（文見民國《西平縣志附編》卷二《文徵》。馬懷雲）

誥贈奉政大夫陳公暨配張宜人墓誌銘

乙丑進士陳金臺字燕堂郾城人

光緒三十年，歲在執徐，月紀嘉平，署廣東和平縣事陳大令朗山，將於臘八後三日，奉其母張太宜人之柩，祔於奉政公孔鑄之墓。先期乞銘於其族兄金臺，金臺以為奉政公之歿也，子幼，未為銘。茲合葬矣，請並誌。大令以為然，迺臚其事而為之記。

公諱顏德，字孔鑄，世為汝南西平人。明初由洪洞來遷，遂家焉。曾祖重光，庠生。多義行，倡建宗祠。祖依中，創義塾，列饗序。父伯恭，亦以好善著。公席先代餘業益恢弘。樂施，性仁孝，務以德化人。鄉鄰或爭訟，他人排解不能得，公輒一言罷息。公事每出己貲，代閭保捐輸。丁丑歲饑，公指囷賑之，全活者甚眾。初協范公之設義塾也，縣中未立案，公欲垂諸久遠，又不欲獨享其名，迺立簿勸族人公助。簿立，不責償，乃獨力任其事焉。生平隱德多類此，里人至今稱之。

太宜人舞陽張氏，誥贈奉政大夫諱懷鼎次女，世稱養竹堂五世同居者也。生有淑德，年十七，歸於奉政公，事翁姑以孝聞。同治初，捻匪擾鄉里，奉政公攜家避定陵。公母張太安人老而病齒，落步履艱。太宜人扶持登車，攬於懷，擁護之，往返無倦，寒則偎之，饑則乳之。世以為有唐氏風。太安人沈綿床褥，得安享天年者，太宜人之力也。奉政公中年棄養。太宜人益勤，劬理家政，井井有條。課朗山、俞山讀益嚴，厚修膳，延名宿，俾二子從之遊，期必至成立而後已。己丑恩科，朗山登賢書。太宜人聞報，喜不形於色，諭之曰："爾父教爾讀，非僅為科名也。大丈夫受國恩必思有補於世，裨於民行矣。余將使汝弟踵汝後。"洎庚寅報罷，朗山不敢歸，投會典館將事，並為俞山納名。暨俞山病卒，太宜人雖心焉傷之，而督諸孫仍不少懈。戊戌，《會典》全書過半，朗山以知縣用，籤分廣東。復馳書誡之曰："汝初登仕版，當以國事為重。家中有我摒擋，勿惓惓也。"嗚呼！太宜人年甫週甲，一生在勤苦中，而素志不少挫，且明於大義。事親以孝，教子以嚴，持家以勤，睦族以和，求之鬚眉中，且不多得。豈尋常淑秀所能彷彿於萬一哉！內助有此，奉政公不朽矣！

公生於道光壬寅年十二月二十六日，卒於光緒癸未年十一月二十一日，享年四十二歲。太宜人生於道光癸卯年十一月二十日，卒於光緒癸卯年十一月二十七日，享年六十一歲。越明年甲辰十二月十一日，合葬圪塲崗祖塋之次。子二：長朗山，己丑科舉人，廣東候補知縣署和平縣事，現充兩廣賑捐局委員，娶譚氏；次俞山，國學生，會典館畫圖處謄錄官，娶王氏。女一，適遂平縣國學生徐榮桂。孫男三：國肅太學生，朗山出；國烶太學生；國鈞幼讀。女孫一，適遂平縣太學生李國慶。均俞山出。銘曰：

豫州龐衍，居天地中。遵彼汝墳，氣勃而隆。文範之裔，世生名賢。閨門雝穆，嗣徽潁川。京兆名媛，漅泉毓秀。諏吉來歸，克昌厥後。燕翼貽謀，熊丸督課。二惠競爽，惜弱一個。嫺郚式化，遐週沐仁。風喊鏘鏘，麟趾振振。如何靈椿，不老而凋。壽萱週甲，隆冬蕭條。澤留世述，福以歸全。佳城同穴，蔥鬱豐阡。相匹者德，不沒者名。千秋萬歲，永播芳聲。

光緒三十年十二月。

（文見民國《西平縣志附編》卷二《文徵》。馬懷雲）

西平縣城西常洪范儀王崇師六保半物料碑記

邑光緒己丑舉人陳朗山

我西六保半向無物料之名，有之自前縣主左輔始。左何為創此物料？蓋為光緒廿六年，鑾輿西幸，藉口兵餉差繁，巧立此名，以科派民錢，而暫支差務也。嗣因聖駕回鑾，差務稀簡，乃將加派物料錢數，逐漸裁減，及至光緒三十年六月間，左縣主交卸篆務，遂將此項經手所創陋規，一律聲明撤銷。詎新任黃縣主弼臣接篆伊始，誤受書役朦蔽，復行加徵，衆民共憤，幾至激變。予等知苛細雜派有干國憲，閭閻疾苦不可終日，用是聯名上控，蒙府憲批該縣物料是否常年支應流差之款，抑係書役朦混徵收，仰西平縣察明飭禁。藩憲批該縣加派浮收等情，是否屬實，仰汝寧府確切察明，據實稟復查奪，毋稍率延。撫憲批仰汝寧府善為調處各等語。嗣於光緒三十一年七月，府憲委韓世勳大令，來西察辦此案。當是時，適有儒學教諭張君鳳岐，城守把總汪君慶瀾，出而居間調停，議以每糧銀一兩，每年加徵物料錢二百文，所有兵餉車輛及各項雜差，以後均以每年所徵物料一項錢文開支，不得再有絲毫濫派，衿户依舊免繳。至此案內之紳董均永遠免繳，予等以為立法貴可經久，除弊務宜淨盡。物料一款，既係新增陋規，必須概行豁免，減收之說，堅不允認。既而張汪兩君再三勸解，並聲稱物料一款，雖暫行減收，終當悉數蠲除。由是大衆勉從，和議乃定，遂於十一月初三日，仍由縣主黃公給諭立案，所有縣諭裁減西六保半物料，原文附勒貞珉，以供衆瞻而便周知。而予等猶有不能己於言者，西邑額徵地丁銀二萬三千餘兩，每糧銀一兩，折收錢兩千七百六十文，以平常銀價計之，每銀一兩，折收錢當在一千四百文左右，而必浮收至兩千七百有餘者，向係差徭在內故也。自咸豐初年始，有包莊錢名目。包莊錢者，由民間花户按糧銀多寡出錢，歸地保催收，包於差役，以支應兩湖餉鞘、車輛及各項雜差之需也。然每糧銀一兩，每年出錢僅六十餘文。左縣主於光緒二十六年創興物料，實改易包莊名目。收保役之利權，而歸之官也。今雖每糧銀一兩，減收物料錢二百文，而較諸舊日包莊錢所出之數，固已加重兩倍矣。總之，包莊即係浮冒物料，更屬濫派。我西六保半紳民，務當共明斯義，異日倘有絲毫添派，總期同心抵制而後已。若僅以物料減收，即鳴得意，吾不知咸、同以前，除完納國課外，別無分毫雜派，其時閭閻熙皞之樂，為何如也？抑所謂西六保半者何，每保向分上下里，常、洪、范、儀、王、崇六保居其全，師僅上里居其半也。以六保半地在邑城之西偏，故曰西六保半也。至於物料二字，了無意義，不過創此陋規者，巧立窠名而已。縣正堂黃批物料一項，既據聯名籲懇裁減，應即照準。嗣後無論何項雜差，均不得另行添派。催差等如有額外索詐，准該紳等指名稟究，以杜流弊而惠黎庶。此批縣正堂黃諭：西六保半首事等，知悉照得車馬物料一事，自光緒二十六年，差務繁多，經左前縣按丁地銀，每兩派錢一千文支差，嗣因款有盈餘，又經左前縣一再裁減，每兩繳錢五百文，茲據該紳等稟請再減去三百，每兩收錢二百文，業經本縣會委轉稟在案，應即飭遵。惟察該紳等係衿户，雜差例准免繳。茲查該紳等辦公勤慎，應予格外從寬，所有該紳等本身糧户，永遠免繳，以示體恤。著即知照，此諭。

首事陳朗山、溫鏞基、陳增銳、趙雲錦、趙國楹、李凌雲、陳碩山、趙麟臺、陳國順、張理卿、張瑞銘、張桂中、張秀成、趙國棟、郭虎臣、郭照離、陳庭筠、李近性、譚步雲、陳國華、陳兆瑞、張桂叢、陳震兌、張啟宇、鄭廉臣、溫大鶴、鞏憲恕、趙花村、鞏慶喜、譚步斗、王掄秀、鞏慶忍、李鳳鳴、張麗生、陳嶧山、張自警、姬承宇、宋士成、焦泮芹、齊既德、劉學文。

時在清光緒三十一年歲次乙巳十一月下浣。

（文見民國《西平縣志附編》卷四《文徵》。席會芬）

儀封鎮閻公書院改設學堂碑

邑廩膳生趙啟睿

竊維學校者，國家之基礎也。故記曰："化民成俗，必由於學。"儀封鎮舊有閻公書院，創始之時，款項無幾，曾經前縣李公重加整頓，約同八家首事孫君、趙君、張君等各捐學費，成此義舉。自此歷年延聘名宿，以主講席。凡有志之士，來此肄業而成名者，殊難枚舉，誠盛事也。及光緒三十一年，改書院為學堂，其時有趙君國楣，見義勇為，慨然捐地三百五十畝，以為培養人材之具，初非藉是以邀獎也。有司以其事上聞，河南巡撫陳公夔龍深嘉之，特奏請獎勵。未幾，即選授長泰縣知縣，在陳公之意，蓋欲風示斯民，使皆好義如趙君。庶幾學堂林立，教育可以普及耳！前此知遂平縣事孔弘衍捐置聖廟祭田三百餘畝，經前縣主華蓁批准，以歲收課租，除供春秋二祭與修理費外，餘悉撥入學堂備用，更就聖廟房屋，略加修葺，以為學舍。一時來學諸生，莫不歡欣鼓舞，以為此誠一方士子之幸也。茲因改設伊始，特敘其事，而刻之石，以為後來向義之君子勸焉。

光緒三十四年歲次戊申七月。

（文見民國《西平縣志附編》卷四《文徵》。席會芬）

正陽縣

重修儒學記

薛耳

　　夫學者，覺也，以斯道覺斯民也。汝屬真陽，古之慎國，相傳為黃叔度故里。邑侯遲君、學博王君、諸生余熙等，觀學宮之頹靡，慨然輸貲而重修之。以辛卯二年二月始，至八月而工成。屬余為之記。

　　竊思廟碑之作，盛於唐，僅推楊盈川、皮日休兩首。修學記，傳於宋，僅推歐陽永叔、曾子固兩篇。余何人斯，敢當斯命？然考古者建學，三代以下，未有主名，漢以來，止過魯一祀，臨雍一拜耳。唐開元間，始有通祀之令。讀盈川、日休兩碑，則郡邑未祀者尚多。宋紹興間，令府州縣皆置學。讀永叔、子固兩記，則僻壤之未建學宮者，亦有。豈非武城無言子？南康無仲晦？而所謂以斯道覺斯民者，顧不易哉！汝南一區，在東漢時則有陳仲舉諸人以節義著，應仲遠諸人以經學著。魏、晉間，則有于令升諸人以文詞著。于宋，則有謝顯道諸人以理學著。其道德、節義、文章，師表無窮，風流未墜。過是境者，蓋無不景仰愛慕，留連而不能去焉。余在鄎五年，遠近問業者無虛日。過慎郊，張子國香、其仲國馥、及鍾子惕、劉子孕錡、儲子襄、張子其道、李子特生、呂子洪響、王子忠、張子錫華、設榻以待，劇酒慰藉，傾雪俠腸。嘻！諸子于余厚矣。余於東漢以來，獨重黃叔度之為人，謂其澄不清，而淆不濁。今日者，履其遺址，景行行止，從諸君以風慎士，從慎士以風汝南，進文章于節義，進節義于道德，斯亦學而覺之之一機也。乃者廟宇一新，宮牆巍煥，遊于堂廡之下，則見其俎豆森然。進于講肆之堂，則見其師弟斌然。登于藏書之閣，則見其經籍煌然。於是而父兄子弟，胥講于孝友，鄰里鄉黨，咸淑于媊恤。凡冠婚喪祭，交際往來，無不中於禮經。則斯學之修，所關豈不鉅哉！

　　遲君諱焞，關東人。王君諱國耀，偃師人。朱君諱頒祿，中牟人。餘悉載之碑陰。
　　順治八年。

（文見民國《重修正陽縣志》卷六《藝文志》。馬懷雲）

明倫堂記

正陽知縣顧豹文

　　聖人之道，歷萬古而不敝者也。而學宮則有時乎廢興，真之庠，遠者不可考。至正之變，劉孽躪焉，雖欲縣之，不可得也，其能庠乎？垂百有餘年，而文物日盛，迤設縣治。更二年，乃創學宮。更三年，乃立廟貌，旋毀於寇。更五年，乃建廟學。邑自此日起，名賢鉅公後先相望不絕。及明失其馭，所在蠭起，壬午之夏，流氛入汝，慎陽為墟，鐘簴零越，鞠為茂草。迨我國朝掃除寓[宇]合，崇尚文教，首詔郡邑修舉學宮，廣厲師儒。前令遲君撤荊榛，築廟五楹，以祀先師。饒君繼之，成戟門，春秋俎豆，歲無或忒。今年七月，余承乏茲土。首謁庭下，載拜起，櫺角筵几，肅乎備觀。及循行廡間，制稱隘矣。至倫堂一區，延不容膝，袤不逾丈，繚以泥垣，覆以茆茨，旅進旅退，無所措趾。夫廟堂者二仲則祭，朔望則謁，先聖實式憑之，如曾祖之有寢廟也。若夫倫堂，則師弟以漸德業于斯，以程薪事于斯，箴政治之得失，考風俗之貞淫，亦莫不于斯，如婦子之有家室也，《記》不云乎"君子將營宮室，宗廟為先。"今廟堂已備制，倫堂之作，又烏可已。顧余力不及成之，又未敢遂勞吾民為之。都人士前揖余曰："師幸志存之，三二子敢不惟力是視。"遂有王生履素，立輪百緡，鳩工庀材。而諸子之樂于役者，蓋鱗相次也。余稍簡民之無蓺者，輸作佐之。堂之成也有日矣。儒林英紹，搏風乾霄，蓋企予俟之耳。凡懷尊親之志者勉旃。無徒讓美于多士也。

順治十三年。

（文見民國《重修正陽縣志》卷六《藝文志》。馬懷雲）

重修正陽明倫堂記

正陽知縣劉必壽

邑有文廟，即構明倫堂。慎國明倫堂何昉，當在置郡縣之後。漢高六年，始令天下縣邑。城遭秦焰，所在不盡學校。而生徒之徵，必自魯治。其過魯臨廡一拜，為馬上盛舉。郡縣通祀之典，州縣置學之令，肇自唐開元，宋紹興。壽讀盈川、日休、永叔、子固記，郡縣未盡建學宮，或以時廢興，彝倫攸斁實甚，不獨真陽為然。慎自漢多隱君子，倫教素著，其改為義淮真邱，廢而為鎮。不過堂塾鄉社，其咏子衿而憂廢庠，不知幾何年。正德初，真陽復置縣，而明倫堂自此始。相傳為黃徵君遺址。用是究圖，理勢宣然，後之人慕高士廬而儵為黌宮，日講貫於其堂。誰曰不宜，抑叔度亦願執弟子禮，與從祀諸賢，往來於其庭，不僅戀戀一寒溪已也。昔范文正聞廬舍當世出公卿，謂以一家為之，何如一郡為之？遂置郡學。今蘇州人士忠孝廉節甲于他郡，皆范氏之堂，有以公之。古崇倫章教者，如作宮室，肯堂肯構，不啻別業云。每見瘠土陋民過天竺古先生舊處，輒肅然起敬，即縮衣節口，亦樂輸囊粟，以飾其圮敝。何堂廡榛蕪，淪於劫灰，衣冠重地，鞠為茂草哉！前令顧公且庵率紳士鳩工庀材，規畫初定，旋以臺重巡楚。壽拮据多年，捐俸若干，都人士助貲若干，明倫堂始創建。乃揖學博彭公而前曰：明道召判武學，伊川請為學正，皆中州先賢也，豈為具文哉！魯泮宮修，史不書者，學校以明倫，雖用民力而不廢。況一瓦一甓，不歌民勞。或植或罣，用廣士心。願多士寧為教授蒙古之大儒，勿廢黜麟經於明堂。庶方軌黃、范諸君子以垂不朽。壽亦得附諸君子以刊名于石堂。經始以順治十八年春季，而觀成于本年秋七月十有一日也。爰綜厥初末，以告來者。

順治十八年。

（文見民國《重修正陽縣志》卷六《藝文志》。馬懷雲）

創建準提庵記

正陽知縣任國標

余髫齡從事鄉塾，誦讀時藝之外，而于大乘諸品，靡不究心。獨敬禮準提大士，晨夕皈依，蓋有傳世真言，家持户誦，而感應如響。普濟天人，功德真無量也。自釋褐仕途，不啻沉淪苦海，簿書徵督之擾，胼手胝足，日無寧刻，遂致繡佛之願，有間初心，然居恒坐臥，以心相印，儼對菩提，一念不敢有忽。迨承乏茲土，瞻仰瞿曇，兵燹之後，雖無玉棟珠宮，然莊嚴法相，猶有存焉。邑之内外，獨無有準提梵宇。因自思曰："慎邑人文淵藪之地，豈乏達長者其人，而作黄金布地之盛事乎？"遂有創建之心焉。第週來公私旁午，來往驛騷，疲困極矣。物力之費，不在官則在民，是以數年于茲，有志未逮。適有諸生晏子允恭、義民郭之基等，不約而有同心，力任創舉。擇地于城東南隅，建庵塑像，為一邑之觀瞻。丐文于余。余惟人事修而天工斯建，官箴肅而民社爰安。所以堲壇立像，始自生聚之年，觀善崇功，皆為守土之責。以今視昔，而今日之人煙輻輳，較昔時之哀鴻仳儷，功相倍也。願一邑之士民，隨緣而助，共襄盛舉。庶招提利建，而台象晨嘶，蘭若宏開，則青獅夜見，俾吾邑善信，朝夕奉持，皈依佛法，去其邪侈。佛在心頭，如月印萬川，萬川萬月，萬川一月也。佛體千手，千手千佛，千手一佛也。月在天之中，心在人之中，作福故在人心。心之所在，即佛之所在。斯庵之作，豈即天中之月，心頭之佛乎！因思石鏡亭適詩題呂字，故至今遺棄如瓜，余也凡種，不能植回道人之棗，竊欲獻桑門氏之瓜，敢亦書呂字，以勸夫慎之為善者，非余與二三子，耀世俗之觀瞻，邀後來之福利，因將之以醒心者也。

康熙六年。

（文見民國《重修正陽縣志》卷六《藝文志》。馬懷雲）

重建石佛寺序

本郡通判署縣事曹文蔚

循真之接潁門而東，故有石佛寺云。自明季寇燹旱疫，民鮮孑遺，文獻無徵，不知其所自始。詢諸父老，第云崇禎中，霸賊沈萬登，絡繹蹂躪，招提遂付之祖龍焰中，惟石佛巋然存耳。嗟乎！佛謂世有小災三，饑饉、疾疫、刀兵是也。大劫三，火、水、風是也。夫天地否泰，陰陽剝復，芸生蒙難，常也。乃修三千二百劫，而證金仙者，方且引羣生離火災而已，猶不免於曠劫。然則滄桑岸谷之感，又可勝悼也耶！

予攝篆真陽，以覘風土，過其地，見荊榛瓦礫中，石像參差，坐者、立者、欹者、仆相枕而臥者，甚且肢體折裂、而皮膚剝蝕者，蓋攢眉久之，謂佛界之沉淪，抑此邦之流離，至此極也。未幾，東關老人劉珍、劉應魁等，叩予而言曰："善準不興，善教不新，善俗則不成。"佛者，勸善之準也。顧茲寺之燼于火，五十餘稔矣。誠不忍石佛如林，濺風雨，冒霜雪，而靈爽之弗妥也。珍等願為檀那首，將鳩工而新之，敢丐弁語，以為導帥。予聞而韙之。竊惟瞿曇之教，以地水火風，會而成人，命之曰幻身。而又云四大本空，五蘊非有，身相且忘，何有于像？朔彼西域，正法沒而象教始興。優填王刻佛，以栴檀樹。波斯匿鑄佛以紫磨金。維時閻浮提中，僅有二象耳。迨漢武時，霍去病過焉耆山，得休屠國金人，而象教始入中國。迨有唐而宗風大倡。于是乎金碧莊嚴，紺宇琳宮，徧海內矣。蓋象者像也，彷佛佛之形而像之。使人因像以見佛，因佛以見心。進于善而不為不善也，旨哉！婆婆之論曰：增長已生善，如溉甘泉。栽未生善，而令其生，如鑽木出火。斷已生惡，如除毒蛇；斷未生惡，如豫防流水。"信能若是，則象教之設，亦觀善之一助也。予惟不佞佛，亦不謗佛，惟勸善遏惡頗同情，爾等既發慈悲，願常持堅忍，應有須達多其人，布金滿地，而祇園精舍，不日告成。由是而蓺戒定香，獻功德水，將見遐邇黔黎，瞻拜奉持，敬斯慕，慕斯勸，人人皆佛心，在在皆佛境。以視貌龍象而心蛇蠍，口菩提而腹荊棘，大相徑庭。于予化民成俗之意，不無小補。言念至此，知衆石亦當點頭而微笑矣。

（文見民國《重修正陽縣志》卷六《藝文志》。馬懷雲）

城隍廟胡氏捐地碑記

葉文林

康熙八年，邑人胡來王捐地一分，庄產一處於城隍廟，設祭告諸神並立卷，交住持僧會同渤明收。所載地畝，三頃有餘也。康熙四十九年，以完租稅事，僧證文稟邑宰王公，言初約略其地若干，實不諳其畝數。邑宰始遣人量度之，得地二頃六十餘畝，俾按地出租焉，於今百有餘年矣。歲時祭祀，粢盛豐備，以妥神靈，而答神貺，所資於斯地者恒多。一方之人，胥利賴之，是神力之佑之也，亦胡氏助之也。自今以後，正恐歲月久遠，證據無存，將莫識是地所從來。嗚呼，何可沒也！故為之刻於石，以誌諸久。表善之為，而祝神之聽之焉，爰樂得而書之。

地坐落城北八里橋，東至沖田埂，南至無樑殿，西至盧家老墳，北至殷家長田梗，四至分明為界。

康熙四十九年。

（文見民國《重修正陽縣志》卷六《藝文志》。馬懷雲）

黃徵君墓碑記

正陽知縣解忻

古之所稱不朽者，立德、立功、立言。非是則無得而稱焉者也。故士貴修名之立，其有德未生民之被，功未社稷之施，當時亦具有韶音令旨之可挹，要未嘗託竹素，成一家言，足以藏名山，而播文采於後世。而接其光曜，通國傾心，流連至彌日，信宿灑然，俾鄙吝之盡祛，歷載千有餘，荒林抔土中，猶煜煜騰生氣，令人俎豆之不祧。嗚呼！此其德器，必有度越尋常者矣。汝南黃公叔度其生平行事，逸於史策。而一時士論。翕然，方諸顏子，擬古賢非輕，擬孔門諸賢尤非輕，矧擬顏子哉。顧予謂世降自春秋，先後公擬顏子者，猶有三人。其卒攀乎顏子與否，則學之至不至殊焉也。戰國時有樂正子，中乎信善，鄒嶧升堂者祇一人，程明道起北宋，拗相亦平心降氣與周旋。而城南課童子，天機盎洽，沒猶使人欲聞其名，而返贈之，則歸季思實超然於有明士大夫中。與公之克遠黨禍，不峭激以取戾，不放達以鳴高，落落輝映於宇宙間。暄然而和氣至，蔚然而慶雲生。擬諸簞瓢陋巷之豐槩，夫豈不于其倫哉！

余以庚午夏，來尹正陽。正陽公故里也。邑治之偏，墓在焉。祠堂傾圮，思新之。乃與二三君子謀，事遂集。衆欲得予一言，紀之石。予惟公之得自成其不朽者，遠矣！匪予名言之所得而滲續之也。予檢閱邑乘，載王守溪所為《天祿閣外史敘》一篇。《外史》余嘗見於叢書及諸子中，心頗疑之。守溪之敘，謂或出於晉世之隱君子，向亦意其然。近見應雷徐氏著《叔度二誣辨》云：《外史》出明嘉靖末，崑山王舜華逢年手。徐猶逮見其人。夫以公之屢辭徵辟，而以今日賓魯，明日賓齊浼之，不足濁千頃之波，然恐世有未見徐氏之書，而疑于《外史》之所述，不可以不辨。且守溪之敘，作於嘉靖二年。而是書出於嘉靖末。守溪成化十一年進士，卒年七十有五。至嘉靖末，當百餘載。又孰能起已朽之骨，而為之敘乎？則不惟《外史》誣，即守溪敘，亦贗也。余故並識之，以俟後之君子，考覽焉。

乾隆十五年。

（文見民國《重修正陽縣志》卷六《藝文志》。馬懷雲）

重修關聖廟像碑記

盧州府知府申瑤

國家追崇祀典，示報功也。洪武三年庚戌六月，詔新天下名山大川暨羣神之號。辛亥，命所司，凡聖帝賢王，春秋祭祀以時，載於典。仰維關聖帝君之廟，都邑村落，無在不有。如汝南埠之西街，其廟實存焉。考其碑碣，初建於康熙四十六年，重修於乾隆二年，重塑神像於乾隆十九年。《記》曰："有功德於民則祀之。"帝功德無疆，宜世享之，無斁也。獨是人苟致敬屋漏，而神即在。不形而存，不物而著，廟何為哉？像何為哉？蓋以人心有誠，必祀乃達。歲時有祀，必祠乃陳。祠宇傾圮，神像弗著，殆非所以妥神明，而修殷薦也。是廟之設，其來舊矣。歲久不無剝落之患。我西省士民，寄食茲土者，每遇朔望禮神，罔不目擊心恫。遂集耆老，捐貲修葺，不數月工程告竣。俾丹堊炫彩，金碧輝煌，煥然改觀矣。惟有帝像，未能與廟齊新，是終不可以對神明而無憾者也。於是，約集會友，改圖帝像，以成厥志。因募訪工師，施金運碧，則神像燦然一新。庶幾有補於崇祀之一念乎。事蕆，記此以示來者。

清乾隆十九年立。

（文見民國《重修正陽縣志》卷六《藝文志》。馬懷雲）

重修盛家橋碑記

邑貢生文梁涂浩

橋於南盛之南，宜若廢興成毀，與盛係也，而顧不然。粵稽前明嘉靖四十六年辛酉，有歲進士涂公諱禎者，此余七世祖。曾協楊子之東，于此堰石障水，補救一時。以上則略無考矣。迄我大清乾隆二十四年，歲次辛巳，又與南鄰王廣宗，庀材鳩工，大加整飭，一時稱盛事焉。爾來二十有四年矣，馬跡車塵，風雨剝落，摧敗為憂，不有人焉起而修之。再越數年，不更加傾頹乎？又有王子諱全宗者，不辭傾囊，更兼募化。而朝成盛君，亦相與共勸厥事焉。今工告竣，問記於余。余曰："物之廢興成毀，不可得而知也。昔者曠野平原，士庶之所無阻，軍民之所常行。方是時，豈知有此橋耶。廢興成毀，相尋於無窮，則橋之復為曠野平原，不可知也。嘗試與若登橋而望，其東則秦政之鞭石過海也，其南則前漢之相如題柱，而其西、其北，則天寶之梨園，裴度之別墅也。計其一時之盛，宏傑偉麗，堅固而不可動者，豈特百倍此橋而已哉！然而數世之後，欲求其髣髴，而拳石瓦礫無復存者，既已化為禾黍荊棘，坵墟隴畝矣，而況於此橋與。夫橋尤不足恃以長久，而況於人事之得失，忽往忽來，而或欲以誇世而自足則過矣。蓋世固有足恃者，而不在乎有形之存亡也。"既以言如此，乃退而為之記。

（文見民國《重修正陽縣志》卷六《藝文志》。馬懷雲）

汝南埠義渡碑記

天子得賢宰執，曰用作舟楫，非以能拯救天下之溺耶。汝水發源於天息山，其流汪洋浩蕩，杠梁柱成，行人苦焉。今汝南埠眾姓於北河新設義渡，來往行人，不收一文。乾隆五十年九月初八日始也。[1]

（文見民國《重修正陽縣志》卷二《交通志》。馬懷雲）

重修黃徵君祠墓記

正陽知縣楊德容

漢徵君黃公叔度，高風軼軌，史冊之所記載，採具邑乘者詳矣。城西隅舊縣治前，公故宅也，墓在是焉。唐魯公顏真卿題石，表而出之。前明嘉靖甲子，邑令尹余滇永昌、周公紹稷，承太守徐公中行、曹公科意，建祠塑像祀之。孫公繼皋，記以勒石。崇前哲，表宅里，誠盛舉也。明季毀於兵燹，而豐碑贔屭，故無恙。乾隆壬申，北平解公忻尹茲土。考遺碑，復建嗣宇三楹。癸未，仁和袁公樹，踵復修葺，歷今歲且三紀。春秋將祀，有所役泛掃而已。乙卯春，余適承乏。下車後，謁公嗣墓，周覽之次，惻然者久之。會邑人士請增修邑乘。予既嘉其請，而董厥成事。閱乘至徵君列傳，竊歎生平言論風旨，無所表見。而後裔亦泯泯無聞，求一奉祀不可得。益思所以葺治之者，嘗以語選貢士張君拔，恐予志之弗克逮也。越明年，張君詣予曰："邑有隱君黃鐸、太學生黃心田者，信徵君裔孫，願出橐貲數百緡，任是役。"於是，鳩工飭材，範甓陶瓦，重新正祠三楹，復增構兩廊各三楹。建門設屏，繚以高垣。累土砌石以培墓。馬鬣封而鳥鼠去矣！是舉也，經始於嘉慶丙辰秋九月，凡四閱月告成。鐸昕夕冒霜雪，親督匠石，不辭勞勚。更請買田入祠，以歲租供修費，期永勿壞。於戲！可謂賢矣。以斯為徵君之後裔，其亦無愧矣。明年春，余將於墓之四域，樹槐柏數十株。祠前方塘，環植榆柳。先賢遺跡，釐然一新。俾邦人士有所瞻仰而興起焉。予既樂此志之竟成，而益幸鐸等之克為徵君後賢，奉蘋蘩於勿替也。因書此，俾刻諸石。

嘉慶二年。

（文見民國《重修正陽縣志》卷六《藝文志》。馬懷雲）

重修廣義堂碑記

邑拔貢黃心恕

國家漸仁摩義，百餘年矣。聖君賢臣，濟美一堂，憲典昭垂，法良意美，治明備矣。春祈秋報，有功於當時，足為民社庇蔭者，悉載祀典。若東嶽、若關聖、若炎帝、若真武、若土地、各建廟以安神焉。此固治幽之政，而實舉神道設教之義，以付之出宰百里者也，何區區於一鄉一閭而廟祠之。以鄉閭而廟祠，其或鄰於僭，近於諂也乎。雖然，當太平既

---

[1] 民國《重修正陽縣志》載：風雨剝落，字跡多不可辨。

久之日，君子奉守王章，小人各勤本業，間有一二嚚頑輩，不畏法制，不恤人言，不矜名節，語以輪回之報，善惡之歧，回祿之驚，秉燭待旦之義，往往惕然懼，翻然悔，欣然悟者。則五神之祠，於鄉閭間也，亦未始非人心風俗之一助矣。慎之南，塗鎮北數里許，祖居在焉。塋兆之前，廟貌宛然。予寄居板橋村者，已近四代。當春秋祭掃，時經其地，父老猶指殿前喬木曰："此予高祖諱生色府君，入庠後教授時，所手植也。"問其廟之創始，究未有能道其實者。考之鐘磬，僅著萬曆、嘉靖、天啟之年號，暨葉氏、呂守愛並予太高祖之諱甚詳。呂之後，世有文人，葉之後，多襲居於外。而予族人較蕃衍云。歲久，廟宇漸近頹壞，族兄國棟、呂廷棟、張開泰等，暨鄰居好義之人，各捐己貲若干數，修除之，黝堊之，廟貌神像，煥然一新。工竣，囑序於予。竊以為崇淫祀，興土木，犯國家之例禁。則此工原無可記，若以為正人心，美風俗，有合於先王神道設教之義。則此日之舉，又無容以弗傳也。因援筆而為之序。且更此廟為廣義堂，非必略前人之功德也，要以示義無所私，足以善俗云爾。

（文見民國《重修正陽縣志》卷六《藝文志》。馬懷雲）

重修劉大橋碑記

邑廩生劉炎勳

昔溱、洧之間，乘輿濟人，孟子以小惠譏之。解有謂子產之惠，及於一人，而不能及於眾庶，邀舉一時，而不足以垂諸來許，故孟子以不知為政譏之。心存利物者，必圖至公至久，不僅為一人一時計，而後人被其福。此徒杠輿梁，王者所務也。正陽北塘下溝，西出宋店衝，東流達汝，舊無橋。正德中，邑侯郭公仲辰始建石橋，以通往來。嘉靖中，義民謝敖重修之。迄今二百餘年矣。丙辰歲，山水漲發，舊石傾圮，行人病焉。太學生鄒道默者，邑之望族也。樂善好施，鄉鄰賴之。觸目心傷，為重修計，而患獨力之難成，謀諸汝陽任君自新及同邑郭君。二君素稱仗義，亦欣為許可。各出己囊，共三十餘緡。而後募諸鄉里，親自督工，不辭勞瘁，經始于嘉慶六年三月初旬，未閱月而厥工告成矣。

嗟乎！人情畏難而苟安者，往往見之不為，未聞有過而問焉者。即一時激於義氣，而觀望周章，不旋踵間，而其志頓墮。乃鄒君倡義於前，任君、郭君協助於後，數百年間，人不病涉，而一勞永逸之功，傳於奕世。有志者事竟成。古人不余欺也。即方諸溱洧之濟，殆有不可同年語矣！後之君子，嘗亦聞是風而興起也乎？是為記。

嘉慶六年。

（文見民國《重修正陽縣志》卷六《藝文志》。馬懷雲）

重修十王殿觀音堂碑記

清舉人蘇仰儒

蓋聞大易以神道設教，其言陰陽變化，與夫吉凶禍福之說，詳矣。禮，釋回增美，人有禮則安，無禮則危。子曰："以禮讓為國乎何有？"蓋謂安上全下，兼以防亂，故足貴也。《書》曰："惠迪吉，從逆凶。"又曰："天道福善禍淫，"顯示勸懲之意，春秋秉筆，操二百四十二年南面之權，振一時之紀綱，褫萬世之奸賊，使天下之人，咸有所畏而不敢逞。獨《樂》之為教，優遊和平，似偏於賞而不言罰。要其旨同歸於善而已。而釋道家，乃有因緣輪回之說，此又何取焉？竊嘗思之，聖賢垂經教人，正誼明道，不計功利。凡厥庶民，非有所欲，而烏能為善？非有所畏烏能不為惡？此閻君殿之所由來也。閻君，余不知何許人，大抵生為明帝，死為明神。王法所不及者，閻君得而糾察之。嗚呼，其容已哉！歲在甲子上巳之辰，余方鳩工葺屋，而鄉人適至。述閻君殿重修，諸信士籌捐貲事，囑予作文以記之。予觀近世人，指忠厚為迂闊，飾機巧為賢豪，其欺人、欺心而欺神者比比。今閻君殿既新，神像端嚴，執法在旁，俾若董履斯地者，對之汗顏沾背，雖不砥德改行而不能，則重修之功偉矣。予謂閻君殿之設，與《六經》相表裏。而觀音之大慈大悲，與樂教之優遊和平，尤有合焉。夫閻廟之修主於義，而觀昔之修主於仁。以仁義化一鄉，誠捐貲信士之盛舉也。

嘉慶九年。

（文見民國《重修正陽縣志》卷六《藝文志》。馬懷雲）

重修文昌祠記

進士正陽知縣張井

皇帝御極六年，詔天下崇祀文昌，犧以太牢，饗以春秋。宏文教，媺風俗也。正邑文昌祠，肇於明萬曆二十八年，嗣後屢經修葺，而歲月既久，半就傾頹，且規制卑狹，於典弗稱。歲三月，邑縉紳先生，詣余而咨曰："是不可以不理。"余曰：唯唯。

按：《史記·天官書》，魁斗戴匡六星為文昌。《緩神契》云："文者，精所聚。昌者，揚天紀。輔拂並居，以成天象。故曰文昌。"而附會者流，相傳梓潼之號，謂周漢唐、宋，代有達人，且狃於《陰騭》一編，講明因果，詳言禍福，其流漸入於佛老。先儒謂非文昌帝君所為，亦不為無據。然而士君子從先則古，惟擇其善者而已，誠即陰騭之義。觸類而伸之，去其偏頗，有其中正，則禮義廉恥之心生，睦嫻任恤之化洽，完其秉彝好德之良，而有以仰答聖天子崇文廣教之至意，將所謂揚天紀以成天象者，即於是乎在矣。且夫列宿，人所瞻仰也。神靈之生，萃天地之精英，降形顯化，以覺一世之聾瞶，有功德於民者也。若是者，俱不可以不祀。爰因縉紳之謀，擴新其宇，凡黝堊丹漆，舉以法。而合邑之人，亦靡不踴躍捐貲，襄厥成焉。計正殿三楹，前門三楹，皆沿其舊。正殿之後，增設三楹，為先代祠。其左右各三楹，以居夫隸人之氾埽者。

嘉慶十年。

（文見民國《重修正陽縣志》卷六《藝文志》。馬懷雲）

重修東嶽廟記

正陽知縣張井

治民與事神，兼者也。五嶽均有常祀，而《漢書》稱青帝之祠，一歲有二。良以發生萬物，吾民尤依賴焉。今天子聖敬，祀典明備，山川之神，有功德於民者，令有司歲時修舉，罔敢廢墜。敬鬼神，即以務民義也。正邑東嶽廟，由來甚久。嘉慶丁卯，邑令鄒君率吏民重修之。輝煌偉麗，足以妥神靈，隆胙饗矣。閱數年，風雨漂落，兩廡半就傾頹，兼以祠田無多，香火乏資，缺於供給，甚非所以垂不朽也。都人士咸請於余，欲修葺破壞，募置祠田，為長久計。士君子居官行事，自有法度，原不可以因果禍福之說，黷於祭祀，媚鬼神，煽風俗，靡所底止。而名山大川，興雲雨，養萬物，參贊化育，輔相黔黎，與星辰日月，先農石土，同為生民所庇賴，民義所係屬者，而顧令不祀，又失所云報本之義矣。爰捐金倡首，合邑士庶亦各踴躍恐後。不數月，缺者整，壞者興，且置香火田四十餘畝。眾謀刻石，以記其事。並襄成善舉者，各姓名，以為來者勸，遂欣然而為之記。

嘉慶二十三年。

（文見民國《重修正陽縣志》卷六《藝文志》。馬懷雲）

重修泰山行宮碑記

新蔡解元曹學禮

天地一生氣也，造物一生機也。東方一生方也。帝出乎震，齊乎巽，震為長子，巽為長女，位列青宮，代乾坤以有為，故泰山有嶽帝，又有碧霞元君。其德正直聰明，其神聲靈赫濯，皆所以綱維元化，胚胎萬滙者也。報功崇德，典祀宜隆焉。對越駿奔，人心攸係焉。汝郡東南翰凍鎮，舊有碧霞宮一所，正殿祀聖母，後有藏王閣，子孫殿，左右配以十司。前列觀音閣三室，同炎帝、土神等祠。未知創建何時，歲久頹敝，法象減色。本鎮善信，目睹弗忍，爰邀同志，倡義集捐，鳩工庀材，重加修葺。於是，棟宇巍峨，金碧莊嚴，煥然一新矣。都人士女，每逢聖節，奔走趨謁，香花供養，神明之靈爽，人心之誠敬，於此見一斑焉。由是因有形之鬼神，以及於無形之鬼神，闇室屋漏，出王遊衍，若有天地鬼神，臨上質旁，一舉一動，一諾一默，咸有所嚴憚而不敢肆也。忠孝仁義之心，可以油然興。放僻邪侈之志，可以惕然戒。遷善改過，講讓型仁，碧霞在天之靈，其隱相之矣。然則是舉也。其有裨於人心風俗，豈淺鮮哉！有及門史生鎔經來謁，乞余一言，以紀其事。謹敘巔末，以諗來茲云。

嘉慶二十三年。

（文見民國《重修正陽縣志》卷六《藝文志》。馬懷雲）

重修東嶽大殿碑記

邑庠生李文蔚

聞之，東嶽者，天齊也。謂其上通帝命，下監人心，廣與善之量，公除惡之典，與天同德，故名之。汝埠北關，舊有大帝行宮，前經劉姓建修，歷年久遠，每遇風雨，輒至傾圮，不重修之，則無以崇祀明神，激勸風俗也。乃此事一舉，農皆樂施，數月之間，而輪奐為之改觀焉。夫輪奐既飭，即為感化肇端。昔韓昌黎題木居士，從善者眾。吳道子畫酆都案，畏罪者多。茲亦裝塑神像，顯著金身，使素履不規之人，入廟而觀感之。由是子變而孝，弟變而恭，夫婦變而和順，朋友變而信義。不妬不淫，不奸不詐，推行不已，化成天下，未必非今日補葺之力也。因勒石以誌之。

嘉慶二十三年。

（文見民國《重修正陽縣志》卷六《藝文志》。馬懷雲）

重修崇聖寺碑記

辛酉科拔貢吳廷獻

余赴科場，道歷汝埠，偶雨間隔，羈棲逆旅，及雨止，日已將暮，未可以行。旅舍悶倦，散步於集之西，至一廟。見棟宇巍峨，神像新粧，覽厥遺碑，而知為古崇聖寺之重修也。歸而言於主。主曰："君知此寺，而不知此寺之修，肇自何人？成於何氏？"余曰："然。"因詳言之，謂向者惟孤廟，門窗晝閉，致神聖不見天日者數十餘年。已而，有善士周重心甚不忍，思建此功，繼以年老不能自成，邀同咸被澤、張四海商曰："汝二人尚壯，託汝領會，以修是寺，吾老不能力助，有銀數十兩，施為創造費。"咸、張受託領銀，遂偕眾會人等，亦各捐貲財，先修兩廊，次修中殿，並佛像一堂。又有溫公諱如聰，施磚數千，瓦數萬，復修後殿，並金塑後殿神像。是斯寺之修，咸、張諸君之功居多，而亦周、溫二公樂施之功也。余聞之，深嘉諸人之功，善主亦唯唯。適功成刊石，眾會祈余作誌，以垂不朽。愧不能文，謹以為序。

（文見民國《重修正陽縣志》卷六《藝文志》。馬懷雲）

重修泰山廟碑記

史薪傳

從來廟宇之興廢，一鎮之盛衰關焉。豈徒行祈報，肅瞻拜而已哉。而修廢畢墜，光昭舊德，既以覘一鎮之大有人在也。翰凍西北隅，舊泰山神廟，勢踞崇岡，前臨清溪，後枕汝岸，勝地也。廟之建，不知昉自何時，摩挲古碑，乃前明嘉靖四十二年，生員史篳法改建。越天啟三年，生員史清及善士劉延裔、史可範、史三才等補修。嗣後相繼修葺，未有碑誌。余少讀書其中，隨喜間，見夫樓閣崢嶸，金碧照耀，花深禪院，梵唄上方，嘗歎以為祇圓精舍。當是時，翰鎮固全盛，後十餘年，而廟貌不堪復睹矣。棟宇傾圮，神像剝落，荒榛滿目，幾成狐兔之穴。或有以重修商者，而功果浩大，縉紳先生皆難之。有心者，睹斯廟之將廢，未嘗不歎任事無人，為翰鎮將衰之機也。道光四年秋，幸有首事諸公，目擊神傷，慨然為重修之謀。即日募化，即日鳩工。凡前後兩殿，東西十司，炎帝殿，觀音閣，以及諸神祠，毀者修之，缺者補之，丹碧而黝堊之，逾年告竣。紺宇琳宮，煥然一新焉，猗歟休哉！十餘年將廢之業，而復之於一旦。一方最盛之事，而成之於數人。以視前明諸公之善，謂非後先輝映乎！然此特諸公之吉光片羽耳。異日翰凍鎮之事以義起者，同心協力，皆能毅然為之而無難。諸公勉乎哉！翰鎮之盛，兆於斯矣！余故述其始末，以為後之趣事赴功者勸。至於因果報應之說，亦付之存而不論云。

道光四年。

（文見民國《重修正陽縣志》卷六《藝文志》。馬懷雲）

重修魯大橋碑記

邑舉人傅必端

余里居東南十五里，有日中之市甚囂，居人所謂魯家店者在焉。其北數十武，有石橋，無碑碣，不知建自何時。集南有庠生王先生者，諱恩培，號嵩毓，余總角受業師也。年逾八旬，未嘗言及。意者古風淳樸，為善不欲人知耶。世遠年湮，里之人憂其傾折，欲釀金而重修之。有姜君，諱本立，號效賢者，首其事。數月而告竣焉。功成後，請余言，以貞諸石，並請命名。余觀乎橋列通衢，西南通正陽，東北抵寒凍，清流蜿蜒，自西南而來，東會汝水，桑田禾畝，花漵柳汀，高下掩映如畫焉，因名通正橋，蓋取南達正陽之意。抑亦欲後有通人，兼多正士，彬彬然佳弟子出焉。雖近於為善望報，然而鄉中耆老，苟由是盡心於家塾黨庠之中，一如斯橋，有修舉而無廢墜也。其庶幾如願相償乎！

道光十七年立。

（文見民國《重修正陽縣志》卷六《藝文志》。馬懷雲）

創修五嶽巡像記

邑歲貢渭川王夢清

禍福也歟哉，天宰之。人之禍福也歟哉，人為之。《詩》云："厥德不回，自求多福。"是福之求，求以德也。《易》云："積不善之家，必有餘殃。"是殃之餘，餘以不善也。與輪回之說何異？自世人過信輪回，於是，禍福之權，不在陽而在陰。在陽輕，反不若在陰之重焉。銅鐘鎮舊有萬德寺，為五嶽行宮。五嶽者，五方之鎮，與輪回之說無與也。然而一邑之中，有疾病者禱焉，有死亡者告焉。每至聖誕之期，奉香楮，羅酒漿，拜跪而酬答者攘攘也。而出巡之典，有所未行。道光二十一年，眾姓以神靈久著，仿各縣城隍之制，出巡四郊。時議方興，草創而已。至次歲，眾姓大捐金貲，虔創行像，自寺而郊、而市、且於市之北首，構彩為宮，以安神像。喬喬皇皇，二三日而還。數百年未行之典，一旦行之而無難。雖云人心向善，亦由神之有以感被而悚動之也。夫古人之東巡、南巡、西巡、朔巡，天子則然。後世又有巡撫、巡按、巡檢之設。茲之舉，猶是意也。神光雖無顯照，而儀仗一臨，惠廸從逆，或禍或福，益見天網之不漏。較之說果報以昭勸戒，其有功於世人，更萬萬也。是不可不詳其顛末，以垂永久。使後世之依而行之者，知其權輿於此焉。是為記。

道光二十二年。

（文見民國《重修正陽縣志》卷六《藝文志》。馬懷雲）

重修萬德寺五嶽殿塑像碑記

邑歲貢王夢清

五嶽皆山也。山之產，似有春生之仁，而無秋殺之義。然山於八卦屬艮，艮所以始萬物，亦所以終萬物。始萬物者為陽，終萬物者為陰。則謂陰陽均司乎五嶽，應亦降鑒之不爽，而特惠廸吉，從逆凶，神而明者，雖如響之隨聲，作白馬，起青鴛，欲乎善者，難言金之布地。則瓦積之參差，堂構之卑微，剝而爛，必不能復而反。革乎故，必不能大其觀也。其何以煥乎其象，擴如其規，使祇陀之高風，振於今茲哉？而要非所論於吾邑之萬德寺。

萬德寺者，銅鐘一鎮之福地也。五嶽彰癉之靈，久矣大畏乎民志。凡人之敬，事乎神者，考之舊碑，自前明以來，修補之責，代有人焉。惟乾隆五十五年以後，歲月久而頹壞不免。祈禱繁而拜跪不容，眾檀越每欲修而大之，而特以墾同惠妃之巨，臺有通天之高，木不生於越王，石非鞭於秦帝。恐陵絕險阻，疲極人力，亦不能有八功之水，驟滿於七室之池也。茲何幸僧方煮茗，眾亦雲集。羨寶筏之渡川，爭金錢之擲地，慷慨樂施之下，而功次第可舉也哉。董其役者，于焉而採木於林，于焉而輂石於山，于焉而金碧市於南，于焉而丹青買於西。凡向之五嶽居中，侍像旁列者，今則移侍像于西隅，而趨蹌之地寬矣。拜殿特起簷牙相錯者，今則聯溝甍為一線，而穿石之溜除矣。殿宇成，繪素施，第見乎虎頭一臺，而龍之繡也，冕之旒也，楹之丹也，桷之刻也。其生面之別開者，更覺有威之可畏焉。則不惟有以擴如其規，而且有以煥乎其象矣，利用大作，其以此乎。計自鳩工以至告竣，幾越月十有一，始得勒石以紀功。嗚呼，艱哉！落成之日，無不羣然敬恭，稽首而獻頌曰：

　　維嶽降神兮，呵護一方。糾合無間兮，熾禮堂皇。乃竣其宇兮，天際高翔。乃虔其志兮，濟濟蹌蹌。杯玟競擲兮，餘慶餘殃。神光晉照兮，萬古馨香。

（文見民國《重修正陽縣志》卷六《藝文志》。馬懷雲）

重修東嶽廟十王殿記

鄭元善

　　正陽縣治東門外之有東嶽廟也，創建於元至大辛亥歲，閱五百餘載，蓋重修者屢矣。廟有兩廊，塑閻羅像。壁上繪刀山劍獄諸狰獰之狀，以示戒也。自嘉慶戊辰興修，迄今二十餘載，正殿巋然如故。廊楹則日就傾頹，碧瓦參差，漸作鴛鴦化去。花磚零落，難憑精衛銜來。邑人士慮規模弗整，醵金鳩工，不數月而蕆事。青珉復泐，紫篆重鐫，將以誌永久，董事者問記於余。余維輪回之說，儒者弗道。善夫司馬文正公之言曰：忿氣如烈火，利欲如銛鋒。終朝長戚戚，是名阿鼻獄。顏子安陋巷，孟子養浩然。富貴如浮雲，是名極樂國。孝弟通神明，忠信行蠻貊。積善來百祥，是名作因果。烏虖！盡之矣。然而愚夫愚婦，難喻以感應不爽之旨，則必森然布列，始觸於目而警於心，丹心護維殿此志也。方今金穰告稔，玉燭時調，吾願父詔其子，兄勉其弟，孝友睦婣之克敦，桁楊箠楚之不事，共優遊於太和之宇也。豈不懿哉！是為記。

　　道光二十六年。

（文見民國《重修正陽縣志》卷六《藝文志》。馬懷雲）

重修龍池記

知正陽縣事鄭元善

　　滇陽城東有井焉。其脈自西北來，迤邐而南，有蜿蜒之狀。井之泉，美而甘。士人往往祈雨于此，號曰龍池。或者其能噓雲興雨，成潤物之功者乎？不然，龍之稱，曷藉藉不朽若是。道光丙午七月，余承命來宰茲土。丁未夏秋間，大旱，四境枯槁，余乃終夜焦思，無以澤邑民。禱雨於池，雨沛然下。歎曰："龍之為靈，昭昭也。"必謂非池中物，吾不信。

雖然，龍池之傳久矣，自元歷明，至於今，沿流已久，獨惜其創建垣宇池亭者，委諸蔓草，空遺其迹耳。今率士民募而新之，構正室三楹，繚以垣墉，周圍流水，溝之百餘步。司鐸林錫疇等董厥成。非真為雨澤之報也，抑亦表斯池之靈云耳，頌曰：

　　漠漠祥雲，濛濛甘雨。驅彼旱魃，惠我下土。於鑠神龍，德渥恩普。永庇生民，式歌且舞。

　　道光二十七年。

（文見民國《重修正陽縣志》卷六《藝文志》。馬懷雲）

重修黃徵君祠墓碑記

　　余少讀《東漢紀》，載徵君黃叔度憲遺事，未嘗不撫卷低徊，景慕其儒風，足使千載而下，奮焉興起者。雖然，余生也晚，既不獲耕炙其道範，而邢距汝千有餘里，復不得親誼其故居，則所謂仰泰山而瞻北斗者，亦第託之想像而已。道光辛丑，余宰登禮書。丙午，奉命來宰茲土，下車時，訪厥故老，於城西北隅得徵君墓舊址，有祠焉，載在祀典。為前明嘉靖甲子，周公紹稷所建。丁未春，余潔牲醴往祀之。入其門，傍徨四顧，荒涼滿目，垣墉毀，堂構傾，竟風雨之莫蔽。迨遍覽諸碣，始知国朝嘉慶丙辰，有邑尹楊命德容者，踵而修之，迄今五十餘載矣，而堂構垣墉，其剝落也如是。余乃喟然歎曰："士習者，風俗之表也。前儒者，士習之倡也。欲厚風俗，莫若端士習。欲端士習，莫若崇前儒。夫士有曠百世而相感。聞遺風而奮興者，若徵君者，亦足以多矣。而區區祠宇，弗克完固，其何以為士子勸？時則議捐貲二百緡，以襄事。於是，表厥舊里，鳩工庀材，重新正室三楹，為徵君享祀之堂，而神道前門，起一樓，以時啟閉。室左右，復新東西兩廊，為拜瞻謁祀憩息之所。於其後徵君之墓在焉。植以嘉卉，種以修竹，葱蘢蔭翳，蔚然有士林氣。外更築堵，週遭百餘步。是舉也，徵君裔孫黃朝奎董厥事，經始於丁未仲夏，歷十一月之久，工始告竣。或有問於余曰："徵君之德，澄不清，淆不濁，今第高閈閎，厚牆垣，後之崇前儒者，顧若是乎？"余應之曰：否否。余之修祠也，非敢謂能崇前儒也。不過整飭舊觀，俾官吏邦人士，時來拜謁，仰門牆之高峻，瞻堂几之肅嚴，撫今思昔，藹然而見儒道之常存，而士習之端，風俗之厚，尤余所重望也。豈直抒少年讀史之懷云爾哉！時值祠宇落成，余故為記泐諸石，用垂永遠。

　　知縣鄭元善撰文。

　　教諭林錫疇、把總李心遠、典史姚炘仝立。

　　道光二十八年。

（文見民國《重修正陽縣志》卷六《藝文志》。馬懷雲）

曹王氏節孝碑記

舉人嚴家琨

　　天地有正氣，曰忠、曰孝、曰節。奇男子以节成其忠，奇女子以節成其孝，自世道衰，而士夫習於軟筋媚骨。一旦臨小利害，洟洳而易其節者，比比也。猶幸有從一而終，之死靡他，之弱息女子，毅然以节自矢，而天地正氣，賴以不絕。獨怪夫世之好異者，往往重死節婦，輕守節婦。又輕有子之守節婦，曰彼固留於所愛也。否則曰彼以足守，而以不守為恥也。嗟呼！人之棄所愛，而不耻於足守，豈少也哉！

　　節婦王氏，汝南正陽人也。年及笄，適曹君德量，生二子而寡，曰坤、曰乾。時氏年纔二十四歲。卻膏沐茹冰蘗，娛親撫孤，以成夫志。今氏年七十有二，鄉先生嘉其節，爭以其事聞之朝，天子賜之旌表曰"彤管流芳"，以鑴金石。嗚呼，如曹節婦烏得以有子守節少之哉！節婦夫歿時，適家道中落，呱泣者在室，追呼者在門，而節婦躬親操作，艱苦備嘗，日以耕讀課二子，稍輟，即督責不少貸。而家道亦因之日裕。坤乾幼承母訓，雖未博一第，膺一官，然皆不失為一鄉之善士。

　　尤可嘉者，節婦寧以人負我，勿我負人，戒其子。其生平之見利思義，樂善好施，又可概見。節婦固巾幗而鬚眉者也。嗟乎！世固有父在而子玷良冶，夫在而妻無完裙，節婦丁夫故家貧之阨，卒能教子，能立家，致素封，是父道也，母道也，夫道也，妻道也。節婦兼之矣。嗚呼！如節婦烏得以有子守節少之哉。愚素不工文，因慨士習日漓，不矜氣節，特舉節婦之志行卓卓者，表而出之，未始非廉頑立懦之一助云。是為序。

（文見民國《重修正陽縣志》卷六《藝文志》。馬懷雲）

廣生祠碑記

　　蓋聞天地之大德曰生，乾曰大生，坤曰廣生，生生之名，由來舊矣。今自通都大邑，以及窮鄉僻壤，莫不有廟，即莫不有廣生祠焉。凡鄉人之祈禱求子，與報答生育之恩者，咸於是乎在。而所祀者文王后妃，旁列衆婦像，並塑諸小兒於壁間，豈以文王衆妾百男，而行其說與，茲亦第弗深考。竊嘗稽諸載籍，周公制禮，尊后稷以配天，宗祀文王於明堂，以配上帝。蓋文王之神，在帝左右久矣。況后夫人之德，實侔乎天地，則廣生之名，即以文王姒后當之，亦何不可。正邑南關水火祠之左，亦有斯祠。歲久傾圮，首事人謀所以新之。因捐己貲，兼資衆力，不數月，而棟宇煥然可觀。神像森然在望，行見入是廟而祈禱者，莫不立驗。登是堂而報答者，咸有可憑，借神力以佑衆生。即因衆善以酬神惠，人人皆體天地好生之德，文王螽斯之化，俾宇內雨順風調，物阜民康，永無夭札之灾，長有生生之慶，用書建祠之本意，以告來者。

貢生余文明撰文。

貢生陳甲榮書丹。

清咸豐五年。

（文見民國《重修正陽縣志》卷六《藝文志》。馬懷雲）

重修固城寺碑記

業蔭昕

縣治東北六十里，吾固城廢址，痕跡宛然，而按之縣志，詢之耆老，莫知建自何時，蓋其棄置也久矣。郡志云：汝水南七十里有故城，土人訛為固城。正陽舊志則仍為安城。豈因其城既廢之後，人因以故城呼之歟。其中有寺，曰固城寺。余少時，會遊其地。寶相莊嚴，佛光璀璨，巍然獨存於兵燹戎馬之餘。經千百年，而莫之敢廢者。豈如來神力廣大，冥冥中有以呵護之歟？蓋因我佛以能捨為心，不惜捨身為衆生化度，故衆人亦因其捨而捨之，而卒之能捨者終不捨。夫乃歎名城巨邑之終歸於捨者，因其中有令人不能捨者存也。咸豐初年，寺以歲久傾圮，神像往往剝落於日炙雨淋之中。余堂姪上舍生曾齡，惻然憫之，為募緣重修，閱二十餘月而落成焉。求余文而貞諸石。

按：安城始見於《漢書·地理志》，其後於史志中屢見，蓋亦一都會也。當其盛時，車馬喧闐，冠裳絡繹，燈火人煙，有不知其幾千萬萬者矣。迄今過之，惟聞魚唄經聲，泠泠於荒草斜陽之際。嗟乎！盛極而衰，有如是歟。寺舊有隋碑，建於開皇二年。是時，隋室初興。那羅延又生於波若寺中，為河東尼所撫養。當時臣民，必有仰希意旨，募修天下寺宇者。則固城寺，想亦重修於隋，而非始建於隋也。顧獨慨千餘年，時代屢遷，廢興迭見，西眺太陵，幾如平地。詢之往來行人，有不知為何王之壟者矣！歲時無麥飯之澆，牛羊又從而牧之，而此頑然片石，截截常立於佛堂神座之間，後之人，每為愛護而珍惜之。然後知富貴福澤之難留，有不如空虛寂滅者之相引於無既也。惟與能捨與不能捨之間而已。捨故常留，不捨者終難留也。豈獨區區一固城寺也哉！今諸檀越，於東南烽火燭天之餘，汲汲焉惟恐三寶空墜，而興此無量功德，亦可謂善於捨也。夫夏日方長，薰風時送，爰濡毫而為之記。

咸豐九年六月二十二日。

（文見民國《重修正陽縣志》卷六《藝文志》。馬懷雲）

贈葬地記

葉蔭昕

堪輿之說，世俗惑之久矣，而儒者亦所不免。豈以此求福田利益哉！蓋誠念人事不盡，即親心難安，不幸而置諸受風受水之地，何異舉而委之於壑乎？然豐厚之家，阡陌連雲，牛眠之卜，或易為力，所難者，寒素之士耳。風雨一椽，家徒四壁，逮親之存，僅能供菽水之養，更從何處覓佳城哉。噫！無財不可以為悅，此古人所以俯仰興懷，而抱恨終天者也。吾郡吳子章民負不羈之才，而貧等季節次。咸豐初年，土寇蜂起。凡停柩在室者，無不急為安葬。章民亦欲殯其祖母，而苦於無地可卜，偶於其鄉人地中，相得佳壤。其人所望過奢，章民自度無以盈其欲，事將已矣。其素所識楊翁慨然曰："此等事，何等時而可中止耶！"急割其沃壤數畝，為章民易之，俾得營葬焉。嗚呼！緩急人所時有，今夫安樂無事，時相過從，殷勤道故，把臂言歡。一時義氣相傾，自謂管鮑之交，不是過也。一旦有事相須，呼助將伯，乃陽諾而陰違，邀償異日，無不量其家之所有，而思為孤注之攫焉。嗚呼！人情之險，竟至是哉。而楊翁乃能慷慨若此，宋范堯夫，以麥舟助友人喪事，論者美之。夫范氏數世仕官，祿養有餘，固宜好行其德也。楊公以鄉曲之人，竟與古人抗行，保無有訾而笑其後者乎。夫世風澆薄，至今日極矣！往往見素封之家，詩書之第，平居高談道義，未嘗不自羽為浮雲富貴，而輒因數畝之田，一區之地，遂致骨肉參商者，曷可勝道？今楊翁竟推恩異姓，毫無德色。其亦章民之素所樹立，有以致之耶。昔東坡先生葬老泉，資用不濟，借助於鄉居之豪。夫東坡先生交遊滿天下，文章邁古今，而及乎窘迫之際，不求資於士大夫，而告貸於僻壤中，語云："觀於鄉，而知王道之易易。"嗚呼，豈非然哉！豈非然哉！章民方思別置良田，以為酬德之記。夫楊翁本非望報，而在章民之心，自有不能已已者也。往年吾侄葛民，葬吾禮樵六兄，吾曾割地相助。章民異日倘遇楊翁，為余致意，其亦許為同調□否耶。

咸豐九年。

（文見民國《重修正陽縣志》卷六《藝文志》。馬懷雲）

汝郡粥場捐貲碑記

葉蔭昕

變起而思彌縫，歲饑而謀賙濟，此眾人之所急，而君子之所緩也。謹按《禮》曰："三年耕，必有一年之食。九年耕，必有三年之食。若此者，無非謀之於豫，先事為之防也。吾郡舊設有粥場，桂君芸軒、孫君重光、張君汝濱、武君纘緒、葉君光國，董其事。每於嚴寒風雪之時，置絮衣，施薪柴，儲乾餱，饑者食之，寒者衣之。郡伯祁中衡夫子，屢獎斯舉。慮其久而懈也，每歲捐廉，為紳民倡，於是，捐者麕集。夫國以民為本，民以食為天。歲迭薦饑，而汝郡之所以數年得保無事者，雖郡尊捐廉之功，亦諸首事人之辦理得所者然也。今歲三月，土匪陳太和倡亂於平輿。四月，入王霍寨，殺人如麻，避亂入郡者，絡繹不絕。臬使鄭公松峯夫子，駐汝剿撫，後先捐俸，食生者，掩死者。於是，逃難之民，始有更生之望矣。嘗觀仕宦之家，往往握筭算，積金帛，宦囊充溢，而值夫凶荒之歲，亂離之年，欲其少出贏餘，以抒哀鴻之困，潤涸鮒之魚，卒之吝不能舍，此皆思遺子孫為後人計耳。然而昔之錙銖積之者，後或泥沙用之矣。昔之辛苦成之者，後或逸蕩敗之矣。陸賈橐中之裝，趙普廡下之積，迄今皆安在也。昔鄭饑，子皮餼國人粟。宋饑，子罕出粟以貸國人。率皆書之史冊，傳流後世。然則二公之有所捐，正二公之有所留也。夫事亦雖於創始者耳。《語》曰："民可與樂成，難與圖始。"今二公倡之於先，而汝之紳民，或有不待勸而願捐者，或有樂捐而不書名者，以此見民彝天顯之真。雖戎馬倥傯之際，未嘗一日而或息也。惟視乎為民上者，所以倡率之者，為何如耳。

咸豐九年。

（文見民國《重修正陽縣志》卷六《藝文志》。馬懷雲）

祭殉難諸烈士文

黎鴻猷

維清同治八年，歲次己巳，月建丁卯，朔日癸卯，越祭日甲辰，主祭某某，謹以香楮酒醴之儀，致祭於殉難諸忠節之位前。跪而言曰：從來人生所貴，忠孝為先。史冊所褒，名節為重。伊古以來，士之見危授命，抗節不撓者，千載下猶將馨香祝之。正邑自張彭倡亂，到處雲擾。才智之流，縫掖之士，仰拜馬首，屈膝賊庭者，何可勝數。惟公等出自茅簷，光於日月。或從容就義，或力戰捐軀，視彼衣冠而賊寇者，其相去幾何耶。今者恩綸廣沛，死事咸入忠義祠。雖在窮鄉鄙壤，藉以名垂不朽。是公等雖死之日，猶生之年，九泉下應亦無憾也。謹擇良辰，奉安於祠。

同治八年。

（文見民國《重修正陽縣志》卷六《藝文志》。馬懷雲）

重修正陽試院記

邑拔貢葉會塏

庚寅春，予初應童子試。試日，齊集縣署前，號板、坐具，皆自負荷，擁擠喧闐。心甚苦之。釋肩嘆曰："國家取士之際，士子發軔之初，顧如斯乎。"蓋試院之廢久矣。既而，粵寇倡亂，流土交訌，戎馬紛馳，文事愈弛。奎林書院只存數間，欹斜支撐，不蔽風雨。己巳春，熙甫張明府攝篆吾邑，下車伊始，汲汲以恤民隱、端士習為己任，首捐廉俸，於書院前建修試院若干楹，曰堂、曰廳、曰樓、曰文場，及一切供役之人，亦皆各有其所。所費不滿三千緡，民不勞而事畢舉。使闔邑之士，平居則為肄業之地，臨試則為擢秀之場，家修庭獻，跬步之間，游於此者，可以奮然興矣。斯役也，經始於己巳年春，落成於庚午年秋。同事皆舊雨，而海峯袁君，實總其要。予以後至，亦得掛名其末。憶予主講於斯，如在目前，而十餘年來，世風屢變，喜觀厥成，且以卜文運日昌也。於是乎書。

清同治九年。

（文見民國《重修正陽縣志》卷六《藝文志》。馬懷雲）

閭河北平橋續修記

黎鴻猷

閭河之北平橋，由來舊矣。蓋地當衝要，南至羅山，東達息縣，兩路總歸於此。行李之往來，絡繹不絕，所係亦綦重矣。查是橋之建，肇自前明。舊碑載，宏治戊午，黎公章捐修，舉人陳標誌石。後之續修者，正德辛巳，則有黎公珠，事載邑乘。嘉靖丙午，黎公大綬有重修之記。嗣又有何公文、黎公起泰，是皆不容沒者也。獨至清初，為修為廢，百餘年茫無考證。至乾隆十三年，始經重修。二十五年，復經添修，有陳大謀為之記。道光十八年，陳淵文以橋路兩歧，未便行旅，改向重修，並加廣橋面，工費頗大。迄今三十餘年，行旅稱便。辛未秋，大雨兼旬，風浪衝激，橋板因之墜落，基址亦多損壞，車行有覆溺之患。鄉耆輩共議興修，以歲歉工巨，遲徊者久之。余乃請諸邑侯張公曰：此要工也，烏能已乎？因命地方韓丕安董其事，並倡首捐廉。由是衆咸踴躍，募化捐貨，得錢若干緡，亟命工彌其缺陷，定其傾危，補修善完，務令堅實。兩旁馬頭，重行包築，磚石並施，不浹旬而橋工告成，並廣為勸化，墊修大路四五里，由是前行盡坦途矣。余深喜是役成功之速，而並嘉韓君不辭勞，不惜費，以勉副張邑宰之望也。是為記。

同治十年。

（文見民國《重修正陽縣志》卷六《藝文志》。馬懷雲）

陳母鄭太孺人德行碑記

陳則舜

父母有大德大恩，為之子者，生未及承歡盡養，殁不能追述前徽，昭示後昆，致堂上之嘉言懿行，泯然長寂，略無紀聞，子道之缺，終天之大憾也。則舜不幸，年甫十六，即遭母氏鄭孺人大故。母之持家應務，為所及見，而稍能記憶者，如紡績井臼，躬親其勞，門庭桑麻，時加檢點，昕夕孳孳無倦容。族鄰之陷於衣食財物者，必察其需要，慨然施濟，不少吝惜焉。如此犖犖大端，今猶恍在目前。至吾母仁孝之行，勤苦之操，早年之有大造於家者，則舜不及知。嘗聞先嚴王瑱公而得之。母本息望族，素豐腴。自十九於歸，世亂年荒，室無蓋藏，堂有衰姑。於是時，母恬安寒素，荊釵布裙，相夫事姑，敬戒無違。間或饔飧不繼，不惜鬻妝奩，烹藜藿，甚至兼日而食。而慈幃甘旨，裕如也。且嘗謂吾父曰："善事親者，道在及時。與其祭而豐，未若養而充。"深合古賢椎牛菽水之旨。

嗟嗟！親親仁民，母兼盡之矣。抑尤有聞者，母曾於九歲時，見一犬，喘臥道旁，病垂斃矣。憫而飼之，至愈乃已。是愛物之誠，又根於性生也。噫嘻，嗚乎，母其仁矣乎！《語》云："仁者壽。"母乃卒於光緒癸卯四月五日，距生於同治甲子，年僅四十。何天奪母算如此之速耶！哀我鮮民，孝養未盡，風木徒悲，情何以堪？謹揮淚含毫，紀吾母遺範，泐諸貞珉，永垂門法焉。於是乎書。

光緒二十九年四月。

（文見民國《重修正陽縣志》卷六《藝文志》。馬懷雲）

傅隗氏節孝旌表碑記勘語附

貢生曉嵐涂成渠

傅門隗氏孺人，邑監生隗竺山之女，監生傅國彥之妻，十七歲結縭，越七載，傅公病故，氏終日泣血，誓以命殉。奈待養有翁姑，同胞無兄弟，理宜代事高堂，使泉下不留餘憾。又值匪寇紛起，翁遇難亡，雖未胃盧氏之刃，亦嘗上緹縈之書。然死者不能復生，而生者尤宜喪死，氏則治喪葬翁，盡禮盡哀，朝夕奉姑，必誠必敬，是誠節以孝全，孝因節著者也。邑貢生王咸仰、廩生涂聯璧、附生傅新銘、增生黃指南等，探訪詳確，謹以節孝事實，具結呈學，轉縣，申詳各憲，咨部彙奏，蒙允旋表。茲將學縣府院勘語，勒紀於後，以備觀瞻，非獨為孺人歸美也。抑以為世風之獎勸云。

正陽縣儒學教諭黃勘語

勘得傅隗氏，系出望族。許字名門，於歸七載。夫即病故，甘心誓志。斷釵念結髮之情，銳意鳴冤，巾幗有鬚眉之氣，夫與翁兩無遺憾。節與孝俱可聲聞，所有具呈事實。合移貴縣覆勘，核明申詳，以旌節孝。庶不負節婦之苦衷，亦足勵孝行之風化。

正陽縣知縣勘語

勘得傅隗氏，少年具竹筍之風，中歲矢柏舟之志，節徵心性，冰雪同操，孝事翁姑，椿萱並慰，誠為鄉邑之閫範，允稱巾幗之完人也。年歲既已符合，覆勘又徵無異，理宜申詳，上呈覆勘，轉請旌表，以備入志。

汝寧府知府周勘語

勘得傅隗氏，潛德既矢以柏舟，幽光宜發於蒲版，兼能鳴翁被難之冤，繼姑紡織之志，正所謂女中丈夫也。賢聲素著，苦節宜褒。應急轉請，即希旌表。

河南巡撫鹿勘語

勘得傅隗氏，鴛譜初諧，燕釵忽斷，痛結縭之未久，節守一終，慮奉養之無人，命全二老，三十餘年如一日。六十二歲無間言。揆諸年例已符，褒彼芳蹤難緩，即行咨部奏請，以表門閭。

（文見民國《重修正陽縣志》卷六《藝文志》。馬懷雲）

重修建安鋪廟像碑記

　　慎南四十里許，有廟曰建安鋪，其左有城，曰建安城。城古，而廟獨存，神為之與，人為之與？予自束髮受業，即隨先嚴肄業於斯古剎也。但歷年既久，後殿擎楹欲圮，亦間有憂之者。客春志林李公、鳴皇雷公、廷榮李公，同家叔九能，有更新之意。約鋪間衆姓，各捐己囊，腐瓦頹椽，從而易之，前後殿及山門，概行整理，而舊者新矣。雖然，廟新而神像猶故也。秋間，鳴皇公廷瑗、廷琬李公又同家叔九淵、九能，復約衆善釀錢，金碧而輝皇之。並四壁傅以粉本，圖以花卉人物，為往來士君子流覽之娛，洵盛舉也。夫建安者，漢獻帝紀年之號也。廟以建安名，猶寺以顯慶名、開元名耳。循其時，羣雄競起，魏與吳爭鋒尤甚，此地南達武昌，北通古許，想軍旅往還，每練甲於此，故至今存與土人往往得金鏃，父老相傳，斯地舊設武職，以鎮正、羅二邑，殆其然乎。獨念漢世至今，千三百餘年矣。兵燹之摧殘，風雨之飄零，不知凡幾。東望城郭，故迹依然，而君子無為亭榭之作，鄉村有種蘭荷之卉，故宮禾黍，先賢之勝迹，盡埋沒於荒煙蔓草中，斷簡殘碣，無一存者。而斯廟獨巍然峙於城隅，新而舊，舊而復新，俾建安之名，終於漢，而永傳於此。此固神有靈爽為之，要亦諸君子前維後因，修廢補墜之力也。青史云神依人而行。予於茲益信。

　　清　年　月徐州岱望岳氏撰文。

　　徐州海蘭流氏書丹。

（文見民國《重修正陽縣志》卷六《藝文志》。馬懷雲）

遂平縣

重修沙河大石橋記

新建曹繩柱

余以丙午冬，計偕北上，由楚而豫，道出遂平。時方雪後，竟日泥塗，薄暮，抵城南沙河，石橋橫亙。余與同人騎騙而過，若履平地，皆曰："造斯橋者，善哉！"橋盡踏沙以行，蹄聲得得。就宿旅店，嘗賦小詩志之。逮乙亥冬，余分巡茲土，重經斯橋。因水圮，金令以木板架之。乘馬過者，皆下馬牽以行，猶惴惴然恐。金令告我曰："斯橋乃南北驛路，宜亟修復，非數百緡不可。今官民力弗逮也。"次年，丙子春夏，水漲激橋，橋益圮。金令造舟以濟人，比水涸，復造浮橋以渡。顧往來行旅者，猶感舊圖新也。是冬，金令復告我曰："某既捐俸購石，倡修斯橋，秋幸豐稔，紳民稍有力者皆應助修，成有日矣。"余聞而喜之。丁丑二月，工乃竣。金令以沙河水勢日趨而南，又於橋南增橋數丈，加築橋埂，以垂永久。噫嘻，善哉！非特利行人弗病涉也。昔之人舉之者勞矣，不幸而墜；今之為吏者，苟且因循相率成習，欲其墜而復舉得乎。金令蒞任迄今，甫及三年，茲橋既復，書院既成，而沙河、石洋河水患，亟亟為民請命。廓堤暢流，除厥大害。以遂邑之民，歲苦薦饑，今而後盈寧有望，禮儀可興，皆金令之善政也。謂非賢令而何斯橋之役，捐俸倡修善矣。邑紳士感其善而助之，皆必有餘慶者。爰命斯橋為"善慶"。其督工書吏，出納維清，催工維謹，亦善類也，並註其名。

乾隆二十二年。

（文見乾隆《遂平县志》卷十五《藝文志》。馬懷雲）

重建吳房書院碑記

新建曹繩柱介巖

為政之要，養與教二端而已。遂平金令蒞任三載，察遂邑水患，由石洋河之狹隘，沙河之泛濫，亟請動帑興修，廓堤圩數十里無壅遏。歲大有秋，其養民者厚矣。邑舊有吳房書院，在縣城南里許。日久□圮，肄業無人。顧而覽者，但見頹然廢址而已。□□金令出俸廉建之。邑紳士知令之善教也，醵□□焉，講堂學舍，煥然一新。師生傳習，業有興起之□。又闢院左隙地一區，建奎星閣於東南，以像文□。閣後為堂一，為亭者三，為舫廊一，為池二，綴以□岈之石，植以桂杏之木，曲檻繚垣，朱魚綠荇，引人入勝，非直為遊觀也，今以帖括課士，而諸生尋行數墨，求一標新領異者殊不易得，亦其胸次眼界拘圍方隅耳。昌黎有言：當其取於心而注於手也。惟言言之務去，戛戛乎其難哉。況其下車者乎？金令以名家子少年登第，為文章清新典雅，傳頌海內。初試令宰，既以養民為亟，又以其所得者教士而以是誘之，諸生誦讀之暇，游咏其間，攬山川之勝，即景物之宜，助□思發清機正復不淺。吾聞君子之為學也，藏焉修焉，息焉游焉，遂邑人文從此懷新而振靡乎。微金令之善教，不及此。書院舊堂曰"孫業"，前蔡令秉公題。予題新堂曰"善教"，以表金令教士之意如此。其□曰□□蕉雨曰得□□□，然皆金令自書題□□□□□令倡之，邑□□□之。董事者則元和□生□也。金令調任汝陽，□□泯其志，為之記。

乾隆二十二年。

（文見乾隆《遂平縣志》卷十五《藝文志》。王偉）

石洋河築遙堤記

新建曹繩繩柱介巖

遂邑石洋河，發源滄峰垛之黑龍潭。自縣治西而北而東，至上蔡縣界，歸柳堰河，以匯于汝。其始也，蛟龍窟宅，演自□湫。其既也，容納眾流，愈遠愈溢。夏潦秋霖，瀕河成巨浸矣。前明胡令來進以城西北孟家河坡水無處宣洩，塞舊河口，開一新河，引石洋水會流以入城南之沙河，人呼為玉帶水。邑乘美之。顧沙河高而石洋窄，孟家河水直注新□，既不容益以沙水暴漲倒灌□流，為能害滋□□時厥後，築吳家堰于石洋河南，以禦之善已。然自滄峰垛至吳家橋，長八十里，上游河寬十一□□或七八丈，下游河寬七八丈或四五丈。上寬□□堤復卑薄，宜其一雨輒潰，歲□□甯也。乾隆下□夏六月，豫省以水火告□□，發帑數百萬賑之。命大臣會宮傳中丞胡公相度河道，勷項疏濬。予奉□□□金令履勘累日，亦舉河堤狹淺為言。又奉□□□南領運江西協賑米，凡六閱月乃旋。復至□□□見遙堤夾峙，蜿蜒雙虹，自吳家橋至靳家□□□餘里，南堤長六千四百一十一丈，北堤長六千八百三十丈，共長丈一萬三千二百有奇。濬河土以成堤，南北相距十餘丈、二三十丈不等。堤以內皆河矣，視昔增廣數倍。又于堤側南北各開引河一道，以分水勢。猗歟休哉！吾民之久困復蘇也。□聖主恩深似海，澤被無疆，一至於此。予官水利，不獲于役。其間金令心殷民瘼，能力請於上官，得行其志。除數百年之沮洳，變億萬畝之膏腴。《詩》曰："樂只君子，民之父母。"金令有之。又曰：自今以始，歲其有，吾民有之。昨歲大有秋矣。今夏雨後，予復巡堤勘視，堤外禾黍芃芃，實穎實栗，皆昔荒蕪地也。遙堤既成，其明效大驗者如此。夫事難於□始，亦不易於守成。民樂於小康，亦毋□其□□。曩時遂人咸知石洋水患在于河堤狹淺，□□□訴官令民力修築，分作三段，成以三年，而歲□□饑，因循未舉。茲蒙勷項，告厥成功。假令歲不□□，責無專任，保固之限屆滿，剝蝕之勢相仍，利□□而害及矣。

中丞之籌經久具封事也。首曰水利，□專責□□體國愛民，蔑以加已。金令遵立渠長四十二名，每名管堤三百餘丈，擇近河誠練者充之。查地畝戶籍，定出夫名數，□為□以授之□□□集修補，農隙概令加培。其民既□□豐，奉□維□。□年，金令以新河之□未

□□也，又動項于沙河之□沙□橡樹灣，築堤六百一十丈，使新河之墓□□為屏障。復以東北地低，今春用民力於郭家□□□堤百丈曰新河，堰接石洋之護堤，通□□□故道，使新河東面低處□有捍□，而□家河□水，兩路俱通，略無滯積。更循新堰鑿渠八十五丈，以備漲□分疏於遙堤之引河，曰玉帶渠。其石洋□堤，以□自靳家橋起，前年動項，先濬河身，至上蔡□□家橋止。今春金令捐俸倡，民協力築堤，夾河□□□長一千五百十三丈，北長四百六十九丈，□□□開引□兩道，工興吳家橋河堤引河等。噫，□□□為民謀，用民力，而民踴躍將事，蓋以遙堤□□□有成效，計出萬全，民各有知。斯所謂信而後□其民也。今之為令者動曰：民刁俗敝，令之不從。盍亦有監于茲，返躬內省呼。予觀遂邑諸水，沙河為大源遠流長，漲發奔湧，倍於石洋。而沙在遂境，河身寬廣，病在下游狹隘，未易宣洩也。金令約之士民，達之上官，擬將沙河東南之清水河，開濬深通，使豐足店等庄之水患可減，石洋河南之官溝，自縣長□徃東，趨上蔡之下三岔口，以入洪河，將為開濬□渠，使窪地俱可種植。石洋河北之奎旺河，自縣□劉家店至金陵河，受東北之坡水，達上蔡，將為□濬溝身，于金陵河分岔處鑿湖潴水，以收魚芡□□。因民力有弗逮，為之分別先後，次第舉行。是則遂邑未竟之工，金令見而知之，擬而議之，尚其□尋而力行之者也。

金令名忠濟，浙江仁和縣人，甲戌進士。予幸遙堤之成善後美哉，深喜而為之記。

（文見乾隆《遂平縣志》卷十五《藝文志》。王偉）

石斗碑記

遂邑斗式，上較下濶，其形如箕。復橫彎梁，可以俯仰其出納也。大小迥然不侔，使人莫之辨。名以十筒小斗，四十筒大斗。趨利之徒，往往隨意混淆，任其壟斷，無如之何。家相效法，欺詐成習，為人心風俗害。衆紳士謀於佐治劉公欲改易制度，慮無善式。邑侯金公以名進士來撫我遂，首以人心風俗為任，廉訪地方利弊，得市斗不能畫一之隱，諏諮輿論，置十筒小斗一，置四十筒大斗一，懸諸市，以為式。召四境鄉耆示以斗，不準於官□。每用闔邑景從，翕然丕變。嗚呼，昔之用彎梁以俯仰者，今易以木柄以外張矣。昔之大小莫辨者，今則童叟無欺矣。昔之壟斷以漁利者，今則無所施其技矣。即斗一端，不可想見我侯正人心，維風俗之盛意耶。爰置大小石斗以垂奕禩，庶良法之行久，而不□沐侯之惠，世世無疆也。是為記。

乾隆二十三年。

（文見乾隆《遂平縣志》卷十五《藝文志》。馬懷雲）

榮孝子傳

榮孝子者，遂之西關人也。幼癡聾，無諱，無號，邑人俱以小兒呼之。自少及老，不異。先其家頗饒，後漸陵替。父卒，無所居止。同母趙氏棲冷鋪中。日行乞，作瞻養計。推其可者供母，餘自食，或少，則止以供母而自忍饑。且歸往，必向母叩頭，食必跪進。母食則起而舞，或食時稍不如常，則泣。或值所乞無幾，母復不忍子饑，故餘以丐之。然小兒惟知不如常，則泣。而母之念子萬轉千回，柔腸寸裂，似屬不如此養志養口，體之論有不可以例繩者，且凡所乞之家，即值乏亦必那以與之，蓋莫不鄰而異焉。或足則轉而供母，黑白別之。不復出，或止□□□疾歸供母，身別乞。或竟日所乞，間有不□□□飽子饑時也，如此終身如一日。母至七十□□□奄逝，天似不欲以藥餌苦孝子者。其哭泣□□□人哀之，斂棺葬於邑之西之二郎山。其出則泣，□□泣，亦終身如一日。當事者旌以孝子，匾小兒□□識全孝為何名，但哀哀劬勞不置，年七十餘以無疾終。先是邑人有在城隍廟齋宿者，夜深聞城隍主命人喚榮小兒云：汝力行孝，不必戀此受苦。已奏聞上帝，令汝記生好處人統傳之。不一日，小兒果死。邑人復義而棺斂□葬於其母旁。且無妻。嗟哉！不孝莫大於無後。小兒而竟以孝子名。天道有不可問，不獨鄧伯道為然也。且小兒之呼，微獨母名之。邑人咸名之，存沒俱名之，何醇以□孝也。聞遂人比戶可封，既憐而饗之，死而葬之，□不聚族而謀，有以相給，毋令作行乞苦如此，則是眾之義而非小兒之志也。癡聾困苦以至老死，夫又焉知非天故留此一人現身說法哉？嗟哉！施施於五鼎三簋，奉檄舞彩，不又對小兒為減聲聞哉。余已玄□□平，適觀修志盛典，邑之當事及紳、衿士、鄉耆、□□，咸嘖嘖小兒不置口。籍一息之暇，因其誦者□□錄之。邑令張公峪饒曰："是可以傳矣。"因傳之□□。父名凱，母姓趙。竟屬不傳，非孝子之志也。然□□無不曰榮孝子。榮孝子則又似身乎孝而不必□名也。古道也。

乾隆二十三年。

（文見乾隆《遂平縣誌》卷十五《藝文志》。馬懷雲）

東河堰玉帶渠碑記

王陳書

金公賢侯也，下車來汲汲興利除害，觀邑西諸山水，皆趨石洋河，慮無與障。請于上建堤，下游堤成，數十里外，居民賴之。明年己卯春，又以新河出城東，當西北陂湖之水匯注合流，輒不能受漫溢焉。乃履其畔，慨然曰："此吾未竟之功也。"往來相度形勢，於郭家橋築堰橫鎖，以防其溢。且鑿一渠，水盛則令迤北以洩之。今而後，邑之東隅，永無潦患矣。吾民公勒諸石，曰東河堰玉帶渠。蓋以志不忘云。

乾隆二十四年。

（文見乾隆《遂平縣志》卷十五《藝文志》。馬懷雲）

重修雁臺村石橋碑記

龍□生

蓋聞九月除道，十月成梁，□有夏令，典甚鉅也，利甚溥也。顧莫為之創，功弗就，莫為之因，傳弗久有固然矣。邑雁臺村南迤東，有木橋，不知昉自何□，歲圮歲修，常被衝頹，為往來病涉患。村有趙家□北，每逍遙其畔，目睹心惻，願輸資鳩工，易木為□，其趾峭然而堅也。闊其身廓乎有容也。闞其□巍然而加高也。時以費繁，同里皆起而□□□□厥美，橋遂不日告竣。其亦合寸絲寸粒之積□□神，聚片瓦片椽之登以成大廈者。與繼□□□水流之蕩蕩，頌履道之坦坦，輿□其地徒□□□，豈惟一時利哉？蓋將永久弗替矣。故之役也，□□善創也，可謂之善因也亦可。是為記。

（文見乾隆《遂平縣誌》卷十五《藝文志》。馬懷雲）

泌陽縣

國朝修文廟記

焦服祖邑人

皇帝御極維新，制詔州縣修學，惟時官師有殫力畢慮丕振輪奐，有仍沿舊墟暨茨未獲丹艧未塗，豈人各有能有不能乎，抑紲於物力尚有待也。十有二年冬，成安溫公如玉知泌陽，始至，進諸生，覘殿宇缺廢，惻然曰：往昔憲檄召以修復學宮，今墜落依然，無以妥至聖，何由稱上意旨。會學博商水王君、安陽韓君，議以修建。爰進士大夫、耆老，揆厥梓材，度厥繁費，計厥工程，雲集嚮應。命生員陳汝聽省試，工善於事，吏勤於職，晨夕展力，偕手並作。越戊戌夏，先師廟、戟門、樓星門，備極巍煥，啟聖宮、兩廡，嗣將告成，舍菜且有日。猗歟！歷代之學，考諸史可見已。漢高適□里肇司太牢，正始崇辟雍，元嘉重釋奠，貞觀依房□□議升先聖，建隆詔廟門立戟十六，大德加封號，嘉靖□木主崇至聖先師，道法相沿，經制大備。凡以惟厥心傳，兢兢於彞常之無或攸斁爾，惟彼其時廟著良謨，庭有諍臣，士尚行誼，里重節義，廣教化，美風俗，寧非篤於人倫敦本原哉。今代遭聖神登三咸五，吾泌得神君祗順德意，俾多士由學校培養德器，敦詩說書，陶禮淑樂，為臣言忠，為子言孝，為弟言悌，修於家為真修，獻於廷為良佐，豈今遽異於古所云。是蓋朝家教學之至意，亦邑侯鼎建之婆心也哉。

順治十三年。

（文見道光《泌陽縣志》卷十《藝文志》。馬懷雲）

重修城池記

邑人歲貢馬之起

泌邑城垣周回五里十三步，泌水繞其南，美哉洋洋，邑岩邑實大觀也。城樓雉堞，表裏堅固。自康熙丙戌歲秋雨霖浸漬傾圮，坊限盡廢。邑人患焉。歲壬辰，雲間程公來蒞茲土，閱視城池，即集紳士而謀焉。衆唯唯。但頹敗已甚。振興雖難，公雖亟為金湯之計，邑人□□為桑梓之謀，豈能作無料之炊乎！公曰："且姑待之。"越明歲之秋，百務具舉，復集紳士而謀焉，衆皆踴躍聽命。乃乘農隙之時，率先捐俸，於是，富者輸錢，貧者助力，或捐木植，或助磚灰，幾百所需，無不足用。公乃屬予及吳君中董其事，片磚寸木，無不妄費。邑之人士知公之勤於衛民生也，懽忻鼓舞，趨事恐後。自秋徂冬，迄於新春。而功告成。高者以高，深者以深，雖不必曰視昔有加，亦既屹然改觀矣。是役也，奉公之命而好義，終事者邑人忠愛之忱也。承公之委，而不敢告勞者，余及吳君感公高誼也，保障一方，為國家鞏金湯，為百姓寧幹止者。公之功在民生而不可忘也。邑之人士屬余為記。余因詳厥始末而記之。

時康熙五十二年二月也。

（見道光《泌陽縣志》卷十《藝文志》。馬懷雲）

重修關帝碑文

山西人邑令喬集鵪

秦、晉人間，賈於中甚夥。凡通都大邑巨鎮，皆會建關帝廟，其規模有備極壯麗者，良由商賈捐貲之易，抑亦去父母之邦，贏利千里之外，身與家相睽，財與命相關，祈災患之消除，仰賴神明之福佑，故竭力崇奉，出於心之誠然而同然歟！

余嘗謂關聖大帝神為最尊，而工商市肆，率懸像壁間，以供香火。是褻也，非敬也。則建廟者韙矣。然豪商賈出有餘之力，而莫大之。觀歲時歌舞，酒食歡娛，余不知其中之誠然而同然，果為何？如其外則競極奢華，是盈也，亦非敬也。夫褻不可為也，而天道惡盈，鬼神禍盈，盈亦所當戒也。泌城西關之南隅，有關帝廟，亦秦、晉商賈所建。其地在前明為水府祠，事英佑侯蕭公，兵燹之後，毀為廢址。國朝康熙四十五年間，草創今廟。乾隆元年，挾貲來泌者衆，經營擴充，規模始備，至十六年一修，三十年再修。今歲春二月，城關衆商復議捐貲，得數百金，於廟內建土地祠一座，客亭三間，殿宇仍其舊規，修葺完固，秋七月工竣。當商儀永泰為晉之沃人，謁余求記。余因往觀焉，其地前臨泌水，遠面盤山，頗踞形勢。大門上為舞樓，兩旁豎小閣，懸鐘鼓，門內有柏三株，一株枯中含生，兩株尚茂鬱，約三百年舊物，下有水府祠遺碣，讀其文，為前明萬曆元年邑令陳公長祚所撰。其北享亭五間，再北正殿五間，中祀關聖大帝，瞻拜悚然，威靈如在。左祀金龍大王，右仍祀英佑侯。殿前東西二祠，祀馬王、財神，其東偏為道院，客亭在道院前，土地祠在享亭東南，廊房並列廟內東西及廟西隙地。余周覽其規模，有軒敞整肅之觀，無侈張炫耀之象，既不失於褻，亦不涉於盈，則敬事神明，出於心之誠然而同然者，余於衆商有取焉於是。為之記。

因以語衆商去父母之邦，遠遊茲土，利營其所當得事勿爭，其所不必爭，與茲土之人相安而善，則所以荷神明之福佑者，其無有窮也已。[1]

乾隆四十年歲次乙未秋八月穀旦。

（文見道光《泌陽縣志》卷十《藝文志》。王偉）

---

[1] 按：山陝會館在泌陽城西關。道光《泌陽縣志》卷二載：水府寺，在西關，祀蕭公，今改為山陝會館，並祀關帝，祠內寬廣，兩廂均闢回廊，以為買賣擺物開棚之所，每年九月有大會，百貨燦陳，商賈鱗集。

創修鐵佛寺戲房碑記

　　當思人有善念，神有感應，報施不爽，千古辰貽也。今王家店舊有鐵佛寺，左前有火神店，右有廣生祠，年深日久，風雨凋敝，且道旁倒塌；又創修戲房三間，以為演戲酬神之所，但工程浩大，獨立難成。住持僧協同化主募四方善男信女、貴官長者，各捐資財。不數月而工程告竣，煥然一新。至九月十九日，演戲酬神，將人姓名刻列於後，以志不朽云。

　　大清乾隆四十七年九月十七日。

（碑存泌陽縣王莊小學院內。王興亞）

重修邑城東門濠梁碑

　　棗强人邑令步毓巖

　　春秋之法，凡有興築必書之，重勞民也。然不勞民則事無成。孟子曰："以佚道使民，雖勞不怨。"蓋勞之適以佚之故，雖興大役，動大眾，而人莫或以為勞也。況其小焉者哉。余性素介，且謹視邑事直同家事焉，而邑事難處視家事有不啻倍蓰者。蓋每興一役，無論小大，名為便民而倚之為利者早伺之。即不然而弊流於滋擾矣。不然而患成於偏枯矣。其勢然也。余懲是弊久矣。故於邑城東門外浮橋，以其地屬城門之軌，朽弊不治，無以通往來之便。今年二月，謀諸邑人，議所以修治之者，估四百金。僉以為其事易行。但以余所捐俸金，度不足以蒇事，而附城內外有慕義樂輸，以襄其事者聽之。併擇邑人士之重廉恥，明禮義者，俾董其成。爰以三月之下旬經始，而以五月之初旬訖其工。嘻，何其易歟！夫附近樂輸之財不勝用，而不滋擾鄉村山谷之民，則非意之有所偏枯也。以成勞委諸士人而不假胥吏之手，侵牟之弊又奚自生焉。且力作之事，以錢雇役有以佚之，而並未有以勞之，則為怨為德，非余所知矣。蓋此地士民幸安，余之拙而余亦樂其風俗淳良，人情敦樸，可相與有成也。故志之。

（文見道光《泌陽縣志》卷十《藝文志》。馬懷雲）

重修文廟碑記

　　步毓巖

　　聖天子稽古右文，修明典禮，自都會至於郡縣皆立之學，自先聖至於先儒皆祀於廟，所以廣教化，美風俗，典至鉅也。余辛酉冬，來涖斯邑，謁廟畢，周覽殿廡垣墉，規模悉備，而敗瓦頹檐剝蝕於風雨，欞星門傾圮尤甚。方擬重修，緣吏事匆匆未暇也。甲子春，商之學博孟君芝春、栗君穎、僉以余言為然。相與揆厥材，度厥費，聚厥工，屬典史李君曾愷督理之，逾月而告成焉。夫祭菜陳書，化民成俗，有司之職也。設立科條，扶持風教，司鐸之任也。七年小成，九年大成，士君子之事也。余宰慈邱三年矣，而文教未興，民風未變，方深以難盡厥職為己責，若孟郡芝春、栗君穎未之逮也而有志焉。士君子讀古人書，當思學古人事。泌邑，直宛郡之東，列膠庠者若而人，登賢書者若而人，駿奔在廟，濟濟蹌蹌，入其門，美哉輪焉，升其堂，美哉奐焉。而非僻之心抑然而斂，敬恭之念肅然而生。雖古人之去今遠矣，其書具存，其言可考，誠使好學深思之士，講明而切究之，肆成人有德，小子有造，於以廣教化，美風俗，勿負聖天子修明典禮之至意也。甯第以文章科第博取功名云爾哉。

　　是役也，經始於歲之五月念日，告成於七月望日。謹詳其事之始末，俾後之蒞斯邑者，或因而踵事增華焉，則余所厚望也夫。是為序。

　　嘉慶九年甲子七月。

（文見道光《泌陽縣志》卷十《藝文志》。馬懷雲）

關帝聖像碑記

　　宛平人邑令李烜

　　關聖帝君，護國佑民，郡縣莫不立廟，莫不有像，所以重祀典，昭靈佑，示赫濯也。余曩宰洛陽，帝君寢園在焉。障以關塞，環以伊洛，仰瞻御書聯額，煥乎文章，美哉輪奐，煌煌赫赫，蓋與他郡縣不侔矣。辛未秋，蒞茲邑。城南隅舊有關帝廟，多歷年所，旁風上雨，暗粉陳丹，將就傾圮。邑士庶斜工庀材，煥然新之，而聖像無存。余因捐廉俸，士庶復樂為輸助，命諸師範金合土敬肖立像，功成於壬申夏五，謹以牛一、羊一、豕一集實佑以釁。當是時，炎威肆虐，禾苗偃伏，望澤孔殷。是日也，商羊徐舞，陰雲濛合，俄頃，甘霖暢沛，澤流四境，溢溝盈渠，農畝歡騰，賓佐咸慶。蓋不必尊酒豚蹄之祀而已，卜盈寧之兆矣。謂是非神貺也，不可爰書之，以為記。

　　嘉慶十七年。

（文見道光《泌陽縣志》卷十《藝文志》。王偉）

重修崇聖忠義節孝祠記

　　署邑令林祥絨漢陽人

　　人而至於聖人，聖人而至於孔子至矣。究之聖人，不過盡其為人之量而非有所加也。孔子亦不過盡其為聖人之量而非有所加也。然則人皆有可以為聖人之量，即皆有可以為孔子之量，而每不免為庸愚者，利欲之念錮之也。利欲之念一動，則貪緣依附，阿諛苟容，將有為臣而不忠者矣。箕帚諢語，耰鋤德色，將有為子而不孝者矣。見金夫而躬不有剖賈腹而珠是藏，將有女德無極而節失，士貳其行而義虧者矣。故忠義節孝者，聖人之徒也。忠義節孝之念絕而入聖之路絕矣。我朝列聖相承，所以崇儒重道者靡不至。各州縣設立學宮，又以尊聖賢者尊聖賢之所自出，則崇聖有祠，以尊聖賢者尊聖賢之所由入，則忠義節孝有祠。蓋學校於是，為極隆矣。今夫浮屠老子之宮，世之所尸而祝之，廟□貌之者莫不摩頂踵，糜金錢以輪奐，其棟宇鏗閎，其鼓鐘飛颺，其旛（幢）莊嚴，其法相使天下之人震駭耳目，炫□心志，衽連袵屬，奔走恐後，日乞靈於赤髭白足之□□不敢忽。獨吾夫子之廟祀，雖遍天下而傾圮□□□，所在皆是，豈世之厚佛老而薄聖人耶。佛老能幻為霹怪，以禍福人，而聖人默符帝載與元化同運，不見其跡，不尸其功故也。

　　甲戌夏五，余代庖慈邱，謁廟釋菜，入其門，奧草滿焉。行其庭，寀廡墜焉。風雨陊剝，日就顛隳，大成殿而外，崇聖、節孝等祠為尤甚。方謀所以新之而未得。適以河決睢寧，奉憲派辦運料車輛，諸紳民踴躍勸事，除辦公外，共餘銀六百餘金。因顧諸僚友紳士而言曰：人心陷溺，害甚洪水。使非聖人以忠義節孝訓誘之，則既倒之狂瀾將波靡於無既矣。今河防修，洪水息，而人心之洪水必思所以防遏之。舍學宮其奚先？於是，捐廉五十金，合前項凡七百金，俱俾邑紳吳榮姬使專其責而董其成。會卸篆甚迫，特諏吉日，親祀后土，以鳩厥工。非好為多事也，人情可與業成難與圖始。自時厥後，將見慮事量功，尺營寸計，於梓於陶，上絢下鞏，地則□之，墙則塈之，為長廊重椽，為央瀆匽潴，度筵而堂建，度几而寢成。邑之人咸眴轉以游，業拱以敬，各懷忠義節孝之心，油然戚然，自勝其私，慾畢致其不容己與不□□之情。庶幾聖人之化，旁魄熾涌，於以礪世磨鈍而□国家化俗成民之治有餘矣。爰樹貞珉，甫紀歲月，□後之嗣而修之者。

　　嘉慶十九年。

（文見道光《泌陽縣志》卷十《藝文志》。馬懷雲）

重修崇聖忠義節孝祠落成記

邑令楊兆李黔陽人

　　文廟興學重地，崇聖、忠義、節孝之各有祠，而化民成俗之各有本因。其殘廢而修葺之，即因其聾瞶而振啟之也夫。豈曰崇事祠典而已哉。前署宰林公以運工餘項，修崇聖諸祠，擇日興工，美哉始基之矣。惜其卸事期促，甫作遂輟，而未能終於其事。余下車，謁廟釋菜，見夫殘垣斷壁，傾圮依然。乃進紳士吳榮姬、焦澤腴諸人而與之謀曰：向者以歲杪沍寒難於捺作，今已屆春融宜侲而奮掃速竣其事，斯不負林公雅意，而於崇奉聖賢之道，倍以昭慎重，而不近於褻越。學博李公謨、栗公穎、少吏吳釗聞我言而是之，惟是贊哉襄哉，爰諮爰度。於崇聖祠則因其基址，高其閒閣，厚其牆垣。於忠義、節孝祠則芟厥奧草，畚厥瓦礫，肯厥堂構，而且選嘉材，裁木主。於聖賢所自出，則仍舊而尊明之。餘則某也忠，某也義，某也節，某也孝，按諸誌乘，次第而增益之。殿堂門廡，堊黝丹漆，美輪美奐，不數月而告厥成功。

是舉也，林公其始作者也，李公、栗公、吳公其贊采者也。吳榮姬、焦澤腴則不辭勞瘁，力底於成，閤邑各紳紳又皆踴躍捐輸，樂成乃事者也。而余則吏事稍暇，即昕夕往視，□加督勸，期於竣事而後安夫。然而余深屬望矣。廟貌聿新，瞻謁起敬，由是泌之人仰崇聖之門而斯文之念重，溯忠藎之事而為臣之道嚴，瞻義烈之風而介石之行潔，憶節婦、孝子之往事而閨中之苦行愈貞，門內之至性愈篤，何莫非此祠之造其端而啟其兆哉！猗歟盛哉。□□副乎□□子化成天下之善教也哉。因列序其人，詳述其事，□□重修落成之歲月，以垂永久。是為記。

嘉慶十九年。

（文見道光《泌陽縣志》卷十《藝文志》。馬懷雲）

新建文昌廟落成碑記

楊兆李

《天官書》北斗戴匡六星，曰文昌，天之六府也。《周官》大宗伯掌祀司中司命，註謂文昌第四星、第五星。稽古祀禮，有功德於民者則祀之。維星降神靈，蹟著於累代，俎豆馨香，千秋彌耀。我皇上崇文重道，增修祀典。嘉慶六年，奉特旨崇祀祭品儀注俱如祭關帝廟儀，誠盛典也。夫有專祀，必有專祠。嘗見里社中祈年報賽，猶莫不搆椽宇，加蒼（黃主）飾廟貌，以昭虔。況其為人文主宰，凡在郡邑，皆恪遵輿禮。以時奉祀，其或因陋就簡，同於所安褻之甚則不敬，孰大於是。余忝承乏斯邑，敬謁諸壇廟，肅然煥然，既皆克於儀稱，其他剎宇浮圖，亦猶金碧輝煌，獨文昌未有專祠，春秋將事，則張幔於明倫堂，設木主以祭而已。余心愀然。亟詢諸邑庶，或曰百餘年來，僅遺一小閣，隘則甚矣。其如無爽塏可卜何？或又曰神之為靈，無乎不在，固不恃廟而存，昔人所為以地中之水取□也。余曰唯否。夫神之靈，即任人心。今未能穆卜以奠神□□，未能□而□其安之□□□□□□。時館於城□南隅，廨宇頗稱廠潔。顧邑中迎送長官，甫一灑掃，平時則蛛掛蝙飛，入其室如無人室焉者。余默焉相度者久之。爰召士庶而商之曰："事莫難於創，莫善於因。今設議因而不議創，則其事可成乎？"僉曰可。邑有別館而神無常居。蓋以此閒庭寂院，易而為閟宮靈宅，則地不改卜，而室不改築，且其前廳舍，兼可為子衿講肄地，非一舉而三善得焉者乎？僉曰善。然而事起乎因，功同於創，庀材鳩工，經費孔多。余急捐廉倡之，而邑人輸金踵至。爰擇老成者董其事，揆日興功，基址載擴，牆宇重峻，雕樂畫拱昭其文，嚴殿端庭取諸固，中宮宮其靜深，旁赫赫以明敞，於是乎祭獻有堂，拜跪有位，省牲有所，視向之曾不容尊俎者，其氣象迥殊焉。夫致肅恭之成，以盡崇奉之禮，人心原有同然，惟神□持文運，諄諄以孝友訓世，竊謂苟能實力奉行，則人皆可為孝子悌弟，所謂政不肅而成，不嚴而治者即於是乎在今也。新廟奕奕，瞻仰式肅，上應斗魁之明，聿啟人文之秀，將必有偉人傑士卓出其間，為國家有用之材，以仰副聖天子人文化成之盛。繼自今，科甲蟬聯，胗釐之應殆未有艾，則余之所厚望者又豈有既乎。

是役也，經始於嘉慶二十一年七月，即於是年十一月落成。雖創議自余，而贊成者司鐸李君謨、栗君穎、縣尉吳君釗。董其事者衿士吳子榮姬、焦子澤腆、李子來泰、李子朝安諸人，功百其倍，不日而成。夫固賴神之靈，抑同志協助之力也。其城鄉各保捐資姓氏，則皆於勸捐引後，各泐貞珉，以垂永久。敬為記。

嘉慶二十一年十一月。

（文見道光《泌陽縣志》卷十《藝文志》。馬懷雲）

剏建銅峯書院記

楊兆李

學校之名至不一也，書院則推廣學校之義，而助其不及者也。顧學校隸於官，又置博士弟子員，著在令甲，故所在郡邑遍設之。若書院仿乎家熟黨庠之意，俾士從事於學者，得以羣居講習於其中，此由守土者自盡其養士之心，而非有成憲之可遵，則或從其略也。水心□氏曰："為吏之上者學成而能教，其次亦以文學飾吏治。"余不敏，竊有志焉。歲甲戌，承乏泌邑。循故事見於先師之廟，視其牆屋，間有剝落，鐘簴籩豆亦多殘缺，因首先□□增補之。文昌並無專祠，春秋乃除地張幄以將□。因別營建，以符體制已，既稍稍就理矣。獨乏齋舍，以贏生徒，每月吉則課於署中，殊不可為經久計。書院之沒，又□可以已。城之兌隅，舊有公廨，文昌新宮之建，固即其地而改作者。其東偏一區，猶多閒曠，則亦資其舊而新是謀。前端門庭，後正堂序，講筵有位，鼓篋有時，候望宿息，以至庖湢莫不有所。購書若干卷，誦習無待外求。置田若干畝，修脯膏火亦毋或不給。為之章程，酌□經費，詳列冊籍，以待稽核。蓋剏建書院其大略如此。

是役也，經始於丁丑，告成於庚辰。凡用銀五千三百零。余前後斥俸二千一百兩，餘則邑人士醵金以敷之者。至其監督布置，無鉅無細，皆邑矜吳子榮姬、李子來泰、焦子澤腆力任之，始終不怠，以究厥事。既而礱石，以來請曰："願有述以念後人。"余按書院之制，昉於唐，盛於宋。以四書院為大，以石鼓書院為先。馬端臨考四書院曰：土田之錫，教養之規，往往過於州縣學。石鼓起唐元和間，衡州李寬之所為，宋初亦嘗錫額，迨後徙為州縣而其跡遂廢。淳熙中始重修之，考亭為之記。則諄諄以為己之學告，而幸其毋以學校科舉亂其意，是豈特學非今人之所謂學，即學校書院之名，實不已岐而二之歟。余視諸先儒無能為役，亦竊比焉而創為是舉，非漫然也夫。顯悖懿教者紛心利祿，稗販往哲者高語性天，其失均也。願爾諸生循循窮經致用之途，由博反約，登高自卑，則人文必有蒸蒸日上者。處為名士而出為名臣，寧非學校之光，此則余所推廣學校之義而助其不及者也。

上以副壽考作人之化，下以為昭茲來許之計，藉得稍盡余養士之心，其庶幾乎，而其庶幾乎。而廣文李君謨、栗君潁、典簿吳君釗，皆襄□而有成勞者，例得備書。

文林郎知泌陽縣事戊寅科鄉試同考官楊兆李撰並書。

嘉慶二十五年八月吉日立石。

（文見道光《泌陽縣志》卷十《藝文志》。馬懷雲）

重修泌邑北城真武廟碑記

邑令倪明進海陽人

嘗考鄭氏釋五方五帝，北方黑帝曰葉光紀。《月令》曰："其神元冥。"漢高帝立黑帝祠曰"北畤。"此真武廟之所由昉也。《明史·禮志》周洪謨議引《圖志》云：真武為靜樂王太子，修鍊武當山，功成飛昇。奉上帝命鎮北方，披髮跣足。雖道家附會之言，然神之聲靈赫濯，其為北方鎖鑰，則可無疑已。泌邑北城關門久塞，距城巔有真武廟，旁附各廟，路盤几曲，壁立千仞，未知創自何時。相傳云前明萬曆年間，亦髣髴之詞。我朝乾隆乙卯葺而修之，建靈官殿於中。嘉慶丁丑，增血廊之，建元壇殿於外。茲復於正殿前建拜廷鐘樓，於山門下建灶君閣，以及道房、客屋、規置咸宜。其餘祠宇垣墉，軒闌簷桷，或修或築，煥然一新。既落成，請余文以記。余讀祭法，有云能禦大災，捍大患則祀之。神為民禦災捍患，其崇祀也固宜，且非特致力於神也。蓋北城為邑最高處，與盤峰相對，煙樹迷離，若遠若近，碧瓦畫檻，參差雉堞間，列植佳卉，輝麗掩映，挹南山之佳氣，成北郭之巨觀。每歲重九日，登高雅會，開瓊宴飛羽觴，都人士之所憑眺，四方游客之所登臨，翬飛鳥革而勝蹟於是乎在。則功力所萃，詎可以湮沒不彰乎！余因狗邑紳士之請，而為敘其巔末如此。

道光五年。

（文見道光《泌陽縣志》卷十一《藝文志》。馬懷雲）

重修泌邑呂祖閣碑記

倪明進

出邑城東門，逶迤而南，泌水繞流，見有翼然臨乎其上者，呂祖閣也。相傳呂祖化身，曾題詩數行而去。後之人因其地而建閣焉。迄今記碑猶泐壁間，或者謂為附會之詞。然觀其筆跡飛舞靈動，殊颼颼乎有仙氣，且聞此地在昔，固邑中一大都會也。每歲四月間，舟車輻輳，百貨喧陳，商賈之絡繹，士女之嬉游，皆於是首在。何近年以來竟寂寂無聞也？余蒞任後，於謁廟之餘，登臨所及，考諸志乘，證以傳聞，欲求其遺事，而舊老猶有能言者，蓋古會之廢久矣。會事不舉，廟貌因以不修，物換星移，風漂霧泊，無怪乎棟宇之傾敬而丹堊之剝蝕也。溯閣創自前明，歷我朝，凡數葺。閣中祀呂祖魁星，旁附龍神、真武、靈官、元壇諸廟，規制咸備，整而修之，舍其舊而新是圖，眾擎庶易舉乎。余先捐廉以倡，而邑紳士、商、民亦樂輸恐後。於是，鳩工庀材，以楊君維修等董其役，不數月而落成。工將竣，請余序貞珉。余思盛衰者數，興廢者時。由廢而興，雖曰天時，豈非人事哉。茲閣既修，則古□□起，其或再盛於斯耶。美哉輪奐，觀瞻肅矣。將見四方估客聞風而來，屆期麕集，從此積而日上，霞蔚雲蒸，富庶蕃昌，聊以此舉卜之也。若夫畫檻連雲，雕甍蔽日，為邑東之勝概，足以供游眺備登覽，猶其餘焉耳。余故喜為之記。而捐貲姓名，亦悉鐫碑陰，以示風勸云。

道光六年。

（文見道光《泌陽縣志》卷十一《藝文志》。馬懷雲）

泌邑王氏置祭田記

倪明進

古者無田則不祭，謂祭用生者之祿也。然三王殊時不相襲禮，後世凡居有餘資者，皆置祭田，以供歲祀，不必其有祿也。蓋祭祀之報本乎人心，嘗見世人惑於淫祀，尚有捐厚產多金以求福者，而況祖宗一本之親乎。《孝經》曰：不愛其親而愛他人者，謂之悖德。不敬其親而敬他人者，謂之悖禮。則切切報本之思，免餒而之痛。祭田之設，不求福而福在其中矣。王氏為泌邑望族。余蒞任後，國學生謙泰來謁，見其恂恂馴謹，知能守先業者。越歲丁亥，適有修邑乘之舉，命生董其事。語次，忽跪以請曰："先世自密遷泌，以一鐵釜起家，迄今手澤猶存，雖未能席豐履厚，但幸飽煖有資，且子若孫耕讀傳家，尚無蕩檢逾閑以貽無人玷。惟念先人以艱難積累，致有今日一絲一粟不敢忘也，春露秋霜不忍忘也。祭費之不籌，何以綿妥侑乎？爰將析受已產楊樓庄前後地兩頃，作為祭田，丐余記貞珉，庶世世共守之。"余曰："生能如此，可謂知所本矣。"語云：能移敬神之念以敬親，則可為孝子，能移酬神之費以祀先，則可為順孫。既孝且順，俾□□昌，將見洞洞屬屬，繼繼緒緒，異日，光耀其宗，即以此卜之，其守而勿失，尤不待言也。彼世捐之厚，廣施多金，奉□祀以永求福者，豈不同日而語哉！故嘉其意而為之記。

道光七年。

（文見道光《泌陽縣志》卷十一《藝文志》。馬懷雲）

泌邑創建魁星閣碑記

倪明進

人才之盛衰關乎文教，而文教之隆替在乎轉移，建置者轉移文教之機也。堪輿家言列在方技，雖儒者所不屑道，然仰觀天文，俯察地理，其昭然可考者亦信而足徵。徃徃合之則美，離之則傷，此豈可視為適然而闕焉弗講耶？

按：《天官書》北斗七星一至四為魁。魁枕參首，斗運中央。斗魁戴匡六星曰文昌，而上將、次將、貴相、司命、司中、司祿於是乎在。魁下六星，兩兩相比者曰三台，皆大臣之象，人間祿命之元也。占者謂文昌位於斗之上，明則文運興。故郡邑中立文昌宮者必建魁星閣，則天象協地宜興人文體制然也。泌邑雖僻在山陬，前明掇巍科、膺□仕者指不勝屈。我朝定鼎以來，將二百年矣。康熙年間，題名雁塔者僅一再見，嗣是衰息。即登鄉薦、宴鹿鳴者亦寥寥無幾。豈運會固殊歟？抑風水有失歟？乙酉春，余承乏是邦，視事之初，展謁各廟，見文昌宮輪奐一新，而魁星閣闕如，私衷隱以為憾。越二年，政通人和，余有修輯邑志之舉，邦人士踴躍釀金，適唐受堂郡伯將修郡學，延少府鄭君□□為之相度。鄭君固精於堪輿者。余聞之，伻書目郡招致邑中，且告之曰："泌邑向緯靈秀，晚近以來，科名尠見，其故安在？或者魁星之神無所憑依耶。"鄭君深以為然。夫興教化，修祠典，培植文風，固守土者之責也。然則魁星閣之建，又烏可或緩哉。余因捐廉經始，將修志釀金先襄斯舉，爰相吉於文昌宮東南隅銅峯書院之前，建以為閣，復植杆西北隅，懸燈百尺，取文昌位斗欲明之義。至文昌殿未置前庭，每春秋二祀，張幄行禮，亦非所以告虔也，因並營建。而銅峰書院牆屋間有坍塌，房舍猶多罅漏，葺而修之，亦工之不可少者。於是，鳩工庀材，凡六閱月而落成。朱甍畫棟，鳥革翬飛，傑然為邑中勝概。仰余思之，文昌既兼將相比三台，士人祿命在焉，而魁星尤為人文真宰，運動其間，今崇廟貌，則天象以□地宜，所謂合之則美者也。從此泌人士爭自濯磨，蒸蒸日上，他日人文蔚起，科甲連綿，將相祿命之說為泌人期之，實不足為泌人限之矣。

是役也，計費千金有奇，經理其事者邑選貢吳君榮姬之力為多，而國子生劉君□賜、庠生鄒君興讓亦贊襄不怠，例得備書。

道光七年。

（文見道光《泌陽縣志》卷十一《藝文志》。馬懷雲）

泌邑設立義學碑記

倪明進

曾子固曰："古之人，自家至於天子之國皆有學，自幼至於長，未嘗去於學之中。"予讀《周禮》大司徒之屬鄉士大夫、黨政、族師、閭胥各掌其教，治政令以屬民而勸戒之。自二十五家以上，莫不有學焉。故其時，學者自離經辨志，馴至知類通達強立不返，教成俗善，而人人有士君子之行也。自黨庠術序之制廢，後世惟郡縣始立學校，□里之間罔克俱備。於是，推而廣之者，有書院社學之設。書院者，所以助學校之不及，而社學尤所以助書院之不及也。社學即今義學。學以義名，以無力子弟均得□其蒙養，殆猶義田、義倉之意耳。

　　泌邑僻在山陬、城內銅峰書院，規制尚備。西北鄉官庄保舊有義學二區，亦□至鞠為茂草。惟地方遼闊，其少知向學，而師生之修□無資，因貧廢棄者比比多有。前署令晉陽郝公曾有捐設義學之議，旋因卸篆中止。余蒞任後，疊奉各憲檄飭興辦。是時，適籌修西關吊橋，創建魁星閣，並纂修邑志，諸事方興，未便同時並舉。因□□□乃者前事□□□□□歲豐登，□□所以副上憲育才之雅意，□□章程八條，廣為勸導，邦人士均踴躍樂從。余因撥城內公所兩檻先為倡設，於是，呂君協韶、王君安仁、王君廷相、吳君應甲皆相繼捐產，各自創設一所，而婺婦張劉氏慨捐千緡，尤為巾幗中罕覯。其餘如薛君永貞、邱君慎修、陳君觀、呂君復會、王君明哲、郭君繡等，或同族相聯，或眾擎易舉，或藉廟基而式廓，或移寺產以改為。統八保中，計捐項餘萬金，共新設義學十二所，其經費自地頃餘，以至錢數百緡不等，皆呈明存案，妥立章程，可垂永久。事成，咸請余文以記。余乃進而告之曰："諸君之為是舉也，義也。亦知集義所生，充義至盡，義將不可勝用乎。方今聖天子崇儒重道，雲漢為章。泌邑在叢山中，延袤百五十里，民居錯落，負耒橫經，歲科應童子試者千人有奇。孔子曰：'有教無類。'周子曰：'師道立則善人多。'茲諸君慨然倡義，置學舍，備館穀，簡師資，使貧不能學者皆有就教之處，將見戶誦家絃，琅琅書聲達乎四境，薰蒸陶淑，其俊秀者儲為膠序之英，其椎魯者澤有詩書之氣，異□成就多才，聯翩科第，詎非泌人之厚幸歟！"且夫創於前者思善後，踵於後者思繼美。傳有人之好善，誰不如我。八保中知必有觀感而興起者，鄒魯之風不將復見於今日耶。則義學之設，不特可以培植人才，直可以移易風俗，所謂義不可勝用者也。余聞為吏之上者，學成而能教，其次亦以文學飭吏治。今成是舉，亦求無忝斯言，與諸君共勉之。若夫徒興學立教之名，循之而無其實，或貽誚虛車，則予何敢？諸君唯唯而退。乃為誌其顛末，勒之貞珉。至義學中房舍、坐址地畝、租息、及捐輸姓氏，暨經理一切事宜，各就該處情形詳悉開列，載諸碑陰，無俟余贅云。

　　道光八年。

（文見道光《泌陽縣志》卷十一《藝文志》。馬懷雲）

重修泌邑普濟堂碑記

倪明進

　　昔孟子論王政，謂文王發政施仁，必先鰥寡孤獨。誠以此四者，皆天下之窮民而無告者也。故《周禮》以保息養萬民，意美法良、足以垂規於千古。我朝重熙累洽，加惠窮黎，膏澤疊沛，孤貧花布口糧動帑支銷，著在令申。各大吏仰承德意，時加整飭，凡州縣中俱設有普濟堂養濟院，以收養無告之民，恩至渥也。泌為宛東僻邑、舊有養濟院，僅存遺址。雍正年間，前令仁和顧公奉制軍黔南王公檄，創建普濟堂一所於西關外，擇地三畝，築房屋二十八間，周以垣墉，基局宏廠，籌撥官地並勸紳民捐置地共七頃七畝零，每歲得稞若干以為經費。額收貧民三十八名，按月散給口糧，歲終造冊極銷。寒則暖以棉衣，病則調以醫藥，死則葬以棺木，嗣是歷任相沿，守而勿失。乾隆年間，陸續增收十名，至嘉慶年間，前令龍標楊公復捐俸生息，增收二十名。

道光乙酉，余蒞任後亦捐俸生息，增收十二名，現在堂內共收養貧民八十名。□有經理章程，尚稱完善。惟有房屋蓋建已將百年，雖時加補葺，而日久不無頹敗。今年春，大方伯武林陸公蒞豫，下車之初，即以此為先務，諄札飭辦。余因逐加履勘，設法一律修理，鳩工庀材，資其舊而新是圖，並於堂內空曠之地，添建新屋七間，其養濟院舊址，距普濟堂僅數武，與居民犬牙相錯，猶遺破屋五間，內棲額設貧民七名，亦為重修。另築繚牆一道，植立木坊，標名門外，諏吉於四月興工，越六月而蕆事。工料之費，皆余捐俸以給，規模具備，煥然一新。若夫境內人烟輻輳，舊設義地墳塚累累。先是聞東關有售產者，余揀其高曠之處置買一區，約地六畝餘，豎立碑界，以為義塚。由是無告之民，生養死葬皆有所資，庶可免於饑寒之困，溝壑之填矣。抑余聞之，古人為政，一夫不獲，時予之辜。程子曰："一命之士，苟存心利物於人，必有所濟。"余忝任父母斯命之責，不能盡四境之內拊循而噢咻之，使悉登春臺，躋壽域，心滋愧矣。但承乏以來，連歲豐稔，比戶恬舒，熙熙穰穰，咸樂其業而利其利，尚不至有嗟星罝而嘆伐（檀）者。愧惡之餘，猶深欣幸。茲為是舉，上以體聖朝累葉之深仁，中以副方伯通飭之雅意，下以慰□民之無告。示規制於有成，後之君子哀此煢獨，興廢舉□，引而伸之，觸類而長之，本不忍人之心，擴不忍人之政，惠我泌民，有加無已，則尤余之所厚望也。夫事竣爰誌顛末，以勒貞珉。

（文見道光《泌陽縣志》卷十一《藝文志》。馬懷雲）

義和寨寨門石匾

義和寨
清咸豐歲次庚申年冬月日

（匾存泌陽縣谷田鎮堡窪村。馬懷雲）

周口市

周口市（商水縣）

中州治河碑

　　國以民為本，在知民瘼達之隱。民以食為天，在防食致害之源。害源不求，食則無秋，達隱莫之，民則何依？豫民之向隅也，切體恤之，為災之困潦也，為鬢剔之。時則守土之臣曰胡寶瑔，襄事之臣曰裘曰修，二臣奉朕旨不惜工，不愛帑，不勞民，水用瀉，土計方，上源下游以次就治。撫臣胡寶瑔因民之請，欲泐石紀恩，而建亭以復之。朕維此繁文可勿事，惟是斯民之利賴有宜垂示久遠者。《虞書》言：養民之政與水、火、金、木、土、穀為六府。禹之明德遠矣，究其所設施，則決川距海，即系之以浚畎澮距川。《周禮》遂人掌邦之野，有遂有徑，有溝有畛，有洫有塗，有澮有道，有川有路。而稻人掌稼，下地蓄水止水，蕩水均水，舍水瀉水而後作田。古先哲王其納天下，於在宥兵農禮樂，至一名一器之微，皆纖悉為之制，而必先之以水土之政，此地平天成之所由基也。水土之政不修，食曷由出？朕於四方水旱之告，蠲賑動以千萬計，顧圖之於既災之後，不如籌之於未災之前。仰體上天覆育元元之心，罔敢暇逸，以無負所付，用康我億兆人，良有司為朕分牧民之任者，其亦體朕心，以期於永弗斁，則朕之至願也。至於齊、徐、淮、海，莫不分命臣工董司其事，以疏以瀹，錄源注委。而豫居天下之中，黃河界其北，淮瀆經其南，平源高壤，無大陸廣川為之瀉，故尤為難治。今自滎澤以下，導汴、渦、沙、汝諸水，以流其惡。其支分派別，或堤以束之，或淵以瀦之，或引之使分，或匯之使合，曲之使有容，直之使徑達，為水門以蓄洩之，為涵洞以吐納之。朕先後宣示之旨，及諸臣之疏俱在，茲不復敘，為敘其大旨若是。嗟乎，豫之民其受困亦極矣！及朕知之，始為之易撫臣，發帑粟，興水利，然救什一於千萬，其亦遲矣。朕方抱愧之不暇，而曰民感恩乎？其益增吾愧而已矣。

　　翰林院侍講臣錢中諧奉敕書。

　　河南巡撫臣胡寶瑔敬立。

（文見周口地區水利志編纂辦公室《周口地區水利志》。王偉）

中州治河碑

　　皇上御極之二十有二年，大化翔洽，薄海內外莫不被闓澤慶咸寧。惟豫之開、歸、陳、汝數郡，因積潦以成偏災。仰荷聖明獨照，憫此一方之向隅也。撥帑運粟，以數百鉅萬拯救之，民困蘇矣。復以致患有由，必悉治諸河，永俾康乂，更大發帑金。先命侍郎臣裘曰修來豫周行相度，臣寶瑔以是年六月，恭奉恩命，移撫是邦，共承厥事。臣俯念庸未諳，懼無以稱，乃蒙聖主南顧疇咨，頻頒訓旨，戒惜費省工而勿勞民。先飭繪圖以上。臣等次第臚陳，若干若支，錄源訖委，周以數千里計。凡高下淺深之度，彼此承接之准，悉由睿覽親定，指示機宜。俾在工大小諸臣咸了然知所遵循。因得計工鳩夫，用告成事。於是，河流順軌，耕種以時，歲則大稔。豫之民感激懽忭，請泐石以記聖恩。上猶穆然深念，令勿事繁文。惟是水土之政必期于永永勿墜。親制宸章，垂示久遠。臣敬奉聖謨，職司守土，伏念大工具舉，仰賴聖主一心經營，廣大纖悉畢周，成規聿照，萬世永賴。特慮此後官有更易，民隸各邑，遇修治之時，或因無據遷延，咸恃兩歧推諉，小民且藉以屢爭。此向來因循所由，雖載在志乘，皆臆說而不足憑也。今以疏瀹實跡合成全圖，深廣尺度，勒石而照布之。繡錯綺交，不爽毫黍，俾臨時詳考于善後為便。荷蒙俞允，將圖式鐫石。凡有守土之責者按此而歲治之。庶民仰副聖天子愛民如子，永除水患之至意云。

乾隆二十三年八月穀旦。

河南巡撫臣胡寶瑔恭立。

（文見周口地區水利志編纂辦公室《周口地區水利志史》。王偉）

重修關聖廟諸神殿香亭鐘鼓樓並照壁僧室戲房及油畫諸殿鋪砌廟院碑記

乾隆四十八年癸卯秋中，問仁以耳病致仕。瀕行，業商宛邱鄉友竇天育等，屬為重修忠義神武靈佑大帝關聖廟記。按：

周口河北舊有山陝會館，中祀大帝，創自康熙三十二年。五十二年，傍建河伯、炎帝二殿。丁酉年，建藥王殿並東廊房。壬寅年，建財神殿並西廊房及禪院僧舍。雍正九年，重修大殿，建香亭。十三年，建舞樓山門。乾隆八年，建老君殿。十五年，建鐘鼓樓。三十年，建馬王、酒神、瘟神殿及石牌坊、馬亭戲房。此皆前人創建盡善，廟宇巍峨可觀。但歷年久遠，風雨飄圮，傾頹者多。四十六年，山陝商賈各捐囊資，慨然樂輸。於是，竇天育等督工重修香亭、鐘鼓樓、藥王、瘟神殿及馬亭、舞樓、照壁、僧室、戲房，並彩畫諸殿兩廊，鋪砌內外廟院，至四十八年，大功告竣，基宇猶是也。而美奐美輪、規模增新矣。恭惟大帝，剛健中正，氣塞兩間，篤于行義，立隆萬古，而眾商千里經營於斯，顧繹思罔斁，時歷百年，人更數世，眾商恪奉大帝虔誠如一日，祈帝之思啟行翼，而百事咸宜，雅籍諸神為利導，祀河伯，祈舟楫順利，波濤不驚也；祀炎帝，祈薪火篝燈，旦暮恬息也；祀藥王財神，祈遠無妄之疾，生意如春，日增月盛也；祀瘟神、酒神，六氣協和，疵癘不作，德將無醉無彝酒也；祀老君、馬王，祈與人無爭，清靜貞正，以自娛無邪，斯臧輪蹄所至，人馬平安也。凡諸神贊襄左右，罄無不宜，皆大帝垂佑無邊，覆庇一方者也。抑大帝籍隸山右解，梁、晉接壤，號稱同鄉。去聖之世千有餘年，而近聖之居若此。其甚方今大帝馨香，俎豆遍渤海內外，雖遠客天涯，猶若比鄰，況恒華至於中州千里而近乎。眾商處攘往熙來之地，矢潔齋慕義之忱，固已合秦、晉為一家，歷穎比若中條矣。問仁宦遊東土，抱病西旋，依梓里之末光，亦思附衆鄉友後，藉以代蘊藻之薦，拜跪之誠云。既序其詳，略次以韻。仰惟大帝，忠義揚氛。乃神乃聖，乃武乃文。千江有水，萬里無雲。在天陟降，赫赫見聞。諸神左右，仙馭鶴群。四時虔祝，惟德芳芬。降祥賜福，佳氣氤氳。炳靈昭鑒，普護無垠。

赐進士第特授文林郎知商水縣事後學安邑牛問仁薰沐敬撰。

晉永安庠生後學弟子劉兆瑞薰手甫書。

首事 竇天育、宋義盛、毛尚德、郭廣聚、王廣源、楊萬錢、張義有、郭大興。

修、

積、

住持僧心清，侄徒源 繪禮，孫廣裕。

德，

澤、

鐵筆生李建有子玉 林柱刊石。

峕大清乾隆肆拾捌年歲次癸卯冬月穀旦。

（碑存周口市關帝廟。王偉）

鐵旗杆記

關聖帝君老爺寶杆壹對，永保十方平安，吉慶有餘。

陝西同州府大荔縣、朝邑縣、澄城縣天平會衆商敬獻。

峕大清嘉慶二年歲次丁巳春三月吉日，鑄造旗杆一對，重三萬餘觔。

大清國河南陳州府淮寧縣周口河北山陝廟陝省同州府大荔縣、朝邑縣、澄城縣天平會合眾人等仝叩敬。

住持僧人廣德、廣裕、廣積、廣修；徒續成、續定、續靜、續旺、續安、續和。

陝西同州府蒲城、華陰縣金火匠人忠孝，徐福長，姪秉德、李世貞仝造。

（碑存周口市關帝廟。王偉）

禁止演戲需索訛詐碑記

周口山陝會館，向來每逢敬神演戲，文武大小衙門並無阻撓。後因鄉地兵役撫弊詐索，闔鎮赴城秉官，蒙府憲陳老太爺出示曉諭，闔鎮遵飭，勒石以垂不朽。謹將告示列後：

特授河南陳州府正堂加十級紀錄十五次陳爲曉諭事，照得周家口河北地方關帝廟竣，神廟一座，系合鎮衆商公建。每逢關帝聖誕，衆商各捐資財演戲，以答神庥。本府訪聞敬演之時，竟有一種在官人役，聲言拿戲需索訛詐，實屬不法，合併出示曉諭。爲此，示仰該處衆商知悉：嗣後演戲敬神之時，倘有文武大小衙門兵役並地保人等，欲拿官戲混行阻擾，許該衆商赴本府衙門具稟，聽候查究，毋違。特示。告示。

嘉慶五年二月初五日，闔鎮公立。

（碑存周口市關帝廟。王偉）

周口市關帝廟柱聯

大清嘉慶伍年掩月下浣四日，山陝商賈公建。
赤面表赤心千里常懷赤帝
青燈觀青史一生不愧青史
上党長治王會仁沐手敬書。

（碑存周口市關帝廟。王偉）

創建春秋閣各行商抽分毫厘碑記

伏以瀆污，不擇彌增，海若之寬，土壤兼收，益助岱宗之峻。苟因人而圖事，爰積少以成多，自古皆然，於今不易。恭維關帝春秋閣，地本污萊變桑，何日形殊平地，作廟伊誰，商民張君順等積誠有素，願同精衛之填，協力益堅。竊比鳳樓之造良。以關帝浩氣凌河，必構閣三囗，庶可接元神于穆大義，秉春秋，非讀書有地，無以彰聖學之精純也。由是，從巷議之，公羣欣捐輸，感神恩之被，共解橐囊，相其宅而卜其實，豈可肯荒於一簀！酌乎心而量乎力，猶恐廢於半途。因之將伯之呼，近惟鋪友，他山之助，遍及行商，衆議難諧，幾似挨門而乞善緣，何在恍如托鉢，以求而幸也。樂施君子，好善高人，鑒我惟誠，聿定銖錙之數，襄茲囗舉，普行毫釐之規功始之中。功成之經費者兩萬餘兩，囗計以日，計以月，計以歲，積累者一十九年。今者竹苞松茂，朱薨合麗，日常明烏革翬飛，畫棟於晴雲共耀，佑民護國，扶我皇億民萬載之庥，孰識龍韜豹略，緯武經文，閱魯史十二公之紀，如瞻黃卷，青燈俎豆，維新神其妥矣。虔誠非懈，福必穰焉。然而千腋之裘，端推衆善，百機之錦，敢曰獨勞，朔厥始終，樹貞珉於此日，祥其程式，備博採於來人。

例授修職郎丁酉科拔貢候選儒學教諭扶溝李逢春敬撰。
古晉曲沃瀹濱後學弟子張如松沐手敬書。
董事：張天信、成久興、杜通興、楊允興、張君順、同義中記、靳天慶、張同。
住持僧：廣德、裕、積、修，徒續安、靜、旺、定、成，孫：本證。

鐵筆生秦松，侄光曉。

徒孫王有义鐫石。

大清嘉慶柒年十一月吉日立。[1]

（碑存周口市關帝廟。王偉）

周口江南會館碑

【碑陰】

收衆山客乙千零二十七千文，收本鎮捐門面厘頭錢四百六十六千四百文，收捐佈施錢乙百七十乙千七百文，收黃銅行捐錢五十八千乙百文，總共用錢乙千七百二十三千三百文，如松堂捐錢八千文，陳發興捐錢五千文，汪允興捐錢五千文，柏復盛捐錢八千文，通興坊捐錢八千文，中和堂捐錢八千文，信泰行捐錢八千文，陳義興捐錢三千文，李長春捐錢四千文，李元發捐錢十千文，朱信孚捐錢八千文，朱肇祥捐錢六千文，陳德源捐錢四千文，楊乾順捐錢四千文，春陽號捐錢五千六百文，萬泉號捐錢六千文，王天源捐錢四千三百文，陶恒懋捐錢四千二百文，陳全盛捐錢三千八百文，興盛館捐錢三千文，盧天長捐錢二千文，張際平捐錢二千文，瑞元號捐錢二千文，義合店捐錢三千文，徐開源捐錢二千文，門文祿捐錢二千文，聚興號捐錢二千三百文，張天成捐錢乙千八百文，王元和捐錢乙千六百文，張興盛捐錢乙千文，鮑鼎德捐錢乙千文，芮正大捐錢乙千文，王正川捐錢乙千文，梁元和捐錢乙千文，汪成幹捐錢乙千文，陶升捐錢乙千文，朱仁和捐錢乙千文，聚落館捐錢乙千六百文，萬順堂捐錢二千文，衆聚號捐錢乙千文，呂鳴岐捐錢乙千文，楊合號捐錢乙千四百文，公興號捐錢乙千文，廣源行捐錢乙千文，彭全盛捐錢乙千文，王恒巨捐錢乙千文，胡義興捐錢七伯文，祥發號捐錢乙千文，汪大順捐錢五伯文，李珍順捐錢五伯文，盧恒盛捐錢五伯文，塗春和捐錢五伯文，鄧同興捐錢九伯文，梁泰和捐錢五伯文，德盛號捐錢五伯文，義興號捐錢八伯文，合順號捐錢五伯文，楊元泰捐錢四伯文，陶啓順捐錢四伯文，彭全盛捐錢乙千文，旭泰號捐錢乙千文，李宗發捐錢乙千文，三盛號捐錢七伯文，倪德大捐錢三伯文，義盛館捐錢三伯文，陶乾成捐錢三伯文，楊德興捐錢七伯文。曹義興、衆盛明、李祥順、德源館、王義興，共捐錢九伯文。王恒巨捐錢乙千文，恒泰號捐錢七伯文，孫魁盛捐錢五伯文，陶萬源捐錢五伯文，巨豐號捐錢六伯文，陳永興捐錢六伯文，合興店捐錢四伯文，寶天源捐錢四伯文，全發號捐錢四伯文，白松源捐錢四伯文，天興號捐錢四伯文，發興號捐錢四伯文。

立賣契人高汶、高濟，今因正用，將自己地一段，座落在舊關帝廟路南，麥地一段，成地三畝零乙分零八毫，每乙畝價錢□合，憑中說合，情願賣與江南會館名下，永遠爲業。

---

[1] 該碑下部左右兩角殘毀。

三面言定。時值價銀錢共八十千零八百零八文，即日錢銀地兩交，並不短少及私債折准等弊，此系二家情願，各無異說。如有親族人等爭執，賣主一面承管，亦無加贖支節，恐後無憑，立此買賣爲據。四至弓口，開列於後：

東至賣主，西至張漢，南至會館義地，北至路中。西寬十五弓五尺，東寬二十九弓三尺，

中長三十三弓三尺，成地三畝零一分零八毫，東西南北以石蹶取直。

同江南會館經手人陳乾一、李朝期、孔毓洲。

同中證楊繡標、朱勳、郭泰來、汪有道、張漢、李太山、陳萬才、李德玉。

道光二年十月初四日。

立賣契人高汶濟十。

（碑存周口市博物館。王偉）

山陝會館春秋閣院創修碑坊兩廊看樓客廳工作等房鋪砌甬路院落碑記

周家口，蓋中州之一重鎮也。水路交通，商賈競集，九方之民，咸萃處焉，而惟吾晉與秦之來為較易，以故惟吾晉與秦之人爲尤多，於興隆街立有山陝會館，虔祀關聖帝君，由來舊矣。吾里人之客其地者，嘗爲余道其規模之闊大，制度之精詳，禱祀常殷，歌舞不輟，而且龕前之供奉，殿內之鋪陳，即尋常物具，而華美巨麗，不□諸勢之所可致，與夫力之所能爲而不已盛矣乎。吾鄉之人奉帝者，因己財無或吝，而心無弗盡矣。顧人之叨帝佑也，無終無窮，於斯人之報帝德也無止息。復於嘉慶五年，因廟後隙地，創建高閣，體帝喜談鱗經之意，而肖像其上，即於其前並修歌臺，以爲演劇之用，而西華魯明府爲之記者，實詳且盡，第閣雖告竣，而院落未成，閣旁之廣狹不一，閣下之陂坎須平，勢處卑下，而水之所聚，雨輒爲憂，皆土壤而草之所滋，歲終難薙，且無閣以壯觀瞻，無以□之，則無以騁眺望而備梓材。爾時未議及之，想亦絀於力，限於勢，不能不有待於後也。

嘉慶八年，杜瑞隆、潘交泰等接理會事，晝夜經營，於二十年大工始興，乃於其中之卑者高之，則土不憚運而陂坎胥平也，隘者補之，則地不憚□購而廣狹雄稱也。立碑坊二座，構廊坊十有四間，而觀瞻於以壯修客庭十間，而應酬於便。起看樓十間而眺望於以騁。葺工作房二十餘間，而造作有地，殿宇於此永肅也。院落甬路則鋪砌整齊，戶壁牆垣則修築完固，土木既竣，藻繪均施以袒之維，視從前局□完密。眾商皇，所謂不能無待於後者，其有斯乎，其有斯乎。計工之興，迄工之竣，閱年凡七，蓋成功者若斯之□。而吾鄉之人，奉帝之誠，乃益不可沒也。頃者，有余里人請記於余。余因讀魯明府之文，而俯仰今昔，慨然有感，蓋無定者天時，可持者人事，創於始者不廢於繼，而缺於昔者，待□補於今。

嗚乎！後之視今亦猶今之視者，補之人不能不有待於今，則今之人亦必不能不有賴於後。因是不辭固陋，敍其顛末，原崇祀之意，存創始之功，記承継之烈，勒諸貞珉，以為後來者告。若夫帝之德，則未易形容。帝之靈□□□□□。至於館之所以立，與夫館之所由名，則前碑具在，余無贅焉。

　　戊午科舉人吏部候選知縣山右張詩銘謹撰。

　　澤州府陽城縣儒學生員陳傑瀾沐手敬書。

　　首事潘交泰、賈天來、杜瑞隆、張道生、常德源、吉和合、彭同順、牛統元。

　　　　　　　　悦、

　　　　　　成、　　智、

　　住持廣修，徒續旺，徒孫本證，曾孫覺悟。

　　　　　　安、　　敬、

　　　　　　明、　　祥、

　　鐵筆生秦光曉、李巖

　　仝勒石。

　　旹大清道光二年歲次壬午十月吉日立。[1]

（碑存周口市關帝廟。王偉）

山陝會館春秋閣院創修牌坊兩廊看樓客庭工作等房鋪砌甬路院落佈施抽積銀錢碑記

　　山陝會館春秋閣院締造之工，余既敍而記之矣。夫有其工，必有其費，工宏則所費恒多，而有所費，必有所出，費多則出自匪易。於是，前之請者，復進而有詞曰：會館之工，煩所記之者甚悉，則知其工而費可想矣。顧費可想，而費之所從出者，則不可以想而知也。積腋成裘而昧其所由積，斂塵為嶽而忘其所以斂，衆善將湮，流傳罔據可乎哉！余問其詳。乃言曰：吾輩之斯舉也，共計費銀貳萬兩有奇，所從來者有二：一則出之於吾郷之鋪户也。開設有地，而子母常權，承帝之庥，當思酬帝之德，於嘉慶十四年，挨行募化，量本金之大小，為捐數之重輕，統計得銀壹萬陸千貳百兩。一則出之於吾郷之行商也。來往不時，而懋遷有術，既之山陝之人，應預山陝之事，於嘉慶十四年仍循往例，千錢抽一，積至道光元年，共得銀壹萬貳千九百兩，將列諸後，顧引其端。余聞之而欣然曰：善哉！吾郷人之所以置良公而計劃，良審也。夫捐則視本而輸亦非難，抽則從少而積自孔多，罔事矜張，咸徵踴躍，大工既以次而興，多福將不時而降，行見居者常操勝算，行者屢獲奇贏。雖吾郷人之所以奉帝者，不起乎此，而此固理之所可必者。吾記之，吾更望吾郷人之勉於其後也。

---

[1]　該碑下部左右兩角殘毀。

戊午科舉人吏部後選知縣山右張詩銘謹撰。

澤州府陽城縣儒學生員陳惠蘭沐手敬書。

峕大清道光二年歲次壬午十月吉日立仝勒石。

首事賈天來、杜瑞隆、吉和合、張道生、彭同順、常德源、潘交泰、牛統元。

　　　　　　　　　　智、

　　　　　　成、　　　悅、

住持廣修，徒續旺　，孫本悅證，曾孫覺悟。

　　　　　　安、　　　敬、

　　　　　　　明、　　祥、

鐵筆生秦光曉、李巖　　仝勒石。

（碑存周口市博物館。王偉）

山西眾商折煙號捐積銀兩建戲樓而今完工告竣書名勒石各號施銀開列於後

元泰和捐銀柒百陸拾壹兩陸錢柒分，元隆昌捐銀伍百玖拾兩柒錢壹分，義盛泰和捐銀伍百零玖拾玖錢陸分，北永盛捐銀弍百肆拾兩柒錢二分，興順公捐銀柒拾零弍兩肆錢柒分，田義和捐銀伍拾壹兩伍錢柒分，許永盛捐銀拾玖兩壹錢陸分，永順號捐銀拾捌兩伍錢壹分，楊永盛捐銀拾肆兩叁錢叁分，南永盛捐銀拾壹兩捌錢叁分，司隆盛捐銀捌兩弍錢壹分。

採買物料使費銀兩列後：大會佈施使銀弍百兩。石條石碑掛頂壞灰使銀二百伍拾玖兩伍錢玖分。琉璃疹獸筒瓦使銀弍百叁拾陸兩捌錢弍分。赤金料油漆膠鰾使銀壹百陸拾兩。

工已告竣，本會佈施無存，酡神、獻戲、懸匾、勒碑，衆議各出心願，多寡捐資。

督工首事義永盛、南永盛。

經理首事北永盛、元泰和、元隆昌、興順公。

施銀開列於後：高興隆捐銀六兩叁錢叁分，臨泉號捐銀五兩叁錢柒分，祥泰號捐銀叁兩柒錢分，牛新盛捐銀弍兩零捌分，新盛號捐銀肆錢伍分。

創立石柱木柵：義盛泰、元泰和、元隆昌、元潤號公捐銀陸拾捌兩壹錢捌分，伍拾玖兩五錢玖分，陸拾弍兩柒錢捌分。

多寡捐資：薛尚忠、元泰號、義盛泰、元隆昌、顧永盛。

木植、磚瓦使銀玖百零伍兩肆分。雜役使銀壹百肆拾陸兩壹錢肆分。各匠工價使銀肆百壹拾伍兩弍錢伍分。石柱木柵使銀陸拾捌兩壹錢捌分。

完工費用，碑不錄敘。

住持楊智慧。

木匠孫可秀、王`宣。

銀匠李紹唐、李長聚。

石匠翟□。

油匠趙惠。

畫匠卓漢章、吳振。酧闇

（碑存周口市博物館。王偉）

陳州府正堂示諭碑[1]

/使銜特用道署理陳州府正堂加十級紀錄二十次馬

/得周口鎮為水陸通衢，商賈會萃，買賣□多，抽用甚鉅。因有夫□各衙門貨物以及月規等項，歷

/祿之後，繼以十三、十四等年水火各災，北方凋敝，市廛因之減色。固屬實在情形。乃近來竟有

/無知商民墜其術中。罔顧利害，殊甚憐恨。今本府將各行中應支褾貨、鐵貨、燒酒、黃酒、茶蔴、磚

/並褾屠行應支牛油人價值，稟明

/示劄發下，府另行張貼至分衙門，鐵貨以及府縣司獄典史，各衙門月規費、津貼、班

/陳州營鐵觔，如遇大閱之年，照章繳鐵領價，當年勿庸支辦。除分別移行知照外，合行出

/現在應支各衙門差務，僅鐵貨行於大閱之年，照章支繳，陳州營鐵觔，餘則一概裁免。體

/買賣亦當□發天良，公平交易，倘敢抬價居奇，或於例得行用之外，索需勒索，一經查

/言出法隨，決不姑容。至褾貨行應支應署各房綱張費為辦公文之用，不在裁免之

/各章稟遵，毋違。

特示。遵。右諭通知。

/十月二十七日。

（碑存周口市博物館。王興亞）

---

[1] 該碑上部殘，/以上字缺。所書年份無法詳明，置於此。

重修關帝廟歲積厘金記

【碑陽】

【額題】萬善同歸

　　原夫片石爲補天之助，一葦備杭海之資，雖憑藉之無多，實成功之至巨，物理有然，人情足據，與人爲善，原無此疆彼界之分，積腋成裘，何有尺短寸長之慮。周口，汴南巨鎮，汝北名區，秦晉輻輳，商旅奔馳。關聖協天，英靈丕著，建祠薦新，抒誠致祭，殿宇磋峨，雕金斲玉，簷牙崇竣，鳥革翬飛，欲踵事而增華，樂鼎新而革故，爰借助於同人左宜右有，比傾囊於累黍，挹彼注茲，既得坐賈之景從，還仰行商之樂輸，同附驥尾。邛須服賈之儔，違計蠅頭，盡是纏腰之客，權子母之去來，取錙銖者，減太倉之一粟。數白黃之盈歉分毫厘者，抽抒軸之寸絲，予取予求允矣。重輕有准，爲盈爲泰，宜乎等殺無訛，取之不盡，方稱物而平，施用以相衡，自積少而成多，事不異夫編年紀月，道可通乎富有日新。惟其積之也厚，因而用之者舒矣。於是，構良材，求大木，得梗柟於洞底，遇松柏於山峰，運以輪巧，雕以遊龍，旦雄虹之長梁，豎凌宵之崇棟，結棼撩以相接，飾華榱以參橫，雕楹玉碼，繡栭雲楣，堂高九級，殿列重軒，位中央而岌嶪，分左右而崢嶸，拜衣冠之濟楚，仰神像之尊嚴，垂紳正笏，端冕凝旎，服九章之華袞，垂五色之繡裳，豈不足以悚帝天而起嚴格，薦芹藻而致虔誠也哉！蓋由揮財不吝，好善樂施，憶前徽之未遠，幸繼起之在茲，不棄微芒，莫謂此同而彼異，詎遺毫末，固當較短而量長，何必銅山之助，直同金穴是藏，一簀頻加積累焉。成高山之仰止，細流共貫彙歸焉，漾滄海之洪波，自他有耀歷久不磨，勒芳名於金石，悚廟貌之巍峩於以信，美不勝收，端賴泛湖之客，道能共濟，適來結駟之賢，爰述始終，以昭奕禩。

　　淮邑歲貢生王崇瞻撰文。
　　沈邑歲貢生于廷瑛書丹。
　　首事：路成盛、劉興盛、牛公盛、李源發、李玉成、李玉盛、董合盛、王恒吉。
　　　　　　　　　　　智
　　住持僧廣修，徒續安，孫本證，曾孫覺悟，元孫昌和。
　　　　　　　　　　悅
　　　　　　　　　　祥
　　盛世道光十八年歲次戊戌冬月穀旦。
　　鐵筆生吳長瑞鐫字。

【碑陰】

【額題】百世流芳

　　謹將行商捐輸厘金姓名詳列於左：

雜貨行：新盛翊銀五百六十二兩五錢二分，龍興岐銀五百四十兩零六錢，瑞龍西銀四百七十兩零四錢三分，交泰東銀二百三十兩零一錢五分，王盛和銀一百八十三兩五錢，乾順公銀一百七十二兩六錢二分，世發康銀一百六十四兩二錢三分，天全乾銀一百六十三兩七錢八分，充盛全銀一百五十九兩七錢三分，合興泰銀一百五十九兩四錢五分，永興隆銀一百五十八兩一錢，生生茂銀一百五十五兩三錢四分，派興德銀一百二十九兩一錢，瑞盛甫銀一百二十五兩四錢六分，悅順杜銀一百二十兩零三錢二分，福盛玉銀一百一十六兩二錢九分，協成玉銀一百一十三兩五錢七分，元興永銀一百零九兩七錢四分，恒昌賓銀一百零五兩一錢，同仁松銀一百零五兩零四分，隆符銀一百零三兩二錢五分，通興昌銀九十五兩五錢五分，天育正銀九十三兩一錢一分，天金魁銀八十八兩零八錢，永盛久銀八十七兩二錢七分，永泰世銀八十六兩八錢七分，三義香銀八十六兩八錢七分，宏昌大銀八十六兩一錢三分，永遠東銀八十三兩二錢二分，義順成銀六十八兩一錢一分，泰和成銀六十六兩七錢九分，恒興永銀六十六兩三錢四分，公信鳳銀六十五兩零四分，三餘久銀六十二兩四分，永源昌銀六十兩零三錢一分，敬盛允銀五十八兩三錢八分，元益和銀五十五兩九錢七分，公盛常銀五十二兩七錢三分，遷魁通銀五十一兩二錢六分，全吉恒銀五十兩零五錢七分，義茂長銀五十兩零五錢一分，萬順和銀四十八兩五錢三分，聚泰義銀四十六兩二錢四分，天德生銀四十四兩六錢四分，長茂瑞銀四十三兩二錢四分，長茂瑞銀四十三兩二錢四分，天德合銀四十三兩一錢六分，協興光銀四十三兩一錢五分，廣興永銀四十一兩八錢八分，榮泰公銀四十一兩八錢三分，公義合銀四十一兩一錢九分，天佑敬銀四十兩零九錢七分，公興躍銀四十兩零四錢一分，合成永銀三十九兩四錢五分，聚興利銀三十九兩整，天義正銀三十八兩七錢三分，富盛椿銀三十八兩六錢六分，義利合銀三十六兩八錢六分，義盛仁銀三十六兩二錢二分，茂盛德銀三十四兩一錢二分，新慶玉銀三十三兩三錢七分，宗久合銀三十二兩九錢九分，天佑昌銀三十一兩九錢，晉義翁銀二十九兩六錢五分，元恒豐銀二十八兩八錢，德生東銀二十八兩六錢九分，三元益銀二十八兩零二分，大魁和銀二十七兩五錢八分，同心合銀二十七兩卑六分，熾昌炳銀二十四兩八錢六分，元隆昌銀二十四兩四錢七分，三餘老銀二十二兩一錢七分，中和號銀二十二兩整，白泉會銀二十一兩八錢九分，公順安銀二十一兩三錢六分，生盛悟銀二十一兩二錢四分，龍興庭銀二十兩零四錢七分，富盛如銀二十兩零二錢八分，成和銀十九兩三錢六分，三盛獻銀十八兩零二錢六分，統興合銀十七兩三錢七分，源盛永銀十七兩零蘭分，雙玉儀銀十六兩八錢八分，義德誠、義德興銀十六兩四錢七分，萬順奇銀十六兩三錢七分，公宜合銀十六兩二錢九分，正興秀銀十六兩一錢六分，致合永銀十四兩七錢六分，萬順玉銀十四兩六錢六分，義盛誠銀十三兩八錢三分，長髮祥銀十三兩七錢三分，鎮興公銀十二兩八錢九分，五美明銀十二兩七錢二分，公興敬銀十二兩四錢二分，新興玉銀十二兩一錢八分，協合英銀十一兩九錢一分，靳公順銀十一兩七錢五分，全忠鎮銀十一兩四錢六分，福興店銀十一兩四錢四分，義盛山銀十兩零五分，同仁蓮銀九兩九錢七分，同心永銀九兩六錢三分，新興名銀九兩三錢七分，全發體銀九兩二錢四分，靳三元銀八兩九錢九分，富禮典銀八兩七錢九分，福隆元銀八兩七錢九分，新興西銀八兩七錢三分，大有富銀八兩六錢一分，永奕和銀八兩五錢六分，天德興銀八兩三錢二分，普興宇銀八兩三錢二分，傑盛全銀七兩七錢九分，西盛鶴銀七兩五錢九分，生生東銀七兩四錢八分，吉世隆銀七兩四錢六分，峰泰宜銀七兩二錢一分，崔聚盛銀七兩一錢六分，元隆泰銀七兩一錢，永順西銀七兩零九分，隆茂泰銀六兩四錢三分，增順正銀六兩四錢三分，通順正銀六兩二錢七分，泰興挈銀六兩零八分，豐泰植銀五兩九錢九分，公盛廣銀五兩九錢三分，瑞誠公銀五兩八錢九分，公明合銀五兩八錢，廣義遵、永順遵銀五兩七錢九分，瑞正昌合銀五兩七錢整，長盛文銀五兩六錢九分，三順號銀五兩六錢七分，通泰合銀五兩四錢一分，萬享昌銀五兩三錢八分，連新泰銀五兩三錢五分，天義長銀五兩二錢二分，永義桐銀五兩二錢整，天興協銀五兩一錢六分，大興楚銀五兩一錢五分，公順合銀五兩一錢五分，新泰林銀四兩九錢六分，義隆昌銀四兩九錢四分，天生泉銀四兩八錢正，新盛咸銀四兩七錢正，德盛長銀四兩六錢六分，天育全銀四兩五錢一分，公成永銀四兩四錢九分，統興一銀四兩四錢八分，義盛同銀四兩四錢六分，義成利銀四兩四錢正，臨汾椿銀四兩一錢七分，義成懷銀四兩零四分，玉興耀銀四兩零九分，公泰協銀三兩八錢七分，三元度銀三兩八錢八分，樹德堂銀三兩八錢五分，永泰炳銀三兩七錢五分，義盛正銀三兩七錢二分，義盛德銀三兩七錢二分，順來鳳銀三兩六錢九分，乾豐永銀三兩六錢正，永遠正銀三兩三錢八分，裕豐魁銀三兩五錢八分，奪魁德銀三兩五錢三分，統元致銀三兩四錢八分，義永銀三兩四錢二分，統盛鬱銀三兩四錢一分，正泰永銀三兩四錢一分，西盛合銀三兩四錢整，協茂魁銀三兩三錢三分，泰順生銀三兩三錢三分，公興美銀三兩三錢二分，天福昌銀三兩二錢二分，久興德銀三兩一錢四分，昌永順銀三兩一錢一分，榮泰植銀三兩一錢正，長順臨銀三兩零七分，西三合智銀三兩零六分，公和合銀三兩整。

蔴行：馬鎮興銀二十九兩八錢正，興盛隆銀二十八兩三錢六分，和合仙銀二十三兩六錢一分，喬定興銀十六兩一錢七分，復盛號銀十二兩九錢八分，德盛元銀十一兩六錢五分，裕盛號銀九兩五錢五分，通升成銀六兩七錢一分，泰興昌銀六兩六錢三分，天元號銀六兩三錢二分，興盛號銀五兩七錢四分，重成號銀五兩五錢八分，萬銳號銀五兩五錢二分，玉泰號銀五兩零六分，順興盛裕銀四兩五錢八分，成久興銀車兩四錢九分，合盛號銀四兩一錢七分，吉慶號銀三兩六錢五分，恒發號銀三兩五錢三分，天興號銀三兩五錢三分，荊盛號銀三兩二錢六分。

油行：彭和興銀九兩三錢三分，李公義五兩八錢五分，西廣生銀五兩八錢三分，李新德銀五兩六錢九分，李廣恒銀五兩五錢七分，郭永盛銀五兩四錢三分，東增盛銀五兩一錢八分，天成號銀四兩五錢二分，雙和號銀四兩四錢九分，永源號銀四兩一錢六分，協源號銀三兩五錢三分，西源泰銀三兩四錢九分，順成號銀三兩四錢二分，西雙興銀三兩四錢，廣合號銀三兩一錢六分，源盛公銀三兩零七分。

絲竹行：新義號銀二十三兩五錢四分，劉興盛銀十九兩四錢，公敬禮銀二十兩八錢五分，牛公盛銀十一兩五錢七分，如盛號銀六兩九錢九分，德昌號銀六兩二錢，永和西銀五兩零三分，天長號銀四兩七錢七分，李萬聚銀三兩六錢四分。

布行：通興順銀十四兩八錢九分，雙泰斗銀十二兩五錢八分，聚豐公銀八兩三錢一分，順來興銀七兩七錢一分，李合和銀六兩五錢八分，合義公銀六兩二錢四分，乾順公銀五兩三錢一分，聚興雲銀四兩九錢七分，山川義銀四兩五錢八分，通盛德銀四兩零五分，永聚通銀三兩七錢二分。

油行：張新成銀三兩六錢三分，彭和興銀九兩三錢三分，李公義五兩八錢五分。

京貨行：盛通銀三十兩零一錢二分，恒裕泰銀二十一兩八錢一分，鼎魁占銀十二兩七錢四分，承裕正銀十一兩七錢四分，富盛如銀十一兩零三錢，王盛洪銀十兩零四錢三分，宏昌大銀九兩四錢三分，三益號銀八兩錢一分，興盛裕銀八兩零三分，富盛椿銀七兩六錢七分，恒昌桂銀六兩零三分，萬盛號銀四兩八錢一分，義盛仁銀四兩一錢九分，恒昌實銀三兩五錢五分，興盛玉銀三兩零二分。

西煙行：萬泰正銀二十一兩九錢九分，天順正銀十一兩六錢五分，泰順永銀八兩二錢四分，天順福銀四兩九錢，通盛如銀四兩八錢一分，天成裕銀四兩七錢九分，恒茂玉銀四兩四錢九分，新興公銀四兩四錢一分，新順合銀三兩九錢，通盛昌銀三兩五錢八分，崢嶸鼎銀三兩五錢七分，鍾興成銀三兩二錢七分，一心正銀三兩一錢八分，協和同銀三兩零四分。

白米行：和合號銀十三兩零四分，姚三義銀九兩一錢二分，久興享銀九兩零四分，陳萬盛銀七兩八錢八分，泰昌號銀七兩六錢五分，環盛典銀四兩七錢三分，中和義銀四兩二錢六分，正順號銀四兩二錢三分，雷興隆銀三兩九錢五分，張雙興銀三兩六錢三分，恒發典銀三兩五錢九分，廣泰典銀三兩五錢福郁友銀三兩一錢九分。

菓行：世興號銀七兩九錢七分，紹興號銀十二兩八錢六分，永昌號銀八兩三錢七分，聚盛號銀八兩零八分，萬泉號銀五兩五錢五分，慧生號銀五兩一錢五分，聚興號銀五兩一錢四分，順天號銀四兩三錢九分，義順號銀四兩一錢七分，興順號銀四兩零九分，興盛號銀三兩七錢九分，義和號銀三兩三錢六分，人和號銀三兩零五分。

山貨行：同心公銀十三兩三錢七分，萃豐號銀七兩整，義昌遠銀六兩七錢四分，福生號銀六兩零八分，同泰號銀六兩整，東盛號銀五兩八錢八分，郝永泰銀五兩七錢四分，馨生德銀五兩三錢八分，全發店銀四兩七錢六分，天興合銀三兩四錢四分，三合號銀三兩三錢一分。

騾行：萬來店銀三十九兩七錢三分，泰來店銀三十九兩五錢五分，四順店銀三十九兩二錢五分，瑞德店銀十七兩三錢四分，溢店銀十五兩四錢五分，天新店銀十一兩一錢一分，同興店銀六兩四錢三分。

魚米行：合盛文銀七兩八錢九分，張全盛銀四兩五錢三分，順興發銀三兩四錢五分。

竹木行：復興聚銀十三兩三錢三分，世興號銀七兩九七錢七分，昆源號銀七兩四錢。

藥材行：永積善銀三兩八錢五分。

皮行：德盛號銀四兩八錢三分，興盛號銀三兩二錢七分。蔴行零厘頭銀一百八十七兩五錢。雜貨行零厘頭銀三百九十六兩八錢。油行零厘頭銀二百八十四兩一錢。絲行零厘頭銀二百零二兩七錢五分。布行零厘頭銀一百三十九兩三錢四分。京貨行零厘頭銀四十七兩零九分。西煙行零厘頭銀九十兩四錢二分。白米行零厘頭銀七十一兩七錢四分。菓行零厘頭銀八十九兩五錢整三分。山貨行零厘頭銀六十六兩二錢一分。魚米行零厘頭銀三十四兩二錢正。竹木行零厘頭銀七兩零九分。藥材行零厘頭銀二兩二錢三分。皮行零厘頭銀十兩五錢三分。騾行零厘頭銀一兩八錢七分。通共厘頭銀壹萬零貳佰玖拾兩零五錢。

（碑存周口市關帝廟。王偉）

重修關帝廟記

【碑陽】

【額題】萬善同歸

聞之爲善最樂，積衆善以要其成，則其善靡盡大矣，雖繼萃衆美以踵其事勳，其美無窮。此所謂莫爲之前，雖美弗彰；莫爲之後，雖盛弗傳者矣。周口爲陳之巨鎮，陳爲伏羲故都。郡北仰伏羲陵寢，郡南鄰先師阯臺，而鎮之東偏，舊有關聖帝君祠，致祭春秋，仰思忠義，想帝君生前，當火運之衰，樹人臣之鵠，扶蜀漢於一線，玩魏吳於孤掌，矢志春秋，殞身社稷，其忠義所昭，炳如日星。所以吾皇上列在祀典，屢加寵賜者也。建祠於茲者，或亦慕斯文之鼻祖，擬七日之厄運，秦晉諸君子，其有意焉否乎！迄於今百數十年矣，續修者不一而足。道光癸未，恒吉等嗣首其事，至丙戌計工勸捐，坐賈者同心樂輸，行旅者計金抽息。閱九載，乙未冬，捐金悉備。明年丙申既望，啓修帝君殿宇、香亭、石舫，崇其基址，高其棟宇，圖以雲氣，畫以仙靈，列焚撩以布翼，荷棟桴而高驤，勳位乎殿中者，冕旒藻火，金碧騰輝，實足以肅觀瞻而驚嚴格。而東西配殿若老子、若河伯、若炎帝、若藥王、財神、竈神、酒仙諸神像殿宇，亦皆取次改修，敷金泥以耀彩，雕玉塡以居楹，其輝映乎中殿之左右者，直可於中殿而媲美。至前後歌舞兩樓，在前者補其缺，與兩廊齊觀。在後者改其制，而三樓分峙，彼垣墉之衛乎坎位者，建修於任事之始，亦早已植基之孔固矣。是舉也，經始於道光丙申六月，落成於戊戌仲冬。閱二載，而工告竣，諸君子囑余爲文，以志其事。余不敏何以爲文，謹據事之始末，工之次第，及諸君樂善之盛心，繼美之苦衷，並衆商旅從善之雅意，備述之已耳。異日者，廟貌巍峨、規模宏竣、繼繼承承於勿替者，載入郡志，不且與羲陵阯臺並傳不朽哉！是爲記。

淮邑歲貢生王崇瞻沐手撰文。

沈邑歲貢生于廷瑛沐手書丹。

【碑陰】

【額題】福緣善慶

首事牛公盛、王恒吉、劉興盛、董合盛、路成盛、李玉成、李玉盛、李源發。

智

住持僧廣修,徒續安,孫本證,曾孫覺悟,元孫吉和。

悅

祥

盛世道光十八年歲次戊戌冬月穀旦。

鐵筆生李巖、李貞鐫。

謹將捐助姓名詳列於後:張天全銀叁伯兩整,杜昇順銀叁伯兩整,張天佑銀叁伯兩整,王祥泰銀叁伯兩整,播交泰銀叁伯兩整,杜瑞隆西記銀叁伯兩整,成文興銀叁伯兩整,永興魁銀叁伯兩整,王盛洪銀叁伯兩整,張道生銀叁伯兩整,賈天來銀貳伯捌拾兩整,德盛緒銀貳伯柒拾兩,吉慶和銀貳伯柒拾兩,興隆號銀貳伯柒拾兩,吉和合銀貳伯貳拾兩,杜瑞隆松杜瑞隆記銀貳伯貳拾兩,劉新興銀貳伯貳拾兩,魏廣泰銀貳伯貳拾兩,通興店銀貳伯貳拾兩,曹義生銀貳伯貳拾兩,吳永泰銀貳伯壹拾兩,荊三合銀壹伯玖拾兩,張德盛銀壹伯捌拾兩,謝恒字銀壹伯捌拾兩,趙祥泰銀壹伯柒拾兩,積成源銀壹伯伍拾兩,吉元亨銀壹伯伍拾兩,協發正銀壹伯伍拾兩,王長髮銀壹伯伍拾兩,馬新順銀壹伯伍答兩,彭同順銀壹伯伍拾兩,月盛長銀壹伯伍拾兩,保興銀保興隆銀壹伯肆拾兩,義盛如銀壹伯叁拾兩,義昌德銀壹伯貳拾兩,郭永隆銀壹伯貳拾兩,碩銀壹伯壹拾兩,長盛東銀壹伯壹拾兩,張恒興銀壹伯兩整,大有富銀壹伯兩整,永生東銀壹伯兩整,張義合銀壹伯兩整,元合銀玖拾兩整,王雙興銀玖拾兩整,張公順銀捌拾兩整,吉恒銀捌拾兩整,張泰興銀捌拾兩整,周永順銀柒拾兩整,德生東銀柒拾兩整,同益正銀柒拾兩整,韓瑞盛銀陸拾兩整,雲興隆銀陸拾兩整,全忠鎮銀陸拾兩整,新盛和銀陸拾兩整,趙發盛銀陸拾兩整,成生堂銀伍拾兩整,寶天育銀伍拾兩整,文興利銀伍拾兩整,董泰來銀伍拾兩整,永盛珠店銀伍拾兩整,積盛店銀伍拾兩整,悅茂同銀伍拾兩整,合成永銀伍拾兩整,三元號銀肆拾伍兩,何廣泉銀肆拾伍兩,萬有元銀肆拾伍兩,公成永銀肆拾兩,劉恒春堂銀肆拾兩整,王雙聚銀叁拾伍兩,增順正銀叁拾貳兩,德興普銀叁拾兩整,公義合銀叁拾兩整,郭明盛郭宗盛銀叁拾兩整,廣生德銀叁拾兩整,牛天來銀叁拾兩整,協義同銀叁拾兩整,西廣泰銀叁拾兩整,孫公盛銀叁拾兩整,公合居銀貳拾兩整,協泰永銀貳拾兩整,錦生店銀貳拾兩整,郭義順銀貳拾兩整,鴻昌號銀貳拾兩整,聚源館銀貳拾兩整,張聚盛張合盛銀貳拾兩整,韓裕泰銀貳拾兩整,三義公銀貳拾兩整,閆玉寒銀貳拾兩整,黨同興銀貳拾兩整,張新興銀貳拾兩整,全順店銀貳拾兩整,天德合銀貳拾兩整,通順和銀拾伍兩,廣盛德銀拾伍兩,金聚號銀拾伍兩,日升店銀拾伍兩,郭如盛銀拾伍兩,義合公銀拾伍兩,宋雙合銀拾伍兩,張巨興銀拾伍兩,廣源號銀拾伍兩,劉四順銀拾伍兩,福泰號銀拾壹兩,龍泰號銀拾壹兩整,雙興醋坊銀拾兩整,公興店銀拾兩整,德隆號銀拾兩整,荊萬來銀拾兩整,金蘭居銀拾兩整,北義盛銀拾兩整,元裕號銀拾兩,萬慶德銀拾兩整,復興增銀拾兩整,人和局銀拾兩整，韓瑞德店銀拾兩整，增盛麻行銀拾兩整，三泰簍鋪銀捌兩整，王興耀記銀捌兩整，郭恆泰公銀柒兩伍錢，興隆順銀陸兩整，泰興秀銀伍兩整，李雙盛銀伍兩整，元茂公銀伍兩整，豐源號銀伍兩整，良興號銀伍兩整，靳新興銀伍兩整，郭宜安銀伍兩整，義和泰銀伍兩整，吳同興銀伍兩整，張萬和銀伍兩整，義合號銀伍兩整，復興聚銀伍兩整，衛立銀伍兩整，泉來號銀伍兩整，雙成萃銀伍兩整，祥泰兆銀伍兩整，天源世銀肆兩整，福昌號銀叁兩整，生玉銀叁兩整，恒興號銀叁兩整，義興隆銀叁兩整，新安大銀叁兩整，鎮泰麟銀叁兩整，長春合銀叁兩整，四合館銀叁兩整，協合號銀叁兩整，德源廠銀叁兩整，王長髮銀叁兩整，公盛號銀叁兩整，天祥號銀叁兩整，王端鼇銀貳兩貳錢整，泰來簍鋪銀貳兩整，恒發號銀壹兩伍錢整，牛文盛銀壹兩整，川如號銀壹兩整，太和堂銀壹兩整，董合盛銀陸伯肆拾陸兩肆錢肆分，李源發銀伯肆拾肆兩肆錢肆分，李玉成銀陸伯肆拾陸兩肆錢肆分，王恆吉銀陸伯肆拾陸兩肆錢肆分，路成盛銀陸伯肆拾陸兩肆錢肆分，劉興盛銀陸伯肆拾陸兩肆錢肆分，牛公盛銀陸伯肆拾陸兩肆錢肆分，李玉盛銀陸伯肆拾陸兩肆錢肆分。

共捐布施銀壹萬壹千壹伯零柒兩貳錢。共捐厘頭銀壹萬零貳伯玖拾兩零伍錢貳分。八家首事共捐銀伍千壹伯柒拾兩伍錢。通共捐銀貳萬陸千伍伯陸拾玖兩貳錢貳分。

買土青紅石使銀壹仟柒伯壹拾玖兩壹錢柒分，磚瓦石灰使銀壹仟玖伯肆拾陸兩肆錢伍分，琉璃脊瓦等使銀肆仟捌伯陸拾伍兩叁錢捌分，木料使銀伍仟叁伯叁拾兩零柒錢伍分，鐵貨繩麻使銀貳仟零捌拾陸兩陸錢貳分，屢年鋪修使銀壹仟玖伯貳拾柒兩壹錢壹分，顏料雜色使銀壹仟玖伯陸拾壹兩伍錢肆分，石工使銀叁伯叁拾貳兩陸錢捌分，木工使銀貳仟柒伯壹拾伍兩肆錢叁分，泥水工使銀壹仟玖伯零叁兩肆錢陸分。金塑神像彩畫油漆使銀壹仟叁伯叁拾壹兩柒錢柒分，通共使銀貳萬陸仟壹伯冬拾兩零叁錢陸分。除使下餘銀肆伯肆拾捌兩捌錢陸分。

敬神謝土使訖。

（碑存周口市關帝廟。王偉）

八家商號行商期盼圖刻石[1]

首事德盛緒、興隆泰、馬新順、趙發盛、吳家泰、趙通興、何廣泉、張至興。

住持僧續安等。

石工吳長玨。

道光二十五年三月吉日立。

（碑存周口市關帝廟。王偉）

---

[1] 此圖共六幅，刻於關帝廟大殿臺階前。

石坊柱聯

說好話讀好書
做好人行好事
道光二十五年三月

（石存周口市關帝廟石牌坊。王偉）

羅祖會公買地基文約碑

　　立買宅基地補契人羅祖廟，因前清買到梁姓宅基一處，坐落坊子街路北，於咸豐年間，被逆匪擾亂，致將文物遺失，因新章催領驗契，隨邀同產中地鄰，按照七尺五十官弓丈，明三段成地五畝三分，八厘八毛四絲三忽時值，原買價共錢三百串零零五百文，遵章補契投驗，恐後無憑，立補契存證。謹得四至弓口，開列於後：

　　北段北寬十二弓八尺，中長二十七弓正，成地□畝；南寬十二弓四尺，中長十二弓正，成地□畝。

　　南段北寬十一弓八尺，南寬十二弓正，中長三十弓正，成地□畝。

　　北地一段寬東八弓五尺，西八弓七尺五寸，中長六十九弓，成地□畝。

　　以上共三段，共成地五畝三分，八厘八毫［毛］四絲三忽。

　　北段四至，北到路中，西至趙協泰，東至孔姓，南至連段。南段四至，北至連□，西至趙協泰，東至陳姓，南至路中。連北地，西至路中，東至王姓，北至買主，南至謝姓。原牆舊界，水流舊渠。日後修理各照舊規。

　　首事方占元。

　　同中人張立楊、韓青雲、李學忠。

　　前清咸豐年間十月初十日立。[1]

　　補契人羅祖廟。

（碑存周口市關帝廟。王偉）

曾國藩給慈禧太后同治皇帝的奏疏碑

　　協辦大學士兩江總督一等毅勇侯臣曾國藩恭折跪奏，仰祈聖鑒事：竊照上年十二月二十一日，廣西右江鎮總兵張樹珊，剿賊于德安府屬之新家閘地方，力戰陣亡，業經李鴻

---

[1] 該碑下部爲民國九年七月中浣《重修羅祖廟碑文》。

章奏奉上諭："張樹珊著照提督陣亡例，從優議恤，並加恩予諡，其廬州本籍及立功地方，均著建立專祠等因。欽此。"嗣據張樹珊部下之營官等先後具察，據稱張樹珊少負奇氣。自咸豐四、五年間，在籍辦團。八年秋間，樹珊遍始於合肥倡築堡寨，羣賊更番來攻，悉受創去。是時，髮逆方張，苗逆繼熾，皖北幾無寸土安靜之地，而獨合肥西鄉不充僞官，保全無恙，張樹珊爲之倡也。其平時帶練助剿，一赴壽春之急，再解六安之圍，迭克來安、無爲、潛山、太湖、霍山、三河諸城隘。樹珊常爲軍鋒，有未盡入奏者。同治元年，樹珊以都司從李鴻章馳赴上海，平定三吳，歷次戰功，均經李鴻章奏報在案。惟進攻福山之役，尤人所難能。時航海之師抵岸，未及成營，而賊衆突奄至，全軍被圍。樹珊依坡結陣，大呼馳下，直搗中堅，拔出被圍諸軍，身受重傷數處。既克回營，解衣就臥，袖中干血片片墜地，當苦戰時負痛而不自知也。四年隨臣北征，五年春夏，該軍分防周家口，紀律嚴明，商民感戴。迨冬間，臣駐周家口，聞張樹珊殉難之信，市民爲之巷哭，紛紛營齋營奠。並請於周家口南寨建立專祠，以酬遺愛。其兄張樹聲則請撰次行誼，宣付史館各等情前來。臣查提鎮大員殉節疆場，國史例得立傳，夫須專案陳請，應懇天恩准于周家口爲張樹珊建立專祠，以慰民思，而襃忠節。理合附片陳明。伏乞皇太后、皇上聖諭訓示。謹奏。

二月二十一日，軍機大臣奉上諭：張樹珊着准其周家口建立專祠，該部知道。欽此。欽遵。

同治六年十月初六日。

（碑原立周口市南岸新華街路西張家祠堂，現存周口市博物館。王偉）

李鴻章爲張樹珊立祠奏摺碑文

欽差大臣太子少保兩湖總督一等肅毅伯臣李鴻章恭折跪奏，仰祈聖鑒事：竊前催各軍入鄂會剿，業經馳報在案。茲據涼州鎮總兵周盛波等馳察，十二月二十日與廣西右江鎮總兵張樹珊奉湖北撫臣曾國荃函節，赴雲夢縣攔擊，張樹珊亦同抵應城。二十一日黎明，又接曾國荃函稱：捻股全竄，近德安，距城三十里。張樹珊與盛軍東西分進，相隔約二十里。是日午後至德安之王家灣，適任、賴、牛索大股踵至，約數萬。張樹珊以遊擊日久，雖屢挫敵氛，恨未撲滅。此次猝與賊遇，帶隊速進五、六里之新家閘，見賊屯札楊河東岸，綿亘十餘里。分所部六營左右夾擊，自督副營居中，馬隊四面遊護。我軍一擁而進，槍炮如雨，衝撲過河。賊死無數，紛紛潰敗。張樹珊督隊直追，冀得痛剿。不意該逆大隊分路回抄，我軍力單，前後隊被賊衝斷，均在重圍。賊騎愈裹愈多。各營衝突十餘次，出而復入。一面札營，復相搏擊，賊始敗退，時已三更。各營官不見統領。尋至河邊，始獲張樹珊屍身。據逃回親兵云："當賊回犯時，該鎮督副營親兵苦戰，屢陷賊陣，被圍核心，昏夜莫辨。及至親兵二百餘人傷亡將盡，張樹珊猶大呼衝突，手刃數賊，力盡墜馬，爲賊所害。此張樹珊力戰陣亡先勝後挫之情形也。臣查右江鎮總兵張樹珊，自咸豐四年，隨臣在皖北帶勇，血性忠篤，治軍精強，嗣隨剿江浙，所向有功，歷克名城。該軍向止樹字六營，與其兄直隸泉司張樹聲會統，其兄以謀勝，而弟以勇勝。四年春，張樹聲赴徐州道任，遂令張樹珊專領其衆，曾又爲添募步勇二營，馬隊一營，轉戰豫東各省，屢獲大捷。每以兄弟受國厚恩，奮勉報效，臨敵勇敢，馭下有恩，實有古名將之風。該部在淮軍中人數最少。去冬張樹珊過徐，求添馬隊三千，誓圖滅賊，臣以缺餉未允，竊自愧恨！此次援鄂，臣早慮其打仗過猛，寡不敵衆，疊經批檄，令與周盛波合進一路，以厚兵力。倉卒遇賊，與盛軍隔河並戰，互救不及，軍未敗而身亡，追念忠勳，痛悼易已。應請旨敕部將遇缺題奏提督廣西右江鎮總兵張樹珊照提督陣亡例，從優議恤，准於廬州本籍及立功地方建立專祠，以彰忠節。其隨同力戰陣亡之副將劉登朝、郭有容、都司馬壽文、同知銜陞用知縣李輝麟、都司銜守備黃翰，均請照原銜從優議恤，並附祀張樹珊專祠。除傷各軍赴豫相機協力堵剿外，所有樹軍在德安接仗情形，恭合附片縷呈，伏乞皇太后、皇上聖鑒訓示。謹奏。

析津牛嘉麟敬書。

同治六年十月六日。

（碑原立周口市南岸新華街路西張家祠堂，現存周口市博物館。王偉）

釐金碑記[1]

山陝釐金帳爲山陝會館而設也。館內奉有關帝祠暨各位尊神，歷年已久，素無存款，一切土木修築之費俱賴坐賈布施、行商整[釐]金源源接濟，得以肅廟貌而壯觀瞻。咸豐初，髮匪突至，民不聊生。居者悲薪木之傷行旨，避烟氛之惡，神事不舉，幾歷廿年。今者桴鼓不鳴，萑蒲久靜，舟車通而山河無阻，暴客去而闤闠相安，同欣海錯，山珍戀遷，極轉輸之便，尚恐珠宮貝闕剝落，乏脩舉之資，爰整前規，用伸舊約，任量入以爲出，自積少而成多。緬周官之理財，賦尚斂平其九，彼武成之列爵土還分兮惟三，即此以所有易所無，日中爲市，豈必萬取千，千取百，星算靡遺，又況疆里攸分，征求必慎，或取資於山右，或借助於關中，秦晉本如一家，同聲同氣，管鮑盡為知己。予取求挾資者，樂善好施，既錙銖之不吝，董事者奉公潔己，亦出納之必嚴，費不至於止虛靡，功期歸於實用，月有要，歲有會，無難按簿而周知。松之茂、竹之苞，豈止落成之可記。謹將抽釐顛末，用告兩省商賈。

賜進士出身欽加鹽運使司銜甘肅鞏秦階道前翰林院檢討加二級紀錄十三次洪洞董文煥撰文。

賜進士出身誥授中憲大夫賞戴藍翎刑部浙江司員外郎廣東司主稿兼督催所姚東濟書丹。

大清光緒叁年歲在疆圉赤奮若木簇月吉立。

主持僧本童，徒姪覺元，孫昌寶、昌樂、昌潤、昌福，曾孫隆鉢。

---

[1] 該碑下殘。

鐵筆李國選敬鐫。

(碑存周口市關帝廟。王偉)

山陝會館碑記[1]

周口舊有山陝會館，爲山陝商賈萃聚之所，內奉關帝祠，左配大王，右配火帝，東廡藥王、竈君，西廡財神、酒仙，中門外東西廊、鐘樓、鼓樓、歌舞樓，後宮則春秋閣，東西配樓，東西廊歌舞樓，東偏爲老君、馬王殿，西偏乃客舍僧僚也。創始於康熙年間。董事人率以八家爲首，或創建，或修葺，工費巨萬，經營幾二十年之久，而後輪卸。道光十八年，新班接手，循舊規，抽厘金，化佈施，日積月累，於庚戌、辛亥之間，創建後院饗亭，修葺前後殿廊樓閣，咸豐二年落成。擬次年謝土交卸，不意髮逆犯順，風鶴之警，紛然而逃散者，蓋十室九空矣。兼之捻逆侵擾，三次焚店，幾至於盡，而神甯依然。謂非冥冥中有呵護者乎？今年旋定安集，商賈漸復舊業，重加脩整，煥然又新。承辦之家，已閱三十餘年，本斑八家，僅存其三；舊會四班，只留八家，輪卸實無所措於手，於是，聚衆而籌議之。僉曰："會館乃山陝人之公所，即山陝人之公事也。現在館者，固不敢辭其勞，而住斯鎮者，亦皆與有責焉，何不推而廣之乎。期不必限以久，工不必俟乎大，瓜代自便，簡易可行。至所收行商之厘金，坐賈之佈施，叠經兵燹，底賬零落，載之碑陰者，倘有遺漏，亦仁人善士之所共諒也。"衆謀已定，而求記於予，將以勒諸貞珉。予維會館之設，原所以齊人心而便商旅。山陝所屬之地，廣袤不下數千里，□□纏囊裝者，互不謀面，一歷斯境，遂人人切桑梓之情，而蒞之以神明，肅之呂瞻拜，俾相識相敬相和睦，連秦晉爲一家，結恩誼於異域，甚盛舉也。況今聖天子德握金符，化光玉鏡，攙槍盡掃狼狐區，不生梯山。航海者通其道於九夷八蠻，諸君子據勝地，謀戀遷，蒙神庥而攸往咸宜，則斯館也，不且継承勿替，且與時維新哉！

賜同進士出身誥授中憲大夫欽加五級兵部職方司主事兼武庫司事加四級王軒撰文。
賜進士出身誥授奉直大夫刑部主事記名軍機處前翰林院庶吉士加二級東敬柳長庚書丹。
司事何廣全、吳永泰、興隆泰、趙發盛、趙通興、馬新順、德盛緒、張恒興仝校。
大清光緒三年歲在疆圉赤奮若桃月吉立。
住持[2]
鐵筆生李國彥鐫字。

(碑存周口市博物館。王偉)

---

[1] 該碑左下角殘。
[2] 以下字不清。

商水縣

重建玉皇閣碑記

邑人貢生黃修性

村東玉皇閣，由來舊矣。前朝盛時，閭左殷富，歲時伏臘，鄉人之祈報者靡不牽羊獻醴，奏鼓吹竽，以答靈貺，父老猶能傳其遺事焉。辛巳、壬午，世變滄桑，中原鼎沸，兵燹之餘，祠宇日圮，而主持者亦相率亡去。曩昔之盛，遂成往事。王君諱某者，惻然念之，倡議重修。會衲僧某來棲於此，雅稱同心，歷四十餘載，而廊廡寮廚，榱楹檻櫺，次第修葺。是閣重建於丙戌之秋，輪奐塗朁，煥然維新，蓋較前為愈盛云。嗚呼！天下之變遷淪毀，豈皆積劫之不可救耶！盛極而復盛，陰陽消息之理，所固然也。恃有人焉以倡之，而後衆志以奮，廢者以興，不獨一閣為然也。天下之變遷淪毀，終於不可復者，若驪山之館，太液之池，封君世家之宮室園陵，亦已多矣。曾不得如是閣者重而新之，此閣與人所以可並傳不朽也，興言及此，感慨係之矣。

康熙三十二年。

（文見民國《商水縣志》卷十四《麗藻志》。王偉）

重修玉皇閣碑記

會稽人知縣張鉞

曰明曰旦，胥在覆幬之下，何人不當事天，何日不當敬天而郊焉！而格必歸之九重之聖人，下此者，不得舉行。其得舉而行之者，又未知能格焉否，是知分不可潛，誠不容偽，禮於理然也。帝者，天之主宰，而舉世稱為玉皇，因道家昊天金闕之說也。且從而像之，夫可得而像，像而如見之者，必其秉二氣五行之秀，躬有令德，沒為明神，生何代，居何地，靈爽何狀？人思之弗諼，摹而垂之永永，其貌之肖不肖，固無論也。帝則豈同血氣之倫，受形於宇宙，有姓名時，地之可稽，又豈以瑰奇之跡，震蕩人見聞，乃以搏削髹繪，範其官骸，施之彩碧，被以冕服，建祠宇而奉焉。俾氓隸婦稚咸得禱謁，而不限以時，此不待知者。而知其無徵，於禮不察，夫理者也。雖然，人無日不戴天，無日不知天之為帝，而泄泄然幾於忘之，則以清虛寥廓，未見有鑒。茲而臨於其上者，即欲敬事無由也。若夫矮巷之間，磚甓數重，廣袤之深，均不及尋丈，其卑隘不容俎豆，製土木尺許，號之曰神。則人見之而心凜矣。傾城瓣香，或牲酒祈佑。進而郡邑嶽瀆之祀與。凡衆祠百物，謂其各有專司，於冥冥者神倍尊，人見之心亦倍凜。況夫極之於帝尊，莫與京瞻拜之際，即至愚不肖，有不肅然以恭，竦然以懼者乎。斯時也，為善之心，不覺自萌，為惡之心亦暫而息矣。然則今天下之稱曰玉皇而像之，不可謂其意不本於敬天，而欲勸善而沮惡也。

郭東里許，故有玉皇閣。明隆慶初，邑民顧珠所創建。閣之前後暨兩廡，屋凡若干楹，列若干像，自玉皇而下，多祀明神，兼崇二氏。又作書院若干楹，以待來學者。買地庀材，工費頗鉅，其詳具蕭君所為記中。閱時既久，漸就圮剝。道士吳清元募而重修之，制無減於昔，惟所謂書院者無存焉。經始於壬辰仲冬，閱五稔，迄戊戌孟春而告竣。祈文於余。余嘉珠之意而多，住持與諸襄事者之功不可以不文辭，舊額曰"玉皇閣三官殿碑記"。今不列三官者，統所尊也。書而俾勒諸石。

康熙五十九年。

(文見民國《商水縣志》卷十四《麗藻志》。王偉)

古埂碑記

邑人程文耀

縣治西鄙交華邑界，有古埂一道，南北橫亙迤邐若長坡，然人共知其非水道久矣。至埂西有戴家窪，形如釜底，天造地設，固從來積水之區也。乃華邑人久欲徹窪水，以圖耕種，遂假淨溝，捏控開渠，不奉關會，擅闢古埂，竟使兩邑封疆，頓成沙渚，鄰人膏腴，險為澤國。情理既乖，搆訟滋起。自戊申以及癸丑，歷年六，公驗九，官更十七，前後勘奪，現有成案，批填批修，若合符節，尋經河道批，委陳州兩行親勘，具實詳覆，遂蒙上允，檄飭華民將所挖新溝盡行填塞，所闢古埂，立為修築，而數年之案，於是乎結。此非一人之慶，實兩邑之福也。但慮歲序乘除，往事易湮，一時泯迹，冀博長厚之名，百年無傳，徒滋釁隙之搆，爰勒於石，以垂不朽。庶後世子孫，服疇食德，鄰邑姻婭，一視同仁，將鼠牙雀角之端息，而嫻睦任恤之誼敦，胥在此一碑矣。顧碑不建於埂，而置之寺中者無他，亦以記敘不誣，實望羣神共鑒云爾。

雍正十年，譚莊地方居民程文耀等稟官立碑焦城內。

(文見民國《商水縣志》卷十四《麗藻志》。王偉)